中国文化和旅游年鉴

THE YEARBOOK OF CHINESE CULTURE AND TOURISM

2024

中华人民共和国文化和旅游部 编

中国旅游出版社

中国文化和旅游年鉴

THE YEARBOOK OF CHINESE
CULTURE AND TOURISM

2024

《中国文化和旅游年鉴》（2024）

编纂委员会名单

中国文化和旅游年鉴

THE YEARBOOK OF CHINESE CULTURE AND TOURISM

2024

《中国文化和旅游年鉴》（2024）

编辑部名单

中国文化和旅游年鉴

THE YEARBOOK OF CHINESE CULTURE AND TOURISM

2024

《中国文化和旅游年鉴》（2024）

组稿人员名单

（按姓氏笔画为序）

于晓敏	王　冠	王　清	王玉创	王永强	王吉甫	王佐政
王彦庚	王嘉宁	方　黎	卢珣琪	申晓娟	田璐阳	冯　卉
冯一杰	朱继娟	竹睿韬	伊达平	庄蕙源	刘　青	刘　鑫
刘达奇	刘会丽	孙　倩	牟　琳	苏桂平	李永军	李年鑫
李欣洁	李朝阳	杨竹露	余　泉	张　效	张　烨	张　程
张　程	张若冰	张国强	张宵齐	张巍韡	陈子钧	邵明清
武红文	迪丽孜热·乌买尔		季思雨	季慧琳	岳霄雁	郑康如
宓喆玄	姜　蕴	秦　曦	耿子焱	聂怡然	高　畅	高旭阳
高明新	郭昱卿	唐永建	黄　琦	曹　琦	曹庆华	雪安银
崔子瀛	崔启红	梁佳麒	董　娜	董舒怀	韩惠迪	程汇芸
程福勇	解　明	窦文龙	廖海利			

编辑说明

《中国文化和旅游年鉴》(2024)采用分类编辑法，主体设类目、分目和条目3个层次。全刊设有5个类目：全国文化事业、文化产业和旅游业发展概况，文化和旅游部直属单位业务开展概况，地方文化事业、文化产业和旅游业发展概况，法律法规及政策性文件与文化和旅游公报、统计数据。其中，全国文化事业、文化产业和旅游业发展概况分为艺术创作与生产、文化和旅游公共服务、文化和旅游科技教育、非物质文化遗产保护、文化产业和旅游产业发展、文化和旅游资源开发、文化和旅游市场管理、文化市场综合执法监督、对外和对港澳台文化和旅游交流与合作、文化和旅游法治建设、文化和旅游财务管理、文化和旅游人才队伍建设、文物事业13个部分。文化和旅游部直属单位业务开展概况包括35个单位情况。地方文化事业、文化产业和旅游业发展概况包括31个省(自治区、直辖市)及新疆生产建设兵团的文化和旅游发展情况，不含港澳台地区。法律法规及政策性文件分为法律、行政法规、国务院文件、行政规范性文件4个部分。文化和旅游公报、统计数据不含港澳台地区。

《中国文化和旅游年鉴》(2024)收录2023年内容，文中所涉及文化和旅游相关机构使用当年名称。

中国文化和旅游年鉴

THE YEARBOOK OF CHINESE CULTURE AND TOURISM

2024

CONTENTS

目录

目录

CONTENTS

全国文化事业、文化产业和旅游业发展概况

文化和旅游部直属单位业务开展概况

地方文化事业、文化产业和旅游业发展概况

法律法规及政策性文件

中国文化和旅游年鉴

THE YEARBOOK OF CHINESE CULTURE AND TOURISM

2024

全国文化事业、文化产业和旅游业发展概况

OVERVIEW OF NATIONAL CULTURE AND TOURISM DEVELOPMENT

全国文化事业、文化产业和旅游业发展概况

艺术创作与生产

【概况】2023年是全面贯彻党的二十大精神的开局之年，也是疫情防控平稳转段后的第一年。文化和旅游部坚持以习近平新时代中国特色社会主义思想为指导，大力推进文艺创作、展演展播展示、文艺团体发展、人才队伍建设和体制机制完善，各方面工作取得新成效、迈上新台阶。

【深入贯彻落实党的二十大精神，认真学习贯彻习近平文化思想】认真贯彻落实党的二十大关于文艺工作的部署，组织召开全国艺术创作工作会议，引领文艺界深入学习贯彻习近平文化思想，总结2023年以来艺术创作工作，研究制约艺术创作的突出问题，部署下一阶段重点任务。举办2023年全国艺术工作培训班。举办中国美术馆建馆60周年系列活动。组织召开文化和旅游部贯彻落实习近平总书记给中国美术馆老专家老艺术家回信精神座谈会，号召全国文艺文博系统掀起学习回信精神的热潮。在“中国艺术头条”组织开设专栏，刊发习近平文化思想理论研究和学习体会文章，加强对习近平文化思想的学习、研究、阐释，将习近平文化思想自觉贯彻落实到艺术工作各方面和全过程。

深入开展调查研究，做好成果转化。部领导带队深入开展基层文艺团体调研并向中央领导同志呈报调研成果。组织开展《共同富裕背景下基层文艺团体在文化阵地建设中的作用研究》《积极探索新时代线上演播与剧场演出赋能发展的“全景”模式》《聚焦新时代现实题材创作，推进艺术工作高质量发展》等课题调研。积极固化有益经验，抓好制度设计，根据调研成果研究起草10余项制度文件，形成长效机制。

【圆满完成中央交办的重大演出任务，系列艺术活动精彩呈现】坚持围绕中心、服务大局，圆满完成新年戏曲晚会、全国政协新年茶话会文艺演出、中共中央国务院春节团拜会文艺演出、中国—中亚峰会文艺演出、庆祝中国共产党成立102周年交响音乐会、第三届“一带一路”国际合作高峰论坛文艺演出和中央交办的配合外交活动等重大演出任务。

举办新时代舞台艺术优秀剧目展演、全国民族器乐展演、第二届全国优秀音乐剧展演、第四届中国设计大展及公共艺术专题展、第五届中国歌剧节、第七届中国诗歌节、第九届全国优秀儿童戏剧展演、第十届中国京剧艺术节、第十一届全国杂技展演、第十二届评剧艺术节、第二届黄河流域戏曲演出季、第三届全国戏曲（北方片、南方片）会

演、第五届豫剧艺术节、第三届全国花鼓戏优秀剧目展演、第二届全国高腔优秀剧目展演、第十四届全国舞蹈展演、第十五届全国声乐展演暨全国优秀交响乐作品展演、2023 年戏曲百戏（昆山）盛典、国家艺术院团演出演播季、陕北民歌音乐会全国巡演、音舞诗画《掀起你的盖头来——新疆是个好地方》全国巡演、纪念毛泽东等老一辈革命家为雷锋同志题词 60 周年主题演唱会、2023 年全国文化科技卫生“三下乡”集中示范活动、“丹青赋彩新时代——国家主题性美术创作研究展”、2023 年全国美术馆馆藏精品展出季等 30 余项艺术活动，展演展览达千场，线下观众超 430 万人次，线上观众突破 21 亿人次，为优秀作品搭建展演展示平台，不断丰富人民群众的精神文化生活。

【强化艺术创作生产引领，有序推进新时代系列艺术创作工程】注重发挥文艺引领作用，聚焦主题，创新开展艺术创作生产。组织实施 2023—2025 舞台艺术、美术创作行动计划、全国舞台艺术优秀节目创作扶持计划、童心向未来——当代少儿歌曲创作推广活动以及中国民族歌剧传承发展工程、“时代交响”创作扶持计划、中国杂技艺术创新工程、戏曲传承振兴工程、中国戏曲像音像工程、国家主题性美术创作项目等新时代系列艺术创作工程。其中，舞台艺术三年行动计划初选 95 部作品，美术创作三年行动遴选出 177 位作者开展草图创作。2023 年，推出话剧《屈原》《蓟州疑云》、京剧《主角》《纳土归宋》、高甲戏《围头新娘》、汉剧《夫人城》、歌剧《山海情》、舞剧《10909》、芭蕾舞剧《红楼梦》、歌舞剧《猫神在故宫》、音乐剧《南孔》《星辰》、音乐会《古籍里的古曲》、交响音乐会《岁月交响和平里》等一批优秀作品。组织推出“美在致广——全国小幅美术精品展”“一带一路”主题美术作品展等。

坚持用好政策扶持工具，指导国家艺术基金出台《国家艺术基金艺术创作重大项目资助管理实施办法》，音舞诗画《掀起你的盖头来——新疆是个好地方》等 5 部作品作为国家艺术基金首批重大项目共获得 2500 万元资助资金，具有开创性意义。

【扶持文艺团体发展，推进新时代文艺领军人才队伍建设】印发《文化和旅游部戏曲传承保护发展工作领导小组工作方案》《文化和旅游部艺术司关于进一步做好戏曲传承发展工作的通知》《艺术司基层文艺团体联系点工作实施方案》，推动发布《公共美术馆服务规范》行业标准，研究起草《关于推动基层文艺院团高质量发展的意见》等文件，促进文艺团体规范发展。组织召开部直属文艺院团年度工作会议、党政主要负责人季度联席会议，开展 2022 年度部直属文艺院团社会效益评价考核、全国民营文艺表演团体改革发展研讨活动，持续推进院团改革发展。组织召开新时代美术馆高质量发展座谈会，实施国家美术作品收藏和捐赠奖励项目，开展全国美术馆优秀项目评选，推进美术馆、画院专业化建设。牵头建立戏曲传承保护发展工作协调机制，完成中国戏曲像音像工程年度录制计划，继续实施戏曲公益性演出项目，扶持代表性戏曲院团和濒临失传剧种的保护传承发展。

举办全国戏曲演员（生行、旦行）会演，推出 26 名“新时代中国戏剧生行（旦行）领军人才”、13 名“新时代中国戏剧生行（旦行）中青年英才”。召开“新时代戏曲人才队伍建设与发展”研讨会，进一步助力戏曲传承发展。召开全国儿童戏剧发展研讨会，探讨儿童戏剧创作演出新趋势新变化。举办新时代舞台艺术创作、声乐领军人才高级研修班和民族歌剧创作人才研修班、京剧创作人才高级研修班、青年戏曲创作人才研修班、全国美术馆专业人员培训班、全国画院中青年创作骨干研修班等，实施戏曲表演、全国文艺院团管理、魔术领军人才培养计划和京剧艺术表演人才提升计划、全国美术馆青年策展人扶持计划等，培养各类艺术人才 600 余名，不断推进新时代文艺人才队伍建设。举办王蒙文学创作 70 周年系列活动和谷建芬作品音乐会，分别召开纪念贾作光、常香玉、严良堃诞辰 100 周年座谈会，弘扬老一辈艺术家明德修身的高尚品格，传承他们守正创新的艺术精神。

【继续完善新时代文艺评价体系，不断优化传播推广方式】继续推动文华奖改革工作，研究修订《文华奖章程》，进一步发挥文艺评奖示范引领作用。继续完善文艺评论常态化工作机制和工作体系，研究制定《艺术司关于开展点题文艺评论的工作方案》，发布“文艺评论推荐选题”，引导评论方向。出版《第十三届中国艺术节评论集》，开展 2023 年度文艺评论文章征集推荐活动。

不断优化艺术活动和优秀文艺作品传播推广方式，持续打造“中国艺术头条”微信公众号和“文艺中国”视频号。“中国艺术头条”微信公众号全年发布文章 375 篇，阅读量达 323.5 万次，并作为文艺评论重点新媒体，得到中宣部文艺局资助；“文艺中国”视频号直播 213 场，观看总量 7536 万人次，发布短视频 285 个，观看量达 1400 万人次，粉丝量达 157.7 万，影响力不断提升。网络晚会“文艺中国 2023 年新春特别节目”直播观看量突破 1000 万人次；部直属文艺院团和全国各级各类文艺院团纷纷开设新媒体账号，开展丰富的线上展演活动；持续深化文艺院团与数字文化企业合作，推动建设数字演艺基地；支持国家话剧院建设智慧剧场；推进舞台艺术数字作品进院线等工作。

文化和旅游公共服务

【概况】2023 年，文化和旅游部坚持以习近平新时代中国特色社会主义思想为指导，深入学习贯彻习近平文化思想，全面贯彻落实党的二十大精神和全国宣传思想文化工作会议精神，以开展学习贯彻习近平新时代中国特色社会主义思想主题教育和大调研工作为契机，聚焦“十四五”时期公共文化服务和旅游公共服务发展目标和重点任务，以问题为导向，不断深化改革创新，创新实施文化惠民工程，加快提升公共服务品质和服务能力，各项工作取得明显成效。

【高起点谋划、高站位部署公共文化服务工作】一是深入贯彻落实党的二十大精神，在湖北武汉组织召开推进公共文化服务高质量发展工作会议，谋划部署当前和今后一个时期健全现代公共文化服务体系重点任务。二是大兴调查研究，聚焦公共文化服务问题难点，综合运用实地考察、座谈访谈、随机走访等多种形式深入 12 个省（区、市）、41 个县区、47 个乡村开展调研，实地查看乡村文化建设、基层公共文化设施、群众文化活动开展、公共数字文化建设、公共文化新空间建设等方面情况，形成一批高质量的政策制度和工作成果。三是开展《“十四五”公共文化服务体系建设规划》实施情况中期评估，扎实推动“十四五”时期公共文化服务主要任务和重点项目落实。四是持续推进基本公共文化服务标准化建设。2023 年 8 月，联合国家发展改革委等部门印发《国家基本公共服务标准（2023 年版）》，进一步明确了政府保障基本公共文化服务的底线和责任，对公共文化设施免费开放、送戏曲下乡、读书看报等基本公共文化服务项目作出具体安排。五是发挥典型示范带动作用，会同中央宣传部、国家发展改革委遴选公布 51 个基层公共文化服务高质量发展典型案例，集中展示新时代公共文化服务高质量发展的生动实践和创新成果。六是推动国家公共文化服务体系示范区创新发展。制订示范区创新发展复核工作方案和相关评价指标体系，开展第三、第四批 57 个示范区创新发展复核工作。

指导举办4场区域性主题交流活动。编辑出版《国家公共文化服务体系示范区创新发展蓝皮书（2022年卷）》。

【坚持热在基层、乐在群众，广泛开展群众性文化活动】一是深入贯彻落实乡村振兴战略要求和2023年中央一号文件精神，联合农业农村部、国家乡村振兴局举办“大地欢歌”全国乡村文化活动年，组织12项主体活动和80项示范性系列活动，引领带动全国群众性文化活动蓬勃开展。二是繁荣群众文艺创作和宣传。在10省（区、市）开展“大地情深”——全国优秀群众文艺作品区域示范性巡演，在北京举办“大地情深”——全国优秀群众文艺作品汇演，推动“群星奖”优秀获奖作品惠及更广大人民群众。指导举办首届群众文化品牌发展大会，发布69个优秀群众文化品牌案例。加强和完善群众文艺团队建设，大力培育乡村文艺团队，引导带动农民群众在文化生活中当主角、唱大戏，全国现有团队数量超46万个。三是持续擦亮“村晚”群众性文化活动品牌，将“村晚”打造成反映农民精神新风貌、乡村振兴新气象的载体。为鼓励和引导各地“村晚”常态化开展，以文化和旅游部办公厅名义印发《文化和旅游部办公厅关于开展“四季村晚”活动的通知》，通过开展春季、夏季、秋季、冬季“村晚”活动，推动“村晚”活动常态化开展。2023年春节元宵节期间，全国共组织“村晚”活动20476场，参与人数约1.3亿人次。四是组织全国广场舞大会，在山西大同、天津滨海新区、河南郑州、四川德阳、山东威海和湖南郴州6个片区组织开展片区广场舞推选展演，在贵州贵阳举办全国广场舞大会成果展示——广场舞之夜活动，带动各地组织广场舞活动超2.4万场，参演广场舞团队约2.6万支、广场舞爱好者143.5万人，线上线下参与超1.1亿人次。五是大力倡导文化和旅游志愿服务。联合国家民委创新实施“春雨工程”——文化和旅游志愿服务边疆行计划，在新疆伊犁组织举办现场交流活动，支持各地与边疆民族地区建立结对合作机制，推出364个结对合作项目。举办慰问残疾人等特殊群体的专场示范性演出活动。联合中央歌剧院在广西巴马举办山洞音乐会。

【加强行业建设，提升图书馆、文化馆行业服务能力】一是提升公共文化服务机构品牌影响力和服务水平。分别以“滋养民族心灵　培育文化自信”和“新时代文化馆：开放·融合·创新”为主题成功举办公共图书馆、文化馆服务宣传周活动。指导中国图书馆学会、中国文化馆协会分别在内蒙古赤峰市和甘肃张掖市举办服务宣传周启动仪式，全国共举办各类文化活动约22万场，参与人数约1.7亿人次。分别在内蒙古包头市和河南郑州市举办2023年中国文化馆、图书馆年会。二是进一步加强乡镇综合文化站在乡村文化建设和基层治理中的阵地作用，制定印发《关于持之以恒推动乡镇综合文化站创新发展的实施方案》，加强基层文化资源统筹协调和部门联动，不断提升乡镇综合文化站管理和服务水平。结合第三、四批国家公共文化服务体系示范区创新发展复核工作，委托第三方对57个示范区的112个乡镇（街道）综合文化站进行暗访。三是持续开展公共文化机构绩效评价监督工作。组织完成第七次全国县级以上公共图书馆评估定级。组织各省级文化和旅游行政部门对本地副省级及以下图书馆进行评估。此次评估，全国共有3143个图书馆参加，参评率达97%，上等级馆共2723个，上等级率为87.3%。制订全国乡镇（街道）综合文化站评估定级工作方案和评估标准指导目录，组织各省级文化和旅游行政部门开展乡镇（街道）综合文化站评估定级工作。

【坚持深化改革、创新驱动，促进公共文化服务提质增效】一是持续推进县级图书馆、文化馆总分馆制建设。截至2023年9月，全国分别有2719个、2692个县（市、区）建成文化馆、图书馆总分馆制，占全国县（市、区）的比例分别达到96%和95%，文化馆、图书馆分馆数量分别达到44075个和66336个，全国基层分馆和服务点数量超过10万个。二是创新拓展城乡公共文化空间，优化基层公共文化设施布局。配合全国政协围绕“创新拓展城乡公共文化空间”主题赴四川开展民主监督调研，会同相关部门研究起草关于推进新型公共文化空间建设的指导意见。指导开展2023年长三角及全国部分省市最美公共文化空间大赛。三是会同中宣部办公厅印发《关于推动实体书店参与公共文化服务的通知》，推动实体书店积极参与公共文化服务建设。四是推进公共文化数字化建设。组织完成2022年度全国智慧图书馆体系建设项目和公共文化云建设项目验收工作。扎实推进2023年度项目建设，组织各地智慧图书馆开展基础数字资源项目、知识资源细颗粒度标签标引、基础支撑平台建设，推动中西部地区839个脱贫县（团场）全民艺术普及服务提质增效。召开智慧图书馆古籍数字化整理工作会议，组织12个古籍资源大省做好2023年度智慧图书馆古籍数字化整理工作。开展智慧图书馆创新应用优秀案例遴选工作，在全国遴选推介一批智慧图书馆创新应用优秀案例。五是深化公共文化服务供给侧改革，推进社会力量参与文化和旅游公共服务供给。指导举办长三角文化和旅游公共服务产品采购大会、2023粤港澳大湾区公共文化和旅游产品采购大会，共吸引2000余家文化企业和机构参与，展出产品超过2万个，达成意向成交金额约1.6亿元。

【坚持推动中华优秀传统文化创造性转化、创新性发展】一是加强古籍保护工作。创新实施中华古籍保护计划，组织开展第一批至第五批全国古籍重点保护单位复核，出台古籍类文物定级工作指南。二是指导国家古籍保护中心会同各省级古籍保护中心举办“江流万古·文润千年”2023年中华传统晒书活动。7—9月，各级公共图书馆、博物馆以及高等院校等不同类型古籍存藏单位积极参与，通过“晒国宝、晒经典、晒技艺、晒传统、晒成果、晒文化新貌”等方式，让大众亲近古籍、品读古籍、利用古籍，共同传递古籍的重要文化历史价值和时代价值。2023年，30余个省（区、市）数百家存藏单位晒出珍贵古籍近千种。三是深入挖掘优秀民间文化资源。以“民间艺术点亮乡村 传统文化助力发展”为主题，广泛开展“中国民间文化艺术之乡”文化惠民活动，并在广东佛山、四川成都、江苏苏州、河北吴桥举办了4场示范性交流展示活动，宣传展示近年来民间文化艺术之乡建设丰硕成果，促进各地互学互鉴。四是推进清史编撰工作。召开部长办公会，听取老专家等相关方面意见建议。加强与中宣部、清史中心会商协调，研究工作机制、领导体制和修订出版等事宜，提出下一步工作设想和相关建议。五是联合国家中医药管理局，举办《中华医藏》首批图书发布活动，发布《养生卷》74种36册。对保存中医药文献、弘扬中医药文化具有重要意义。

【加强旅游公共服务工作】完善旅游公共服务顶层制度设计，研究起草《关于推进旅游公共服务高质量发展的指导意见》。印发《关于进一步加强旅游厕所建设管理的通知》，推动各地贯彻落实旅游厕所国家标准，巩固与深化旅游厕所革命成果，提升旅游厕所管理和服务水平。形成国家旅游风景道标准送审稿，谋划开展国家旅游风景道达标认定工作。开展2023全国旅游公共服务典型案例遴选工作，发布2023旅游公共服务十佳案例和31个优秀案例，宣传展示各地旅游公共服务高质量发展的做法与成效。

文化和旅游科技教育

【概况】2023 年，文化和旅游部以习近平新时代中国特色社会主义思想为指导，宣传贯彻党的二十大精神，深入学习习近平文化思想，锐意进取、狠抓落实，文化和旅游科教工作取得新成效。

【科技创新持续开拓】一是深入贯彻落实创新驱动发展战略，着力推动文化和旅游领域技术、产品、服务、治理创新。编制国家重点研发计划“文化科技与现代服务业”2023 年度项目指南，组织推荐行业项目。完成“十四五”规划实施情况中期评估工作。评选并委托实施 2023 年国家文化和旅游科技创新研发项目 9 项、2023 年文化和旅游部重点实验室资助项目 9 项。推进实施文化和旅游领域国家重点研发计划，组织完成 3 项“科技助力经济 2020”重点专项行业项目和在研 48 项国家文化和旅游科技创新工程项目综合绩效评价工作。加强对部重点实验室跟踪监督问效，完成不合格文化和旅游部重点实验室复评工作，撤销 2 家部重点实验室。2023 年组织评定 8 个国家旅游科技示范园区，以科技赋能旅游。组织部属科研事业单位开展绩效评价。组织推荐创新争先奖、中国政府友谊奖。组织开展行业科普工作。

二是标准化建设深化推进。完善文化和旅游标准体系，聚焦重点领域，有计划、有步骤地加快标准制修订工作，2023 年推动出台国家标准 5 项、立项 10 项；批准发布行业标准 15 项、立项 18 项，覆盖旅游、剧场、图书馆、文化馆、非遗、网络文化、动漫等领域，重点关注旅游景区、旅游饭店、导游、公共图书馆、网络表演等管理服务要求，演出设备、非遗数字化保护等技术规范。加强标准化制度建设，印发《文化和旅游标准化工作管理办法》，发布 2023 年文化和旅游行业标准立项指南，与国家标准化管理委员会等多部门联合印发《基本公共服务标准体系建设工程工作方案》。优化标准化技术组织设置，完成图书馆、动漫 2 个全国专业标准化技术委员会委员调整，推进文化馆、文化艺术资源 2 个标准化技术委员会换届工作。加大标准宣贯实施力度，持续推动标准公开和宣传解读，公布全国文化和旅游标准化示范典型经验 20 项，继续开展强制性国家标准《舞台机械　刚性防火隔离幕》实施情况抽查评估，完成《国家标准化发展纲要》实施情况评估工作。强化标准化人才培训，举办文化和旅游团体标准业务培训班，面向 137 个业务主管社会组织和行业管理社会组织加强团体标准工作指导和交流，支持相关标准化技术委员会组织开展旅游、图书馆、文化馆、非物质文化遗产方面的标准培训班及研讨活动。推动标准国际化工作，推进可持续旅游、自助餐设计与服务方面的 2 项国际标准立项，加快在研国际标准编制，聚焦数字文化、智慧旅游、展览与会议等发展方向进一步提升国际话语权，支持文化和旅游部旅游质量监督管理所参加国际标准化组织 TC228 年会。

三是行业装备和技术创新水平稳步提升。组织开展文化和旅游部技术创新中心建设，制定印发《文化和旅游部技术创新中心建设运行管理工作规则（试行）》，公布首批 12 个建设名单，主要涉及演艺装备、游乐设施、智慧旅游与景区建设、艺术显示与交互体验、文化数字化与智能化等特色鲜明、应用性强的场景。推进全国文化和旅游装备技术提升优秀案例征集和推广工作。与工业和信息化部等部门联合开展“信号升格”专项行动，印发《元宇宙产业创新发展三年行动计划（2023—2025 年）》。指导国家舞台设备质量检验检测中心，为杭州亚运会开闭幕式等重大文艺演出和强制性国家标准监督检查工作提供检验检测服务，保障演出安全。

四是统筹推进落实国家文化数字化战略工作。印发《文化和旅游部贯彻落实〈关于推进实施国家文化数字化战略的意见〉分工实施方案》，组织部直属单位研提落实国家文化数字化战略具体工作方案。发布2023年文化和旅游数字化创新示范案例，组织对十佳案例进行重点宣传，引起社会广泛关注，央视新闻直播间栏目进行专题报道。与国家互联网信息办公室在福建福州共同举办第六届数字中国建设峰会数字文化分论坛；指导四川省文化和旅游厅举办2023四川数字文旅发展大会；指导福建省文化和旅游厅召开福建省数字文旅工作推进会。开展文化资源数字化评估和试点。开展部直属单位文化资源数字化情况调查评估，持续推进国家文化数字化战略试点工作。加强数字化人才培训，联合人事司举办国家文化数字化战略人才研讨班，指导新疆、西藏、青海等地开展文化和旅游数字化培训。

【社科研究全面提升】一是组织实施国家社科基金艺术学项目管理工作。4月在上海召开“新时代中国艺术学发展研讨会”，会议强调要深入学习贯彻习近平新时代中国特色社会主义思想和党的二十大精神，着眼于推进文化自信自强，大力加强艺术学理论和实践研究，建设具有中国特色、中国风格、中国气派的艺术学“三大体系”。会上发布了艺术基础理论等8个学科的十年发展调研报告，会议成果已结集出版。作为国家社科基金艺术学项目单列管理部门，2023年科技教育司共资助立项国家社科基金艺术学重大项目16个，年度项目235个，艺术学项目坚持关注艺术学基础理论研究，同时突出问题导向，围绕中华优秀传统文化传承发展、中国艺术学“三大体系”建设、中国式现代化背景下的艺术学发展、助推艺术创作、文化艺术与数字化融合、加强国家文化公园建设等重点前沿问题确立了一批具有前瞻性、全局性研究价值的课题，起到了引领示范和强基固本的重要作用。

二是实施青年科研人才扶持计划。面向文化和旅游系统青年科研工作者，启动“2023年度文化和旅游系统青年科研人才扶持计划”，以“促进文旅深度融合的传统文化艺术资源活化及线上传播”为主题，扶持计划旨在通过项目资助、专题培训、科研实践等方式，切实提高青年科研人员研究能力。经评审遴选，共有来自29个省（区、市）的42个项目入选。

三是持续推动文化和旅游行业智库体系建设。加强应用对策研究，部署文化和旅游部部级社科研究项目35项。聚焦文化和旅游建设实践中的难点热点问题，开展前瞻性、决策性智库研究，为行业主管部门提供智力支持和决策参考。编发《文化和旅游智库要报》11篇，其中多篇被中央有关部门采用及获部领导批示。

【教育管理工作取得实效】一是实施“文化艺术职业教育和旅游职业教育提质培优行动计划”。1月印发《文化和旅游部办公厅关于实施2023年度全国文化艺术职业教育和旅游职业教育提质培优行动计划的通知》。6月入选项目名单公布，共39个项目获得支持。该项目紧紧围绕产教融合、实践应用、创新创业和服务行业的宗旨目标，引导文化艺术职业教育和旅游职业教育紧密围绕行业产业需要培养人才，有效促进文化艺术和旅游院校围绕行业产业办教育、育人才。

二是召开2023年文化和旅游部高校共建工作会议。2月，2023年文化和旅游部高校共建工作会议在浙江杭州召开。本次会议由文化和旅游部主办，文化和旅游部科技教育司、浙江省文化和旅游厅、中国美术学院共同承办。来自文化和旅游部、教育部、文化和旅游部直属单位、文化和旅游部共建院校的代表参会。会议全面贯彻落实党的二十大精神，深入学习贯彻习近平总书记关于文化和旅游工作、高等教育工作重要论述精神，回顾总结共建工作，研究谋划重点任务。

三是举办第四届“梨花杯”全国青少年戏曲

教育教学成果展演。由文化和旅游部主办，文化和旅游部科技教育司、江苏省文化和旅游厅、湖北省文化和旅游厅、山东省文化和旅游厅、中国戏曲学院承办的第四届“梨花杯”全国青少年戏曲教育教学成果展演先后在北京、南京、武汉、济南四地举办。5月，共有9台84个学生节目、11个教师展示节目、10个教师示范课进行了现场展示，涉及27个剧种，其间，近7400人现场观演，400万人在线观看。来自全国的74名教师在3地进行了3场专题研讨，在戏曲课堂教学、学科建设、学术研究方面进行了深入交流和广泛探讨。

四是指导“西藏、新疆基层文艺骨干学历能力双提升计划”项目启动新疆地区教学工作。7月，“西藏、新疆基层文艺骨干学历能力双提升计划”项目新疆校外教学点在新疆文化艺术学校设立。该项目由文化和旅游部组织实施，支持、引导部分共建院校面向西藏、新疆两地文艺院团、文化企事业单位业务骨干开展学历继续教育，依托文化艺术行业优质教育资源帮助当地基层文艺骨干实现可持续发展，激发人才活力。2023年，北京舞蹈学院在项目框架下录取舞蹈表演（表教合一）专业学员36名（含新疆19名，西藏17名）。

五是实施“西藏、新疆基层文化人才共建培养项目”。8月，文化和旅游部、西藏自治区人民政府和新疆维吾尔自治区人民政府联合实施的项目“西藏、新疆基层文化人才共建培养项目”完成2023年度招生工作。中国戏曲学院等9所部共建院校在项目框架下面向西藏、新疆招生40人。项目充分调动部共建院校优势和积极性，对西藏、新疆文化和旅游领域后备专业人才培养提供有力支持。

六是举办第十三届“桃李杯”全国青少年舞蹈教育教学成果展示活动。8月，由文化和旅游部主办、文化和旅游部科技教育司、北京舞蹈学院联合承办的第八届“桃李杯”全国青少年舞蹈教育教学成果现场展示活动在北京举办。活动自2023年4月启动以来，共有来自30个省（区、市）的209所院校以及中国港澳地区和2个海外领事馆（洛杉矶、旧金山）组织选手报名，参与人数14700余人，节目数量近2000个。250个通过评审的项目参加了终评和现场展示，参演师生近千人，88个作品被评为优秀。本届展演活动是对近年来我国舞蹈教育和人才培养成果的全面展示。

七是指导全国文化艺术职业教育教学指导委员会和全国旅游职业教育教学指导委员会开展职业教育工作。6月，由文化和旅游部科技教育司指导，全国文化艺术行指委和全国旅游行指委主办的“学习二十大 铸魂育新人”课程思政展示活动在郑州、深圳举办。展示活动鼓励教师围绕“立德树人”根本任务，在专业教学中有机融合学习宣传贯彻党的二十大精神，精心设计教学内容和教学方法，创新教育教学载体，为加深对党的二十大精神全面认识和准确理解提供了平台。11月，由文化和旅游部科技教育司指导，全国文化艺术职业教育教学指导委员会、深圳市文化广电旅游体育局主办，全国文化艺术职业教育教学指导委员会对外交流与合作专委会、教学质量评价与保障专委会、深圳艺术学校、浙江艺术职业学院承办的以“艺术连接世界，共筑交流桥梁”为主题的2023全国文化艺术职业教育对外交流与合作教育成果展示活动在深圳举行。活动全面展现了新时代文化艺术职业教育教学成果，总结推广先进的对外交流与合作经验，积极探索艺术职业教育对外交流与合作发展新路径，推动优质艺术职业教育资源共建共享。

非物质文化遗产保护

【概况】2023年，文化和旅游部深入贯彻落实习近平新时代中国特色社会主义思想，落实党的二十大精神，学习贯彻习近平文化思想和习近平总书记关于非物质文化遗产保护工作重要指示精神，扎实做好非物质文化遗产（以下简称“非遗”）系统性保护，推动非遗更好地融入现代生活，更好满足人民日益增长的精神文化生活需求。

【深入学习贯彻落实习近平总书记关于非物质文化遗产保护工作重要指示精神】推进《中华人民共和国非物质文化遗产法》修订工作，已列入十四届全国人大常委会立法规划。严谨细致做好申遗工作，推进“羌年”“中国木拱桥传统营造技艺”“黎族传统纺染织绣技艺”等列入急需保护名录项目的转名录工作，完成“赫哲族伊玛堪”第三次履约报告撰写工作。“麦西热甫”“中国活字印刷术”“中国水密隔舱福船制造技艺”3个列入急需保护名录项目第三次履约报告在2023年12月保护非物质文化遗产政府间委员会第18届常会上顺利通过审议。在《中国文化报》开设“贯彻落实习近平总书记关于非遗保护工作重要指示”专栏，刊发河南、安徽、四川等10省市相关工作，并在“中国传统制茶技艺及其相关习俗”列入联合国教科文组织人类非遗代表作名录一周年及习近平总书记对非遗保护工作作出重要指示一周年之际刊发专栏文章。印发《文化和旅游部关于评选表彰全国非物质文化遗产保护工作先进集体和先进个人的通知》，部署推荐工作。

【着力提升非遗保护传承水平】一是强化国家级非遗代表性项目和代表性传承人认定与管理。完成3614家国家级非遗代表性项目保护单位履职尽责评估工作，重新认定保护单位625家。组织开展第六批国家级非遗代表性传承人认定工作，完成专家初评，召开第一次、第二次专家评审委员会会议，确定公示人员名单。开展国家级非遗代表性传承人传承活动评估工作，实际参评2235人，评估结果为优秀等次444人、合格等次1780人、不合格等次2人，认定为丧失传承能力的8人，取消国家级非遗代表性传承人资格的1人。完成国家级非遗代表性传承人记录工作2019年支持项目验收，支持对新一批224名国家级非遗代表性传承人进行记录。

二是加强非遗区域性整体保护。推进国家级文化生态保护实验区验收，共两批10个实验区通过验收，以部名义公布大理文化生态保护区等10个国家级文化生态保护区。推进“非遗在社区”试点工作，征集发布22个典型案例，研究试点工作发现的问题，部署进一步推动“非遗在社区”工作。

三是推动传统工艺高质量传承发展。支持上海、江苏、浙江、贵州开展传统工艺项目存续状况评估试点工作。举办非遗品牌大会，以“坚持守正创新　擦亮非遗品牌”为主题举办非遗品牌展、主题论坛等活动，搭建非遗品牌展示传播交流的平台。

四是实施中国非遗传承人研修培训计划。支持各地开展各类研培122期，培训学员3473人次，涉及传统技艺、传统美术、传统戏剧、曲艺等多个门类，提升传承人技能艺能。开展研培计划2021—2022年度绩效考核，对143期研培项目开展绩效考核，遴选出50个教学管理规范、保障工作到位、教学成果突出、工作经验丰富的优秀研培项目。会同教育部、人力资源和社会保障部开展研培计划参与院校调整工作，退出院校11所，新推荐院校20所，调整后130所院校参与，进一步夯实参与院校责任，调动参与院校积极性。

【促进非遗融入国家重大战略】印发《2023年黄河流域非遗保护传承弘扬行动计划》《2023年大运河非遗保护传承利用行动计划》。支持举办黄河非遗大展、黄河非遗保护论坛、长城脚下话非遗等活动。加强非遗工坊建设，支持河北、河南、浙江、四川、湖南开展非遗助力乡村振兴试点工作，全国已建设非遗工坊6700余家，其中2100余家位于脱贫地区，覆盖了524个脱贫县和102个国家乡村振兴重点帮扶县，覆盖面和带动范围进一步提升。会同人力资源和社会保障部、国家乡村振兴局发布66个“2022年非遗工坊典型案例”，提升非遗工坊建设的社会可见度，激发各地加强非遗工坊建设的积极性。

【加强非遗传播展示】一是组织各地广泛开展2023年春节非遗传承实践相关活动，春节期间全国共举办相关活动1.2万余场，继续举办2023年“文化进万家——视频直播家乡年”活动，参与平台活动专区上传视频超14.2万个，比上年增长373%，观看量达6.39亿次。组织开展“文化和自然遗产日”非遗宣传展示活动，举办2023全国非遗曲艺周，组织开展《保护非物质文化遗产公约》通过20周年纪念活动、2023云游非遗·影像展、非遗购物节等，全国共举办9800余场非遗展示展演活动。

二是推动非遗与旅游深度融合发展。印发《文化和旅游部关于推动非物质文化遗产与旅游深度融合发展的通知》，部署了加强项目梳理、根据非遗门类特点推动融合发展、融入旅游空间、丰富旅游产品、设立体验基地、保护文化生态、培育特色线路、开展双向培训等重点任务，为各地开展非遗与旅游融合发展实践提供工作抓手和业务指导。在江苏扬州组织举办非遗与旅游融合发展工作现场交流活动，指导中国旅游报社发布20条全国非遗特色旅游线路。

三是开展重点宣传展示活动。在新疆阿克苏市举办2023“新疆是个好地方”对口援疆19省市非遗展，以“文化的瑰宝 人民的非遗”为主题，邀请全国19个对口援疆省市、新疆生产建设兵团、新疆14地州市的383位非遗代表性传承人、330项非遗代表性项目参加，现场参观人数17.5万余人次，非遗旅游线路接待游客3.2万人次，各级各类新闻媒体累计刊发稿件1160条次，全网浏览量17亿人次。在江西上饶婺源、鹰潭龙虎山、赣州龙南举办2023中国原生民歌节，以“唱响原生民歌 谱写时代华章”为主题，举办开闭幕式、专题研讨会、展演巡演等20场活动，全国共79个传统音乐类非遗代表性项目参加，参演传承人及演职人员近400人，各级新闻媒体刊发稿件64条，线上直播总覆盖超3173万人次，开幕式电视直播收视人数达600万人次。在福建福州举办“茶和天下 共享非遗”主题活动主会场活动，组织“中国传统制茶技艺及其相关习俗”44项相关国家级非遗代表性项目传承人从茶史、茶萃、茶事、茶缘、茶技、茶具（茶器）等不同角度展示茶文化，围绕主题开展主旨演讲和对话交流，“国际茶日”期间，同步组织全国各地举办130余场非遗宣传展示活动。在四川成都举办第八届中国成都国际非遗节，以“共享履约实践 深化文明互鉴”为主题，设置五洲非遗、神州非遗、巴蜀非遗、云上非遗4大板块，通过30多项特色鲜明的展览展示活动，集中展示履约实践的国际成果和中国智慧。来自国内以及全球47个国家和地区的900多个非遗项目、1800余名传统工艺传承人、3000余名传统表演人员和1800余名中外嘉宾参加相关活动。在新疆理工学院举办“生命如歌——万桐书与新疆维吾尔木卡姆艺术”专题展，展现以万桐书为代表的老一辈音乐家抢救新疆维吾尔木卡姆艺术的感人事迹，生动反映新疆各民族广泛交往、全面交流、深度交融的真实历史。

四是协同中央广播电视总台拍摄播出《非遗里的中国》。第一季11期节目已于2023年7月圆满收官，共走进浙江、福建、四川、河北等地11个聚集本地特色非遗项目的街区，展示非遗在新时代的传承与创新。在央视综合频道首重播累计触达观众7.1亿人次，首播观众量1.83亿人次，为综合频道2023年黄金档已播季播节目中最高。全网覆盖用户超75.4亿人次，多平台热搜累计上榜1181次，微博主话题“非遗里的中国”阅读量15.8亿次。2023年11月24日，第二季首期节目《非遗里的中国》新疆篇首播收视率 0.90%，收视份额 4.06%，触达观众 4882.7 万人，为 2023 年以来同时段文化类季播节目新高。

五是指导中国非遗保护协会举办首届中国非遗保护年会、2023 中国丹寨非遗周、2023 中国大运河非遗旅游大会、2023 中国客家非遗大会等非遗传播活动。

【不断强化非遗保护工作保障】支持第三方开展 2020—2021 国家非遗保护资金中央转移支付绩效评价工作。推进非遗保护工作管理平台（二期）建设，开展非遗数据档案建设试点工作。召开 2023 年全国非遗保护重点工作会商会，开展非遗学科专业建设及人才培养工作调研、“高等教育阶段非遗相关教材现状”课题研究。举办 2023 全国高校非遗政策与实务培训班、非遗工坊带头人培训班、非遗与旅游融合发展培训班。举办长江沿线、黄河流域大运河沿线、南部地区国家级非遗代表性传承人研修班，共有约 287 名学员参加，为传承人提供扩大视野、互学互鉴平台。建设非遗网络学院，针对基层非遗保护工作队伍轮换快的特点，持续完善课程库和学习资料库，帮助基层非遗保护工作者熟悉业务、拓展眼界、提升能力，打通基层非遗保护工作队伍培训的“最后一公里”。依托网络学院举办 2023 年非遗保护工作骨干队伍线上培训，累计培训学员近 1000 名，提升非遗保护工作者的综合素质和工作水平。开展非遗馆建设情况调研，举办非遗馆建设工作座谈会，总结交流非遗馆建设经验做法和存在的问题，就下一步建设好利用好非遗馆做出工作部署。

文化产业和旅游产业发展

【概况】2023 年，文化和旅游部坚持以习近平新时代中国特色社会主义思想为指导，深入贯彻党的二十大精神，深入开展主题教育学习，扎实推进产业发展各方面工作；攻坚克难，开拓进取，强化产业顶层设计，释放文旅消费潜力；推动产业深度融合，促进新型业态蓬勃发展；积极扩大有效投资，着力优化企业服务；强化区域协同，提升对外贸易质量，取得积极成效。

【国务院办公厅印发《关于释放旅游消费潜力推动旅游业高质量发展的若干措施》】7 月 25 日，推动旅游业高质量发展专家座谈会召开。9 月 27 日，国务院办公厅印发《关于释放旅游消费潜力推动旅游业高质量发展的若干措施》，文化和旅游部会同 13 部委联合发布政策解读，并组织旅游企业、协会、专家开展相关解读。文化和旅游部印发《关于贯彻落实〈关于释放旅游消费潜力推动旅游业高质量发展的若干措施〉的通知》，制定部内分工方案，发挥统筹作用，推进《国内旅游提升计划（2023—2025 年）》《入境旅游促进计划（2023—2025 年）》制定实施。

【扩大文化和旅游消费】一是加强促进文化和旅游消费平台载体建设。推动夜间文化和旅游经济高质量发展，开展第三批国家级夜间文化和旅游消费集聚区建设工作，确定第三批 102 个集聚区名单。印发《国家级夜间文化和旅游消费集聚区建设指引》。支持国家文化和旅游消费示范城市及试点城市因地制宜、特色发展，发挥良好示范带动作用。二是印发《文化和旅游部办公厅关于组织开展 2023 年文化和旅游消费促进活动的通知》，贯穿全年举办内容丰富、形式多样、线下线上相结合的系列促消费活动。三是实施“百城百区”文化和旅游消费助企惠民行动计划。会同中国银联股份有限公司印发《关于实施 2023 年“百城百区”金融支持文化和旅游消费行动计划的通知》，组织专项对接活动，推动各地与中国银联、合作银行、支持企业等加强合作，制定实施消费补贴、消费满减、票价优惠、积分奖励兑换等惠民措施，共同举办文化和旅游消费促进活动，落实文化和旅游小微企业减费纾困政策。

【推动数字文化和旅游业态创新发展】一是开展“以数字化赋能文化和旅游发展研究”调研，形成专题报告以及10余篇调研成果，涉及数字演艺、人工智能等多个领域。二是联合有关部门发布2023年度虚拟现实与行业应用融合发展先锋案例，在发布的70个案例中文化和旅游领域案例18个，占比达26%，在所有领域中占比最高。三是推动沉浸式文旅业态发展。发布20个沉浸式文旅新业态示范案例，在中国（武汉）文化旅游博览会上举办沉浸式文旅产业发展论坛。四是推动5G、超高清等技术在文化和旅游领域推广应用。发布《文化和旅游场景5G网络覆盖及应用实务手册（2023年版）》，国家图书馆、故宫博物院、中国国家博物馆、中国美术馆、国家大剧院等16家在京重点文化和旅游场馆全面实现5G网络深度覆盖。五是持续促进动漫产业发展。在四川成都组织中国文化艺术政府奖第四届动漫奖颁奖活动及相关主题展。在上海中国国际动漫游戏博览会中举办行业专题活动。六是加快构建创新生态体系。实施文化和旅游创客行动，指导举办2023年滇桂黔文化和旅游乡村振兴创客培育活动。支持指导地方实施文旅IP培育开发项目。指导举办第十三届中国品牌授权年会和第十六届中国授权展。

【推进演艺产业全产业链发展】一是在四川宜宾组织举办全国演艺博览会，汇聚演艺全产业链，集合文艺院团、演出院线、线上演播、旅游演艺、演艺装备等多个板块，充分展现文艺精品创作繁荣、演艺产业提质升级、演艺消费生动活跃、演艺新业态蓬勃生长的当代中国文艺新气象。二是发布全国旅游演艺精品名录，《长恨歌》《只有河南　戏剧幻城》《知音号》等22个省（区、市）的40个项目入选，入选项目涵盖实景类、剧场类、主题公园类、中小型特色类等不同类型，包含音乐、歌舞、戏剧、戏曲、杂技等众多表演形式。三是实施国有文艺院团数字演艺“一团一品”培育开发项目，支持文化和旅游部直属院团实施《龙凤呈祥》《英雄时代》《古籍里的古曲》等线上演播示范项目，支持中国东方演艺集团与景德镇市合作舞剧《唯我青白》。四是指导中国演出行业协会主办国有文艺院团直播平台线上演播商业模式研讨会，组织举办演艺新业态研修班。

【促进文化、旅游及相关产业融合发展】一是推进国家文化产业和旅游产业融合发展示范区建设。联合自然资源部、住房和城乡建设部启动国家文化产业和旅游产业融合发展示范区建设工作，公布50个融合发展示范区建设单位名单。二是深化文体旅融合，激活文体旅消费。围绕杭州亚运会、第一届全国学生（青年）运动会等，联合体育总局举办文体旅融合促消费相关活动，如文体旅融合发展新业态新消费交流活动、迎亚运2023年文体旅融合促消费交流活动、“青春飞扬　激活活力”文体旅融合活动、“激情冬日　活力草原”文体商旅融合促消费活动等。联合体育总局发布《“跟着赛事去旅行”2023全国青少年体育赛事目录》《“跟着赛事去旅行”2023—2024全国冰雪赛事目录》，丰富“赛事＋旅游”业态。

【推动城乡区域文化产业和旅游产业协调发展】将实施文化产业赋能乡村振兴计划列入中央1号文件。会同教育部、自然资源部、农业农村部发布《关于开展文化产业赋能乡村振兴试点的通知》，启动文化产业赋能乡村振兴试点工作，遴选确定首批63个试点名单。指导中国儿童艺术剧院与河南光山县合作开展首届“乡村儿童艺术嘉年华”，指导中央民族乐团与河南兰考县合作共建“民族音乐传承基地”，指导各地举办文化产业赋能乡村振兴推进活动。指导并支持举办西南民族特色、西北丝绸之路、东北冰雪文化产业带系列交流活动。支持北京朝阳国家文化产业创新实验区建设，开展老旧厂房保护利用研究。

【完善文化和旅游投融资服务体系】一是与中国进出口银行、中国农业银行深化合作，签订战略合作协议，并在全国文化和旅游项目建设暨投融资大会上发布合作事宜。二是常态化指导各地举办各类投融资促进活动，搭建文化和旅游企业与金融机构交流对接平台，助力文旅企业拓宽融资渠道。三是联合中国人民银行财政部公布北京市东城区、浙江省宁波市为国家文化与金融合作示范区。支持贵州、新疆等地建立文化和旅游金融服务中心。四是推进文化和旅游企业发行 REITs 相关工作，深入了解骨干文化和旅游企业经营现状、企业资产证券化需求和相关情况，积极推进重点项目、优质项目探索 REITs 融资方式。

【扎实推进文化和旅游项目建设】认真贯彻落实党的二十大报告提出的“健全现代文化产业体系和市场体系，实施重大文化产业项目带动战略”决策部署，建立健全文化和旅游部产业项目协调推进机制，推动相关工作。在全国范围内开展旅游领域存量项目摸排和数据更新工作，会同各省级文化和旅游行政部门组织多轮次审核并完善数据信息，逐省（区、市）研判存在闲置低效等问题的项目，并在此基础上开展数据分析。举办全国文化和旅游项目建设暨投融资大会，围绕“项目高质量发展”和“产业投融资促进”两大主题，交流研讨产业项目建设及投融资工作的形势发展。举办文化产业和旅游产业投融资专题培训班，进一步提高文化和旅游部门项目工作意识，增强项目工作理念和提高工作水平。

【促进文旅企业恢复经营加快发展】联合有关部门做好疫情防控平稳转段过程中的助企纾困工作，推动阶段性纾困政策延期及在文化和旅游领域进一步落地落实。开展 2023 年文化和旅游企业服务月活动，组织各地围绕政策宣传、市场拓展、金融对接、稳岗就业、企业培训、调研走访等方面，推出一系列形式多样、有针对性的服务活动和惠企举措，协调解决企业问题诉求和实际困难。联合市场监管总局开展促进个体工商户发展工作，参与举办“全国个体工商户服务月”活动，开设“文化和旅游产业公开课”线上课程，帮助文化和旅游企业及个体工商户用好用足相关政策。宣传贯彻惠企政策，编印《支持文化产业和旅游业发展政策汇编》，完善文化和旅游部官网“文化和旅游企业政策信息服务”专栏。

【推动文化产业园区和基地高质量发展】制定印发《国家级文化产业示范园区（基地）管理办法》，进一步规范示范园区和示范基地命名管理工作。新命名 15 家国家级文化产业示范园区，示范园区总数达到 34 家。举办文化产业园区高质量发展论坛，围绕文化产业园区高质量发展相关主题进行深入交流探讨，凝聚行业共识和力量。深入推进文化产业园区携行计划，支持各地文化产业园区开展结对合作，促进区域文化产业协同发展。

【深入推动文化和旅游贸易投资和产业国际合作】一是联合商务部命名新一批 12 家国家对外文化贸易基地，举办贸易基地建设推进会、专题培训班，支持国家对外文化贸易基地完善服务体系。二是聚焦演艺、乐器、陶瓷文旅文创、数字文化装备等专题，在北京、上海、景德镇、中国香港、意大利米兰等地举办 8 场“多彩中国　佳节好物”文化和旅游贸易促进系列活动。三是积极参与商务部、国家发展改革委等政策文件起草制定，先后制定印发了《对外文化贸易“千帆出海”行动计划 2023 年工作方案》《关于支持四川省自贡市建设新时代深化改革扩大开放城市的实施意见》等。积极参与2023中国国际服务贸易交易会、第六届中国国际进口博览会、第二届全球数字贸易博览会、第三届中国国际消费品博览会、2023年全球贸易投资促进峰会等相关工作。四是举办第16届中日韩文化产业论坛、第三届中日韩电竞产业交流活动。五是组织开展2023—2024年度国家文化出口重点企业和重点项目认定。联合商务部、中央宣传部、广电总局共同认定367家重点企业和115个重点项目。六是着力促进入境旅游发展。指导举办第十三届中国旅游产业博览会·中国旅行商（天津）大会。支持世界旅游经济研究中心在澳门举办第二届世界旅游投融资大会。

【举办重要会议展览活动】一是组织召开2023年全国文化和旅游产业发展工作会议。会议强调要加强政策规划引领，激发文旅消费潜能，发展数字文旅业态，抓牢抓实项目建设，促进产业深度融合，培育壮大市场主体，深化产业国际合作，努力开创文化产业和旅游产业高质量发展新局面。二是轮值举办第十九届中国（深圳）国际文化产业博览交易会。来自全国31个省、自治区、直辖市及港澳台地区的3569家文化机构和企业，以及来自法国、德国等50个国家和地区的300余家海外展商线上、线下参展，4000多个文化产业投融资项目在现场展示与交易，文化产业重大项目签约总额达34.2亿元。三是举办第二届中国（武汉）文化旅游博览会。国内外2000余家文旅参展商，法国、德国、韩国、葡萄牙、塞尔维亚、泰国、美国等15个国家文旅主管部门及国际旅游机构参展。四是在天津举办第十三届中国旅游产业博览会。吸引2000余家文化和旅游企业参展，线上线下交易额突破2.4亿元，京津冀投融资项目签约额达285.7亿元，入馆参观人数达23.3万人次。五是在陕西西安举办第十届中国西部文化产业博览会。突出展示西部地区数字文化、文化惠民、文化遗产保护、乡村文化振兴、文旅深度融合等最新发展成果，彰显西部文化产业进入新发展阶段的新风貌。

【深入推进产业援疆、产业援藏工作】举办创意人才赋能新疆文旅产业发展专场交流活动。以“疆遇良才，新潮澎湃”为主题举办“创青春”中国青年文化旅游创意设计大赛。开展“产业援疆五年行动计划”中期评估。支持新疆维吾尔自治区举办文化和旅游部产业项目服务平台第33期精品项目交流对接活动暨新疆文化和旅游产业投融资促进活动。举办新疆、西藏文化产业和旅游产业人才培训班。支持“文创西藏”区域文化品牌建设。开展西藏文化产业和旅游产业发展情况调研。

【加强产业发展基础支撑性工作】举办地方党政领导干部健全现代文化产业体系专题研究班。持续实施高质量产业人才培养扶持计划，推动11所高校试点设立数字文化产业专业硕士。围绕产业发展重点领域举办8期产业人才培训班，培训各类人才600人次。开展文化产业和旅游产业领域季度经济形势分析研判工作。复核认定10个产业领域文化和旅游研究基地。完成2022年度文化产业和旅游产业工作督查激励对象评选推荐工作，报送的10个地市全部被国务院办公厅纳入激励名单。

文化和旅游资源开发

【概况】2023年，文化和旅游部贯彻落实习近平新时代中国特色社会主义思想，围绕中心、服务大局，坚持以文塑旅、以旅彰文，推进文化和旅游深度融合发展；聚焦高质量发展和高品质生活，坚持旅游供给质的有效提升与量的合理增长协同推进；聚焦扩大国内需求，坚持供给端和需求端协同发力，推动国内旅游市场振兴积极助力国内大循环。不断满足人民群众美好生活需要，积极推动资源开发工作取得新成效。

【落实中央决策部署，进一步加强顶层设计，夯实旅游业发展基础】一是加强规划编制，为行业发展提供重要引领。完成《“十四五”旅游业发展规划》中期评估工作。会同国家发展改革委印发《东北地区旅游业发展规划》，推进《京张体育文化旅游带建设规划》《巴蜀文化旅游走廊建设规划》落地实施，牵头建立京张体育文化旅游带协调推进工作机制。牵头编制《长江国家文化公园建设保护规划》，会同国家发展改革委编制《桂林世界级旅游城市建设发展规划》经国务院批复同意后印发。二是加强政策制定，为行业发展提供重要保障。积极参与制定《关于释放旅游消费潜力推动旅游业高质量发展的若干措施》，结合职责制定56条细化的落实措施。印发《关于进一步提升暑期旅游景区开放管理水平的通知》。联合教育部等部委印发《用好红色资源培育时代新人 红色旅游助推铸魂育人行动计划》。联合中国银行印发《关于金融支持乡村旅游高质量发展的通知》，完善《关于推动绿色旅游发展的指导意见》。三是加强基础工作，为行业发展筑牢根基。推进全国旅游资源普查。已有13省份完成普查。启动第一批中国特品级旅游资源名录建设，开展“春时花海”“神奇地貌”等特色旅游资源梳理展示，在摸清家底同时科学整理特色资源及分布情况并做好推介。

【坚持以文塑旅，以旅彰文，着力推动文化和旅游深度融合发展】一是建好用好国家文化公园，努力打造中华文化重要标志。指导沿线13省份编制完善分省份规划，初步形成“1+2+13”规划体系。在湖北武汉召开长江国家文化公园建设推进会，突出强调对长江历史文化遗产的系统性整体性保护，高标准建设好四大主体功能区、五大基础工程。二是把大力发展红色旅游作为重要业态，大力弘扬革命文化和社会主义先进文化。开展“追寻红色记忆 祝福伟大祖国”全国妇女儿童红色旅游宣传推广活动，举办“致敬新时代”第四届全国红色故事讲解员大赛、全国大学生红色旅游创意策划大赛。三是把文化和旅游创意产品作为生动载体，以创意方式展示中华优秀传统文化魅力。推进文化文物单位文创试点工作，加强文创设计与生产、营销平台的市场对接，开展东西部文创交流项目，实施创意进景区、创意下乡等工作，与新华社开展“我为乡村做设计”等系列活动，开展“佳节好物、一起过节”文创海外推广活动。四是把“读万卷书 行万里路”中华文化主题旅游推广作为创新举措，让旅游的过程成为感悟中华文化的过程。推出李白、茶文化等一批文化主题线路，开展“读李白游中国”旅游宣传推广活动，开展中国茶文化主题旅游推广活动。设计推出二十四节气旅游创意海报。指导相关媒体启动“沿着黄河看中国”宣传推广活动、会同国际局、中外文化交流中心共同举办2023“长江主题旅游海外推广季”启动仪式暨“长江主题国家级旅游线路”发布仪式、2023“黄河主题旅游海外推广季”启动仪式暨“黄河文化旅游带精品线路”外文版发布仪式。五是实施旅游促进各民族交往交流交融计划，助力铸牢中华民族共同体意识。举办全国旅游促进各民族交往交流交融研讨班，联合新华社举办专题分享会，联合国家民委召开交流推进会，发布10个旅游促进各民族交往交流会同国际局交融新疆案例。在和田举办“新疆是个好地方”19省市旅游推广援疆活动，实施“旅游兴疆”“送客入疆”“推广援疆”系列举措。

【坚持贯彻新发展理念，统筹有效供给与多样需求，进一步丰富高质量文化和旅游产品供给】一是强化科技赋能，推进智慧旅游创新发展。会同工业和信息化部推进5G+智慧旅游协同创新发展，推出首批24家全国智慧旅游沉浸式体验新空间培育试点名单、全国智慧旅游“上云用数赋智”十佳和26个优秀解决方案。举办智慧旅游发展大会暨智慧旅游示范展示活动，发布《全国智慧旅游发展报告》和第一批“5G+智慧旅游”应用试点项目。二是助力乡村振兴，推动乡村旅游提质发展。发布400余条“乡村四时好风光”精品线路，开展乡村旅游艺术提升行动、餐饮提升行动、数字提升系列行动，开展“游购乡村”系列活动，推进乡村旅游集聚区建设。联合央视推出大型乡村文旅探访节目《山水间的家》,《正大综艺》“不看不知道　山河真美妙”专题节目，聚焦全国乡村旅游重点村，展现新时代中国乡村新面貌。三是促进转型升级，推动观光度假并重发展。印发世界级旅游景区、旅游度假区建设工作方案，完善世界级旅游景区度假区建设指引。有序推进A级旅游景区和国家级旅游度假区复核工作，推出69家国家级工业旅游示范基地、18家国家级旅游度假区、110家国家级休闲街区、7家国家级旅游滑雪度假地。推出“中国之路”十大自驾游精品线路、第三批22家全国自驾车旅居车营地。联合体育总局推出13家体育旅游示范基地，发布12条国庆假期体育旅游精品线路、发布12条春节假期体育旅游精品线路、发布“2023—2024全国十大冰雪旅游精品线路”。深化“旅游+”和“+旅游”，推进露营旅游、康养旅游、生态旅游、海洋旅游等产品业态融合发展。

会同工信部、国家卫生健康委推出20个老年旅游发展典型案例。

会同国铁集团组织开展“百列万人游新疆活动”，据统计，2023年以来已开行新疆旅游专列200列，接待游客人数达6万多人次。

会同交通运输部、国家铁路局、国家邮政局、中国民用航空局、国铁集团等六单位推出第一批46个交通运输与旅游融合发展十佳案例、典型案例。

【坚持立足新发展格局，积极融入国内大循环，进一步推动国内旅游市场振兴发展】一是聚焦季节特征，适时开展专项推广活动。开展“旅游中国　美好生活”全国旅游宣传推广，相继开展“神州春色”“畅游一夏”“山河秋韵”“冬日胜景”等季节性旅游宣传推广活动。组织开展“欢乐冰雪旅游季”。举办“打卡旅游休闲　打开欢乐春节”新春旅游推广活动。二是拓宽旅游推广渠道，用好各类媒体平台。联合抖音、微博、喜马拉雅实施“跟着季节游中国”“城市巡游记”“我的家乡有宝藏”等专项推广，展示各地城市好味、城市好景、城市好街、城市好展。三是搭建展会平台，推动市场转化。联合浙江省政府举办第17届中国（义乌）文化和旅游产品交易博览会。举办中国（阿尔山）旅游大会，同期开展“千车万人”穿越大兴安岭自驾游、乡村旅游艺术提升行动等系列活动。

文化和旅游市场管理

【概况】2023年，文化和旅游部认真学习贯彻习近平文化思想，坚决贯彻落实党中央、国务院决策部署，坚持把市场管理工作放在文化强国建设大局来谋划推动，着力统筹发展和安全、促进和规范、活力和秩序，有力推动有效市场和有为政府更好结合、文化和旅游深度融合，市场治理体系和治理能力现代化水平不断提高，人民日益增长的美好生活需要得到更好满足。

【严守底线红线，高水平安全持续巩固】紧绷安全意识这根弦，强化底线思维，以“时时放心不下”的责任感抓好安全生产和意识形态安全，不断筑牢高质量发展安全根基。

安全生产方面。一是压实安全生产责任。召开2次文化和旅游部安全生产工作领导小组全体会议。

作为组长单位4次参加国务院安委会组织的对河南省安全生产重大事故隐患专项整治督导检查和考核巡查。开展全国文化和旅游行业安全生产培训与应急演练。二是紧盯重点时段。针对春节、五一、国庆节等节假日和汛期、暑期、岁末年初等重点时段，印发通知，召开3次全国电视电话会议，进一步对安全生产工作进行部署，通过新闻发布会、部门户网站、微信公众号、在线旅游平台等渠道发布游客出游提示。组织10个工作组赴重点省份开展节前行业安全生产检查。三是紧盯重点领域。会同国家消防救援局印发《剧本娱乐经营场所消防安全指南（试行）》，明确剧本杀、密室逃脱等剧本娱乐经营场所的消防安全要求。会同公安部、交通运输部印发《关于进一步规范旅游客运安全带使用　保障游客出行安全有关工作的通知》，设计制作旅游客运车辆安全带宣传视频，印发160万份旅游客运安全乘车提示帖，以"小切口"解决安全生产"大问题"。

意识形态安全方面。一是文娱领域综合治理深入推进。加强源头治理，制定营业性演出内容审核规范，扎实做好演出和艺术品内容审核把关。印发《关于进一步加强脱口秀演出管理的通知》，加强脱口秀演出内容管理。加大违法失德艺人惩戒力度，防止劣迹艺人转移阵地复出。联合中宣部、网信办等8部门印发规范明星代言政策，开展文娱领域流量造假问题专项治理和"饭圈"乱象整治。二是加强大型演出活动规范管理。召开全国大型营业性演出活动规范管理工作会议，印发《关于进一步加强大型营业性演出活动规范管理　促进演出市场健康有序发展的通知》，加强风险评估、现场管理、舆论引导和文明观演，"黄牛"倒票等乱象得到有效遏制。建立由文化和旅游部牵头，中宣部、网信办、公安部共同参与的大型营业性演出活动部际协作机制，每月研判制定重点演出相关风险。三是不断筑牢网络意识形态阵地。加强网络音乐、网络演出剧（节）目、网络艺术品报审报备和内容自审，印发《进口网络演出剧（节）目内容审查办事指南》。形成网络表演、网络音乐、在线旅游市场"双周报告、双月通报"的常态化动态监测机制，督促平台企业完成整改。部署网络音乐企业清理负能量有害音乐。部署清理违规卡拉OK音乐和剧本娱乐项目。

【维护市场秩序，高效能治理切实加强】加强市场秩序综合治理，保障消费者和经营主体合法权益，着力构建横向打通、纵向贯通的协同监管格局，力求文化和旅游市场发展活而不乱、规范有序。

一是旅游市场秩序更加规范。印发《关于进一步规范旅游市场秩序的通知》，依法治理"不合理低价游"，及时处置游客和社会反映强烈的行业乱象问题。引导游客警惕明显低于正常价格的旅游产品。修订团队旅游合同示范文本，推广应用电子合同，发挥电子合同在规范秩序过程中的监测和预警作用。

二是信用体系建设稳步推进。推动《文化和旅游市场信用管理规定》及配套制度落地落实，指导各地依法依规开展失信主体认定和管理提升信用管理效能。持续开展文化和旅游市场信用经济发展试点工作，指导第二批16个试点地区创新试点内容、拓展应用场景。发布全国文化和旅游市场信用体系建设报告。开展信用和质量工作研讨培训，进一步提升各地信用管理能力和水平。

三是信息化监管水平明显提升。持续优化完善全国文化市场技术监管与服务平台、全国旅游监管服务平台功能，促进市场管理规范化和政务服务便利化。推进制定文化和旅游市场管理信息化建设行动计划。建立健全以在线旅游平台经营者为核心的产业链监管机制，完善网络巡查、动态监测、情况通报、行政指导、行政约谈、问题移交等闭环监管机制。

四是市场管理法规制度更加完善。认真落实《市场管理司领导干部联系企业工作制度》，班子成员多次带队外出调研，多项调研成果转化为政策成果。研究制定《剧本娱乐管理办法》，推动修订《旅行社条例》《互联网文化管理暂行规定》《导游等级考核评定管理办法》等法律法规，制定印发《关于规范网络演出剧（节）目经营活动推动行业健康有序发展的通知》《关于推动在线旅游市场高质量发展的意见》《文化和旅游部　公安部关于加强电竞酒店管理中未成年人保护工作的通知》等政策文件。

【提升服务质量，高品质供给更加丰富】落实扩大内需战略和供给侧结构性改革要求，制订《国内旅游提升计划（2023—2025 年）》，推动行业实现质的有效提升和量的合理增长。

一是服务质量稳步提升。优化中央质量督察（文化和旅游领域）考核指标和分值设置，增强考核导向作用。完善旅游服务质量评价体系。组织开展文化和旅游市场质量提升主题活动，发布服务质量提升报告和典型案例，开展旅游服务质量监测。以“美好中国，幸福旅程”为主题高质量举办“5·19 中国旅游日”主题日、主题月、主题周系列活动，启动仪式暨主会场活动在云南省腾冲市和顺古镇举行，全国各地结合实际策划系列活动近万场，相关内容线下触达超 20 亿人次、线上浏览量超 50 亿人次，推出惠民措施 5211 项。

二是行业标准体系持续完善。制定发布《旅游民宿基本要求与等级划分》国家标准和《旅游电子合同管理与服务规范》行业标准，推动修订《导游服务规范》《旅游饭店星级的划分与评定》等标准，推动制定剧场、演出经纪机构等行业标准。

三是行业人才队伍更加壮大。组织演出经纪人和导游职业资格考试，报考人数分别为 14.5 万人和 21.9 万人。会同中华全国总工会、共青团中央、全国妇联举办全国星级饭店从业人员服务技能竞赛和第五届全国导游大赛，大力弘扬工匠精神，增强从业人员自信，培育行业骨干人才。推进在线培训系统完善和应用，加强演出、旅行社、网络文化等从业人员培训，为行业持续发展提供人才支撑。

四是文明旅游渐成风尚。积极调动文化和旅游行业和全社会力量，进一步放大文明旅游宣传“声量”，举办全国文明旅游工作座谈会暨“文明旅游你我同行”主题宣传活动启动仪式。启动第三批国家级文明旅游示范单位培育工作，推进专家队伍建设和培训。征集发布文明旅游工作典型案例，培育国家级和省级文明旅游示范单位，充分发挥引领带动作用。

【优化营商环境，高质量发展取得实效】发挥市场在资源配置中的决定性作用，更好发挥政府作用，换位思考市场主体政策需求，既踩刹车也踩油门、既除路障也设路标，以良好营商环境助推行业发展。

一是政务服务提质增效。持续优化行政审批，全面实行行政许可事项清单管理，推动全部事项网上可办、“一网通办”。印发幼儿园与娱乐场所、互联网上网服务营业场所最小距离及测量方法典型案例，加强行政审批指导。落实政务服务“好差评”制度，开展 2022—2023 年度“好差评”优秀典型案例宣传，加强“好差评”工作经验交流。开发“文旅市场通”App，打造“一站式”政务服务移动平台。提升“互联网＋政务服务”水平，推行文化和旅游市场涉企证照电子化，提升政务服务满意度和获得感。及时回应群众关切，持续推进“我为群众办实事”，认真办理国务院“互联网＋督查”事项和中国政府网、部官网留言 1240 余条。

二是市场主体更加活跃。2023 年以来新设立主体 2.57 万家，同比增长 53.9%，较 2019 年增加 32.4%。印发《互联网上网服务行业上云行动工作方案》，拓展上网服务行业云服务试点，推动上网服务行业降本增效。开展“艺播计划”，通过共创节目、专业培训、流量扶持等方式，助力文艺表演团体数字化转型升级，全年支持 267 家文艺院团、1052 名演员进行演艺直播。推进“青禾计划”和“数字木兰”民宿管家培训计划，赋能乡村振兴。

三是新兴业态凸显潜力。对新业态实施包容审慎监管，支持网络演出剧（节）目、电竞酒店等业态规范健康发展，推动出台演出新空间发展政策。发布《网络主播培训服务体系大纲》，推进网络主播职业化发展。推进“导游＋网约车”试点，更好满足旅游服务定制化、私密化、精品化的发展趋势。

文化市场综合执法监督

【概况】2023年，文化和旅游部扎实开展学习贯彻习近平新时代中国特色社会主义思想主题教育，深入贯彻党的二十大精神，落实习近平总书记重要指示批示精神和中央决策部署，持续深化文化市场综合执法改革、加强执法队伍建设，着力整治文化和旅游市场突出问题，为文化和旅游市场快速恢复发展提供了有力保障。

【高效落实习近平总书记重要指示批示精神和中央决策部署，重大专项工作推进有力】持续推进打击治理跨境赌博旅游管控工作。动态调整旅游目的地“黑名单”，充分发挥警示震慑作用；完成周边国家涉赌形势分析报告，专题研究报列预案和管控措施，完善应对措施；调整网络监测关键词，及时清理下架涉旅游目的地“黑名单”包价旅游产品和信息，重点核查处理旅行社与境外赌场勾连案件线索；联合多部门赴广西等地调研督导，督促落实旅游管控措施。

切实加强大型营业性演出活动执法监管。召开演出市场执法监管座谈会，举办两期演出市场以案施训培训班；印发专门工作通知，每月通报演出审批信息，明确执法监管要点；部署开展演出市场专项整治行动，组织集中执法检查，严厉打击营业性演出市场违法行为，指导办理290余起演出市场案件，督办“北京某脱口秀演出有禁止情形案”等一批重大案件，有力震慑违法违规行为。

配合推进农村乱占耕地建房问题整治、扫黑除恶斗争常态化、平安中国建设、“扫黄打非”等重大专项工作。

【持续深化文化市场综合执法改革和队伍建设，执法规范化水平稳步提升】联合中央宣传部、司法部、广电总局、文物局、全国总工会、共青团中央、全国妇联等7部门成功举办第三届全国文化市场综合执法岗位练兵技能竞赛复决赛。来自全国文化市场综合执法队伍的243名选手和33支代表队参赛，经过复赛、决赛角逐，共产生团体全能奖8个、团体单项奖9个、个人全能奖8个、个人单项奖24个、组织奖11个、特别贡献奖10个；各地执法人员第一次以统一着装的崭新风貌集中亮相，全面检验改革成效，充分展示队伍形象。

加快推进文化市场综合执法法治建设。着力推进《文化市场综合执法管理条例》立法工作，通过开展联合调研、组织召开立法专家论证会、委托开展立法课题研究等方式，积极推进立法进程。开展《文化市场综合行政执法管理办法》和《旅游行政处罚办法》整合修订预研究，并组织开展调研。指导各地出台省级文化市场综合执法事项指导目录和省级文化市场综合执法行政处罚裁量基准。

加强文化市场综合执法规范化建设。深入开展执法装备配备调研，协调推进执法装备配备工作。评选89起年度文化市场综合执法重大案件，举办以案施训等线上线下培训17期和系列集中办案活动，培训执法骨干3000余人次。持续推进执法考评、案卷评查等工作，进一步提升执法规范化水平。

【着力加强文化和旅游市场执法监管，保障市场恢复发展平稳有序】加强执法工作部署，聚焦节假日、寒暑假等重点时段和敏感节点，印发系列工作通知和提示，部署加大执法监管力度。加强文化市场执法监管，开展剧本娱乐专项整治，指导查办34起案件，规范剧本娱乐经营场所行为；推进艺术品、上网服务、社会艺术水平考级等领域执法监管，组织三批文化市场集中执法检查，督促核查540余条问题线索。加强旅游市场突出问题整治，部署开展旅游市场秩序整治百日行动，严查“不合理低价游”、强迫购物等突出问题，指导属地妥善处置一批热点舆情。加强安全生产监督检查责任落实，起草文化和旅游市场安全生产监督检查工作指引，指导各地执法队伍及时处置重要节假日期间安全生产隐患问题1.8万余个。2023年，全国共出动执法人员1129万余人次，检查经营单位385万余家次，办结案件5.1万余件。

【切实强化跨部门跨区域执法协作，文化市场综合执法运行机制不断完善】强化部际联席会议作用发挥。召开全国文化市场管理工作联席会议全体会议和联络员会议，印发年度工作要点并跟进实施。编发联席会议工作简报，及时反映成员单位和各级文化市场管理工作领导小组工作动态。会同成员单位联合开展文化市场综合执法运行机制调研，推动、指导地方文管领导小组及其办公室开展工作，持续跟踪地方综合执法运行机制落实情况，进一步加强协同配合。

强化跨部门执法协作。联合印发加强文物市场行政执法工作等文件，跨部门开展非法出版物整治、院线电影版权保护、青少年版权保护等专项行动，联合中宣部、全国“扫黄打非”办公室、广电总局等部门督办5批次154起重大案件，共同组织版权执法培训。

强化跨区域执法协同。持续推进边疆地区文化市场综合执法协作机制建设，组织边疆地区执法工作会议、执法骨干培训班，收集整理涉少数民族语言文字违法违规文化产品样本，深化边疆地区执法联动。深入实施东西部执法对口交流协作计划，指导京津冀、晋陕豫、粤港澳大湾区等地健全跨区域执法协作机制。

【有效提升执法监管效能，问题发现和处置能力显著增强】持续深化全国文化市场技术监管与服务平台建设与应用，启动平台综合执法系统升级优化项目。不断完善全国文化市场技术监管与服务平台功能，及时梳理解决基层反映的平台各类问题55条，印发应用规范，更新操作手册，推动数据共享，为基层执法人员提供便捷、实用的信息化办案工具。推进综合执法网络监测与主动执法系统建设，完成执法网络监测技术与系统应用现状调研，常态化开展网络监测和舆情监测，提升对重点问题的发现预警和分析研判能力，清查问题线索9.7万条。完成4轮暗访评估工作，实现对西藏、新疆以外的省（区、市）全覆盖，发现并及时处置有关问题684个。推进举报投诉数据归集，定期开展数据分析，直接处置举报投诉信息3.9万条。

对外和对港澳台文化和旅游交流与合作

【概况】2023年，文化和旅游部坚持以习近平新时代中国特色社会主义思想为指导，全面贯彻落实党的二十大和二十届二中全会精神，深入学习贯彻习近平文化思想、外交思想，落实全国宣传思想文化工作会议、中央外事工作会议要求，着力推动中华文化更好走向世界，为建设社会主义文化强国、增强中华文明传播力影响力、构建人类命运共同体作出应有贡献。

【服务元首外交，凝聚践行全球文明倡议的国际共识】举办《携手同行》暨中国同中亚国家人民文化艺术年、中国—中亚青年艺术节开幕式，习近平主席和夫人彭丽媛与出席中国—中亚峰会的中亚五国领导人和夫人一同观看演出。配合第三届“一带一路”国际合作高峰论坛，举办《丝路同行》文艺演出、“四海腾欢——庆祝共建‘一带一路’倡议十周年中国工艺美术馆馆藏珍品展”。举办首届“良渚论坛”，习近平主席向论坛致贺信，论坛期间签署《中华人民共和国文化和旅游部与阿拉伯国家联盟秘书处关于践行全球文明倡议的联合声明》。举办“艺汇丝路——中阿知名艺术家采风作品展”暨中阿艺术家对话沙龙，习近平主席给参加活动的阿拉伯艺术家复信。举办纪念费城交响乐团访华50周年演出，习近平主席复信费城交响乐团总裁兼首席执行官马思艺，拜登总统向费城交响乐团致贺信。

【扎实推进双边交流，完善政府间合作机制】召开中俄、中哈（哈萨克斯坦）、中白（白俄罗斯）、中土（土库曼斯坦）政府间委员会文化和旅游分委会会议、中委（委内瑞拉）高级混合委员会文化分委会会议。同菲律宾、洪都拉斯、委内瑞拉、沙特阿拉伯、蒙古国、塞尔维亚、泰国、老挝、哥伦比亚、伊朗、巴林、乌拉圭等国签订文化和旅游合作协议及新一轮执行计划。中法高级别人文交流机制持续深化，签署《中华人民共和国文化和旅游部部长与法兰西共和国文化部部长关于文化领域开展合作的联合声明》。

举办中西（西班牙）文化和旅游年、第十三届中俄文化大集、中国—阿拉伯国家动漫产业论坛、第六届中国—阿拉伯国家博览会、中阿旅行商大会、2023“拉美艺术季”之“拉美和加勒比音乐节”、非洲英语国家旅游创新发展研修班等双边活动。出席第九届圣彼得堡国际文化论坛。乌兹别克斯坦“中国文化日”专场演出、土库曼斯坦“中国文化年”开幕式、2023俄罗斯“中国文化节”专场民族音乐会、中国—新西兰艺术节等活动成功举办。

【深化多边机制合作，拓展伙伴关系】参加第八届金砖国家文化部长会议、2023金砖国家旅游部长会议，二十国集团文化部长会议，第七届文明古国论坛部长级会议，“77国和中国”文化部长会议等国际多边合作机制会议。参加上海合作组织成员国旅游部门领导人会议、上海合作组织成员国文化部长第二十次会晤、第14次中日韩文化部长会议等区域多边机制会议。举办2023中非文化和旅游合作论坛、第18届中国—东盟文化论坛、中俄蒙三国旅游部长会议等。与阿拉伯国家联盟秘书处达成合作共识。

中国成功连任联合国旅游组织2023—2027年执行委员会成员。推动江西篁岭村、浙江下姜村、甘肃扎尕那村和陕西朱家湾村入选联合国旅游组织2023年“最佳旅游乡村”。参加联合国旅游组织、联合国教科文组织相关法定会议。持续发挥世界旅游联盟多边平台作用，举办“湘湖对话”“中西（西班牙）旅游对话”等活动。

【共建“一带一路”，推进务实合作】继丝绸之路国际剧院联盟、博物馆联盟、艺术节联盟、图书馆联盟、美术馆联盟之后，旅游城市联盟正式成立。截至2023年年底，各联盟共有成员单位639家，其中国外成员单位408家（涵盖98个国家和2个国际组织），国内成员单位231家。

首届“良渚论坛”期间举办“艺汇丝路”访华采风活动，来自83个国家的84位艺术家参加，是历届活动中规模最大、国家覆盖面最广、参与人数最多、创作成果最丰富的一次。

举办中国影像节“一带一路”主题展映活动，60余部英、西、法、阿、俄多语种纪录片和专题片通过海外中国文化中心与全球百家媒体和各国观众见面。

举办第六届丝绸之路（敦煌）国际文化博览会、第九届丝绸之路国际艺术节、第五届海上丝绸之路国际艺术节等活动。

【开展品牌活动，展示中华文化精髓】2023年“欢乐春节”活动以线上线下相结合方式在全球举办。首次征集设计“欢乐春节”吉祥物“吉祥兔”，举办“欢乐春节”启动仪式暨“欢乐春节　和合共生”音乐会、对非洲设立“欢乐春节”展播月，支持中国驻外使领馆及驻外文化和旅游机构在全球100余个国家和地区举办近500场活动，与多家社会企业和文博机构举办多场互联网端活动。线下参与近2000万人次，网络及电视端节目基本覆盖全球，触达观众超10亿人次。

以“中国传统制茶技艺及其相关习俗”申遗成功为契机，结合5月21日“国际茶日”，在全球举办“茶和天下”·雅集活动。活动遍布全球47个国家，并与香港、澳门特区联动，参与机构包括24个驻外使（领）馆（团）、2个国际组织（联合国总部和联合国教科文组织总部）、40个海外中国文化中心和5个驻外旅游办事处，包括参与联合申遗省份在内的18个省（区、市）积极组织资源参与海外活动，举办200场形式多样、内容丰富的推广活动，以“雅集”方式，举办茶艺、古筝、书画、插花等表演和交流体验活动，生动展示中国传统茶文化及雅文化。

开展“你好！中国”国家旅游形象系列推广。设计“你好！中国”国家旅游形象。在美国纽约曼哈顿时代广场、花旗棒球场、阿联酋迪拜哈利法塔等标志性建筑前举行“你好！中国”国家旅游形象发布仪式，在法国巴黎举办中法文化旅游年“你好！中国”旅游推介会。举办2023中国国际旅游交易会、全球旅行商大会、中国入境旅游政策解读发布会等活动。

在全球42个国家的45家海外中国文化中心和旅游办事处举办“中国故事”讲座，围绕“中国式现代化”“文明交流互鉴”“中华优秀传统文化”三方面讲述有温度、有深度的中国故事。

举办2023年“天涯共此时——中秋节”全球联动活动、2023驻华外交官“发现中国之旅”系列活动、“东亚文化之都”系列活动、第三届中国（宁夏）国际葡萄酒文化旅游博览会、第五届中国西藏旅游文化国际博览会、第六届中国新疆国际民族舞蹈节、第九届尼山世界文明论坛、2023北京文化论坛、2023国际山地旅游暨户外运动大会、第十四届中国长江三峡国际旅游节、2023世界大河文明论坛、第八届中国成都国际非物质文化遗产节、第二十二届中国上海国际艺术节、第十九届中国吴桥国际杂技艺术节、“北京国际摄影周2023”、首届北京国际非遗周等大型交流活动。

【加强平台建设，推动驻外文化和旅游机构稳步发展】海外中国文化中心和旅游办事处建设稳步推进，已在全球设有47个海外中国文化中心、23个驻外及驻港台旅游办事处。中国—中亚峰会期间，习近平主席见证中吉（吉尔吉斯斯坦）两国签署关于互设文化中心的协定，并见证中哈（哈萨克斯坦）两国签署关于互设文化中心的意向备忘录。比什凯克中国文化中心设立工作快速推进，两国总理为中心揭牌。

2023年，海外中国文化中心和旅游办事处举办线下活动3064场，受众人数955.2万人次，线上活动6362场，浏览量约3.06亿次，活动内容涵盖艺术展演、影视展映、推介推广、讲座研讨、教学培训等。

【携手港澳台，共同弘扬中华文化】推进粤港澳人文湾区、休闲湾区建设。发挥惠港惠澳政策示范引领作用，支持港澳文艺创作和人才培养。持续举办“根与魂”“艺海流金”“情系中华”“守望精神家园”等品牌活动，推动港澳台共同弘扬中华文化。深化港澳台青少年工作，举办港澳台青年游学交流和实习实践活动。

在香港故宫文化博物馆举办“天涯共此时——中秋节”全球联动活动启动仪式。在澳门举办“世界旅游经济论坛·澳门2023”。

陆续举办 2023 港澳艺术家“艺汇丝路”采风活动、港澳青少年内地游学联盟大会及游学推广活动、2023 对香港文化和旅游推广活动、2023 海峡两岸台北夏季旅展、海峡两岸旅行商大会、2023 年国家艺术院团（澳门）演出季、2023 长城主题文化和旅游推广暨“龙的传人游长城——台湾旅游业界山西行”踩线活动等。

文化和旅游法治建设

【概况】2023 年，文化和旅游部坚持以习近平新时代中国特色社会主义思想为指导，认真学习贯彻习近平法治思想和习近平文化思想，贯彻落实中共中央、国务院印发的《法治政府建设实施纲要（2021—2025 年）》，推进实施文化和旅游部印发的《关于加强文化和旅游领域法治建设的指导意见》，法治政府建设取得明显成效。

【以习近平法治思想为指导，切实履行政府职能】一是抓好习近平法治思想贯彻落实。文化和旅游部党组深入学习领会习近平法治思想，切实履行推进法治建设领导职责，把习近平法治思想贯彻落实到法治政府建设全过程和各方面。部党组理论学习中心组以旅游法实施十周年为契机，集体专题学习习近平法治思想，研究推动旅游业高质量发展。将党政主要负责人履行推进法治建设第一责任人职责情况纳入领导干部年度考核，为领导干部配发《习近平法治思想学习问答》等学习书籍，推动领导干部尊法学法守法用法。

二是深入推进行政审批制度改革。贯彻落实《国务院办公厅关于全面实行行政许可事项清单管理的通知》，制定发布行政许可事项实施规范，持续推进行政许可标准化、规范化、便利化，不断提高审批效率和监管效能。完善审批服务，升级演出经纪人员管理和服务系统，实现资格申领、变更、补证、注销及继续教育“一网通办”。指导北京、杭州等服务业试点地区探索下放外商投资娱乐场所、互联网上网服务营业场所行政许可事项。在全国自由贸易试验区、海南自由贸易港等区域内，对旅行社设立许可实行告知承诺，审批时限由 20 个工作日压缩至不超过 13 个工作日。国家文物局指导各地优化文物经营审批程序，全年完成 36.7 万件（套）文物拍卖标的审核备案。

【完善依法行政制度体系，推进行政治理规范化】一是推进重要领域立法。制定实施《文化和旅游部 2023 年立法工作计划》。参与完成爱国主义教育法起草工作。文物保护法（修改）、文化产业促进法、非物质文化遗产法（修改）、旅游法（修改）4 部法律列入十四届全国人大常委会立法规划。文物保护法修订草案提请十四届全国人大常委会第六次会议首次审议。启动旅游法修订工作，会同全国人大财经委举办旅游法实施十周年座谈会，开展旅游法实施十周年自评估。完善演出市场管理政策，出台脱口秀、剧本娱乐、大型营业性演出、网络演出剧（节）目等行业管理文件。

二是加强规划实施评估。建立健全“十四五”规划实施机制，把规划实施纳入文化和旅游系统各单位重点工作安排，分年度滚动推进、细化落实，统筹开展“十四五”规划中期评估。联合国家发展改革委、国家文物局印发《长江文化保护传承弘扬规划》，制定实施方案和年度工作要点，加强长江文化研究阐释，讲好新时代长江故事。加强黄河文化保护传承弘扬，推进黄河流域文物和非物质文化遗产系统性保护。参与京津冀协同发展、中部崛起、东北全面振兴、首都规划建设等专项规划及重大城市群、都市圈规划的研究和实施工作，推动区域文化和旅游高质量发展。

三是推进标准制定实施。印发《文化和旅游标准化工作管理办法》，起草配套工作细则。联合国家发展改革委等部门印发《国家基本公共服务标准（2023年版）》，推进基本公共文化服务标准化建设。修订发布《导游服务规范》等国家标准，提升导游服务质量。加强标准的宣传解读，组织团体标准工作培训，支持开展旅游、图书馆、文化馆、非物质文化遗产等领域标准的业务培训。推动考古设施设备标准化建设，修订《考古装备及设施配备导则》。2023年共出台文化和旅游国家标准和行业标准20项、立项28项，发布文物保护行业标准17项，开展20项关键标准预研究和制修订工作，遴选公布全国旅游标准化示范典型经验20项。

【落实行政决策制度和政务公开要求，提升行政决策公信力和透明度】一是坚持科学、民主、依法决策。严格执行《重大行政决策程序暂行条例》，增强公众参与实效，加强与宏观政策取向一致性评估，充分发挥风险评估功能，推动重大行政决策严格履行合法性审查和集体讨论决定程序。充分发挥法治专家委员会、公职律师、法律顾问单位作用，组织召开公职律师工作座谈会，补充新任公职律师9名，为重大立法和改革事项、重要文件合同、涉法涉诉案件提供咨询和法律意见。建立文化和旅游立法联系点制度，在12个地方文化和旅游行政部门设立立法联系点，畅通立法征求意见渠道，完善立法决策机制。

二是加强规范性文件的制定管理。严格执行文化和旅游部行政规范性文件制定和监督管理工作规定、公平竞争审查工作方案，全面落实行政规范性文件合法性审核机制、备案制度，对行政规范性文件进行合法性审核和公平竞争审查，推动管理制度化规范化。健全行政规范性文件动态清理工作机制，加强行政规范性文件清理工作。

三是全面主动推进政务公开。修订文化和旅游部政府信息公开指南，主动公开政府信息公开范围、目录、依申请公开流程。围绕《旅游电子合同管理与服务规范》等政策文件，做好宣传和政策解读。在文化和旅游部政府门户网站开设“文化和旅游企业政策信息专栏”，为市场主体及时了解和用足用好政策提供便利。通过季度例行新闻发布会、专题新闻发布会、媒体通气会等形式，介绍文化和旅游有关情况，解读有关政策，推动政府信息公开工作。

【健全行政执法工作体系，推进严格规范公正文明执法】一是提升文化市场综合执法水平。严格落实中央宣传部等4部门《关于进一步完善文化市场综合执法运行机制的通知》，收集典型案例，强化监督指导。联合中央宣传部、司法部等7部门举办第三届全国文化市场综合执法岗位练兵技能竞赛活动，提升队伍执法能力。实施执法能力达标工程，指导完善京津冀、东西部对口交流等跨区域执法协作机制，常态化开展执法考评、案卷评查、集中办案、案件评选活动，不断提高执法队伍综合素质。

二是针对突出问题开展专项整治。开展大型营业性演出活动、演出票务市场等专项整治，查处非法演出活动。印发《文化和旅游部办公厅关于进一步规范旅游市场秩序的通知》，开展旅游市场秩序整治百日行动，持续整治“不合理低价游”、未经许可经营旅行社业务等突出问题。推进打击治理跨境赌博相关工作，加强对重点案件的现场督办、实地督导工作。国家文物局全年直接督办重大文物违法案件144起，会同最高人民法院、最高人民检察院发布一批典型案例。

三是完善行政监管执法系统。深化信息化平台建设，加大对“互联网＋监管”“互联网＋政务服务”的支撑力度。建设应用全国旅游监管服务平台旅行社资质管理、导游管理、星级饭店管理、等级民宿评定、电子合同管理等模块，提升旅游市场监管能力。优化完善全国文化市场技术监管与服务平台建设和应用，对移动执法系统和举报投诉处理系统进行升级改造。开发上线执法机构管理模块、经营状态标记和电子卷宗上传等功能。实现营业性演出活动和网络演出剧（节）目审批与执法数据共享。

【健全矛盾纠纷化解体系，增强法治思维提高依法行政能力】一是妥善处理行政复议和行政应诉案件。充分发挥行政复议的矛盾化解功能，加强对各级文化和旅游行政部门工作的指导，不断规范具体行政行为。2023 年，文化和旅游部共办理 13 起行政复议和行政应诉案件，国家文物局共办理 8 起行政复议和行政应诉案件。

二是扎实推进信访工作。学习宣传贯彻《信访工作条例》，完善信访形势分析研判、重大问题协调处理等工作机制。积极推动初次信访事项依法及时就地解决，持续做好重复信访事项和信访积案的化解工作，强化信访矛盾的源头预防和化解。

三是加强干部队伍法治培训。举办文化和旅游系统司局级领导干部法治培训班、全国文化和旅游市场管理工作培训班、全国文化市场以案施训培训班、全国文物行政执法骨干培训班等，持续加强干部队伍法治工作能力建设。在导游、演出经纪人等职业资格考试中，明确提出对宪法、民法典及未成年人保护、劳动者合法权益保护等方面的考察要求，加强对法律知识的考察。

四是开展形式多样的普法活动。联合司法部、全国普法办举办深入学习贯彻习近平法治思想和习近平文化思想、大力弘扬宪法精神、建设社会主义法治文化——2023 年“宪法宣传周”主题普法宣传活动，制作播放《宪法的信仰》法治文化宣传片，在国家图书馆举行中华优秀传统法律文化、红色法治文化馆藏法律文献展及《我国的宪法制度和宪法实践》《中国传统法文明模式》《红色法治传统的现代意义》等系列讲座，取得显著的社会效果。结合文化和自然遗产日、中国旅游日等重要节点，开展法治宣传活动。持续推广越剧《燃灯者》、秦腔《公民张三》、话剧《英雄时代》《鼓楼那些事》、美术作品《草原普法》等文艺作品，用艺术形式开展普法宣传。开展水下文物保护管理条例修订实施一周年宣传活动，发布保护水下文物平潭倡议。

文化和旅游财务管理

【概况】2023 年，文化和旅游部坚持以习近平新时代中国特色社会主义思想为指导，认真贯彻落实党的二十大精神，牢牢把握“学思想、强党性、重实践、建新功”的总要求，扎实开展学习贯彻习近平新时代中国特色社会主义思想主题教育，认真学习领会习近平文化思想，坚决贯彻部党组决策部署，不断强化责任担当、增进沟通协作，加强学习调研成果转化，认真履职尽责，有力保障了文化和旅游高质量发展。

【保障文化和旅游事业发展】2023 年落实财政拨款预算 58.1 亿元，其中年初安排 49.62 亿元，年中追加安排 8.48 亿元，较 2022 年增加 7.78 亿元，增幅 15.46%，疫情之后首次实现预算较上年正增长，有力保障了文化和旅游部重大活动、重要项目的实施和刚性支出。

【推动中央财政转移支付实施】2023 年落实中央补助地方文化和旅游转移支付资金 44.81 亿元，支持实施“三馆一站”免费开放、文化人才专项、国家非物质文化遗产保护、全国智慧图书馆体系建设、公共文化云建设、濒临失传剧种免费或低票价演出、戏曲进乡村等 7 个转移支付项目。提前下达 2024 年转移支付资金 40.33 亿元，保障 2024 年项目实施。

【持续推进重大文化设施建设工程】故宫博物院北院区项目、中央芭蕾舞团业务用房扩建项目施工进展顺利；国家文献储备库项目重新启动审批程序；国家美术馆工程、中国交响乐团原址翻建工程等正协调推进。有序推进海外中国文化中心建设。

【做好对口支援工作】充分征求新疆、西藏和帮扶地区意见，组织制订文化和旅游部2023年对口支援工作计划和定点帮扶工作计划，有力实现帮扶需求与工作落实的有效衔接。举办中央转移支付支持新时代西藏文化高质量发展研讨会，创新举办部定点帮扶地区文化和旅游资源推介会，进一步提升我部对口支援和定点帮扶工作的质效。

【加大文化和旅游统计工作力度】修订完成《全国文化文物和旅游统计调查制度》，对2022年度各地国内旅游接待游客数据开展下算。创新深化旅游大数据研究，通过百度地图和定位技术对旅游活动进行分析，加强对各省份旅游接待数据的指导和校验。

【强化监督管理】开展年度预算执行督导和预算绩效运行监控，组织实施重点项目和单位整体支出绩效评价，配合财政部做好文化和旅游部部门整体支出绩效评价。制订《文化和旅游部关于进一步加强财会监督工作的实施方案》，扎实推进财会监督专项行动。开展直属单位专项审计、国家艺术基金资助项目审计抽查和年度财务考评。

文化和旅游人才队伍建设

【概况】2023年，文化和旅游部坚持以习近平新时代中国特色社会主义思想为指导，深入学习贯彻习近平总书记关于做好新时代人才工作的重要思想和党的二十大精神，全面贯彻落实中央人才工作会议精神，聚焦人才队伍建设目标任务，不断建强文化和旅游人才队伍。

【强化人才工作统筹】组织召开全国文化和旅游系统人事人才工作会议，落实全国组织工作会议、中央人才工作会议部署要求，总结梳理文化和旅游系统人事人才工作，研究部署下一阶段重点任务。开展《“十四五”期间文化和旅游人才发展规划》中期评估，对实施情况进行动态监测，22个重点专项中18项已启动实施，实现了“时间过半、任务过半”。

【健全人才评价体系】职称制度改革持续深化推进，修订完成并印发文化和旅游部哲学社会科学研究、艺术、新闻、出版、会计等五个系列高级职称评审基本条件。配合人力资源社会保障部制订旅店服务员、旅游咨询员、研学旅行指导师、民宿管家等4个国家职业标准。

【推进高层次人才培养】开展高层次人才推荐选拔，2人入选国家高层次人才特殊支持计划青年拔尖人才，12人享受政府特殊津贴。完成2023年度高级职称评审，评审和备案副高级以上职称人员477人。在国家图书馆、故宫博物院、国家博物馆、中国歌剧舞剧院、中国旅游集团有限公司设立文化和旅游技能人才提升基地。开展文化和旅游高技能人才研修培训，培养急需紧缺高技能专业人才360余人。

【夯实基层人才队伍】与财政部联合印发《2023年文化人才服务支持艰苦边远地区和基层一线专项实施方案》，通过各省（区、市）选派文化工作者17795名，培养文化工作者1500名，中央财政投入资金3.2亿元。与农业农村部联合印发《乡村文化和旅游带头人支持项目实施方案（2023-2025年）》；开展2023年度乡村文化和旅游带头人支持项目推荐，推选在巩固拓展脱贫攻坚成果和推进乡村振兴中发挥示范导向作用的乡村文化和旅游带头人 485 名；组织全国乡村文化和旅游带头人全员培训，培训带头人 1700 余人；编制发布《乡村文化和旅游带头人支持项目典型案例选编》。实施“订单式”人才援助项目，共选调 11 名高层次专业技术人才前往西藏开展 5 个月的援助工作；接收青海、新疆 10 名业务骨干跟班学习，提升业务能力。

【壮大各专业门类人才】实施艺术领军人才培养计划，培养各类文艺人才 280 余人。举办第十三届“桃李杯”全国青少年舞蹈教育教学成果展示活动，参演人员 14700 人次。实施全国基层文化和旅游公共服务队伍培训项目。实施中国非物质文化遗产传承人研修培训计划。印发《2023 年导游专业能力提升培训要点》，依托全国旅游监管服务平台开展线上培训。组织举办第五届全国导游大赛。实施全国红色旅游五好讲解员培养项目，遴选 100 余名全国红色旅游五好讲解员。

【扎实开展干部人才教育培训】以学习贯彻习近平新时代中国特色社会主义思想为主题主线，通过专题培训、线上学习形式开展党的二十大精神集中轮训。坚持围绕中心、服务大局，贯彻落实党的二十大决策部署，高质量举办地方党政领导干部健全现代文化产业体系、推进文化和旅游融合发展专题研究班、全国省地县文化和旅游厅局长培训班等。围绕国家重点战略、急需紧缺人才，组织开展驻外干部、行业重点人才、专业技术人才专项能力提升等专题培训。实施全国基层文化和旅游公共服务队伍培训项目、中国非物质文化遗产传承人研修培训计划。印发《2023 年导游专业能力提升培训要点》，依托全国旅游监管服务平台开展线上培训。

【加强人才联系服务】召开全国人大代表、政协委员座谈会，通报文化和旅游工作进展情况，听取相关意见建议。组织文化和旅游部高层次人才赴内蒙古考察休假，调研基层文化建设与旅游发展情况，与基层文化和旅游工作者进行业务交流，为西部基层文化和旅游发展提供智力支持。元旦春节期间，向 750 名生活困难或身患重病的文化和旅游领域老艺术家、老专家发放困难补助。

文物事业

【概况】2023 年，全国文物系统坚持以习近平新时代中国特色社会主义思想为指导，紧紧围绕贯彻落实党的二十大精神，紧密结合贯彻落实文化传承发展座谈会、全国宣传思想文化工作会议、文化遗产保护传承座谈会、全国文物工作会议精神，真抓实干、担当作为，文物事业取得新的重大进展。

【学习贯彻习近平新时代中国特色社会主义思想走深走实】扎实开展学习贯彻习近平新时代中国特色社会主义思想主题教育。牢牢把握“学思想、强党性、重实践、建新功”总要求，国家文物局举办 4 期专题读书班，组织开展 25 个文物工作大调研课题，在以学铸魂、以学增智、以学正风、以学促干各方面取得扎实成效。中共一大纪念馆、延安革命纪念馆、重庆红岩革命历史博物馆等 1600 多家革命纪念场馆服务全国主题教育成效显著，接待观众创历史新高，成为主题教育教学重要实践地。认真学习宣传贯彻习近平文化思想。组织全国文物系统学习宣传贯彻习近平文化思想，举办专题学习研讨班，在中央主流媒体刊发文物系统的学习体会文章，与中央广播电视总台联合摄制《习近平的文化情缘》时政微纪录片，形成学习、研究、宣传、阐释的浓厚氛围。深入贯彻落实习近平总书记重要指示批示。进一步健全传达学习、任务落实、督促检查、结果报告工作机制。出台加强国保单位中古树名木保护管理、长江文化保护传承弘扬、三峡文物保护利用、长城保护等政策规划，开展文物行业重大事故隐患排查整治、文物卫星遥感执法监测、文物法人违法案件“回头看”等专项行动，制定国家文物督察工作方案，推动文物保护纳入国家灾后重建体系，组织敦煌、新疆文物保护利用成果等主题宣传活动，增强贯彻落实工作的长效实效。

【服务党和国家中心工作坚定有力】有序推进“十四五”重大工程。列入国家“十四五”规划《纲要》102项重大工程的文物项目、《“十四五”文物保护和科技创新规划》48项重大工程项目基本实现时间过半、任务过半。加强国家重点地区考古标本库房建设管理，推进国家文化遗产科技创新中心建设。提升良渚、陶寺、殷墟、汉长安城、隋唐洛阳城等遗址和莫高窟、云冈石窟、大足石刻等石窟寺保护展示水平。各地博物馆协同支持中国国家版本馆建成开放。有力地保障了国家重大战略。切实提高涉及国家重大项目的文物保护和考古许可事项审批效率，496项文物古迹类涉建项目促进文物保护与城市提升、民生改善相得益彰，1367项基本建设考古发掘项目确保北京城市副中心、雄安新区和高速铁路、公路、大型水利设施等国家重大基本建设、新型城镇化建设。出台加强央属文物保护管理工作意见，创新设立央属文物保护利用项目资金，推进首都功能核心区文物腾退，支持中央政务区建设。指导成立粤港澳大湾区博物馆联盟，加强京津冀、长三角等考古合作，督办长江经济带、黄河流域生态保护和高质量发展中的文物违法问题。贯彻新时代党的治疆治藏方略，新疆、西藏考古和博物馆建设硕果累累，有形有感铸牢中华民族共同体意识。有效融入大国外交和对港澳台工作。流失文物追索返还添彩中美元首会晤，双方续签限制进口中国文物谅解备忘录，北朝至唐代围屏石榻回归祖国。6个文化遗产合作项目纳入第三届“一带一路”国际合作高峰论坛成果，“五洲四海”文物保护合作展献礼共建“一带一路”倡议十周年。中国考古走进埃及、玛雅文明腹地，深入法国、突尼斯、南非、中亚。文物援外工作机制性问题取得突破。我国首次当选联合国教科文组织“1970年公约”缔约国大会副主席国，积极履行柏威夏寺国际协调委员会联合主席国职责，在金砖国家、上合组织、文明古国等国际多边场合发出中国文物声音，展现中国文化担当。加深与港澳打击文物走私合作，赴港台文物展览交流增进中华文化认同。

【文物保护管理水平跃升】启动第四次全国文物普查。国务院印发《关于开展第四次全国文物普查的通知》，普查领导小组第一次会议审议通过普查总体方案和宣传、技术方案及标准，为建立国家不可移动文物资源总目录、全面掌握我国不可移动文物资源情况实现良好开局。系统推进文物古迹保护。文物部门进入国务院国土空间规划联合审查机制，文物空间管制措施和空间利用专项规划纳入各级国土空间规划体系。佛光寺、曲阜三孔等重点文物保护协调推进，省部合力推动应县木塔保护进入新阶段，廊桥保护三年行动计划启动实施。石窟寺保护研究及应对气候变化取得新进展。多条文物主题游径串珠成链展示我国丰富文物资源和悠久历史文化。军队文物、工业遗产、中华老字号、风景名胜区、渔业文化遗产、交通文化遗产等多领域文物保护齐头并进。“普洱景迈山古茶林文化景观”成功列入《世界遗产名录》，海上丝绸之路、万里茶道跨国联合申遗取得重要进展。国务院批准公布剑川县、莆田市国家历史文化名城。协同构筑文物安全防线。全国文物安全工作部际联席会议新吸收5家成员单位，联席会议成员单位拓展至22家。7部门联合部署新一轮打击防范文物违法犯罪专项工作，开通全国文物犯罪线索举报平台，发布依法保护文物和文化遗产典型案例。指导各地侦破文物犯罪案件 1000 余起，追缴涉案文物 1.3 万余件。开展全国文物行业重大事故隐患专项排查整治行动，整改重大隐患问题 8148 项，提请地方政府挂牌督办重大事故隐患 65 项。指导各地加强消防设施建设和应急演练，全国文物火灾事故大幅下降。

【文明研究阐释成色更足】深化重大考古研究。中华文明探源工程多学科联合攻关渐入佳境，中华文明起源的阶段性划分有了更加清晰明确的认识。夏文化研究、巴蜀文明进程研究等 18 项“考古中国”重大项目研究不断深入，实施 265 项主动性考古发掘项目，牛河梁、殷墟等重大考古发现与研究成果进一步实证中华文明突出特性。南海西北陆坡一号、二号沉船考古标志着我国深海考古迈进世界先进水平，甲午沉舰、圣杯屿沉船等水下考古取得多点突破。加强考古能力建设。全国考古工作会议部署“大考古”工作思路。推进落实“先考古、后出让”制度。优化细化水下考古工作规程、考古装备及设施配备导则，健全考古工作标准体系。135 家国家考古遗址公园及立项单位建成开放，144 家省级考古遗址公园相继亮相，考古遗址保护利用体系初步形成。增强中华文明传播力、影响力。从成都大运会到杭州亚运会，文物元素串联起文明印记，吸引全球目光。中华文明探源工程最新进展、全国十大考古新发现、“和合共生　文明互鉴”文化遗产保护论坛等主题宣传深化国内外对中华文明认知。14 场新闻发布会、近百次主题宣传、《寻古中国》《何以中国》等文博精品节目热播，用文物讲述文明故事。13 个省份接力开展“盛世中华　何以中国”网上主题宣传，全国各地组织 7200 余项文化和自然遗产日线上线下活动。国家宝藏系列金银纪念币首度发行。“何以文明”数字大展走进联合国总部及五大洲 8 个国家和地区，有力助推文明交流互鉴。

【文物展示传承活力脉动】健全现代博物馆体系。全国登记备案博物馆总数达 6833 家，开展新一轮中央与地方共建国家级重点博物馆遴选，实施中小博物馆提升计划，完成工业类博物馆专项调查。三星堆博物馆新馆、浙江省博物馆之江馆区、北京大运河博物馆（首博东馆）、陕西历史博物馆秦汉馆等建成开放，61602 件（套）馆藏一级文物复核备案、1 万余件珍贵文物抢救修复、布达拉宫贝叶经等古籍文献保护研究等夯实基础，“玉韫九州”“汉字中国”“鉴往知远”等展览精彩纷呈，敦煌、故宫等资源共享激发社会创新创造活力。“弘扬中华优秀传统文化、培育社会主义核心价值观”主题展览、“铸牢中华民族共同体意识”研学资源推荐等丰富国民教育。有效应对“博物馆热”，持续优化博物馆开放服务水平，办好国际博物馆日中国主会场活动。加强革命文物保护管理运用。坚持强基固本，核定公布第二批革命文物名录，实施东北抗联革命文物保护利用三年行动计划，红石砬子抗日根据地遗址考古调查取得重要成果。国立蒙藏学校旧址、南梁陕甘边区革命政府旧址群等修缮开放。把牢正确导向，下大力气规范红色旅游和革命文物保护利用项目建设，规范革命旧址和纪念场馆讲解服务、缅怀纪念活动，规范革命文物主题陈列展览和革命旧址展示。加强协同创新，革命文物主题“大思政课”铸魂育人，“见证新时代”主题活动生动讲述新时代的发展改革故事，20 所高校联合革命纪念场馆积极创建国家革命文物协同研究中心，红色游径、红色草原、红色研学阐释传承红色基因，革命精神更广泛融入人民生产生活。深化社会文物管理改革。文物进口免税政策助推文物回流，上海国际文物艺术品交易中心建设实现市场主体、规模双增长。加强文物市场行政执法部门协作，优化文物临时进出境审核管理，公布 1911 年后已故书画等 8 类作品限制出境名家名单，完成 36.7 万件（套）文物拍卖标的审核备案，保障市场秩序和合法收藏。国家文物鉴定体系建设取得实质进展，涉案文物鉴定评估和移交机制日趋健全，公益性文物鉴定咨询服务全面推广，更好满足人民群众精神文化需求。

【文物治理能力持续提升】推进科技创新。经中央全面深化改革委员会审议通过，13部门联合出台《关于加强文物科技创新的意见》，文物科技全面纳入国家科技创新体系。国家重点研发计划取得259项新技术新方法、207项授权专利，“中国早期现代人起源机制研究”等13个新项目启动实施。文物专用装备研发、生产能力大幅提高，“制器为先”文物保护技术装备应用展汇集新技术、新产品、新应用、新业态。新发布17项行业标准，完成国家文物资源大数据库（中国文物云）总体设计，文物标准化、信息化建设持续加强。建强人才队伍。共建中国石窟文化联合研究生院，新增100个硕博士研究生指标。考古学国家急需高层次人才培养专项研究生指标增幅17.4%。文物、博物馆学科专业设置优化提升。文物工作者涉外培训渠道打通拓宽。文物全科人才培养让基层文保后继有人。全国文物行业职业技能大赛30名获奖选手被授予“全国技术能手”称号。1人获评“大国工匠年度人物”，1个集体获评全国工人先锋号，敦煌研究院文物保护团队荣获“国家卓越工程师团队”，樊锦诗荣膺联合国教科文组织授予的杰出贡献奖，第五届世界考古论坛授予严文明终身成就奖。加大制度保障。文物保护法修订草案提请十四届全国人大常委会初次审议，大运河文化遗产保护立法座谈会召开，开展长城保护条例修订、文物领域社会信用体系建设研究。首批6家国家文物保护利用示范区通过验收，第二批15地创建工作接续开展，示范效应初步显现。首批文物事业高质量发展案例生动呈现新发展理念在文物工作中的应用场景。财政资金保障有力，严格中央财政文物保护资金管理使用，文物领域购买服务工作进一步加强，推进全过程预算绩效管理，强化审计监督。国家文物保护利用改革督查工作深入开展，推动制度执行不松劲、不停步。

中国文化和旅游年鉴

THE YEARBOOK OF CHINESE
CULTURE AND TOURISM

2024

文化和旅游部直属单位业务开展概况

OVERVIEW OF CONDUCTING BUSSINESS FOR DIRECTLY AFFILIATED INSTITUTIONS OF MINISTRY OF CULTURE AND TOURISM

文化和旅游部直属单位业务开展概况

文化和旅游部信息中心

【概况】2023 年，文化和旅游部信息中心（以下简称信息中心）坚持以习近平新时代中国特色社会主义思想为指导，深入贯彻落实党的二十大精神，深入学习贯彻习近平文化思想，深刻领悟“两个确立”的决定性意义，进一步增强“四个意识”、坚定“四个自信”、做到“两个维护”，认真贯彻落实党中央决策部署和部党组要求，秉承敢担当、尚实干、勇作为的优良作风，紧盯文化和旅游网信工作重点难点，坚持统筹协作、主动靠前服务、抓好跟踪落实，全力筑牢网络安全防线、守好意识形态阵地、加快推进数据资源共享、优化提升信息化基础设施保障水平，以精准有力的举措全力推进信息中心各项工作规范高效运行。

【常抓不懈，持续加强网络安全综合保障体系建设】一是全力做好重保时期网络安全保障工作。针对网络与信息安全日趋严峻的形势，加大对全国两会、“第三届‘一带一路’国际合作高峰论坛”等重大活动和重要节日、重点领域监测力度，严格执行 7×24 小时值班值守和每日“零报告”制度，及时向中央网信办和公安部报备网络安全情况，全年未发生重大网络安全事故。二是积极开展网络安全检查和自查工作。组织开展覆盖文化和旅游部机关及直属单位的系列网络安全宣传教育与培训，召开 2 次网络安全技术培训会议，组织消防系统、防火墙技术、分级保护、漏洞扫描系统、DNS 系统等 5 次专项培训，开展系统数据库数据恢复、内网 DNS 服务、机房消防 3 次专项应急演练；启动第二轮网络安全专项检查三年（2023—2025 年）行动计划，采用“现场调研 + 技术检测”的形式对 13 家直属单位开展现场网络安全检查，全面提升部网络安全防护意识和水平。三是创新技术防护手段，做好常态化安全运维保障。积极探索网络安全防护新模式，通过威胁情报、安全监管服务支撑平台、端点检测与响应等技术手段，构建“云边网端”四维一体威胁检测体系，全面提升整体安全运营效率；推动网络威胁检测系统交叉验证，进一步对系统产生的威胁告警进行筛选和优化，通过减少误报和降低噪声水平，提高网络安全威胁告警的准确性和可信度。

【服务大局，奋力打造部政府门户网站宣传主阵地】充分发挥部政府门户网站信息公开第一平台作用，以“满屏皆精品”为工作标准，在可视化呈现、分众化传播上做文章，用网民喜闻乐见的方式持续推出宣介部主题教育、文艺创作、非遗保护、线路推荐、市场管理等多个品牌业务专题，营造浓厚主流舆论氛围。深化“文化资源展馆”公共服务栏目建设，实现多业务系统数据交互，互联互通；优化部政府门户网站移动版，补足移动端传播技术短板，提升移动端访问用户的体验和新媒体传播效果；新增融合型智能检索服务，完成“导游”“旅行社”“名录查询”等十多个业务高频检索词主题场景优化配置，取得良好效果，截至2023年年底，公众通过融合型智能检索获取服务321.4万次，用户总数超过124.4万；开发建设“文化和旅游部政务新媒体监测云平台”，监测覆盖部系统40个网站和70个新媒体账号，为部系统各单位网站和新媒体内容安全和意识形态工作保驾护航。全年部政府门户网站发布各类信息9498条、直转播新闻发布会26场、在线访谈3场、直转播各类活动80场、制作专题37个、妥善答复网民留言2288件，网站页面浏览量超9.5亿次。2023年网站绩效排名再创新高，在国务院所有组成部门网站中位列第6，网站提供的公共服务数字化转型案例“加强专题专栏建设，提升公共服务效能”被评为部委网站“十佳”优秀创新案例。

【聚焦需求，全力提升电子政务应用水平】开展文化和旅游部一体化在线政务服务平台改版升级工作，新建、改造功能模块22个，新增办事大厅、政务数据等栏目，全新设计政务服务页面，上线移动端网页版，已完成近百款手机机型兼容性和适老化改造，持续提高服务水平和群众满意度。文化和旅游部本级9个政务服务事项、9类业务查询、11项公共服务实现一次登录、一网通办、一键通查，平台总访问量超1.4亿次，平台信息展示更加多样，网上办事质量更加高效，服务便民理念得到进一步体现。开展部政务信息系统整合工作，对尚未整合的政务信息系统开展摸底调研，编制工作方案、建立协调机制、制定工作规范、明确技术路线，完成统一身份认证系统适配改造、系统功能测试等，为试点系统整合打好基础。

【畅通渠道，有序推动政务数据工作向深向实】以数据汇聚整合和共享应用为抓手，充分依托文化和旅游部政务数据共享交换平台，加快推进跨部门、跨层级、跨业务的系统联通和数据共享。2023年汇聚政务数据105.3万条，向国家政务服务平台推送政务数据225.7万条，受理15个省份、2个部委提出的113项政务数据共享申请，最大限度释放政务数据的价值与活力，有力支撑了“互联网＋政务服务”“放管服”改革等重点工作开展。2023年7月，部政务数据共享交换平台获评“2023数字政府创新成果与实践案例”。建成上线中华文化资源公共数据库展示服务栏目，打造集普查成果展示、数据查询检索、政策资讯发布等功能于一体的综合性服务窗口，为公众全面、系统、深入了解中华优秀传统文化提供了权威平台支撑。召开2023年文化和旅游部政务数据共享工作培训班，组织实施2023年度文化和旅游部政务数据资源目录更新工作，编制形成《文化和旅游部政务数据资源目录清单（2023）》。这次目录更新是文化和旅游部开展的第3次部级政务数据目录更新，涉及部机关15个司局、27个业务系统，梳理数据资源目录138条、信息项703个，进一步掌握了数据资源底数，为推动共享应用打下了坚实基础。

【创新技术，着力增强综合监测与应急指挥效能】紧扣假日指挥调度核心需要，积极开展部综合监测与应急指挥平台功能升级，从视频监控、数据监测、优化应用等方面持续发力，圆满完成全年假日期间部领导和有关司局通过平台指挥调度检查全国文旅场所安全运行的保障工作。优化视频监控在线调度和监测预警功能，实现对317家国家5A级景区、230家国家4A级景区、部分国家级旅游休闲街区、国家级旅游度假区、国家级滑雪旅游度假地、国家级夜间文化和旅游消费集聚区更快捷更方便地实时监测调度。开发建设平台 PC 端，与平台大屏功能应用实时同步，实现了视频监控、运行监测、舆情反映等数据的统一查询和展示，可供部内业务司局工作人员随时调用，平台终端应用、数据监测能力进一步提升。积极推进省级平台建设，制定部省平台对接工作规范和数据接入技术标准，指导 26 个省（区、市）省级监测平台建设，积极推进 16 个省级平台完成标准通用视频调度系统改造，有效解决传输信号不稳定、监控点位覆盖不足等问题。优化了指挥调度模式，提升了平台部省协同、两级联动、共建共治保障能力，顺利保障假日期间部领导和有关司局指挥调度工作。

【强化担当，稳步提升网信服务保障水平】严格安全生产巡检巡查制度，常态化做好关键设备、互联网、电子政务内外网和机房的安全运维保障工作，开展渗透测试、代码审计、高危漏洞修复等，牢牢守住网络安全关口，确保网络安全畅通，基础设施运行稳定。健全系统运维保障工作机制，以“人工 + 自动化预警”双项巡查方式，对终端、打印机、信息系统进行常态化巡检，年均处置故障问题近 6000 项，有力保障部机关内外网终端设备和信息系统的平稳运行。扎实做好部视频会议服务保障工作，持续夯实网络设施基础，对专线线路实行动态调整，增强视频会议网络的稳定性和传输速度；定期组织技术人员对视频会议系统设备进行巡检，强化软硬件技术数据监测，及时发现设备、线路存在的问题，不断提升系统稳定性，保证视频会议设备状态正常；积极协助各分会场解决设备和网络突发故障问题，定期组织开展联调联试演练，加强设备调试和网络监测；举办文化和旅游部视频会议技术保障线上培训班，提升视频会议分会场技术保障能力，全年成功保障视频会议 182 次、线下会议 768 次。

（文化和旅游部信息中心　梁佳麒）

中国艺术研究院

【概况】2023 年，中国艺术研究院深入学习贯彻习近平新时代中国特色社会主义思想，着力加强党的建设，做强主责主业，推动各项事业高质量发展，较好地完成了各项任务。

【深入学习贯彻习近平新时代中国特色社会主义思想，着力加强党的建设】一是扎实开展主题教育。成立主题教育 5 个专项工作组，严格落实教育步骤内容；院党委理论学习中心组集中学习 6 次，基层党组织采取联学共建、参观见学、知识竞赛、主题党课等方式开展活动 150 余次；编印《习近平关于“三大体系”建设重要论述摘编》《习近平关于宣传思想文化工作重要论述摘编》,《艺术科研单位创建“四强”党支部的时代意义与路径探索——以中国艺术研究院为例》获评全国机关党建优秀课题三等奖,《古为今用 推陈出新——毛泽东关于“第二个结合”的实践及启示》获得全国纪念毛泽东同志诞辰 130 周年学术研讨会推荐论文。4 个党支部被命名为中央和国家机关“四强”党支部。二是深入开展工作大调研。57 名处级以上干部深入工作一线开展调研，形成调研报告 60 篇，组织召开成果交流会。三是持续组织“我为职工办实事、解难题”活动。为职工办实事、解难题 35 项，优化工作流程 14 项，开展业务培训和健康咨询 10 余次，帮扶困难职工 47 人，为产权小区职工发放房屋产权证 430 余本，安装 10 个充电桩；搭建“离退休服务管理信息系统平台”，推进食堂管理改革，节省成本提高质量，增加大家的获得感、幸福感。

【围绕落实习近平总书记重要论述和指示批示精神，推进艺术科研】一是做好艺术科研引导和服务工作。制订落实党的二十大报告重点任务分工计划，围绕中华民族现代文明、中国艺术学“三大体系”、文化强国、国家文化公园等重大议题开展选题规划和申报立项，推进学术出版、交流和传播。获批国家社科基金艺术学重大项目1项，国家社科基金青年项目1项，国家社科基金艺术学一般项目3项、青年项目1项，文化和旅游部青年人才扶持计划1项。院学者完成个人著作60余部，发表论文800余篇、其中核心期刊350多篇。二是推动中国艺术学“三大体系”建设。2023年度国家社科基金艺术学重大项目“中国艺术学学科体系、学术体系、话语体系现状评估、建构目标与评价标准”顺利开题，分4个子课题展开研究。三是多学科、多领域开展学术活动。主办人民艺术家与中国当代文学——王蒙文学创作70周年学术研讨会、贺敬之创作经验与新时代文艺学术研讨会、“第二届张庚戏曲、杨荫浏音乐、王朝闻美术、冯其庸红学学术提名活动”等学术活动百余场，开展“春雨工程”志愿服务。

【着眼人才培养质量，抓好艺术教育】一是加强研究生思政建设。以铸魂育人、立德树人、培育新时代新人为根本任务，开设《新时代中国特色社会主义理论与实践》《中国马克思主义与当代》思政理论课，举办《马克思主义中国化和中华优秀传统文化》《新时代 新征程 新要求：做新时代的理论工作者和创作实践者》《习近平文化思想讲解》三期“思政大讲堂”，开展“重读习近平在文艺工作座谈会上的讲话”课堂实践活动。二是提升教学与实践水平。持续加大论文开题、中期检查把关力度，完善课程设计，提升研究生培养质量。组织学术讲座50余场，开展学术实践考察、写生活动20余次。深化校地共建，新设立中国艺术研究院研究生院怀来实践教学基地。举办研究生院美术与书法系写生作品展、研究生导师小幅作品展、美术及设计研究生毕业作品展，产生较好社会影响。三是做好招生培养工作。录取硕博士新生352人、访问学者117人；授予87名博士、101名学术型硕士、113名专业型硕士相应学位，7名博士后出站；3名学生参加公派留学项目；面向社会举办艺术培训200多人次。

【坚持以人民为中心的导向，推动艺术创作】一是聚焦文化传承发展组织创作展览。组织“盛世传芳——当代中国书画作品研究展”“黄河百姓——朱宪民摄影60周年回顾展”“人民形象——油画肖像艺术邀请展”“运河印记主题篆刻作品展”“吉金华章——当代古玺印风作品展”“时代新象——国画院第五届院展”等展览、活动20余个。二是开展“深入生活、扎根人民”实践活动。组织“赓续文脉 守正创新——文化传承发展主题考察采风张掖行”活动。围绕“一带一路”、海上丝绸之路、大运河文化带、红色革命精神等主题赴多地开展“深扎”主题实践。三是加强艺术创作交流。“两岸汉字艺术节”已成功举办了十三届，2023年入选国家语言文化品牌活动优秀案例；举办“中国·中亚五国油画作品展”，促进“一带一路”国家艺术交流互鉴。9件作品入选国家主题性美术创作（2023—2025）推荐名单，40件作品入选第八届全国画院展。

【以学术研究为带动，切实推进非物质文化遗产保护】一是数字化保护取得突出成果。完成我国首个非遗领域行业标准《非物质文化遗产数字化保护 数字资源采集和著录》；推进非遗记录建档工作，充实数据库资源。二是加强非遗学术引领。举办“第八届中国成都国际非遗节非遗成都论坛”“汉字艺术与非遗传承学术座谈会”“非物质文化遗产系统性保护论坛”以及“国际法与国内法视野下的中国非物质文化遗产论坛”。三是取得履约实践新进展。组织赫哲族伊玛堪履约报告和5个项目转入代表作名录申请材料的专业指导、审改和翻译，建立43个联合国教科文非遗名录（名册）项目跟踪、联络、研究机制，开展政府履约报告课题研究工作。四是积极开展培训调研。开展“我国边境地区非物质文化遗产项目调研”和“非遗保护研究基地建设及高层次人才培养状况调研”。举办《保护非物质文化遗产公约》中国师资培训班；亚太中心完成8期国际培训，启动2期跨年度培训计划，惠及亚太地区40个国家和地区的近600人次。

【统筹优势资源、加强管理，积极推进工美馆、国家文化公园、期刊出版、文艺评论、藏品管理等工作】一是中国工艺美术馆（中国非物质文化遗产馆）各项工作稳步推进。圆满完成出席第三届“一带一路”国际合作高峰论坛的10位外方领导人夫人国事参观任务。组织工艺美术基本陈列展“文脉华滋”等工美、非遗展览20余个，服务观众近百万；打造“中国巧手”“小小讲解员”“非遗传承有我”“二十四节气”“多彩非遗织染绣”等社教活动28期，举办非遗系列展演活动96场，成为新的文化“打卡”地。二是推动国家文化公园建设。组织专题调研，编印《国家文化公园专刊》，出版年度国家文化公园建设研究报告集。策划制作71集短视频，联合主办“黄河文化传承发展论坛”学术交流活动。三是加强期刊出版统筹管理。新增2家（新刊）核心期刊。期刊原发作品被人大复印报刊资料转载137篇，《新华文摘》转载45篇。文化艺术出版社连续11年获中国图书海外馆藏影响力出版100强，3本图书入选“十四五”国家重点出版专项规划。四是加强新时代文艺评论工作。编选出版《第十三届中国艺术节评论集》。第八届“啄木鸟杯”中国文艺评论推优评选中，研究院2名学者著作获评优秀文艺评论著作，2名学者文章获评优秀文艺短评文章，3家期刊编发的文章获评优秀文艺长评文章。五是提升馆藏品数字化水平。“世界记忆——中国传统音乐录音档案”数字平台和“传统音乐档案”获评2023年文化和旅游数字化创新示范优秀案例。

【坚持系统观念、问题导向，努力推动基础性建设实现新突破】一是加强人才队伍建设。平级调整6人，提拔24人，中层干部队伍结构已由2019年的39.42%提高至70.2%，群众测评满意度提升至99.16%。加强专业人才队伍建设，采取公开招聘、人才引进等方式补充急缺岗位人才20人。二是加强法治建设和综合管理。修订贯彻落实中央八项规定精神实施细则、绩效考核办法、印章管理办法，制定预算绩效管理、新闻宣传、文书档案、网络安全、对外投资、公务用车等方面制度10余件，编印《中国艺术研究院法规文件汇编》。加强业务能力培养，开展行政办公综合业务、新闻宣传和新媒体、期刊编辑业务、国家社科基金艺术学项目管理培训等300余人次。加强新闻宣传工作，创建院官方微信公众号和视频号，与30余个院属微信公众号协同联动宣传。积极适应财政预算管理一体化系统改革，全年预算执行率达到91.78%，预算执行水平显著提升。组建政府采购招标小组，通过第三方公司进行前置审核，节约财政资金。三是扎实推进急难问题整治。委托建研院检测中心有限公司再次对三座建筑进行了检测鉴定，启动修复加固设计工作。

（中国艺术研究院　王冠）

国家图书馆

【概况】2023年，国家图书馆坚持以习近平新时代中国特色社会主义思想为指导，深入学习贯彻习近平文化思想，继续深化贯彻落实习近平总书记给国图老专家回信精神，坚持党建与业务深度融合发展，深入实施“智慧转型”“品质提升”“开放合作”战略，在业务建设、读者服务、综合治理、行业交流合作等方面均实现较大提升。截至12月底，馆藏总量超过4423万册件，数字资源存储总量达2756.77TB；接待到馆读者409.52万人次，网站和手机门户点击量近11.8亿次，文献流通量近1258.73万册次，解答咨询超过105万件，举办线上线下公益性展览、讲座、培训、演出2315场。

【全面加强党建工作】全面学习宣传贯彻党的二十大精神，学习贯彻习近平总书记在文化传承发展座谈会上的重要讲话精神。扎实推进学习贯彻习近平新时代中国特色社会主义思想主题教育，组织主题教育“理论学习、调查研究、问题检视、整治整改”各环节工作任务，做好集体学习、读书班、专题党课、专题组织生活会、专题民主生活会等工作。顺利召开中国共产党国家图书馆委员会第四次代表大会，选举产生国家图书馆党委、纪委委员。党支部换届选举工作圆满完成，推进符合条件的馆属企业成立党支部，规范落实“三会一课”、主题党日、组织生活会等制度。深入推进党风廉政建设，定期开展廉政教育培训，严格落实中央八项规定及其实施细则精神，印发《国家图书馆关于进一步贯彻落实中央八项规定精神实施细则》，驰而不息加强作风建设，精准有效运用监督执纪“四种形态”。严格落实意识形态工作责任制，及时、持续开展馆藏文献与数字资源筛查及处置。分层分类开展事业发展大调研，完成“微调研”课题30项；在2023年文化和旅游部青年学习理论小组“关键小事”调研攻关活动中国家图书馆获“优秀组织奖”，5项调研成果获奖。三个党支部获评2023年中央国家机关“四强”党支部。两个部门科组获二星级“全国青年文明号”称号和一星级“全国青年文明号”称号。深入推进贯彻落实习近平总书记回信精神，组织召开贯彻落实习近平总书记回信精神四周年座谈会，梳理总结学习贯彻落实习近平总书记回信精神台账项目总体完成情况。策划举办“梁启超诞辰150周年纪念座谈活动”“纪念王重民先生诞辰120周年座谈活动”，大力传承弘扬百年国图精神。

【创新推动中华优秀传统文化传承发展】深入实施中华古籍保护计划，组织完成全国古籍重点保护单位复核抽查；出版《第六批国家珍贵古籍名录图录》。上线“民族文字古籍特藏”等3个专题库，新增发布古籍资源2747部（件），“中华古籍资源库”累计发布古籍资源10.3万部，入选2023年世界互联网大会“携手构建网络空间命运共同体精品案例”；批准新成立古籍修复技艺传习所15家；启动“古籍保护课程进校园”活动；举办首届古籍保护人才发展论坛；建设古籍保护人才库，编纂出版《全国古籍保护人员名录·古籍修复师》；策划开展“江流万古 文润千年”主题中华传统晒书系列活动，与央视联合推出“沿着运河读典籍”直播活动，累计观看人数超1250万人次。稳步推进革命文献与民国时期文献保护计划，新建民国时期普查书目数据597条、馆藏数据52534条；“革命文献与民国时期文献联合目录”年点击量近1204万；完成革命文献与民国时期文献整理项目评审立项12项，出版图书1011册；征集日本战争罪行和海外华人抗战主题相关数字档案16222页；完成“二战太平洋战区美军军事档案整理项目”，推动二战史研究走向深入。《中华传统文化百部经典》编纂项目累计出版70种图书，在编30种，构建百部经典走进图书馆、走进高校、走进中小学、走进国家机关、走进公园街道等多媒介立体化的宣传推广体系，建设百部经典专家库。建设《永乐大典》研究中心，出版《原国立北平图书馆藏〈永乐大典〉》等，组织举办2023明文化国际论坛“永乐大典主题论坛”。

第一批《中国国家图书馆藏敦煌文献》交付出版。《中华医藏》首批图书《中华医藏·养生卷》正式发布。《鲁迅手稿全集》荣获第八届中华优秀出版物奖图书提名奖。“中国古籍图典资源库”入选国家新闻出版署“2023年度数字出版精品遴选推荐计划”“2023年出版业科技与标准创新示范项目”。

【不断创新典籍文化挖掘阐释与传播利用方式】依托国家典籍博物馆，全年举办“二十世纪初中国古文献四大发现展”“福尔摩斯大型沉浸式主题展”等专题展览18场，其中“二十世纪初中国古文献四大发现展”入选2023年度“弘扬中华优秀传统文化、培育社会主义核心价值观”主题展览重点推介项目。甄选精品展览在全国范围内展示推广，举办巡展16场。持续开展“典籍博物馆大课堂”特色主题活动与研学活动，举办研学活动487场。开展“典籍博物馆三十六夜”暑期延时活动。推出《永乐长思》沉浸式剧目展演、“古籍寻游记”VR互动纪录片等古籍“活”化产品，其中“古籍寻游记”获2023年中国金鸡百花电影节“金鸡VR影展”年度艺术探索荣誉和第二十五届上海国际电影节“咪咕最佳沉浸体验”荣誉等。新浪微博直播话题#文物背后有料有趣的中国故事#阅读达1.6亿次。

【全面加强国家文献信息资源总库和国家文献信息资源总目建设】依法接受国内正式出版物交存，登记交存图书48.23万种、音像制品和电子出版物8976种；积极争取有关部门加强对图书馆接受正式出版物及学位论文交存的支持和保障，举办图书交存工作成果展示暨馆社交流活动。新入藏各类型文献超过96.6万册件，外购数据库保有量227个。组织召开第一届文献资源建设专家委员会全体会议，修订《国家图书馆文献采选条例》，印发《国家图书馆文献资源捐赠管理办法》。依托中国记忆项目，推动口述文献和影音文献建设，组织实施“人口较少民族口头传统典藏计划项目”，建设“人口较少民族口头传统资源库；开展非物质文化遗产代表性传承人记录相关工作。优化调整承德文献周转库及本地库房空间，完成210万册外迁文献安全搬迁。启动“北平图书馆旧址修缮工程”。推进国家文献储备库项目重启工作。全年制作书目数据85.64万条，书目数据总量近1805万条。完成文津搜索系统约100万条新数据的灌装和整合揭示。持续加强数字馆藏整合，实现超过5.1亿条元数据仓储的统一管理。

【专业化知识服务能力不断提升】全年为党政军、重点科研教育单位等重点用户提供咨询服务13154件，编制信息专报产品576期。圆满完成2023年全国两会服务。“国家图书馆法律馆”正式建成开放，同步上线国家图书馆法律馆网站，举办“宪法宣传周”法治文化主题普法宣传活动。成立国家图书馆国防大学分馆。举办部级领导干部历史文化讲座12期。全面推进科学评价中心与知识产权信息服务中心建设，编写科技领域科学评价业务规范，开展多种形式的知识产权信息服务。

【阅读服务体验不断优化】4月起全面恢复开馆，全年开馆315.5天，9月起开放晚馆。调整预约限流服务、集体卡使用、古籍收费等政策，完成馆内服务空间优化调整，允许读者带包、带食品入馆。上线新版中英文官方网站，升级无线网络，开通在线办证服务，为读者提供十万册近年出版的电子书阅读服务。推出“四季童读”阅读推广项目，每季度面向不同年龄段少年儿童推荐阅读书目。开展“关爱夕阳”老年读者线上培训20余场。对中国盲人数字图书馆进行服务升级。官方微博获“2022年度创新应用与传播优秀微博”；官方微信订阅号获第七届“大众喜爱的阅读新媒体号”；开设B站官方账号和小红书账号。

【全民阅读推广品牌效应日益彰显】联合全国图书馆界开展“4·23世界读书日”“文化和自然遗产日”等专题阅读推广活动。启动“一本书·一个人·一座城”国图讲坛全国联讲。举办第18届“文津图书奖”，评出获奖图书19种，推荐图书38种，创新文津领读人制度；策划开展“文津阅新”项目。完成国图公开课53期专题课程发布，20期读书推荐发布，超过2.3亿人次在线学习。“M超地铁图书馆”完成“探寻文明的印迹”等专题活动。联合新疆图书馆举办“春雨工程·文津经典诵读边疆行”活动。联合11家公共图书馆推出“馆长带你触碰经典”系列短视频，推出“和你共读一小时”直播活动，带动“全民读书季”主话题阅读量超过25.8亿次。

【深入推进智慧图书馆建设】发布“《永乐大典》高清影像数据库”“《国家珍贵古籍名录》知识库”“民国时期地方文献知识库”。上线“智能问答系统”，研究部署大语言模型赋能智能问答。完成“山海经”知识库及“文献捐赠系统”“开放获取资源采集与发布系统”“影音视听知识服务平台”建设，即将上线提供服务。完成国家图书馆智慧图书馆建设概要设计。博物馆智能导览系统完成验收，全面布局智慧典博工作。按照国产化相关要求，完成私有云上线试运行。探索开展数字人建设。“国家图书馆数字赋能古籍活化”项目被评为文化和旅游数字化创新示范十佳案例。配合“全国智慧图书馆体系”建设项目部署开展有关工作。联合全国24家省级图书馆，共同搭建基于云平台和区块链技术的全网知识内容集中仓储系统。组织召开中华古籍智慧化服务平台建设专家研讨会，研究制定古籍资源智慧化服务平台建设工作方案及系统功能需求，部署各地古籍资源加工工作，编制《古籍数字化和知识标引规范手册》，组织人员培训。完成各省上一年度全国智慧图书馆体系建设中央转移支付项目完成情况综合评价。

【充分发挥业界交流合作平台作用】全国联合编目中心新增成员馆210家，上传数据近64万条，下载数据超过1769.5万条。全国图书馆文献缩微复制中心联合成员馆累计完成抢救保护5063种，116万余拍。围绕文献采访、古籍修复等重点业务开展交流与培训30场次。实施“文献共享借阅项目”，累计为17省提供国家图书馆馆藏文献236万册。“网络书香·阅见美好”小程序关联全国1500余家图书馆，为城乡基层居民提供优质移动阅读资源，用户达134万人次。向玉树藏族自治州图书馆捐赠图书23000余册。为洪灾过后重建的涿州市图书馆捐赠阅览家具等物资。支持中图学会举办2023年中国图书馆年会，修订发布《图书馆服务宣言》，举办第四届中国儿童阅读发展论坛、第十五届全民阅读论坛等活动，开展第七次全国县级以上公共图书馆评估定级工作。组织召开第十八届全国省、自治区、直辖市、较大城市图书馆馆长联席会议。

【务实推进国际及港澳台交流合作】组织参加第88届国际图联大会、首届中俄图书馆论坛等国际交流活动9场，组团赴法国、韩国等国家开展交流。“丝绸之路数字图书馆”项目入选世界互联网大会“携手构建网络空间命运共同体”实践案例。配合文化和旅游部邀请丝绸之路国际图书馆联盟机构代表参加首届“良渚论坛”等活动。推进“港澳大学生文化实践活动”。切实履行国际图联中文语言中心、保存保护中心中国中心职责。国家图书馆6人成功当选国际图联职务。

【持续拓展跨界合作】与中央民族大学、百度、大唐西市集团、人民教育出版社、丽江市人民政府等机构签署战略合作协议。与南京江北新区管委会合作，建成全国首家“国家图书馆共建馆”江北新区图书馆并开放服务。推进北京国家图书馆事业发展基金会建设。

【图书馆事业发展研究能力不断提升】积极推进智库试点单位建设，开展海外中国学研究、智慧图书馆研究等智库研究专项，开展智库培训。受有关部门委托，完成古籍保护立法专题研究，开展“创新拓展城乡公共文化空间”等专题调研。支持员工申请立项国家社科基金项目等国家和省部级科研项目 4 项。积极参与全国文化和旅游系统优秀调研成果评选，其中获 1 个年度二十佳调研报告，2 个年度优秀调研报告;《“中华古籍保护计划”开展以来民族文字古籍保护情况调研报告》获“国家民委社会科学研究成果奖（调研报告类）”二等奖。自主研制的文献脱酸设备获国家发明专利，组织制定的国家标准《图书馆纸质文献脱酸工艺有效性评价方法》发布实施。主办的《中国图书馆学报》《文献》《国家图书馆学刊》继续保持入选北大核心期刊和南大 CSSCI 来源期刊,《文津学志》入选南大 CSSCI 收录集刊,《书志》《古籍保护研究》《民国文献研究》等刊物也在促进业界学术交流和实践研究方面发挥了重要作用。

【统筹发展与安全两件大事】全面落实安全生产主体责任，广泛开展消防安全宣教培训，进行两次“创安”验收。每月定期组织进行反恐演练。完成总馆南区 C 栋气体灭火系统改造、总馆北区四库全书书库安防系统升级改造、总馆运行保障维护调度中心控制系统改造等工程项目。智慧停车系统投入运行，安装自行车棚规范非机动车停放管理。有效应对 7 月 29 日北京市防汛红色（一级）预警，部署巡视检查，及时调整开放政策，确保馆区人员和文献安全无恙。在全国两会、亚运会等重要活动期间实行网络安全每日“零报告”制度。及时处理网络故障，有效阻断互联网各类安全风险。

（国家图书馆　张若冰　姜蕴　冯一杰　申晓娟）

故宫博物院

【概况】2023 年，故宫博物院坚持以习近平新时代中国特色社会主义思想为指导，在文化和旅游部党组的领导下，深入践行党的二十大精神和习近平文化思想，坚决贯彻落实习近平总书记重要批示精神，坚决落实部党组巡视整改各项工作任务，深入落实“保护第一、加强管理、挖掘价值、有效利用、让文物活起来”的新时代文物工作要求，以“四个故宫”建设为支撑，以探索研究故宫博物院事业发展的九大体系为基础，全面加强党的领导，统筹推进全面质量管理体系建设，圆满完成全年各项任务，全年接待观众 1456 万人次，实现故宫博物院事业高质量发展。

【平安故宫】2023 年，继续强化保护为主的思想，统筹安全和发展，不断完善博物馆安防管理体系。始终坚持“隐患即事故”原则，落实“设施最完善，技术最先进，管理最严格”的安全工作方针。制定节假日和重大活动安全保障工作方案，坚持隐患排查治理，确保节假日和寒暑假等关键时期的各项安全，保障古建、文物和观众安全。开展消防大整治大排查工作，提升消防应急处置能力，修订《故宫博物院消防安全管理制度》。全年开展安保培训 300 次、演练 150 余次，灭火实战演练 61 次，成功处置各类突发事件 150 起。查没各类违禁品 1.4 万件，各类禁带物 8 万余件，打火机数百万个。加大科技投入与支撑力度，正式启用应急指挥中心，积极推进视频监控系统智能化提升工程。与驻院派出所、武警中队和消防特勤站加强合作，形成安全守护合力。进一步提升舆情风险防控意识，发布《故宫博物院舆情应对管理办法》《关于严禁党员、科级以上干部利用自媒体进行网络带货等行为的通知》，确保网络意识形态安全。

研究和完善文物科技保护体系，深化预防性保护和研究性保护理念，持续推进可移动文物修复、古建修缮、遗产监测和相关标准制定工作。完成院藏可移动文物和库房的各项管理工作，文物防震及抢救性科技修复保护工作稳步进行，全年修复文物296件/套，在修文物182件/套。进一步推进研究性保护修复项目，加快构建传统修复技艺与现代科技相结合的保护修复技术体系。启动《故宫博物院藏品元数据规范》《书画藏品库房管理规范》等院级标准的编制。进一步规范古建保护管理，开展乾隆花园、灵沼轩、景福宫等研究性保护项目，以及故宫城墙西南段、大高玄殿等抢救性保护工程20余项。做好古建筑日常维修保养、宫廷园艺等工作，在北京联合大学等学校开展专项非遗技艺培训。完成防雷装置、白蚁危害年度监测工作，推进城墙城台等监测项目，持续开展气象灾害监测和巡查检查工作，发布预警66次。故宫世界文化遗产监测平台体系搭建完成。

推进故宫博物院基本建设。基础设施维修改造一期（试点）工程累计完成总量的99%，二期工程方案完成论证及修改。地库改造工程加建部分基坑开挖完成100%，主体结构施工完成70%。地下文物通道工程完成总量的93%。北院区项目完成全部3060棵林木伐移工作，完成项目用地内全部10宗土地移交工作，一标段基坑土护降工程完成75%，二标段于12月正式开工建设。北院区配套设施工程项目建议书完成编制并报文化和旅游部审批。

【学术故宫】2023年，延续和弘扬故宫博物院学术传统，始终把学术研究作为核心任务之一，推动学术科研体系建设。

不断提升科研能力。开展故宫博物院文物藏品账目整理项目，全院藏品总数增长至1930847件/套。完成6.8万件文物定级。持续推进重点科研项目研究，承担并推进“不可移动文物本体劣化风险监测分析技术和装备研发”“大型明清古建筑（群）安全风险预警关键技术研究”“大型综合性博物馆数字孪生关键技术研究与服务示范”等国家级、省部级项目55项。2023年新申请立项国家社会科学基金艺术学重大项目“晋唐宋元书画的价值阐释与保护、传承研究”等8项课题。全院职工出版论著59部，发表学术文章430篇。线上线下结合，举办“故宫学人讲故宫”、院内展览配套讲座40余场。

加强科研基地建设。充分发挥文化和旅游部书画保护重点实验室、国家文化和科技融合示范基地、明清官式建筑保护研究国家文物局重点科研基地等科研平台引领作用，古陶瓷保护研究国家文物局重点科研基地琉璃渠工作站挂牌成立。不断加强中国－希腊文物保护技术“一带一路”联合实验室建设。完成ISO文化遗产保护技术委员会申请材料撰写与投票阶段国际沟通。

拓展学术科研合作。加强与北京大学、清华大学、敦煌研究院、中国传媒大学等高校和科研机构的合作，举办第六届“太和论坛”“茶·世界——茶文化学术研讨会”等8场学术研讨会，故宫学术影响力稳步攀升。完成第二期“开放课题”计划30个项目的立项工作。在夯实紫禁城考古的基础上，承担和参与雄安新区容城县城子遗址、安徽凤阳明中都遗址、四川广汉三星堆遗址等考古发掘工作，推动江西景德镇御窑考古、新疆佛教考古取得新进展，不断提升故宫考古的影响力。

【数字故宫】2023年，故宫博物院加强数字故宫体系建设，提升故宫文物数字化保护和共享利用能力，推动建设智慧博物馆，实现文化遗产永久保存和永续传承。

注重网络安全信息系统建设。充分保障故宫博物院信息网络安全运行，票务系统通过信息系统等级保护三级认证。完成院藏重要文物影像资源云备份工作。故宫专属版钉钉移动办公平台上线，实现多项线上办公功能。

推进故宫文物资源大数据库建设。完成8.5万件院藏文物的基础影像采集，累计采集93.8万件文物基础影像，“数字文物库”已对外发布10.4万件文物影像，“全景故宫”改版上线。完善“故宫博物院”小程序建设，升级“每日故宫”“紫禁城365”App及小程序，访问量超1250万次。

推进文物资源数字化合理适度利用。故宫·腾讯联合创新实验室投入使用，充分运用“数字孪生”技术，更好地管理和开展文物影像采集工作。大高玄殿数字馆投入试运行，虚拟展示超过10万件文物。官网实现英、法、俄、日、西五个外语语种界面，提升入境旅游购票便捷服务，促进文明交流互鉴。

【活力故宫】2023年，故宫博物院切实保障观众参观权益，不断优化和提升观众服务水平，建设安全便捷、管理规范的开放服务体系。重新优化调整午门外观众服务中心布局，实现咨询、票务、寄存、租赁等功能一站式服务。发布新版《参观须知》《故宫博物院禁止携带物品目录》《2023年暑期未成年人团队快速预约、检票措施》等公告，合理规范观众入院参观行为，有效治理院内商业拍摄乱象，规范研学团预约参观行为。严格执行上下午分时段入院，引导观众错峰参观。在购票端口增设防护措施，有效拦截机器刷票等非正常购票手段。400观众服务热线总体服务量80余万次。全年提供咨询服务8.5万人次，提供人工讲解及讲解器服务近240.8万人次。

不断加强展陈体系建设。全年举办“譬若香山：犍陀罗艺术展”“茶·世界——茶文化特展”等9个院内精品展览，雕版馆、古琴馆、家具馆全面有序开放。通过联合办展、巡回展览，提高藏品展示利用水平，赴新疆维吾尔自治区博物馆、呼和浩特市博物馆等地举办或参展“熠熠朝辉——故宫博物院典藏清代金银器展”等42场境内展览。加强与境外文博机构合作，赴香港、澳门等地举办“故事新说——故宫博物院藏明代人物画名品”等9场展览。在中法两国领导人见证下签署“凡尔赛宫与紫禁城”展览协议。

持续建设守正创新的传承转化体系，讲好新时代中华文化故事。开展线下教育活动和公共课程1800场，惠及观众6.7万人次。与7所中小学开设10门馆校合作课程，惠及学生6000余人次。“孩子，圆你故宫梦”项目组织新疆、内蒙古、山西等地师生来院参观。激发社会力量参与博物馆建设，组织176名志愿者提供展厅讲解、文化宣讲、线上视频等公众文化服务共8484小时，直接惠及观众6.6万人次。与多家艺术机构合作推出儿童剧《猫神在故宫》、音乐文化项目《故宫之声》等，与安徽演艺集团等单位创排徽剧、昆剧等经典剧目。故宫博物院联合出品的原创音乐儿童剧《甪端》开启全国巡演，在上海、重庆、广东、四川、江苏等地与观众见面。与影视媒体机构合作推进《诗画中国》《故宫，有礼了》等文化节目。制定《故宫博物院下属企业管理办法》《故宫博物院院内场所合作经营管理办法》，规范下属企业管理等工作。出版《故宫日历·2024年》《了不起的故宫宝贝之神韵匠心》《譬若香山：犍陀罗艺术展》等图书70余种。

微博、微信公众号、抖音号等网络平台组成新媒体平台矩阵，官方微博粉丝数1029万、微信公众号粉丝数1174万、学习强国号总阅读量1200万、“我要去故宫”快手号粉丝数31万、抖音号粉丝数171万。以矩阵之力积极发布各类资源信息，取得了良好的文化传播效果。推进新一季“抖来云逛馆”工作，发挥文化传播和数字服务能力。

开展对外交流，促进文明互鉴。开展驻华使团来院参观等对外交流活动。举办国际博协培训中心2023年秋季培训班，招收国内外学员26名。开展第二届“双城青年文化人才交流计划”。第一批共10位“太和学者”已出访和来院访学，第二批“太和学者”工作已启动。与斯洛文尼亚等国家联合开展考古和文物修复工作。

建设结构合理、充满活力的人才队伍。有序推进“英才计划”，培育博物馆后备力量，第三批“英才计划”7名导师和12名学术助理签署资助合同并按计划开展研究。积极支持青年业务人员结合专业工作、利用业余时间参加在职学历教育，全年共10人申请攻读在职硕士、博士研究生学历教育，其中6人顺利入学。充分利用现有人才引进渠道，引进并合理配置不同类别、不同层级的青年人才，公开招聘共计接收应届毕业生30名、社会工作人员24名，引进高层次人才1名，政策性安置军转干部1名，专业涵盖文博、考古、历史、艺术、建筑、信息工程、安防管理、行政管理等多个领域。

（故宫博物院　宓喆玄）

中国国家博物馆

【概况】2023年，中国国家博物馆在习近平新时代中国特色社会主义思想的指引下，在文化和旅游部党组的直接领导和国家文物局的关心支持下，认真贯彻落实习近平文化思想，按照习近平总书记给国家博物馆老专家回信精神，聚焦主责主业，强化服务意识，创新管理服务手段，充分发挥国家最高历史文化艺术殿堂和文化客厅作用，不断提高公共文化服务水平。

【藏品征管】扎实开展国史文物抢救工程、时代物证进国博专项行动，新征集各类实物资料11861件（套），征集西汉河平元年铜鍪、明清外销瓷、明清华北地区民间石刻等珍贵古代文物，入藏一批党和国家领导人重要实物以及抗美援朝、三线建设、闽宁协作、治沙防沙等相关实物资料。

稳妥推进域外文物征集工作，征集入藏一批外国钱币、外国古代玻璃器、日本浮世绘、中国外销银器、海外华侨实物、海外重点工程建设实物、援外医疗实物、外国著名摄影师作品等实物资料，新征集各类域外文物2476件/套。

持续推进藏品定级工作，先后组建13个工作组，完成33386件文物定级工作；完成将近一半钱币库参考品整理工作，清点钱币65930件；完成5040件文留瓷器整理工作。启动藏品账册信息化工作，已完成采集110998页账册。

不断提高文物保护水平，完成文物评估3142件（套）、保护修复和养护492件（套）、复制传拓145件（套），配合征集、展览等完成文物分析检测321件（套）。

【陈列展览】全年举办各类展览57个，包括基本陈列、专题展览、临时展览和巡展。基本陈列包括“古代中国”“复兴之路”“复兴之路·新时代部分”。专题展览12个，临时展览包括主题展览1个、精品文物展4个、历史文化展6个、考古发现展3个、科技创新展1个、地域文化展3个、经典美术展6个、国际交流展3个、其他类展览2个。巡展共13个，分别在广东、江苏、黑龙江、浙江、新疆、河北、吉林、天津、四川等省（区、市）展出。

“逐梦寰宇问苍穹——中国载人航天工程30年成就展”系统回顾中国载人航天事业30年来自信自强、奋斗圆梦的辉煌历程；“智慧之光——中医药文化展”全面展示中医药自主知识体系的形成、演进和对世界的杰出贡献；“鉴往知远——新时代考古成果展”以2012年以来的“全国十大考古新发现”为重点，生动讲述中华文明发展历程和突出贡献；“交融汇聚——新疆精品历史文物展”突出展示新疆各民族交往交流交融的历史脉络；“百年巨匠百年史诗——百位大师风采特展”全面展示20世纪为中华文明做出突出贡献的100位教科文卫体各领域大师巨匠的人生成就和巨匠风骨。其中“鉴往知远——新时代考古成果展”和“智慧之光——中医药文化展”入选“弘扬中华优秀传统文化、培育社会主义核心价值观”重点推介展览。

【学术研究】举办“全国博物馆馆长论坛”“智慧博物馆论坛”“中国古代服饰研究学术研讨会”等学术活动74场、国博讲堂34场。与北京大学、中国人民大学、中国科学技术大学等单位签署战略合作协议，实现双方的优势互补、互惠共赢。

申报国家级、省部级基金项目及各类横向科研课题81项，立项19项，国家重点研发计划项目“馆藏脆弱铁质文物劣化机理及保护关键技术研究”进展顺利。稳步推进博物馆学名词审定工作，成立审定委员会秘书处，全面正式启动相关工作。

出版《中国国家博物馆馆藏文物研究丛书·瓷器卷（宋—元）》《海外藏中国古代文物精粹·韩国国立中央博物馆卷》等学术著作25种、展览图录6种，发表学术论文273篇，发布专利1项、标准4项、软件著作权1项，创作艺术作品30件。获得全国文化和旅游系统2022年度二十佳调研报告、2023年文化和旅游数字化创新示范优秀案例等省部级以上科研奖励9项。招收紧缺领域博士后8人，接收访问学者4人。

【社教传播】全年完成展览讲解8231批次，累计服务观众约33万人次。推出精品讲解、定制化讲解等分众化服务，举办“专家讲解周”系列活动，建立11个门类70余位专家构成的专家库，推出59场次专家讲解活动。开展教育活动123场次，开发中华文明研学教育课程8门。实施“古代中国·通识”系列主题夏令营4期，举办“国博公共考古体验营”6期。继续加强馆校合作，承接北京市教委委托的“七个一”活动，为1034批次41678名中学生提供研学教育服务。拓展志愿服务领域，招收63位社会优秀人士充实国博志愿者队伍，培育“春雨工程”“青少年文化宣讲”等志愿服务品牌项目，全年累计为公众提供志愿服务达11540小时，志愿团队荣获民政部授予的第十二届“中华慈善奖·慈善楷模”荣誉称号。

加强新闻传播工作，全年面向中央媒体、行业媒体和新媒体组织新闻发布活动35场。官方网站、App和小程序、微信公众号、微博、抖音、学习强国、小红书等十多个新媒体平台和账号安全运营，年稳定受众近5000万，官方网站年度浏览量近2000万，App和小程序使用总量突破1300万。官方微博荣获“年度十大博物馆微博”“微博年度创新宣传博物馆”奖项，官方抖音号荣获“政务抖音号优秀创作者”，快手号荣获“年度影响力政务账号”。大力推进馆藏文物活化工程，与中国传媒大学联合推出国家博物馆首部原创文物活化舞台剧《盛世欢歌》，与中国煤矿文工团推出文物活化舞台剧《俑立千年》。“‘手拉手：共享世界文明之美’——全球博物馆珍藏展示在线接力活动”在中央网信办主办的中国正能量网络精品征集展播活动中，荣获“网络正能量主题活动”精品称号。“国家博物馆原创虚拟数智人”获评国家文物局与中央网信办组织推荐的“2023年度中华文物新媒体传播精品推介项目”十佳。

【智慧博物馆建设】扎实推进智慧国博建设，继续开展文物数据采集工作，全年共完成1355件文物三维数据采集、4564件文物二维高清影像采集以及16个展览数据采集。实现数据融合，建设融合场馆建筑信息模型（BIM）、地理信息、展览全景、观众数据等多维数据可视化的综合运行平台。加快完善藏品大数据平台，开展展览数据库建设和异地数据灾备中心建设。国博“馆藏资源三维数据后期处理技术创新与应用”获评2023年文化和旅游数字化创新示范案例。加强国博云的安全保护等级，建成并持续扩容国博私有云，为藏品大数据平台、综合运行平台等23个业务系统提供安全、高性能计算服务。

【观众服务】2023年，国家博物馆共计开放314天。累计接待服务观众6757067人次。各年龄段观众比例为：0~18周岁占19.12%；19~35周岁占42.69%；36~59周岁占31.34%；60周岁以上观众占6.85%。

通过热线电话提供观众咨询154750通，服务台接受观众咨询634411起，母婴室累计服务观众5650人次。租借婴儿车1550次、轮椅2208次。协助观众查寻遗失物品1045件，接收观众遗失物品2180件，协助认领遗失物品983件，提供其他便民服务共计1330次。

【文创开发】继续加强“国博衍艺”“国博美馔”文创品牌形象塑造，做好文化创意产品的研发供给。自主研发馆藏文物冰箱贴、舞人龙凤系列手袋、桃花洞釉灯笼瓶系列产品等180余款新品，270余个SKU，配合临时展览推出80余款文创产品。推出四羊方尊慕斯蛋糕、粽情九歌端午礼盒等14款餐饮新品。

积极对接社会资源，与行业头部品牌进行授权合作。联手汉字教育品牌小象汉字推出2024年《博物馆里有条龙》文物汉字日历，与童装品牌巴拉巴拉推出联名产品，与中国大饭店合作推出“癸卯迎春”联名下午茶，联合吴裕泰推出“花语言茶”礼盒与“四季美裕”礼盒。获得CLE品牌授权金星奖2023年优秀文博艺术类授权IP奖。

响应文旅展示活动，宣传优秀文化创意产品。参加第十三届中国旅游产业博览会、香港国际授权展等9个会展项目。参加“博物馆文创中国行之走边防”活动，为边防营区驻边战士和当地中小博物馆赠送文创产品及国家博物馆出版图书。参加“GO DAY欢乐年货节”和2023年米兰国际手工艺博览会，践行文创出海。

【安全保障】针对客流持续高位态势，多次优化观众入馆流线，适时启动限流管控、分流疏导等应急措施，大幅提高观众参观通行效率。及时发布研学机构管理办法，推行社会讲解申请许可，与属地部门联合开展专项行动，整治违规讲解活动。配合公安部门坚决打击“黄牛”，有力维护观众的合法权益。

依法依规履行安检职责，全年安检检查观众携带行李包箱4249320个、快递2991件、车辆21460辆，检出禁限带物品202743件。处置翻越护栏、闯岗等突发情况20次。

严格安全工作制度落实，牵头制定《博物馆公共安全应急管理规范》，填补了博物馆应急管理行业标准的空白。不断完善制度建设，组织修订《中国国家博物馆贯彻落实中央八项规定精神实施细则》《中国国家博物馆工作人员考核管理办法》等10余项规章制度，推动各项工作更加规范化。

【国际交流与合作】在中意文化和旅游年框架下，成功举办“心影传神——乌菲齐美术馆藏大师自画像展”，吸引20余万观众参观。G20领导人峰会期间，选送馆藏珐华莲塘图盖罐实物和错金云纹铜犀尊数字材料赴印度参加二十国集团文化领域配套文化项目——“文物+沉浸式”展览。完成“数说犀尊”“中国古代玉器”等17个展览和2个公共空间展示的文字说明中译英工作。

积极参与全球博物馆多边合作，成功主办第三届丝绸之路国际博物馆联盟大会，25家联盟成员单位代表、联合国教科文组织代表以及10个国家的驻华使节出席，推动“一带一路”国家的文明对话走深走实。发展山西博物院、湖北省博物馆、湖南博物院、宁波市天一阁博物院等 4 家国内优质博物馆加入丝绸之路国际博物馆联盟，联盟成员单位增至 172 家。积极参与冲突地区遗产保护国际联盟相关工作，参与评估遗产保护项目 69 个。

与教育部中外语言交流合作中心、北京语言大学合办“新汉学计划”海外高级中文翻译人才培养项目——中国文物和博物馆笔译工作坊，向来自 40 多个国家和地区的 260 余名青年学者讲授中国文化课，涵盖 7 种语言。完成《国际博物馆学译丛》第一辑 10 种书的出版工作，推介国际博物馆学优秀学术成果。

全年接待外事活动及港澳台来访参观团组 258 批次，共计 5874 人次，其中包括土库曼斯坦总统谢尔达尔·别尔德穆哈梅多夫、俄罗斯联邦委员会主席瓦莲金娜·马特维延科、意大利副总理兼外长安东尼奥·塔亚尼等外国政要。与乌兹别克斯坦国立历史博物馆、澳大利亚国家博物馆签署合作备忘录。

（中国国家博物馆　窦文龙）

中央文化和旅游管理干部学院

【概况】2023 年是全面贯彻落实党的二十大精神开局之年。学院秉承恢复、巩固、提高的工作思路，实施重点工作项目化，以主题教育为契机，开拓创新、稳中求进，有力推动主责主业回升向好。全年举办培训项目 327 期，培训 32541 人次。其中，线下 275 期、16858 人次，线上 50 期、14626 人次，线下线上相结合 2 期、1057 人次。

【加强和改进党校工作】一是持续完善党校工作机制。与机关党委沟通，健全党校领导机构，推动修订《党校工作章程》，适时召开校委会会议。

二是服务保障部党组部署的重要学习研讨。承办部系统习近平文化思想专题研讨班、学习贯彻习近平新时代中国特色社会主义思想主题教育专题读书班等重要学习研讨任务，部党组成员、部机关和直属单位司局级领导干部均参加。

三是坚定不移加强马克思主义理论教育培训。实施习近平新时代中国特色社会主义思想“三进”（进教材、进课堂、进头脑）提升计划，形成习近平总书记关于意识形态工作重要论述等精品课程，打造各类培训的“第一课”“必修课”。

四是坚持不懈强化党性教育。在党员培训项目中深入开展理想信念、党的宗旨、“四史”、革命传统、中华民族传统美德等教育，加强党章和党规党纪学习，主体班次党性教育课程占比达 27%。

五是一以贯之抓好党员培训项目。重点办好中共文化和旅游部党校处级干部进修班，47 人参训。高质量组织实施部系统新党员、入党积极分子、文艺工作者党员、群团干部、巡视干部培训班及其他各类党建专题学习。

【提高教学培训质量】一是系统开展专业化能力培训。紧紧围绕国家重大战略需求，紧密结合文化和旅游部中心工作，举办全国文化和旅游厅局长三级轮训，文艺院团管理领军人才培训，全国美术馆系列培训，全国基层非遗保护工作队伍培训，红色旅游、乡村旅游培训，全国文化市场综合执法技能竞赛，文化和旅游干部素质能力提升工程等项目。另外，受中组部委托，组织党政领导干部专题研究班（市长班）。

二是加快完善和健全教学体系。组建教学指导委员会，构建课程、师资、教材“三位一体”教学体系。建设一批好课程，以文化和旅游改革发展的理论和实践创新为核心，形成 12 个系列，52 个版块，93 个专题，共计 800 余门课程。建设一批好师资，打造一支由高校、党校、部委单位专家学者，行政管理人员，行业从业者等组成的师资队伍，共计600余人。建设一批好教材，分类选定文化和旅游专题教材及干部教育读本70余种。

三是不断深化涉外、涉港澳培训。在国际交流与合作局指导下，重点面向共建“一带一路”国家、港澳地区的文化和旅游官员、专业技术人员开展培训。全年完成涉外、涉港澳项目34期，覆盖共建“一带一路”60个国家和地区，培训学员1052名。开展对巴勒斯坦、叙利亚等国的援外培训，与越南、柬埔寨等国的文化和旅游部门深化合作，有力配合国家重大外交活动。

四是持续拓展网络培训。受相关司局委托，建设非遗网络学院、财经干部网络课堂。服务地方文旅系统，为河北、湖南等文旅厅定制化建设网络学院及线上培训教学点。自主开发“文化和旅游融合发展”线上公益讲座吸引近千人学习。截至年底，全国文化和旅游干部网络学院共有注册学员103396人，较2022年增长15.7%，上线课程1704门，学习总时长2785857小时。

五是创新培训方式和手段。面对干部教育培训新趋势新要求，通过创新提高教育培训效果。强化教学方式方法创新，集中力量开发案例教学，通过工作坊、结构化研讨、启发式教学等形式，打造案例“共创课”，深耕案例“定制课”，案例教学已融入全院50%的班次，效果良好，部分班次学员满意度达100%。推动办训模式创新，与有关司局合作，在“委托＋承办”培训模式基础上，积极试点“授权＋主办”模式，进一步发挥主动性，拓展培训业务。

六是打造特色教学空间。加强前沿科技应用，对教学内容、教学空间进行全面打磨，建成“数字文旅应用课堂”“新文旅创新融合体验中心”“美丽中国学习中心”“公共文化驿站”“智慧党建体验中心”，累计为国内外170多个班次、1万余名学员提供了优质的教学服务，形成集观摩、沉浸、研究、交流、共创于一体的特色教学空间体系。

七是打造特色培训项目。捕捉培训新需求，聚焦文化和旅游人才核心素养提升，拓展新行业新业态培训。与中国文化传媒集团合作开展“文旅新产业人才培养计划”，举办“‘文旅＋元宇宙’高级研修班”，与抖音集团、中国东方演艺集团合作实施“全国文化和旅游干部人才新媒体能力提升计划”，举办首期示范培训。

八是巩固深化培训合作。在与原有15家单位深化合作的基础上，又与北京市大兴区等地方政府，中国美术学院等高校，江西省旅游集团、上海风语筑等企业，共19家单位签订合作协议；在新疆等地设立9个培训基地。在干部教育、政策咨询、课题研究、案例发掘等领域开展深入合作，进一步拓展培训空间、丰富教学资源。

【发挥科研支撑作用】一是着力加强党的创新理论研究阐释。深入学习习近平文化思想，制定学院《学习贯彻习近平文化思想实施方案》，建立“制定一项常态化学习制度、搭建一个教研平台、建设一套教研体系、汇聚一支教研队伍、推出一批高质量成果”的“五个一”工作机制，一体化开展理论学习、研究阐释、专题培训。持续推进习近平总书记关于文化和旅游工作重要论述研究，整理汇编《习近平文化思想学习资料汇编》等4种教学研究资料，形成关于文化强国建设重要论述研究等成果，初步形成相关精品课程，建设习近平总书记关于文化和旅游工作重要论述数据库。

二是着力推进智库建设。围绕部中心工作，聚焦文化和旅游领域重大理论课题和重要实践探索开展研究咨询。建立专门研究小组，开展习近平文化思想及人文经济学、新质生产力等专题研究，在《人民日报》理论版等发表若干研究成果，3篇内参获中央领导批示。与办公厅、政法司、产业司等合作，季度化开展文化和旅游领域意识形态研判、文化和旅游发展经济形势研判等项目，推进文化产业和旅游产业发展数据监测工作。完成 2023 年度文化和旅游部重大课题定向委托项目“数字文化安全研究”。连续三年获评部优秀调研成果，部分转化为政策文件。

三是积极开展教研结合。召开首次全院科研工作会议，成立科研工作领导小组，出台《关于推动科研工作发展的实施办法》，倡导把科研做在工作岗位上，多方面调动科研积极性。采取年度院级课题等方式，加强对干部教育培训规律和方式方法研究。策划《公共文化服务高质量发展报告》蓝皮书，编纂《学员交流》9 期 33 万字，“百人讲好党的百年故事”获评全国文旅系统优秀创新案例，以“青年讲坛”等平台推动中青年干部上讲台。

【提升服务保障水平】一是加强干部人才队伍建设。引进高校毕业生 10 人，高层次人才 2 人，壮大人才队伍。修订《激励干部新时代担当新作为实施办法》，进一步激发干部职工干事创业动力和活力。

二是完善内部控制管理。邀请北京国家会计学院团队实施学院内部控制建设项目，制定《内部控制手册》和《内部控制制度汇编》，制定、修订《差旅费管理办法》《合同管理办法》等规章制度 6 项，健全内控体系，加强内部管理。

三是加大安全保障力度。成立学院安全工作领导小组，下设意识形态、安全生产、保密安全、网络安全四个专项工作组，完善安全管理体系，为干部教育培训提供坚实的保障。

四是建设人文校园、美丽校园。举办“光荣在院 40 年”活动，组建知音合唱团、书法兴趣小组等，营造蓬勃向上的人文环境。改建网球场，对水系、植被进行改造提升，用园林景观与野生动物吸引国内外学员打卡。

（中央文化和旅游管理干部学院　于晓敏）

中国文化传媒集团有限公司

【概况】2023 年，中国文化传媒集团（以下简称传媒集团）以学习宣传贯彻党的二十大精神为主线，以学习研究阐释习近平文化思想为重点，有效发挥宣传思想文化阵地作用，加快推进全媒体传播体系建设，积极塑造全方位优质服务品牌，着力构建新型文化产业集团。

【立足落实党组要求，发挥宣传阵地作用】一是把宣传党的二十大精神作为贯穿全年宣传工作的主线。开设“党的二十大精神·学习进行时”“党的二十大精神·基层落地生根”“新时代 新征程 新伟业”“学用新思想 悦读伴成长”“学习贯彻习近平新时代中国特色社会主义思想主题教育”“学思想 强党性 重实践 建新功”等多个专栏专题和整版策划，发布传播稿件 4570 余篇，全方位、多层次宣传阐释党的二十大精神，持续反映文化和旅游系统和行业学习宣传贯彻的思路举措、生动实践，推动党的二十大精神深入基层、深入群众、深入人心。

二是围绕部党组中心工作提供高质量舆论宣传服务。围绕中国式现代化、推进文化自信自强、铸就社会主义文化新辉煌、推进文化和旅游深度融合发展，聚焦文化和旅游重点工作、行业热点，先后推出“助力社会经济强劲复苏增长”“数字文化建设”“文化遗产活化利用 传播效能不断提升”、2023 年全国文化和旅游厅局长会议报道、黄河特刊、文化产业赋能城市更新、文明旅游典型案例、5·18 国际博物馆日、2023 年中国旅游日、文化和自然遗产日等重大选题、专题专栏和系列报道。同时，完成了《文化和旅游产业国际动态》《“中国传统制茶技艺及其相关习俗”申遗成功传播效果评估报告》等部有关司局委托的定制化信息报送和 22

期传播效果评估报告，为国家文化产业示范区基地申报、文化和旅游研究基地申报提供舆情筛查及监测服务。部级社科研究课题《基于大数据技术的文艺意识形态舆情研判体系研究》以“良好”等级通过专家验收。

【提升舆论引导能力，推进全媒体传播体系建设】一是健全重大主题报道协同推进机制。依托中传云平台统筹策采编审发评全流程，统筹传媒集团媒体资源，以报刊网端微号等融媒体形式，策划推出多个重大重点选题报道，取得良好传播效果。如2023年全国两会报道，采用领导班子、编委会一体策划，并成立5个产品形态组负责内容制作，由优势生产单元牵头，实现人员混编，各组采用组长负责制，由集团及报社有关领导任产品形态组品控，确保了两会报道的有序推进和高水平执行。

二是强化内容考核评价机制。深化内容供给改革，制定了媒体产品质量考评办法，完成了2023年第四季度传播效果评析报告。持续开展媒体产品质量抽查和审读工作，并将抽查结果以差错统计、审读意见等形式反馈给媒体，提升传媒集团媒体报道质量和社会影响力，进一步形成适应新传播生态的内容生产力。截至2023年年底，累计生产内容产品62万篇，文旅中国客户端注册用户790万，中传云平台注册用户4887万。《中国文化报》在中国记协行业类媒体社会责任报告评议中获“优秀”等级。

三是以产品化思维加强内容建设。其一是《中国文化报》内容提升工程有序推进。坚持权威深度办报理念，以提升体系化选题策划能力为重点，不断策划推出具有深度、观点鲜明的重点栏目文章。2023年度，相关报道工作荣获全国、省部级等奖项30余次。《第十三届中国艺术节系列深度报道》获全国行业好新闻大赛二等奖。《中国特色、中国风格、中国气派文艺精品竞相涌现》《全国政协十三届五次会议第一场“委员通道”开启 德艺双馨就是“清清白白做人，认认真真做事”》等4篇报道获全国行业好新闻大赛三等奖。2022年10月21日一版及2022年3月8日二三通版均获全国行业好新闻大赛新闻版面三等奖。河北记者站李秋云获中宣部、中国记协新春走基层先进个人。其二是“学术＋时尚”精品期刊集群初步成型。三刊坚持专业化办刊定位，加强与集团内外优质媒体平台资源的协同融合，成立了美术评论新媒体协作平台，打造了“名家名作”等多个新媒体品牌栏目，形成了网络宣传的新集群效应。时尚系五刊在保持传统媒体高品质内容优势的基础上，积极探索传统媒体资源和《时尚》品牌优势在数字媒体领域发挥作用的有效路径，推出了“时尚守艺人”“天涯若比邻·夏日音乐会”“点亮城市绿洲”等亮点项目，价值创造能力得到有效提升。其三是文旅中国新媒体建设进一步加强。发挥新媒体短平快优势，以文旅中国品牌塑造为核心，以“文旅中国会客厅”品牌内容为抓手，围绕文化和旅游部重点工作持续做好新媒体内容策划、生产和传播。文旅中国新媒体连续三年入选中国报业深度融合发展创新案例。

【适配数字战略要求，稳步推进重点项目】一是以“文旅中国元宇宙”战略性项目为牵引，持续探索网络强国、数字中国战略在文化和旅游行业的落地路径和应用场景。根据部党组关于加强对新业态研究和业务布局的工作要求，传媒集团于2022年启动了文旅中国元宇宙项目。经过一年来踔疾步稳的努力，项目的第一期主体工程建设已经完成。2023年10月，传媒集团以“共创数字生态 共赢文旅未来”为主题，在北京举办了文旅中国元宇宙第二届生态大会，启动项目正式上线运行，发布了中心城、数字产品交易平台、区块链“中国文旅链”

和“忒 panda”版权品等新平台新产品，以及 15 万字的《文旅中国元宇宙白皮书 2.0》。文旅中国元宇宙获评第四届中国报业深度融合发展数字技术应用类创新案例。

依托文旅中国元宇宙，传媒集团先后推出了一系列线上线下相结合的数字化应用场景和产品。新文创 IP 平台累计申请登记 IP 数量 8386 件，完成 19.7 万个藏品的发售，平台链上藏品总值 2435 万元，累计实名注册用户 37.7 万人。建立国潮艺数、设计中国等 14 个专题。云演播平台完成“第九届全国优秀儿童戏剧展演”等 21 次线上展播活动，共引入优质剧目 374 部，进行直播 1197 场。探索文旅领域线上线下互动融合沉浸式应用场景，推出首个沉浸式数字文化综合体验空间——广州元宇宙文化馆。与中央文化和旅游管理干部学院、中国电信集团联合开展了“数字文旅人才”系统性升级项目培训活动，带动其他项目形成新的业务支点。

二是围绕“推动文化和旅游深度融合发展”“推动中华优秀传统文化创造性转化和创新性发展”，组织开展系列品牌活动。文化和旅游艺术数字资源库项目已收录数字资源超过 10 万条，搭建了长江国家文化公园、国家级滑雪旅游度假地等专题数字资源库。参与主办了“瑞雪红梅 欢喜过年”——游购乡村系列活动，通过云旅游、线上购，满足人民群众的节日物质文化需求。推进文体旅融合发展新业态新消费，参与主办了文体旅融合发展新业态新消费交流活动。服务国家重大区域发展战略，赋能成渝地区双城经济圈建设，策划举办了“文旅中国·渝见四面山”缤纷盛夏季系列活动。在香港国际授权展期间举办了“中国文化和旅游 IP 授权系列活动”，在米兰国际手工艺博览会上举办“多彩中国 佳节好物”主题展区，“物以载道”——中国与沙特非遗数字展在中沙两国数字平台与广东佛山璜溪古村同步展出，为更多内地文化和旅游企业提供了走进国际市场、拓展全球贸易的优选平台。2023“一带一路”文化和旅游发展论坛在形式规模和成果转化上均有突破，搭建了更加高效的“一带一路”文化和旅游交流合作平台，均取得较好的社会效益和经济效益。

【坚持以人为本，完善内部管理】一是集团总部工作效能进一步提升。坚持制度管人、流程管事，2023 年新制定和修订资产评估、内部审计、内设机构岗位设置方案、职业经理人管理等 10 项制度文件，编制 40 余份岗位责任书，优化调整 OA 流程 80 余个，进一步厘清了集团总部、职能部门、所属公司的权责边界。综合行政、安全生产、物业管理等服务保障性工作有条不紊，相应制度及流程持续完善。

二是所属公司管理体制机制进一步健全。按照“一个公司专注一个领域”的经营思路，指导所属公司围绕传媒集团发展战略深耕主业，逐渐剥离非核心业务。建立了经营管理 10 张表制度，对所属公司经营管理、业务执行、项目管理等情况进行动态跟踪管控。通过建立合同台账月报机制等方式，将风险控制工作逐步向事前防范和事中介入为主。

三是企业文化体系进一步完善。不断扩大选人用人渠道和视野，通过高校毕业生接收、留学生接收、社会招聘等方式，引进全媒体、元宇宙等核心业务和紧缺管理人才 154 名。持续深化人事制度改革，完成了 573 名在职员工的多维度结构分析。按照人事人才不同工作模块制作梳理了 44 个工作流程手册，加强了规范化、精细化管理。通过外聘专家、内训讲师授课及选派干部参加专题班等多种形式，累计组织各类培训 46 期 2500 人次。制定工会慰问管理办法，解决了办公区外墙维修、暖气改造等一批职工群众关心关注的身边事。

（中国文化传媒集团有限公司　王永强　刘青）

国家京剧院

【概况】2023年，国家京剧院以习近平新时代中国特色社会主义思想为引领，深入学习习近平文化思想，持续贯彻党的二十大精神，认真落实部党组各项工作部署，竭力创作优秀作品，深化文艺院团机制体制改革，推动京剧艺术创造性转化、创新性发展，不断提升国粹文化传播力、影响力。

【“长风破浪会有时”，“三并举”创作计划圆满完成，《国家京剧院“十四五”艺术发展规划》稳步推进】遵循戏曲艺术发展规律，践行新编历史剧、现代戏、整理改编移植优秀传统戏“三并举”剧目方针。

一是赓续历史文脉，以京剧语汇阐释中华文明突出特性。创排新编历史剧《纳土归宋》，于2023年8月25日、26日在梅兰芳大剧院首演，以京剧语言生动阐释中华文明突出的连续性、统一性、和平性。创排全程共召开5次专家研讨会，该剧形象描绘了“国土不可分、国家不可乱、民族不可散、文明不可断”的坚定信念，从源远流长的历史连续性中阐释了中国文化、讲述了中国故事。《纳土归宋》于2023年11月18日、19日赴杭州参加第十八届中国戏剧节展演，荣获优秀剧目奖，演出一票难求。

二是拓展“两改”创作思路，推动剧目资源创造性转化。坚持“改编经典名著、改编经典名剧”的“两改”创作思路。复排根据元杂剧改编的优秀传统戏《西厢记》，调整剧情节奏、创新乐队配器，把中华美学精神和当代审美要求结合起来。《西厢记》的演出受到原剧改编者的高度肯定，他表示，此次复排《西厢记》“方向正确，方法得当”。

根据茅盾文学奖获奖作品改编的同名现代京剧《主角》成功首演。剧本数易其稿、反复打磨，坚持以京剧舞台规律重构文学文本，创新京剧舞台的现代化表现形式，将多元艺术样式融入音乐、舞美等创作中，该剧首演尤其受到青年观众喜爱。

三是以社会主义核心价值观为引领，加强现实题材创作。坚持以人民为中心的创作导向，从人民的火热实践中进行美的发现和美的创造。按照《国家京剧院创作采风管理实施办法》，现代京剧《老阿姨》剧组分赴新疆、江西进行第二、第三阶段的“深扎”工作，并于2023年8月9日在江西甘祖昌干部学院举行建组会。该剧已完成剧本修改，导演、作曲、唱腔设计、舞美设计等投入创作阶段。

现代戏《雄安人家》聚焦雄安新区建设，以小切口描绘大时代，讴歌人民创造、人民智慧、人民愿望。坚持央地共建、协调发展，联合石家庄市京剧团共同创排，于2023年12月6日、7日在石家庄大剧院成功首演。

四是加强文艺理论和评论建设，《中国京剧》杂志全新改版。《中国京剧》杂志于2023年1月全新改版，全年发行12期，策划专题20项，吸纳理事单位26家。与湖北省罗田县人民政府联合举办“京剧的守正与创新——余三胜和余（叔岩）派艺术学术研讨会”，来自北京大学、中国人民大学、武汉大学等专业院校、研究机构的80余位学者参会发言。举办“海峡两岸京剧传承发展座谈会”“沈福存艺术成就研讨会”、第十届中国京剧艺术节主题研讨会。相较于转隶时账面6000多元的运营状况，2023年运营收入317万元，取得了较好的社会效益和经济效益。

【“百花齐放春满园”，演出品牌矩阵持续升级，品牌知名度显著提升】国家京剧院2023年全年演出316场，演出收入3212万元，较2019年增长39.65%，创历史新高。

一是品牌演出季规模持续扩大。剧院于2021

年十·一国庆假期首度推出“秋之韵”演出季，并于2022年五一国际劳动节假期推出“春之声”演出季。“春华秋实，岁物丰成”，两大演出季交相辉映，带领剧院演出业务工作展现新局面。2023年“春之声”演出季以经典保留剧目为亮点，连续演出9场，收入156万元；“秋之韵”演出季以优秀新创剧目为重心，连续演出9场，收入126万元。2023年七一红色题材演出季共演出5场，收入64.9万元。“庆元旦”“贺新春”等佳节演出品牌持续火热。

二是在巡演中检阅新创剧目艺术质量。剧院新创剧目《五女拜寿》移植改编自同名经典越剧，在原作基础上，增加了丰富的行当语言，青年演员阵容齐整，一经推出受到广泛关注与好评。该剧受邀赴澳门参加第三届粤港澳大湾区中国戏剧文化节。截至2023年年底，《五女拜寿》赴杭州、绍兴、黄冈、青岛、香港、澳门等地演出11场。

三是推出“这里有戏”青年人才演出品牌。打造“这里有戏”青年演出品牌，坚持在每周末推出优秀青年演员专场，以各行当、各流派的经典传统剧目为主，引领青年演员磨砺扎实功底、继承表演技艺。2023年“这里有戏”共演出56场。“这里有戏”常态化演出以来，青年演员、演奏员积极“大练功”，比拼技艺。

四是名家汇聚“2023年度优秀京剧保留剧目展演”。积极发挥国家级文艺院团导向性、代表性、示范性作用，推动经典剧目常演常新，2023年启动“优秀京剧保留剧目展演”项目，邀请北京京剧院、上海京剧院、天津市青年京剧团、大连京剧院等院团，在梅兰芳大剧院集中演出经典保留剧目。2023年演出《锁麟囊》《失·空·斩》《状元媒》《将相和》等。

五是线上演播剧场推动京剧数字化战略实施落地。《龙凤呈祥》演播三年规划圆满完成，2023年收入141万元。剧院坚持以内容优势提升新业态、新技术的应用效能，创新“云包厢”观演视角，推出主题文创产品。2023年启动“梅兰芳大剧院演播剧场”，挖掘二十四节气审美内涵，推出24部演播作品。

六是圆满完成重要文艺演出活动。承办2024年新年戏曲晚会，成立工作专班，周密部署、精心安排，有力保障了戏曲晚会的艺术质量和安全运转。

【“江山代有才人出”，实施《国家京剧院人才工程规划方案2023—2025年》，培养德艺双馨的艺术家队伍】一是完成“百日集训”，推出领军人才。重点突破青年人才培养课题，选拔6名“领军人才培养对象”、30名“青年拔尖人才培养对象”（24名演员、6名演奏员），“一人一策”制定培养方案，安排62场专场演出。张佳春以《春草闯堂》摘得第31届中国戏剧梅花奖。

二是“以剧目带人才”，推动青年人才快速成长。复排《西厢记》《奇冤报》《谢瑶环》《对花枪》等经典剧目，推动青年演员在重点剧目中磨砺技艺、传承薪火。

三是加强中层干部队伍建设，落实人才引进。开展3批次中层干部选拔聘任工作，中层干部配比率由38%提高至74%。落实人才引进工作，2023年接收应届毕业生19人、社会招聘人员17人，集中组织2020年以来入职人员教育培训。

四是加强对紧缺行当人才的重点培养。推出第三届武戏展演，“全国京剧武戏人才培养班”获评国家艺术基金年度优秀项目。围绕青年演奏员培养计划，创新推出《和合之美》京剧音乐会。

五是举办“星光读书会”，建设“学习型”剧院。邀请范曾、吴为山、陈彦、冯英、罗怀臻、吴洪亮、胡智锋、顾春芳等国学名家、艺术家、作家、学者从不同艺术门类、不同文化视角开展讲座，拓宽演职员学习视野，引领学习风尚。

【"草木蔓发，春山可望"，持续建设京剧文化地标，推动产业体系转型升级】一是人民剧场重张，举办"2023 全国小剧场京剧群英会"。北京人民剧场始建于 1953 年，1955 年正式开幕，国家京剧院首任院长、京剧艺术大师梅兰芳先生以经典剧目《穆柯寨》做开幕演出，见证了中华人民共和国成立后戏曲艺术的璀璨历程。人民剧场于 2023 年 10 月 16 日焕新重张，推出"2023 全国小剧场京剧群英会"《临境 · 斗——京剧媒体艺术互动空间展览》"中国京剧" IP 首展等。坚持以文塑旅、以旅彰文，与西城区人民政府联合打造一院（国家京剧院）、一场（北京人民剧场）、一馆（京剧艺术展陈馆）、一街（护国寺街），推动文旅融合创新发展。

二是打造梅兰芳大剧院京昆演艺品牌。全年京剧演出占比 60%，昆曲演出占比 20%，还演出了豫剧、秦腔、河北梆子、淮剧等 10 余个地方剧种。大剧场演出 280 场，小剧场演出 142 场，收入 3536 万元，较 2019 年增长 35%，创开业以来历史新高。开展京剧讲座及文化体验活动，与人民剧场联动打造京剧演艺"打卡地"。

【"各美其美，美美与共"，积极开展文化交流活动，增强传统艺术传播力、影响力】2023 年，对外及对港澳台文化交流 6 批次、313 人次，在日本及中国港澳台地区开展演出、讲座 16 场。赴香港参加"第九届中国戏剧奖终评活动"；赴澳门参加"第三届粤港澳大湾区中国戏剧文化节"；连续 4 年开展"国家京剧院澳门演出"品牌活动；第 24 次赴台湾演出，2023 年是国家京剧院赴台演出三十周年，坚持以国粹艺术浸润两岸文化根脉。与澳门文化界联合总会签署战略合作协议，建立长期合作机制，在创作演出、人才培养、艺术普及等多方面开展合作。

【"新故相推，日生不滞"，深化改革持续走深，制度建设工作取得突出成果】于 2021 年 3 月启动制度立改废工作，成立"国家京剧院制度建设领导小组"，把加强艺术精品创作、推进高质量发展作为重点任务，结合工作实际分类指导，建设现代化管理体系，完善剧目生产机制，提升服务效能。2023 年，完成编制《国家京剧院规章制度汇编（2022—2023）》上、中、下三册，制修订制度 96 项，共 34.3 万字。开展制度宣讲 48 场，覆盖 6556 人次。梳理廉政风险防控点，进一步规范和完善内部控制体制机制，于 2023 年编制完成剧院首部《内控手册》。

【"落其实者思其树，饮其流者怀其源"，扎实做好离退休老干部服务保障工作】2023 年元旦春节，慰问老艺术家、老同志，困难党员、职工等 175 人次，累计发放慰问金 82.8 万元。2023 年是剧院老干部工作"服务质量提升年"，召开工作会统筹规划、强化措施，逐一梳理离退休老干部名单，全面动态掌握家庭情况，15 个部门"包干到户"，坚持日常联系、走访慰问，全年为 100 余位老干部庆祝生日，送去鲜花和生日蛋糕券。

【"慎终如始，行稳致远"，把安全生产放在首位，加强基础建设】2023 年，剧院完成舞美库房的选址和搬迁工作，各环节安全有序、平稳妥善。完成人民剧场消防改造和修缮装修工作。服务演员日常排练需要，优化排练厅环境。完善安全生产管理架构，分级签订安全责任书，全年做好剧院、剧场、家属区的安全管理工作。

（国家京剧院　高畅）

中国国家话剧院

【概况】2023 年，中国国家话剧院全面贯彻落实党的二十大精神，积极践行习近平文化思想，践行习近平总书记给剧院艺术家的回信精神，在艺术创作、演出管理、品牌建设、双演融合、公共文化服务、对外交流合作、重大演出任务和人才建设等各方面，扎实推进工作，取得发展成效。

【以创作为核心，讲好中国故事】剧院坚持以人民为中心的创作导向，坚持弘扬社会主义核心价值观，用情用力讲好中国故事，全年新创剧目17部。

一是原创剧目。小说改编话剧《搭手飞人》，展现民国手作行业守正守信、独立自强的中国精神。与最高人民法院新闻传媒总社合作原创话剧《鼓楼那些事儿》，入选文化和旅游部“新时代现实题材创作工程”，讲述北京中轴线申遗过程中，“背包法官”走街串巷，文明执法，守护一方正义的司法故事。

“青年导演创作扶持计划”第一季优选作品话剧《蓟州疑云》，改编自古典名著《水浒传》中“潘巧云之死”故事，强化悬疑元素，以青年视角转译传统文化。为庆祝中法建交六十周年，根据法国浪漫主义戏剧名著改编创作话剧《西哈诺》，从中国戏曲提取“新程式”表演元素，演绎西方戏剧经典。

二是合作剧目。与中国民族品牌飞鹤乳业合作，创排“纪实采访”话剧《初生》，以飞鹤乳业为原型，讲述新时代民族企业助力中国从“制造大国”向“品牌强国”跃迁的奋斗史诗。与大庆文化体育旅游集团合作，创排话剧《铁人——国家的战士》，纪念铁人王进喜诞辰一百周年，弘扬大庆精神和铁人精神。受邀杭州演艺集团，与杭州话剧艺术中心合作原创话剧《苏堤春晓》，以北宋大文豪苏轼两次任职杭州、疏浚西湖为主线，展现宋韵文化气质，实践“中华优秀传统文化创造性转化、创新性发展”。该剧荣获第十八届中国戏剧节优秀剧目。

三是“青创”计划剧目。“青年导演创作扶持计划”第二季，以“新经典 新田野 新城市”为主题，创作完成《我见夫子，是山是水》《子与阳货》《夜行记》《孔子·游》《长什么样不重要》《黄鱼先生》《唧唧复唧唧》《织娘》《面包会有的》《流光容颜》10部原创剧目，在北京、济宁两地演出，受到青年观众喜爱。

【以演出为中心，多途径推进精品化演出】全年完成演出剧目43部，演出233场。其中京内演出147场（包括国话剧场98场），京外演出86场（包括境外演出2场）；商业演出87场，低票价演出135场，纯公益演出9场，海外交流演出2场，票房收入约3900万元。

经典剧目《四世同堂》《大宅门》《直播开国大典》《抗战中的文艺》及新创剧目《蓟州疑云》，圆满完成在西安、青岛、南京、成都、杭州、深圳等地全国巡演任务。

【聚焦品牌建设，培养青年艺术人才】与山东省文化和旅游厅、济宁市人民政府在济宁曲阜共同打造“青年导演创作扶持计划”第二季。以“新经典、新田野、新城市”为主题，选拔11位青年导演，原创10部戏剧作品进行展演，同时举办5部邀请剧目、6部高校选送剧目、5部纪录片、2部国话“CNT现场”展映；开展9场大师讲堂、7场艺术工坊、五道雅集、亲子六艺等丰富“戏剧+活动”，15天演出+活动280余场。

活动相关话题互联网总阅读量达52亿。开幕式、大师讲堂、艺术工坊共11场直播，通过20家网络媒体，共279个端口播出，总观看人数达3276万人次，有效实现以内容升级促进消费升级，探索城乡公共文化空间内容服务，推动文旅融合高质量发展。

【布局“双演融合”，探索数字演艺新模式】2023年5月24日，中国国家话剧院与爱奇艺云影院签署战略合作协议，推出国话线上演播品牌“CNT 现场”，首部高清戏剧产品《英雄时代》在爱奇艺云影院独家播出，上线 35 天，总播放量 616 万人次，合计收益超过 156 万元。

2023 年 7 月 27 日，与中影集团签署战略合作协议。2023 年 12 月 25 日，在中国党史馆影院放映与中影集团联合出品的中国国家话剧院首部戏剧电影《抗战中的文艺》。

2023 年 11 月 24 日，“国话 5G 智慧剧场线上演播试点项目”入选文化和旅游部、工业和信息化部第一批“5G+ 智慧旅游”应用试点名单，成为全国文艺院团中唯一获此称号的试点项目。剧院经过多轮考察和商业谈判，与杭州良渚合作的数字智能剧场项目已进入具体实施推动阶段。

【开展公益性演出，提高公共文化服务水平】 持续开展“低票价”惠民演出活动，截至 11 月底完成低票价公益演出 126 场。选派剧院原创话剧《豆汁儿》《那拉提恋歌》等分别赴云南丽江、新疆生产建设兵团进行公益演出 8 场。

举办第八届中国原创话剧邀请展，全国各院团选送 18 部中国原创话剧，共计开展 66 场线下演出和 168 场线上演出，线上演出惠及观众 70 万人次。经典剧目《四世同堂》应邀赴中央党校演出。主办两期“戏剧表演专业人才研修班”，培养全国艺术院校教师、艺术院团演员、戏剧老师等 300 余人。举办北京西城“百姓戏剧展演”教育普及活动。举办新时代青少年艺术普及活动——首届“国话杯”剧本朗读大会。

【开展对外交流合作，搭建发展新平台】 剧院与国家大剧院、中影集团、新华网、央视网、央视频、爱奇艺、中央戏剧学院、上海戏剧学院、上海大剧院艺术中心、上海市黄浦区政府、深圳市委宣传部、山东省济宁市、杭州市文广集团、顶度集团、横店集团等单位签署合作协议，互利共赢、共同发展。

受邀首届“中国 – 希腊国际戏剧节”，剧院赴希腊雅典成功演出话剧《兰陵王》，中国公使、文化参赞观看演出并予以肯定。话剧《西哈诺》已接受莫斯科民族剧院邀请，正接洽法国“阿维尼翁国际艺术节”，拟开启国际演出，增进国际戏剧交流合作。

【发挥剧院优势，完成重大活动、演出任务】 选派剧院优秀演职人员参加 2023 年中共中央、国务院春节团拜会文艺演出、第四届动漫奖颁奖仪式、中国 – 中亚峰会文艺演出《携手同行》、2023 中国网络视听精品创作峰会、第七届中国诗歌节开幕式文艺演出、北京网络视听艺术大会、2023 年全国广场舞大会成果展示、全国政协“文艺为民——送文化下基层”活动等重要演出及活动。

配合全国政协、文化和旅游部艺术司，连续第三年承办、第六年导演 2024 年全国政协新年茶话会文艺演出。

【引进高层次人才，加强干部队伍建设】 完善人才体系建设，招收应届毕业大学生 16 名，接收安置军转干部 1 名，引进专业能力突出的高层次人才 13 名；解决京外调干 4 名，选拔聘用中层干部 6 名。

加强党员、干部职工能力建设，赴湖南、重庆、福建、山西等地进行学习调研和业务培训；加强人才培养，组织专业技术人员观摩国内外优秀戏剧作品。

中国国家话剧院始终发挥国家级艺术院团的示范性、引领性、导向性作用，在讲好中国故事、实践中国式演剧观、“双演融合”、青年艺术人才培养等方面深化实践，为实现戏剧高质量发展，建设社会主义文化强国，推动中华民族伟大复兴贡献力量。

（中国国家话剧院　张效）

中国歌剧舞剧院

【概况】2023 年，中国歌剧舞剧院在部党组的领导下，深入学习贯彻党的二十大精神和习近平文化思想，坚持以人民为中心的创作导向，坚持守正创新，围绕“学思想、出作品、育人才、树品牌、促改革”的工作目标，推动民族歌剧舞剧繁荣发展，充分发挥国家院团的使命与担当，实现社会效益和经济效益双丰收。

【学思想，切实发挥党建工作政治引领】剧院坚持以党建工作为引领，推动党建工作与业务工作深度融合。一是认真学习贯彻党的二十大精神、习近平文化思想以及文化传承发展座谈会精神，坚持把“学思想”作为首要政治任务，全年累计开展党委理论学习中心组集中学习 12 次，党支部（党小组）主题学习 186 次，青年理论学习小组交流研讨 23 次。二是积极开展主题教育，赴陕西延安举办主题教育培训班、读书班、文艺调研活动，围绕深化院团改革任务以及剧院主责主业深入开展调查研究，推动主题教育取得实效。三是加强剧院组织建设，完成党委、纪委换届选举工作，严格执行党委决策程序和议事规则，修订《剧院关于进一步落实中央八项规定精神的相关措施》，制定《剧院基层党组织党建活动经费管理暂行办法》等内部制度，强化决策实施机制。四是履行意识形态工作责任制，落实主体责任，建立定期自查机制，不断强化各职能部门对所属意识形态阵地的监督管理。五是创建艺术院团党建品牌。坚持“把党支部建在剧组上”，102 周年演出团组、《到那时》等 6 个剧组排演期间成立临时党支部，开展“创排演学”活动。剧院基层组织荣获“全国青年文明号”“全国巾帼文明岗”、中央和国家机关“四强”党支部等荣誉称号。

【出作品，稳步推进重点剧目创作生产】剧院以社会主义先进文化、革命文化、中华优秀传统文化为三条主线，在坚守“歌剧”“舞剧”两个主业的同时，也创新探索了音乐剧、音乐诗剧等艺术形式，全年新创 5 部作品，修改提高 11 部作品。创作了致敬航空报国精神、讴歌英雄罗阳的音乐剧《天蓝海蓝》、弘扬中华武术精神的音乐剧《侠影·咏春》、探索阿尔山地区文旅融合的歌舞剧《水韵阿尔山》、展现中华民族音乐风采的音乐会《江山如画》、大型文化节目《非遗里的中国》，修改提高了传承延安精神的歌剧《唱响南泥湾》、展现黄河风貌和精神的音乐诗剧《大河》等剧目，推动经典民族歌剧《白毛女》《小二黑结婚》常演常新，全年在北京、山西、内蒙古等地共演出 12 场。同时，高度重视艺术评论工作，全年共组织研讨会 50 余场。

【树品牌，积极创新演出整合营销机制】2023 年演出市场迎来强劲复苏，剧院在演出市场繁荣发展的大背景下，线上线下、境内境外演出有序恢复，全年歌剧、舞剧、音乐剧、音乐会、歌舞晚会 5 个艺术品种，24 台剧目，以高质量的演出提升剧院品牌影响力。一是打造全新演艺文化集聚模式。举办中国歌剧舞剧院·苏州湾大剧院首届演出（舞剧）季，在连演九场的同时开展“舞美技能人才提升培训班”“舞台戏剧服饰展”“艺术沙龙”“演后谈”等一系列艺术文化活动，实现矩阵传播。二是带动舞台作品商业化巡演市场繁荣发展。推出舞剧《孔子》十周年巡演，以及舞剧《李白》、音乐诗剧《大河》的全国巡演。三是创新线上线下演出机制。舞蹈考核展示剧目《舞上春》2023 年首次开启国家大剧院古典音乐频道及抖音的线上付费观演，荣获文化和旅游部数字化创新示范案例。与央视共同打造大型文化节目《非遗里的中国》，以“外景 + 秀演”的方式，沉浸式互动体验非遗的传承创新之美。四是重启境外演出交流活动。舞剧《到那时》受邀参加香港特区政府康乐及文化事务署主办的“明月耀香江”活动，民族音乐会《江山如画》作为2023年俄罗斯“中国文化节”的重要活动之一在莫斯科、圣彼得堡演出，参加“中国文化志愿者”项目赴巴西里约热内卢开展为期3个月的中国民乐和舞蹈教学工作，以音乐、舞蹈为语言，在世界舞台上展现中华文化的魅力。五是畅通宣传渠道。全年在微信公众号发布新闻262条，覆盖工作日、假期、突发事件，全方位展现剧院艺术生产管理工作取得的成效。

【育人才，加强行业引领示范带动作用】剧院不断创新人才培养机制，激发人才队伍活力，优化人才资源配置，示范引领带动行业发展。一是剧院内部人才梯队建设。开展“学思想 强素质”深入学习习近平文化思想等专题培训班，组织剧院中层干部、业务骨干近180人参加。开展“大师课”活动，邀请国内外艺术大师进行爵士舞、现代舞、戏剧表演、器乐分声部训练、舞美创作人才等课程培训，全方位提升演员表演技巧、理论素养。开展角色演员传承培养，歌剧《白毛女》、舞剧《孔子》《赵氏孤儿》《昭君出塞》等剧目角色进行“老带新”传承，老演员对新演员进行一对一的表演指导。开展剧目观摩学习，组织剧院20个部门的演职人员近369人次，观摩歌剧、舞剧、音乐剧、音乐会等13部剧目。二是示范带动行业专业人才培养。针对专业人员举办“中国民族歌剧表演人才培训班”“全国舞美技能人才提升培训班”等研修与培训，来自全国31个省、市、自治区、直辖市和新疆生产建设兵团共104名学员参加培训，已成为剧院的品牌项目，每年将定期推出。接收17名来自青海、新疆的声乐、器乐、舞美设计、编剧、录音等专业技术人员来院跟班学习3个月，针对学员需求安排对口专业部门量身定制培训方案。三是面向社会艺术人才培养。针对不同年龄和不同层次的少年儿童开设多门类专业课程，与247家考级承办单位开展合作，涉及全艺术学科31个专业，年度考级人数近百万人次。举办“华梦计划·美国华裔青少年舞蹈集训营”，来自美国西雅图、旧金山、休斯顿、新泽西等地的24位华裔青少年参加中国古典舞集训。

【促改革，全面激发文艺院团生机活力】剧院努力加强自身建设，按照部党组深化文艺院团改革精神，积极推进各项改革措施，全面激发生机活力。一是制度建设能力，整理完善《中国歌剧舞剧院内部管理制度汇编》，梳理剧院党建、行政、人事、财务、后勤、艺术创作管理六个方面的98个规章制度，新增《中国歌剧舞剧院预算绩效管理办法》等7个制度，修订《中国歌剧舞剧院艺术委员会工作实施细则》等17个制度。二是健全、创新工作机制能力，加强全年规划、月度计划的引领作用，前瞻性、系统性做好创排演出整体规划，建立健全艺术创作生产、艺术人才培养、业务工作通气会等机制，不断推进科学化、规范化、标准化建设。三是风险防控能力，通过理顺部门职责分工、业务流程，细化支出预算对各项成本支出进行动态管控，加强财务管理、政府采购管控、法务审核、内部审计，全方位提升风险防控能力。四是服务保障能力，改善剧院基础设施条件，发挥工会引领、组织、团结、服务剧院演职人员的重要作用，加强对离退休老艺术家人文关怀和一线演职人员权益保障，提升员工的归属感和幸福感。

（中国歌剧舞剧院　季思雨）

中国东方演艺集团有限公司

【概况】2023年，中国东方演艺集团（以下简称集团）坚持以习近平新时代中国特色社会主义思想为指导，认真贯彻党的二十大精神和习近平文化思想，以习近平总书记给集团艺术家回信精神为指引，继续坚定不移推进改革，聚焦主责主业，坚持开拓创新，推动集团事业发展取得新成效。

【聚焦主责主业，以创作为核心任务，以演出为中心环节】一是坚持以人民为中心的创作导向，努力创作优秀舞台艺术作品。2023 年，创排了以表现东坡精神为主题的现代舞诗剧《诗忆东坡》，推动中国精神的国际表达；修改提升以“七一勋章”获得者张桂梅为原型的音乐剧《绽放》，讴歌党、讴歌祖国、讴歌人民、讴歌英雄；创排以雄安新区建设者为主要视角的现实题材音乐剧《星辰》，服务国家战略；新创以表现李白人生经历和诗词精神的音乐剧《将进酒》、弘扬中华优秀传统文化的古筝情境音乐会《如梦令》和舞剧《孩儿枕 · 家和兴》，推动优秀传统文化创造性转化、创新性发展。新创作品范围涵盖舞剧、音乐剧、音乐会等多种类型，把握选题、解题、创作、推广、运营、传播六个关键环节，坚持精品导向，一体谋划，创作效果得到观众认可。在创排大中型剧目的同时，注重并兼顾小型作品创作，积极开展新时代原创歌曲创作，创作了《中华好故乡》《爱从东方起航》等 10 余首原创歌曲并完成录制。

二是创新运营模式，打造知名演出品牌。集团建立了以巡演、驻演、线上演出、艺术节演出、艺术季演出等多种演出布局，全年新创的 5 部作品和《只此青绿》在全国多地轮番上演。主要剧目《只此青绿》《诗忆东坡》《绽放》《星辰》《将进酒》《如梦令》《江山竞秀》巡演场次超过 300 场。2023 年还推出了《歌从陕北来》《新学堂歌》《绿叶对根的情谊》《唱响新时代劳动者之歌》等主题演出，赢得各界好评。2023 年演出总场次 633 场，公益性演出 226 场，商业演出 407 场。

三是传承“文化使节”传统，服务时代、服务对外文化交流。2023 年，启动“使节名片音乐舞蹈精品创作计划”，加强晚会和对外交流节目的基础创作。圆满完成庆祝中国共产党成立 102 周年交响音乐会、《只此青绿》“青绿”片段参加第 31 届世界大学生夏季运动会运动员联欢会、承担“一带一路”国际合作高峰论坛《丝路同行》文艺演出及第二届“一带一路”长城国际民间艺术节开幕式演出等创演任务。赴乌兹别克斯坦举办“中国文化日”文艺演出，承办哈萨克斯坦中国文化日演出，主办 2023 北京长城音乐会，参加中欧建交 50 周年第三届中欧音乐节，策划组织“外交官看中国——驻华使节观摩《诗忆东坡》”活动，反响良好。

四是履行国有文艺院团职责，开展公益惠民演出，用文艺服务人民。2023 年，集团联合吉利汽车为山西娄烦、静乐，内蒙古阿尔山，广西巴马捐赠汽车 9 辆。赴山西娄烦开展“我们的中国梦——文化进万家”慰问演出活动；10 月赴新疆阿勒泰、乌鲁木齐、阿克苏、伊犁等地开展为期 20 天、10 个县市、13 场“春雨工程”公益性慰问演出。与西城区政府合作，运营位于天宁一号的“东方艺空间”，形成驻场新模式，服务北京“演艺之都”建设。圆满完成 2023 年国家艺术院团演出演播季系列公益演出活动，获得良好反响。

五是以精品创作为牵引，把社会效益放在首位，努力追求两个效益双丰收。舞蹈诗剧《只此青绿》自 2021 年首演以来，媒体曝光量超过百亿级。官方媒体报道超过 5000 篇，亮相央视《新闻联播》6 次，微博相关演出话题阅读量超过 29 亿、讨论超 90 万，登上微博热搜 16 次。该剧入选中国艺术研究院发布的《〈讲话〉精神照耀下——百部文艺作品榜单》；被写进新中国历史上第一部专门关于青年的白皮书《新时代的中国青年》；是国家文化产业发展项目库第二批入库项目；荣获第十七届“文华大奖”；2023 年获颁 2022 年度文化和旅游最佳创新成果，2022年中国演出市场票房榜综合类第一、舞剧类第一；获得2022年度中国版权金奖；被评为2023年中华文物新媒体传播精品推介项目和中国新疆国际民族舞蹈节“和美丝路奖”。至2023年底，《只此青绿》完成440场演出，60余万观众走进剧场观剧，平均上座率达95%，拉动票房超过3.5亿元。

音乐剧《绽放》荣获第二届全国优秀音乐剧展演优秀剧目，并入选第18届中国戏剧节，荣获国家文化产业创新实验区文化精品工程重点项目。现代舞诗剧《诗忆东坡》在“2023微博文化之夜”中荣获“年度优秀演出IP”，获颁“2023大世界基尼斯中国魅力榜·长三角国潮戏剧榜”金榜，在2023东方卫视·中秋晚会里压轴登场。音乐剧《星辰》《将进酒》荣获大戏看北京2023展演季“艺术创新力”优秀剧目。集团荣获2023年“春雨工程”——文化和旅游志愿服务边疆行优秀项目。

2023年集团业绩持续稳定增长，2023年6月，中国东方演艺集团荣膺第十五届“全国文化企业30强”提名企业。

【发挥聚合优势，拓展业务板块，增强艺术生产综合能力】一是加强对外合作。2023年与中国文艺评论家协会、央视网等20余家相关机构达成战略合作。集团为适应市场化发展趋势，调整经营思路，在品牌合作推广、IP周边衍生授权、空间场景开发、数字创新、内容改编延展等方面布局发展。舞蹈诗剧《只此青绿》现已与十余家行业的头部品牌确立跨界合作，推出近30种跨界品牌联名和文创产品。

二是延展演艺产业链。集团不断尝试新的艺术方式与呈现方式，并进行多举措市场化运营，为舞台艺术探索新空间。2023年先后推出了青绿主题音乐会《江山竞秀》、青绿主题实体空间、舞蹈诗剧《只此青绿》高清戏剧现场版，与中影集团合作电影版也已拍摄完成，将于2024年上映。集团即将推出海外巡演、旅游演艺舞台版本等，以不同艺术形式丰富延展“只此青绿”内涵，持续推动中华优秀传统文化转化发展的同时，延展产业链，提升附加值。

三是完善艺术教育体系。完成《中国东方演艺集团舞蹈考级教材》9~10级编写及录制工作，《舞蹈考级教材》正式发布，累计考生超10万人次，总师资培训7842人，师资培训班124期，考级承办单位已拓展至35家。推广城市合作计划，统一师资，统一标准，统一教材，在北京等地开设分校，让更多的少年儿童能够享受到国家院团的艺术资源和艺术积累，为艺术普及和国民美育服务。

四是服务地方文旅融合。与吉林、山西相关地方策划实施《粉雪传奇》《中流砥柱》《永乐未央》等文旅演艺项目，充分转化集团创作资源，拉动地方文旅发展。在北京朝阳大悦城推出沉浸式音乐会《只此一梦》，用中国经典音乐与数字观影艺术，为观众营造如梦般的演艺环境，引领城市演艺新空间和新业态发展。

五是加大数字创新力度。与pico合作的VR舞蹈《十二生肖·卯兔邀月》2023年8月上线pico内容平台，覆盖全球近20个国家地区，站内播放量排名第一，于2023年10月入选文化和旅游部数字化创新示范优秀案例。全年共举行演出类直播16余场，平均每场观看量3万+；首次联合视频平台哔哩哔哩举办夏日直播日，实现12小时无间断剧目轮播计划；与北京日报联合举办音乐剧《将进酒》探班直播，观看次数超过60万次，当日直播账号霸榜单前4名。

与抖音平台进行深度合作，34名演职人员入驻直播间；与抖音DOU友好舞台成功举办首次“乐从东方来”线上专场直播音乐会，形成两周一次定期稳定直播活动。完成《数字化发展趋势下的小剧场运营及传播现状调研报告》并顺利结项。

【坚定改革方向，强化基础建设，推进机制创新】一是探索用人机制及薪酬改革，加强人才培养。启动集团"领军人才培育计划"和"制作人培育计划"，着力打造艺术家和制作人两支关键队伍，确定青年领军人才人选43名。完善分配办法，探索多种分配方式，结合员工年度工作业绩兑现薪酬，实现多劳多得。实施项目管理制和总制作人制度，对创排项目实行项目评估，根据评估情况确定人员分配，将激励机制和权利责任落到实处。统筹管理二级子公司，对子公司经理层进行选聘、业绩考核、薪酬管理，根据年度和任期考核结果兑现薪酬。

二是落实推进"化小结算部门"改革，推进精细化管理。制定实施《重点项目预算管理办法》。推进"化小结算部门"改革，演出中心等9个部门实行"化小结算"管理，进一步激励演职员工积极性。在演出中心、舞美中心和后勤安保部，实行精细化管理试点，分类细化，严格控制成本，加强科学管理。

三是全面深化改革，激发子公司活力。建立企业发展模式，强化经营意识，建立集团、二级子公司两级法人治理结构。根据市场需要，继续发挥集团两个子公司北京东方新大陆文化发展有限公司、北京东方新感觉音像出版社的运行活力，并将原艺术教育中心转为东方新艺游（北京）艺术文化有限公司，子公司面向市场自主经营，成为集团主要业务、经营平台。

四是搭建业务生产平台，构建业务生产体系。设立音乐剧团、国风舞团，恢复组建"陕北民歌合唱队"。进一步明确集团晚会、舞剧、音乐剧、音乐会的创作产品样态。深化"深入生活、扎根人民"机制建设。构建巡演一批、创作一批、储备一批的创作体系。建立文化、文物、传媒、美学、文学专家库，为艺术创作提供文化支撑，提高艺术创作的文化基础。创作和传播并重，增强作品的影响力。

五是妥善处理遗留问题，保障集团健康运行。成立集团工会和职工代表大会，完善法人治理结构。落实《集团对原事业身份人员正常退休后补充发放相关待遇的办法（决议）》，解决原事业身份人员退休后待遇差问题。完成注销原中国东方歌舞团事业单位法人证书。扎实解决遗留问题，家属院房产证办理取得重大突破，已办结109户。积极推动问题子公司清理工作。

（中国东方演艺集团有限公司　王嘉宁　聂怡然）

中国交响乐团

【概况】2023年，中国交响乐团（以下简称"国交"）坚持以习近平新时代中国特色社会主义思想为指导，持续深化院团改革，按照《中国交响乐团"十四五"改革发展规划》要求，凝心聚力，改革创新，撸起袖子加油干，全面恢复线下演出，实现了主题教育成果显著、创作演出大幅增长、文化交流跨越式发展的良好局面。

【打造原创精品，赓续中华文脉】打造《岁月交响·和平里》系列音乐会，第一部《时光的河流》交响音乐会10月顺利完成首演。委托作曲家金承志创作的合唱套曲《生活瞬间》音乐会，受到艺术家和观众热烈欢迎。复排交响音乐《沙家浜》，受到业内广泛关注。年初赴延安"溯源、寻根、铸魂"，年末组织纪念李凌诞辰110周年严良堃诞辰100周年系列活动，发扬老一辈艺术家精神，传承和弘扬民族艺术精品。组织召开9次艺术委员会会议，就乐季演出、创作、业务考核制度、人才培养与招聘等方面建言献策，充分发挥了为艺术决策参谋咨询、加油助力作用。

【开拓演艺市场，推动艺术繁荣】高质量完成《龙声华韵》《聆赏经典》《红色传承》品牌音乐会，继续打造《国之骄子》，为优秀艺术人才搭建展示平台。加强与演出院线、地方政府、高校、企业、电视台等合作，创新思路，拓展文旅融合新业态，打造沉浸式演出新体验，全年完成演出 130 场。完成“时代交响——全国优秀乐团邀请展演”；会同中国交响乐发展基金会举办“中国交响乐世纪回顾暨第八届中国交响音乐季全国展演”，全国 42 家乐团共演奏了 167 位作曲家的 159 部作品；组织承办直属院团优秀青年作曲家交响音乐会。与抖音合作直播“抖音迎新春音乐会”，单场演出达 1500 万观看量；助力民族品牌，完成华为秋季全场景新品发布会。

【促进文明交流，服务大国外交】圆满完成费城交响乐团访华 50 周年纪念演出，为习近平主席访美营造良好氛围，习近平主席给费交回信，拜登总统发来贺信。赴澳门参加国家艺术院团演出季，促进人心回归。在悉尼歌剧院建院 50 周年之际，赴澳大利亚和新西兰巡演四场，获得澳大利亚古典音乐杂志《舞台灯》“五星”好评。圆满完成中法文化之春、德国驻华使馆音乐会、外交公寓新春音乐会等多场线上线下外交音乐会，讲好中国故事，传播好中国声音。

【完成国事任务，做好支援帮扶】高度重视，完成 2023 年春节团拜会文艺演出、纪念为雷锋同志题词 60 周年主题演唱会、庆祝中国共产党成立 102 周年交响音乐会及中央党校“七一”音乐会、第三届“一带一路”国际合作高峰论坛《丝路同行》文艺演出，得到中央领导和相关部门的高度认可。

赴定点帮扶县山西静乐、娄烦、福建永定等开展下基层演出，宣传贯彻党的二十大精神，为当地农产品代言；在重庆市南岸区开展服务基层文化志愿服务，为北斗村农民管乐队捐赠乐器；为西藏捐赠乐器，帮扶新疆爱乐乐团完成首届新疆文化艺术节《新疆之夜》音乐会，帮助青海打造首届“青海湖”音乐节，赢得当地领导和现场观众的广泛赞誉。

【推进“双演并举”，线上线下融合】创新宣传模式，开发公益课程，改善乐评体系。与中国电信携手打造“纵情交响”线上演播季，制作线上音乐讲堂，与全国公共文化发展中心联合推出《艺术讲堂——音乐面对面》栏目。实现全年演播总场次 28 场，其中录播 11 场，直播 17 场，线上播出受众 8000 多万人次。建立全媒体传播渠道，合作机构进一步扩大，与观众的互动与共鸣进一步加强。

【推动高校共建，助力美育教育】与北京大学、中国政法大学、中央音乐学院、中国音乐学院、国家开放大学、上海音乐学院、新疆艺术学院等开展高校共建，联合举办《2023 北大新生音乐会》《中国音乐学院 8+1、思政 +X 课程体系教学展演》《致美法大》等音乐会，推进高雅艺术进校园，助力专业教学实践工作，共同助力新一代美育教育。

【推进文艺人才队伍建设】统筹人才培养、引进储备、业务考核、人员管理。通过接收应届毕业生、社会公开招聘、聘任乐队常任指挥、京外调干等新增聘任 24 人，开展岗位选拔，充实技术骨干。严格年度业务考核，交响乐队和合唱团共 150 人参加，制度化“国之骄子”演出品牌选拔人才。强化党管干部、党管人才，人才培养呈现新气象。

【推进原址翻建工程取得进展】2023 年上半年完成了原址翻建项目可行性研究报告编制工作，8

月报送国家发展改革委，及时跟进，推进相关手续审批。3 月，国交行政部门搬至酒仙桥周转场地办公。8 月底，乐队、合唱团等业务部门顺利搬家，实现了业务排练和行政办公高效周转。和平里团址全部腾空，基本具备拆除条件，为原址翻建工程奠定了基础。

【北京音乐厅焕发体制创新活力】演出季内容更加丰富，作品更加多元，在 2022 年音乐季“三大板块”和“一个专题”的基础上，继续延展音乐会的宽度与深度。全年演出场次、观众人数及业务收入均有提升，创新体制顺利完成考核指标。着力塑造“北京音乐厅　北京听音乐”形象，“音乐嘉年华”系列、“打开音乐之门”系列、“乐见古典”系列、“我和我的祖国”专题均得到观众好评。通过积极大力推进品牌宣传与项目宣传工作，提升了音乐厅的社会影响力和美誉度。

【艺术教育迅速发展开新局】不断延伸业务领域，积极拓展业务内容，组织学员有序参与暑期集训、增设口才班、开展丰富多彩的实践性活动、积极开展少年合唱团和钢琴培训的自主教材研发工作、深化合作推广，推进与各地方的培训合作。和平里校区培训学员总人数突破 500 人，少年乐团 130 名，9 月增设了纪家庙校区。钢琴培训项目的开展将进一步扩大培训对象及培训类型的覆盖面。艺术教育对中国交响乐团文化产品转化、对外合作经营等方面发挥了积极作用。

【加强团史整理，树立正确导向】传承与弘扬延安精神，发挥老艺术家“传帮带”作用，让团史工作服务乐团发展。全年访谈了十多位老艺术家或家属，举办艺术沙龙 6 期，让德艺双馨艺术家成为心之所向，增强乐团演职员工的集体荣誉感。

（中国交响乐团　陈子钧）

中国儿童艺术剧院

【概况】2023 年是贯彻党的二十大精神的开局之年，是实施“十四五”规划承前启后的关键一年。中国儿童艺术剧院围绕学习贯彻党的二十大精神和主题教育活动，坚持以创作为核心任务、以演出为中心环节，紧扣高质量发展，坚持守正创新，完成大量工作，取得可喜成绩。

【探索全新创作模式，勇攀艺术高峰】一是深入挖掘传统文化新价值，打造“双效”并举高峰之作。剧院 2023 年重点剧目、与故宫博物院共同出品的歌舞剧《猫神在故宫》入选文化和旅游部“历史题材创作工程”签约剧目、“2023—2025 舞台艺术创作行动计划”。该剧以“故宫猫”的故事为载体，开启对“友爱与陪伴、记忆与历史、生命与永恒”的思考，用厚重而不失灵巧、浓烈而不失童趣、传统而不失现代的歌舞剧形式，让文物在孩子心中活起来。歌舞剧《猫神在故宫》2023 年 12 月 23 日首演，跨元旦、春节，贯穿整个寒假，首轮演出共 50 场，创历史新高，上座率始终保持 99% 以上，引起广泛社会关注，呈现高口碑“破圈”之势。在对中华优秀传统文化进行创造性转化、创新性发展上有新突破，并以“合家欢”式的演出极大丰富了两节期间的群众文化生活。而之前于六月与天桥艺术中心共同出品的新空间同名小剧场作品，两个月内完成 113 场演出，广受好评，成为剧院同名歌舞剧的超级“先导片”。首次在一年内推出一个 IP 两种表达，形成儿童戏剧矩阵构成的新实践。

二是延续优质项目，“新时代种子计划”再结硕果。继《新安旅行团》之后，剧院再次发挥集体创作智慧，派出优秀艺术家主创团队，深入挖掘河南省光山县本土红色文化和传统文化资源，为当地中小学师生“定制”创排了《灯火》《少年司马光》两部独属于光山孩子的作品。剧本完成后，剧院艺术家在当地7所中小学近千名学生中进行工作坊遴选，精心指导入选的53名中小学师生演出的两部作品，在首届乡村儿童艺术嘉年华闭幕式上首演，令现场和线上的100多万名观众收获意外惊喜和感动。两部戏已成为当地中小学生的美育教育课程。“新时代种子计划”是剧院于2022年开创的全新创作模式，通过两年的不懈努力，“新时代种子计划”的创作让一颗颗戏剧艺术的种子在基层扎根开花，陪伴更多孩子健康成长。

三是激发创作新活力，打造儿童戏剧新品牌。持续深化“绽放·启航”儿童青少年舞台艺术作品孵化计划（第二季）创新实践。从80多个提交创意中，遴选培育了8部小剧场作品的孵化。同时，“绽放·启航”（第二季）大胆突破、不断探索演艺新空间，开辟创作新赛道，推出了首部户外沉浸式儿童剧《兔儿爷》，在王府井绿地演出，用沉浸式的演艺方式带领孩子们在故事中零距离享受戏剧艺术，全面提升了儿童戏剧的表演形式、观演关系和演出体验，开创了儿童戏剧演艺新样态。演出以“演出＋市集”的方式，让商业街区充满了艺术气息，有力地探索文旅深度融合发展，深受大小观众和专家好评。这是剧院全新开拓的项目，更是中国儿童戏剧创作理念和实践成果上的一次全新升级。

【全面开拓演出市场，演出演播再创新高】一是坚持“优秀剧目轮换上演制”，持续打造首都儿童戏剧中心。2023年剧院全年共组织完成55台剧目线下演出572场，包括纯公益性演出29场，演出足迹遍布全国15个省、自治区、直辖市的44个市县区，惠及观众30余万人次。其中，剧院两个剧场全年轮换上演46部儿童剧，共计演出304场，约12.16万名首都大小观众走进剧场观看演出，通过轮演制的实施，持续提高中国儿童艺术剧院首都儿童戏剧的中心地位，打造中国儿童戏剧艺术的最高殿堂。

二是深化品牌建设，成功举办第十二届中国儿童戏剧节。本届戏剧节以“点亮童心 塑造未来”为主题，以北京为中心，在成都、嘉兴、常州设立分会场，汇聚了国内外24家儿童戏剧团体41台剧目展演262场。其中，美国学生版《东海人鱼》、西藏版《特殊作业》、淮安版《新安旅行团》3部“中国儿艺经典授权”剧目成为本届戏剧节的大亮点；而国际优秀儿童戏剧线上展演特邀来自7个国家的8部剧目在6大平台进行公益展播8场，总观看人数超过1200万人次。戏剧节通过多省市联动办节以及线上线下融合、演出演播并举的方式惠及广大儿童和青少年观众，并引发30多家中央及首都新闻媒体广泛关注，其中中央广播电视总台《朝闻天下》《新闻直播间》等栏目、《人民日报》、《光明日报》、《中国文化报》等陆续推出大篇幅报道和系列报道。

三是积极拓展全国演出市场，启动“中国儿童艺术剧院优秀剧目2023暑期巡演100+”演出品牌。2023年暑期，剧院精选《西游记》《小蝴蝶的妈妈在哪里？》等12部优秀儿童戏剧作品赴全国12个省（市、区）的31个市区县演出167场，把国家级剧院的优秀作品送到了孩子们的身边，精彩演出受到各地观众的火热追捧，“进剧场过暑假”成为全国性的亲子交流活动。

四是不断提升融媒体阵地管理，拓展剧院品牌影响力。剧院全年共发布微信公众号内容238篇，微博217篇，总阅读量200万；微信视频号、抖音号短视频140余条。全年共有60余家社会媒体对剧院的创作、演出和系列活动进行大篇幅深度报道近200篇。线上演播方面，全年陆续开展了新春云演播、国际优秀儿童戏剧线上展播、“绽放·启航”（第二季）竞演剧目线上展播、“童心绽放·艺海启航”中国儿童青少年戏剧艺术普及推广中心戏剧展播、“新时代种子计划”原创剧目首演直播等多项线上演播活动，全年线上演播26部剧目20场，总观看量达4300万人次。

【国际交流精彩呈现，戏剧教育有序推进】一是恢复和拓展对外交流，深化中外文化交流互鉴。线上展播精彩纷呈：2023年适逢中国西班牙建交50周年，2月，剧院益智工坊《极简创造》应邀参加了西班牙第32届“FETEN欧洲儿童戏剧节”线上展演，其极具创新的元素、独特的创作方式和表现形式受到戏剧节组委会及当地观众的一致好评，并向剧院发出了线下演出的邀请；持续开展国际剧目线上展播，7—8月在中国儿童戏剧节期间特邀来自荷兰、南非、日本、以色列等7个国家的8部剧目公益展播8场，带领全国儿童青少年观众开展了一次免费的暑期云端戏剧环球之旅，收获无数点赞和好评，该项活动还被纳入“文化和旅游部‘文化丝路’计划项目”。重启线下对外交流与合作：5月，剧院携《小卡车·变变变》《成语魔方》两部剧目赴澳门参加“国家艺术院团（澳门）演出季”活动，用艺术深耕港澳文化认同；7月，院长冯俐代表剧院和国际儿童青少年戏剧协会中国中心受邀赴日本参加“冲绳国际儿童青少年戏剧节”，在主题研讨会上做主旨发言，并与多国儿童青少年戏剧界代表交流会谈，增强亚洲地区儿童戏剧话语权。推动中美人文交流新实践：在文化和旅游部国际交流与合作局的支持下，完成了美国学生来华用中文演出剧院经典剧目《东海人鱼》项目，2023年7月15日晚，美国版《东海人鱼》作为第十二届中国儿童戏剧节的开幕大戏成功首演，来自美国落基山芭蕾舞团的15名美国中学生，用中文和芭蕾舞的形式生动演绎了中国人鱼姑娘的动人故事，让现场观众感受中国传说在不同文化视角、不同艺术形式下的创新表达，极好地促进了中美人文交流。

二是拓展办学模式，推进戏剧教育工作创新发展。修订完善各项制度，优化艺校师资管理和招生流程，日常教学不断提高；发挥剧院资源与人才优势，开发多元化戏剧课程体系，不断推出更多受孩子欢迎、受市场认可的高品质艺术教育课；持续推进《儿童青少年戏剧表演教程》的出版工作；顺利启用新的教学场地龙潭中湖校区，不断拓宽艺校发展路径，丰富教学内容和课程设计，满足更多家长和不同年龄层孩子的实际需求。

【勇担社会责任，不断扩大服务范围】一是在河南光山创办“首届乡村儿童艺术嘉年华”，用艺术助力乡村振兴。在艺术司、产业司的指导下，2023年7月，中国儿艺230余人次走进光山，为从来没有看过儿童剧的孩子们带去了53场儿童剧演出（其中8台40余场来自“绽放·启航”优秀作品）、举办多种戏剧工作坊、讲座等服务，当地组织了近500个研学营，23天活动全网关注达1.2亿人次。“首届乡村儿童艺术嘉年华”获评“河南文化产业赋能年度优秀案例”。更值得骄傲的是光山的普通中小学生，在中国儿艺艺术家们的带领下，完成了《灯火》《少年司马光》两部原创儿童戏剧作品的创排，在嘉年华闭幕式上震撼首演，并且一直持续演出。“前所未有的嘉年华”不仅带领着孩子们在艺术的田野上一起奔跑，更把戏剧的种子种在了这片光荣而充满希望的土地上，种在了孩子的心里。

二是推动公共文化服务高质量发展。与全国公共文化发展中心合作，在全国共同遴选、创建了第一批（13家）中国儿童青少年戏剧艺术普及推广中心，让儿童戏剧真正进入全国公共文化服务的网格脉络中，并全年提供各中心所需要的服务，促进儿童青少年戏剧艺术的传承、普及和创新，推进文化惠民建设。

（中国儿童艺术剧院　苏桂平）

中央歌剧院

【概况】中央歌剧院坚持以习近平新时代中国特色社会主义思想为指导，深入学习贯彻习近平文化思想，深刻认识“两个确立”的决定性意义，不断增强“四个意识”，坚定“四个自信”，做到“两个维护”，以党建为引领，坚定不移落实全面从严治党主体责任，不断从高原向高峰迈进，各项工作都取得了较大成效。

【加强党建引领，凝聚奋进力量】2023 年，剧院深入开展习近平新时代中国特色社会主义思想主题教育，学习宣传贯彻习近平文化思想，强化使命担当、锐意拼搏进取，进一步推动习近平文化思想入脑入心。

一是组织全体党员干部通过线上线下、理论与现场教学相结合的学习方式，将主题教育覆盖到全体党员干部。组织处级干部和艺术家代表，赴延安开展“学习贯彻二十大，奋力谱写新征程”学习贯彻习近平新时代中国特色社会主义思想主题教育培训班。

二是建立党委统一领导、党政齐抓共管、部门分工负责的意识形态工作格局。修订完善《中央歌剧院党委意识形态工作责任制实施办法》，制定《中央歌剧院关于规范演职人员自媒体网络行为的指导意见（试行）》，引导党员和干部群众把握正确的政治方向，强化意识形态宣传教育，加强演员艺风艺德教育管理建设，培养正确价值取向。

三是制定《中央歌剧院年度党建工作述职评议考核实施办法》和《临时党支部工作办法》，积极开展“边演边讲边学”活动，发挥支部战斗堡垒作用。

四是不断加强党员干部队伍建设，加强对干部职工的艺风艺德、日常廉政宣传教育，开展巡查工作，对内设机构进行巡查体检，起到防微杜渐、反腐倡廉、警钟长鸣的作用，营造积极向上、清正廉洁的工作氛围。

五是建立统战人才数据库，与留学归国艺术人才和民主党派人士建立联系机制；做好工青妇的慰问走访、困难帮扶工作；积极开展文体活动，丰富职工的文化生活等。

【完善内部管理制度，重视人才队伍建设】剧院持续开展内部管理的制度化建设，以“树好人、立正气、建规矩、公平分配”为原则，逐步对各类规章制度进行系统梳理、修订和完善，进一步强化内部管理。2023 年修订完善出台了《中央歌剧院考核办法》《中央歌剧院奖励暂行办法》等规章制度，建立导向鲜明、科学规范的奖惩制度，激励演职员工勇于担当作为、干事创业。剧院长期对人才队伍建设高度重视，全年敞开招聘大门，广聚天下英才。

【创新艺术创作生产，助力演出市场繁荣】剧院长期坚持一手抓经典，一手抓原创的原则，2023 年创排了 11 台剧目，共演出 168 场，其中公益性演出 143 场。

一是剧院始终遵循艺术规律和“以人民为中心”的创作理念，坚持“二为”方向、“双百”方针，不断推陈出新，打磨精品、继承经典，创作完成《奋斗》《托斯卡》、普契尼《三联剧》《糖果屋》等 4 部歌剧和 7 台风格各异的音乐会作品：歌剧瑰宝“世界经典合唱音乐会”、中国诗词合唱音乐会、纪念威尔第诞辰 210 周年音乐会（一）（二）、纪念柏辽兹诞辰 220 周年音乐会、纪念勃拉姆斯诞辰 190 周年音乐会和纪念拉赫玛尼诺夫诞辰 150 周年音乐会。尤其新推出的原创歌剧《奋斗》，是继《命运》《道路》之后的又一部工业题材舞台艺术作品，受到观众、合作方的好评。

此外，剧院复排演出了歌剧《边城》《道路》《图兰朵》《卡门》《利哥莱托》《茶花女》等经典歌剧。

二是剧院不断探索出剧场版、巡演版、音乐会版、艺术小分队等多种模式进行演出。赴深圳、杭州、青岛、德清、潍坊、新疆、福建以及北京大学、清华大学、北京航空航天大学等京内外演出经典歌剧和音乐会。参加文化和旅游部组织的中国歌剧节、国家艺术院团演出演播季、陕北民歌音乐会等重要演出活动。为加强人才培养而精心策划演出了老、中、青艺术家"乐光永熠"系列音乐会，为更多的演员提供了展示的舞台和锻炼机会。为进一步弘扬中国传统文化推出的《中国诗词合唱音乐会》已初步形成品牌，在全国进行巡演，反响热烈。剧院坚持双效合一，为满足不同群体的观演需求推出的西洋歌剧《茶花女》精缩版，在北京试演后，已开始全国巡演，取得圆满成功。下一步将推出中国歌剧剧目的精缩版演出。

三是加强演出宣传，2023 年开展直播 30 余场。受邀在四川广汉三星堆博物馆新馆和中国文字博物馆参与录制的《宅兹中国·三星伴月蜀中秋》和《宅兹中国——文字之都豫华章》在央视音乐频道、央视频、央视网等震撼播出后，进一步扩大了剧院的社会影响力。

四是持续推动央地合作模式。与中央戏剧学院、中央美术学院、中国音乐学院等高等院校进行战略合作，成为高校美育教育实践基地。

【推动公共文化服务，普及歌剧艺术推广】剧院持续推动公共文化服务高质量发展，逐步实现在全国各省市开展公共文化服务活动。已和吉林、河北、四川、广西等地签署合作协议，开展了深入合作，举行一系列高质量公共文化服务演出和培训活动，取得显著成效。尤其是与吉林省长春市的公共文化服务合作项目已连续签约 3 年，逐步探索出公共文化服务高质量发展的路径，前往长春市的学校、社区、乡镇等不同层面开展了丰富的艺术培训，举办了文艺演出 18 场，培训 480 课时，现场培训近万人次。一系列的高质量公共文化服务落地基层，为当地群众带去了精彩纷呈的文化盛宴。

剧院充分发挥自身优势，保持在引进、传播演绎世界经典歌剧作品的同时，持续开展"我们的中国梦——文化进万家""高雅艺术进校园"等活动，深入老少边穷地区及高校，提供公益性演出，进行歌剧艺术的普及推广。

【赴港澳交流演出，用音乐传递真情】剧院于 2023 年 5 月赴香港参加"国风国韵飘香江"活动，深入社区、校园、驻港部队进行 4 场演出并举办 1 场声乐大师课；于 9 月和香港管弦乐团合作演出威尔第《安魂曲》，引发香港观众的强烈共情共鸣，受到当地媒体的广泛赞扬。于 11 月参加国家艺术院团（澳门）演出季——澳门《金莲花开》系列活动，演出了世界经典歌剧选段和中国经典声乐作品。同时走进澳门城市大学和澳门科技大学举办讲座和演出音乐会，让观众感受到经典作品中的艺术魅力。

【"院场合一"新模式，剧场运营新格局】新剧场作为北京重要文化地标，通过"院场合一"的运营模式，承接了文化和旅游部主办的"文艺中国"新春特别节目、文化新时代舞台艺术优秀剧目展演、"大地情深——全国优秀群众文艺作品汇演"；国家艺术基金设立 10 周年资助成果展系列演出；中宣部、中国文联举办的"艺苑撷英——全国优秀青年艺术人才展演"；第 19 届哈恰图良 120 周年纪念版国际小提琴比赛等各类演出 156 场，接待演出项目 87 个，使用舞台 297 天，舞台使用率达 81%，取得了良好的社会效益和经济效益。

【基础设施持续改造，安全平稳有序推进】剧院正在进行的基本建设工程分别为：中央歌剧院合成排练厅改造项目、消防改造工程、剧场夜景照明提升及市政污水管线修复工程、老旧小区综合整治工程4个项目，在保证安全平稳的基础上，进一步加快施工建设进度。

下一步，中央歌剧院将充分发挥党建引领作用，持续推动党建与业务高度融合，不断推陈出新，拓展创作演出的新高度，奋力谱写中国式现代化文化事业的新篇章。

（中央歌剧院　武红文）

中央芭蕾舞团

【概况】2023年中央芭蕾舞团（以下简称中芭）以习近平新时代中国特色社会主义思想为指导，坚持以人民为中心，以创作为核心任务，以演出为中心环节，以国际交流为重要任务，以人才培养为事业发展根基，以满足人民日益增长的美好生活需要为根本目的，不断开拓，勇于创新，扎实推动各项工作取得了高质量发展。

【以创作为核心任务，持续提升艺术创作水平】中芭秉承“三足鼎立”的艺术方针，强化“国家队”意识，着力创作体现国家水准和民族特色、具有国际影响力的优秀舞台艺术作品，2023年度先后完成新创作品4部、复排1部、修改提高5部。

在“探索开拓民族芭蕾”方面，继续下苦功夫，先后推出两部大型原创芭蕾作品。一是用西方芭蕾语汇讲好中国故事，大型原创芭蕾舞剧《红楼梦》广受关注。为将中华优秀传统文化中所蕴含的人文情怀、富有中国意蕴的美学气质以及东方哲学内涵，展现在世界舞台之上，中芭集结中国舞台艺术行业的顶尖艺术家和精英，守正创新，汲取优秀传统文化再创造，于2023年2月正式推出芭蕾舞剧《红楼梦》。作品一经首演便获得了各地观众的热情欢迎，取得了“场场爆满、一票难求、再三加演”的热烈反响，全年先后应邀在国内11个城市演出达50场，累计观演人数超6万人次。二是创新时代主题，站在中国看世界，围绕“人类命运共同体理念”主题，原创了交响芭蕾《欢乐颂·星海璀璨》，将中华民族情感用世界语言表达。以贝多芬的经典旋律为背景，携手中国交响乐团将芭蕾、交响乐、合唱磅礴融汇，近220位艺术家构成了中芭史上最强演出阵容，首轮演出获得各界一致称赞。

在“守正创新现当代芭蕾”方面，持续搭建原创平台，促进新创作品数量和质量同步提升。“芭蕾创意工作坊”是中芭已经连续坚持13年的活动，用来发掘人才、培养人才的平台，也是中芭担负起新时代文化使命的重要举措。2023年该平台孵化推出了中国青年编导的10部中小型芭蕾作品，《祝您健康》《一生二》《房间》等作品激发了观众的浓厚兴趣和热情。其中新文艺群体编导编创、关注孤独症特殊群体的作品——《星星的孩子》，在第十二届美国杰克逊国际芭蕾舞比赛上获得了“最佳编舞奖”。此外，中芭还利用《追梦》演员考核、中央芭蕾舞团舞蹈学校汇报演出等契机，展示演员和学生的10部新编作品。

在“传承借鉴经典芭蕾”方面，不断精心打磨，展示国际一流艺术水准和中国文化软实力。为了让中国观众在家门口就可以领略世界经典的艺术魅力，让世界观众通过中国演绎更加深刻地了解中国风貌与精神，中芭复排和打磨芭蕾舞剧《小美人鱼》《阿莱城的姑娘》《珠宝》等近年来广受观众喜爱的剧目，不仅锻炼提升新生代演员，而且为观众贡献更加多元、经典优质的艺术作品。

【以演出为中心环节，不断增强文化惠民】2023年中芭的演出和公益性活动亮点纷呈。为了向全国观众呈献更为丰富的精神食粮，中芭轮番上演了包括《红色娘子军》《红楼梦》《欢乐颂·星海璀璨》《天鹅湖》等15部芭蕾剧目以及5部音乐会，克服困难实现了同期巡演多部高难度大戏的目标，获得外地观众的热烈欢迎和跨城追随。线上演播同步进行，并与国际各大名团开展“世界芭蕾日”直播，获业内外称赞。

在2023年演出市场艰难复苏之际，中芭通过千方百计地开拓和耕耘，取得了年度演出场次数量创历史新高的成绩，奔赴全国25个省份的62个剧场开展大型演出达250场，其中包括北京地区演出107场，外地巡演117场，交响乐团音乐会26场。

与此同时，中芭全年举办公益性和低票价演出约70场，在各地演出期间开展大量“走近芭蕾”艺术普及和美育教育活动，并作为“全国中小学生研学实践教育基地”，带领来自偏远地区福建省福州市闽侯县乡村师生参观中芭和体验课堂，还为属地街道和社区居民多次开设芭蕾公益课。

为了更好地关爱特殊群体，中芭坚持开展“同在阳光下成长——关爱星星的孩子”系列活动，不仅与孤独症儿童、专家和专业机构定期开展活动，帮助孩子们阳光成长，而且专题创作舞蹈《星星的孩子》，呼吁社会关注；更专程申报《孤独症儿童文化权益保障研究——以芭蕾艺术创新辐射模式探讨》的课题研究，探索孤独症儿童的艺术疗愈。中宣部为此授予中芭“全国学雷锋志愿服务‘四个100’先进典型——最佳志愿服务项目”铜牌及荣誉证书。

自2021年赴甘肃临夏州开展帮扶慰问以来，中芭一直携手当地共同促进艺术教育。得知积石山保安族东乡族撒拉族自治县地震后，中芭人纷纷伸出援手，在繁忙的演出间隙整理冬季衣物，并在第一时间将芭蕾舞剧《过年》首场演出收入、演职人员爱心捐款、数百件御寒衣物等分别通过指定渠道捐赠给积石山保安族东乡族撒拉族自治县团结小学和移民中学，帮助灾区人民渡过难关。

【以文明互鉴为重要任务，广泛开展国际交流】以芭蕾为语言，中芭对外交流特点鲜明，通过一系列自觉开展的、丰富多彩的海内外人文交流活动，向世界展现中国人民在蓬勃发展中创造的优秀作品和文明成果，发挥博大精深的中华文化魅力。

一方面，广泛深入开展“走出去”交流活动。2023年中芭派出15个团组118人次开展出国（境）线下演出22场，并参加国际比赛、客席演出、联合创作、论坛会议等活动。

2023年6月，在被誉为“芭蕾界奥林匹克”、代表国际最高水平的芭蕾赛场——第十二届美国杰克逊国际芭蕾舞比赛中，中芭团队经过17天12场的“马拉松”式激烈角逐，派出的四位年轻演员赵欣悦、管翀正、闫梦玄、孔子寒奋勇拼搏，成功斩获6项大奖，包括少年女子组金奖、成年女子组银奖、成年男子组银奖、少年男子组铜奖、少年组最佳双人舞奖、最佳编导奖，续写了中芭选手参与该项赛事的“四连冠”佳话。每当仰望着国旗在赛场上空升起、国歌奏响的时候，中芭艺术家们的爱国之情澎湃满怀，在场华人皆热血沸腾。中芭舞蹈学校自主培养的两位2023届毕业生分别获得金奖、铜奖及最佳双人舞奖，这一实践成果证明中芭“以团带校”办学模式是符合艺术规律的、是十分科学的。与此同时，在被誉为“舞蹈界奥斯卡奖”的俄罗斯第31届贝努瓦舞蹈奖评选中，首席主演邱芸庭荣获“最佳女演员”桂冠。在国际A类摄影大赛，法国PX3摄影奖评选中，摄影师时任的作品获得金奖。

2023年中芭开启了剧团历史上首次赴南非交流，不仅派出演员与南非赞斯芭蕾舞团开展联合创作并演出6场《马蓬古布韦的金犀牛》，而且应邀担任南非第10届国际芭蕾舞大赛评委、担任金砖国家治国理政研讨会暨人文交流论坛发言嘉宾。

在享誉欧洲的德国汉堡芭蕾艺术节“第48届尼金斯基GALA”演出中，中芭应邀首演委约创作的现代芭蕾《一念一生》，此外还有多名主要演员应邀赴德国多特蒙德、韩国首尔、中国香港参加代表国际顶尖水平的芭蕾Gala，他们用中国作品、中芭演绎惊艳了世界观众，充分彰显了文化自信。

另一方面，持续发力打造“请进来”国际品牌。为进一步发挥中华文化的强大感召力和吸引力，中芭充分利用自身的国际影响力打造了两项国际品牌活动，即指导举办“爱莲国际青少年芭蕾舞比赛”和主办“中国国际芭蕾演出季”。

2023年7月，“第二届爱莲国际青少年芭蕾舞比赛”成功举办首次线下比赛，吸引海内外参赛选手633人。国际选手不远万里从南非、挪威、美国和马来西亚专程来京参赛。该平台让各年龄段的中外儿童和青少年通过舞蹈相互认识、增进了解、分享热爱、共同成长。与此同时，中芭在指导赛事过程中发掘人才，不拘一格吸纳人才，不仅为获奖选手提供实习机会，而且破格录取了一位参赛者进入中芭舞校开始专业学习。

2023年11月开启的“第六届中国国际芭蕾演出季”历时两个月，邀请了俄罗斯莫斯科大剧院芭蕾舞团、艾夫曼芭蕾舞团、德国斯图加特芭蕾舞团、德国国家青年舞团等中外名团，联袂呈现《安娜》《奥涅金》《光之路》等10台大戏、23场演出及多期讲座，深受国内外同行的好评，实现了让中国观众在北京看世界的目的。

【以人才为事业根基，加强梯队布局与能力建设】人才是第一资源。为实现建成社会主义文化强国目标，争当行业先锋，赢得国际竞争主动权，中芭多管齐下厚植人才根基。

一是充实专业演员队伍，强化专业水平。2023年在不断吸纳舞蹈人才的同时，中芭全面营造识才、爱才、敬才、用才的环境，通过以演代练、以考促练、考评相兼、《追梦》公开考核等方式选拔优秀人才，培养行业领军人物；推选演员参加国际A类赛事、国际艺术节、国内外客席演出；通过芭蕾创意工作坊锻炼创作队伍，巩固专业水平，为梯队建设布局。

二是重视演职人员继续教育，关注综合素养提升。剧团先后与上海交通大学、北京师范大学和山东青年政治学院合作开展演职人员教育专项合作，截至2023年年底，先后完成“高起专”“专升本”继续教育学历提升的达150人次。2023年度取得毕业证书者54人。剧团还邀请专家学者开展心理咨询、法律知识、金融理财、舆情应对等专题培训或交流。

三是强化造血功能、持续储备人才。2023年中芭舞蹈学校迎来第5届新学员，第2届毕业生以《天鹅之梦——中央芭蕾舞团舞蹈学校2017级毕业盛典》线上演播交出毕业答卷。先后两届毕业生累计向剧团输送了22名优秀新人，其中包括国际大奖获得者。中芭舞校的坚持开办，构建起了“以团带校、团校合一”的新格局，大幅提高了芭蕾人才供给自主能力，为优秀职业演员的退役再就业开创新渠道，形成人才良性大循环，建立了符合科学规律的人才培养与使用体系。

（中央芭蕾舞团　秦曦）

中央民族乐团

【概况】2023年是全面贯彻党的二十大精神的开局之年，中央民族乐团坚持以习近平新时代中国特色社会主义思想为指导，把党的政治建设摆在首位，紧紧围绕乐团中心工作，以扎实开展主题教育为契机，推进党的建设与业务工作融合发展。

【坚持守正创新，创作打造更加多元化的艺术精品】积极围绕主题主线全面展开创作工作，在推动中华优秀传统文化创造性转化、创新性发展等诸多方面进行了积极探索和有益实践，全年新创、加工提高及创作策划剧目8部，新创单曲30余首。新创民族音乐会《颂·黄钟大吕》，致敬千年辉煌历史、鸣奏新时代国风雅韵；与故宫博物院、环球音乐联合推出一台既阐释故宫的历史厚重感，又考虑国际艺术视野的民族音乐会《故宫之声》；深化民族器乐演奏小型化、多样化发展，以“俪人行”和“青衫渡”两支室内乐组合为班底的情景音乐会《宝藏国乐》火爆出圈；创排民族合唱音乐会《中国民歌地图》，以帮扶形式特邀云南白剧团同台演出新创作品《白月亮》；创新推出《元宇宙·武侠音乐会》《欢乐春节·和合共生》《癸卯兔福》《画外之音》《长乐未央》等音乐会。

【落实“双演融合”，探索“国乐+”文旅融合新模式】全年线上线下演出演播总计1545场，其中演出186场、直播1359场。圆满完成中共中央新春团拜会、中国—中亚峰会、“一带一路”国际合作高峰论坛等重大国事、政治演出任务；《颂·黄钟大吕》在国家大剧院音乐厅成功首演，《宝藏国乐》音乐会全国巡演持续火爆；着力深挖演出潜力，不断拓宽演出市场，延续2022年“壬寅虎啸”元宵节音乐会的成功经验，再度举办2023“癸卯兔福”元宵节音乐会，第一次尝试单日连续举办两场大型音乐会，取得了良好的社会反响和市场效益；深度结合文艺创作落实主题教育，举办《中国民歌地图》合唱音乐会，创编演出符合时代审美、又极具当地特色的作品《白月亮》，并完成贵州巡演；中国民族音乐普及推广中心在北京、东莞、成都、长沙、昆明等地举办19场公益性演出、5场大师课；成功举办“云享国乐风华”2023年全国民族器乐交流展示活动，助力公共文化服务高质量发展。《抖音经典国乐之夜》《五四歌会》《宝藏国乐》《天地永乐·中国节》等线上音乐会，观看量超2亿；联合抖音举办“乐上花火2”活动，观看量2354万，活动曝光近3亿，累计直播展示次数9594万，累计筹款52万元，在贵州山区挂牌10家音乐教室。

紧跟文旅融合发展趋势，以“国乐+旅游”合作形式，先后主办、承办了兰考泡桐节、汉中油菜花节、海棠文化节、沧州园博会大运河文化展演。以“国乐+区域”品牌的形式，承办了深圳龙华国乐周、成都大运会配套文化演出、中国诗歌节、西城区“当国乐遇见博物馆”系列演出活动。

【拓展国际交流渠道，提升民族音乐国际传播力和影响力】积极开展对外演出交流活动，先后赴西班牙、埃及、尼日利亚演出，以“中西合璧”之乐为中西文化和旅游年书写最美开篇，中国埃及民族音乐会在开罗盛大举办，与埃及民族音乐家携手共奏和合之乐。为庆祝中国和尼日利亚建交52周年及共建“一带一路”倡议提出10周年，与尼方艺术团联合进行3场文艺演出，为中国文化走出去再建新功。与国际合唱联盟130余个国家艺术家合作演唱歌曲《让世界充满爱》。与理查德·克莱德曼合作推出乐曲《红玫瑰与白茉莉》，视频浏览量超1.6亿次。海外媒体平台总订阅量、粉丝量超248.7万，总浏览量超4.55亿次，总互动量近2600万。发起中央民族乐团“世界云乐团”项目，受到各国音乐家及音乐团体的关注与参与。

【积极拓展多元创新合作，推动乐团品牌营销迈上新台阶】乐团通过央地合作、强强联合的方式，与多地政府和企业签署战略合作协议。与故宫博物院、环球音乐签订战略合作协议，共同打造《故宫之声》音乐会及相关唱片；与深圳市南山区联手将对蛇口影剧院进行设计改造升级，打造世界一流的传统文化元宇宙概念沉浸式体验综合体，以传统文化为突破口，探索元宇宙概念文化综合体的建设运营模式，寻找民乐的当代表达，立足大湾区，辐射全世界；与北京市西城区携手，共同举办国际化高品质的文艺演出活动，推出更多艺术创作和演出精品，在文艺创作与展演、艺术培训、文旅融合发展、生态环境改善等方面建立全方位的战略合作关系；与上海民族乐器一厂签署协议，将在联名款乐器设计研发、乐器音质音色鉴定、乐器销售推广、冠名演出、商业推广等多方面开展全方位战略合作；走进景德镇，就“瓷乐”的发展现状进行考察，双方将联合对“瓷乐”进行全方位升级改造，通力打造以瓷元素为主题、以瓷乐演奏为内核、以瓷与中国的故事为主线、以东方美学特色为呈现方式的2.0版瓷乐演出。

与今麦郎、伊利等品牌联合，获得了很好的经济效益和社会效益，为今麦郎量身打造音乐《国水之声》，赴法国巴黎卢浮宫拍摄MV，以国水之声、红动巴黎为主题，推动国乐与国水走出国门；为伊利金典牛奶量身打造《乐上草原》一曲，用国乐赋能品牌，让这首自然之曲成为品牌的声音主题，让大众对伊利金典品牌有了声音层面的认知。

【强化人才建设和青少年培养，增强内外循环动力、活力】多措并举强化人才队伍建设，累计引进高层次人才4人，公开招聘引进人才18人，进一步增强了人才队伍力量，优化人才结构。派出谭维维赴西藏开展“订单式”援助工作，邀请知名学者田青、艺术家高虹开展“乐问”系列讲座。坚持“以团带班”，持续加强师资力量建设少年合唱、少年乐团、少年剧团，累计招生近3000人次；与中国音乐学院、北京高等教育学会美育教育研究会等达成战略合作，支持学校艺术建设，助力美育教育事业。

（中央民族乐团　伊达平）

中国煤矿文工团

【概况】2023年，中国煤矿文工团（以下简称文工团）以高质量发展为目标，坚持党建业务统筹推进，聚焦主责主业，深化改革，强化协同，较好完成各项工作任务。

【以高质量创作筑牢文工团高质量发展根基】一是以良好的外部资源合作激发创新精神，积极探索实践中华优秀传统文化创造性转化、创新性发展。在国家艺术基金的扶持下，延续《古籍里的古曲》系列音乐会“让古籍可听、让古曲可观”的创作理念，创制音乐剧场《广陵绝响》和音乐会《天地英雄》，分别于4月、9月首演。该系列融民乐、戏剧、吟唱、吟诵、戏曲、多媒体、曲艺等多种形式，努力创新舞台表达方式，打造独具特色的民族音乐会演出品牌。截至2023年年底，该系列已演出20余场。服务于文物活化，与国家博物馆联合出品肢体戏剧《俑立千年》，以肢体和戏剧融合的形式，融合“科技+影像”技术手段，让不同朝代的俑通过语言和舞蹈向观众讲述所在朝代的文化和审美，9月在国博剧场完成首轮三场试演。创制大型诗画情景剧《众里寻他》，以解密探寻甲骨文为切入点，以诗为引，以歌舞、器乐多种艺术样式交融互动，表现清明、端午、中秋、春节、元宵这几个传统节日生动、恢宏、浪漫的场景，11月首演，该剧获得北京市艺术基金资助。

二是完成大型剧目创排演出任务。首部大型原创舞剧《红翡绿翠》5 月在京首演后，即入选参演“第十四届全国舞蹈展演”和“第六届中国新疆国际民族舞蹈节”，全年演出 10 场。为纪念东江纵队成立 80 周年，创演话剧《东湖旅店》，再现了那段战火硝烟中我地下党和东江纵队惊心动魄、扣人心弦的伟大营救，全年演出 7 场。

三是助力国家文化公园战略。服务长江国家文化公园战略，创制民歌演唱会《长江民歌汇》，以“民歌为珠，民乐为链”为创作理念，选取长江流域 13 个省份最具代表性的民歌，对音乐重新编配后，邀请该省民歌手演唱，用民歌讲好新时代长江故事，唱美沿岸生活。服务大运河国家文化公园战略，创制曲艺晚会《说唱大运河》，运用相声、评书、快板、双簧、鼓曲、民乐、古彩戏法等多种艺术形式，分“水、到（道）、渠、成”四个板块，讲述大运河古往今来、流光溢彩的故事。

四是为鼓励创作积极性，激发创新思维，扶持创意落地，实施 2023 年小剧（节）目揭榜创作计划。张榜公布了小剧节目的创作主题、艺术形式、时间安排。邀请专家对创意进行评审，从 22 个创意中评选出 11 个，陆续制作排演，更新至文工团各类演出。

【以演出为中心环节，坚持把社会效益放在首位，实现社会效益和经济效益的统一】借助 2023 年创作势头，2023 年演出工作取得较大突破：全年完成线上线下演出共 223 场，包括公益演出 93 场，商业演出 110 场，线上 20 场。线下演出相较于 2019 年同比增长 85%，相较于 2022 年同比增长 185%。

一是积极打造和培育演出品牌。通过进校园、政府购买、院线运营、演出商、艺术节、包场等不同模式，不断拓展市场，打造演出品牌。培育《古籍里的古曲》系列、《古城新韵》系列民族音乐会、《艺海拾遗》《长江民歌汇》等品牌，勇闯竞争激烈的演出市场。

二是以演出品牌拓展演艺新空间。在国家非遗馆上演《艺海拾遗》、依托《说唱大运河》在北京通州大运河博物馆参加开馆演出等。拓展北京大兴机场等公共空间、参加唐山非遗音乐嘉年华、以《长江民歌汇》落地长江国家文化公园建设推进会和武汉文旅博览会，以优质演艺赋能公共文化空间，助力国家文化公园战略。

三是提升服务基层效能。持续发扬“文艺轻骑兵”精神，公益演出慰问足迹覆盖矿区、边防、部定点帮扶地区、乡村振兴示范区等，送去《我们的中国梦 文化进万家》《拥抱平安》等主题晚会。积极承办部交办的演出任务，如 2023 年文化科技卫生“三下乡”集中示范活动、《向雷锋同志学习——纪念毛泽东等老一辈革命家为雷锋同志题词 60 周年》主题演唱会、第十三届中俄文化大集等。承办中央和国家机关工委《唱响团结就是力量》西柏坡慰问演出。参演“文艺中国”2023 新春特别节目、2024 年新年戏曲晚会等。

四是实现线上演播新突破。依托文工团创作内容，与抖音直播共同发起“Dou 有传承计划——国艺焕新”活动，累计 825 万人次观看，线上活动总曝光量达 17 亿人次。《国艺焕新·艺古长河 风雅共绘》晚会和“DOU 有传承计划”2024 年合作签约仪式的全网曝光量达 7015 万。舞剧《红翡绿翠》单场线上观看总量达 691.2 万。拓展文工团优质内容在网络的传播空间。

【持续深化改革，坚持问题导向，夯实发展基础】完善内部运行机制，建立健全各项管理制度。制定印发工作人员年度考核办法，修订财务管理制度、预算管理制度、合同管理办法、新媒体平台管理办法等多项制度。建立健全项目立项、创制、市场论证机制以及首演前审核、首演后专家研讨等一系列有效的组织管理；推行实施项目负责人制，进一步加强预算及绩效考核双重管理，提高资金使用效益。

（中国煤矿文工团　刘达奇）

中国美术馆

【概况】2023 年，中国美术馆以深入学习宣传贯彻习近平总书记给中国美术馆老专家老艺术家回信精神为强大动力，推进建馆 60 周年系列活动，取得积极成效，着力在高质量收藏、高水平利用、高品质服务上下功夫，为朝着打造国家级乃至世界级艺术殿堂砥砺前行。

【以习近平总书记重要回信精神为指引，扎实推进建馆 60 周年系列活动取得积极成效】习近平总书记 5 月 21 日给中国美术馆老专家老艺术家回信，为中国美术馆在新起点上指明方向。5 月 23 日，中国美术馆建馆 60 周年座谈会在京召开。中国美术馆深入学习宣传贯彻回信精神，以扎实推进建馆 60 周年系列活动为主线，把习近平总书记重要指示精神落在实处取得实效。

举办“美在新时代——中国美术馆建馆 60 周年系列展览”，展出近 600 件经典作品，其中由中国美术馆馆长吴为山主创、中国美术馆团队创作的《长征组雕》备受好评。开展 3 个月内即接待慕名参观学习各单位团体逾 100 批次，接待观众 43 万余人次。举办建馆 60 周年学术论坛，推进深化美术馆建设理论。同时，举办一系列国际交流活动，邀请来自法国、希腊、意大利、俄罗斯、澳大利亚等国嘉宾来馆参加座谈会，推进 12 项国际合作。《人民日报》、新华社、中央广播电视总台等重点宣传介绍中国美术馆建馆 60 周年情况。

一部专题片，一枚特种邮票，一系列出版物配合宣传建馆 60 周年。由中央广播电视总台制作的三集大型专题片《美的殿堂》于 5 月 23 日在 CCTV-1 综合频道成功播出。电视端累计观看超过 2013 万次。中国邮政发行《中国美术馆》特种邮票，成为全年已发行邮票中涨幅最高的品种。出版了建馆 60 周年重点图书《中国美术馆馆藏精粹大系》《中国美术馆人话馆藏》。

【推动习近平文化思想入脑入心，促进党建与业务深度融合】中国美术馆紧紧围绕学习宣传贯彻党的二十大精神这条主线，推动主题教育走深走实，通过各种形式学习，推动习近平文化思想入脑入心。

2023 年，中国美术馆守牢意识形态阵地，第三党支部被评为中央和国家机关“四强”党支部，国际（港澳台）事务部荣获“全国巾帼文明岗”称号，典藏部荣获“全国巾帼建功先进集体”称号。

【坚持人民至上办馆理念，“高质量收藏”有章法】进一步完善征集机制，大力倡导无偿捐赠义举，推进高质量收藏工作。获藏刘海粟等艺术大家、名家以及俄罗斯、法国、意大利等国大师名家代表作。年度共征集收藏美术作品 1147 件，其中国际精品 83 件，无偿捐赠 776 件。

持续推进“典藏活化”，安全出入库藏品 2000 余件套；全年新增藏品图像 1000 余张；完成近 100 件（套）馆藏作品的修复工作。

【践行社会主义核心价值观，“高水平利用”见成效】2023 年中国美术馆推出各类展览近百场，学术邀请、策划与研究、典藏活化、国际交流各类展览精彩纷呈，以扶持展览等形式支持地方文化建设、铸牢中华民族共同体意识。

有效利用“藏品信息管理系统”对外提供藏

品图片近 8000 张次。向 10 家文化机构及 32 个省市图书馆、34 个一流建设高校无偿捐赠画册共计 8357 册。

【不断满足人民群众文化需求，“高品质服务”用真情】2023 年，接待专程到馆参观学习各单位团体 300 多批 7000 余人次，接待观众总计 110 万余人次。满足观众需求从细节入手，中国美术馆对预约系统进行升级，入馆参观更加便利，提供“建馆 60 周年纪念章”，升级印制“我是文明小观众”学习卡，开发新款“爱心坐垫”等，都受到观众好评。此外，“馆长导赏日”以及“大师讲大美”“艺术讲堂”和“我画中国美术馆藏品”等青少年项目均受到欢迎。重点展览期间，为观众提供志愿者导赏 1163 场，直接服务观众 5 万人次。品牌项目“为新时代人物塑像”在全国 7 地巡展，参观人数逾 17 万人次。

不断拓宽传播渠道，推进全民美育。官方微信公众号关注人数由 80 万增长到 142 万，因此增长 72%。“墨韵文脉全景虚拟展厅”“海霞讲二十四节气”“艺术家音频讲解”等线上传播效果突出。

【以美为媒，向世界讲好中国故事】2023 年 8 月，为配合在印度召开的二十国集团文化领域会议，吴为山馆长雕塑作品《甘地》应邀展出，并被印度比哈尔博物馆永久收藏。吴为山馆长应邀创作的雕塑《阿里·法拉比》永立北京语言大学，哈萨克斯坦共和国总统出席雕像揭幕仪式。11 月，吴为山馆长应邀创作的《孙文先生像》在日本福冈县揭幕落成。

2023 年，中国美术馆还组织作品参与海外展览 3 个，与 2 家丝绸之路国际美术馆联盟成员单位分别合作举办 2 场展览，乌兹别克斯坦美术学院、美术馆确认加入联盟，有力拓展了联盟“朋友圈”。

举办“中国记忆——智利画家何塞·万徒勒里摄影与速写展”，智利总统出席开幕式并致辞。此外还积极参与了中白、中巴、中俄等双边文化外交项目。

【责任在肩，新成绩标记新起点】2023 年，是收获满满的一年。过去一年，中国美术馆为新征程奋发有为，所取得的各项成绩标志着新的起点。

中国美术馆获 2023 年度文化和旅游部政务信息工作先进单位；“美在致广——全国小幅美术精品展”获 2023 年度全国美术馆优秀展览项目；“墨韵文脉——八大山人、石涛与 20 世纪以来中国写意艺术展”获 2023 年度全国美术馆馆藏精品展出季活动优秀项目，全景虚拟展厅获 2023 年文化和旅游部直属单位网站监测服务优秀创新案例；“美在新时代——中国美术馆典藏精品特展”获年度全国美术馆优秀展览项目。

中国美术馆参与策划、吴为山馆长担任“品卷人”的《诗画中国》获第 60 届“亚广联”电视娱乐类节目大奖、中央广播电视总台优秀作品奖文化艺术类综艺节目一等奖；艺术传媒推广部拍摄制作的短视频《新时代的中国美术馆》被中央和国家机关精神文明办公室评为“百优作品”。

（中国美术馆　高旭阳）

中国国家画院

【概况】2023 年，中国国家画院围绕中心、服务大局，统筹推进各项业务工作，围绕国家重大决策部署、重要历史事件和重要历史时间节点，开展创作研究，把“国家”二字体现在各项工作中。2023 年，围绕“出人才、出作品、出成果”，举办“第八届全国画院美术作品展览”，全面呈现全国画院专业美术家的创作面貌与实力水平，举办“关于当代书法评价标准与审美体系的讨论”学术研讨会，加强理论研究，设计组织6个“大道不孤——2022年度中国国家画院中青年艺术家邀请展”，助力培养中青年艺术家；围绕习近平总书记关于“守护好一江碧水”的重要指示，积极策划实施长江主题美术创作项目，邀请中国国家画院以及长江沿线11个省市共160余位画家进行采风创作，遴选出139件优秀作品举办主题展览；围绕“乡村振兴”战略，组织艺术家走进阿尔山采风写生，描绘乡村巨变和秀美风光，展现人民生活的幸福与美好；围绕“让文物活起来”和北京中轴线申遗，开展“中国画·画文物”项目，组织艺术家到申遗点进行写生创作，展示文物之美。

【守正创新——中国国家画院2022年度收藏作品展】1月9日至1月21日，作品展在中国国家画院明德楼一层国风堂举办。经过中国国家画院艺术委员会严格评审，此次展览共有近200件作品参展，涵盖国画、书法、篆刻、油画、版画、雕塑等各艺术种类，集中展示中国国家画院各所艺术家2022年度创作最新成果，以实际行动践行党的二十大精神。

此次展览作为中国国家画院一年一度的学术成果展，是集中各个主题性创作的综合性展览，展出的作品既有培根铸魂、守正创新的主题创作，又有研究性的探索实践，不仅饱含着艺术家们的真情实感，也是艺术家们对2022年这极不平凡的一年的感悟与总结。

【书道薪火——2022中国国家画院与北京市怀柔区教委书法进校园合作项目展】3月12日至3月23日，项目展在中国国家画院美术馆举办，由中国国家画院、北京市怀柔区教育委员会主办，中国国家画院书法篆刻所承办。自2020年9月起，中国国家画院书法篆刻所与北京市怀柔区教育委员会联合开展“书法进校园”项目，此后，组织艺术家对怀柔书法教育基地实施“中国国家画院艺术家艺术品套装进校园”活动，选派艺术家在怀柔十所学校以授课、讲座、讲评、实践指导等方式进行书法教学。展览全面呈现了“书法进校园”教育合作成果及怀柔师生的艺术风采。

【第八届全国画院美术作品展览】4月20日至6月20日，展览在山东济南举办，由中国国家画院、山东省文化和旅游厅主办。展览云集了全国优秀艺术家1100余件作品，包括中国画作品481件、油画作品252件、版画作品71件、雕塑作品50件、书法篆刻作品82件，总计936件，晋京作品共243件。展出作品共分为五个画种，分别在山东美术馆、济南市美术馆、山东画院美术馆展出。此次展览是历届全国画院美术作品展览中规模最大、收件数量最多、入选数量最多的展览，全面呈现了全国画院专业美术家的创作面貌与实力水平。在理论研讨会上，20多位专家学者围绕新时代背景下主题性美术创作发展和突破、当代画院美术创作面临的课题与发展趋向、主题性中国画创作的风格形态与审美取向等多个议题进行探讨。展览期间还举办了全国画院院长工作会议，各地画院院长围绕全国画院美术作品展览的长远发展、新时代画院的建设与发展、中国美术发展中画院的使命和担当等议题展开讨论。

【行走边界——张道兴艺术作品展】5月5日至5月15日，作品展在中国国家画院明德楼一层国风堂举办，该展览由中国国家画院、中国美术家协会主办。此次展览展出了张道兴的中国画作品213幅、速写作品50幅、书法作品20幅、篆刻作品246方，全面展示了张道兴的艺术成就和艺术追求。张道兴将此次展览中的68幅代表作品无偿捐赠给中国国家画院。展览还举办了学术研讨会，专家学者以本次展览展出的张道兴艺术作品为切入点，探讨了中国画的传承、创新，中国画的教学以及艺术家如何通过在寻找“边界”中形成个人独特的艺术面貌等问题。

【大道不孤——2023年度中国国家画院中青年艺术家邀请展】该系列展旨在鼓励艺术家在弘扬艺术大道，弘扬正道，在追求德艺双馨中成就人生价值，并不断探索、追寻、交流、互鉴，按照习近平总书记的要求，创作出无愧于时代的精品力作。5月至10月，先后在中国国家画院推出王厚祥、尚可、罗贵荣、卢志强、郭子良、姚大伍6位艺术家的展览，展出了一批形式多样、题材广泛，内容丰富充实，时代特色鲜明的作品。

【太行丰碑——红旗渠精神影像展】7月1日至7月15日，影像展在中国国家画院明德楼三层颂厅举办，由中国国家画院、安阳师范学院、红旗渠干部学院联合主办。展览以近百件影像作品，全方位、多角度、史诗般地展现了艰苦岁月里平凡修渠者的不凡形象，传承和弘扬了“自力更生、艰苦创业、团结协作、无私奉献”的红旗渠精神，印证了中国共产党带领人民追求美好幸福生活的初心。

【志道·游艺——中国国家画院六人展】7月2日至7月23日，展览在湖北美术馆举办首展，后在天津进行巡展。展览共展出中国国家画院艺术家范扬、卢禹舜、于文江、姚大伍、李晓柱、方向作品100余件，既有呈现艺术家最新创作面貌的近期新作，又有反映其思考过程的写生创作，展出作品立意深远、技艺精湛，艺术语言丰富、内容紧跟时代，充分体现出艺术家们不断探索、勇于创新，为山河写照、为时代画像的使命担当。

【继承·坚守·创新——刘勃舒艺术研究展】7月19日至7月29日，展览在明德楼一层国风堂举行。展览全面展出了刘勃舒一生的临摹、创作、写生、手稿等各类作品约160幅，以及其各个时期的生活图片和重要的文献资料，还举办了“刘勃舒的艺术成就及影响”学术研讨会，近20位美术界专家学者就刘勃舒的艺术创作、学术研究、人格风骨、社会影响、对美术事业所做出的贡献等问题进行了深入的探讨。

【“关于当代书法评价标准与审美体系的讨论”学术研讨会】7月28日，研讨会在中国国家画院举办。近30位与会专家学者畅所欲言，发表真知灼见，就书法评价有无标准、书法创作与大众书写、书法创新的边界与法度、传统书法的当代性转化等相关论题进行了深入探讨，旨在引起书坛对于书法评价标准与书法审美水平的思考，对当代书法发展提供一些可资参考的思路、建议，并对厘清书法大众传播的概念和边界有所帮助。

【中国国家画院“一带一路”美术作品展（首展）】8月16日至9月8日，展览在中国国家画院明德楼一层国风堂、美术馆展厅同时展出，由中国国家画院主办、荣宝斋有限公司协办。展览以“一带一路”为主题，展出了由中国国家画院收藏的“一带一路”主题美术作品138件。为丰富展览内容，主办方还特别邀请了13位中国书法家协会历任主席、副主席及资深书法家的作品一并参展。

【艺术中国——中国国家画院优秀作品展览】9月4日至9月11日，展览在柬埔寨国家博物馆举办，由中国国家画院、柬埔寨国家博物馆主办，旨在加强中柬艺术交流，展现中国画的发展现状，庆祝中国与柬埔寨友好建交65周年暨“中柬友好年”。展览甄选了中国国家画院20位山水、花鸟、人物画领域具有代表性艺术家的精品。展览开展之后，中国国家画院赴柬埔寨艺术交流团在金边、暹粒等地开展了采风写生活动。

【缘于图像背景的社会和艺术·金石书法研究与创作系列展——隋唐刻石三十品新探】10月3日至10月15日，展览在中国国家画院美术馆首展，11月27日至12月12日在广西书画院美术馆展出。展览选取了隋唐时期重要碑拓30个品目，包括《董美人墓志》《纪泰山铭》《雁塔圣教序》《九成宫碑》《孔子庙堂碑》《颜家庙碑》《玄秘塔碑》等。展览还征集到相关研究文章67篇，选出入编文章40篇、根据研讨会中15人的发言所辑特稿1篇。特邀和征集到当代书家临摹和创作的作品462件，并从中选出120件作品进行参展。

【艺术让乡村更美——阿尔山写生与创作作品展】10月8日至10月12日，作品展在中国国家画院明德楼一层国风堂举办，由文化和旅游部离退休干部局、中国国家画院、文化和旅游部人才中心、内蒙古自治区文化和旅游厅主办。中国国家画院组织近百名全国知名画家、老艺术家走进文化和旅游部的定点帮扶对象——内蒙古自治区兴安盟阿尔山市，通过画笔呈现了瑰丽的自然风光和老百姓脱贫致富后崭新的生活面貌。经过专家评选，本次展览展出了140余幅精品之作。

【刀耕版印　铭刻风华——中国国家画院典藏20世纪木版画精品展】10月25日至11月17日，展览在中国国家画院美术馆举办。展览系文化和旅游部“2023年全国美术馆馆藏精品展出季活动”入选项目，展出了中国国家画院馆藏的20世纪木版画精品200余件，作者有力群、彦涵、修军、李焕民、晁楣等，分为“峥嵘曙色”“改天换地”“疆域行歌”“风华正茂”四个单元，以题材分类为框架，兼顾时间结构，勾勒出20世纪中国版画史的整体形象。展览研讨会上，专家学者就版画的语言风格、时代流变、社会功能以及版画与大众审美的关系等议题进行了深入的讨论。展览期间还举办了一系列相关公教活动。

【守护好一江碧水——中国国家画院长江主题美术作品展】11月1日至11月15日，作品展在中国国家画院明德楼一层国风堂举办，由文化和旅游部艺术司指导，中国国家画院主办。本次展览共展出139件长江主题美术创作作品，这些作品充分表现了长江沿线人民追求和创造美好生活的多彩风貌及奋斗精神，体现了艺术家们以饱满的热情描绘长江美丽画卷、展现长江新时代风采、谱写长江文化新的篇章。11月3日在中国国家画院明德楼举行学术研讨会，专家学者围绕“长江主题创作的语言与风格”“长江主题创作与当代主题美术创作”“主题性创作的价值和意义”等议题展开了探讨。

12月16日至12月21日，展览在香港中央图书馆举办巡展，由紫荆文化集团指导，中国国家画院、紫荆杂志社主办。

【国风猎猎——周韶华艺术研究展】11月18日至11月30日，研究展在中国国家画院明德楼一层国风堂举办，由中国国家画院和湖北省文联共同主办。此次展览共展出周韶华各个时期的代表作品135件，并依据周韶华的艺术探索脉络及其艺术创作所涵盖的题材，分为山河纪行、梦溯仰韶、素材手记、诗稿书法四个单元进行展示。此次展览，周韶华向中国国家画院捐赠画册、书籍等文献资料38种。

【2023年文化和旅游部全国画院中青年创作骨干研修班结业作品展开幕式暨结业仪式】12月12日，作品展开幕式暨结业仪式在中国国家画院明德

楼三层颂厅举办，由文化和旅游部艺术司主办、中国国家画院承办。展览共展出作品116件，均为40位学员在研修班期间的创作和写生作品，涵盖人物、山水、花鸟三个方向，形式新颖，内容丰富，全面展示了研修班的教学成果。

【中国画·画文物——北京中轴线主题写生创作作品展】12月26日至1月7日，作品展在中国国家画院明德楼三层颂厅举办，由国家文物局、中共北京市委宣传部主办，中国国家画院、国家文物局机关服务局、北京市文物局、北京出版集团承办。“中国画画文物”作为国家文物局和中国国家画院长期合作项目，以三年为一期，艺术家围绕北京中轴线为主题开展写生创作是第一期，这次展览是对这期写生创作成果的一次全面集中展示。

（中国国家画院　冯卉）

中国数字文化集团有限公司

【概况】中国数字文化集团有限公司（以下简称“集团”）坚持以习近平新时代中国特色社会主义思想为指导，全面贯彻党的二十大精神，深入学习贯彻习近平文化思想，落实文化强国、数字中国和国家文化数字化战略，着力推动集团数字化转型升级和高质量发展，取得了一系列可喜的成绩，进一步夯实集团可持续健康发展的基础，连续四年实现了国有资产保值增值。

【持续深入开展中华优秀传统文化数字化工程】一是中国京剧和戏曲“像音像工程”影视制作工程。集团作为中国京剧“像音像”及戏曲“像音像”工程北京拍摄基地，“十四五”时期，承担中国京剧“像音像”工程500部作品的数字出版工作，戏曲“像音像”工程已录制完成30部。制订100部“戏曲电影纪录片”计划，已完成10部。完成了戏曲电影《邓恩铭》的拍摄制作，《安国夫人》已在全国影院上线；出品了非遗纪录电影《我在苏州学非遗》，出品的纪录片《雪豹和她的朋友们》荣获第36届中国电影金鸡奖最佳纪录/科教片。

二是国家级重大活动数字演播工程。承担中共中央、国务院2023新春团拜会彩排节目、2023文艺中国新春特别节目、《纪念毛泽东等老一辈革命家为雷锋同志题词60周年主题音乐会》、大型音舞诗画《新疆是个好地方》、“陕北民歌音乐会”等重大文艺演出及论坛活动的录制和直播任务。利用“5G+4K”等技术在多个线上平台进行双视角云直播，构建“云剧场”。

三是优秀文化艺术作品数字出版工程。2023年出版音像制品及电子出版物544种，申报的《中国戏曲影像库》项目入选2023年度数字出版精品遴选推荐计划；《元气之音——安徽灵璧菠林喇叭》项目入选2023年度中华民族音乐传承出版工程精品出版项目；学习宝典“四史”融媒体学习系统入选2023年文化和旅游数字化创新示范案例；创新技术方案《文化元宇宙：基于国家文化大数据体系标准的沉浸式数字艺术体验空间》在“探元计划2023”中获TOP20创新技术应用大奖；跨界融合作品《中国声音：二十四节气沉浸式体验演出》入选国家艺术基金2023年度资助项目；《北京记忆：冰嬉大典》《北京记忆：京剧脸谱》《单弦牌子曲北京中轴线》《民族管弦乐组曲中轴》4个项目入选北京宣传文化引导基金2023年度出版项目资助项目。

四是非遗保护传承数字化工程。集团作为中国非物质文化遗产保护协会非遗数字专业委员会主任单位，积极开展中国非遗数据库建设、“非遗人之家”平台建设。主办2023首届唐山非遗音乐嘉年华，在线观看达500万人次；在内蒙古自治区扎鲁特旗举办非遗数字论坛和非遗主题展；在陕西省榆林市承办首届中国非物质文化遗产保护年会，吸引60万市民游客参与，在新闻联播等中央媒体及新媒体多次报道，网络曝光量达40亿次。

【持续创新推进国家文化数字化战略落地实施】

一是接入国家文化专网，实现海量文化资源数据的底层关联。集团作为国家文化大数据体系建设的承建单位之一，首批接入国家文化专网，启动国家文化大数据底层关联集成系统装配工作，承担了国家文化大数据体系的标本库、基因库、素材库等建设工作。集团已建成国家舞台艺术影像库、中国传统音乐数据库等8个主数据库，完成了中国戏曲影像库等69个子库建设，系统内已关联视频、音频、图像等文化资源数据17.6万件、文化资源数据集862个，文化资源数据总量超过6000TB。

二是夯实基础研究，深度参与国家文化大数据相关标准制定。集团作为一家科技型文化央企，积极研究探索文化和科技融合的新技术和新路径，不断加强文化数字化领域的基础研究和科技应用研发，深度参与数字文化标准的研发。集团牵头制定的舞台艺术表演数字化录制技术标准、非物质文化遗产技艺数字化采集技术标准已正式发布。集团取得中国质量体系认证，环境管理体系认证和职业健康安全管理、信息安全管理体系认证等四项标准认证及CMMI（软件成熟度）三级认证和企业AAA级认证。

承担科技部“揭榜挂帅”资源大数据可信共享技术研究与系统开发项目，突破和解决了数据关联标识服务、弱信任环境下数据可信共享等关键技术，研发了文化资源大数据标识服务引擎和数据可信共享网络引擎。文化和旅游部产业发展司牵头，中数集团与中国联通、浙江文交所、安徽文交所共同完成了文化数字化的评估和确权的课题。

三是开放合作，研发推出线上文化数字化展示和交易平台。集团作为国家文化大数据体系建设的“国家队”，主动与行业优秀企业开展战略合作，共同研发了面向国家文化大数据的文化遗产信息模型微痕提取等数十项国家专利技术。集团与中国联通、中国文物交流中心等多家机构，共同推出文化数字化领域全国首个应用区块链技术构建的“中国数字文化链”，为文化资源数据确权、流通和交易提供了基础支撑。集团已建成“中数创意”数字文化内容制作平台、“中数在线”数字文化传播出版平台、“中数非遗”数字文化展示推广平台、“中数文化大数据”综合服务云平台、“中数藏品”数字文创IP发行平台。在文化遗产数字化方面，集团为故宫博物院、首都博物馆等百余家博物馆提供了专业的数字化技术和高品质的内容运营服务。

四是深化央地合作，推动国家文化大数据区域采集基地建设。发挥数字文化央企优势，联合地方政府共同推进国家文化数字化战略实施，在文化数据采集、加工、交易、分发等领域深度合作，实现央地资源共建共享。集团与苏州、唐山、无锡、厦门等合作共建国家文化大数据采集基地。其中，“国家文化大数据江南（苏州）采集基地”揭牌，北京“建国路75号数字艺术园区”开园，标志着国家文化数字化区域采集中心建设上迈出了坚实的一步。

五是创新应用传播数字技术，提升公共文化服务效能。自主研发艺术档案数据柜，搭建艺术档案数字化管理与应用平台，服务相关艺术院团档案数字化采集与数据治理试点工作。联合专业技术机构，共同研发文化数字化落地产品——数字文旅驿站，文博数据柜等，推动文化与科技、旅游融合发展的创新应用，已在北京、上海、江苏、贵州等地投入使用。

集团自成立以来，始终坚持贯彻落实文化强国战略和数字中国建设，发挥文化央企引领作用。积极推动中华优秀传统文化创造性转化、创新性发展，积极探索高质量发展的新体制、新机制、新模式，在技术创新、资源整合、产业培育、改革改制等方面奋发有为，开拓进取。

（中国数字文化集团有限公司　田璐阳）

中国动漫集团

【概况】中国动漫集团（以下简称“集团”）围绕“动漫内容生产商、系统集成商、平台服务商”的定位，聚焦动漫 + 文旅融合，在内容生产、IP 孵化、会展服务、研究咨询、教育培训、知识产权服务六个方面积极开展业务工作，着力建设运营国家动漫创意研发中心、国家动漫游戏综合服务平台、沉浸式交互动漫文化和旅游部重点实验室、中国动漫品牌海外推广工程、中华传统文化经典精髓数字化动漫化等核心品牌项目。

2023 年，集团坚持以习近平新时代中国特色社会主义思想为指导，深入贯彻党的二十大精神，学习习近平文化思想，认真落实部党组决策部署。坚持党建引领，扎实开展学习贯彻习近平新时代中国特色社会主义思想主题教育。围绕动漫主业，重点抓好“竞争力、发展力、影响力、治理力”四个能力建设，连续第 5 次荣获“中国 VR50 强企业”，实现总体稳定发展。

【持续发力内容建设】由集团联合制作出品的青少年励志三维动画片《少年老子》已取得国家电视动画片发行许可证。“基于人工智能技术的实时高逼真孪生数字人关键技术研发与应用示范”项目（超写实 AI 数字人“苏小妹”）荣获 2023 世界 VR 产业大会 VR/AR 创新奖。中医药动漫形象灸童被写入《“十四五”中医药文化弘扬工程实施方案》并入选 2020—2023 年度中医药传播影响力十佳作品。《二十四节气密码》获评北京市广播电视局“北京大视听”重点文艺精品项目。《手指的魔法》漫画绘本正式出版发行。漫画作品《不语》获得第 19 届中国国际动漫节潜力漫画入围作品奖。推进制作《灸童说》《中共中央在延安十三年》《闪电家族：遗忘的宝藏》《北京地名故事（第一季）》等多部动漫作品。

【做精做强品牌会展矩阵】3 月 10 日至 4 月 10 日，在北京市石景山区首创郎园 Park 举办数字中国沉浸体验展。展览以“JOY- 元宇宙！”主题，以数字技术传播中国的文化和旅游为突破点，采取参观与体验融合的模式，通过科技手段彰显文化和旅游新魅力，收到良好的社会效益和经济效益。

6 月 16 日至 17 日，在广东省东莞市举办 2023 中国卡通形象营销大会。大会以“动漫与实体经济融合发展”为主题，聚焦动漫与包括旅游、非遗等在内的实体经济融合发展案例，展现虚拟形象、数字人等文化数字化前沿领域新成果，来自全国 20 多个省（区、市）的 200 余家企业近 400 名嘉宾参加本届大会。

6 月 21 日至 23 日，在山东省泰安市举办 2023 首届泰山动漫节，活动涵盖六大板块三十余项活动，以动漫赋能文化传承和当地旅游发展，参展参会厂商、IP、品牌超过 1000 家，参与人数超过 5 万人次。

12 月 12 日至 13 日，在重庆市举办 2023 中国数字艺术产业论坛，论坛以“数艺赋能——数字艺术促进产业高质量发展”为主题，来自行业内 30 多名“政、产、学、研、企”专家学者、企业代表进行了主题演讲及圆桌对话。汇集了 18 个省（市、区）相关单位、数字文化领域上市公司、头部企业及金融机构等 150 多家代表参会，会议规模达 800 多人次。

【文旅融合业务取得新成就】武汉文化消费体验区项目进展顺利，完全拥有不动产权的 3000 余平方米的动漫主题乐园主体建设顺利完工。在绍兴市建设中漫城市光影体验项目，助力地方城市文化公园转型更新。

【扎实开展教育培训】成立国家动漫创意研发中心大湾区（深圳）、新疆、长三角（上海）等分中心，持续拓展研发中心培训业务。举办人力资源和社会保障部“全国虚拟现实与文化和旅游深入融合人才高级研修班”，北京文化艺术基金“京津冀民间文学动漫视觉传播艺术人才培养”项目。牵头申报全国数字艺术与动漫行业产教融合共同体，联合业内共同参与开发优质教学评价标准、专业核心课程、实践能力项目和教学装备，为行业培养高素质技术技能人才。举办多期1+X数字艺术创作、1+X动画制作职业技能等级证书师资培训班，申报考证人数达11430人次，颁发培训证书6723份。动画制作1+X证书入选《辽宁省职业教育证书融通学习成果转换规则目录》。

【强化管理，提升影响力，推动企业建设再上台阶】健全现代企业制度，不断提升企业治理和管理能力。落实问题整改，积极推动解决历史遗留问题。结合有关要求开展二级公司清理整顿，防范集团投资、债务、法律等各项经营风险。修订完善人事、经营、党建等制度流程7项，稳妥解决信访问题3项。保持了总体稳定的安全工作形势。

积极履行文化央企使命和责任担当，攻坚克难，努力克服经济下行压力，实现了不单向裁员、不减薪，推进落实了企业年金工作。成为首批二十四节气保护传承联盟示范基地、中国通信企业协会数字化技术教育专业委员会副主任单位。多个项目被北京市写入《关于推进北京动漫行业高质量发展的若干意见》。获得财政部2022年中央文化企业财务决算工作通报表扬。

（中国动漫集团　郭昱卿）

文化和旅游部恭王府博物馆

【概况】2023年，恭王府博物馆（以下简称恭博）以馆“十四五”发展规划为锚点，以创建40周年为契机，聚焦人民群众精神文化需求，围绕提升高质量文化产品供给和公共服务能力开展一系列工作，全面提升公共文化服务水平，持续推动博物馆事业高质量发展。

【主题教育引领党建工作走深走实】一是主题教育见行见效。组织保障、理论学习、宣传教育及整顿整改是高质量推动实施的有力举措，在“组织好、带好头、调研好、出好活”要求下，建立工作机制、组织架构、实施方案，每月开展至少1次主题学习，组织处级干部专题读书班，以7天集中时间研读重点篇目开展沉浸式学习，编发43期简报加强宣传，制定干部教育整顿实施方案，清单问题全部销号。

二是主题调研以知促行。博物馆以“恭王府系统性保护与利用”为调研主题，分别从博物馆建设的八个不同领域开展调研工作，通过50余次馆内外调研走访、座谈交流、意见征询等调研方式，在党支部建设、人才队伍建设、文化遗产保护、公共教育、法律保障、后勤保障及文创产品、文化活动8个方面切实形成了成果转化，为后续工作奠定了基础。

三是廉教基地提质增效。深挖恭王府历史文化资源，自主策划了“廉洁文化教育主题展”，并配备专人讲解、专业导览，开幕5个月已接待40余万人。该展入选2023年度“弘扬中华优秀传统文化、培育社会主义核心价值观”主题展览。

【40周年节点领航事业建设提质提标】在贯穿2023年的创建40周年主题活动中，恭博以全面提

升公共服务水平为目标，完成 4 项基础设施提升改造，推出 13 项展览，举办 12 场“恭王府与什刹海”系列讲座，出版编印 3 本业务及学术书刊，升级馆徽形象，完成 40 周年 LOGO、礼品包装等视觉形象设计，征集各类馆史资料共 481 件套，“海棠雅集”“非遗演出季”等活动也以此主题如火如荼开展。特别是在 12 月主活动当日，围绕主题开展的 2 项学术研讨会、旧藏文物回流展、创建 40 周年主题展以及安善堂传统生活美学馆，将氛围推至了高潮，中央电视台、北京电视台、新华社、中新社、通讯社等媒体集中报道，《新京报》专版深入报道，取得了良好的社会反响。

【多措并举筑牢“平安恭博”安全防线】一是多项工程助力平安。多项基础设施及文物古建修缮工程超预期建设，供配电系统改造、花园 6 处文物古建修缮、第二期井盖更换等工程全面完成，监控室改造、花园北小院及府邸前广场房屋保养等工程顺利结项。

二是提前谋划确保平安。汛前对排水系统开展全面大检查，清洗管线、清淘堵塞物，主汛期间不间断巡查疏通雨水箅子，关注湖池水位，增加备勤人员，安排专人值守易积水区，确保排水顺畅。合同管理不断规范，按照馆工作实际制定采购、安全、服务等 6 大类 20 项制式合同文本。

三是安保部署维护平安。升级改造安防消防预警响应系统，全面提升观众服务措施，馆内部署的 AED 全部纳入北京市急救管理系统。完成重大活动期间网络安全值守，内外网逻辑隔离，网络安全等级更上一层楼。科学评估北京旅游市场复苏形势，进一步完善安全工作应急预案，实现全年无安全事故。

四是后勤运营护航平安。联合 120 急救紧急处置 15 起危重病患情况，建立办公用品数字化管理系统，厕所统一更换顶灯、馆庆标识新门帘，启用新配电室，解决水管跑冒滴漏现象，以及热力供暖、食堂、房屋等各项日常管理及服务工作一丝不苟，保障馆内事业平稳有序运转。

【多点发力推动“学术恭博”扩圈破土】一是借力办展补足劣势。以研究为基础，采取合作办展、数字展、借展等形式，全年自主策划举办王府历史文化相关展览 13 项，特别是搭载了恒温恒湿系统的乐道堂文物展厅顺利竣工后，为博物馆举办珍贵文物展提供了硬件条件，在此基础上举办的清宫少年生活展中超半数文物为首次亮相，丝绣珍品研究展展出了现藏于故宫和辽宁博物馆的恭王府珍贵旧藏丝绣文物。同时，联系国内外博物馆举办了恭王府旧藏文物数字展，实现文物“云端重聚”。

二是研究成果助推事业。举办第一届王府历史文化学术研讨会并出版论文集，开设恭博讲堂邀请清史专家做学术专题讲座，出版近 40 年优秀学术成果，开展恭王府口述史抢救性记录，紧贴恭博历史文化研发研学课程 59 节，研究恭王府历史堂会戏单剧目，重现“非遗演出季”，搭建文创图库、“海棠雅集”数据库并编辑出版近两年诗稿，以研究成果助推多项事业发展。

三是科学论证开展文保。采用一系列探测分析等科学技术手段，探索“停云”石质文物保护，为该类型文物的修复养护提供了可借鉴案例。在深入研究基础上，拆除方塘水榭船桥，还原历史风貌。

四是凝聚共识彰显使命。以研究王府历史文化为己任，牵头组建王府遗址保护联盟，已得到国内外 20 家机构响应，提出建立以恭王府为核心的恭王府及其关联文化遗产保护体系，已深入走访调研了 12 处相关文化遗产，初步筹建了档案资料库。

【多年铺陈迎来“数字恭博”新突破】一是数字化项目渐入佳境。近年持续开展的基础数据采集工作进入尾声，成果已广泛应用于藏品研究、文创开发、数字传播等多个领域，在此基础上搭建的“全景恭王府”、彩画管理、藏品管理三大系统也已进入本地试运行。重点项目“全景恭王府”在线上一比一真实还原恭王府古建遗址、植物花卉全貌，在数字空间内添加了恭王府四季图景，推出了四种特色主题游览路线，2023 年举办的 7 项展览也已上线，这是博物馆拥抱数字博物馆的全新举措。

二是数字化办公不断完善。办公楼会议室经过改造，已成为集智能会议和恭博历史文化展示的文化空间。OA 办公系统二期建设完成，人力资源系统正式试运行，并与财务管理系统一起实现了与 OA 办公平台的对接。

三是数字文化产业加速崛起。依托自身独有的历史文化资源，举办网络文学、非遗音乐创作大赛，收获投稿文学作品 6 万余本、音乐作品 142 项，推出原创恭博色、线描图、小福家族动漫形象、表情包等独有数字化视觉形象，恭博视觉系统渐成体系。

四是媒体宣传构建现代化新形象。发挥传统媒体及新媒体平台各自优势，同时相互配合、相辅相成，对全年馆内各种主题活动进行统筹式、持续性报道，实现全年媒体报道总信息量同比增长 62.5%。其中自媒体平台增长强劲，各大平台关注量、访问量、阅读量均逾 2 倍，抖音官方账号获评最受欢迎、最爱打卡博物馆前十名。

【以包容心态推动“公众恭博”更加开放】一是助力优秀传统文化实现新时代表达。巴黎服饰秀融中国传统文化元素、非遗传统技艺于西方立体剪裁，是中国传统文化当代表达的积极尝试；海棠雅集获青年诗家、学者积极参与，嘉宾规模创历史之最；非遗演出季创新性增加高校版昆曲经典剧目及高校琴社会演。

二是聚焦社区凸显责任。以“我的地盘你做主”为理念，与什刹海街道及所辖单位积极联动，邀请与恭王府或什刹海历史文化有过共同经历的人士，举办系列讲座 13 场，并征文出版书籍，获评“西城区市民终身学习服务基地”。

三是开辟经营和文创新赛道。着力构建一个涵盖多主题品牌、以恭王府为大 IP 的、传统文化当代设计的精雅生活创意平台，包括恭时尚服饰品牌、珠宝首饰店、传统生活美学体验馆及恭小福食礼，相关网络店铺也在多个平台同步上线。

（文化和旅游部恭王府博物馆　黄琦）

文化和旅游部人才中心

【概况】2023 年，文化和旅游部人才中心（以下简称“人才中心”）坚持以习近平新时代中国特色社会主义思想为指导，全面学习贯彻党的二十大精神，坚定拥护“两个确立”，坚决做到“两个维护”，深入学习领会习近平文化思想，习近平总书记关于文化和旅游工作、人才工作的重要论述，围绕“举旗帜、聚民心、育新人、兴文化、展形象”使命任务，做好以下两个方面的工作：一是服务中心、服务司局，围绕部党组关于行业人才队伍建设的部署，找准和部相关司局业务结合点，承接部司局委托项目，配合做好保障工作。二是服务系统、服务行业，坚持公益定位，面向系统单位和行业用人单位提供专业的人力资源服务，为锻造高素质专业化的人才队伍担当作为。

【承担部司局委托的人才服务项目】在部人事司、资源开发司、市场管理司支持下，围绕“十四五”时期文化和旅游人才发展大局以及文化和旅游部关于行业人才发展的战略规划，配合做好服务工作。一是服务于乡村振兴、导游、红色旅游讲解员、文化交流和旅游推广等人才队伍建设，高质量做好乡村文化和旅游带头人资助项目评审、全国导游资格考试、中高级导游等级考试、全国导游大赛、“金牌导游”培养项目、全国特级导游评审、“全国红色旅游五好讲解员”培养项目、全国红色故事讲解员大赛、海外中国文化中心人才储备项目等服务工作；二是服务于打造高水平人才队伍，扎实做好“长江学者奖励计划”讲席学者文化艺术人才项目服务工作；三是服务于完善人才评价机制，全力做好文化和旅游部高级职称评审服务工作；四是服务于《“十四五”期间文化和旅游人才发展规划》的组织实施，认真做好老艺术家困难补助发放服务工作。此外还承办了国家文物局革命文物展览策划与展陈提升工作培训班等。

【提升行业人力资源服务效能】始终深耕人力资源规范化专业化服务，针对人力资源招聘服务、人事档案服务、劳务派遣服务等领域规范流程、完善机制。一是落实巡视、审计、主题教育整改要求，优化下属企业国文公司派遣制员工管理和服务工作；推动事企分轨运行，厘清企业发展定位，规范运营管理。二是紧贴用人单位招聘需求，提升人力资源招聘考务服务质量，为中国国家博物馆、中国美术馆、国家艺术基金管理中心、中央礼品文物管理中心等 8 家单位提供招聘考务服务；按照政策文件精神，人事档案由传统的代理服务向定制化审核服务转变，并逐步引导流动人员人事档案向属地化服务机构转移。三是聚焦人力、人事、人才服务“痛点”，扎实开展学习贯彻习近平新时代中国特色社会主义思想主题教育调研，通过调研为人力资源“一站式”服务提供有效的解决方案。由人才中心撰写的《文化和旅游行业人力资源服务效能提升调研报告》，在中央和国家机关工委组织开展的“学用新思想、建功新征程”基层党组织优秀调研报告征集活动中，获得一等奖，是部系统中唯一一篇获得一等奖的调研报告。

【一体推进人才评价、培养、交流展示工作】推动文化和旅游行业人才服务转型升级、高质量发展。一是严格按照“评价标准、考评员资格、命题管理、考务管理、证书管理”的“五统一”的原则，从用人单位需求、就业者技能评价角度出发，探索和完善行业人才专业能力等级评价工作，探索推进专业（职业）能力等级评价新模式。通过调研论证，完成对合作模式、工作流程等优化调整，形成《文化和旅游行业专业（职业）能力等级评价工作方案》。二是积极主动开展红色旅游讲解员培养现状调研，为培养红色旅游人才提供参考。开展古琴专业水平培训、钢琴专业教学人才培训、艺术考级师资培训。在部科教司指导下，规范社会艺术水平考级工作。三是组织开展丰富多彩的文艺展演活动，推进文化自信自强。举办首届“华语行”语言艺术（朗诵）专业成果展演活动，2023 年以来，已在全国遴选设立 24 个分站，近 4 万名青少年参与。举办“德润音才 筑梦未来——音乐展演活动”，近 1.2 万人参与。举办“红星闪耀·绘中华——未来小画家美术人才作品展”“‘这，就是我们的旋律’音乐之旅展演活动”等。

【助力做好定点帮扶工作】人才中心坚决贯彻落实部党组关于定点帮扶工作的各项部署，3 名班子成员先后赴西口村调研、慰问挂职干部并提供资源支持。指导举办阿尔山市酒店民宿经理人培训班；参与组织“艺术让乡村更美”——名家走基层写生活动；受兴安盟文化旅游体育局委托编写《兴安盟旅游服务规范》，发挥文化和旅游部对口帮扶优势；积极参与部工会组织的助力乡村振兴公益集花活动，获得突出贡献奖。

【压实意识形态工作责任】认真贯彻落实党中央和部党组关于意识形态工作的系列部署，将意识形态工作列入民主生活会和述职报告内容，始终做到重点活动精准研判、年度分析常态研判。一是严格落实意识形态责任制，严格执行政务信息公开上传及保密审查流程。二是注重加强舆情监测，持续关注人才中心网络平台的舆情动向，分辨网络舆情潜在风险点，在重要节日、重大活动期间做好舆情监测及零报告工作。三是强化业务工作意识形态把关，在开展人才服务活动过程中的方方面面，重点是方案设计、教材编写、师资遴选、课程设置、考试内容，以及宣传文稿等，强化事前意识形态审核、事中事后全过程意识形态管理，确保政治导向和价值导向正确。

（文化和旅游部人才中心　韩惠迪）

文化和旅游部艺术发展中心

【概况】2023 年，文化和旅游部艺术发展中心（以下简称“中心”）坚持以习近平新时代中国特色社会主义思想为指导，认真学习贯彻党的二十大精神，扛旗争先、砥砺奋进，切实履行全面从严治党主体责任，全力打好高质量发展组合拳，圆满完成了各项工作。

【推动各项工作呈现新气象】坚持“围绕中心抓党建，抓好党建促发展”的工作思路，以加强党的执政能力建设为重点，以开展学习贯彻习近平新时代中国特色社会主义思想主题教育为契机，推进了党的思想、组织、作风等建设。组织集中学习 30 余次，理论学习中心组学习 12 次。开办《学思践悟》专刊，增强学习成效。赴北大红楼开展党日活动，为党员过集体“政治生日”，重温入党誓词，坚定党员的革命理想信念。完成党支部换届，考察发展入党积极分子、预备党员各 1 名。抓好党风廉政建设，开展诗、书、画一体的“廉政文化主题创作”活动，让廉洁文化理念根植于心、践之于行。

【不断提升艺术服务能力】中心倾力做好重大文艺活动的服务保障工作，组织业务骨干随时待命。积极承担全国艺术创作会、2023 年“文艺中国”新春特别节目、纪念贾作光诞辰 100 周年座谈会、庆祝中国共产党成立 102 周年音乐会等重大活动的服务工作。协助做好“陕北民歌音乐会”全国巡演工作、阿尔山中国旅游大会开幕式文艺演出、《长江大合唱》采风创作、“童心向未来——当代少儿歌曲创作推广”等活动的相关任务。参与“第七届中国诗歌节”和“全国演艺博览会”的服务工作。中心尽职尽责、严谨周到、效率高速的工作作风得到各级单位的肯定与认可，并多次受到表扬。

【稳步推进艺术普及工作】一是规范提升中心社会艺术考级工作，严格对接各省份相关政策，把控风险，审慎与具备资质的机构签订协议，全国范围内安全有序举办了数百场考试，考生数量稳步增长。顺利完成舞蹈、吉他等增项工作，考级活动在社会上的影响力不断扩大。二是“美育进校园”活动开局良好。主题教育期间，中心完成了《文化和旅游部直属艺术单位整合文化艺术资源服务大学生美育的调研报告》，并在北京理工大学举办“中国油画名家笔下的延安”油画写生、创作艺术展。在航空航天大学举办美育系列精品展、“艺术与科学之美”学术论坛暨美育大课堂。赴东南大学、南开大学等高校进行美育讲座。所到之处，皆受到广大师生的热烈欢迎。由中心主办的美育进校园系列精品展“姹紫嫣红·时代意象——中国国家画院花鸟画主题创作学术邀请展”及“艺术与科学之美”学术论坛暨美育大讲堂，作为北京航空航天大学“校园文化活动实践”部分，写进《构建“四位一体”协同的美育实践模式——以北航美育中心美育实践平台建设为例》，该美育案例先后获得“2023 年北京市高校美育改革案例征集评选活动一等奖”和

"2024 年全国第七届大学生艺术展演活动高校美育改革创新优秀案例一等奖"。三是拓展多元艺术普及传播途径。稳步推进艺术普及类书籍的编写和出版工作。认真做好"中国艺术头条"及"文艺中国"线上演播平台的运营工作。完成第七届中国诗歌节、2023 戏曲百戏（昆山）盛典等展演活动的宣传与线上演播工作，累计总观看量超 8 亿人次。其中春节期间统筹制作组织的《文艺中国 2023 新春特别节目》共协调 92 个平台、170 个账号参与直播，全网话题总阅读量 1.72 亿，并首次实现电视屏幕（上海东方卫视）播出，收视率在全国同时段排名第七，营造了祥和节日氛围，展现了文艺新气象。大型音舞诗画《新疆是个好地方》网络演播覆盖人数超过 1.65 亿人次。初步形成线上线下融合互动、"大屏、中屏、小屏"立体覆盖的文化服务供给体系。推出艺术"云剧场"——大屏看大戏项目，已在多地铺设线下放映站点，公益放映 655 场，观众超过 60000 人次。中、小屏端推出"美好中国"品牌 IP 项目，在 2023 年戏曲百戏（昆山）盛典期间正式上线测试，将丰富优质的戏曲节目内容快速推送至全国有线数字电视平台的千万家用户机顶盒内及中国广电全国 1900 万移动客户端，实现为用户提供点播服务。

【持续探索艺术应用与研究】注重"两个结合"的实践，借力中华优秀传统文化讲好中国故事。视频作品《岩彩初心——用矿石复兴千年中华文明》在中央和国家机关精神文明建设巡礼活动中被评为"百优作品"，视频作品《会有瑶台月下逢》获得 2022"五个一百"网络正能量音视频奖。承办人力资源和社会保障部"延安鲁艺精神传承"高级研修班培训项目，获得全额财政支持。开展书熠神州——全国旅游景点牌匾楹联书法提升工程（陕西景区）项目。推进"数字艺术与区块链"实验室、"景观与公共艺术实验室"建设，探索科技文化创新融合发展新模式和新业态。启动舞台艺术数字化制播相关技术标准起草工作，形成"舞台艺术作品数字制播标准"征求意见稿。

【大力提升队伍战斗力】中心持续加强队伍建设、制度建设与作风建设。建立科学规范的人才引进机制，规范招聘程序，严格开展考核，2023 年顺利完成 2 名校招生的招聘与 3 名处级干部的选拔工作。修订完善了绩效考核暂行办法等 19 项制度，通过对中心及各部门年度目标任务设定、分解和落实，实现目标任务的过程管理和成果管理。配合新制定的年度考核制度，中心逐渐构建起知事识人、序事辨材的干部工作体系，倾力锻造"能打硬仗""马上就办"的鲜明作风。随着队伍战斗力的不断提升，中心的事业收入再次实现大幅度增长。

【击鼓催征再出发，奋楫扬帆启新程】回顾一年来的奋斗实践，有以下三点启示：一是夯实"学"的基础，在理论学习中凝心聚力。为进一步深化学习贯彻习近平新时代中国特色社会主义思想主题教育要求，中心启动了舞台艺术数字化制播相关技术标准起草工作，完成了"舞台艺术数字化制播标准"初稿和样片。舞台艺术数字化制播标准的制定是一项光荣而艰巨的任务，是服务部党组"线上线下融合、演出演播并举"部署而做出的探索实践。二是坚持强化"做"的力度，在攻坚克难中砥砺前行。在艺术司交办的重大任务时，中心各部门倾力配合，群策群力，安全高质量地完成各项任务。"陕北民歌音乐会"巡演期间，在 7 个省的 9 个城市举行 18 场演出，9 次装台，5 次变更乐队，3 次调整指挥，未发生任何演出失误，反响热烈。三是拓宽"升"的途径，在抢抓机遇中乘势而上。2023 年中心重点完成了《艺术发展中心绩效考核暂行办法》，通过对中心及各部门年度目标任务设定、分解和落实，实现目标任务的过程管理和成果管理。领导班子团结带领全体干部职工勇毅前行，拼搏创业，职工收入稳步提升。

（文化和旅游部艺术发展中心）

文化和旅游部清史纂修与研究中心

【概况】2023年，清史纂修与研究中心（以下简称“清史中心”）以习近平新时代中国特色社会主义思想为指导，认真学习贯彻党的二十大精神，深刻领悟“两个确立”的决定性意义，增强“四个意识”，坚定“四个自信”，做到“两个维护”，持续落实习近平总书记关于清史纂修重要指示批示精神，努力推进清史编修工作。

【紧密围绕核心工作，扎实开展学习贯彻习近平新时代中国特色社会主义思想主题教育】根据中央有关精神，按照部党组部署，清史中心在2023年4月至9月，扎实开展学习贯彻习近平新时代中国特色社会主义思想主题教育。在理论学习方面，通过理论学习中心组会、班子会、支委会、中层会等持续开展主题教育相关学习，及时跟进学习习近平文化思想、习近平总书记在文化传承发展座谈会上的重要讲话精神等。通过班子成员讲专题党课、处级干部微党课、主题教育和清史系列专题讲座、主题教育知识竞答以及赴中国国家版本馆和相关红色教育基地等地实地教育活动，丰富学习内容和形式，做到学习全覆盖。在调查研究方面，紧扣主题教育总要求，紧密结合中心工作实际，确定1个部系统大调研选题和3个紧密围绕修史核心工作和单位职责职能的调研选题，建立调研成果转化运用清单，并将调研成果及时运用于修史重点工作中。紧密围绕如何高质量有效推进修史工作有关情况进行分析研究，在整改整治和干部队伍教育整顿工作中，梳理查摆问题，制定专项整治方案，均已按计划完成。

【科学规划，集中攻关，扎实推进《清史》编修工作】根据2023年1月清史纂修专题部长办公会议精神，清史中心组织国家清史编纂委员会，以中国历史研究院《〈清史〉审读中意见》及分册意见为基本参考，于3月制订《国家清史编纂委员会〈清史〉编修工作方案》。根据工作方案，针对各部类稿件实际分别制定分部类编修工作具体实施方案，明确时间表、任务书和责任制，并按计划有序开展相关修订工作。同时，重点开展针对《清史》全书统一标准、规范和涉重大、敏感问题统一表述的集中攻关。截至2023年年底，已按计划完成《清史编纂总则例（2023年修订版）》的修订工作和《关于清史纂修中重大理论和学术问题表述意见》初稿的研究撰写工作，完成《清史人名规范表》《清代地名规范表》基础稿。

按照清史纂修专题部长办公会要求，在推进清史纂修工作的同时，清史中心根据《清史》编纂进入新阶段的工作特点和重点，坚持目标和问题导向相统一，就如何进一步理顺工作机制、优化专业力量、加强统筹协调、形成工作合力，扎实推进《清史》修订工作开展专题调研，特别就如何进一步完善队伍建设、健全责任体系、科学规划预算、加强财务管理等形成基本思路，并集中开展未来5年工作规划的细化和经费预算编制、支出标准修订等工作。

【抓好基础业务，强化服务保障】在基础业务工作方面，持续做好内刊《清史参考》的编发工作，2023年全年编发《清史参考》36期，受到读者好评。门户网站“中华文史网”、“清史纂修与研究”公众号刊发各类文章和研究成果207篇。做好清代文献档案资源整理利用工作。截至2023年年底，清史图书馆藏清史图书资料 112785 册，清史工程累计出版图书文献 249 种 3701 册，总体规模约 30 亿字，多次荣获国家各级别出版奖项。整理朱批奏折、录副奏折等清代中央档案以及四川、西藏等清代地方档案等合计 200 余万件清代档案文献并提供数字化检索利用，资源总量 53.91TB。将《清史》文稿和资料长编、考异等总计 1.9 亿字的修史成果"结构化"入库。不仅为修史提供了大批第一手珍稀档案及海内外研究成果，而且为保存文脉，嘉惠学林，对传承和发展中华优秀传统文化作出了重要贡献，得到学术界乃至社会各界的普遍欢迎和充分认可，产生了良好且长久的社会效益。

在意识形态工作方面，持续做好清史工程舆情监测工作。其中，针对热度较高的张泰苏微博事件，第一时间做好跟踪观察并对其发展态势及时分析研判，并向部办公厅和公共服务司报送相关材料。

在安全生产和服务保障方面，中心坚持问题导向、目标导向，系统调研资产情况，开展资产盘点盘活专项工作，积极探索科学合理使用资产以及成本控制的方法。做好办公用房的重新规划，重点开展调整腾退后办公用房的出租工作，确保有限资金用在清史纂修工程中。始终将安全放在首位，全年安全无事故。

（文化和旅游部清史纂修与研究中心　董娜）

中外文化交流中心
文化和旅游部海外文化设施建设管理中心

【概况】2023 年是全面贯彻落实党的二十大精神的开局之年，中外文化交流中心、文化和旅游部海外文化设施建设管理中心始终坚持以习近平新时代中国特色社会主义思想为指导，学习贯彻习近平文化思想，深入开展主题教育，深刻领悟"两个确立"的决定性意义，加强国际传播工作研究，组织开展讲好中国文化故事和旅游故事的实践探索。

【深入开展调查研究】结合文化和旅游工作大调研实施方案，班子成员带头深入开展调查研究，坚持目标导向、问题导向，围绕讲好中国故事、驻外文化和旅游机构设施建设管理、非物质文化遗产海外推广、外宣礼品供给等使命任务和重点工作，先后赴 4 省 7 市带队调研 12 次，形成了 4 篇情况翔实、切实可行的调研报告，其中 2 篇大调研报告获部领导审阅通过，为单位工作开创新局面提供有力的支撑。各处室各部门还围绕学习贯彻党的二十大精神和讲好中国故事主题，积极开展科学研究，总结提炼工作思路，形成 19 篇科研报告，营造大兴调查研究之风的良好氛围。中心报送的《法国文化中心在华本土化传播策略及启示》报告获评 2022 年度"全国文化和旅游系统优秀调研报告"。

【发起成立丝绸之路旅游城市联盟】联合海内外旅游城市，发起成立丝绸之路旅游城市联盟，并发布《景德镇宣言》。已有 27 个国家的 59 个城市加入联盟。习近平总书记在第三届"一带一路"高峰论坛上宣布了我国支持高质量共建"一带一路"的八项行动，成立丝绸之路旅游城市联盟是其中支持民间交往的内容之一。丝绸之路旅游城市联盟和相应的《景德镇宣言》亦被列入本次高峰论坛多边合作成果文件清单，成为政府间合作平台成果的重要组成部分。作为丝绸之路旅游城市联盟秘书处，中心围绕共建"一带一路"倡议，发挥统筹联络作用，举办国际论坛、联合推介、产业对接等主题活动，建设国际化旅游合作平台。

【承办青年汉学家相关活动】在新疆、山东、上海组织承办"青年汉学家研修计划"活动，来自 45 个国家的 70 位青年汉学家参加了该活动。活动通过组织海外青年学者沿着习近平总书记考察调研路线了解新时代中国发展的伟大成就，逐步推动习近平新时代中国特色社会主义思想研究成为国际汉学研究的核心课题，培养知华友华的国际学术力量。研修计划受到了新疆维吾尔自治区的高度重视，自治区党委领导专程会见了赴疆研修的青年汉学家学员。中心作为执行单位，在首届“良渚论坛”期间举办了青年汉学家分论坛。来自33个国家的43位青年汉学家代表参加活动，并围绕论坛主题积极探讨“一带一路”背景下的中外文明交流互鉴、“文化丝路”对民心相通的促进作用以及中国式现代化的世界意义。

【继续打造“主题旅游海外推广季”活动品牌】继续联动百余家驻外使领馆、驻外机构，联合20余家地方文化和旅游厅（局），共同推出“主题旅游海外推广季”，先后举办北方冰雪、长江、黄河主题的推广活动。为提升宣传效能，适时在沙特阿拉伯利雅得、瑞士苏黎世、新加坡、法国巴黎、日本东京等地举办线下专场推介会，得到了驻在国各界的一致好评。该系列活动的全球总参与量近2亿人次，海外受众占比近80%，为前方各机构自媒体平台带来新增粉丝近5万人，品牌的海内外影响力日渐凸显。

【不断探索创新型工作】主动响应习近平主席2022年复信马耳他圣玛格丽特中学“中国角”师生的号召，举办“2023中外青年文化交流营”，邀请马耳他等国21位青年师生代表来华，围绕“中华文明探源”主题与中国高校学生开展交流活动，为中外青年们增进了解、发展友谊搭建国际人文交流新平台。作为文化和旅游部首个接受亚洲开发基金支持的项目，联动相关省区和澜湄国家，共同发起澜湄国家联合海外推广行动，在澳大利亚悉尼举办“中澳茶文化旅游周”开幕式暨澜湄旅游合作推介活动。本次活动成为澜湄合作机制启动7年以来，澜湄六国首次联合面向第三方国家进行旅游推介，具有开创性意义。主动与前方合作，联合举办山东、宁夏、内蒙古、辽宁、江西等地方文旅资源推广活动，为加强中外文化和旅游合作提供新契机。

【完成好文化和旅游部交办的任务】在国际局指导下，承办2023对外及对港澳台工作会议、驻外文化和旅游机构主任培训班相关工作；参与举办“茶和天下”·雅集活动、中国文化和旅游资源全球发布系列活动、中国（丽江）国际文化和旅游产业发展论坛、“中国—中亚旅游文化周”、2023“上合之夏”中国—上海合作组织国家文化和旅游推介周、第六届中阿博览会中阿旅行商大会、“你好！中国”中东北非地区发布仪式等交流活动；协调组织“中国故事”系列讲座海外宣讲等。

【做好对外传播服务工作】坚持对中国文化网等网站的定期更新和技术运维，不断完善《中外文化交流》双语杂志的出版发行工作。全年向185家驻外使领馆、驻外机构配发了近600种27万余件（套）各类用品，保障物流服务质量。

【有序推进海外设施建设】完成科威特、哥本哈根、布加勒斯特、卢森堡中国文化中心装修改造，推进阿联酋、安曼、河内、伯尔尼、奥克兰、达喀尔、惠灵顿中心有关工作，配合文化和旅游部保障海外文化设施建设工作的有序开展。

（中外文化交流中心　文化和旅游部海外文化设施建设管理中心　庄蕙源）

民族民间文艺发展中心

【概况】2023年，文化和旅游部民族民间文艺发展中心（以下简称“中心”）持续深入推进民族民间文艺研究，积极参与非物质文化遗产保护工作，全面开展各类文化交流活动，取得了一系列学术研究和保护成果。

【持续推动中华优秀传统文化弘扬发展，推进中国民族民间文艺集成志书澳门卷编纂出版工作】《中国曲艺志（澳门卷）》由春风文艺出版社于2023年12月出版。《中国曲艺志（澳门卷）》由综述、图表、志略、传记4大部类构成。《中国曲艺志（澳门卷）》的编纂与内地各省卷，特别是广东卷，形成了一定的互补关系。广东卷以1985年为下限，梳理了省内30余种曲艺的历史流变，并对仍保留曲艺特色的24个曲种按照志略类别开条记述。受客观条件所限，广东卷无法对粤港澳大湾区曲艺活动的密切交流展开记述，澳门卷的编纂弥补了这一缺憾。《中国曲艺志（澳门卷）》以2000年为下限，得益于团队成员分别来自省港澳三地，经过辛苦的资料收集整理，终告成功。《中国曲艺志（澳门卷）》与广东卷在体例上高度统一，在内容上相得益彰，整体记录了澳门曲艺的发展历程。

【继续开展中国节日志、中国史诗百部工程有关工作】积极推进"中国节日志"项目工作。2023年推进70个节日志子课题进入立项、结项和数据整理环节，其中审查文本稿件16项、影像志成果22项、新立项10项、整理项目数据35项。对于不同类型的项目，组织了近40次评审会议、推进会议、培训会议等，通过初审32项，处于初审、复审、终审修改阶段的29项，完成结项评审15项，文字总量约70万字、音视频资源120小时、数据5.1万条。

持续开展"中国史诗百部工程"工作。2023年推进约20个项目进入立项、结项和整备环节，组织16次评审会议、推进会议、培训会议等，推动10部书稿进入出版流程，完成史诗结项评审8项、数据整备10项，文字总量约80万字、图片800余张、音视频资源120小时、数据1.5万条。

【推进2023年申报联合国教科文组织人类代表作名录有关工作】受文化和旅游部非物质文化遗产司委托，中心承担2023年申报联合国教科文组织人类代表作名录有关工作，负责研究和论证2023年申报项目的必要性和可行性，征集相关图片并撰写与制作申报材料。接到该项任务后，在非物质文化遗产司组织下，中心积极认真开展研究论证、协调联络、材料收集、会议筹办等有关工作：召开了7次工作推进会和5次封闭研讨会，开展申报材料的研究和修改；分3批采集社区知情同意证明文件等材料，累计321份；委托翻译团队翻译申报材料，并组织专家进行审阅，完成文本翻译工作。同时，还完成会务保障和材料归档整理等工作，为文化和旅游部向联合国教科文组织秘书处按时提交申报材料提供了有力保障。

【组织筹办纪念《保护非物质文化遗产公约》通过20周年专题研讨会】2023年9月20日组织非遗保护领域专家、非遗保护工作者及媒体记者召开"《保护非物质文化遗产公约》在中国的实践经验"专题研讨会，围绕《公约》与中国非遗保护能力建设、中国入选联合国教科文组织非遗名录（名册）项目履约实践、非遗理论研究、非遗在社区、非遗推进国家战略以及促进可持续发展等相关议题展开深入研讨，总结了我国践行《公约》的理论贡献和创新实践，分析了当前我国非遗保护工作领域存在的问题，并就下一步如何在国内层面推进非遗保护和传承发展及在国际层面构建中国话语体系，提出了意见建议。

【成功举办2023年澳门"节日传统手工艺术精粹"系列展示展演活动】2022年12月至2023年2

月在澳门特别行政区举办2023年澳门“节日传统手工艺术精粹”系列展示展演活动。“节日传统手工艺术精粹”系列展示展演活动以皮影木偶艺术为主题，分为“影偶交辉——陕西省和四川省皮影木偶艺术展”和2023年“澳门新春贺岁活动”2个部分。

“影偶交辉——陕西省和四川省皮影木偶艺术展”集中展示陕西省和四川省皮影、木偶精彩展品48套，共305件。参观人数约1.3万人次。2023年“澳门新春贺岁活动”邀请陕西省文化和旅游厅组织的艺术团在澳门南湾雅文湖畔、妈阁庙前地、黑沙环公园等地演出，有近万名观众在现场观看。同时，还邀请10名非遗项目传承人在南湾雅文湖畔进行现场非遗作品展卖。

【举办“纪念民族音乐家万桐书同志专题展”】2023年9月25日，举办“纪念民族音乐家万桐书同志专题展”。专题展以图文介绍、实物陈列、音频及视频影像展映等多种形式，全面展示了万桐书同志的生平事迹与学术成就，以纪念万桐书同志扎根新疆五十载，为深入抢救、挖掘和研究整理濒临消亡的新疆木卡姆艺术所作的突出贡献。该专题展坚持弘扬以万桐书同志为代表的老一辈音乐家坚定理想信念、矢志不渝的奋斗精神。中心官方网站同步上线了“万桐书先生纪念专栏”，包含万桐书同志生平大事记、“万桐书同志口述史”视频和相关纪念文章等内容。

【参与承办2023中国原生民歌节】2023年11月17日至20日，由中心参与承办的2023中国原生民歌节以“唱响原生民歌 谱写时代华章”为主题，邀请全国传统音乐类79支展演队伍的近400位非遗项目代表性传承人参演，涉及64个民歌节目、15个器乐类节目。2023中国原生民歌节在江西省上饶市、鹰潭市、赣州市三地举办，包括开幕式、闭幕式、专题研讨会以及6场集中展演、11场走基层巡演等活动。专题研讨会从原生民歌和传统器乐的传承实践、教学科研、融合发展等方面深入总结交流了传统音乐类非遗传承发展的阶段性成果和保护工作经验，来自全国各省（区、市）（含新疆生产建设兵团）文化和旅游系统的原生民歌和传统器乐类非遗保护工作者与非遗项目代表性传承人，以及传统音乐研究领域有关高校和科研院所的专家学者近百人参会。

【完善内地与港澳文化和旅游交流重点项目“技术+服务+传播”一体化管理工作】2023年全年完成了2022年度及之前延期等累计50个内地与港澳文化和旅游交流重点项目的常态化管理、巡查指导、宣传推广及验收工作。继续加强对重点项目的监督、验收、指导工作，加大重点项目示范引导力度。在监督验收方面，不断完善线上沟通机制，实现重点项目动态管理与实时监测；在宣传推广方面，掌握各重点项目宣传节点，开展重点项目的宣传推广工作，发布19篇重点项目新闻稿件。

【港澳青少年内地游学联盟北京秘书处稳健运行】根据文化和旅游部、全国旅游标准化技术委员会相关要求，历时一年时间，中心牵头组织广东省社会科学院、粤港澳大湾区研究院等专家组成的研究团队，经过调研、交流座谈，以及反复征求业界和专家意见，于2023年6月按时完成了《港澳青少年内地游学接待服务规范》的编制修订及申报工作，并通过了文化和旅游部科技教育司组织的专家初审。

2023年11月25日至28日参加在陕西西安举办的“2023港澳青少年内地游学联盟大会暨港澳青少年内地游学推广活动”，与内地和港澳相关游学机构进行深入交流。

（民族民间文艺发展中心　张烨）

中国艺术科技研究所

【概况】2023年度，中国艺术科技研究所（以下简称“艺科所”）深刻领悟“两个确立”的决定性意义，增强“四个意识”、坚定“四个自信”、做到“两个维护”，在习近平新时代中国特色社会主义思想特别是习近平文化思想的指引下，深入开展主题教育，突出政治引领，结合单位职能较好地完成了各项工作。

【国家重点研发计划项目“公共文化资源智能共建共享与管理平台关键技术研究”通过综合绩效评价】2023年10月24日，根据科技部组织的项目层面综合绩效评价工作，中国21世纪议程管理中心印发了《关于国家重点研发计划“重大自然灾害监测预警与防范”重点专项（文化遗产保护利用专题任务）相关项目综合绩效评价结论的通知》。由中国艺术科技研究所牵头承担，8家单位（文化和旅游部全国公共文化发展中心、国家图书馆、中国科学院自动化研究所、西安工程大学、南开大学、西北大学、东南大学）参与的2020年国家重点研发计划项目“公共文化资源智能共建共享与管理平台关键技术研究”正式通过综合绩效评价。该项目总经费1403万元，其中专项经费903万元，配套经费500万元。项目取得的主要成果共90项，其中新技术9项，软件2项，应用解决方案1项，标准规范（送审稿）3项，发明专利34项，科技报告2项，论文3项，系统4项，平台1项，应用示范8项，专著6项，软件著作权17项。项目成果在文化和旅游部全国公共文化发展中心、国家图书馆、江苏省文化馆、陕西省图书馆、成都市图书馆、秦始皇帝陵博物院、马鞍山市文化馆、江苏省如皋市搬经镇文化站等8处应用示范点开展了应用示范，应用示范效果显著。

【围绕文化和旅游部中心工作实施重点课题】2023年初艺科所发布了自主科研课题申报指南，突出重点科研方向，并根据部党组指出的重点需求，首次设立并立项实施了“艺术科技年度发展研究”和“基于数据分析的艺术学三大体系建设研究、现状评估与对策建议”2个年度重点自主科研课题。两个重点课题在2023年均取得了预期的科研成果，形成了《艺术科技发展年度报告》和《基于数据分析的艺术学三大体系建设研究、现状评估与对策建议》报告。2023年，艺科所也根据文化数字化战略发展需求立项了10项一般自主科研课题，项目均顺利开展。

【完成多项重大文艺演出活动安全保障】艺科所结合国家舞台设备质量检验检测中心职能，承担并圆满完成了中国—中亚峰会文艺演出《携手同行》、第三届一带一路国际合作高峰论坛欢迎宴会文艺演出《丝路同行》、庆祝中国共产党成立102周年红色交响音乐会、中央党校（国家行政学院）北校区礼堂等重大文艺演出活动保障和舞台安全检验检测任务。收到中央党校、文化和旅游部办公厅等单位发来的感谢信。

2023年也先后完成了西藏文化广电中心、河南艺术中心等30余个演出场馆的舞台设备设施检验检测服务，切实保障公共文化演出活动安全。

【圆满完成杭州第十九届亚运会、第四届亚残运会开闭幕式演出安全保障任务】2023年9月23日到10月8日，举世瞩目的第19届亚洲运动会在杭州成功举办。中国艺术科技研究所、国家舞台设备质量检验检测中心（以下简称“国检中心”）受杭州亚组委委托，派出精干力量组成技术团队，按照“精益求精，万无一失”的要求，高质量、高标准地完成了亚运会开幕式和闭幕式临时搭建演出舞台专业设备设施的过程监督检查、检测和巡查保障工作。技术团队始终坚持以标准规范为准绳，平衡好艺术创意与演出安全的边界，严格检查督促舞美制作单位规范施工。其间使用模拟空间仿真计算、全站扫描建模比对、无人机热成像巡航、三维激光跟踪测量等专业技术和精密仪器提供高水平支撑服务。保障工作涵盖临时搭建舞台结构 9600 平方米、LED 地屏 4800 平方米、43 块网幕 5065 平方米，含悬吊及坐装舞台灯具 3700 余台（套）、悬吊及坐装舞台扬声器 87 组、观众席数控球 29831 台（套）、马道花瓣机 100 台套、舞台威亚系统（3D 飞行系统、22 道横向索道、35 组定点升降）、"钱江潮涌"动态雕塑核心装置（主火炬 19 个火炬柱）等内容。先后排查问题百余项，切实保证了临时搭建舞台结构、设备设施和用电防火安全，再次确保演出安全"零事故"，助力仪式表演圆满成功。

艺科所也圆满完成了第四届亚残运会的开闭幕式演出安全保障工作，收到了亚运会组委会、亚残运会组委会的感谢信。

【接受中央级科研事业单位绩效评价】科技部、财政部、人力资源和社会保障部组织开展了 2023 年度中央级科研事业单位绩效评价工作，艺科所被列为绩效抽查评价单位，是文化和旅游部首家被抽查评价的单位。艺科所多次研究制订并上报了年度绩效目标指标、"十四五"时期绩效目标指标、年度滚动绩效目标和自评报告，并于 2023 年 12 月由所领导班子带队在中国科技会堂向专家组作了汇报和答辩。通过评价，艺科所进一步认识到自身职责和优势，以及存在的问题，下一步将继续坚持"科研立所、应用强所"的办所方针，开展技术研发、成果转化、标准研究、咨询监理、检测认证、人才培训、社科研究管理等业务，发挥优势，突出特色，以科技创新更好地赋能文化和旅游高质量发展。

【首届文化科技融合发展大会成功召开】2023 年 9 月 7 日，为进一步贯彻落实习近平总书记关于科技创新的重要指示，有效推动中华优秀传统文化创造性转化、创新性发展，服务于国家文化数字化战略，努力建设中华民族现代文明，中国艺术科技研究所与北京市海淀区人民政府、丝路规划研究中心、中国国际商会、中国科学技术大学、中国社会科学院大学共同以"推动'一带一路'文化科技融合发展"为主题，在北京举办了首届文化科技融合发展大会。

中国艺术科技研究所所长李蔚在主会场以"数字技术赋能文化艺术繁荣发展"为主题发表了主题演讲，艺科所作为主办单位之一承办了以"艺术加科学——共同促进海内外艺术品领域的交流与发展"为主题的第二分会场活动。分会场由艺科所副所长宋磊主持，全国政协委员、中国美术家协会分党组书记马锋辉，以及中国美术馆副馆长张晴、中央美术学院副院长邱志杰、中国科学院大学教授杨益民、中国艺术研究院书画修复与材料研究中心主任舒光强、丝路规划研究中心副理事长尹毅等领导和专家围绕主题进行了演讲。与在座的业内专家和社会各界人士共同探讨了科学技术如何为艺术品和艺术交流赋能、如何发挥其在文化"走出去"中的引领作用，从艺术品展览中的科技运用、设立和发展科技艺术学科、绘画颜料科技检测及探源、中国画领域如何面对新时代等不同角度为文化和科技深度融合提供了有益的新观点和新思路。

【出版《2022 演出安全生产年度报告》】继 2022 年出版首部《2021 演出安全生产年度报告》后，2023 年 6 月，在第 22 个全国"安全生产月"之际，由中国艺术科技研究所、国家舞台设备质量检验检测中心组织编撰的《2022 演出安全生产年度报告》由中国旅游出版社出版。

该报告汇集了涉及演出安全生产理论研究与实践应用的 12 篇专业性文章。包括"2022 年演出安全生产综述""以《中华人民共和国安全生产法》

助力构建文旅演出安全新格局”“演出业安全保险制度研究”“由演出事故谈落实事前预防”“标准化政策、理论及2022年度工作”“北京冬奥会和冬残奥会开闭幕式演出活动的技术保障”“第十三届中国艺术节演出安全技术保障”“庆祝中国共产党成立101周年交响音乐会演出安全技术保障”“2022年剧院场馆舞台设备设施检验检测工作情况”“演艺新空间发展初步研究”“旅游演艺机械设备及技术的安全措施与风险处置研究”“剧场应急疏散效率影响因素初步研究”。

《演出安全生产年度报告》系列丛书既能为各级政府监督管理部门制订相关政策提供参考，也能作为演出机构管理者的从业工作案头指南，还能作为艺术创编人员、设备生产厂商、系统工程商了解演出安全生产流程的基础知识教材，是广大读者了解艺术与科技融合，保障演出效果完美呈现的普及读本。

【高质量完成全国演出经纪人员资格认定考试工作】受文化和旅游部市场管理司委托，艺科所承担了2023年全国演出经纪人员资格认定考试大纲编写、考题编制的组织等工作。艺科所高质量完成任务，获委托司局好评，社会反响良好。

（中国艺术科技研究所　董舒怀）

全国公共文化发展中心

【概况】2023年，文化和旅游部全国公共文化发展中心（以下简称“发展中心”）以习近平新时代中国特色社会主义思想为指导，全面贯彻落实党的二十大精神，深入学习贯彻习近平文化思想，落实全国文化和旅游厅局长会议、推进公共文化服务高质量发展工作会议精神，立足新发展阶段，完整、准确、全面贯彻新发展理念，以更大力度、更高自觉推动数字赋能公共文化事业实现高质量发展。

【抓实大事要事，圆满完成文化和旅游部交办的各项任务】坚决贯彻落实部党组决策部署，切实增强责任感使命感，以“踏石留印、抓铁有痕”的工作态度、工作作风，配合财务司、艺术司、公共服务司等积极推进各项重点工作。

一是深入推进中央转移支付地方公共文化云项目建设。完成了2021年、2022年各省公共文化云建设项目验收评价工作。坚持边建设边服务的工作导向，对各地2023年公共文化云建设项目开展了业务指导及专题培训，进一步发挥了国家公共文化云对各地阶段性建设成果的展示与服务作用。同时，采用因素分配法测算提出各省份2024年公共文化云建设项目重点支持方向、经费预算、分配方案、建设任务指标等，争取中央转移支付地方专项经费3亿元。

二是组织开展中国民间文化艺术之乡交流展示活动。汇编出版《中国民间文化艺术之乡典型建设案例》，研究拟订《中国民间文化艺术之乡助推乡村公共文化服务创新发展路径研究》。依托国家公共文化云、新华网等平台，持续开展中国民间文化艺术之乡典型建设案例及机会清单宣推工作，举办了第三届“运河情·江南韵”大运河民族民间文化交流展示周，推出了高质量发展“中国民间文化艺术之乡”共享荟、“中国民间文化艺术之乡”大集等系列活动。

三是持续打造乡村“村晚”、广场舞展演、“大家唱”群众歌咏等品牌活动。先后承办了全国“村晚”示范展示活动启动仪式、广场舞大会启动仪式，并以直录播形式推广增强品牌活动的覆盖面与影响力。其中，国家公共文化云直播各地“村晚”示范活动和“四季村晚”178场，直播广场舞片区大会、广场舞之夜和各地特色广场舞活动52场，直播各地群众歌咏活动46场。完成“新时代舞台剧目展演”“第九届全国优秀儿童戏剧展演”“全国民族器乐展演”“全国舞蹈展演”“2023年戏曲百戏盛典”“第二届全国优秀音乐剧展演”等线上展播122场。

四是深化供给侧结构性改革。建设国家公共文化云PC端“汇文采”板块及其子系统“文采超市”App，汇集全国各地供应单位信息1.66万条，需求单位信息2220条，产品和服务信息2.4万条。举办2023年公共文化和旅游产品采购大会，支持举办“2023长三角文化和旅游公共服务产品云上采购大会（上海站）”“2023公共文化产品采购大会（张掖站）”等地方“文采会”，为社会力量参与公共文化服务建设搭建了平台、拓展了渠道。

【主动担当作为，持续推动质量变革、效率变革】深入学习贯彻习近平文化思想，紧紧围绕推进中国式现代化这个最大的政治，牢牢把握新时代新的文化使命，努力打造高质量、高效益、多样化的文化供给体系，形成需求牵引供给、供给创造需求的更高水平动态平衡。

一是着力打造“人民的终身美育学校”。创立中国宋庆龄基金会全民艺术普及专项基金，开展青少年美育研学专业人才培训，推出“全民美育”青少年美育系列展演品牌，联合重点高校、主流媒体、社会组织及相关机构启动了青少年美育校外实践基地试点工作。加强整合全国师资及课程信息的力度，2023年共上线1836位师资、1311门课程，栏目访问量1117.9万次。截至2023年12月，国家公共文化云“学才艺”板块已累计汇聚30个省、205家文化馆共3766位师资、3373门课程上线，栏目访问量累计2814.7万次。

二是助力文化馆行业提质升级。积极推动文化馆（站）相关标准制定和落实，《文化馆服务标准》《乡镇文化站服务标准》等多个涉及全行业的标准获得立项。搭建群英荟萃平台，成功举办了中国文化馆年会、副省级城市文化（群艺）馆馆长联席会、地市级文化馆与县级“百馆联动”行业盛会。完善群众性文化活动组织机制，策划发布了“全民艺术+”全国群众文化活动品牌计划，举办了首届中国群众文化品牌发展大会。积极探索文化馆沉浸式线下体验空间的有效路径，遴选出了河北省群众艺术馆、四川省文化馆等20家试点单位。深入推进新时代文化馆创新理论的体系化研究，推出《文化馆蓝皮书》《中国文化馆》，完成了《文化馆专业术语规范》调研项目。

三是持续推动中华优秀传统文化创造性转化和创新性发展。坚持扩大增量与优化存量互促并进，结合中国传统节气节日、全国文化馆服务周、文化遗产日、群文品牌活动等主题，推出《习近平点赞的人》《24节气微视频》《跟着文化馆跳起来》《山水故园》《云游丝路》《月满中秋》等30多个原创资源系列和专题，共647部/集，访问量达1797.5万。指导各地文化（群艺）馆开展数字资源建设，为国家公共文化云、地方文化云和各级文化馆（站）开展全民艺术普及提供内容支撑。

四是多措并举促进城乡区域协调发展。坚持问题导向，聚焦深层次难题，着力解决基层文化馆（站）服务“短板”。支持各地统筹开展全民艺术普及核心功能服务和艺术普及资源总库建设，持续推动839个脱贫县（团场）基层服务高质量发展。深化与中国联通、华为、京东方、视源股份等科技企业合作，研发推出智能公共文化驿站。联合中央广播电视总台相关部门、中国农业电影电视中心等单位共同实施全国乡村网红培育计划，在全国多地举办了乡村网红风采、和美乡村推介官、村里有个宝等系列活动。发布的全国60个最美乡村公共文化空间典型案例，受到社会的广泛关注。

【强化创新驱动，擦亮惠民、为民、利民底色】牢记创造业绩的目的是为人民谋利益，为民造福是最大政绩，主动拥抱新变化、适应新环境、树立新观念、学习新技术、运用新平台、研究新规律，拓展新的文化空间，以持续的文化创新不断满足人民精神文化需求。

一是国家公共文化云不断迭代升级。各类优质数字资源供给不断扩大，浏览量持续增加。平台合计发布资源16.1万条，月活跃用户峰值52.2万人，各板块及页面用户访问量约3.1亿次，同比增长34.27%；新增个人注册用户192.2万人，新增机构用户注册数363家；累计设立了175个地方专区，地方专区新增资源8.9万条。自2017年9月上线以来，国家公共文化云的访问量已达14.38亿次，各类资源合计47.1万条。平台累计注册个人用户305万人，合计注册机构用户3893家。

二是全民艺术普及总库建设稳步推进。发展中心本级建设了包括《我的村晚我的年》《我的宝藏村晚》系列节目，《一座城一首诗》朗诵作品，《音乐面对面》《舞乐东方》等群众文化活动与艺术普及类资源。截至2023年12月，全民艺术普及总库资源量已达1531TB，60.8万部集，24.2万小时。其中，发展中心本级资源115.8TB，50.9万部集，15.4万小时；地方资源1414.8TB，9.9万部集，8.8万小时。国家公共文化云全年共发布资源16.1万条，视频总时长36.8万分钟，推出了915场直录播活动。

三是合作共建聚力打造优质品牌。促进公共文化服务与产品的机制共建、阵地共享、信息互通、品牌共建、人才共育。与国家移民管理局共建边疆万里文化长廊，研究启动“文化国门”示范单位创建工作。与中央民族乐团共建10家中国民族音乐普及推广中心，连续开展两届“云享国乐风华”全国民族器乐交流展示活动。与中国煤矿文工团共建“云上文艺轻骑兵”并送文艺演出到边疆。与中国儿童艺术剧院共建13家中国儿童青少年戏剧艺术普及推广中心。与北京市高等教育学会美育研究分会共推民乐进高校行动，将中央民族乐团高品质演出送到北京科技大学、中国地质大学、北京航空航天大学，4000多名师生现场观看，线上100多万人次收看。

（全国公共文化发展中心　张巍韡）

国家艺术基金管理中心

【概况】2023年，国家艺术基金管理中心坚持以习近平新时代中国特色社会主义思想为指导，全面贯彻落实党的二十大精神，深入学习贯彻习近平文化思想，在文化和旅游部党组领导下，在国家艺术基金理事会指导下，坚持围绕中心、服务大局；坚持科学管理、规范运行；坚持开拓创新、提质增效，推动精品创作，服务文化惠民，较好地实现了出作品、出人才、出效益的目标。

【发挥政策引领作用】加强创作引领，发布《国家艺术基金2024年度资助项目申报指南》，赴全国各地开展国家艺术基金项目申报实施培训活动，近1.2万名文艺工作者参加现场培训。强化地方工作体系建设，支持各省、市设立艺术基金，构建多元化资助体系，推动设立“广西艺术基金”，连续两年实现每年设立1家省级艺术基金的目标。举办3期“国家艺术基金艺术讲堂”活动，邀请黄定山、边发吉、冯双白等文艺名家结合新时代文艺创作成就宣讲党的文艺方针政策，不断深化对艺术发展规律和基金管理规律的认识。针对破解重点工作难题，深入18个省（市、区）的40多家单位开展调查研究工作，撰写调研报告8篇，1篇调研报告获“全国文化和旅游系统2022年度优秀调研报告”。

【优化专家服务工作】与各省级文化和旅游行

政部门共同开展专家推荐、遴选和信息更新，建设“专家等级测评信息系统”，对专家进行分级管理，更好地发挥高水平专家作用，共有3000多人次专家参加咨询、评审和监督工作。

【完善资助项目管理】升级“国家艺术基金项目资助管理信息系统”，实现资助管理全过程信息化，完成703项2023年度一般项目、5项舞台艺术创作重大项目立项签约；完成9135项2024年度申报项目的受理审核、专家评审；完成对368个项目的现场监督、364个项目的跟踪指导、786个项目的结项验收。

【严格财务经费管理】规范资助资金管理，完成2023年度资助项目签约工作，按计划和规定拨付资助项目款项，保证预算执行。修订《国家艺术基金管理中心财务管理办法》，通过财务司抽查、自主监督检查、第三方绩效评价结合，抽查项目38项，涉及资金5820万元。优化指导服务，编印《国家艺术基金项目经费管理和使用工作手册》。深化导向管理、内容管理、经费管理“三合一”整体管理，落实彩票公益金管理要求，编制《经费管理情况报告（2022年度）》并向社会发布。

【深化对外及对港澳台文化交流合作】配合国家外交大局，在两国总理见证下，签署《中国国家艺术基金与新加坡国家艺术理事会谅解备忘录》，协调舞剧《咏春》在新加坡成功演出。与香港、澳门中联办和部港澳台办共同开展港澳特区申报项目资助管理工作，支持港澳特区文艺工作者融入国家发展大局。面向在大陆工作生活的台湾地区文艺工作者开放美术创作项目申报。

【开展国家艺术基金设立10周年主题活动】召开推动国家艺术基金高质量发展座谈会，统一思想认识，明确目标任务，凝聚信心力量。举办国家艺术基金设立10周年资助成果展览，通过文字、图片、视频和美术作品等载体，全面展示国家艺术基金资助成果，现场观众约10万人次。配合展览出版图书《金色十年——我和国家艺术基金》，与国家体育总局体彩中心合作制作“艺彩中华”主题公益彩票。开展优秀资助剧目会演，遴选15部剧目在北京、江苏、四川等地演出，观众约2万人次；精选约150部剧目、400件（组）美术作品在文化和旅游部政府门户网站、抖音等网络平台展播，线上观众近5000万人次；在中央歌剧院剧场组织优秀小型节目专场演出，2000多人现场观看，511.6万人次网络观看直播，视频、新闻、话题、搜索等总曝光量超3亿次，取得良好的社会效益。

（国家艺术基金管理中心　朱继娟）

中国旅游报社

【概况】2023年，中国旅游报社深入学习宣传贯彻落实党的二十大精神和习近平文化思想，特别是习近平总书记关于文化和旅游工作的重要论述、重要指示批示精神，扎实开展学习贯彻习近平新时代中国特色社会主义思想主题教育，聚焦主责主业，稳中求进、奋力拼搏，各项工作取得明显成效。

在全国行业类媒体2022年度社会责任报告评议中，《中国旅游报》再次获评优秀。在中宣部、中国记协、行业报协组织的“新春走基层”活动中，报社多件作品和2名同志获表彰，12件作品获评“行业好新闻”。报社第二党支部获评中央和国家机关“四强”党支部称号；品牌活动部获评“二星级全国青年文明号”；“《中国旅游报》广西集订分送政务赠阅模式”获评中国报业发行创新案例；青年理论学习小组获文化和旅游部“关键小事”调研攻关活动二等奖；融媒体中心报送作品获评中共中央保密办、国家保密局“人人话保密”活动三等奖。

【聚焦主业，突出政治引领】一是聚焦重大主题。坚持以习近平新时代中国特色社会主义思想为指引，围绕党和国家的重大决策部署精心组织策划主题宣传。突出报道习近平总书记重要活动及重要讲话、重要指示批示、回信贺信精神，及时跟进报道习近平总书记的重要指示在旅游行业引发的热烈反响和各地贯彻落实情况。围绕党的二十大、学习贯彻习近平新时代中国特色社会主义思想主题教育、习近平文化思想等重大主题，策划推出“学习贯彻党的二十大精神”“学思想、强党性、重实践、建新功”“新时代 新征程 新伟业”等系列专栏，放大宣传声量，不断提升舆论引导力。二是服务中心工作。围绕文化和旅游部党组中心工作，积极做好重要政策宣传报道。积极融入部系统新闻宣传工作“一盘棋”格局，在部新闻中心工作中发挥了重要作用。围绕旅游业恢复发展、促进消费等重要工作举措策划选题，推出十多个专栏专题，营造共推旅游业高质量发展的舆论氛围。国办印发《释放旅游消费潜力推动旅游业高质量发展的若干措施》后，第一时间组织推出“消息＋长篇通讯＋政策解读＋图解＋评论性文章”的全媒体多元化组合报道。其中，学习强国和今日头条发布的稿件被推至首页推荐频道和要闻榜。全网综合阅读量近 40 万，综合传播量约 2500 万，旅游行业新闻舆论主阵地作用持续凸显。三是紧贴行业一线。开设“新春走基层”“奋斗者正青春”专栏，深入基层，报道旅游发展一线的生动实践、旅游工作者的奋斗故事。围绕“围墙挡景”、热门景区抢票难、博物馆门票“黄牛”倒票等行业热点话题，开展“蹲点”调研采访，直面行业发展中的痛点、难点、堵点，把握正确舆论引导，及时回应社会关切，体现了行业媒体的独特作用。

【扛牢主责，着力提质增效】一是以学铸魂促干。报社将党的建设贯穿于出版、管理和经营全过程。坚持把学习贯彻党的创新理论作为重中之重，从讲政治的高度引领党员干部扎实开展理论学习，形成了“党委理论学习中心组＋党委会＋社务会＋编务会＋青年理论学习小组”学习机制，努力实现理论学习常态化规范化。全年共组织召开社党委会 15 次，中心组学习 7 次，班子成员讲党课 4 次。深入开展主题教育，一体推进理论学习、调查研究和检视整改，结合发展重点、难点及行业热点调研 40 余次，对促进报社健康发展形成有效意见建议。二是强化内部管理。党委书记认真履行第一责任人责任，领导班子其他成员履行“一岗双责”，纪委履行监督责任，坚持一体推进思想、队伍、业务建设。班子成员带头，部门负责人集体签订承诺书，层层传导压力，推动各部门把意识形态、党风廉政、安全生产工作要求融入具体工作，各司其职、各负其责。持续推进党风廉政建设，紧盯选人用人、招标采购、经营合作等重点领域和环节，确保无死角漏洞。优化薪酬考评机制，依据职工收入与报社经营业绩、个人工作实绩挂钩原则，合理测算发放年度绩效奖；积极推进重组整合及西藏、新疆、云南等地记者站设立工作。组织开展年度工资总额预算清算、内部审计等。修订完善《贯彻落实中央八项规定精神及实施细则精神的实施办法》《意识形态工作责任制实施细则》多项内部管理制度，形成常态化、长效化管理机制。持续推进主题教育、部党组巡视“回头看”、经济责任审计等查摆问题的整改。统筹抓好安全生产和出版，牢牢守住安全底线。三是加强队伍建设。抓好日常教育，严格落实意识形态工作责任制，年内召开两次专题会议。认真落实新任职干部廉政谈话、节前廉政提示、假期监督检查“日报告”等工作制度。组织警示教育大会、专题会，及时传达学习有关会议、通知精神，通报典型案例，督促党员干部守牢底线。全年组织开展1场招聘活动，5名职工通过中级专业技术职称评审；全年组织参加党建、采编、管理、经营、安全等各类学习培训近20次，通过常态化培训不断提升干部职工政治和业务素质，提高工作能力和水平，不断增强团队凝聚力和战斗力。

【多措并举，力保健康发展】2023年，报社克服传统纸媒市场萎缩和3年疫情不利影响，攻坚克难，抢抓发展机遇，全年营收、利润同比均实现较大幅度增长。一是稳住“基本盘”。多次召开经营工作分析会、推进会，将“攻坚克难”要求落实到经营工作全过程。着力在广告设计品质、品牌服务质量、媒体宣传推广等方面下足功夫，持续深耕广告、发行等传统经营业务，中国旅游产业发展年会、美好中国行采风活动、星空旅游大会等大型旅游品牌活动影响力不断提升。二是打好“组合拳”。面对经营形势的严峻性、不确定性，增强信心，坚持策划先行、服务全程，从源头助推经营提质增效，紧跟市场趋势，打造各类活动品牌，有效提升服务客户能力。聚焦“主业”，优化调整部门业务分工。突出收支管控，精益管理，努力降低发行成本，强化广告发行保存量。突出效率效益，强化品牌项目管理保质量。三是强化“竞争力”。依托文旅产业指数实验室、文化和旅游舆情实验室的开发运营，立足“传媒+产业”，积极开拓新媒体运维、舆情监测等板块，主办、承办文化和旅游助力乡村振兴系列采风、全国文化和旅游新媒体创新发展大会、首届中国·济宁研学旅游创新发展大会等系列活动，启动“音乐中国行”“中国文旅国际传播服务计划”等项目，实现社会效益、经济效益双效统一。

（中国旅游报社　余泉）

中国旅游出版社有限公司

【概况】2023年，中国旅游出版社有限公司坚持以习近平新时代中国特色社会主义思想为指引，深入贯彻习近平文化思想，狠抓党的建设和意识形态工作，面对疫情后的新形势、新挑战，全社上下同舟共济、迎难而上，坚持稳中求进、坚持高质量发展，立足行业、服务大局、贴近市场，以昂扬的姿态展现新气象、彰显新作为，较好完成了各项工作任务，实现社会效益和经济效益双丰收。

【聚焦主责主业服务部中心工作】编印《文化和旅游部大事记（2022年）》《文化和旅游工作参阅》等；出版《中国文化和旅游年鉴2023》《文化和旅游决策参考》《中国文化和旅游大数据》《世界旅游城市》等；大型画册《中国世界遗产》入选中宣部2023年主题出版重点出版物选题目录；《“传承红色基因　赓续红色血脉”三部曲》项目入选2023年度国家出版基金资助项目和“十四五”国家重点出版物出版规划。

【持续推进考试教材、院校教材和学术出版体系建设】修订出版2023年全国导游考试系列教材，进一步优化模拟习题集和电子题库；院校教材质量和规模进一步提升，《酒店财务管理实务（第三版）》《前厅服务与管理》等16种图书入选“十四五”职业教育国家规划教材；学术理论著作不断更新，“旅游基础理论与应用对策研究文库”“旅游理论与实践前沿丛书”持续推出新品。

【稳步拓展大众旅游图书市场】进一步扩大“中旅版”童书系列规模；在联合营销、“市场+定制”两方面进行探索，行走文化板块产品体系进一步丰富,《古圩往事》《去江夏那边》等受到地方政府与市场的双重肯定。

【持续创新营销手段】顺应行业趋势，在稳住线下渠道的同时，大力开拓线上渠道。整合扩充新媒体账号，实现社公众号、官网、官微、年鉴平台互联互通，初步构建形成新媒体矩阵；启动中国旅游数据网暨旅游数据分析研究平台项目，上线《中国文化和旅游年鉴》服务号，收录《年鉴》历史数据和最新数据。

【发力共建“中国旅游书店”新空间】以“美好生活体验空间　美丽中国推广舞台”为主题，通过“品牌授权 + 整合营销”，携手各地共建“中国旅游书店”新空间。在江苏、北京、湖北等省市落地建成有戏书局、游历书院、江山城市书房 3 家新空间，策划组织 10 场“品读中国”名家行、“书香中国”文旅大讲堂等系列活动，助推文化和旅游深度融合。创新传统节日体验方式，策划并举办“我们的节日”端午节、中秋节海淀文化品牌活动，助力弘扬中华优秀传统文化。

（中国旅游出版社有限公司　唐永建）

中国旅游研究院（文化和旅游部数据中心）

【概况】2023 年是深入学习贯彻党的二十大精神，推进实施“十四五”规划的关键之年。在部党组的领导下，研究院（数据中心）深入学习贯彻习近平新时代中国特色社会主义思想、习近平文化思想和习近平总书记关于文化和旅游的重要论述和指示批示精神，围绕“科研质量提升”主题，在高端智库、数据中心建设、理论建设、社会服务等方面取得明显成效。

【认真学习宣传贯彻党的二十大精神，以习近平文化思想为引领，加强党建工作】落实部党组会指示精神，完成主题教育整改整治和干部队伍教育整顿 11 项问题清单和 42 项整改措施。认真落实“三会一课”，与中国文化遗产研究院开展主题党日联学联建活动，完成院支委换届选举，3 名预备党员按期转正。全年选派 7 名党员参加专题培训学习。组织青年同志参加“根在基层”调研、“关键小事”调研攻关活动并获成果一等奖。以党建促业务，旅游经济重点实验室被全国妇联授予“全国巾帼文明岗”荣誉。

【围绕中心、服务大局，形成高水平智库成果】研究旅游新需求，提振旅游业发展信心。围绕开展国内旅游提升、入出境旅游促进和研学旅游发展、全面提升旅游业发展质量、旅游新需求、新业态等专题研究。通过政协、发改、宣传、商务、财政等渠道传递旅游发展诉求。

深入推进以人民为中心的新时代旅游理论体系建设。完成国家社科基金重大项目《文化和旅游高质量融合发展的体制机制创新研究》，研编《旅游内参》及特别报告 39 期，承担科研课题 50 项。学术文章 51 篇、专著 5 部。编发《中国旅游评论》辑刊 4 期、《中国文化和旅游大数据》内刊 6 期，完成旅游经济蓝皮书等年度报告 9 份。

院班子牵头以研学旅行、涉旅治理现代化为主题开展文化和旅游大调研，带领精锐科研团队开展推动天津旅游高质量发展大调研。奖励 2 项优秀资政成果和研究成果，表彰 12 名 2022 年度科研工作完成率超过 100% 的科研人员。按季度召开“科技创新 2030”调度会，稳步推进重大任务。国别研究取得明显进展，完成 20 个国家、地区和国际组织的专题研究。

【重要时点、关键节点，建设高质量数据体系】依托国家科技重大项目研发，推动统计和数据工作体系创新。撰写假日旅游市场报告26期，培训旅游数据人才400余人，数据合作网络单位达55家。研发入出境、暑期、街区旅游等大数据，“科技创新2030”重大项目试运行，在城市客流调控技术方面取得突破。形成从出游意愿、预订指数、企业家信心、旅游热度到出游人次、旅游消费，再到游客满意度、季度旅游经济分析与中长期规划的全链条多节点旅游经济监测预测体系。线上线下调查样本库、数据合作网络、国别研究和文献中心等基础数据建设取得明显进展。

【以优质内容赋能产业，有效引导舆论】举办年度旅游科学年会、旅游集团化发展论坛品牌学术活动，以及冰雪、避暑、夜间、研学、美食等专题学术推广活动，提振行业发展信心。以“习近平文化思想与旅游学科体系、学术体系、话语体系建设”为主题，召开2024中国旅游研究院机构年会暨习近平文化思想与“三大体系”建设系列学术活动，引领共同体的思想基础。微信公众号等宣发平台订阅量超过16.6万人，发挥良好的宣传推广和舆论引导作用。

【加强国际和港澳台合作，培育高水平研究团队】开展中欧、中马、中非、中韩、中老等双边旅游交流活动，推进“欢迎中国”推广项目。成功举办澳门研学旅行发展论坛，加强了与澳门特别行政区政府、澳门旅游学院、澳门城市大学的交流合作和人员往来。支持青年人才成长，面向院内研究部门遴选7项成果支持出版，面向全国博士后遴选2项优秀成果支持出版，培养8名博士后出站，招收8名博士后进站。

【稳步推进行政人事工作】根据人社部发文精神制定《中国旅游研究院（文化和旅游部数据中心）工作人员考核办法》。执行《文化和旅游部直属事业单位公开招聘工作人员暂行办法》规定，在核定的编制内通过社会公开招聘择优聘用职工1名，聘用编外职工2名。根据文化和旅游部职称评审工作要求和研究院专业技术职务工作条例规定，评审报备中级职称5人，同时2人获中级职称、3人获高级职称。开展职工续聘、9名干部职工岗位调整，完成《中国旅游评论》编辑部组建并新聘1名联合主编。开展领军人才和青年拔尖人才推荐申报、优秀科普作品专家推荐等工作。“订单式”人才援藏1人，接收“西部之光”访问学者1名。1人入选“十四五”国家重点研发计划重点专项总体专家组。

［中国旅游研究院（文化和旅游部数据中心）刘鑫］

文化和旅游部旅游质量监督管理所

【概况】2023年，旅游质量监督管理所（以下简称“旅游质监所”）聚焦旅游服务质量提升职责定位，着力加强旅游标准化和旅游服务质量监测工作，提高旅游标准供给能力和质量，助力旅游业实现高质量发展。

【旅游标准制修订工作取得新成果】旅游质监所作为全国旅游标准化技术委员会秘书处承担单位，围绕推动旅游业高质量发展的总目标，积极发挥标准引领作用，不断提升旅游标准编制质量、提高标准化工作效率，促进旅游产品、服务提质升级。2023年共推动《智慧旅游城市基本要求和评价》等8项行业标准、《旅游饭店管理信息系统建设规范》等9项国家标准立项；对《旅游客车设施与服务规范》等50项标准开展8次审查；推动《导游服务规范》等2项国家标准、《旅游电子合同管理与服务规范》等 3 项行业标准的发布。

【旅游标准宣贯工作打开新局面】在资源开发司、市场管理司的指导下，旅游质监所组织开展了《旅游民宿基本要求与评价》《自驾车旅居车营地质量等级划分》和《文明旅游示范单位等级划分》三项旅游标准的评定工作，完成 2023 年度等级旅游民宿评定工作，评出了 111 家甲、乙级旅游民宿；完成第二批文明旅游示范单位评定工作，评出 66 家国家级文明旅游示范单位；完成第三批全国自驾车旅居车营地质量等级认定工作，评出 22 家 5C、4C 级等级营地。另外，还完成了全国首批 29 家丙级旅游民宿复核备案工作。

【推动地方旅游标准化工作取得新成效】通过印发业务学习资料、宣传地方工作经验和遴选优秀地方标准的形式，不断指导推动地方旅游标准化技术委员会工作。向各地旅游标准化技术委员会发送旅游标准文本 500 余册，为各地交流学习提供平台和渠道；开展优秀地方标准遴选活动，共收到浙江、海南等省份 30 余项地方标准，选出《旅游资源大数据平台建设指南》等 10 项优秀地方旅游标准。举办全国旅游标准化业务工作培训班，提升各地旅标委工作人员的标准化意识和业务能力，共计 100 余人参与。

【打造旅游服务质量新品牌】“全国旅游标准化技术委员会”微信公众号作为旅游质量监督管理所对外宣传的重要窗口，全年共发布 167 篇旅游标准新闻、重点标准解读、评定活动开展等内容。在原有基础上，增设专家观点、标准编制案例等新板块，进一步强化公众号的专业性和内容丰富度；持续开展“旅游标准化、我们在行动”“世界标准日”“标准化基础知识”等系列宣传活动，打造宣传品牌，强化宣传效果。11 月，旅标委作为服务业重要领域代表在服务业标准化线上培训班分享旅游标准化工作经验，受到与会学员一致好评。

通过抖音、微信视频号等平台，制作发布了 70 余期旅游标准等级评定方面的宣传视频，逐步形成了等级旅游民宿、自驾车旅居车 C 级营地品牌宣传版块，全网播放量累计达 500 万次，编制《全国甲级乙级旅游民宿导览》，持续推介优秀等级旅游民宿和营地，提升服务质量品牌的认知度和影响力。此外，加强与美团、携程、小猪等旅游电商平台，抖音、小红书、微信等新媒体的协商合作，进一步扩大旅游服务品牌的影响力。

【旅游标准国际化工作取得新进展】旅游质监所作为国际标准化组织旅游及相关服务技术委员会（ISO/TC228）国内唯一技术对口单位，持续推进旅游国际标准化工作，深度参与旅游国际标准化合作。全年代表中方参加国际标准化组织（ISO）旅游标准工作会议及全体会议 20 余次，组织开展 26 项旅游国际标准函审投票工作，牵头提出 2 项旅游国际标准提案。截至 2023 年年底，旅游质监所在 ISO 代表中方牵头研制的国际标准项目已有 9 项，代表中方牵头的旅游国际标准工作组 3 个，中方牵头的旅游国际标准数量和工作组数量在 ISO 中位居第二。

旅游质监所持续开展国际标准化人才建设，加强国际标准科研工作，推动国际标准“引进来”。组织旅游国际标准化专家和工作人员 78 人次参与国标委开展的各类国际标准工作培训班，定期向旅游国际标准专家发送 ISO 标准政策文件和各类公益培训参与渠道。完成《文化和旅游国际标准现状及工作路径研究》部级社科项目研究，夯实标准化基础。加强与国际标准接轨，立项《无障碍旅游服务规范》《旅游及相关服务 传统餐厅 装饰和服务》等采标标准。

【探索开展旅游服务质量监测新方法】旅游质监所立足游客感知，充分挖掘游客评价数据价值，联合 OTA 企业共同开展旅游服务质量大数据监测评价，动态监测游客对旅游市场主体或旅游目的地的满意度和关注度，形成以法定节假日和旅游旺季为时间节点的服务质量监测报告，为市场监管提供数据参考。同时，与地方文旅厅联合开展旅游服务质量大数据监测试点工作，开展常态化的旅游服务质量评价和监测研究。

【旅游服务质量调研工作取得新突破】结合全国等级旅游民宿评定、全国自驾车旅居车营地认定等工作，深入开展"乡村旅游民宿服务质量提升""全国营地发展情况调研"等多项课题的调研工作，通过线上、线下相结合的方式，完成 17 省 60 余家旅游企业的调研，同时征集全国旅游民宿优秀发展典型案例近 50 个，编制《全国旅游民宿示范典型案例汇编》等 13 篇调研成果，《树立大数据观念提高旅游服务质量监测能力》《旅游民宿发展的现状、问题与对策》等四篇调研成果在部内外刊物上发表，其中《乡村民宿服务质量提升调研报告》在"根在基层"调研活动中被评为"二十佳"调研报告。

（文化和旅游部旅游质量监督管理所
牟琳　崔子瀛）

梅兰芳纪念馆

【概况】2023 年，梅兰芳纪念馆坚持以全面贯彻落实党的二十大精神为引领，突出"全力保安全、聚力促发展"主线，统筹发展和安全，聚焦主责主业，强化服务意识，创新管理服务手段，不断提高公共文化服务水平，实现了文物安全、内部管理"双稳定"，党建统领、业务发展"双推进"，学术研究、人才培养"双提升"，各领域工作取得积极进展。

【强化理论学习，筑牢思想根基】坚持以习近平新时代中国特色社会主义思想为指导，始终把政治建设摆在首位，学习贯彻党的二十大精神，坚定不移向党中央看齐。以理论学习中心组为龙头，以党支部为载体，专题学习、集中交流 13 次，教育引导广大党员干部深刻领悟"两个确立"的决定性意义，做到"两个维护"，切实把思想和行动统一到党中央精神上来。突出强化党支部政治功能，创新探索主题党日活动，参观故宫博物院北院区、中国国家博物馆、恭王府廉政教育基地，用好红色教育资源，筑牢思想信念之基，把党支部建设成为全力推动事业发展的坚强战斗堡垒。

【聚焦责任落实，压实主体责任】坚持和加强党的全面领导，自觉增强政治意识和责任意识，落实全面从严治党主体责任。紧盯意识形态工作，压紧压实意识形态工作责任制，重点加强对展览宣传、学刊出版、新媒体平台等意识形态阵地建设和管理，牢牢掌握意识形态工作的领导权、管理权、话语权。

【扎实开展主题教育，夯实干部队伍建设】按部党组部署要求深入开展学习贯彻习近平新时代中国特色社会主义思想主题教育，认认真真读原著、学原文、悟原理，主题教育各个环节开展得扎实有效。深入开展大调研活动，高质量完成了《从高原迈向高峰——梅兰芳艺术经典锻造与新时代文艺创作调研》等大调研选题。按照要求不断推进干部队伍教育整顿工作走深走实，夯实干部队伍建设。

【狠抓党风廉政建设，作风正派廉洁自律】注重加强党风廉政建设工作，充分发挥“领头雁”作用。通过召开廉政教育会议、参观廉政教育基地、观看警示教育片等方式开展警示教育活动，引导广大党员干部树立正确的权力观、地位观和利益观，自觉遵守党纪国法，保持清正廉洁的工作作风。加强对党员干部的监督和管理，建立健全各项规章制度和考核机制，确保党员干部的廉洁自律，打造清正廉洁的压舱石。

【强化班子建设，发挥班子领导核心作用】把班子建设作为龙头工程，完成党支部副书记、委员增补，打造政治过硬的火车头。严格落实民主议事制度，进一步强化决策机制。在“班长”因年龄卸任的情况下，过渡期间班子成员主动担责，及时调整分工，密切协作配合，有条不紊统筹、推进各项工作。严格班子内部监督，认真落实民主生活会制度，严肃开展批评和自我批评，强化班子成员相互监督。

【坚持安全第一，文物安全防护显著提升】顺利完成梅兰芳旧居保护修缮、安防、消防 3 个项目改造施工，同步实施旧居电气线路改造升级，推动梅兰芳旧居文物安全迈上新台阶。

完成旧居文物库房迁移工作，配置文物储藏柜、恒温恒湿机等，优化文物保管环境，提升保护文物质量。设计、搭建梅兰芳纪念馆藏品管理系统，实现对馆藏文物全面、精确的管理。文物征集工作有序推进，进一步丰富馆藏文物文献资源。

活化利用丰富的馆藏资源，推动藏品和展览交流合作。增强馆际借展交流，与辽宁省博物馆、成都武侯祠博物馆联合展览。馆藏《同光十三绝》、梅兰芳《洛神》戏服等代表性精品戏曲文物，首次在西南地区展出。

【坚持社会效益，展览演出精彩纷呈】与上海市历史博物馆等单位精心策划“梅绽东方——梅兰芳在上海”系列活动，包括专题展览、梅派经典剧目演出、学术研讨，惊艳沪上。其中，“梅绽东方——梅兰芳在上海”展览汇聚京沪两地与梅兰芳及上海有关的展品 191 件 (组)，涵盖戏单、演出服饰、道具、名家书画、信札、唱片等，其中有 82 件 (组) 展品为首次面世。

扩展故居有限展览空间，举办“小而精”的特色展览。“丹青戏境——李文培水墨戏曲人物画展”贯通京剧与水墨画两种传统艺术，彰显戏曲美学精神。“我从草原来——国家级非遗项目‘包头剪纸’精品展”展出“包头剪纸”代表性传承人 60 幅优秀作品，展现草原民族民间文化的独特魅力。

针对下半年闭馆修缮，推动外展巡展，扩大社会影响力。国家艺术基金 2022 年传播交流推广资助项目“京剧《霸王别姬》首演百年摄影作品展”在上海、武汉、佛山等 5 个城市巡展，12 万名观众观展，社会反响热烈。

依托古朴雅致的故居庭院，组织艺术雅集，传承弘扬中华优秀传统文化。“5・18”国际博物馆日暨昆曲申遗纪念日，联合中国戏曲学院、北方昆曲剧院举办昆曲雅集活动。与泉州师范学院共同举办“南花芳馨音旗展”南音专场音乐会，演绎千年南音，推介南音非遗艺术。品牌活动“遇见梅兰芳”“琴芳梅兰”持续上演，在中国工艺美术馆、智化寺等演出 13 场。

【坚持学术立馆，学术研究稳步推进】国家社科基金艺术学重大项目《梅兰芳表演艺术体系及相关文献收集整理与研究》18 个专题完美收官，组织召开结项报告会。新版《梅兰芳全集》编纂工作有序开展，进入收尾阶段。

搭建梅兰芳研究学术平台，成功举办“梅绽东方——梅兰芳在上海国际学术研讨会”“梅兰芳及其艺术当代传播学术研讨会”及第六届“梅兰芳研究青年学者研讨会”，一年 3 场高规格、高质量的学术会议，学术影响力日益增强。

编辑出版《梅兰芳菲——梅兰芳在世界》《梅兰芳学刊》（第七、九辑），备受学界瞩目。重视科研人才队伍建设，培养 6 名博士后在站人员。

（梅兰芳纪念馆　张国强）

中国文化和旅游年鉴

THE YEARBOOK OF CHINESE
CULTURE AND TOURISM

2024

地方文化事业、文化产业和旅游业发展概况

OVERVIEW OF REGIONAL CULTURE AND TOURISM DEVELOPMENT

地方文化事业、文化产业和旅游业发展概况

北京市

【概况】2023年，北京市文化和旅游系统坚持以习近平新时代中国特色社会主义思想为指导，深入学习贯彻党的二十大精神，聚焦全国文化中心、国际消费中心城市和国际一流旅游城市建设，坚持稳中求进、守正创新，推动文化和旅游深度融合发展、高质量发展，各项工作有序开展、顺利推进。

【强化凝心铸魂，深入学习贯彻习近平新时代中国特色社会主义思想】扎实开展主题教育，制定“1+3”工作方案，成立局主题教育领导机构和工作专班，局领导班子成员和各级党组织书记、领导干部带头讲党课165次。明确在九大领域深入调查研究，局领导班子成员每人一题带队开展实地调研217次，发现并解决问题60个。局党组全面检视，需整治整改的问题全部完成整改。第一时间学习贯彻习近平总书记最新重要讲话、重要指示批示精神，更新“第一议题”专栏学习内容150余条。不断深化理论学习，理论学习中心组开展学习和研讨27次。

【坚持精品意识，“演艺之都”建设大力推进】首都文艺舞台精彩纷呈，全市营业性演出突破4万场，超过2019年同期。印发建设“演艺之都”三年行动实施方案，推出首批15家市级演艺空间培育场所、认定演艺新空间29家。精品创作成果丰硕，全市重点文艺院团推出新创、复排剧目近百部，初步搭建包含900余部剧本及大纲的“剧本库”。京剧《齐白石》等15个剧目入选舞台艺术创作“精品库”；京剧《李大钊》等5部作品荣获第十届北京市文学艺术奖。高品质举办第七届中国戏曲文化周，创新开展首届北京“双奥之城艺术周”。

【提升服务效能，首都市民精神文化生活日益丰富】宣传贯彻落实《北京市公共文化服务保障条例》，出台《政府购买公共文化服务项目绩效评价实施办法（试行）》《北京市民间文化艺术之乡命名办法（试行）》。顺义区、密云区、延庆区建成第一批北京市公共文化服务体系示范区。开展首都市民系列文化活动1.7万场、公益演出9000余场。城市副中心三大文化建筑精彩亮相，北京艺术中心、北京城市图书馆建成投用，建成世界最大的单体图书馆阅览室、国内藏量最大的智能化立体书库，助力城市副中心高质量发展。引导建设新型公共文化空间332处，在62处点位设置72块“京畿长城”国家风景道标志。

【加强保护传承，北京非遗魅力充分展现】出台关于进一步加强非物质文化遗产保护工作的实施

意见，印发市级非物质文化遗产代表性传承人认定与管理办法。调整完善北京市非物质文化遗产保护工作联席会议制度。首创系列化非遗传播视觉系统，设计使用首个北京非遗形象标志和非遗代表性项目图标。实施2023年中国非遗传承人研修培训计划。北京市非遗体验中心建设取得阶段性进展，古建修缮工程通过竣工验收。创新举办首届北京国际非遗周，集中展示18个省市和39个国家的3000余项展品和项目。精心组织第三届“一带一路”国际合作高峰论坛主会场北京非遗展示活动。重点工作主要是：

“寻梦六百年”昆曲展演活动开幕。有着600年悠久历史的昆曲艺术被称为中国的“百戏之祖”，不仅是中国的艺术瑰宝，也是闪耀于世界的艺术明珠。2001年5月，中国昆曲首批入选联合国教科文组织“人类口头和非物质遗产代表作”名录，2006年入选中国首批国家级非物质文化遗产名录。5月30日，由北京市文化和旅游局主办的驻华使节艺术沙龙专场“寻梦六百年”昆曲展演活动开幕式在北京市海外文化交流中心文化空间圆满落幕。本次活动旨在立足“增强文化自信、建设文化强国”，集中展示北方昆曲剧院的发展历程，致力于推广昆曲艺术之大美，并向驻华使节及在京外国友人传播展示昆曲艺术，打造文旅深度融合交流平台。

“运河北首　魅力北京”闪亮登场第五届运博会。9月21日，由文化和旅游部指导，中共江苏省委宣传部等主办的第五届大运河文化旅游博览会在江苏苏州开幕。本届运博会上，北京展台以“运河北首　魅力北京”为主题，以《北京市大运河文化保护传承利用实施规划》为依据，聚焦演艺新空间、非遗新体验、时尚新玩法、特色新文创等四个板块。北京展区丰富多彩的文旅科技创新活动为观众提供了全新的参与方式，不仅提升了观众的参与度和互动性，又带来了智能化的体验感。

首届北京国际非遗周举行。10月22日至25日，由文化和旅游部、北京市政府共同主办的首届北京国际非遗周在全国农业展览馆等地举行。国际非遗展由来自亚、非、欧、北美、南美洲20个国家的代表设置展台展示展演500余个项目和近3000件作品，观众不仅能够欣赏到丰富多彩的非遗作品，还能与来自不同国家的传承人进行面对面的交流，更为生动地感受非遗的无限魅力。

【释放消费潜力，文化产业和旅游产业提质增效】成功举办“2023北京文化论坛”文旅融合平行论坛。举办第四届北京文旅重点项目投融资对接会，投资总额135亿元。与北京银行开展新一轮战略合作，北京银行计划为北京市文旅企业在未来5年内提供300亿元意向性授信额度。推进文化产业和旅游产业灾后恢复重建工作。东城区成功创建首批国家文化与金融合作示范区，东城区、朝阳区入选国家文化产业和旅游产业融合发展示范区建设名单。平谷区、门头沟区入选第一批全国文化产业赋能乡村振兴试点地区。文旅消费潜力进一步释放，首次发布30个扩大文旅新消费奖励项目，首届北京国际文旅消费博览会销售额达1.62亿元。推出100余条“漫步北京”主题旅游线路、第二批“北京微度假”目的地。新认定15家“北京礼物”店面，与知名IP跨界合作推出“北京限定礼盒”。出台实施《关于规范引导帐篷露营地发展的意见（试行）》《乡村旅游提质升级行动方案（2023—2025年）》。4家乡村民宿入选全国甲级、乙级旅游民宿名单。重点工作主要是：

“北京文旅新消费品牌”联袂亮相。3月31日至4月2日，由文化和旅游部、中国国际贸易促进委员会、浙江省人民政府联合主办的第17届中国义乌文化和旅游产品交易博览会，在浙江义乌国际博览中心隆重开幕。本次展会特别遴选了一批“北京礼物”的名品、新品和精品，包括红色文创、京味文创、科技 + 冬奥文创等共 30 余家单位的 120 多件（套）产品，备受观众青睐，现场销售火爆。

“文旅中轴”亮相武汉。4 月 21 日至 23 日，由中共中央宣传部、文化和旅游部、湖北省人民政府共同举办的第二届中国（武汉）文化旅游博览会在武汉举办。北京展台以“最美中轴、魅力北京”为主题，重点展示了文化中轴、旅游中轴等方面的精品文旅资源，为现场观众带来了古都北京丰富多样的文旅传统业态、全新模式和沉浸场景，一经亮相就深受观众的欢迎和青睐，纷纷结伴打卡。

“漫步北京 - 五一假期七彩缤纷游”线路发布。在“五一”假期来临之际，北京市文化和旅游局面向集中来京的游客和在京休闲度假的市民，精心梳理，以“赤橙黄绿青蓝紫”七种色彩为主线，推出赶考之路 · 使命传承之旅、双奥之城 · 动感北京之旅、十里长街 · 遇见博物之旅等 16 条“漫步北京 - 五一假期七彩缤纷游”线路。其中，每条线路还包括沿途美食推荐、沿途北京网红打卡地推荐以及点位介绍。

百余家文化和旅游体验基地暑期带您“体验北京”。7 月 11 日下午，北京市文化和旅游局组织召开暑期文旅服务保障措施新闻发布会，就暑期热门旅游景区门票预约优化措施、暑期旅游安全保障工作及各项特色文旅活动等做具体介绍。百余家北京市文化旅游体验基地将为游客和市民带来四大主题内容丰富、类型多样的文旅活动。北京市文化和旅游体验基地将继续秉持传统资源再造，打造更多文旅“新玩法”，力争成为文旅资源整合之地、文旅融合发展之地。

9 条红色旅游精品线路推出。为庆祝“七一”，结合正在开展的主题教育活动，围绕 9 处试点单位，集合周边资源，市文化和旅游局推出重温觉醒年代之旅、探访名人故居之旅、廉洁奥运教育之旅等 9 条红色旅游精品线路，线路适合党建、主题教育、主题党日等活动，以此更好地弘扬北京丰富厚重的红色文化，传承革命红色基因，讲好北京红色故事，增强中华文化自信。

“双奥之城艺术周”系列活动启幕。9 月 6 日，由北京市文化和旅游局主办的 2023 年北京“双奥之城艺术周”开幕式在中华世纪坛隆重举办，标志着以“双奥之城 · 艺术之美”为主题的“双奥之城艺术周”系列活动全面启幕。“双奥之城艺术周”围绕艺术展览、文艺演出、文旅融合推广等主题版块，展现了北京作为“双奥之城”的非凡历程和独特魅力。“双奥之城艺术周”也努力打造成为国际奥林匹克体育艺术传播平台和北京文旅融合展示新窗口。

10 个“漫步北京”主题活动发布。9 月 23 日至 24 日，北京市文化和旅游局组织开展“漫步北京”核心区文化探访路 City walk 活动，探访路包括“中轴揽胜　壮美北京”“什刹海畔　古韵北京”“胡同漫步　烟火北京”等 10 个不同的主题。来自中轴文化、建筑文化、漕运文化等不同领域的特约讲师与 120 余名学生及家长一起，走进城市角落，一步步丈量北京的人文历史脉络，感受核心区独特、深厚的文化底蕴。

漫步北京——行大运品文化大运河主题游线路发布。千年运河，流淌的文脉，活化的遗产，穿行其中，感受北京悠久的历史和运河文化的交融。大运河主题游线路分为运河古桥游、运河闸坝游、运河古寺游。三条旅游线路分别包括线路脉络、线路特色、沿线及周边景点推荐、沿线及周边美食推荐、沿线及周边住宿推荐五个板块。

10 条中国世界遗产跨区域主题游线路发布。中国，悠悠文明古国，分布着众多世界遗产。有巍峨的山川，秀美的河流，精美的古代建筑艺术，还有数不尽的文化瑰宝。10 条中国世界遗产跨区域主题游线路分别从线路点位、线路特色两方面介绍，让我们一起走进世界遗产，穿行在文化和自然瑰宝的脉络中，领略华夏文明的博大，开启中国世界遗产之旅。

首届北京国际文旅消费博览会盛大开幕。10 月 20 日上午，2023 首届北京国际文旅消费博览会在中国国际展览中心正式拉开帷幕。展会由北京市文化和旅游局主办，以“新产品、新场景、新业态、新商品”为主题，倡导“文旅新消费，品质新生活”。法国、冰岛、塞尔维亚等 18 个国家的文旅机构和企业参展；北京市 16 个区文化和旅游局联袂呈现首都文旅发展新成果；“京津冀文化和旅游协同发展”展区展示了三地文化和旅游特色。“高、新、优、特”消费精品琳琅满目，备受消费者青睐。首旅旅行、携程旅游、众信旅游等推出“消博会旅游季”特惠游线。

西山永定河历史文化主题游线路发布。作为北京三条文化带之一的西山永定河文化带，同样承载着“山水相依、刚柔并济”的自然文化资源和城市发展记忆，是北京文化脉络乃至中华文明的精华所在。让游客一起走进西山永定河，传承千年血脉，领略古都新貌，见证北京的文明之源、历史之根、文化之魂。

【加强监督管理，文化和旅游市场健康稳定】统筹发展和安全，强化文化和旅游安全生产责任制落实。着力开展安全生产和火灾隐患大排查大整治，全市 1.7 万家文旅单位登录“企安安”，覆盖率 100%、自查覆盖率 100%。市区两级共出动检查人员 3.6 万余人次，消除各类安全隐患 1.7 万余处，实现了行业安全检查全覆盖。加强“23.7”强降雨应对工作，临时关闭景区、乡村民宿 5000 余家。行业管理进一步规范，积极推进大型营业性演出活动一件事集成办理和“一业一证”改革，大型演唱会管理成为全国标杆。统筹文旅智慧化发展，智慧文旅平台建设取得实质性进展。推动北京（通州）大运河文化旅游景区创建国家 5A 级旅游景区。加大文旅市场执法检查力度，全年检查文旅市场经营单位 10 万余家次。多部门协同有效遏制“黄牛”倒票乱象，文旅市场秩序持续向好。重点工作主要是：

安全生产和火灾隐患大排查、大整治工作调度会召开。5 月 26 日，市文化和旅游局组织召开全市文化和旅游行业安全生产和火灾隐患大排查大整治调度会，学习贯彻习近平总书记关于安全生产的重要批示指示，进一步落实市委、市政府大排查、大整治工作部署，对自查自纠阶段最后的关键节点进行再鼓劲、再冲刺，对下一步工作进行再动员、再部署。

安全生产工作督察。6 月 20 日，中共北京市委、北京市人民政府安全生产第四督察组在市文化和旅游局召开安全生产督察工作见面会。市文化和旅游局全力以赴配合督察工作，按照督察组的要求，全面做好大排查、大整治第二阶段依法督改、强化管理工作，以及重点领域专项整治、“安全生产月”活动、汛期暑期假期（端午节）等安全生产工作，确保文化和旅游行业安全稳定。

强化暑期文旅市场安全保障。7 月 11 日下午，北京市文化和旅游局组织召开暑期文旅服务保障措施新闻发布会，就暑期热门旅游景区门票预约优化措施、暑期旅游安全保障工作及各项特色文旅活动等作具体介绍。安全与应急处处长马博洋介绍暑期旅游安全保障工作情况：一是做好“大客流”防范应对；二是强化景区安全隐患排查整治；三是加强汛期风险防范应对；四是做好暑期极端天气安全应对。

研学旅游市场专项执法检查开展。8 月 4 日，市文化市场综合执法总队党委委员、副总队长、纪委书记闻阳带队，联合海淀区文化执法和交通执法部门对北大和清华校园周边、颐和园景区研学旅游团队开展联合执法检查。在清华科技园创业大厦，检查组逐个对研学旅游团队进行执法检查，详细询问研学团组织机构、带团负责人、研学指导老师、安全员配比和研学游产品服务等重点内容，并督导各研学团负责人要始终把安全作为首要任务，严格按照既定行程安排开展研学活动，确保孩子们研学之旅安全有保障。北京市文化市场综合执法总队按照落实深化主题教育实践的要求，为游客营造放心、安心、舒心的旅游市场环境。

市级在线旅游平台联合行政指导会召开。9月8日，为坚定推进首都旅游市场高质量发展，坚决遏制暑期以来社情、舆论反映的虚假宣传、代抢热门景区“门票”等集中问题，市文化和旅游局会同公安、市场监管等部门召开在线旅游平台联合行政指导会。会议强调，近年来，在线旅游平台企业在促进北京市消费增长、服务社会、维护消费者权益等方面，为首都文化和旅游市场发展做出了重要贡献。但随着文化和旅游市场快速恢复，旅游市场出现了一些问题的回潮，虚假宣传、诱导购物、为“黄牛”倒票提供交易机会等侵害消费者权益的情况屡见不鲜。会议要求，在线旅游平台要继续履行社会责任，一是要配合好监管部门共同加强旅游市场秩序治理工作；二是对“虚假宣传”“虚假承诺”“不合理低价游”等重点问题领域开展内部专项整顿；三是继续营造公平环境。

督察见面会召开。10月20日，中共北京市委、北京市人民政府安全生产第四督察组在市文化和旅游局召开第二阶段督察见面会。会上，市文化和旅游局一级巡视员周卫民向督察组汇报了市文化和旅游局第一阶段督察发现问题隐患整改和大排查大整治工作进展情况，并对下一步督察和大排查、大整治工作作表态发言。

京津冀文化和旅游市场监管一体化工作推进会召开。11月9日，北京市文化和旅游局组织在京召开2023年京津冀文化和旅游市场监管一体化工作推进会。会上，京津冀三地文化和旅游部门回顾了自2017年开展文化和旅游市场一体化综合监管和联合执法检查工作以来的历程和取得成效，特别是“信息互通、资源共享、监管联动、服务协同”四位一体的文旅市场信用监管体系成效尤为明显，会后，京津冀三地与会人员赴天安门广场和故宫博物院开展了联合执法检查行动。

整治互联网旅游产品虚假宣传工作会召开。11月23日，市文化和旅游局组织召开了整治互联网旅游产品虚假宣传工作会。其间，市文化和旅游局相关部门详细介绍了2023年北京旅游市场存在的互联网前端虚假宣传揽客问题。各参会单位沟通了前期各部门所开展的工作，结合部门职责对互联网旅游产品虚假宣传问题进行了深入研讨分析。会议讨论决定，后续应加强三方面的工作。市文化和旅游局将与各相关部门加强沟通协调、密切工作配合，定期分析研判旅游市场新情况、新问题，努力形成从源头上整治互联网旅游产品虚假宣传的合力，全力优化北京旅游市场环境，努力维护和不断提升北京旅游美誉度和游客满意度。

旅游市场质量提升培训班成功举办。12月12日至12月14日，由市文化和旅游局主办、市文化和旅游协会承办的2023年北京市旅游市场质量提升培训班在北京延庆区成功举办。各区文化和旅游局、旅游行业协会、旅行社、在线旅游平台共180余名相关负责人参加培训。此次培训是落实《中华人民共和国旅游法》《文化和旅游部关于加强旅游服务质量监管提升旅游服务质量的指导意见》《国内旅游提升计划（2023—2025年）》中关于推动旅行社转型和规范发展的具体体现，也是培育骨干企业和创新企业、提高旅游从业人员素质的重要举措。

【注重品牌引领，文化和旅游交流交往彰显首都风范】第三届“一带一路”国际合作高峰论坛接待服务体现北京服务水平。世界旅游城市联合会与亚太旅游协会签署合作备忘录，列入第三届“一带一路”国际合作高峰论坛务实成果清单。举办“欢乐春节”、北京国际音乐节、北京新年倒计时等活动。赴安哥拉、卡塔尔、摩洛哥举办“你好，北京”文旅交流活动，展现新时代大国首都形象。加快推动京津冀文旅协同高质量发展，发布并实施全国第一个区域性自驾相关服务标准《京津冀自驾驿站服务规范》。推进京张体育文化旅游带建设，举办2023京张冰雪文化旅游季等活动，推出首张京张冬日滑雪嬉冰地图。

【坚持依法行政，机关运行管理平稳有序】制定《2023年北京市文化和旅游局重大行政决策事项目录》，促进科学民主依法决策。开展京西古道立法需求前期调研和座谈，列入市人大常委会五年立法计划。北京旅游网及“文旅北京”等全媒体平台综合浏览量超过4亿，北京旅游网在全国政府旅游网站排名中长期居于首位。有序推进搬迁工作，制定搬迁工作方案、搬迁工作流程和时序，完成机管局办公家具布置等前期工作。

【加强党的全面领导，全面从严治党向纵深推进】落实党建工作责任制，召开2023年全面从严治党（党建）工作会议，安排部署全局系统党的建设各项任务。组织开展学习贯彻党的二十大精神集中轮训240余人次，举办局系统党务、纪检干部培训班。积极开展模范机关创建典型案例征集、“机关接地气　干部走基层”活动。持续深入推进巡视问题整改，全力配合市委第六巡视组工作。锲而不舍纠“四风”树新风，惩防并举推进党风廉政建设和反腐败工作。强化监督执纪问责，加强“一把手”和领导班子监督。开展纪法教育周活动，召开全局年度警示教育大会，筑牢廉政建设思想基础。落实意识形态工作责任制，实行“日报、专报、快报”三报机制。不断加强干部人才队伍建设，组织完成2023年艺术系列、图书资料系列社会化职称初、中、高级评审工作。

（北京市文化和旅游局　王清）

天津市

【概况】2023年，天津市文化和旅游系统坚持以习近平新时代中国特色社会主义思想为指导，认真贯彻党的二十大精神，按照文化和旅游部、国家文物局部署要求，坚持稳中求进、守正创新，全力做好“串珠成链，连线成片”大文章，用心打造“文旅品质年”，以满足人民文化需求、增强人民精神力量为着力点，努力创作优秀文艺作品、提供优秀文化产品和优质旅游产品，提升文旅服务质量和水平，推进文化和旅游深度融合，扎实推动文化强市、国内文化和旅游目的地城市建设取得新成效。

【提高政治执行能力，落实党和国家重大决策部署见行见效】京津冀文旅协同发展向纵深推进。签署《京津冀协同发展文旅营销战略合作框架协议》和《京津冀地区信用+旅游协同共建合作协议》，共同制定《京津冀基层公共文化设施服务指导标准》《京津冀自驾驿站服务规范》，文旅协同发展顶层设计更加完善。召开京津冀文旅协同发展座谈会，研究京津冀文旅协同发展重点工作。与秦皇岛市签署战略合作协议，推动津秦文旅市场共建共享。在北京、雄安新区、石家庄等地举办旅游推介会，发挥携程在京冀360家线下品牌门店作用，走进社区开展宣传推广，组织京冀游客新年首发团，开展京津冀媒体采风行系列活动，联合发布京津冀旅游精品线路，共同宣传“美丽京津冀”。整体推进晋察冀、冀热辽革命文物保护利用片区建设。成立“京津冀民乐联盟”，开展精品剧目展演和多形式宣传推介活动。成功举办京津冀投融资洽谈交易会、京津冀冰雪旅游季、第五届西岸哪吒杯京津冀甘黔湘非物质文化遗产创新创意大联展、“环渤海风采”第七届京津冀鲁辽油画作品邀请展等系列活动。

扎实开展东西部协作和支援合作。依托“春雨工程”“行走美术馆”等文化帮扶项目，赴受援地区实施“大舞台”“大讲堂”“大展台”展览展示，开展图书线上阅读活动、推送精品数字资源，联合受援地区开展非遗、考古交流，持续以文化帮扶项目为载体助推受援地区文化水平提升。组织天津市与受援地区文旅企业交流互动，邀请受援地区参加中国旅游产业博览会，全力搭建与受援地区文化和旅游交流合作平台。向受援地区推送天津市各类文化和旅游领域专业技术人员技能培训网络课程，选派 4 名优秀讲解员赴昌都市开展为期 12 天的红色讲解员技能提升培训，为受援地培训灯光师、音响师等各类人才近 200 人，促进受援地区文化和旅游专业人才技能提升。

长城大运河国家文化公园建设工作成效初现。完成龙凤岭长城保护工程、黄崖关长城高校合作研究基地和环秀湖国家湿地公园等 6 个项目的长城国家文化公园（天津段）建设工作重点项目。杨柳青大运河国家文化公园（元宝岛）一期、杨柳青国潮青年小镇首开区效果已初步呈现。积极推进天津市大运河文化博物馆、天津革命军事馆建设项目。

【强化文艺精品打磨，文艺创作和演出繁荣发展】 精品剧目不断涌现。积极整合全市艺术创作资源，谋划创作选题，强化规划引领。围绕重大时间节点，引导全市国有艺术院团创作推出交响诗篇《长城》、京剧《信仰的味道》、评剧《金·断·雷》、歌剧《洛神》、话剧《俗世奇人》等新编剧目。复排芭蕾舞剧《唐·吉诃德》，挖掘整理京剧《文姬归汉》、河北梆子《穆桂英挂帅》等传统剧目。京剧《失空斩》《巾帼英杰》、评剧电影《寄印传奇》、音乐偶剧《没头脑和不高兴》、话剧《油漆未干》、评剧《刘胡兰》《茶瓶计》荣获国家级奖项。舞蹈《色·境》《凝·芳》、交响乐《长城》、现代评剧《刘胡兰》分别成功入选第二十二届中国上海国际艺术节、第十四届全国舞蹈展演、第十五届全国声乐展演暨全国交响乐作品展演、第十二届中国评剧艺术节。

艺术演出形式创新发展。2023 年天津市名家经典惠民演出季以“礼赞新时代　逐梦新征程”为主题，圆满完成 200 余场高水平演出，将民营、外地院团演出纳入演出季，开展名家、资深评论员做客直播间、后台探班揭秘等，让群众走进剧场，与大师名家面对面，近距离领略艺术表演的魅力。继续开展“邂逅·天津”创意城市发展计划，尝试将文旅融合与网红打卡地相结合，更多地体现中国传统文化的内容，陆续推出了“瞧戏·过年”“艺术盲盒系列之先锋舞蹈剧《色·境》”“东丽恒大剧有趣”3 个风格鲜明的沉浸式演艺活动。创新表现形式，推出《寻找戏剧家》《津门往事》等一批沉浸式戏剧。

高水平完成天津市重点演出任务。高水平完成天津市庆祝中华人民共和国成立 74 周年招待会文艺演出、第二届职业技能大赛开闭幕式文艺演出、第八届中国国际“互联网 +”大学生创新创业大赛闭幕式演出、国际城市圆桌会议之天津仁川友城活动、2023 年天津夏季达沃斯论坛“文化之夜”“天津市 2023 年春节军民联欢晚会”“百戏迎春万象新——天津市 2023 年新春演出季”等重点演出任务。在天津市委宣传部的指导推动下，积极会同相关方面举办首届天津音乐节、2023 海河戏剧节，隆重举办纪念厉慧良先生 100 周年诞辰系列展演活动，用艺术讲述中国故事、天津故事，向世界传播中国声音。

【全面提升公共文化服务效能，不断满足人民群众精神文化生活】 群众文化活动丰富多彩。开展第八届市民文化艺术节，打造了“春日有约　阅读赏花季”“消夏纳凉　文艺演出季”“秋实累累　融合发展季”“冬藏见喜　乡村欢乐季”四大主题50项有质量、有创意、有特色的群众文化活动。指导天津图书馆推出2023年阅读文化年系列全民阅读推广活动，创新举办首届读者选书大会，采用“即选、即借、即读”新模式，进一步满足广大读者个性化、多层次的阅读需求，营造书香氛围。开展“四季村晚”活动，12个点位入选全国“四季村晚”示范展示点。

基层文化馆站服务效能持续提升。建立基本公共文化服务标准动态调整机制，制定印发《天津市基本公共文化服务实施标准》，持续从“管起来、用起来”等方面着手，对基层综合性文化服务中心加强长效监管。圆满完成第七次全国公共图书馆评估定级实地评估。指导滨海新区和北辰区做好国家公共文化服务体系示范区创新发展复核工作，其中滨海新区取得“优秀”档次。

古籍保护力度切实增强。圆满完成天津图书馆、南开大学图书馆、天津师范大学图书馆3个全国古籍重点保护单位复核。开展古籍数字化建设，推进古籍文物定级工作，国家级项目“天津图书馆藏稿抄本古籍数字化项目”顺利结项，策划“览妙聚珍　走近古籍”中华传统晒书活动受到读者欢迎，古籍保护工作迈上新台阶。

【推动文旅融合发展，文旅市场消费潜力逐步释放】不断加强文旅发展顶层设计。深入研究天津市大抓特抓文旅商贸的思路招法，出台《天津文旅品质年实施方案》，制定落实天津市“十项行动”工作方案。充分发挥统筹协调作用，多次召集旅游委会议专题研究假日旅游、用好西北角早点网红IP、小洋楼文旅资源开发利用等工作，推动形成齐抓共促大旅游的工作合力。成立了天津市文化和旅游局旅游专班，下设项目组、场景组、线上营销组等6个工作小组，抽调精干力量集中攻坚，并邀请国内知名高校文旅专家、国内文旅头部企业高管、文旅规划咨询机构和行业协会有关负责同志等26名专家学者组成智库，为天津文旅高质量发展提供智力支持。

文旅产业链拓展补强。高质量举办第十三届中国旅游产业博览会，展出总面积首次达到12万平方米，31个省（市、区）和港澳地区旅游部门及2000余家文旅企业参展参会，线上线下交易额2.4亿元，签约交易额达285.7亿元，有效连通了海内外文化产业和旅游产业上下游企业，带动文旅投资和消费。高频引进知名歌星和圣彼得堡爱乐乐团等高端团队来津演出，引导市场主体联动推出“演出门票＋酒店住宿”套餐产品，进一步激发文旅消费潜力。出台《天津市鼓励发展邮轮旅游的实施细则》，东方邮轮“梦想号”、爱达邮轮“地中海号”于9月底在津首航。推动中船嘉年华与天津博物馆、天津图书馆、天津文艺演出院团合作，开展“津味”主题邮轮建设，提升天津邮轮旅游的文化特色和吸引力。

文旅项目提质焕新。实施大运河海河文化旅游带拓展提升改造工程。全国首家备案注册的数字艺术博物馆和宁河区盆罐庄理想村、西青区树蛙部落等开业运营。蓟州区入选国家文化产业和旅游产业融合发展示范区，古文化街、意风区和渔阳古街入选国家级旅游休闲街区，智慧山文化创意产业园获评国家级文化产业示范园区，东丽湖生态旅游示范区入选国家体育旅游示范基地、中新生态城入选中国休闲旅游目的地创新发展典型案例。

文旅活动场景更加多元。挖掘利用“楼、海、河、山”等特色文旅资源，精心策划组织“欢乐四季游　天津常走走”主题系列文旅活动。创新推出鼓楼灯光秀、解放桥开启“光影音乐汇”主题灯光秀、于家堡激光投影秀和无人机表演、东疆港观日出、梁启超纪念馆“少年强”沉浸式互动演出、李叔同纪念馆“叔同之夜”夜游会、“行走的博物馆”主题公交等新场景，津南区在米立方、小站练兵园等景区开展夜场主题活动，河北区高标准举办天津国际设计周、饮冰室文化节等精品活动，让文化传播、形象展示和提振消费同频共振。

文旅宣传营销形成声势。全面启动“引客入津”行动，相继在北京、石家庄、雄安新区、深圳、武汉、青岛等客源地召开了多场文旅推介会。持续打造天津文旅热门话题，充分利用天津马拉松举办契机，展示天津独特的文化和旅游资源及城市风貌。开展“秀出天津范儿”主题活动，天津市各区文化和旅游局局长出镜代言宣传推介本区优质文旅资源。升级推出十大主题 42 条“津牌”精品旅游线路。“等你‘稻’来体验游”等 14 条线路被文化和旅游部纳入“乡村四时好风光”全国乡村旅游精品线路。打造“天津早餐好，处处西北角”的旅游消费新场景，筛选 16 个区 270 多家早餐点位，推出《早餐天津旅游地图》。研发天津“过夜游”“周末游”团队旅游产品，打响“周末游天津”旅游品牌。北辰区聘任 11 名青年文旅推介官，以青年力量创新文旅形象代言。

【坚持保护发展并重，文化遗产保护利用守正创新】文物考古和保护工作扎实推进。制定《天津市基本建设考古工作管理暂行办法》，印发《关于进一步做好天津市区及以下不可移动文物保护管理相关基础工作的通知》。完成天津市《“十四五”文物保护和科技创新规划》中期评估工作。完成千像寺造像等重点文物保护工程、清池遗址考古发掘和南水北调中线静海引江供水工程等重点工程项目考古勘探、大运河十四仓遗址前期调查，推进南开学校旧址、天津市军事管制委员会和中共天津市委旧址等重点文物保护工程，做好天津西站主楼修缮工程。积极推动天津五大道入选国家文物保护利用示范区创建名单。启动天津市第四次全国文物普查。加强革命文物保护管理利用工作，联合编制晋察冀、冀热辽革命文物保护利用片区规划（天津部分），完成天津市首次革命文物普查和红色标语类革命文物和抗战文物的专项调查，公布《天津市第二批革命文物名录》。静海区《新发现津宋元时期最具代表性墓葬群》入选天津市中华优秀传统文化传承发展工作典型案例。

博物馆管理体系不断健全。联合印发《天津市关于推进博物馆改革发展的实施方案》，修订《天津市博物馆展览备案管理规定》，持续推进天津市博物馆事业高质量发展。天津数字艺术博物馆、桑志华旧居正式开放，新增天津芦台春地方文化博物馆等 4 家博物馆，联合启动“类博物馆”培育试点推介工作。策划推出《再现高峰——馆藏宋元文物精品展》《声动千年——中国古代音乐文物特展》等一大批观众看得懂、喜欢看的精品展览，2023 年接待参观人数突破 1500 万人次，“博物馆热”成为文化现象。天津博物馆、国家海洋博物馆、天津自然博物馆、平津战役纪念馆、周恩来邓颖超纪念馆等馆多次入选 2023 年全国热搜百强榜单，多个展览入选中国博物馆热搜榜十大热搜展。《运河、城市、人家——天津运河文化展》《本草　健康》《共和国“战神”——人民炮兵光辉历程展》三项展览入选 2023 年度“弘扬中华优秀传统文化、培育社会主义核心价值观”主题展览，天津博物馆“点燃红色薪火　传承红色基因”、天津自然博物馆“自然科普志愿讲解活动项目”入选 2022 年度全国博物馆志愿服务典型案例。国家海洋博物馆“夜宿海博·畅游科海”系列社教活动荣获第二届全国文博社教优秀案例。

文物利用效能持续提高。与天津市委宣传部联合印发《天津市关于让文物活起来实施方案（2022—2025 年）》和《天津市关于让文物活起来实施方案工作任务台账》。发布两批天津市文物主题游径。加强跨界融合，积极推进“文物进校园”

系列活动，《青春火炬“思政课”》入选国家文物局教育部评选的“大思政课”优质资源精品项目。成功举办大学生讲文物故事短视频大赛、评选公布天津市中小学博物馆示范课程、启动“大思政课”实践教学基地建设、选拔文博工作者进校园担任思政课兼职教师，博物馆资源融入教育体系进一步深化，博物馆社会教育功能进一步彰显。成功举办天津市首届文博创意产品设计大赛，《津娃》、《基于天津博物馆藏品隋白釉龙柄联腹传瓶与天津酒文化相结合的开瓶器设计》分获专业组与学生组一等奖。天津博物馆首部委约表演作品——实验戏剧《进入雪景寒林之境》，用戏剧方式“打开”国宝。

非遗保护传承持续加强。加强非遗代表性传承人管理，开展国家级、市级非遗代表性传承人年度传承工作评估。公布56家市级非遗传承体验基地，为游客提供高质量的文化体验场所。举办首届西岸非遗文化迎春年货市集、“非遗过大年”——年俗文化节系列活动、文化和自然遗产日天津非遗主场活动暨第五届“运河记忆”非遗展、“天津非遗购物节”等非遗宣传活动，推动非遗融入现代生活中，展现文化价值。宝坻区以人民非遗人民享为目标，成功举办了“星火燎原势　古韵风劲吹”2023年京东大鼓星火日系列活动。

【讲好天津故事、传播天津声音，对外和对港澳台文化和旅游友好交流与务实合作不断深化】对外和对港澳台交流合作更加深入。持续办好2023“欢乐春节”系列活动，积极策划线上线下相结合的形式多样的春节文化庆祝活动。《风雅颂》民族音乐会、《华人历史画卷》配乐展览活动成功举办。组织天津的冰雪旅游资源和文化庙会活动，通过文化和旅游部45个海外文化中心和18个旅游办事处海外平台进行推介和宣传，扩大了天津的城市知名度和影响力。天津的天津杨柳青年画、津派面塑、花丝镶嵌等三个非遗项目作为代表项目出访新加坡，成为疫情之后天津首个亮相海外的文化形象。近三年来，全国首个赴美的文物大展“河上花：中国花鸟画之道1368—1911——天津博物馆馆藏珍选萃”在美国巡回展出，展品数量多、级别高、展期长，吸引了美国文艺界和主流媒体的高度关注和好评。共同举办“音乐联结文化——费城交响乐团访津”演出活动，向世界传播中国声音。圆满举办第二届“双城故事”中国—坦桑尼亚国际文化交流摄影展。成功举办第十三届中国旅游产业博览会·全球旅行商（天津）大会。积极邀请香港弦乐团来天津演出，积极协助办好“你好，潮流香港！”巡回展、“天津澳门周”、天津交响乐团赴香港交流演出等活动，不断加强与港澳文化的交流合作。

【坚持强基固本，各项基础保障工作更加坚实】文旅法治水平不断提升。印发《天津市文化和旅游局关于进一步加强行政执法规范化建设的通知》。加强对行政规范性文件合法性审核，确保制发的行政规范性文件合法有效、程序规范。加大文化市场综合执法力度，实施的具体行政行为全面纳入法治轨道。组织开展习近平法治思想专题学习，完成2023年度领导干部学法用法学习考试工作，切实提升领导干部法治素养。

资金资产管理工作扎实开展。贯彻落实中办、国办《关于进一步加强财会监督工作的意见》和天津市工作部署，制定《天津市文化和旅游局进一步加强和改进财会监督工作实施方案》，履行财会监督各项职责。全面落实预算绩效全过程管理，进一步强化预算执行，提高资金使用效益。规范资产日常管理，推进闲置资产盘活，完成2023年闲置资产盘活指标，进一步提高资产使用效益。争取中央转移支付资金2.06亿元，为文化和旅游系统各项工作的开展做好资金保障。

行业安全监管切实做好。坚决落实天津市委、市政府决策部署，统筹文化和旅游行业发展和安全，始终保持“时时放心不下”的责任感，压紧压实属地管理责任、行业监管责任和企业主体责任，扎实组织开展冬春火灾防控专项行动、岁末年初安全生产重大隐患专项整治、文化和旅游行业领域安全生产全链条排查整治等安全隐患排查整治，深入推进文化和旅游行业领域重大事故隐患排查整治2023专项行动和燃气安全专项整治行动。牢牢守住安全底线和红线，以高质量安全保障文化和旅游行业领域高质量发展。

（天津市文化和旅游局　孙倩）

河北省

【概况】2023年，河北省文化和旅游系统深入学习贯彻习近平文化思想和总书记系列重要指示精神，全面贯彻落实党中央、国务院和省委、省政府决策部署，团结带领全省文化和旅游系统广大干部职工，围绕建设文化强省、旅游强省奋斗目标，持续强化政策创新和末端落实，着力提升文旅产品业态和服务品质，旅游市场恢复并超过2019年水平，多项文化和旅游工作实现创新突破，“这么近，那么美，周末到河北”产生广泛影响。河北省委、省政府主要领导多次给予批示肯定，省文化和旅游厅先后在全国艺术创作工作会、全国文化和旅游产业发展工作会、全国文化和旅游财务工作会议、全国文化和旅游赋能乡村振兴工作现场经验交流会、2023年国内旅游宣传推广培训班、全国导游工作座谈会以及全省组织工作会、全省宣传思想文化工作会上作典型发言。河北省文旅品牌传播荣获“长城奖——文旅好品牌”银奖，共计荣获“国字号”文旅品牌项目50多项。

【坚持把政治建设摆在首位，持续用党的创新理论武装头脑、指导实践、推动工作】坚持把学懂、弄通习近平新时代中国特色社会主义思想作为首要政治任务，引领全省文化和旅游系统党员干部持续加强党的创新理论武装，深刻领悟“两个确立”的决定性意义，增强“四个意识”、坚定“四个自信”、做到“两个维护”，切实在思想上政治上行动上同党中央保持高度一致。

一是深入开展学习贯彻习近平新时代中国特色社会主义思想主题教育。围绕主题教育总要求，一体推进理论学习、调查研究、推动发展、检视整改、建章立制各项工作，推动在以学铸魂、以学增智、以学正风、以学促干方面取得扎实成效。加强组织领导。在省直机关率先召开动员部署会议，研究制定1个实施方案和4个专项方案，对省直文化和旅游系统开展主题教育进行全面安排部署。省委主题教育简报5次登载省文化和旅游厅主题教育经验做法，央视《新闻联播》《河北新闻联播》《中国旅游报》以及长城新媒体主题教育专栏给予重点报道。深化理论学习。厅党组书记带头，全系统开展党组织书记和领导干部讲专题党课72次。配发《习近平著作选读》等书籍2000余册，组织举办主题教育读书班6期、开展专题研讨45次，中央第二指导组亲临指导（全省仅4个省直单位）。深入调查研究。聚焦制约发展的突出问题、群众普遍关心和反映强烈的问题，研究确定厅领导班子成员重点调研选题8个和厅机关处室、厅直单位调研课题26个。厅领导班子调研足迹遍及全省13市、雄安新区和10多个外省市，调研58天次、80个点位。扎实开展文旅市场恢复振兴、打造“北方戏窝子”等9个正反面典型案例调研，提出针对性对策建议47项。持续开展“送服务、促发展”专项行动，为全省167个县明确了服务发展联络员，帮助基层解决实际需求600余项。扎实检视整改。围绕完整准确全面贯彻新发展理念、推动高质量发展等4个方面，查摆检视问题200余项，形成厅领导班子问题清单13项、省直文化和旅游系统问题清单32项，逐项制定整改方案、明确整改时限。针对公共文化服务发展不平衡不充分问题开展专项整治，截至8月底全部整改完毕。持续建章立制。坚持“当下改”与“长久立”相结合，针对存在的制度漏洞和薄弱环节，加大制度废止、修改、制定力度，主题教育期间，转化形成《优化营商环境工作要点》等制度成果65项。着力推动发展。坚持把推动发展贯穿始终，在以学促干上下功夫，把习近平新时代中国特色社会主义思想转化为指导实践、推动工作的强大力量，破解重点难题，促进成果转化，助推文旅高质量发展。

二是全面抓实省直文化和旅游系统党员干部理论学习。坚持把思想建设作为党的基础性建设，持续用习近平新时代中国特色社会主义思想凝心铸魂，引导激励省直文化和旅游系统党员干部解放思想、奋发进取。突出“关键少数”示范带动。厅党组发挥表率示范作用，认真落实厅党组会“第一议题”制度，深入学习党的二十大和省委十届四次、五次全会精神，全面学习领会习近平总书记视察河北重要讲话精神，以及关于宣传思想文化工作重要指示等。全年厅党组理论学习中心组开展集体学习研讨7次，厅党组书记署名理论文章在《省直和中直驻冀单位党组（党委）理论学习中心组学习交流材料》刊发。分类抓牢抓好全员学习。以加强处级以上党员干部和青年干部学习为重点，组织举办党组织书记、党务干部和青年干部培训班近10期。印发《河北省文化和旅游厅青年理论学习小组学习规则（试行）》，用好青年理论学习小组机制，举办理论诵读、读书分享会、演讲比赛等丰富多彩的读书活动40余次，组织评选先进青年理论学习小组和青年理论学习标兵，培树学习典型。活化学习载体提升学习效果。发挥文旅特色，推出《党员学习电子月刊》和《“清风文旅”廉政微课》，开展“书香机关”建设。河北省文化和旅游厅在省直工委微党课评比中获评“优秀组织奖”，并获一等奖1项、二等奖1项（位居省直前列）；《关于打造周末休闲旅游省的调研报告》在省直工委组织的党建工作调研成果评比中荣获一等奖。

【完整准确全面贯彻新发展理念，推动文化和旅游高质量发展】坚持把新发展理念贯彻落实到文化和旅游发展全过程，强化系统思维、顶层设计，着力改革创新、真抓实干，深化供给侧结构性改革，优化文旅产品供给，激发促进文旅消费，推动文化和旅游高质量发展取得显著成效。

一是高质量发展政策体系更加完善。以河北省政府办公厅名义印发《河北省加快建设旅游强省行动方案（2023—2027年）》《关于推动文化和旅游市场恢复振兴的若干措施》，以河北省旅游工作领导小组名义印发《关于开展河北旅游名县建设的实施意见》，以河北省公共文化服务体系建设领导小组名义印发《河北省公共文化服务达标提质行动方案（2023—2025年）》《河北省“十佳博物馆”培育办法（试行）》等政策文件。围绕优化发展环境、规范市场秩序、推动文化产业和旅游产业提质增效，联合有关部门印发《河北省金融服务文化和旅游产业高质量发展工作机制》《关于文旅行业经营准入推行“一日办”改革实施意见》等重要文件7个，配套印发《关于开展“这么近，那么美，周末到河北”旅游品质提升专项行动工作方案》《2023年文化和旅游产业助力乡村振兴实施方案》等系列文件，启动京张体育文化旅游带体文旅总体策划等系列规划，全面提升文化和旅游行业发展质量。

二是项目建设管理取得新成效。成立全省文化和旅游行业项目建设工作领导小组及工作专班，召开全省文化和旅游系统项目建设工作会议，印发实施年度投资和项目建设工作推进方案和领导干部包联重点文化和旅游项目工作方案，全力推动项目建设和招商引资。优化“河北省文化和旅游产业信息管理服务平台”，新增省直项目、文物保护项目等领域项目填报审核功能，对项目实施分类管理。建立项目投资建设工作督导通报机制，对各地投资和项目建设情况实行常态化日常随检、月度通报、季度调度和年度考核。开展项目数据填报审核工作培训，提高项目填报和审核工作质量。开展全省旅游领域存量项目数据摸排和更新，上报一批旅游项目进入“全国文化和旅游投融资项目库”。举办太行山文化旅游带项目建设观摩拉练活动，召开太行山文化旅游带发展研讨会和工作推进会，指导各地加强项目谋划包装。据省统计局数据显示，全省文化和旅游行业固定资产投资增速 39.5%。根据“河北省文化和旅游产业信息管理服务平台”数据显示，全省共推进建设文旅项目 869 个，实际完成投资 452.13 亿元。山海关中国长城博物馆、七里渔田小镇、河头老街等一批重点项目顺利完成。

三是招商引资工作增创新优势。系统梳理全省 500 余家国内重点投资文旅企业信息，建立投资企业库，为各地开展项目招商对接和合作联系提供支撑。组织省内重点企业和项目参加第 37 届香港国际旅游展招商推介会、第 11 届澳门国际旅游（产业）博览会、第十三届中国旅游产业博览会和海峡两岸（厦门）文博会等，争取更多客商来河北省投资建设。与阿里巴巴集团、中国文化产业协会、国家文化产业创新实验区、中国婴童用品协会、中国乐器协会签订推动文化产业赋能乡村振兴合作协议。开展全国重点文旅企业进河北、旅游强省“五带”项目招商推介、京津冀健康文旅项目对接等招商引资活动 95 次，签约项目 165 个，签约金额 1103.04 亿元。建立河北省金融服务文旅产业高质量发展工作机制及金融政策服务“工具箱”，编印《服务文化和旅游产业用地政策手册》，开发文旅业主贷、收费权质押贷等特色产品，在张家口市崇礼区设立文旅特色服务网点，发布河北文旅金融特色服务单位 10 家、河北金融促进文旅发展典型案例 15 个。邀请 86 名专家开展“专家行”公益性行动，在张家口市、邢台市、保定市成功举办“金融行”—文旅行业灾后重建银企对接等活动，29 家文旅企业与相关银行达成 10.29 亿元贷款合作意向。中国银行、国开行、农发行、农行、建行、邯郸银行授信 1100 亿元支持文化产业和旅游产业发展。截至 2023 年年底，全省文化和旅游行业贷款余额 603 亿元，较年初增加 51 亿元，同比增长 11%。

四是旅游品质业态实现新提升。建立旅游强省建设考核机制，充分激发地方党委、政府和市场主体积极性、主动性。组建成立“五带”建设工作专班，统筹省市县力量加快推动“五带”建设出成效。组织召开全省文化和旅游资源开发工作会议，强化优质旅游产品供给。实施旅游品质提升专项行动，推进文化艺术、文创产品、品牌餐饮进景区。开通北京至河北旅游直通车线路 6 条，推出京津冀旅游环线列车线路 2 条，建设完工旅游公共服务设施 819 个、风景道 1119 公里。首批遴选认定河北旅游名县创建县 30 个、河北旅游名县命名县 10 个。抓高品质高等级旅游目的地建设，持续推动唐山南湖·开滦、衡水湖、正定古城等景区创建国家 5A 级旅游景区，新评定国家 4A 级旅游景区 14 家，认定 5 家河北省全域旅游示范区，举办河北省首届研学旅游大会，发布河北省首个地方研学旅游产品规范标准——《研学旅游产品质量规范》，推出全省十大研学旅游主题线路，成立全国研学市场营销联盟，提升了河北省研学旅游的市场影响力和知名度。荣获国家级旅游度假区、国家级滑雪旅游度假地、国家工业旅游示范基地、国家对外文化贸易基地、国家级文明旅游示范单位、国家级文化产业示范园区、国家级非物质文化遗产生产性保护示范基地等“国字号”文旅品牌 19 项，保定市大激店村、唐山市大五里镇成功入选世界旅游联盟 2023 年旅游助力乡村振兴案例，圆满完成第一批中国特品级旅游资源名录申报工作。成功举办第七届河北省旅游产业发展大会，撬动社会资本 39 亿元，创新打造16个观摩项目、46项业态和10项文体赛事活动，实现“人多好玩、少花钱多请客”。承办第五届全国导游大赛总决赛，河北选手荣获1金1银，创造历史最好成绩，带动旅游服务水平提升。

五是文化事业进一步繁荣发展。成功举办全国戏曲（北方片）会演暨梆子声腔优秀剧目展演、第十九届中国吴桥国际杂技艺术节、全国民族器乐展演、京津冀戏曲展演季、第十二届评剧艺术节、京津冀河北梆子青年演员群英会等重大文化活动，点亮“北方戏窝子”品牌。全年完成民族管弦乐《雄安》、京剧《小兵张嘎》等新创剧目20部，打磨提高剧目8部，复排优秀传统戏4部，编写出版《河北地名文化探源》。特别是与东方演艺集团合作打造音乐剧《星辰》，成功在中国歌剧院首演，得到文化和旅游部领导高度肯定，并在河北省开展巡回演出。14个项目入选2023年度国家艺术基金扶持项目，获扶持金额1128.8万元。歌曲《答卷》入选全国舞台艺术优秀节目创作扶持计划，交响组歌《岁月征程》入选第十五届全国声乐展演暨全国优秀交响乐作品展演，并受邀参加第八届“中国交响乐之春”系列演出。5部作品入选“2023—2025舞台艺术创作行动计划”，位居全国前列。积极支持河北省戏曲人才角逐国家级奖项，郝士超荣登第31届“梅花奖”榜首并入选2023年全国戏曲表演领军人才培养计划，邱瑞德入选全国戏曲演员会演并荣获新时代中国戏剧（生行）中青年英才称号，6人入选第十五届全国声乐展演暨全国优秀交响乐作品展演，2人入选青年戏曲创作人才研修班，2人入选京剧高级人才创作研修班。全年共审批各类演出活动1626场。公共文化服务达标提质成效明显，全省169个公共图书馆上等级馆率提升至全国第8位，二级馆及以上比率提升至全国第13位，创历史最好成绩。发放文化和旅游惠民卡（券）412万张，超206%完成年初既定工作任务，广泛组织开展大家跳、大家演、大家唱等群众文化赛事活动。全省公共图书馆总流通人数达3449.5万人次，举办阅读推广活动超1.2万场；全省文化馆举办群众文化活动超5万场，惠及人数达4424.1万人次，均超过疫情前最高水平。全省博物馆参观人数达333.47万人次，与2019年同期相比增加17.6%。成功举办“中国民间文化艺术之乡”示范交流展示活动。

六是文物与文化遗产保护传承稳步推进。组织召开了全省文物工作会议。做好重点考古和文物保护项目，指导完成大运河邢台朱唐口险工、衡水郑口挑水坝保护工程，推动山海关北水关第1段墙体及9号马面段、大境门来远堡1号至2号敌台间墙体、陀宗乘之庙万法归一殿佛画像、殊像寺会乘殿、泰东陵彩画、昌陵油饰彩画、定陵、孝陵、惠陵等保护工程有序实施，指导推进正定、蔚县等其他重点文物保护工作，做好国家革命文物协同研究中心申报工作。泥河湾、赵王城、邺城3处遗址入选国家考古遗址公园名单，燕下都、定窑2处遗址列入国家考古遗址公园立项名单；“尚义四台遗址”入选“考古中国”重大考古成果；涿鹿及周边地区文物保护和考古工作取得积极进展。联合国内外多家高校和科研院所，举办中国考古科学大会、邺城论坛·2023国际学术研讨会等学术研讨会议。推动国家文物局与省政府签订战略合作协议，故宫博物院与河北省文化和旅游厅签署合作协议。评选公布首批“十佳”博物馆。12项灾后文物保护项目纳入国家文物局2024年第一批国保资金重点项目支持范围。大型文化节目《非遗里的中国·河北篇》在中央电视台一套首播，成功举办非遗过大年、“乐享河北”非遗会客厅展示展演、“河北非遗购物节”、长城脚下话非遗等活动。“运河古郡　文武沧州多彩非遗之旅”成功入选文化和旅游部发布的2022年20条全国非遗特色旅游线路。陈氏定窑非遗工坊、衡水内化非遗工坊、赞皇县原村土布非遗工坊、河北鑫特园林建筑雕塑非遗工坊、黄骅面花制作非遗工坊5个非遗工坊成功入选“非遗工坊典型案例”。

七是营销宣传推广不断创新拓展。成功举办“5·19中国旅游日”活动。创新搭建“乐游京津冀一码通”平台，实行旅游包车周末和节假日免费通行河北高速，对引客入冀旅行社给予招徕奖励。通过城市重点部位广告宣传、快递外卖小哥和家政福嫂着装宣传、主题歌曲征集传唱宣传、旅游景区和文化场所宣传等方式，实现生活场景营销广泛覆盖。充分利用融媒体放大品牌效应。文旅短视频总播放量达4.6亿次，邀请河北乡贤70多人为家乡代言。文旅新媒体综合传播力持续位居全国前列，全国文旅新媒体创新发展大会在河北举办，河北省3个旅游新媒体账号入选全国10强榜单。持续开展“四季五带”旅游推介活动。成功举办“春暖花开·香约河北”“中国坝上草原欢乐季”“中国渤海滨海旅游欢乐季”“长城之约金秋旅游季”“超有范”冰雪节等主题推广活动，先后走进京津、周边五省及云南、四川、湖北、上海、海南进行宣传推广。开展东方甄选河北行活动，6天时间深度解读25个文旅场所，直播观看超1.5亿人次，全网点击量超过10亿人次，直播带货农特产品销售额近1亿元。举办“欢乐春节·美丽河北”河北文化和旅游海外推广、全球旅行商走进河北宣传推广等活动，增设河北文化和旅游推广中心，“这么近，那么美，周末到河北”品牌产生广泛影响。

八是文化和旅游消费潜力充分释放。会同河北省建行组织开展2023冰雪文化和旅游消费季促消费活动。印发《关于组织开展2023年文化和旅游消费促进活动的通知》，利用五一、中秋和国庆、元旦、暑期等旅游消费旺季，分主题举办形式各样的促消费活动。联合抖音集团免费培训10000名“乡创好物”推荐官。举办京津冀文化和旅游消费协同发展座谈交流活动，加强京津冀区域消费联动。打造一批文旅消费新载体，评定唐山宴等25个项目为第二批省级夜间文化和旅游消费集聚区；石家庄市深泽县滹沱云渡特色商业街区等12家单位为省级旅游休闲街区。圆满举办第五届河北省文创和旅游商品创意设计大赛，征集参赛作品15069件（套）作品，评选金奖13个、银奖26个、铜奖39个。成功举办2023健康文旅产业发展大会、京津冀“文化产业赋能乡村振兴”工作推进活动，推动276个文化产业赋能乡村振兴项目落地。

九是文化和旅游市场安全有序。健全文化和旅游安全监管和市场联合执法机制，河北省政府召开“五一”“端午”“中秋国庆”旅游安全和市场秩序整治工作会议，会同公安、交通、市场监管等部门开展重点时段联合执法检查，确保文旅领域生产安全、市场有序。2023年，全省共培训各地执法人员6000余人次，出动执法检查37.1万人次，检查经营单位13.6万家次。查办的“河北利他文化传媒有限公司艺术考级案”受到文化和旅游部表扬。

【认真履行全面从严治党主体责任，持续推进正风肃纪】牢固树立抓好党建是最大政绩的理念，认真履行全面从严治党主体责任，把党建工作与业务工作同谋划、同部署、同推进、同考核，为文化和旅游高质量发展提供坚强的政治保障。

一是压实管党治党政治责任。健全党建责任体系。全年厅党组专题研究党建工作5次，年初召开全系统会议作出安排部署，形成“一级做给一级看，一级带着一级干”的良好局面。组织开展党组织书记抓党建工作述职评议考核，河北省文化和旅游厅在省直工委指导的述职评议分组中位列优秀等次。全面提升党建工作质量。严肃党内政治生活，认真落实民主集中制，年内组织召开2022年度领导班子民主生活会、主题教育专题民主生活会和优化营商环境专题民主生活会。完善《基层党建工作量化考核评价办法》，深化党支部标准化规范化建设，编印基层党组织规范化建设手册和常用文件汇编200余册。在“一支部一品牌”工作中深化“一支一项”建设，提出具体实施项目，解决支部重大问题。组织开展庆祝建党102周年“八个一”系列活动，评选表彰省直文化和旅游系统50名优秀共产党员、25名优秀党务工作者和20个先进基层党组织，2名同志分别获评省直“优秀党务工作者”和“优秀共产党员”，1个党支部荣获省直“先进基层党组织”荣誉称号。积极推进“联学共建”凝聚合力。全年各级党组织共开展向上联建活动85次、争取项目21个、试点42个，争取资金6721万元。河北省文化和旅游厅对上联建工作得到省直工委肯定，《有效发挥党建联建平台作用　推动机关党建与基层治理互促共进》经验材料得到省领导的肯定性批示。

二是持之以恒正风肃纪。健全全面从严治党体系，压实主体责任、强化正风肃纪、抓好监督问责。全面深化纠治“四风”。制定印发《贯彻落实中央八项规定实施细则的实施办法》，深化纠正“四风”和作风纪律专项整治，持续抓好整改落实。紧盯春节、五一等重要节点，紧盯违规吃喝等作风问题，开展党员干部作风粗暴、“耍官威”、搞特权专项整治，严肃做好酒驾醉驾及其背后“四风”问题排查。围绕工作对象和服务对象反映较多的突出问题，开展履职践诺，制定5项承诺内容，通过河北日报等媒体、厅机关网站、新媒体等向社会公开。严格监督执纪一体推进“三不”。充分发挥巡察利剑作用，组织开展两轮对厅直单位党组织的常规巡察，同步对2个单位党组织进行巡察“回头看”，狠抓巡察发现问题整改。综合运用“四种形态”，畅通群众举报渠道，及时办理群众信访、意见建议6件。完善制度建设，认真落实党内谈话制度，推动2023年度全面从严治党履责谈话全覆盖，更新干部廉政档案，强化党员干部廉洁自律意识。严格落实参加调研检查等活动报备制度，主动接受监督。扎实开展“四项教育，一项建设”活动。持续深化与驻厅纪检监察组的工作会商机制，年内召开会商会1次，深入研究解决管党治党重点难点问题。在省直文化和旅游系统重点抓好党性教育、政德教育、警示教育和家风教育，整体推进廉洁文化建设。全面提升纪检干部工作能力，举办党风廉政建设网络培训班、开展省直文化和旅游系统纪检干部主题党日活动，印发《“树清廉家风　建平安家庭”——致厅系统全体党员干部、公职人员家属一封信》，倡导建设清廉家庭、平安家庭。联合省直工委开展“清风廉韵——省直机关廉洁文化作品展”活动，省领导给予批示肯定。

三是切实加强领导班子和干部队伍建设。突出政治训练。举办省直文化和旅游系统处级干部学习贯彻党的二十大精神专题培训班暨学习贯彻习近平新时代中国特色社会主义思想主题教育读书班2期，举办全省文化和旅游高质量发展培训班3期，举办“河北文化和旅游大讲堂”12期，全面提升全省文化和旅游系统干部综合能力素质。加强日常管理。扎实开展厅直单位领导班子运行和班子成员履职情况考核暨优秀年轻干部调研，加强综合分析研判。深入开展2023年全省文旅系统“争做争创”活动和2022年“双十佳”典型选树工作，发挥先进典型的辐射示范引领作用。加大考核力度。进一步修订完善厅系统全员量化考核办法，创新考核方式、强化结果运用。坚持凭实干看干部、凭实绩用干部，大力选拔敢于负责、勇于担当、善于作为、实绩突出的干部，对考核优秀干部优先晋升职级。全年组织开展71名干部选拔配备、职级晋升工作。

（河北省文化和旅游厅　李永军）

山西省

【概况】2023年是全面贯彻党的二十大精神的开局之年。山西省文化和旅游系统深入学习贯彻习近平法治思想和党中央依法治国重大决策部署，深入贯彻落实习近平总书记对山西工作的重要讲话重要指示精神，扎实开展主题教育，深入调研，坚持以文塑旅、以旅彰文，推进全省文旅资源高质量发展。过去一年，山西文化事业、文化产业和旅游业逐步复苏，并实现快速提升，文旅消费有效释放，旅游经济蓬勃发展；全省 66 个重点监测景区累计接待游客 8070.45 万人次，同比增长 163.44%；累计门票收入 26.86 亿元，同比增长 218.96%；累计经营收入 45.34 亿元，同比增长 195.43%。山西省文化和旅游系统抢抓机遇、统筹协同、乘势而上，围绕建设新时代文化强省和国际知名文化和旅游目的地总目标，聚焦推进文化自信自强和文旅业高质量发展，从“供”“需”两端发力，实施精品战略，优化文旅供给，提升发展能级，释放消费潜力，培育壮大文化和旅游战略性支柱产业，奋力谱写文化产业和旅游产业高质量发展新篇章。

【规划与建设】出台《山西省公共文化服务保障条例》；制定《山西省基本公共服务标准（2023 版）》；制定《山西省文化和旅游厅推动全省文化创意产业高质量发展三年行动计划》，推动文化创意与相关产业融合发展；印发《2023 年文化和旅游巩固拓展脱贫攻坚成果有效衔接乡村振兴工作要点》，实施山西文化产业赋能乡村振兴；制定《山西省艺术创作工作推进机制》，形成《山西省艺术创作调研报告》；出台《稀有剧种保护资金管理办法》，推动山西省稀有剧种保护传承；印发《山西省“春雨工程”——文化和旅游志愿服务边疆行计划实施方案》，发挥全省公共文化机构优秀文旅志愿者力量。

修订印发《山西省旅游标准体系（2022 年版）》；出台《旅游服务标准化示范景区评价指南》；印发《山西省旅游资源普查总体方案》；制定印发《打造旅游友好型环境推动文化旅游业高质量发展工作方案》；制定印发《打造旅游友好型环境推动文化旅游业高质量发展工作方案》；印发《文旅康养奖补资金管理办法》《打造文旅康养集聚区工作推进机制》等，推动文旅康养市场主体高质量发展；印发《山西省创建国家全域旅游示范区实施方案》，推动全域旅游发展；制定《智慧景区建设评价细则》，推进智慧化建设；编制《山西国际知名文化旅游目的地建设规划纲要》，牵头制定《大同国际知名文化旅游城市建设行动方案》，由山西省旅游改革发展领导小组印发实施；起草《关公故里文化旅游目的地行动方案》《五台山国际知名旅游目的地建设行动方案》；联合省财政厅、省文物局共同出台《省级支持平遥古城保护暨建设国际知名旅游目的地补助资金管理办法》，下达年度建设补助资金 7000 万元，推动 13 个项目落地实施。

【文艺创作生产】组织开展优秀剧本扶持、舞台艺术优秀节目创作扶持、一剧一评等系列工作，持续加强艺术创作管理。民族歌剧《桃花红杏花白》、京剧《党的女儿——申纪兰》、晋剧《党的传话员》等 3 部作品入选文化和旅游部 2023—2025 年舞台艺术创作行动计划；晋剧《回家过年》、蒲剧《嫂子》、上党梆子《大汉母子》等三部剧本入选并参加由文化和旅游部组织的优秀剧本（剧目）改稿会；京剧戏歌《中华》入选文化和旅游部全国舞台艺术优秀节目创作扶持计划；话剧《右玉》、歌曲《木塔传说》等多部舞台艺术作品获得山西省第十三届精神文明建设“五个一工程”优秀作品奖；临县道情戏《大河清清》等 13 个项目获 2023 年度国家艺术基金立项，共获资助 1220 万元；指导推出话剧《晋绥儿女》、交响乐《黄河》、民族歌剧《小老杨》、晋剧《永祚霞光》、歌舞剧《烽火家书》、儿童剧《又见鸡毛信》等新创剧目。

组织优秀作品积极参加各类国家级展演活动，推出新人力作，打响三晋品牌。晋剧《望海楼台》参加第 31 届中国戏剧梅花奖终评，青年演员郑芳芳荣获第 31 届中国戏剧梅花奖；晋剧《包公赔情》等参加 2023 年全国地方戏精粹展演；上党梆子《太行娘亲》参加全国戏曲（北方片）会演暨梆子声腔优秀剧目展演；上党梆子《申纪兰》《杀庙》参加2023年戏曲百戏（昆山）盛典—全国戏曲演员会演；蒲剧《火凤凰》等参加2023第二届黄河流域戏曲演出季；要孩儿《狮子洞》参加全国民营文艺表演团体戏曲折子戏展演；京剧《文明太后》参加第十届中国京剧艺术节并被评为优秀剧目；豫剧《宇宙锋》参加第五届豫剧艺术节并被评为优秀剧目；话剧《于成龙》参加新时代舞台艺术优秀剧目展演；民族歌剧《三把锁》参加第五届中国歌剧节展演并被评为优秀剧目；打击乐合奏《老鼠娶亲》等参加全国民族器乐展演。

聚焦传承发展，弘扬戏曲文化。配套文化和旅游部濒危剧种公益性演出项目，出台《稀有剧种保护资金管理办法》，在中央每年1300万元补助资金的基础上，2023年起每年专列资金900万元，按照每场补助5000元的标准，购买全省31个稀有剧种的公益性演出服务，以演出为核心推动山西省稀有剧种保护传承；8月举办山西省首届稀有剧种展演，6天演出7场，全省享受稀有剧种公益性演出补贴的31个稀有剧种、66个院团悉数亮相，参演人员达300多人，观演人数达5000多人次，全面展示山西稀有剧种传承保护成果；2月5—9日连续举办5场“盛世梨园—2023年新春三晋戏曲演唱会”，邀请王爱爱、谢涛等众多山西省戏曲名家，以及部分“杏花奖”戏曲表演奖获得者和其他优秀中青年演员共同参演。

完成2023年山西省新年戏曲晚会、新年音乐会、廉政剧目展演、“群星奖”优秀节目展演、“表里山河”合唱音乐会、“表里山河·清廉山西”书画作品展和“山海之约”山西和上海优秀美术作品联展等各类文艺活动；通过采购文艺单位公共演出服务，在省城太原持续打造12个省级常态化惠民品牌，涵盖戏曲、歌舞、话剧、儿童剧、交响乐、曲艺等各门类艺术，票价30元，全年演出400多场，示范引领全省各地市打造本地常态化惠民演出品牌。

【公共文化事业发展】制定《山西省公共文化服务保障条例》，由山西省第十四届人民代表大会常务委员会第四次会议于2023年7月29日通过，自2023年10月1日起施行；制定《山西省基本公共服务标准（2023版）》；助力清廉山西建设工作，培育廉洁文化场所，省纪委、省委组织部、省委宣传部、省文明办、省文化和旅游厅、省文物局联合印发《关于公布第一批廉洁文化阵地目录的通知》；完成山西省图书馆空间再造，打造“阅读+”新空间，推动全省公共图书馆向“有温度的文化社交中心”高质量发展目标迈进。

印发《山西省“春雨工程”——文化和旅游志愿服务边疆行计划实施方案》，结合山西省对口援疆工作，采用“走出去+请进来”的方式，项目化完成15项“春雨工程”文化和旅游志愿服务边疆行活动；其中，晋疆文化交流一家亲——2023年山西文化和旅游志愿服务新疆行系列活动、“太行风物丝路行见”晋疆两地文化（书画）交流活动两个项目入选文化和旅游部2023年“春雨工程”——文化和旅游志愿服务边疆行优秀项目案例。

丰富公共文化服务供给，开展各项群众文化活动，推动乡村文化振兴：左权民歌入选首届中国群众文化品牌发展大会中国民间文化传承发展品牌案例；继续探索百姓点单、基层报单、部门派单、社会接单、群众评单、政府买单“六单”模式，为基层送公共文化演出50场；全省11个村镇、社区入选文化和旅游部公共服务司公布的2023年“四季村晚”主会场和示范展示点名单；大同市灵丘县红石塄乡车河有机社区、运城市稷山县陶梁村·姚村、运城市新绛县龙兴镇成功入选2023年全国“村晚”示范展示点。

开展面向特殊群体的群众文化活动，加大未

成年人、老年人、残疾人、农民工等特殊群体文化权益保障，扩大公共文化服务覆盖面和适用性：会同山西省残联组织开展2023年残疾人文化周活动；会同山西省残疾人联合会、山西省民政厅等10家单位组织开展第二十四次全国爱耳日宣传教育活动。

【公共数字文化工程】印发《山西省文化和旅游厅关于印发2023年中央补助地方公共数字文化建设方案的通知》，完善机制、科学统筹、分类施策。面向公共图书馆系统组织实施全国智慧图书馆体系年度建设任务，完成基础数字资源项目建设1个，基础支撑平台项目建设1个，知识资源细颗粒度建设和标签标引19万条；面向文化馆系统组织实施公共文化云年度建设任务，完成全民艺术普及相关直录播9场，区域和地方性群众文化活动2场，学才艺课程32门，采集场馆及活动信息的文化馆94个，赶大集专区建设1个，建设或优化艺术普及数字资源93小时，统筹推动脱贫县全民艺术普及高质量发展。

【文化产业示范园区（基地）建设】积极推动文化产业示范园区（基地）建设，通过山西省涉企政策服务平台，开展国家和省级文化产业示范园区、示范基地申报与复核工作；认定省级文化产业示范园区7个、创建单位1个，评选认定省级文化产业示范基地61个；指导晋中、晋城完成第三、四批国家公共文化服务体系示范区创新发展复核工作，支持和指导国家公共文化服务体系示范区特色文化服务品牌打造，推动公共文化服务高质量发展，提升公共文化服务效能。

【山西省群众文化惠民工程】制定下发《山西省2023年“免费送戏下乡进村”惠民工程实施方案》《“免费送戏下乡进村”惠民工程工作推进机制》；全省共完成免费送戏下乡进村惠民演出17069场，完成率170.69%，其中省级450场，市级2603场，县级14016场。

打造文源讲坛、合唱大赛、锣鼓大赛、剪纸大赛、八音会大赛、戏曲票友大赛等20项省级群众文化服务品牌，共开展活动3329场次（含线上巡演巡展）；全年培育4000支乡村群众文艺队伍（文艺小分队），共开展活动150984场次；挖掘2000支乡土文化能人艺人，共开展活动35621场次；培养4000名乡村文化带头人，共开展活动72326场次。9月8日，举办全国广场舞大会山西大同片区“云动天下　潮舞大同——嘉年华之夜”展演活动。省文化和旅游厅、大同市文化和旅游局荣获全国广场舞之夜优秀组织单位，大同市文化馆志愿者舞蹈队荣获全国广场舞之夜优秀团队，广场舞作品《汾河流水哗啦啦》入选“大地情深”全国优秀文艺作品汇演。

【文化遗产保护】2023年3月22日，由省委宣传部指导，省文化和旅游厅、山西大学共同设立的非物质文化遗产研究院在太原成立；5月19日，以“推进非遗创新发展·铸就文化产业繁荣”为主题，在平遥举办第三届山西非物质文化遗产博览会暨工艺美术产品博览交易会；9月19日，发布全省首部非遗蓝皮书:《山西非遗蓝皮书：山西非物质文化遗产保护发展报告（2022—2023）》；10月27日至11月15日，在中国非遗馆举办“我从晋中来——晋中国家级文化生态保护区成果展”；11月7日至11日，由文化和旅游部、山西省人民政府共同主办的“2023黄河非遗大展”在太原举办；与中国非物质文化遗产保护协会共同举办“锦绣山西·多彩非遗”2023年文化和自然遗产日系列宣传活动；完成第六批省级非遗代表性项目评审认定工作，新认定第六批省级非遗项目保护单位231家、省级非遗代表性项目226项；完成第六批省级非遗代表性传承人评审认定工作，新认定省级传承人318名；实施“中国非物质文化遗产传承人研培计划”，举办“山西传统木艺与漆艺的创新设计”“山西传统剪纸与布艺多材料创新融合设计”“河曲民歌”等传承人研修培训班；配合文化和旅游部工作部署，制作《非遗里的中国（山西篇）》专题节目；山西省11个曲艺类国家级非遗项目参加全国展演，省文化和旅游厅获得“全国非遗曲艺周”优秀组织奖。

【产业发展】制定《山西省文化和旅游厅推动全省文化创意产业高质量发展三年行动计划》，举办山西文化创意设计周，实施产业体系升级、集聚平台创新、文创产品打造、要素保障优化和质量品牌塑造五大行动；印发《2023年文化和旅游巩固拓展脱贫攻坚成果有效衔接乡村振兴工作要点》，实施山西文化产业赋能乡村振兴——“点亮乡村”文旅体验场景项目；举办第十九届深圳文博会山西文旅康养项目招商推介活动，推动山西省企业与长三角、大湾区、京津冀等地区200余家投资商进行对接；举办粤港澳大湾区企业家山西文旅康养项目考察推介活动，通过“走出去、请进来”的方式，做好“对接、推介、考察、跟进”等工作。

强化政策支持，印发实施《关于推动文旅康养市场主体发展的实施方案》《2023年文旅康养集聚区打造实施方案》《文旅康养领域建设高标准市场体系2023年行动计划》《文旅康养奖补资金管理办法》，会同省委宣传部、省财政厅、省民政厅等部门制定实施《激励文旅康养市场主体倍增的若干措施》；设立省级文旅康养奖补专项资金，组织开展2022—2023年度山西省重大文旅康养项目建设贷款贴息补助资金申报，下达文旅康养奖补资金近4.7亿元，推动打造10个文旅康养集聚区，评选15家文旅康养示范区；举办2023中国·山西（晋城）康养产业发展大会，建设晋城文旅康养样板城市，发布《中国文旅康养高质量发展晋城宣言》，成立文旅康养城市联盟，全力打响“康养山西　夏养山西”品牌。

促进文旅消费，评选14家省级夜间文化和旅游消费集聚区、6家省级旅游休闲街区，认定省级文化产业示范园区创建单位1个、省级文化产业示范基地20个；《又见平遥》入选全国旅游演艺精品名录；推动太原市迎泽区钟楼步行街等4家单位入选国家级旅游休闲街区；阳泉市阳泉记忆·1947文化园等3家入选第三批国家级夜间文旅消费集聚区；转型发展工业旅游，大同市开源一号文化创意产业园、太原市东湖醋园成为国家工业旅游示范基地。

【国家全域旅游示范区】按照《山西省创建国家全域旅游示范区实施方案》推进各项创建工作，推动全域旅游发展，出台全域旅游示范区管理办法、验收标准、创建手册等，截至2023年年底共完成山西省全域旅游示范区66家单位省级初审验收。

【资源开发】制定《山西省旅游资源普查总体方案》，推进全省旅游资源普查工作；推进旅游资源普查信息管理平台建设，启动全省资源普查工作；实施A级旅游景区倍增计划，持续做大景区评定储备总盘，新评定13家4A级景区，指导各市新创建3A级及以下旅游景区80家，全省A级旅游景区数量增幅达到25.6%，总数达到390家；实施全省县域A级旅游景区破零行动，全省县域A级旅游景区覆盖率由2022年年底的79%提高至96.58%；推动晋祠天龙山景区创建国家5A级旅游景区，已通过文化和旅游部景观质量评价，列入国家5A景区预创建名单；推荐太行锡崖沟旅游度假区、云中河温泉旅游度假区创建国家级旅游度假区，已通过文化和旅游部创建条件审核，完成资源环境与度假产品基础评价线上答辩，列入国家级旅游度假区创建名单。实施龙头景区梯次打造培育计划，制定25项重点任务清单和52项重点项目清单，建立工作台账协调推进，完成年度投资26.5亿元；开展龙头景区对标一流活动，组织22家龙头景区管理和运营单位对标国内成熟的头部景区或一流景区制定提升工作方案。

助力乡村振兴，省文化和旅游厅、省发展改革委联合印发《关于开展2023年全省乡村旅游重点村遴选推荐工作的通知》，60个乡村入选全省乡村旅游重点村名录；6村3镇入选第四批全国旅游重点村镇名单；14条线路入选文化和旅游部“乡村四时好风光”全国乡村旅游精品线路。

助力全省景区复工复产和服务业复苏，落实2022年度景区门票优惠补助资金1173万元，推动落地省财政对参与2023年度门票优惠活动的A级旅游景区资金补助，及时下达首批补助资金4921万元。

【旅游景区建设】制定出台《山西省旅游服务标准化示范景区评价指南》，评定云冈区云冈石窟景区等10家景区为山西省旅游服务标准化示范景区；强化数字赋能，制定《山西省智慧景区建设评价细则》，评定阳城县皇城相府生态文化旅游区等3家景区为智慧化景区，评定太行山大峡谷八泉峡景区等4家景区有关项目为智慧化建设典型项目，支持和指导各地因地制宜建设特色化智慧化旅游景区；SoReal焕真·平遥科技艺术博物馆入选文化和旅游部第一批全国智慧旅游沉浸式体验新空间培育试点名单；评定云州区大同火山群景区等13家景区为国家4A级旅游景区；强化监督管理，按照《旅游景区质量等级的划分与评定》标准实施旅游景区“体验式”复核，抽取126家景区复核检查，总抽检率40.38%，其中10家5A级旅游景区全覆盖，4A旅游景区检查30家，提出整改问题358条，提出整改措施204条，及时下达整改通知督促落实。

【省级旅游度假区】2023年年底，山西省文化和旅游厅发布公告，太原市晋阳文化旅游度假区等8家单位成功创建省级旅游度假区，全省省级旅游度假区总数已增至57家。

【长城国家文化公园（山西段）建设】稳步推进《长城国家文化公园（山西段）建设保护规划》落地实施，有序部署和推进重大项目建设；编制《长城国家文化公园（山西段）核心展示园区建设指南》；组织开展山西省长城国家文化公园建设工作推进暨观摩活动，举办“这就是长城力量”融媒体采风宣传活动和“感悟古长城　体验新旅程”长城寻堡活动，全网话题点击超2500万，线上讨论次数超6000次，视频累计播放量超300万次，进一步扩大长城文化和旅游影响力。

【红色旅游】2023年5月24日，文化和旅游部公布2023年全国红色旅游五好讲解员培养项目的人员名单共106人，其中山西省有4人入选；5月27日，在山西省长治市武乡县举办中国红色旅游推广联盟年会、红色文旅推介会，全国27个省的联盟单位共同发布《红色旅游融合发展武乡共识》，发布20条红色主题旅游线路，武乡县成为全国红色旅游融合发展试点单位，武乡县红色与文旅融合获选全国文旅改革案例评选典型案例。

【旅游营销与宣传推广】制定印发《山西文旅融媒体宣传推广工作机制》，创建省、市“常态化”交流模式和“一盘棋”营销机制，建立山西文旅媒资素材库，逐步实现高清素材共享，持续推进山西文旅融媒体中心运营和专业化管理；抢抓机遇，利用演唱会经济效益，联动各市35家景区推出门票优惠政策，搭建山西文旅街区，配合活动做好系列营销，有关山西文旅话题引发网络媒体热议，形成二次传播效应；配合联动“东方甄选”开展山西文旅直播，山西行话题登上抖音热搜榜超20次，全网短视频播放量超过6亿次。

举办“欢乐中国年　地道山西味”品牌活动：围绕“晋迎新春 团圆山西”主题，在春节前后通过举办线下系列活动，激发和引导旅游消费，助力提升“华夏古文明 山西好风光”整体旅游品牌的知名度、影响力。

开展以“云动天下　潮起大同”为主题的第九次旅发大会宣推：推出大会吉祥物“忘忧宝”，创作一系列文旅高质量宣传产品，采用多元创意表现形式，引爆文旅话题，推动山西文旅品牌“出圈”。

举办数字文旅品牌创新大会：3月21日，在太原晋阳湖国际会议中心成功举办以“数字文旅　美好生活”为主题的2023数字文旅品牌创新大会；发布山西文旅虚拟人星推官、太行山旅游联合推广计划，发起数字文旅品牌联合推广倡议。

推出山西文旅系列纪录片：在中央广播电视总台CCTV4《走遍中国》栏目推出《古城平遥任逍遥》《大同奇遇记》《到太原　可以这样玩》《追寻杨家将的足迹》等山西文旅系列纪录片。

举办“趣享山西好风光”城市名片联动计划启动仪式：聚焦山西省11市独特的资源禀赋和文化特色，通过城市联动，产品组合，打造全域旅游体验，助推山西文旅业高质量发展。

开展“晋”享好风光跨省引客系列推荐会：2023年，陆续在广州、杭州、南京、深圳、济南、呼和浩特、郑州、天津、上海等地组织开展2023年“晋”享好风光跨省引客系列推荐会，活动开拓了外省市场，进一步加大山西旅游宣推力度。

【市场规范】制定印发《打造旅游友好型环境推动文化旅游业高质量发展工作方案》，确保文旅市场规范有序；完善双随机抽查事项清单，市场主体名录库、执法人员名录库“一单两库”建设，制订“双随机、一公开”监督检查实施方案和抽查工作计划；印发《关于加强剧本娱乐经营场所管理的通知》；联合省公安厅印发《进一步加强大型营业性演出活动规范管理促进演出市场健康有序发展的通知》，加大违法行为打击力度。

制定下发《关于做好2023年文化和旅游安全生产工作的通知》；修订完善《安全生产“党政同责、一岗双责”实施细则》；制订2023年监督检查计划，采取与“互联网＋监管”“双随机、一公开”以及“四不两直”等相结合的方式；联合省公安厅和省交通运输厅印发《关于进一步规范旅游客运安全带使用保障游客出行安全有关工作的通知》；联合消防救援总队印发《落实国家消防救援局　文化和旅游部关于印发剧本娱乐经营场所消防安全指南（试行）的通知》；开展文化和旅游行业“安全生产月”活动，印制发放安全出行、森林防火、乘车须知、食品安全、地质灾害防范等安全宣传资料5000余份；制定下发《全省文化和旅游行业重大事故隐患专项排查整治2023行动实施方案》，督促指导市县文化和旅游部门对辖区内文旅场所进行全覆盖式隐患排查；严格旅行社责任保险投保制度，旅行社投保率达100%，鼓励企业单位投保安全生产责任保险，组织开展A级旅游景区综合安全评估调研工作。

【对外合作交流】加强山西文旅资源对外推介，提升“华夏古文明，山西好风光”文旅品牌的影响力与知名度。参加第三十一届广州国际旅游展览会，展览会以“相聚——为了可持续的未来”为主题，展出面积22000平方米；参加2023（中国）亚欧商品贸易博览会，商博会以“弘扬丝路精神，深化亚欧合作”为主题，来自哈萨克斯坦、吉尔吉斯斯坦等40个国家和地区、7个国际组织、境内外约1300家企业齐聚新疆，共商发展；参加2023中国国际旅游交易会，并举办山西文化和旅游专场推介活动，展位面积约198平方米，组成7个专题展区，全方位展示山西文化、旅游、一带一路等方面的成果。

“走出去”加强对外宣传：2023年，先后组派文旅宣传推广团组6批次，赴东南亚、港澳台、欧洲等重点客源地举办专场文化和旅游推介会、旅行商座谈、展览展示等活动；省内商务国旅、宝华国旅、红马国旅等出境旅行社与新加坡、日本、匈牙利、葡萄牙、法国、西班牙、德国、意大利等国旅行商签署了合作协议；山西合唱艺术交流团在土耳其世界合唱研讨大会闭幕式上与土耳其等国家合唱团演员同台演唱山西省原创京剧戏歌《中华》。

“请进来”深化交流合作：邀请9个国家驻华使馆官员和旅游机构20名代表参加2022年全省第九次旅发大会并举办国际旅游产业对接会，亚美尼亚、白俄罗斯、摩尔多瓦3国大使和英国、泰国国家旅游局代表在会上进行了推介和交流，提升了大会的国际参与度；举办“2023大河论坛·黄河峰会”，发力打造黄河文化旅游IP和具有国际影响力的黄河文化旅游带，促进世界大河文明之间的交流互鉴。

推进港澳台和青少年游学工作：参加2023年中国文化和旅游IP授权系列活动和第37届香港旅游展，举办山西文化旅游专场推介活动；在澳门举办文化旅游招商座谈会，并组织有关企业参加第11届澳门国际旅游（产业）博览会；山西省第九次旅发大会期间，邀请港澳旅行商赴晋踩线考察座谈，进一步加强业界交流合作；组织有关企业参加2023海峡两岸台北夏季旅展，举办2023长城主题推广活动，邀请台湾旅游交流协会参加“龙的传人游长城”——台湾旅游业界山西踩线活动；积极参与内地游学联盟工作，举行“鼓动青春”晋港青少年绛州鼓乐游学活动，《守护壁上丹青》《博物馆之旅》入选“游学中国”精品线路。

（山西省文化和旅游厅　李欣洁）

内蒙古自治区

【概况】2023年，是全面贯彻党的二十大精神的开局之年，也是文化事业、文化产业和旅游业发展极不平凡的一年。内蒙古自治区文化和旅游系统坚持以铸牢中华民族共同体意识为主线，聚焦聚力完成好习近平总书记交给内蒙古的五大任务和全方位建设模范自治区两件大事，围绕打响“北疆文化”“旅游四地”品牌，锐意进取、苦干实干，推动文化事业繁荣发展、文旅市场加速回暖、文化产业和旅游产业强劲复苏，文旅经济走出“供需两旺、高开高走”发展态势，交出了一份亮点纷呈、成色十足的发展答卷。

多项数据高位增长、实现突破。坚持以政策牵引驱动激发市场主体活力，发布支持文化事业、文化产业和旅游业恢复发展措施15项，推出惠民举措150余项，带动全年接待游客2.3亿人次，实现旅游收入3350亿元，均创历史新高，是2022年的2.49倍和3.18倍。文化和旅游工作激流勇进、逆势上扬，取得突破性进展。

四地建设夯基垒台、全面起势。突出目标导向、规划引领，优化旅游“四地”布局、完善基础设施、增强服务功能，建成高等级自驾车营地、度假区、露营地279个，成功创建国家级文化产业和旅游产业融合发展示范区、旅游休闲街区等国家级旅游品牌17个，5C级、4C级自驾车旅居车营地总量位居全国第一，国家级滑雪旅游度假地总量位居全国第二。旅游“四地”开局破题、扎实稳健，展现出强劲发展势头。

对外开放开拓创新、活力迸发。创新实施“百万人互游”计划，带动俄蒙、港澳等游客率先入境，提早4个月集中来团，提前3个月完成京蒙“旅游倍增计划”，开行阿尔山、呼伦贝尔等重点旅游目的地专列400列、包机700架次，接待入境游客210万人次，长三角、珠三角游客显著增长，获文化和旅游部肯定并面向全国推广。文化和旅游工作深度融入国内国际双循环，实现从内陆腹地迈向开放前沿的大步跨越。

北疆文化引领风尚、润泽心田。将北疆文化融入艺术创作、展示展览、群文活动，荣获“荷花奖”等各类国家级文艺奖项47个，开展文化演出活动5.35万余场次，全区等级图书馆占比达到82%，公共文化场馆接待人次是上年同期的1.7倍，辽上京皇城南部建筑、后城咀石城遗址获考古新发现。北疆文化的传承、转化、表达方式方法更加生动立体，文化自信自强的根基更加坚实厚重。

【坚持深信笃行，学习贯彻习近平新时代中国特色社会主义思想走实走深】用心用情感念习近平总书记第四次亲临内蒙古考察给予的巨大政治关怀，牢记嘱托、感恩奋进，以实际行动坚定拥护“两个确立”、坚决做到“两个维护”。一是强化思想政治引领。坚决落实党组会议“第一议题”、党组中心组学习“第一主题”制度，跟进学习贯彻习近平总书记最新重要讲话精神、对内蒙古的重要指示精神，努力做到真学真懂真信真用，坚定自觉地做习近平新时代中国特色社会主义思想的坚定信仰者、忠实实践者。二是抓好两件大事落实。制定印发通知，明确任务清单、责任分工，以项目化推进方式圆满完成自治区“五大任务”2023年重点工作，推动全方位建设“模范自治区”取得明显成效。三是扎实开展主题教育。坚持理论学习、调查研究、推动发展、检视整改有机融合、一体推进，开展集中学习432次、调查研究155次，完成成果转化142项，有效破解瓶颈问题59个，主题教育达到了预期效果。推出“亮丽内蒙古　奋进新征程”“伟大精神引领伟大事业”“感党恩、听党话、跟党走”系列主题展，开辟了党政机关、企事业单位主题教育的新阵地。

【坚持以文铸魂，以高质量的文化供给丰富群众高品质的文化需求】积极发挥文化的精神引领和价值导向作用，通过提升艺术创作感召力、公共服务凝聚力、文艺品牌影响力，让各族群众在文旅实践中感悟北疆文化、增强文化认同。一是精心组织主题文艺创作。坚持“二为”方向、“双百”方针，努力在“艺术高原”上构筑起“艺术高峰”，推出歌剧《江格尔》、交响组曲《绿色长城》、歌舞剧《乌兰牧骑走边关》等一批叫得响、立得住、传得开的精品力作，6台剧目进行全国巡演，苏尼特右旗乌兰牧骑、内蒙古艺术剧院歌舞团分别荣获2023年全国五一劳动奖状、全国工人先锋号。组织开展乌兰牧骑“学·创·演”系列活动，新创作品300部、复排经典作品72部，在下基层、入一线、走边防中让“红色文艺轻骑兵”的旗帜高高飘扬。二是着力提升公共服务效能。聚焦提升群众文化活动的广泛性、获得感，举办“舞动北疆”广场舞大赛、“唱响北疆”群众歌咏展演、“阅读北疆”全民阅读、“北疆文化”主题展览等系列活动。助力新时代文明实践，组织开展“春雨工程”“文化悦老”“文化筑梦”“文化助残”“文明旅游”等活动，营造向上向善的良好社会风尚。发挥现代公共文化服务体系建设示范作用，呼和浩特市通过国家公共文化服务体系示范区创新发展复核、获评优秀。三是打造精品展示展演活动。举办首届内蒙古自治区曲艺展演、第五届“草原金秋”全区声乐比赛、第八届辽吉黑蒙四省区地方戏展演、第九届全区舞蹈比赛等文艺演出活动，推出内蒙古非遗集市、全区传统工艺与现代创意展等特色宣传展示活动，通过线上线下结合为观众呈献精彩艺术盛宴。

【坚持守正创新，推动文化遗产创造性转化、创新性发展】严格落实保护第一、传承优先理念，正确处理保护与利用、保护与发展、保护与开发的关系，在守正创新中赓续历史文脉、彰显时代精神。一是加强文化遗产保护。完成石窟寺保护规划、革命文物保护规划编制，组织实施文物保护工程 42 项，启动第四次全国文物普查工作，跨省区推动长城联合保护、红山文化申遗，长城、黄河国家文化公园重点项目取得阶段性进展。组织开展主动性考古发掘项目 11 项、抢救性考古发掘项目 14 项。印发《关于推进红色资源保护与利用的工作方案》，公布第二批革命文物名录 230 件 / 套，完成 48 条红色标语调查。二是推动文物活化利用。各级博物馆征集文物近 3 万件 / 套，推出“北疆印迹”“融合之路”“大河毓秀”等精品展览 300 余个，“交融汇聚”展览列入国家部委重点推介项目。创新推出“博物馆之夜”活动，内蒙古博物院暑期日均入馆游客达 2.3 万人次。成立自治区黄河流域博物馆馆际联盟，“体质人类学与分子考古学国家文物局重点科研基地内蒙古研究中心”成功挂牌。三是促进非遗活态传承。健全完善非遗保护体系，开展非遗传承活动评估，认定自治区级非遗传承教育实践基地、旅游体验基地、特色村镇街区 98 个，举办非遗演艺、节庆民俗等活动 1540 余项，推动内蒙古网上数字非遗馆建设。推出《非遗里的中国》（内蒙古篇）、《遗・冀》等综艺节目，大型融媒体直播栏目《根脉》入选国家文物局 2023 年度中华文物新媒体传播精品推介优秀项目，非遗人文纪录片《卓拉的嫁期》入选 2023 年第二季度优秀国产纪录片。

【坚持精准施策，文化产业和旅游产业有效提质升级】加强顶层谋划、系统布局，在业态培育、产业转型上下功夫，推动“文旅 + 百业”跨界融合、协同发展。一是坚持高位推动。自治区政府高规格召开全区旅游发展大会，出台《关于促进文旅深度融合推动旅游业高质量发展的意见》，印发促进“旅游四地”建设、东部地区旅游业发展、大兴安岭旅游开发、加快跨境旅游发展等文件，进一步明确产业发展方向。二是强化项目支撑。引导各地区依据优势、错位发展，打造独具特色、适销对路的拳头产品，86 个文旅重点项目完成投资 57.55 亿元，107 个招商引资项目落地金额 33.45 亿元。呼和浩特市花海之约、云羡露营地，包头金街，兴安盟草原宿集，锡林郭勒盟“草原上的朋友”，乌兰察布乌兰哈达火山，乌海市云享小镇等一批高品质项目开门迎客、好评如潮。三是支持龙头牵引。全力支持龙头景区做大做强、重点景区提质提级，阿尔山国家级旅游度假区、敕勒川国家级文旅融合示范区和莫尔格勒河 5A 级景区创建取得重要进展，评定 3A 级、4A 级旅游景区和自治区级旅游度假区、休闲街区及乡村旅游重点村镇 83 家，认定自治区重点培育文化产业和旅游产业融合发展示范区、夜间文化和旅游消费集聚区 18 个。

【坚持挖潜赋能，文化和旅游市场实现强劲复苏】立足资源禀赋优势，在打造精品化、特色化、差异化旅游产品上集中用力，创造更多文旅看点、亮点、卖点，“一业兴、百业旺”的乘数效应叠加释放。一是组织开展系列多彩活动。聚焦“相约草原”主题，举办旅游那达慕等活动 6800 余项，阿拉善胡杨节、锡林郭勒马超、达里湖冬捕节、哲里木赛马节、“魅力乌拉特”西部民歌会等异彩纷呈，乌兰察布之夜吸引游客 365 万人次、呼和浩特跨年夜活动引爆全城，为全季全业旅游引来更多“流量”、增加更多“黏性”。首次承办中国（阿尔山）旅游大会、全国舞蹈展演、中国文化馆年会，实现“办一次会，兴一座城”。二是推出多条精品旅游路线。推动文化和旅游资源串点连线、串珠成链，开发“亮丽内蒙古　四季好风光”系列沉浸式旅游产品，推出百余条精品旅游线路，1 条线路入选全国非遗特色线路，2 条线路入选全国十大冰雪旅游精品线路，3 条线路入选“中国之路”十大自驾游精品线路，5 条线路入选全国长城主题精品旅游线路，

20 条线路入选全国乡村旅游精品线路。三是获评多项示范典型。非遗旅游、研学旅游、露营旅游、旅游演艺等新产品新业态持续壮大，“围炉煮茶”、城市漫步、高考盲盒、马拉松竞技等玩法花样频出，“我和草原有个约定”“冰雪那达慕”“向西一步去滑雪”“兴安岭上兴安盟”“暖城鄂尔多斯”等品牌火热出圈，兴安盟获评全国“避暑旅游目的地”，鄂尔多斯市获评“2023 文化和旅游高质量发展优秀城市”，呼和浩特市入选“旅游集团优选投资城市 Top10”，满洲里市入选“2023 年全国县域旅游发展潜力百佳县”，敖汉旗获评中国“天然氧吧”，准格尔旗获评 2023 年非物质文化遗产优秀城市，呼伦贝尔市、乌兰察布市及凉城县、阿拉善左旗、阿尔山市获评“2023 避暑旅游优选地”。

【坚持扩大开放，“亮丽内蒙古”品牌形象深入人心】持续加强宣传营销、推广推介，着力聚人气、增名气、赚商气，全面提升地域知名度和竞争力。一是全力培树品牌新形象。建立“千号联动、万人直播、百万触达、矩阵推广”宣传模式，累计发送原创稿件 1 万余条，厅政务微博 15 次跻身内蒙古周榜第一名，厅微信公众号荣获 2023 年网络文明主题优秀新媒体账号，央媒平台发稿量连续三个季度位于全区排名前三位，吸引《你好生活》《现在就出发》《东方甄选》等综艺节目走进内蒙古自治区，以立体营销催生“出圈效应”。二是全力打造宣传推广新模式。深入京津冀、长三角、粤港澳大湾区等重点客源地，全方位、高标准、多层次开展旅游推介和招商活动 200 余场次。组织“千车万人”穿越大兴安岭、亚洲飞行第一人飞跃内蒙古等活动，面向全国发出“来自内蒙古的冰雪之邀”。三是全力服务国家向北开放桥头堡建设。充分发挥“万里茶道”旅游联盟秘书处作用，举办第四届中蒙博览会“万里茶道”国际文化旅游推介会、第二十一届中俄蒙国际冰雪节，组织开展中俄千人跨年、家庭亲子互换体验游等品牌活动。在海外设立 4 个内蒙古文旅宣传展示中心，承办中俄蒙国际交流演出、拉脱维亚中秋活动。

【坚持强化管理，文化和旅游领域治理水平持续提升】围绕服务发展大局、守住安全底线、打造良好环境，健全制度机制，提升工作质效，全力打通文化和旅游领域堵点、难点、痛点问题。一是持续优化营商环境。下发 2 项行政许可事项、30 项外部事项，精简行政审批环节、材料，压缩审批时限，“三减”率总体压减 74.82%。新增金树叶绿色旅游饭店 4 家、高星级旅游饭店 4 家、高 A 级旅行社 17 家、省级文明旅游示范单位 16 家、等级旅游民宿 25 家，17 家企业入选信用中国（内蒙古）“诚信示范企业”。二是严守意识形态阵地。修改完善《内蒙古自治区文化和旅游厅党组落实意识形态工作责任制实施办法》，制定意识形态工作责任清单，将意识形态审查作为场馆评估定级必备程序，持续加强文旅活动、文化场所和 A 级旅游景区、旅游服务机构意识形态管理。三是加大执法监管力度。坚持“包容审慎”与“重拳出击”相结合，开展文化和旅游市场整治专项行动、地区间交叉执法检查、剧本娱乐专项整治等行动，出动 35 万多人次检查经营单位近 13 万家次，为游客创造安全舒适的旅游环境。发布 28 条热点旅游线路诚信指导价标准，出台《关于娱乐场所和互联网上网服务营业场所设立审批有关事项的规定》，入选全国文化和旅游系统典型案例。

【坚持全面从严治党，党的建设和党风廉政建设全面加强】切实履行管党治党政治责任，突出“严”的主基调，强化“实”的硬举措，为完成年度目标任务提供坚强的政治和组织保障。一是全面加强党的建设。坚持将全面从严治党、党风廉政建设和反腐败工作与业务工作同部署、同落实、同考核，以高质量党建促进高质量发展。以高度的政治责任感自觉主动接受巡视监督，全力支持配合巡视工作，扎实做好巡视整改“后半篇文章”。二是大力提升党建水平。建立厅党组成员、机关党委委员联系基层党支部工作机制，列席指导“三会一课”、讲授主题党课，示范带动基层党组织全面进步、全面过硬。深入开展星级化亮晒比、创建坚强堡垒模范支部评选活动，持续整顿软弱涣散党组织，基层党组织的组织力、凝聚力、战斗力不断增强，24 个党支部获评“最强党支部”，2 个集体荣获“全国青年文明号”，6 个集体荣获“一星级自治区青年文明号”，4 个直属单位荣获“第十届自治区文明单位”。三是积极转变工作作风。聚焦解决“慢、粗、虚”问题，认真开展“提标、提速、提效”专项行动，查摆问题 570 余条，制定整改措施 590 余条，促进机关工作节奏由慢向快转变、工作态度由粗向细转变、工作成效由虚向实转变。扎实开展“转作风、抓落实、树形象”专项行动，深入纠治“三多三少三慢”，求真务实、担当作为的干事创业氛围日趋浓厚。

（内蒙古自治区文化和旅游厅　王佐政）

辽宁省

【概况】2023 年，辽宁省文化和旅游系统坚持以习近平新时代中国特色社会主义思想为指导，积极执行省委、省政府全面振兴新突破三年行动工作安排，切实履行“举旗帜、聚民心、育新人、兴文化、展形象”的使命任务，一手抓高质量发展，一手抓全面从严治党，全省文化和旅游工作在围绕中心、服务大局中展现新作为，在以文塑旅、以旅彰文中构建新格局，在守正创新、攻坚克难中焕发新气象。

【艺术创作持续繁荣】成功举办辽宁省第十二届艺术节。杂技剧《先声》、京剧《邓稼先》等 8 部作品荣获第六届辽宁文华大奖，56 个项目荣获辽宁文华单项奖。公布 2023—2025 年辽宁省舞台艺术创作重点选题目录，确定话剧《天·粮》、音乐剧《国之韶华》等 24 个重点创作选题。大连歌舞团创作的音乐剧《国之韶华》入选第二届全国优秀音乐剧展演剧目。辽宁歌舞团（辽宁民族乐团）创作的民族舞蹈专场《舞与伦比》入选第九届丝绸之路国际艺术节展演剧目。沈阳杂技演艺集团创作的杂技节目《炫彩车技》和大连杂技团有限公司的杂技节目《曙光》入选第十一届全国杂技展演。举办“菊苑流芳——2023 辽宁省新春戏曲晚会”。印发《辽宁省戏曲名家工作室管理办法》，设立首届辽宁戏曲名家工作室 5 个。举办辽宁省第二届地方戏曲小戏展演，评选出 10 名“辽宁省第二届地方戏曲小戏展演表演艺术传承英才”，开展“一戏一评”，并召开“辽宁戏曲传承发展研讨会”。首次举办“家乡美”辽宁旅游歌曲演唱会。各市面向文艺院团购买在本地区的演出，广泛组织院团深入农村、社区、厂矿、军营、学校等基层一线开展公益惠民演出活动，全年演出 1000 余场。

【文化和旅游公共服务效能显著提升】组织开展第七次全国县级以上公共图书馆评估定级工作。组织各市积极开展“村晚”活动，大连、本溪、朝阳三个地区的“村晚”活动入选 2023 年全国村晚示范展示点活动。辽宁省推荐的“村晚”节目《茗香情》《非遗里的旋律》《巧大姐》《赞美我的家乡》入围“全国我最喜爱的‘村晚’100 个优秀节目”最终榜单。辽宁省推荐的 11 个“四季村晚”示范活动，全部入选文化和旅游部“四季村晚”示范展示点。盘锦市《山美水美东北美》广场舞团队入围贵州广场舞之夜。在丹东市虎山长城景区举行了“弘扬长城文化　促进全面振兴”辽宁省民间文化艺术之乡展览展示活动。加强阅读推广，举办首届“阅读新时代　书香伴成长”辽宁省少儿讲故事案例征集、“传诵红色经典　品读辽宁文化”全省公共图书馆阅读推广、公共图书馆服务宣传周和城市书房阅读推广等系列活动。通过“政府购买公共文化服务”方式，为群众提供“按需点单”公共文化服务，全年开展戏曲进乡村活动208场。深化文化和旅游志愿服务，评选出首届辽宁文化和旅游志愿服务优秀案例10个，辽宁省志愿者参加全国“春雨工程”“文化润疆”文化和旅游志愿服务边疆行活动。

【文化和旅游科技教育工作取得实效】以数字技术赋能，培育文化和旅游新业态新产品。“游辽宁”App、小程序正式上线，亮相2023东北亚（沈阳）文化旅游创意博览会，让数字“述说”辽宁故事，为游客提供全新的旅行智能体验。培育具有竞争力的数字文旅品牌，不断提升辽宁文化影响力和旅游吸引力，大连EX机器人未来科技馆入选全国智慧旅游沉浸式体验新空间试点项目，大连博涛文化科技股份有限公司入选文化和旅游部首批技术创新中心，辽宁EX机器人未来科技体验中心被确定为2023年度国家旅游科技示范园区。辽宁省2个项目入选2023年度国家社科基金艺术学项目。第七批国家级社会管理和公共服务综合标准化试点“辽宁省图书馆特殊群体文化服务标准化试点”和“辽宁省博物馆公共文化服务标准化试点”、省级服务业标准化试点沐航国际旅行社集团有限公司“研学实践教育服务标准化试点”均通过终期验收。16名舞蹈专家入选“桃李杯”部级评审专家库。沈阳市旅游学校《文化和旅游融合背景下创新型双师教师队伍的构建与研究》成功入选2023年全国文化艺术职业教育和旅游职业教育提质培优行动计划。评定辽宁省首批省级旅游科技示范园区12家。

【文物活化利用水平实现跃升】重点推进“中华文明探源工程——北方长城地带文明进程”课题研究和“考古中国——红山社会文明化进程研究”“考古中国——高句丽考古研究”重大项目。马鞍桥山遗址红山文化考古成果首次在“考古中国”发布。辽宁省牛河梁遗址被确定为中华文明古国时代第一阶段的代表性遗址，将中华文明起源的时间线又向历史纵深推进了约五六百年。推进红山文化遗址联合申遗工作。牵头组织并举行传承文化发展、探源中华文明“新时代红山文化大讲堂”活动。在朝阳市举办了“文明发端地　古国牛河梁”牛河梁红山文化最新研究成果论坛。筹备开展辽蒙红山文化遗址联合申遗工作备忘录签署活动，《红山文化遗址联合申报世界文化遗产工作备忘录》经省政府常务会议审核通过。开展的大凌河中游、阜新细河流域红山文化调查，新发现红山文化遗址129处。完成大连、辽阳两市高句丽遗迹调查，重新认定高句丽时期城址1座、遗址1处。大井地遗址考古发掘取得重大进展，明确了遗存的四个时期，填补了高句丽起源问题研究的学术空白。阜新地区旧石器时代考古专项调查，新发现旧石器地点18处，采集石制品1500余件，实证了辽西地区旧石器时代文化发展的连续性。完成47项地方“土储前置”项目的约60.1平方公里考古调查工作。完成大连地区2项、约130万平方米的水下考古调查项目。完成大型基本建设工程考古勘探39项、面积近142万平方米。完成朝阳市柳城开发区30平方公里文物影响评估工作。完成高速改扩建、抽水蓄能电站项目的6处遗址及墓地的发掘工作。组织举办“考古走向公众　文明薪火相传”等40余项公众考古活动。完成数字化平台考古调查、勘探及发掘系统自主研发工作。阜新首届查海论坛、鞍山海城仙人洞遗址文化学术研讨会、本溪庙后山遗址研究与遗址公园建设座谈会相继举行。辽宁旅顺口军民融合国家文物保护利用示范区建设任务顺利完成，形成文物保护利用“旅顺模式”，全国推广。重点实施南树林子长城、广宁城北墙、兴城古城数字化等长城文物本体保护项目。实施鞍山钢铁厂早期建筑——井井寮旧址、本溪湖工业遗产群等工业遗产保护项目。开展将军石摩崖石刻修缮前期勘察研究、海棠山摩崖造像等石窟寺保护工程项目。印发《关于让文物活起来扩大中华文化国际影响力的实施意见的实施方案》。公布第二批不可移动文物名录 93 处，全省不可移动革命文物总数为 668 处，总数量居于全国前 10 位。制定《辽宁省抗战文物核查工作方案》，在全省范围内开始抗战类文物核查摸底工作。对全省与抗美援朝战争和抗美援朝运动相关的遗址、旧址和纪念设施开展调查工作，全省现有各级各类不可移动抗美援朝文物 164 处，其中，全国重点文物保护单位 2 处，省级文物保护单位 15 处。推介全省以革命文物展览展示为主题的“大思政课”优质资源 14 项。由中共辽宁省委宣传部、辽宁省文化和旅游厅主办的《守望丰碑　薪火相传——辽宁“六地”红色印记主题展》在沈阳“九一八”历史博物馆开幕，此展览入选国家文物局 2023 年度“弘扬中华优秀传统文化、培育社会主义核心价值观”100 个主题展览推介项目名单。起草制定《关于推进博物馆改革发展的实施方案》。顺利完成 6 家博物馆的设立备案工作，全省备案博物馆达到 129 家。组织全省博物馆策划开展主题社教活动，全年累计开展 5924 场。组织指导全省博物馆打造各类精品展览 41 个。启动“大馆带小馆”合作机制，以 19 家等级博物馆为帮扶实施主体，针对 42 家中小博物馆开展结对帮扶工作。指导成立沈阳现代化都市圈博物馆联盟，策划首个联展“七星合耀——沈阳现代化都市圈历史华章”。“和合中国”展览获第二十届（2022 年度）全国博物馆十大陈列展览精品奖，辽宁省博物馆“构建展览叙事体系，用心用情用力讲好中国故事”入选全国首批文物事业高质量发展案例。辽宁省 4 项展览入选 2023 年度“弘扬中华优秀传统文化、培育社会主义核心价值观”主题展览项目。抗美援朝纪念馆的《英雄赞歌》系列短视频获评 2023 年度中华文物新媒体传播精品推介优秀项目，辽宁省博物馆的《和合中国》系列融媒体传播和《国宝在辽宁》系列短视频、鞍山市博物馆的《此物怎讲》宣传片荣获入围项目。策划实施辽宁省博物馆系统文创产品开发设计大赛。成功主办“第九届全国十佳文博技术产品及服务推介活动”终评会。

【非物质文化遗产保护传承水平不断提高】出台《辽宁省省级非物质文化遗产代表性传承人认定与管理办法》《辽宁省加强非物质文化遗产保护工作三年行动方案（2023—2025 年）》等文件。公布第四批省级非遗代表性传承人 139 名。对辽东（抚顺）文化生态保护区、燕北边塞（朝阳）文化生态保护区工作的工作情况进行验收。加强非遗传播推广，举办“兔年添新福　文化过大年”2023 年辽宁省非遗年货节、“全面振兴新突破三年行动”系列文化活动——“辽海情韵”非物质文化遗产系列专场展演、“非遗迎端午　匠心颂振兴”2023 年辽宁省非物质文化遗产传统技艺大展暨第九届沈阳非遗博览会、“辽海情韵”——2023 年“文化和自然遗产日”辽宁主会场非物质文化遗产专场展演展示活动、“迎中秋　庆国庆”辽宁省非遗展示展演系列活动、2023 年非遗曲艺周暨东三省东北大鼓交流展演活动、“和美·渔火——2023 海岛非物质文化遗产交流展示周”活动等。联合《美丽中华行》栏目策划、拍摄节目《共赴非遗心旅　感受美好辽宁》，在央视和香港卫视宣传推介辽宁优秀非遗项目。带领辽宁省内特色非遗代表性项目和传承人先后参加 2023 全国非遗曲艺周、“新疆是个好地方”19 省市对口援疆非遗展、第八届国际非遗博览会、第六届中国非物质文化遗产传统技艺大展、2023 中国原生民歌节、“长城脚下话非遗”等重大非遗展示交流活动，在 2023 全国非遗曲艺周活动中，获得文化和旅游部颁发的优秀组织奖。与对口支援的新疆地区塔城市文化和旅游局共同举办“辽塔情深　非遗同心”非遗交流展示活动。

【文化产业和旅游产业发展提质增效】成功举办全省文化产业和旅游产业振兴发展大会，省委书记亲自部署，省长热忱推介；会上发布《辽宁省文旅产业高质量发展行动方案（2023—2025年）》，会后出台《辽宁省支持文旅产业高质量发展若干政策措施》。大会上成功签约了30个重点文化产业和旅游产业招商项目，截至年底已开工17个项目，到位资金16.6亿元。举办全省百县文化产业和旅游产业年中工作推进会。全省累计发放助企惠民旅游消费券5300余万元。推出文化和旅游促消费便民惠民举措近百项，举办数十场文化和旅游推广活动。文化和旅游部在大连举办2023全国暑期文化和旅游消费季主场活动。成功举办“度假新潮流　旅居到辽宁”辽宁省提升休闲度假旅居产业质量系列活动、乡村文化旅游季活动、2023年“丰物辽宁”文化创意产品征集活动等。全省共举办各类营业性演出活动3689场，其中，演唱会、音乐节等大型演出活动152场，带动全省多领域消费增长。大连市旅顺口区被确定为首批文化产业赋能乡村振兴试点，11个区县被评为辽宁省文化产业赋能乡村振兴试点。新增6家省级夜间文化和旅游消费集聚区，20家省级文化产业和旅游产业融合发展示范区创建单位。2023年，全省接待游客5.1亿人次，同比增长142.9%；旅游收入5022.6亿元，同比增长166%。各项指标增幅均创历史新高，持续超全国平均水平。与中国银行辽宁省分行联合成立文旅金融服务中心，为企业搭建融资平台。分类推介招商项目205个，签约投资项目186个，总签约额1192亿元。全省旅游投资累计237.9亿元，同比增长56%。按照项目新建和续建项目类型看，2023年新建项目308个、续建项目228个，新建项目较2022年有大幅提升，是近几年首次超过续建项目，文旅企业项目投资信心正在恢复性增长。

【文化和旅游资源开发利用不断深入】制定《辽宁省省级旅游度假区管理办法（试行）》。成功举办“十三届全国大学生红旅大赛决赛”、“丰物辽宁创意大赛”，参加全国红色故事讲解员大赛。成功举办长城国家文化公园建设经验交流活动。普查全省范围内的文化和旅游资源33000余处，启动辽宁省特品级旅游资源调研，形成了《特品级旅游资源开发利用问题调研报告》。重新确认辽宁省长城国家文化公园建设领导小组成员名单、启动第二轮实地检查督导工作。启动拍摄《长城，屹立在辽宁》宣传片、举办辽宁长城主题书画摄影展。开展辽宁长城精神文化研讨与宣传考察调研。围绕辽宁省资源禀赋优势，推动文化休闲、海岛旅游、康养度假、冰雪温泉等新产品和新业态高品质开发。推出长城旅游、乡村旅游、工业旅游、冰雪旅游四大主题旅游线路手册，策划优质线路66条，贯穿14个市，487家旅游景区、景点。2家5A级景区和2家国家级旅游度假区进入审核终评程序。新增国家4A级旅游景区6家、国家级旅游休闲街区1个、国家工业旅游示范基地3个、国家级滑雪度假地1个、国家级五星级温泉1家。“沈阳鸡架”荣获中国特色旅游商品大赛金奖。新增国家优秀案例4个。获全国红色旅游五好讲解员3名、“全国红色故事讲解员大赛优秀奖”2名。20条线路入选全国乡村旅游精品线路，15个村入选中国传统村落名录。新增省级旅游度假区2家、省级乡村旅游重点镇（乡）6家、省级乡村旅游重点村37家、省级滑雪旅游度假地3家、省级旅游休闲街区4家、省级全域旅游示范区5家、省级工业旅游示范基地5家、省级智慧旅游景区14家、辽宁省中医药健康旅游基地6家。

【文化和旅游市场管理平稳有序】印发《辽宁省文化和旅游系统优化营商环境提升服务质量若干

措施》。制定《辽宁省文化与旅游信用信息目录》和《辽宁省文化与旅游行业分级分类管理办法（暂行）》等文化和旅游行业信用体系建设文件。制定出台《辽宁省旅行社“引客入辽”奖励资金实施办法》，明确旅行社“引客入辽”奖励工作程序和要求。在全省文化和旅游行业探索建立“首席质量官”“标杆服务员”制度。在“2023 中国剧本娱乐行业年会”上，辽宁省文化和旅游厅获“优秀管理服务机构”奖；大连市文化和旅游局及辽宁省网络文化协会受到表扬。沈阳故宫博物院、大连市金石滩景区两家单位被评为第二批国家级文明旅游示范单位。评定辽宁省图书馆等 30 家单位为 2023 年省级文明旅游示范单位。在沈阳“九一八”历史博物馆举行 2023 年“5・19 中国旅游日”辽宁省分会场活动启动仪式，“中国旅游日”活动月期间，辽宁省共推出旅游景区免票、打折等惠民措施 129 项，旅游助老、助残措施 65 项，先进群体优惠措施 28 项，举办梨花节、赏槐会等大型旅游节庆活动 40 余场。

【文化市场综合执法监管不断优化】制定《辽宁省文化市场综合执法行政处罚裁量基准》，印发全省执行。起草制订《文化市场综合执法案卷评查办法实施细则》，明确评查标准、评查程序和评查结果运用等规定。研究制定文化市场综合行政执法“四张清单”，印发全省执行。获全国“扫黄打非”先进集体，在第三届全国文化市场综合执法岗位练兵技能竞赛复决赛活动中获得团体全能三等奖。加强区域合作，辽宁、内蒙古、吉林、黑龙江四省（区）文化和旅游厅共同建立北方四省（区）文化市场综合执法协作机制。组织开展全省文化和旅游市场“体检式”暗访评估工作，共暗访各类文化和旅游市场经营场所和单位 802 家。2023 年，辽宁省文化市场综合执法队伍共出动 20 万人次，检查经营单位 6 万家次，责令改正 418 家次，办结案件 1219 件。

【文化和旅游国际交流与合作持续深化】“山海有情　天辽地宁”全新辽宁旅游宣传口号正式发布。“山海有情　天辽地宁”全新辽宁文化和旅游广告片 10 月中旬起在央视开播，累计播出达到 1900 余次。开展“畅游辽宁”全国四季推广系列活动，在 8 地先后举办辽宁文化和旅游推介会。组织参加第十八届海峡旅游博览会（厦门）、第十八届北京国际旅游博览会、第十九届中国（深圳）国际文化产业博览交易会、2023 中国—东盟博览会旅游展（桂林）。在 2023 中国—东盟博览会旅游展（桂林）上，辽宁省获得最佳创意奖和最佳展示奖两项殊荣。参加文化和旅游部 2023 年新春旅游休闲宣传推广活动，大连“熊洞街宣传推广”获评国内旅游宣传推广优秀案例。参加文化和旅游部 2023 山河秋韵旅游推介活动，“五彩缤纷画辽宁”辽宁秋季旅游宣传片压轴播出。持续拓展日韩俄及港澳市场，开展文化交流和旅游宣传推广活动 8 次。与中央广播电视总台国际在线合作，面向东北亚、中东欧以及共建“一带一路”国家地区开展辽宁文化和旅游宣传。举办春、夏、秋主题活动线上中英文直播 3 场。与文化和旅游部中外文化交流中心合作，制作播出“文化遗产在辽宁”系列短视频 3 集。拍摄制作对日本、港澳台青少年游学宣传片。大连市获得 2024 年“东亚文化之都”当选城市授牌，沈阳市争创 2025 年“东亚文化之都”。2023—2024 年冬季期间举办“畅游辽宁——2023 辽宁省文化和旅游迎新消费季推广会”，全省推出惠民活动举措 61 项。

【文化和旅游法治建设扎实推进】印发《省文化和旅游厅深入学习宣传贯彻习近平法治思想工作方案》《省文化和旅游厅关于推行普法责任制的通知》等，出台《省文化和旅游厅党员领导干部学法清单》和年度普法清单。统筹立改废释，开展法规、规章、规范性文件清理工作，梳理文件 21000

多件，筛选规范性文件并进行甄别审核，形成清理建议。开展辽宁省文化和旅游领域立法研究专题调研，形成调研报告 5 篇。加强法治政府建设，出台相应文件 5 个，全年审核厅本级规范性文件 13 个，审核率达到 100%。党内规范性文件备案 6 个。利用新媒体平台开展习近平法治思想和普法宣传。

（辽宁省文化和旅游厅　张程）

吉林省

【概况】2023 年，全省文化艺术创作持续繁荣。18 个项目获国家艺术基金扶持，数量位居全国第 13 位。东北首部大型沉浸式文旅演艺项目《粉雪传奇》启动创制，京剧《土地长歌》入选文化和旅游部新时代现实题材舞台艺术创作项目，吉剧精品剧目《江姐》《三请樊梨花》赴河北石家庄参加文化和旅游部组织的“全国戏曲优秀剧目（北方片）会演”以及“名家传戏”演出，吉林省二人转传承发展补助资金《吉林二人转精品晚会》开展全国巡展演出。公共文化服务方面，出台《吉林省公共文化服务保障条例》，进一步完善公共文化服务体系。开展线上线下主题性群众文化活动 2.84 万余场，参与人数 1.25 亿人次。省内一级图书馆达到 27 家，数量位居东北地区首位。文化遗产保护利用方面，持续实施“考古中国”重大项目，11 项主动考古发掘项目获批，位列东北地区首位。“珲春古城村寺庙址”成功入选“年度全国十大考古新发现”。伪满皇宫博物院“侵华日军第一〇〇部队细菌战罪证陈列”被评为第二十届全国博物馆十大陈列展览精品。首次开设雪博会“非遗馆”，各类非遗推广活动累计参与观看人数近 5000 万人次。国家级文化产业示范园区达到 2 家，居东北地区首位；上映我国首部现实题材动画喜剧电影《茶啊二中》，票房达到 3.84 亿元。

2023 年，全年接待入境游客 41.40 万人次，同比增长 496.5%。在入境游客中，接待外国游客 36.75 万人次，同比增长 639.4%；港澳台同胞 4.65 万人次，同比增长 136.0%。全年旅游外汇收入 1.03 亿美元，同比增长 296.2%。接待国内游客 3.14 亿人次，同比增长 173%，恢复至 2019 年的 126.5%，恢复率高于全国 45 个百分点；国内旅游收入 5277.35 亿元，同比增长 242%，恢复至 2019 年的 107.3%，恢复率高于全国 21 个百分点。

2023 年全省计划建设文旅项目 160 个，年度计划完成投资 145.3 亿元，全年开复工项目 193 个，完成投资 184.69 亿元，同比增长 46.2%；完成投资率 127%。全省新增国家级旅游休闲街区 1 家，国家级工业旅游基地 2 家，国家级文化产业和旅游产业融合发展示范区创建单位 2 家；新增省级全域旅游示范区 3 家、4A 级旅游景区 7 家、省级旅游度假区 1 家，省级旅游休闲街区 8 家，省级工业旅游基地 4 家。A 级旅游景区达到 303 家，同比增长 10%；A 级乡村旅游经营单位达到 741 家，同比增长 22.8%；丙级旅游民宿达到 33 家，同比增长 37.5%。

【政策法规】省委、省政府出台《吉林省旅游万亿级产业攻坚行动方案（2023—2025 年）》。建立全省旅游产业发展大会地区申办制，以省旅游产业领导小组文件印发《吉林省旅游产业发展大会申办办法（试行）》，从 2024 年起，每 1~2 年举办一次全省旅游产业发展大会，达到“办一次会、兴一座城”的效果。建立旅游工作“赛马”机制，以省旅游产业发展领导小组办公室文件印发《吉林省旅游工作赛马机制实施办法（试行）》，每季度考核各地旅游产业发展情况，营造争先创优的良好氛围。成立“中国旅游发展 50 人论坛”，发布“吉林共识”，构筑中国旅游创新发展的思想高地。出台《推进“剧本娱乐 +”等文旅新业态发展试点工作方案》《吉林省大型营业性演出活动管理协作机制工作方案》，支持规范文化产业新业态发展。推动10家动漫企业享受税收优惠政策。

3月末和6月初，省文化和旅游厅先后制定印发《开展全省旅游服务质量提升月行动实施方案》《全省旅游服务质量百日提升培训计划方案》等通知文件，指导全省文化和旅游部门就旅行社、导游、星级饭店和旅游民宿、A级旅游景区、A级乡村旅游经营单位、旅游公共服务设施等七个方面，擦亮吉林旅游名片，推动旅游市场高质量发展。

【艺术创作与生产】吉林省地方戏曲剧院京剧团《土地长歌》入选文化和旅游部新时代现实题材舞台艺术创作项目，吉剧团在2023年创排一系列新剧目:《胜利风帆勇向前》、二人转表演唱《山乡喜讯展宏图》、红色题材的大型现代吉剧《风雪长白山》等多部原创剧目；创排《十七棵松》《两世缘》《今夕何夕》《孟古还乡》《欢喜向阳屯》《认孙子》《快乐小保安》等二人转剧目。吉剧精品剧目《江姐》《三请樊梨花》赴河北石家庄参加文化和旅游部组织的“全国戏曲优秀剧目（北方片）会演”以及“名家传戏”演出。全年开展送演出下基层69场、低票价惠民演出45场，线下观众人数25万余人，浏览量达900万次。其中，在文化和旅游厅开展的2023年“精彩夜吉林”活动中，线上直播量达210万人次、线下近万人次观看。

大型话剧《长白山的爷们》荣获2023吉林戏剧节暨吉林省第十一届校园戏剧节优秀剧目奖、最佳编剧奖；话剧《正青春》荣获2023吉林戏剧节暨吉林省第十一届校园戏剧节优秀剧目奖、优秀编剧奖。二人转《云岭红梅》获第十四届“长白山文艺奖”。二人转《一碗参汤》获第十届二人转·戏剧小品艺术节综合剧目奖、中国曲协举办的“梨树杯”优秀剧目奖。二人转《全鱼宴》获第十届二人转·戏剧小品艺术节入围奖。电影短片《廖远》获“与青春对话向未来呼唤”全国微电影大赛评选活动“优秀作品”，获智利圣地亚哥电影节评审团特别奖，获第三届伦敦中华艺术交流展优秀奖。微电影《怀德之心》获得第六届中国红色微电影主竞赛单元最佳微电影奖。话剧《耀眼的弧光》获得第十四届“长白山文艺奖”作品奖（戏剧类）。微电影《老黑河》获第十四届“长白山文艺奖”作品奖（影视类）。音乐剧《风月赤心》获上海文化发展基金会2023年度第二期青年编剧资助。昆剧《云间的少年》获首届金陵剧本奖最佳作品奖。话剧《唱唱儿》获第二届长三角地区研究生原创戏剧剧本大赛一等奖。中式科幻奇谭剧《新石头记》获第十二届“春生杯”上海戏剧学院学生原创戏剧作品大赛二等奖。满族新城戏《高风元辅范文程》获2023年度国家艺术基金大型舞台艺术作品立项。

5月25日—6月24日，国家艺术基金2020年度传播交流推广项目吉林省地方戏曲剧院“吉剧《江姐》西南地区巡演”及2021年吉林省二人转传承发展补助资金《吉林二人转精品晚会全国巡展演》启动。此次巡演分别在贵州省安顺市、遵义市、六盘水市以及四川省自贡市、眉山市、成都市进行演出，这是吉剧和东北二人转首次到我国西南地区演出。

5—6月，吉林省歌舞团前往省内少数民族地区开展了以“中华民族一家亲　同心共筑中国梦”为主题的系列惠民演出，吉林省歌舞团选取了多个具有民族和地域特色的节目，如朝鲜族舞蹈《平鼓舞》、蒙古族舞蹈《草原汉子》、东北秧歌手绢舞蹈《花开时节》，展示朝鲜、蒙古、满、汉等民族大团结的群舞《欢乐家园》，以及具有浓郁关东特色的舞蹈《舞动冰凌》等。

吉林省交响乐团完成了交响乐《中国传说》和《关东丝路情》2个国家艺术基金大型舞台作品创作项目和巡演项目的申报工作，以及《中国故事》和《冰雪丝路》2个省级发展专项资金项目的申报工作。

12 月，乐团当代著名作曲家张小夫创作的《中国故事》荣获第十四届吉林省长白山文艺奖作品奖。

11 月，吉林省地方戏曲剧院京剧团高派剧目《摘星楼》亮相第十八届中国戏剧节，在德清大剧院精彩上演，获得圆满成功。同月，京剧团花脸演员刘治强、小生演员常峰赫、武丑演员王鹏飞、花旦演员万婷玉、青衣演员谢静怡等 5 名青年演员入选中央广播电视总台举办的“中央广播电视总台首届青年京剧演员大会”（简称“青京会”）第二轮比拼，其中花脸演员刘治强进入到最后决赛阶段，荣获优秀表演演员“净行”组排名第四名的好成绩。

2023 年 8 月 25 日至 2024 年 7 月 27 日，吉林省交响乐团开启为期一年的音乐季展演活动。演出根据作品类型分为交响乐：“传世经典”“沧海遗珠”“中国印象”“节日庆典”以及民族管弦乐：“国乐飘香”“国韵乐律”六个主题。截至 2023 年 12 月 31 日，举办音乐会 12 场，音乐会邀请国内外知名指挥家、演奏家及作曲家 20 余人，演出上座率 95% 以上，场均 300 余观众，共计 4000 余人走进音乐厅，欣赏高雅艺术盛宴。

【文化和旅游公共服务】全省累计组织开展线下线上主题性群众文化活动 2.9 万余场，参与人数达 1.26 亿人次。首次开展全省公共图书馆、文化馆服务宣传周活动，其间，全省各地举办文化活动 270 余场。完成第七次全国县级以上公共图书馆评估定级工作，经过评估和国家认定，全省一级馆占比达到 40.7%。促成通化、延边两地分别与新疆阿勒泰地区布尔津县、新疆阿勒泰文化和旅游部门就“春雨工程”文化惠民志愿行实现精准对接。

1 月 14 日，吉林省图书馆开展一系列迎新年系列活动。来自省书法家协会的书法家在吉林省图书馆一楼展厅的“氤氲书香　踏雪迎春——东北年俗展”中，“亲手”为读者送上新春寄语，一张张寄语卡寄托了读者辞旧迎新、接福纳祥的美好愿望。古籍线装书制作现场由古籍修复老师指导读者进行线装书制作，体验线装书诞生的过程。小读者们在低幼阅览室里积极参与“七彩画笔迎新春”活动。在三楼的遇“荐”春节年味儿图书展示区，吸引了不同年龄段的读者在 4 个不同主题的推荐书架上选择自己感兴趣的图书进行阅读。

6 月 30 日、7 月 1 日晚，由吉林省文化和旅游厅、吉林电视台、长春市文化广播和旅游局主办，吉林省文化馆、长春市群众艺术馆承办，两场“庆七一　感党恩　跟党走”广场文艺演出在长春市群众艺术馆举办，以多种艺术形式，向中国共产党生日献礼。

7 月 29 日，2023 年吉林省第四届群众声乐、器乐大赛决赛在长春职业技术学院礼堂成功举办。大赛初选从 6 月开始，经过层层选拔，共有 21 个器乐优秀作品、28 个声乐优秀作品入围决赛。活动决赛由省文化和旅游厅主办，省文化馆承办，决赛作品内容丰富、风格各异，器乐作品《红太阳照边疆》《英雄的牧马人》、声乐组《告纳兰·吾思》《绿水青山》、歌曲《长鼓敲起来》《青玉案·元夕》等作品在大赛中荣获一等奖。

10 月 30 日，吉林省 2023 年度文化人才服务支持艰苦边远地区和基层一线专项工作开班仪式在省图书馆举办。来自龙井市、和龙市、安图县、汪清县、镇赉县、通榆县、大安市、靖宇县 8 个受援县公共图书馆的 8 名业务骨干在省图书馆进行为期两个半月的挂职培养。

4 月 19 日，“吉图荐书”百种精品图书在吉林省委宣传部主办的“书香吉林”阅读季暨吉林省“护苗 2023·绿书签行动”活动启动仪式上发布。活动以“循文脉·品书香·阅人生”为主题，邀请省内 10 位专家学者和广大读者共同荐书，从中精选萃取出 100 种精品图书向社会发布。9 月 24 日，2023 年“吉图荐书”讲书赛在吉林省图书馆音乐厅举行了决赛，并面向全网直播。来自全省 9 个市州图书馆和长白山图书馆、梅河口市图书馆的11支队伍同台竞演。

12月20日，迎新年“我们在一起”吉林省文化馆慰问环卫工人专场演出在吉林省文化馆剧场上演。此次活动有130位工作在环卫一线的工友参加，“我们在一起”专场文艺演出已连续开展五年，吉林省文化馆也由此与广大环卫工人结下了深厚的友谊，为环卫工人们送上温暖的文化祝福。

春节期间遴选蛟河市漂河镇富江村、伊通满族自治县二道镇石场村开展“启航新征程　幸福中国年”2023年吉林省“村晚”示范展示活动，其中2场示范展示活动通过公共文化云向全国进行线上直播，观看人数达128.67万人次。并带动全省各地在春节期间开展“村晚”活动57场。

【文化和旅游科技教育】5月20日至8月10日，省文化和旅游厅通过“吉林文旅云”线上组织开展了“发现家乡美——吉林‘文旅推荐官’短视频大赛”活动。本次活动是为落实全省旅游服务质量提升月行动要求，打造吉林省文化和旅游行业融合创新、高质量发展的亮丽名片而举办的。共收到110件视频作品，经线上投票和专家评审，评出“首席文旅推荐官”5人，“最佳文旅推荐官”10人，“优秀文旅推荐官”50人。本次活动得到了社会广泛响应，涌现出一批优秀的吉林“文旅推荐官”，提升了吉林文旅资源的美誉度、知名度，达到了预期目的。

【非物质文化遗产保护】开展并完成2023年吉林省“非遗购物节”活动、吉林省“文化和自然遗产日”系列活动、第五届吉林非物质文化遗产节、首届吉林非遗消费节和吉林非遗购物节。带领本省项目参与“海南锦绣文化周”系列活动、参与河北省秦皇岛市2023第三届“长城脚下话非遗活动”、参与安徽省黄山市“第六届中国非物质文化遗产传统技艺大赛”；参与第八届中国成都国际非物质文化遗产节、2023年“新疆是个好地方”对口援疆19省市非物质文化遗产展活动。

春节期间开展“非遗过大年　文化进万家——视频直播家乡年”活动194场，3104.8万人参与。其中线上活动107次，直播活动78场，参与人数3051.4万人次；2月5日央视新闻在中国朝鲜族民俗园进行“上元佳节　灯火良宵”直播活动，各平台总观看量1667.3万。

6月10日，以“加强非遗系统性保护，促进可持续发展”为主题，吉林省各市州组织开展了“非遗购物节”“非遗美食节”“进景区看非遗”等七大板块66项2023年吉林省“文化和自然遗产日”系列非遗宣传展示活动，参与各级非遗项目286项，吸引观众25万人次，组织开展线上活动15项，浏览量阅读量约369.9万，让吉林非遗有了新气象、新活力。

【文化产业和旅游产业发展】继吉林省广告创意文化产业园区成为吉林省第二家国家级文化产业示范园区。现全国国家级文化产业示范园区共有34家，吉林省现拥有2家。

吉林省东北亚文化创意科技园位于长春高新技术产业开发区飞跃路5588号，是由民营资本全资打造的、坚持“政产学研资介”创新模式发展的，省内最大的文化产业重点集聚区，是吉林省首家“国家级文化产业示范园区”，囊获“国家级科技企业孵化器”“国家小型微型企业创业创新示范基地”“国家级大学生实践教学基地”等多项国家级荣誉。

吉林省国家广告产业园区位于长春净月高新区，是国家级文化产业示范园区、吉林省重点文化产业园区。园区以“赋能品牌、文旅融合、数字创新、青年双创”为核心，落实“吉林省品牌提升行动”，搭建“品牌吉林双创平台”和“创点客”线上品牌服务平台，以“品牌广场、设计广场、创意广场、创意商学院”空间布局，集聚广告策划、创意设计、电商直播、新媒体、影视短视频、展演展览、出版印刷、教育培训等全产业链业态，赋能汽车、农业、生态旅游、冰雪等区域特色产业高质量发展。

【文化和旅游资源开发】大力发展吉林省边境旅游，推进中俄朝跨境旅游恢复及新产品开发。成立“吉林省边境旅游推广联盟”，积极创建边境旅游试验区、跨境旅游合作区，开展“G331 上的吉线秘境”春季边境旅游联动推广。会同辽黑内蒙古文化和旅游部门共同编制了 7 条东北区域红色旅游精品线路，举办吉林省首届红色旅游节、红色讲解员大赛等系列活动 50 余项。大力发展研学旅游，开展研学旅行质量提升活动，评定 15 个研学旅行精品课程。开展博物馆游径试点，开发 3 条博物馆旅游线路。长城国家文化公园（吉林段）重点项目有序推进。

2023 年，吉林省乡村旅游取得新突破，全省 A 级乡村旅游经营单位达到 741 家，同比增长 22.89%，其中 5A 级 33 家、4A 级 77 家、3A 级 206 家、2A 级 283 家、A 级 142 家；丙级旅游民宿 33 个，同比增长 37.5%；乡村旅游重点村镇（乡）186 个，其中乡村旅游重点村 171 个、乡村旅游重点镇（乡）15 个；乡村旅游精品村 204 个，其中省级乡村旅游精品村 10 个、市（州）级 32 个、县（市、区）级 162 个。

延边州汪清县好记古法酱油文化旅游景区、通化市东方红西洋参药业健康科技园等 2 家单位被评为国家工业旅游示范基地；通化市集安市吉林麦吉翁酒业工业旅游基地、吉林市磐石市 914 三线小镇、延边州延吉市延边韩食府民俗食品工业旅游基地、白城市镇赉县飞鹤（吉林）乳品观光基地等 4 家单位被评为吉林省工业旅游基地。

【文化和旅游市场管理】截至 2023 年年底，全省有旅行社 847 家。其中，经营出境旅游业务的旅行社 123 家。共有旅行社分社 267 家，旅行社营业网点 1063 家。星级旅游饭店总数 65 家。其中，五星级 3 家，四星级 25 家，三星级及以下 37 家。导游资格考试面试考官 270 人，导游员 14771 人。

2023 年，省文化和旅游厅面向全省一线导游人员，全年相继组织开展了全省导游业务综合能力提升培训、首期导游综合素质能力提升培训、导游转型升级培训等 3 期高质量从业人员综合业务培训，全省一线导游和文化和旅游部门业务负责人员共 360 余人参训。6 月下旬，会同省总工会、共青团省委、省妇联联合举办了第五届全国导游大赛吉林省选拔赛，评出金牌导游 2 名，银牌导游 3 名，优秀导游 5 名，团体奖 5 名。9 月中旬，吉林省在全国导游大赛中获评“突出贡献单位”，参赛选手石冬雪获评“个人风采奖”，起到了选树行业标杆、推动转型发展的作用。

【文化市场综合管理】为贯彻落实全国“扫黄打非”电视电话会议及吉林省 2023 年“扫黄打非”工作领导小组会议精神，制订了《吉林省文化和旅游厅 2023 年“扫黄打非”工作方案》，及时清理并严厉查处有害文化产品和活动；联查联检出版物集中经营场所、印刷复制发行企业，依法查处各类非法和违禁出版物。

5 月 31 日至 6 月 5 日，组织全省开展了营业性演出专项执法行动，加大对违法失德艺人，违背社会主义核心价值观念、违反社会公德等“三俗”演出的监管和处罚力度。各地除了对传统的歌厅、驻场和单次演出加强监管执法，对新兴业态密切关注，针对烤吧、餐厅进行演出活动对应“条例和细则”进行监管的同时，从审批、监管和执法多角度研究管理办法。全省共出动执法人员 2155 人次，检查场所 307 家次。下达责令整改 13 份。

根据2023全国文化市场综合执法工作会议精神及《文化和旅游部办公厅关于开展剧本娱乐专项整治工作的通知》要求，制定了《吉林省文化和旅游厅关于开展剧本娱乐专项整治行动方案》，全省各地开展媒体宣传17次，专题普法53次，制作分发限制警示提示标识200余份，专项行动全省出动执法人员2351人次，出动执法车辆320次，立案查处2起。

【对外交流推广】6月28日至7月1日，针对俄罗斯入境客源市场特色，在俄罗斯滨海边疆区举办了“好邻如亲，精彩吉林”文化旅游推广活动。通过资源推介、产品说明、文艺演出、摄影展示等环节，全方位、多角度诠释吉林省的生态环境、自然景观、人文历史和民俗风情，就恢复中俄小型自驾车跨境自驾活动、中俄朝环线游，开发中俄跨境旅游新产品等事宜与当地旅游部门达成合作意向。

7月9日至14日，针对港澳地区入境客源市场特色，采取“形象展示+资源推介+项目说明”的方式，在港澳地区举办“精彩吉林·情满香江”吉港澳文化旅游推广活动。由面到点、连点成线地推广吉林文化旅游资源，并与香港中联办、澳门中联办、亚洲旅游交流中心、香港旅游发展局、澳门特别行政区政府旅游局等部门就开发旅游市场、推动客源互送、推进航线开发等事宜进行务实对接。

11月20日至27日，在新加坡、马来西亚举办“温暖相约，冬季到吉林来玩雪”活动。面向新马旅游企业推出长白山、雾凇、滑雪、温泉、民俗等冬季特色旅游产品，并与新马旅行商就组织当地游客开展吉林冬季冰雪旅游等事宜达成初步合作意向。

【文化和旅游法治建设】2023年，省文化和旅游厅共召开安全生产专题视频会议7次，制定下发通知文件42份，其中与相关部门联合发文6份，全面指导督促全行业加强安全管理，确保安全生产形势持续稳定。通过厅门户网站、悠游吉林、微信群等方式发布安全提示和预警信息35次，提醒广大游客安全出行，提示文化和旅游单位做好安全防范工作。结合专项整治行动和节假日、汛期、暑期等重点时段安全特点，制定安全督导检查工作方案，春节前成立5个督导组，全国两会期间成立7个督导组，“五一”期间成立5个督导组和10个暗访检查组，端午节期间成立3个督导组，汛期、暑期成立2个督导组，中秋国庆期间成立6个督导组，对全省文旅市场运行情况进行督导检查，对检查中发现的问题隐患向属地政府和企业进行反馈并提出整改落实意见。

【文化和旅游财务管理】开展2023年厅直各单位预算批复、部门预算向社会公开、厅本级和直属单位预算执行动态监控督导、部门整体支出（各单位财政支出）绩效评价等全过程预算管理工作，强化了预算的约束力和政府收支行为的规范性。管好用好文化、文物和旅游专项资金。按照省级专项资金管理要求和《省级旅游产业发展专项资金管理办法》规定，会同省财政厅历时近4个月的时间，较好地完成了省级旅游产业发展专项资金组织申报、分配、评审、报批、下达工作。同时，会同省财政厅完成了中央和省补助公共文化服务体系、公共文化场馆免费开放、文物保护、非遗等五项专项资金分配、审核和下达工作。持续推动基层公共文化设施达标建设。继续落实巡视整改要求，对全省26个未达标县级文化馆图书馆跟踪调度，会同省财政厅给予资金扶持。

认真落实《关于重大项目安排和大额度资金使用事项集体决策的规定》。严把厅本级经费支出审核关口，在2022年内部审计全覆盖的基础上，2023年逐个单位进行指导督促整改。对厅直4个单位法定代表人离任进行了经济责任审计。按照省审计厅要求报送公共文化服务审计资料和年度财务信息系统电子数据。按要求开展了财会监督自查和厅直单位银行账户登记备案等工作。

（吉林省文化和旅游厅　崔启红　邵明清）

黑龙江省

【概况】2023 年，黑龙江省文化和旅游系统全面贯彻党的二十大精神，深入践行习近平新时代中国特色社会主义思想，扎实贯彻习近平总书记视察黑龙江期间的重要讲话重要指示精神，学习贯彻省委十三届五次全会暨经济工作会议部署要求，聚焦文化振兴、产业振兴，以满足人民文化需求、增强人民精神力量为着力点，大力发展特色文化旅游，加快推动高质量发展，全省文化和旅游工作发展态势良好、成绩喜人。

【大力发展特色文化旅游】紧紧围绕习近平总书记“大力发展特色文化旅游”的重要指示精神，充分挖掘黑龙江旅游资源优势，研究制定《黑龙江省旅游业高质量发展规划》《黑龙江省大力发展特色文化旅游实施方案（2023—2025 年）》《黑龙江省释放旅游消费潜力推动旅游业高质量发展 50 条措施》《黑龙江省加快发展边境特色旅游二十条措施》，为推动黑龙江省大力发展特色文化旅游提供政策支撑。创新开展夏季避暑和冬季冰雪旅游“百日行动”，分别推出“十”大主题线路、“百”场美食盛宴、“千”台文旅盛事和“万”种龙江好物，探索实践一条特色文化旅游全产业链发展路径。2023 年全年接待国内外游客 21879.4 万人次、同比增长 85.1%，实现旅游收入 2215.3 亿元、同比增长 213.8%，成为全国最热门冰雪旅游目的地。

【创排文艺精品】深入贯彻习近平文化思想，实施舞台艺术行动计划，全年共创排舞台艺术作品 122 部，复排经典剧目 56 个，是历年来创作成果最为丰硕的一年。“冰秀演艺”列入全国旅游演艺精品名录，哈尔滨高票获得第 20 届世界萨克斯管大会举办权。京剧《冰道》、芭蕾舞剧《胡桃夹子》赴国家大剧院成功展演；话剧《坦先生》入选新时代舞台艺术优秀剧目展演；龙江剧《荒唐宝玉》参评第 31 届中国戏剧梅花奖；评剧《走过暴风骤雨》入选全国戏曲（北方片）会演暨梆子声腔优秀剧目展演和第十二届评剧艺术节；京剧《白蛇传》入选第十届中国京剧艺术节；龙江皮影戏《哪吒与三太子》入选第九届全国优秀儿童戏剧展演；群舞作品《花季》入选第十四届全国舞蹈展演；龙江剧《在希望的田野上》参加第八届辽吉黑内蒙古四省区地方戏曲优秀剧目展演；依安小戏《乡村情怀》入选全国地方戏精粹展演。争取国家艺术基金资助项目 10 项、国家社科基金艺术学项目 3 项。

【繁荣发展文化产业和旅游产业】深入贯彻习近平总书记关于健全现代文化产业体系和市场体系的指示精神，坚持把社会效益放在首位、社会效益和经济效益相统一，加快发展新型文旅企业、文旅业态、文旅消费模式。围绕构建冰雪经济、旅游康养、文化娱乐等现代产业体系，推进总投资 502 亿元的文化产业和旅游产业项目 130 个，哈尔滨冰雪大世界四季冰雪项目等 30 个重点项目建成运营。深入落实冰雪经济和招商引资奖补政策，引进冰雪经济重点招商项目 107 个，发展康养旅游规上企业 303 家，旅行社同比增长 31.1%，文化娱乐场所同比增长 56.5%，文艺团体同比增长 85.9%，演出经纪机构同比增长 151.7%。黑河市建成全国最大寒区试车基地，七台河市建成全国最大短道速滑基地，哈尔滨市成功入选新一批国家对外文化贸易基地。哈尔滨冰雪大世界园区、嘉荫恐龙国家地质公园入选为国家旅游科技示范园区。双鸭山宝清县，伊春铁力市入选国家文化产业赋能乡村振兴试点。成功举办第五届全省旅游产业发展大会、黑龙江首届“时尚春雪节”、中国首届（哈尔滨）国际动漫游戏博览会等重大文旅活动，进一步推动文化产业和旅游产业转型升级。

【提升公共文化服务供给】深化文化惠民工程，举办第十七届群星奖评比、“大地欢歌”全省乡村文化活动年、第四届社区文化艺术节、第五届农民文化艺术节等系列群众文化活动，加快现代公共文化服务体系建设，新建、改扩建各类文化设施15个，重新评估定级图书馆67家，发展基层群众文化团队2300支，专业文化志愿者23.6万名，基层文化志愿服务团队2466支，组织各类群众文化演出20000多场。“黑龙江博物馆之旅”“公共文化云”数字平台正式上线，大庆推出的订单式公共文化服务、绥化创新打造“4+5+N”系列文旅节庆活动、伊春“林都号旅游列车”、大兴安岭创排的《兴安岭上歌飞扬》等15项成果入选文化和旅游部高质量发展典型案例。

【推动文旅深度融合】组织召开第五届龙江东部湿地旅游联盟大会，推出科普研学、休闲观光、湿地印象、森林避暑、生态康养等五条湿地旅游主题线路。召开第二届古驿路文化旅游联盟推进大会，发布《黄金古驿千里龙游自助游路书》。召开2023年黑龙江省首届生态康养旅游大会，推出18条“龙江生态康养旅游线路”。成功举办第13届中俄文化大集、第39届中国·哈尔滨国际冰雪节、第36届中国·哈尔滨之夏音乐会等文旅活动。牡丹江市东一中俄风情街争创为第二批国家级旅游休闲街区，哈尔滨市道外区中华巴洛克历史文化街区入选第三批国家级旅游休闲街区，九峰山养心谷、上甘岭溪水创建国家级旅游度假区。遴选首批62家“黑龙江省研学旅行服务商”。16条线路入选“乡村四时好风光”旅游精品线路。开展省级旅游载体评定与复核工作，全省共复核检查200余家A级旅游景区，拟动态调整36家。推动全省民宿高质量发展，2家被评为全国乙级民宿、2家被评为丙级、2家通过甲级初审，评定全省四星级、三星级民宿各4家。

【完善惠企政策】《黑龙江省释放旅游消费潜力推动旅游业高质量发展50条》入选2023年中国旅游业影响力旅游促消费创新实践典型案例。签订《黑龙江省2023年“百城百区”金融支持文化和旅游消费行动合作备忘录》，实施2023年“百城百区”金融支持文化和旅游消费行动计划，推进哈尔滨、牡丹江、齐齐哈尔国家文化和旅游消费试点城市建设，打造哈尔滨中央大街、齐齐哈尔中环片区国家级夜间文化和旅游消费集聚区样板。举办“金融赋能文旅　助力龙江振兴”全省金融专场活动，发布“景区贷”等61项金融产品，现场签订55亿元的新增融资协议和保企意向性协议，促成483个企业（项目）达成966.3亿元年度融资意向。首次开展省级文明旅游示范单位评选，发布“龙江民宿”区域品牌，向文化和旅游部推荐四个服务质量监测点，伊春市案例被选为全国优秀典型案例，天马国旅案例入选文化和旅游部2023年旅行创新发展典型案例。联合黑龙江省公安厅开展打击跨境赌博管控工作，获得国家“122”机制办肯定。

【大力发展冰雪经济】实施冬季冰雪旅游“百日行动”，推出“十”大主题线路，“百”场美食盛宴，“千”台文旅盛会和“万”种龙江好物，打造冰雪旅游“食住行游购娱”全产业链。推出冰火锅、冰酒吧、冰屋酒店等十大冰雪新产品，中国冰雪旅游一号、神州北极等十大冰雪精品线路，冰雪非遗节、冰雪嘉年华等十五个品牌节庆活动，冰雪大世界、雪乡等二十个网红打卡地。开展各类文旅活动、演出8000余场，推出“黑土优品”“九珍十八品”“黑龙江礼物”特色品牌产品2100余种，形成“体育、文化、教育、餐饮+冰雪”等产业融合新业态，极大满足游客个性化消费需求。深度挖掘冰雪文化内涵。纪录片《冰建王国》荣获中美电影节“年度最佳纪录电影金天使奖”，哈尔滨冰雪大世界被吉尼斯世界纪录认定为世界最大冰雪主题乐园，成为哈尔滨最具影响力城市IP。推动建成我国唯一一座冰雪文化专题博物馆——哈尔滨冰雪文化博物馆。“百日行动”期间，全省接待国内外游客1.2亿人次，同比增长222.22%；实现旅游收入1711.97亿元，同比增长553%。全省机场旅客吞吐量达924.2万人次，同比增长73.6%；铁路运送旅客2116.3万人次，同比增长362.7%。成功举办了首届上合组织雪地自行车赛和雪地足球赛、越野滑雪锦标赛等400余项冰雪体育赛事，带动350余万人次参与。“赏冰乐雪”系列活动，吸引了28万人参赛，1118.5万人观看，拉动消费31.3亿元。

【加强文旅市场监管与服务】坚持以游客为中心的理念，持续开展文旅市场专项整治行动，创新建立文旅体验官、旅游推介官、首席质量官等一系列接地气、惠民生、暖民心的制度和举措，从严整治旅游市场突出问题188个。省文化和旅游厅充分发挥各级旅游工作联席会议作用，联合发改、应急、交通、公安、市场监管等部门，实施“冰盾护游”行动，协同解决冬季旅游市场堵点、难点、痛点问题，构建监管守护“一堵墙”，实现处置问题“不隔夜”，从快处置涉旅类投诉8000多件。牡丹江文化和旅游局及时回应游客关切，高效解决游客诉求，被网友称为“最听劝的文旅局”。持续深化文化市场综合执法改革，组织规范化建设观摩活动，综合执法队伍能力素质不断提升，查处文化市场违法案件400多件。扎实推进文化和旅游领域国家标准化创新发展试点建设，哈尔滨冰雪大世界冰雪旅游服务和漠河北极旅游服务项目入选国家级标准化试点项目。持续完善智慧文旅服务体系，召开全省数字文旅现场交流会，研发“一键玩龙江”小程序，升级全省文化和旅游大数据中心，打造“大美龙江”数字文旅消费地图，建设“蝴蝶云谷——中俄通”跨境无障碍服务系统，智慧化服务能力明显提升。加强文旅领域安全生产管理，落实重大风险会商研判制度，开展行业重大隐患排查整治，全年未发生重特大安全生产事故。

【培育壮大文旅市场】全省旅游市场主体（旅行社、星级饭店）达1067家，新注册成立旅行社214家，缓缴质保金4280万元。谋划全省文化产业和旅游产业招商项目289个，总投资750亿元，兑现文旅产业招商引资奖补资金714.8万元。组建文旅招商小分队，“走出去”赴北京、上海、广东、杭州等地开展“敲门招商”15次，“引进来”邀请深圳同路集团、深圳一清创新科技公司、深圳文创协会、中旅联等企业和行业协会到黑龙江省考察对接，全省签约文化产业和旅游产业项目31个，签约额67.82亿元，到位资金13.35亿元，12个项目落地开工，肇源不夜城、鹤岗音悦汇文化娱乐城等4个项目竣工运营。全省A级旅游景区438家、S级旅游滑雪场26家；国家级旅游度假区1家、省级旅游度假区22家；国家级旅游休闲街区3家、省级旅游休闲街区11家；国家级工业旅游示范基地4家、省级工业旅游示范基地7家。国家级乡村旅游重点镇6家，国家级乡村旅游重点村43家，省级乡村旅游重点村110家，省级乡村旅游重点镇9家。将354家企业的“粮乳肉鱼酒”等858款优质产品纳入“黑土优品”标识授权范围，大力宣推“黑土优品”“黑龙江礼物”“九珍十八品”“黑森”名牌食品和俄罗斯特色商品。

【加强文物保护与文化遗产活化利用】深入落实习近平总书记关于加强文物和文化遗产保护利用的重要指示精神，坚持保护、传承、利用并举，文化遗产保护与经济社会实现统筹发展。成功举办2023年“文化和自然遗产日”，相继组织开展普法、展览、推介、交流等202项文物保护活动，有效提升了龙江文物的传播力和影响力。牵头编制东北抗联革命文物保护利用片区专项规划，开展“贯彻党的二十大、革命文化一条街”宣传展示活动。全省共有全国重点文物保护单位57处，省级文物保护单位348处。完成阿城金上京遗址、大庆九间遗址考古发掘，发掘面积共约1600平方米，出土陶、瓷、金属、骨器、建筑构件等1000余件，首次发现酒厂沟墓葬和石人洞遗址，小南山考古发掘成果在国际期刊《古物》发表。实施中东铁路建筑群、渤海国上京龙泉府遗址等文物保护利用项目17个，打造文物主题游径12条，吸引大量游客打卡游览。实施优秀传统文化传承工程，评定省级非遗工坊7个，“北安乌鱼绣”非遗工坊入选全国非遗工坊典型案例。实施文化生态保护区建设，大力探索“非遗+旅游”发展模式，“龙江湿地鹤乡多彩非遗之旅”入选全国非遗特色旅游线路。

【擦亮龙江文旅品牌】深入践行“绿水青山就是金山银山、冰天雪地也是金山银山”的发展理念，大力发展冰雪游、避暑游、森林游、湿地游和边境游，深挖生态和文旅资源，围绕春季登山踏青、夏季清凉清爽、秋季五花山色、冬季赏冰乐雪，相继推出春季“10大开江地”“10大赏花地”和10条精品自驾旅游线路；夏季5大避暑城市、10条避暑线路；秋季50条精品旅游线路、150个旅游目的地等系列旅游产品；推出冬季3大冰雪主题产品、10条冰雪旅游线路、12个冰雪体验产品。开展哈尔滨冰雪节、伊春森林冰雪欢乐季、大兴安岭北极光节等10余项节庆活动，举办“百家媒体助力黑龙江文旅品牌宣推活动”。举办首届生态康养旅游大会，推出18条康养旅游线路。以“旅游+民俗”为主题，推出齐齐哈尔瑟宾节、黑河库木勒节等50项民俗活动；以“旅游+美食”为主题，推出了齐齐哈尔烤肉节、伊春神州龙杯嘉宴烹饪大赛等100项美食活动。充分利用各类新媒体发布视频作品8000多条，播放浏览量达2.9亿人次，在国内新媒体指数排名位列全国前十。

【重大活动】一是第五届全省旅游产业发展大会暨第一届全省文化旅游高质量发展论坛，于6月29日至30日在大庆市成功举办。11个国家驻华使节和机构代表、21个省区市有关领导、国内文化旅游细分行业和头部企业负责人共1100余位嘉宾参会，嘉宾规模和企业家层次创全省旅发活动之最。举办智慧城市峰会、天鹅颐养联盟论坛年会、金融赋能文旅专场对接等18项主题活动，全省联动开展国际烤肉产业发展大会、中俄文化大集等配套活动34项，累计签约文旅项目25个、签约额81亿元，主会场现场签订55亿元的新增融资协议和保企意向性协议，分会场共促成483个企业（项目）与银行达成了966.3亿元的年度融资意向，实现“旅发搭台、经济唱戏”目的。二是创新打造黑龙江省首届中俄地方文化艺术季，6月至8月夏季旅游期间，推出8大板块、6大亮点、125项活动，开幕式晚会惊艳中外嘉宾，58场精品演出吸引观众3.1万人次，32场论坛展览接待参观8万人次，600余场街头路演辐射人群超百万，接连3天的电音嬉水节汇聚游客11万余人，23场文旅商活动带动消费1.6亿元，整体带动全省接待国内外游客同比增长14%，实现旅游收入同比增长88%。2023年7月28日，文化和旅游部《情况通报》刊发题为《黑龙江创新举办首届中俄地方文化艺术季深化中俄文化交流互惠互通》经验做法。三是2023年第十三届中俄文化大集于6月20日在黑河市开幕。8月26日，在俄罗斯布拉戈维申斯克市（海兰泡）举行闭幕式。活动历时近 70 天，推出了高端互访、文化交流、旅贸融合、招商推介、沿边文旅走廊建设五大板块。创新增设了中国民间花灯展、中俄首届非物质文化遗产展览展销等内容，累计开展 30 大项、150 多小项活动。国内 30 多个省（区、市）、俄罗斯 10 多个州（区、市）地方政府代表、1300 多名中俄艺术家、50 多个文旅机构和 400 多家企业参与，实现了中俄文化大集由“火热一下”向“火热一夏”的转型。

（黑龙江省文化和旅游厅　张宵齐）

上海市

【概况】2023 年，上海市文化和旅游系统坚持以习近平新时代中国特色社会主义思想为指导，深入学习贯彻习近平文化思想和习近平总书记考察上海重要讲话精神，全面贯彻落实党的二十大和十二届市委三次全会精神，在市委、市政府领导下和市委宣传部指导下，坚持稳中求进工作总基调，完整、准确、全面贯彻新发展理念，主动服务和融入新发展格局，坚持以文塑旅、以旅彰文，扎实推进文旅深度融合高质量发展，努力构建文化和旅游领域国内大循环中心节点和国内国际双循环战略链接，开创社会主义国际文化大都市和世界著名旅游城市建设新局面，实现上海文化事业、文化产业和旅游业供需两旺、量质齐升、强劲复苏，有力赋能城市经济增长和人民美好生活。

【聚力抓实主题教育，学思悟践党的创新理论取得新成效】坚持把深入学习贯彻习近平新时代中国特色社会主义思想作为首要政治任务，全面落实“学思想、强党性、重实践、建新功”总要求，一体推进理论学习、调查研究、推动发展、检视整改，在学以铸魂、学以增智、学以正风、学以促干上下功夫见成效。

一是理论学习入脑入心。坚持把学习贯彻习近平总书记重要讲话和指示批示精神作为党组“第一议题”，第一时间传达贯彻、上下贯通全面领会，不断增进对习近平新时代中国特色社会主义思想的政治认同、思想认同、理论认同、情感认同。局党组先后举办读书班学习日，局主要领导带头以“贯彻新发展理念、服务新发展格局、奋力推进文旅深度融合高质量发展的卓越实践”为题作专题党课，局党组班子成员、各级党组织书记讲专题党课。充分发挥文化和旅游系统资源优势，聚焦“礼赞新时代　奋进新征程”主题，推出音乐党课、艺术党课、文物党课、美术党课等各类文艺党课，为全市主题教育提供生动课堂和鲜活教材。

二是调查研究深化转化。坚持研究真问题、真研究问题，深入开展体验式暗访、蹲点式调研、解剖式调研，局党组班子成员“分片包区”走访调研文旅场所，局系统开展调研并形成调研报告。其中，《把握文旅复苏加速的确定性　多措推动扩大文化和旅游消费》调研报告在文化和旅游部《决策参考》刊发，“文旅党建品牌培育路径研究”调研成果作为唯一党建类课题，被文化和旅游部评为优秀调研报告。

三是检视整改彻查彻改。坚持以刀刃向内的自我革命精神，把检视整改贯穿主题教育始终。围绕文旅复苏重振实际和人民群众“急难愁盼”，找准查实、整改整治文旅预约制、行李寄存难等重点问题，落实“破难题，促发展”举措。协同联动各区和相关部门，“三上三下”查摆问题，打好“解决一个问题、带动一类问题”组合拳。开展“一个支部一件实事”活动，办好群众身边好事实事。《研以致用　真改实干　促进上海文旅消费扩容提质》做法被纳入全市第一批主题教育典型案例汇编。

【聚力服务国家战略，文化传承文明互鉴展现新作为】坚定文化自信，立足“四个放在”，做到在大局下定位、在大局下谋划、在大局下行动，推动中华优秀传统文化创造性转化、创新性发展，促进中外文明交流互鉴，助推增强中华文明影响力和上海城市软实力。

一是服务共建“一带一路”。以共建“一带一路”倡议提出十周年为契机，举办丝绸之路国际艺术节联盟论坛，推出“丝路之光”系列展演，携手全球180家重要艺术机构签署开放包容、互学互鉴、共筑文化艺术新丝路《上海共识》，相关成果纳入第三届“一带一路”国际合作高峰论坛多边合作成果。深耕“欢乐春节”“上海文化周”等对外文化交流品牌，推出数字文旅产品“浦江艺汇”第二季，覆盖“一带一路”沿线50多个国家。首创“百物看中国”出境文物艺术大展系列，赴匈牙利举办首展“不朽的玉甲：中国汉代文物珍品展”。与新加坡签署人文交流合作协议，纳入上海市—新加坡全面合作理事会第四次会议成果。赴澳门举办“上海之夜”主题宣推活动和“文明之光——第三届上海文旅图片展”。推动上海原创《翻国王棋》实现中国音乐剧首次海外版权输出。

二是传承弘扬长江文化。编制《长江国家文化公园（上海段）建设保护规划》，谋篇布局保护传承、数字再现、文旅融合等五项工程。举行“沿着长江读懂中国——万里长江行”收官活动，发布《共建长江国家文化公园“上海倡议”》。聚焦国家水下考古重大项目，推动长江口二号古船考古与文物保护，完成保护舱、考古站建设，启动编制上海博物馆北馆项目建议书。加强长江文化研究阐释，举办“何以中国”系列第二展，首次全面呈现长江中下游文明。发挥长三角龙头作用，举办2023年长三角文化和旅游联盟主题宣推、第四届长三角古镇一体化发展大会，签署《浦江宣言》《朱家角共识》，开发“过江南”长三角名人故居之旅主题产品，开通长三角“假日专列”和“高铁+”旅游线路，首次编制《长三角文旅一体化高质量发展报告》。

三是深化文物领域改革。全面完成全国唯一的社会文物管理综合改革试点，落地实施改革举措78项。探索形成“五全工作法”，成功创建杨浦生活秀带首批国家文物保护利用示范区，联合多省发布《保护传承工业遗产的上海杨浦联合倡议》。推动国家文物局和上海市政府签署新一轮五年部市合作协议，聚焦十大领域，全面深化文物保护利用改革创新。揭牌成立上海市文物鉴定研究中心，启动建设国家级区域性文物鉴定中心。指导中共一大纪念馆、上海大学共建首批国家革命文物协同研究中心。做优进博会5件艺术品免税政策，第六届进博会文物艺术品板块扩容提质，吸引18家境外艺术机构参展，参展规模、品类和成交金额均创新高。“上海社会文物流通管理综合改革畅通海外文物回归通道”荣获国家文物局文物事业高质量发展十佳案例。

四是保护利用文化遗产。做实文物保护，推动圣约翰大学近代建筑、交通大学早期建筑等系统性保护修缮，指导佘山天文台、嘉定孔庙等文物保护单位和中国共产党代表团驻沪办事处旧址、中共二大会址等革命文物保护单位完成修缮。编辑完成全市馆藏革命文物图录，成立本市革命场馆联盟，深化“大思政课”建设，1个项目入选国家文物局、教育部公布的以革命文物为主题的“大思政课”优质资源示范项目之首、5个项目入选精品项目。举办第五届“世界考古论坛·上海”，发布2019—2023年全球重大考古发现和研究成果。出台《上海市关于进一步加强非物质文化遗产保护工作的实施意见》。打响“非遗新体验”品牌，打造南翔国潮大会、龙华庙会等民俗品牌，举办国潮文创设计大赛。深化“非遗在社区”，杨浦、宝山、闵行、徐汇获文化和旅游部“非遗在社区”试点城市典型案例称号。认定第七批市级非遗代表性项目，完成“推动传统工艺高质量传承发展”试点，指导曹素功制墨技艺、周虎臣制笔技艺保护单位“笔墨宫坊”重建开业。

【聚力文旅消费投资，创造城市经济复苏增长引爆点】坚持从投资和消费两端发力，强化跨周期布局、逆周期调节，将扩大内需战略与深化文旅供给侧结构性改革有机结合，努力实现上海文旅业质的有效提升和量的合理增长。

一是办好国际重大节展。突出国际性、人民性、专业性，发挥文旅节展积聚人气、带动经济、展示形象的重要作用。第 34 届上海旅游节焕新点亮世界会客厅，首日全网传播量达 2.8 亿人次。第 22 届中国上海国际艺术节重装归来，内容体量、场次规模增长超过 20%，国际展演项目占比超 60%，演出交易会达成交易意向 560 余项。第五届上海国际艺术品交易周跨越百亿规模，汇聚 250 余家中外艺术机构，举办展览交易活动超 130 场，境外画廊占比超 50%。第 14 届上海双年展聚焦"宇宙电影"主题，以全球化表达和艺术性叙事，擦亮上海城市文化"金名片"。

二是丰富优质消费供给。坚持从上海最有资源、最有优势的地方出发，创新性地把更多都市资源转化为文旅资源，持续打响"建筑可阅读""演艺大世界""一江一河游览""海派城市考古"等都市文旅品牌，创新打造"看美展、观文博、赏好剧、听歌会、来海考"等都市旅游品质首选。2023 年，全市共举办营业性演出超 4.57 万场，观众 1987.2 万人次。全市博物馆、美术馆共举办展览 1300 余个，接待观众 3600 余万人次。其中上海博物馆举办的"英国国家美术馆珍藏展"创下多项全国收费特展最高纪录，98 天展期吸引超过 42 万观众，其中一半以上来自全国各地。打响"乐游上海"假日文旅品牌，贯穿传统节日推出千余项文旅假日产品，春节、五一假日本市旅游消费位居全国各大城市首位。大力推动"文旅 +""+ 文旅"，推出工业游深度体验线路 38 条、长三角革命文物主题游径 20 条、首批沪黔红色旅游精品线路 10 条，评定第二批上海市级旅游休闲街区 4 家，徐汇区、松江区、长三角生态绿色一体化发展示范区等 3 个区域入选全国文化产业和旅游产业融合发展示范区，金山区、奉贤区入选全国首批文化产业赋能乡村振兴试点地区。愚园艺术生活街区被评为第二批国家级旅游休闲街区，上海新天地石库门街区、静安嘉里中心—安义路街区入选新一批国家级旅游休闲街区。新推 19 家市五星级乡村民宿、19 家市四星级乡村民宿、6 家市三星级乡村民宿，不断提升本市乡村民宿业的服务质量和水平。10 条乡村旅游线路入选全国乡村旅游精品线路。积极发展水上旅游，完善"浦江游览"和"悠游苏州河"码头布局、游线布局，推动首艘国产大型邮轮"爱达·魔都号"建成投用。

三是做强文旅重大投资。展投联动举办第二届上海旅游投资促进大会、上海旅游产业博览会，推出签约开工"1000 亿元"和银行授信"1000 亿元"旅游投资项目，发布新版上海旅游投资推介指南。旅游产业博览会覆盖旅游产业全要素各领域，吸引超过 5000 家展商参展，打造产业链开放、上下游深度结合的赋能平台。推进上海国际旅游度假区新建区和乐高乐园、金山滨海等高能级旅游度假区建设，建成开放疯狂动物城、前滩信德文化中心等一批重点项目。高质量承办全国文化和旅游项目建设暨投融资大会，在全国推广上海打造亚太旅游投资门户"四个一"经验做法。

四是重振入境旅游市场。抢抓我国入境签证政策优化机遇，以"Visit Shanghai"为主题，全面启动上海入境旅游形象推广行动，与中国旅游研究院、上海报业集团、上海文广集团分别签署共同促进入境旅游战略合作协议，推出全新上海国际旅游形象推广片，聘任首批 6 位国际友人担任"2024 上海国际旅游形象推广大使"。深化"乐游上海"海外推广全媒体矩阵建设，全新上线 14 个语种的城市文旅外宣官网，激活"Meet in Shanghai"五大海外新媒体账号，发布推文、视频近 5000 条，浏览量超2200万次。

五是抢占数字化新赛道。在全国率先发布实施《打造文旅元宇宙行动方案（2023—2025年）》，遴选培育首批新赛道企业60家，授牌上海文旅元宇宙创新首批示范企业、示范项目，完成10家文博场馆100余款数字藏品开发上线，评定4家上海市数字景区。文旅元宇宙登陆上海科技创新成果展，上海3个项目入围首批全国智慧旅游沉浸式体验新空间培育试点名单，上海戏剧学院沉浸式XR戏曲《黛玉葬花》入选文化和旅游部数字化创新示范十佳案例。拓展文旅“一码游”和“一卡通”应用场景，使用范围覆盖长三角地区。

【聚力打造文艺精品，推动重大主题创作取得新成果】坚持以人民为中心的创作导向，大力加强新时代题材主题创作，推出一批彰显时代特征、中国特色、上海特质的精品佳作，增强人民精神力量，满足人民美好生活。

一是打造舞台艺术佳作。聚焦中华民族伟大复兴时代主题和共建“一带一路”倡议10周年等重大节点，编制实施2023—2025舞台艺术和群众文艺创作行动计划，推出交响诗篇《丝路颂》等一批舞台原创精品，舞剧《永和九年》、杂技剧《天山雪》、话剧《千里江山图》获上海文艺创作精品、优品配套扶持，歌剧《义勇军进行曲》、舞剧《李清照》入选文化和旅游部创作扶持计划。举办2023年上海市舞台艺术作品评选展演、2023年民营院团展演、2023年上海市群文新人新作展评展演。

二是策划文博美术大展。编制实施2023—2025美术创作行动计划，完成“十年·海上风华——上海现实题材美术创作项目”二期主题创作，启动“人民·城市”新一轮现实题材美术创作。打造“何以中国”“对话世界”“何谓海派”文博美术大展系列，推出“实证中国：崧泽·良渚文明考古大展”“从波提切利到梵高：英国国家美术馆珍藏展”“对话达·芬奇——文艺复兴与东方美学艺术特展”“历史的星空——二十世纪前期海派绘画研究展”“第十七届上海青年美术大展”等一批高品质的现象级大展。

【聚力做优城市美育，文旅公共服务能级实现新跨越】深入践行人民城市理念，坚持把最好资源留给人民，以优质供给服务人民，以城市美育为牵引，深化公共文化服务高质量发展先行区建设，推动整座城市向心而生、与美同行。

一是首推美育计划。牵头编制实施《上海市公共文化建设工程三年行动计划》，深入实施“大博物馆计划”“大美术馆计划”“社会大美育计划”，超额完成“社会大美育课堂”市政府为民办实事项目，组织全市200余家专业文化艺术场馆机构“打开围墙”，开展艺术普及教育活动约8000场。扩容升级“上海市民艺术夜校”，构建“1+16+X”总分校体系，开设教学点位143个、课程382门，打造深受中青年“上班族”喜爱的艺术普及网红项目。首次以“城市美育日”形式，启动新十年上海市民文化节，开展群众性文化活动近3万场，吸引市民线下参与近千万人次。

二是打造最美空间。建成上海博物馆东馆、中国近现代新闻出版博物馆、上海世界技能博物馆，推进工业博物馆等市级文化设施建设。完善“市、区、街镇、居村”四级公共文化基础设施网络，实施基层公共文化设施更新与功能提升计划，编实织密“家门口的文化客厅”。结合城市更新，打造“邻里汇”“人人屋”“城市书房”等家门口“小而美”的公共文化空间，已培育“家门口的好去处”205个、“演艺新空间”100家，新推出“美术新空间”15家。推动最美公共文化空间大赛辐射长三角、走向全国，吸引20个省份、148个城市参加，五年累计打造805个“品质高、美感强、体验好”的最美空间样本。

三是提升服务品质。加大公共文化配送力度，市区两级累计配送线下文化活动2万余场、文艺辅导4.18万课时，吸引300余万人次参与。开展四季村晚示范展示活动，推出全国示范活动4场、市级示范活动32场。开展新一轮社区文化活动中心评估、街道镇图书馆评估定级，推动公共文化设施错时开放、延时开放，鼓励开展夜间服务、流动服务。推动博物馆试点向持证导游开放带团讲解，指导各文博场馆完善无障碍设施、推出无障碍导览。实施“旅游厕所质量提升工程”。“上海不断提升黄浦江沿线公共服务水平”入选2023全国旅游公共服务十佳案例。徐汇区、宝山区、嘉定区3个案例入选全国基层公共文化服务高质量发展典型案例。

四是优化运营机制。深化公共图书馆、文化馆总分馆制建设，全覆盖建立“区级馆为总馆，街镇馆、社区中心为分馆，居村活动室、农家书屋等为基层服务点，社会参与，区域联动”的运行架构。鼓励企业、社会组织和个人参与公共文化设施运营和公共文化内容配送，2023长三角文化和旅游公共服务产品采购大会首邀采购主体入驻、首次全面排摸需求清单，促进供需有效对接。嘉定区、长宁区通过国家公共文化服务体系示范区创新发展复核。

（上海市文化和旅游局　方黎）

江苏省

【概况】2023年，是江苏发展史上具有重要意义的一年。面对内外部环境的深刻变化，江苏省文化和旅游系统坚持以习近平新时代中国特色社会主义思想为指导，把学习贯彻党的二十大、习近平总书记对江苏工作重要讲话重要指示精神和开展主题教育作为贯穿全年工作的主题主线，认真落实省委、省政府的部署安排，感恩奋进、承压前行，守正创新、奋发有为，推动文化事业、文化产业和旅游业各项工作取得新进展，在推进中国式现代化江苏新实践中迈出文旅高质量发展新步伐。

【强化政治引领，始终把牢文旅发展正确方向】全面学习、全面把握、全面落实党的二十大精神，推动党的创新理论入心见行、善思善用，始终把牢文旅正确的发展方向和实践导向，坚定拥护“两个确立”、坚决做到“两个维护”。一是学思践悟新思想特别是习近平文化思想。深刻把握习近平文化思想的重大意义、丰富内涵和实践要求，致力打造现代公共文化服务体系、现代文化产业体系和市场体系、现代旅游业体系“升级版”，更加自觉推动文旅高质量发展融入中国式现代化江苏新实践。二是推动总书记关于江苏工作重要讲话重要指示精神在文旅领域落地见效。对标对表“走在前、做示范”重大要求和“探索新经验”重大任务，完善提升文旅发展思路和重点举措，健全常态化落实机制。召开新四军纪念场馆高质量发展现场推进会，启动实施“新四军东进北上”革命文物主题游径建设工程，公布第三批江苏省革命文物名录，认定第二批省级红色旅游融合发展示范培育项目，6个项目入选国家“大思政课”优质资源建设推广项目。围绕建设中华民族现代文明，形成一批课题研究成果，配合制定《加快推进社会主义文化强省建设行动方案》。三是扎实开展主题教育。落细落实主题教育总要求和根本任务，引导文化和旅游系统干部在坚定信仰中“铸魂”，在深学细悟中“增智”，在检视整改中“正风”，在知行合一中“促干”。运用艺术形式和旅游载体打造沉浸式主题教育课堂，开展两轮调研并形成调研报告21篇，建立完善制度机制28项，增强主题教育的特色和实效。有关做法得到江苏省委第五巡回指导组给予充分肯定，江苏省委主题教育简报、新华日报、学习强国平台等先后23次进行报道,《工作与学习》杂志刊发专访。

【注重精准施策,全力促进文旅市场强劲复苏】加强文化和旅游领域经济形势的科学研判,靠前发力、主动作为,推动文化和旅游行业快速恢复发展,助力全省经济运行率先整体好转。一是推动文旅政策"工具箱"从渡难关向促发展转变。有针对性出台促进全省文旅市场加快全面复苏"江苏文旅十五条",及时制定《〈关于释放旅游消费潜力推动旅游业高质量发展的若干措施〉行动方案》,组织256个重点文旅项目集中签约、总授信695.88亿元,推出"乡旅E贷"百亿资金助力计划、"苏旅贷"专项金融产品,提前完成乡村旅游驻村辅导员三年行动计划,千方百计强信心、稳预期、促发展。二是引导和扩大文旅消费。贯穿全年举办文旅消费推广季,推出16个主题、665项系列活动,累计曝光人数超11.27亿人次,获评文化和旅游部国内旅游宣传推广十佳案例。联动举办乡村旅游节、非遗购物节等消费促进活动,发布百项"游乡村·促消费"创新示范产品和项目,深入推进夜间文旅消费集聚区建设,新增国家级集聚区4家、省级30家。发展数字文旅新型消费和体验空间,新认定省级智慧旅游景区9家、数字人民币文旅应用集聚区5家、文旅消费便捷支付示范区32家,江苏省社保卡文旅"一卡通"建设经验做法获文化和旅游部《文化和旅游智库要报》专刊介绍,"水韵江苏"数字旅游卡发行21.49万张、带动文旅消费约2.42亿元,获评智慧江苏标志性工程。三是持续增强文化产业和旅游产业创新发展动能。提升产业发展载体建设水平,新增国家对外文化贸易基地1家、国家级文化产业示范园区2家、工业旅游示范基地3家、首批国家文化产业和旅游产业融合发展示范区建设单位3家、首批全国文化产业赋能乡村振兴试点名单2家,苏州文化产业和旅游产业工作入选国务院督查激励对象名单,溧阳1号公路入选全国首批交通运输与旅游融合发展"十佳案例"。加快发展文化产业和旅游产业新技术新应用新场景,认定省级智慧文旅示范项目20个、文旅装备技术研发中心5家,承办全国智慧旅游发展大会暨智慧旅游示范展示活动,各有3个项目入选全国首批智慧旅游沉浸式体验新空间培育试点单位和"5G+智慧旅游"应用试点名单,2个项目入选首批全国20个文旅标准化示范典型经验,苏州丝绸博物馆、南京钟山风景名胜区分别入选全国文旅数字化创新示范十佳案例和国家旅游科技示范园。据综合测算,2023年全省共接待境内外游客9.419亿人次,实现旅游总收入13571.96亿元,按可比口径较2019年分别增长8.6%和2.6%,全省旅游市场全面恢复并超过疫情前水平。根据银联商务数据,江苏文旅消费总额5366亿元,占全省银联消费总额19.95%,比2022年提高4.08个百分点;占全国文旅消费9.74%,占比全国第一。

【聚焦优化供给,繁荣发展文化事业和文化产业】围绕增强人民群众对文化和旅游获得感,深入挖掘江苏历史文化资源和价值,打造形成一批优质文旅产品和活动品牌。一是放大艺术创作"江苏现象"。坚持并落实"三个尊重""三项机制",研究出台舞台艺术、美术书法创作三年行动计划,深入实施舞台艺术精品创作扶持工程,举办"抱石风骨·第二届中国画双年展"、第二十五届全国版画作品展览,持续推进新金陵画派青年人才培养计划第二期,在全国率先完成基层国有文艺院团评估定级,联合召开全省基层国有文艺院团高质量发展推进会,承办和参加全国"梨花杯""桃李杯"青少年戏曲、舞蹈教育教学展示活动。成功举办2023年戏曲百戏(昆山)盛典,配套开展全国戏曲演员会演、"天下第一团"表演英才传习班等活动,4人获评文化和旅游部新时代中国戏剧(生行、旦行)

领军人才、数量居全国首位。全省有3个项目和4部剧目分别入选文化和旅游部舞台艺术优秀节目创作扶持计划、优秀剧目展演，位列全国第一。二是推进公共文化服务标准化均等化。召开全省公共文化服务高质量发展推进会，促进公共文化服务“双千计划”提质增效，优秀群众文化团队开展文化活动1.56万余场，最美公共文化空间累计线上服务573万余人次。提高“送戏下乡”群众的获得感、满意度，优化“以需定供、区域互送”“政府端菜、百姓点单”服务机制，省级扶持2508场、直接采购配送627场，带动全省送戏下乡2.3万余场。全省一级图书馆占比全国第一，“君到苏州”智慧文旅线上服务总平台入选全国旅游公共服务十佳案例，3个案例入选全国基层公共文化服务高质量发展典型案例、位居全国第一。三是推动文物和文化遗产保护利用。持续实施江苏地域文明探源工程，常州寺墩遗址考古作为“考古中国”重大项目取得重要成果，制定出台省级考古遗址公园建设指南并完成首批3家认定工作。保护挖掘运用好文物、古籍和历史文化街区，发挥各类文博场馆传承文明和社会教育功能，开展全省国有馆藏文物单位盘库建档专项行动，推进南京博物院新馆立项建设，公布第八批省级以上文物保护单位保护范围和建设控制地带，苏州创成文物建筑国家文物保护利用示范区。做好非遗系统性保护，公布第五批省级非遗代表性项目421个，认定省级文化生态保护实验区2个，印发建设非遗工坊助力乡村振兴实施意见并认定首批省级非遗工坊60个。扬州中国大运河博物馆等5个案例获全球世界遗产教育创新案例奖。四是推进文旅深度融合发展。积极培育文旅融合新业态新载体新项目，“演出＋旅游”“音乐＋旅游”“展览＋旅游”“赛事＋旅游”等日益火爆，“博物知旅”活动入选全国文化遗产旅游十佳案例。深化小剧场建设并举办全省小剧场演出季，认定第三批省级示范小剧场13个和小剧场精品剧目10个，获全省宣传思想文化工作创新奖。新增“无限定空间非遗进景区”省级示范项目12个，遴选推出省级非遗主题精品旅游线路20条，近30项极具江苏特色的非遗项目走进央视《非遗里的中国》，文化和旅游部在江苏省召开现场会推广江苏非遗与旅游融合发展经验。国家级旅游度假区、旅游休闲街区各增至9家，国家级文明旅游示范单位增至4家，甲级旅游民宿增至6家，文旅创建继续走在全国前列。

【打造特色标志，加快建设世界重要旅游目的地】坚持把旅游作为文化传承和文明传播的重要载体，提炼展示江苏地域文明的精神标识和文化精髓，推动旅游业高质量发展。一是全景绘就“两廊两带两区”生动图景。制定出台世界级陆桥东部丝路旅游带、沿太湖和洪泽湖生态文化旅游区等建设实施方案，并结合“十四五”文旅发展规划中期评估，跟进“廊、带、区”6个实施方案落实，加快培育世界级旅游景区、度假区和精品线路。全省文旅资源普查共登记文旅资源单体9个主类、超118万个，28个项目入选中国特品级旅游资源名录候选名单，5个案例入选世界旅游联盟“旅游助力乡村振兴”案例。二是一体推进长江大运河国家文化公园江苏段建设。组织编制《长江国家文化公园江苏段建设保护规划》和长江文化价值阐释弘扬、文物保护利用、非遗保护传承利用“1+3”系列规划。成功举办第五届大运河文化旅游博览会，共吸引国内近90个城市、30个国家和地区、超千家单位参展参会，近12万人次走进现场、线上受众超4亿人次，获评省大运河文化带和国家文化公园建设创新案例。组织创作完成长125米、高1.2米的大型画卷《长江春色图》并举办特展，发布“水韵江苏·长江百景”，推出长江文化旅游精品线路20条，创新举办长江文化节，30个文旅地标入选文化和旅游部8条长江主题国家级旅游线路。三是进一步打响“水韵江苏”文旅品牌。组织拍摄制作美丽乡村、长江主题等旅游宣传片，新版旅游广告登陆央视和重要高铁站、累计曝光量超28亿人次，组织赴深圳、青岛、杭州等地举办“水韵江苏”省外集中推广周活动。全新升级《游遍江苏》电视栏目，策划推出“你所不知道的‘水韵江苏’”融媒体栏目，首季节目收视平均排名全国第三。以“园林里的诗意相遇”“丝路中的水韵江苏”“茶和天下”·雅集等为主题，先后组织赴西班牙、葡萄牙、法国、日本、新加坡等10多个国家和地区开展境外推介活动。“水韵江苏”全球传播中心入选“长城奖——文旅好品牌”国际传播优秀案例，“水韵江苏”政务新媒体综合影响力稳居全国文化和旅游系统和省级机关前列。

【统筹发展和安全，营造安全有序文旅市场环境】坚持强化管理、提高效能，扎实抓好文化和旅游行业安全稳定工作，以高水平安全护航高质量发展，全省文化和旅游行业安全形势持续稳定。一是严格落实意识形态工作责任制。严把审批入口，加强文旅阵地管理、文旅活动内容审核把关和过程监管，强化大型营业性演出内容、演职人员等审核把关，开展首次文化和旅游行业网络安全实战化应急演练，制定文化和旅游行业网络数据安全防护指南，守牢意识形态安全底线。二是毫不松懈抓好安全生产。压紧压实行业监管、属地管理责任和企事业单位主体责任，以火灾隐患、涉水游乐、特种设备、燃气使用等为重点，开展重大事故隐患专项排查整治，组织全省文化和旅游行业安全生产专项整治巩固提升年行动，发现各类隐患问题3772个并推动整改落实。完善江苏智慧文旅平台安全监管和预警系统，探索运用无人机等方式提升智慧化监管能力。三是及时跟进全链条监管。持续优化文旅市场营商环境，完善文旅政务服务“旗舰店”功能，修订印发《江苏省文化艺术类校外培训机构准入指引》，3个项目入选全国文旅市场政务服务“好差评”优秀典型案例、数量位居全国第一。加强在线旅游、剧本娱乐等新业态监管，推动313家“密室逃脱”类经营场所全面落实“一键开灯、一键解锁”安全措施。制定实施《江苏省文化市场轻微违法行为免罚、一般违法行为从轻减轻处罚清单》，开展全省文化市场综合执法“先锋”系列行动。全国文化市场综合执法岗位练兵技能竞赛获个人和团体8个奖项的6项第一，星级饭店从业人员服务技能竞赛获个人和团体3项第一，国家文物局办公室连续5年致函省政府办公厅表扬江苏文物行政执法先进典型。四是持续深化依法行政。深入贯彻习近平法治思想，坚持用法治思维和法治方式推进工作，完善重大行政决策、行政规范性文件合法性审核机制，推动文化和旅游工作在法治化轨道上运行。依法接受省人大及其常委会监督，厅主要负责人向省人大常委会报告依法履职情况。加强文化和旅游领域立法，推动4个项目列入省人大常委会五年立法规划，配合做好《江苏省红色资源保护利用条例》和公共图书馆、农村公共文化服务管理、旅游民宿等重点项目立法工作。创新推进法治宣传教育和法治文化建设，组织文化市场法治惠民活动，创建一批省级法治宣传教育基地、法治文化建设示范点。做好人大代表、政协委员建议提案办理工作，完成主办会办共140件，连续三年被省政协评为提案先进承办单位。

【着眼系统培塑，进一步优化人才发展环境】深入实施新时代人才强国战略，健全完善引进、培养、使用、评价机制，推动江苏文旅人才成长环境不断优化、队伍规模不断扩大、创新活力持续迸发。一是精准引进人才。坚持公开、平等、竞争、择优原则，通过规划指引、引才引智等举措，积极为用人单位牵线搭桥，全年通过“高层次人才引进”渠道引入副高及以上专业技术人员13名，指导督促厅直事业单位公开招聘31人、自主招聘55

人。对引进人员充分信任、放手使用，为人才良性循环提供良好平台和发展空间。二是精心培育人才。加强重点领域、创新领域、急需紧缺领域人才培养，联合省委宣传部共同主办高层次文化人才理想信念专题教育培训班，推动德才兼备、专业精湛的领军人才不断涌现。充分依托高层次人才项目推介拔尖人才，厅系统1人获“全国技术能手”荣誉、1人获“333工程”重点行业领域人才项目资助、1人获“333工程”青年人才项目资助、1人入选中宣部第八批哲学社会科学领军人才推荐名单，推荐18人申报文化和旅游部乡村文化和旅游带头人、1人入围“江苏工匠”评选，为推动文旅高质量发展提供了有力的人才支撑。三是精细评价人才。充分发挥人才评价“指挥棒”作用，在全国首创《江苏省美术馆专业人员专业技术资格条件（试行）》，修订《群众文化专业技术资格条件（试行）》，进一步完善以创新价值、能力贡献为导向的评价标准。精心组织职称工作培训班，周密开展文化系列高级职称评审，全省共1049人网上申报，实际参评870人，审核通过596人，正高、副高通过率分别为63.29%、69.66%。

【科学统筹财务，助力文旅事业高质量发展】围绕全省文化和旅游高质量发展目标，聚焦年度重点工作任务，强化资金使用和绩效管理，不断健全完善的内控机制。一是科学统筹谋划。为落实“集中财力办大事”要求，2023年对原省文化和旅游发展专项资金和江苏省文物保护专项资金进行了合并，设立江苏省文化旅游发展和文物保护利用专项资金，并会同省财政厅制定出台《江苏省文化旅游发展和文物保护利用专项资金管理办法》。深入贯彻落实省政府《关于推动经济运行率先整体好转的若干政策措施》要求，统筹安排1.16亿元文化旅游发展和文物保护利用专项资金，用于支持消费提振、产业融合、数字赋能等重点工作，有力保障了全省文旅市场全面快速复苏。积极协调省财政厅顺利追加2156万元公共文化服务体系建设专项资金，用于举办精品展览和社会教育活动展览；将文旅和文物科研经费纳入2023版科研经费目录，解决江苏省戏剧学校点金楼消险加固资金结转使用，调整扬州中国大运河博物馆绩效工资保障政策，有力保障了文旅事业稳定发展。二是提升统计质效。在充分调研和征求多方意见的基础上，修订印发《设区市人均接受文化场馆服务次数指标数据统计实施办法》并组织专题培训，成立高质量考核指标数据审核组和暗访组，对13个设区市进行半年评估及全年指标数据实地核查调研和暗访。完成江苏省旅游业统计体系提升课题研究，为健全完善旅游业统计制度、规范统计过程台账管理、建立统计数据权威发布机制提供科学、可行、有效的解决方案。持续做好国内旅游抽样调查、城乡居民人均外出旅游次数调查、年度旅游数据测算，了解掌握并按时发布国内旅游业的发展现状及趋势、全省城乡居民出游情况等有关数据，为全省旅游业的宏观管理和拓展国内旅游市场提供决策依据和信息资料。三是严格审计监督。认真履行内部审计监督职责，按照江苏省文化和旅游厅内部审计领导小组确定的年度工作计划，完成南京图书馆、南京旅游职业学院、省文化馆等8个厅直单位常规审计，对7个重大政府采购项目实施验收前审计，完成外交部驻外机构供应站清算审计；指导厅直单位建立健全内部审计工作机制，完善单位内部治理，确保内部审计监督覆盖重点业务领域及关键环节，有针对性地防范各种风险。

（江苏省文化和旅游厅　张程）

浙江省

【概况】2023年是全面贯彻党的二十大精神和浙江省第十五次党代会精神开局之年，是“八八战略”实施20周年。浙江省文化和旅游系统对标落实习近平总书记考察浙江重要讲话精神，按照省委经济工作会议和省政府工作报告部署，以三个“一号工程”为总牵引，打好文脉赓续、文艺创优、文化惠民、文旅融合、系统重塑“组合拳”，严守安全防线，推动各方面工作迈出坚实的步伐。文旅深度融合工程被列入省委、省政府“十项重大工程”。文化和旅游部在全国总结推广浙江文化和旅游赋能高质量发展建设共同富裕示范区6项典型经验。

【省域文化标识加快形成】全面贯彻落实习近平总书记在文化传承发展座谈会重要讲话精神，推动传统文化创造性转化、创新性发展，持续打造浙江省域文化标志。办好“大活动”，彰显浙江担当。高质量举办首届“良渚论坛”，习近平总书记致贺信。承办全国“四季村晚”冬季主会场活动，习近平总书记在2024年新年贺词中称赞“‘村超’、‘村晚’活力四射”。成功举办第二届全民阅读大会、中国网络文学周、中国（杭州）国际动漫节、第五届中国歌剧节、全国廊桥保护三年行动计划启动会、湘湖对话等一批国字号活动，展现浙江文化和旅游系统服务大局的使命担当。实施“大考古”，赓续浙江文脉。深入实施浙江考古“启明星”计划，温州朔门古港遗址入选全国“十大考古”新发现，湖州昆山遗址发现晚商高等级建筑基址群入选“2023年度国内十大考古新闻”，安吉古城入选第四批国家考古遗址公园；衢州市衢江区新发现皇朝墩遗址，是迄今最完整的上山文化至跨湖桥时期环壕聚落遗址；3件物品入选全国“100件新时代见证物名单”；65个村落列入第六批中国传统村落名录，数量居全国第一。加快实施宋韵文化传世工程，推进宋六陵等4处两宋核心遗址主动性考古发掘。召开上山文化遗址保护和申遗工作专班例会，加快上山文化遗址群申遗步伐。保护“大遗产”，激活文化基因。省政府发文公布第八批省级文物保护单位121处、第六批省级非遗代表性项目名录110项。全省“三普”登录文物挂牌率实现100%。全省全年共检查文博单位3.1万家次，发现整改火灾问题隐患9732处，侦破文物犯罪案件17起。全国首个省级大运河世界文化遗产保护管理规划《浙江省大运河世界文化遗产保护管理规划（草案）》通过省人大常委会会议审议。实施文化基因激活工程，培育第二批浙江省文化基因转化活化创新项目。推出“跟着考古去旅行”等品牌活动，打造10条文博研学旅行精品线路。成立“中国传统制茶技艺及其相关习俗”浙江省保护发展联盟，做好茶申遗后半篇文章。推进“推动传统工艺高质量发展”“非遗助力乡村振兴”全国试点工作，确定40个“非遗助力共同富裕”试点地区，4个非遗工坊入选全国“非遗工坊典型案例”。推出“大作品”，勇攀艺术高峰。实施“浙里大戏”攀峰计划，制订实施《关于加快推进越剧繁荣发展的五年行动计划》，深化省地协同创演机制、揭榜挂帅机制、多元化投入机制。新国风越剧《新龙门客栈》、经典越剧《梁祝》（青春版）、舞蹈《碇步桥》一批精品精彩出圈。《钱塘里》等14部优秀作品入选全国各类重点创作扶持项目，98部（个）文艺作品参加国家级各类展演活动，41部（个）剧目入选国家艺术基金资助项目。浙江戏曲、舞蹈、演唱亮相2023年央视春晚，人数达到创历史的73人，表演的戏曲节目时长创21世纪最高纪录，其中，婺剧连续六年登上央视春晚。越剧、婺剧和台州乱弹等优秀戏曲文艺节目参加2024年中央新年戏曲晚会演出。举办“诗画江南、活力浙江、大美中华”原创歌曲征集活动，从中筛选30首优秀作品开展全省巡演。推出“宋韵今辉”艺术特展、“意造大观”宋代书法及影响特展等一批高质量展览，成功举办首届之江艺术季。

【文旅项目建设加速推进】牵住项目建设“牛鼻子”，推动文旅项目建设高质量实施，项目建设的“引擎”作用充分释放。2023年全省实施文化和旅游投资项目3239个，实际完成投资4101.1亿元，投资完成率106%，超额完成全年3000亿的目标任务。聚力重大项目。重中之重推进85个“千项万亿”项目，实际完成投资263.1亿元，投资完成率149.3%；新建项目29个，开工率100%，均列“千项万亿”九大领域第1位。扎实推进文旅“双百”计划项目，170个在建实施项目实际完成投资724.8亿元，投资完成率154.1%；有22个项目建成投用，如之江文化中心建成开放并实现高质量运营，是全国体量最大的省级公共文化设施集聚群，成为浙江最具代表性的文化新地标，开馆4个月接待群众240万人。做强串珠项目。推进“十大百亿”文旅项目建设，推动文旅项目串珠成链、集链成群。杭州“三江两岸”水上黄金旅游线、长三角首条跨省域旅游公路“95联盟大道”等一批交旅融合项目开通运营，台州沿海“1号公路”临海、玉环示范段完工，全国知名文旅融合“景观长廊”正加速形成。抓实微精项目。加快“微创意、微投入、微更新”小项目建设，以小投入撬动产业发展、提升旅游品质。全省共实施“微改精提”项目27806个，实际完成投资1040.31亿元，同比增长106.97%，认定3023个示范点。招引文旅项目。积极推进文旅项目招商引资，分别举办浙江省文化产业和旅游产业项目招商大会、全省文化产业和旅游产业投融资对接活动，累计达成现场签约投资项目14个，合作投资总额达到72.7亿元；达成融资项目11个，融资意向金额101.17亿元。

【产业发展能级稳步跃升】提请浙江省政府印发《浙江省文旅深度融合工程实施方案（2023—2027）》，推进产品提档升级、业态丰富多元，实现文化产业和旅游产业能级在融合发展中加速跃升。据大数据监测，2023年全省接待全域旅游人数7.6亿人次，比上年增长28.9%，其中，过夜游人数3.8亿人次，比上年增长33%；全域旅游收入10028.9亿元，比上年增长16%。全省32个县（市、区）入选“2023年全国县域旅游综合实力百强县”名单，前10位中浙江占7位。平台载体能级不断提升。世界旅游联盟总部正式落户杭州并启用新址。支持省级重大文化传播平台“Z视介”成功上线运行，累计下载量突破1亿。实施旅游景区转型提质行动，云和梯田景区创成国家5A级旅游景区，衢州古城通过国家5A级旅游景区资源景观质量评审。迭代“百千万”工程，实施乡村旅游“五创”行动，推进民宿高质量发展三年计划，新增4家5A级景区城、8家5A级景区镇、58个金3A级景区村庄。淳安下姜村入选联合国世界旅游组织“最佳旅游乡村”，全国8家，浙江占其2。支持台州成功申办第八届中国诗歌节。3家单位入选国家文化产业和旅游产业融合示范区创建名单，2家单位入选国家级文化产业示范园区，杭州入选国家对外文化贸易基地，宁波成功创建国家文化和金融合作示范区。文旅市场主体加速壮大。截至2023年12月底，全省文旅市场主体达161.94万家，同比增长25.22%。4家企业入选“全国文化企业30强”，4家企业入选“中国旅游集团20强”，数量均居全国第一。新认定259家文旅梯度培育企业，新增1家五星级旅游饭店，认定85家特色文化主题饭店、绿色旅游饭店、品质饭店，9家五星级旅行社。文旅融合新业态活力焕发。大力发展研学旅游，打造“跟着课本游浙江”品牌，绍兴获评中国研学旅行标杆城市（全国5个）。不断拓展“文旅+”边界，创成国家工业旅游示范基地3个，新培育省级工业旅游、中医药文化养生、运动休闲等各类省级基地34个，省级研学实践基地76家，省级旅游演艺集聚区3个；新创成3个国家级旅游休闲街区，3个案例入选首批全国交旅融合发展案例，数量全国第一。新增国家等级民宿5家，总量全国第一。17条乡村旅游精品线路入选文化和旅游部2023年“乡村四时好风光”全国乡村旅游精品线路。文旅消费全面提质扩容。推进国家文旅消费试点城市、示范城市建设，发展夜间文旅消费经济，新增3家国家级夜间文化和旅游消费集聚区，认定15家省级夜间文化和旅游消费集聚区。举办2023新春文旅消费季和春夏秋冬四季文旅消费季活动，累计推出促消费活动2000余场、助企惠民举措600余项。举办第17届中国义乌文旅产品交易博览会，三天吸引十余万人次，比2019年增长22.8%。组织开展“浙江DOU是好风光”公益活动，贡献文旅综合收入14.85亿元。

【公共服务品质明显提升】2023年，3个案例入选全国基层公共文化服务高质量发展典型案例。建设品质化公共文化空间。加快建设覆盖全省的“15分钟品质文化生活圈”，新增“15分钟品质文化生活圈”3448个、城市书房250个、文化驿站137个、乡村博物馆228个，促进文化资源和服务网络向基层延伸覆盖。抓好公共文化服务现代化示范创建工作，认定首批5个公共文化服务现代化示范区、10个示范项目，30个文化强镇、100个文化示范村。在全国第七次公共图书馆评估定级中，浙江省99个图书馆被定级为一级馆，上等级馆一级馆率达到99%，在全国各省（区、市）中排名第一。台州市、温州市获全国第三、四批公共文化服务示范区创新发展复核优秀等次。创新精准化公共文化供给。创新建设公共文化共同体，实现省市优质文艺资源下沉和全社会资源激活。全面实施“文艺赋美”工程，全年开展“文艺赋美”演出35.2万场，在册文艺志愿者11.9万名。开展全民艺术普及系列活动，建设“百姓百艺”工作坊，全省全民艺术普及率提高至76.7%。开展“春雨工程”——文化和旅游志愿服务边疆行结对项目31个。新增文艺赋美·浙江省美育村（社区）95个，其中示范村13个。探索高效化公共服务运行。浙江省博物院、浙江自然博物院获评全国博物馆运行评估优秀单位。临平博物馆“春风又绿——江南水乡文化展”获评第二十届全国博物馆十大陈列展览精品奖，中国丝绸博物馆“建设丝绸之路数字文物共享平台促进文明交流互鉴”案例入选全国文物事业高质量发展十佳案例。全省博物馆推出“蔚为大观——全省博物馆百大镇馆之宝特展”等热门展览76个。完成《旅游公共服务高质量发展评估指标体系》《旅游公共服务建设指南》编制。

【文旅赋能亚运成效显著】深入开展文旅赋能亚运系列活动，讲好浙江故事、彰显文化自信，让世界看见活力浙江。做足亚运“文旅味”。在良渚古城遗址举办杭州亚运会火种采集仪式，三天传播量超10亿次。作为执行指挥长单位，统筹火炬传递活动和采火仪式，精心指导各地设计起跑、收火仪式和传递线路，充分展现“浙江味”“文旅味”。在开闭幕式、机场欢迎仪式、领导人伴宴等活动中植入良渚、非遗、越剧等文化元素，让八方来宾领略浙江文化魅力。圆满完成了对韩国、科威特、叙利亚等7个国家元首的机场欢迎仪式和尼泊尔总理保障接待任务，获外交部充分肯定。举办浙江省饭店业专题培训班、杭州亚（残）运会官方接待饭店专项品质提升培训班，高质量完成官方接待任务。用活亚运“流量源”。组织开展“拥抱亚运·畅游浙江”100场主题宣传活动，赴越南、伊朗、土耳其、印度等亚洲主要国家开展“诗画浙江”亚运主题文旅交流推广活动，策划推出10条亚运文体旅精品线路，各项活动全网曝光量超过1.5亿次。亚运期间，全省接待游客7379.2万人次。提升亚运“获得感”。组织开展全省文化馆“百馆联动迎亚运”活动，推出5300余场亚运主题群文活动。建设百家亚运文化空间、百个亚运城市人文体验点、百个亚运非遗体验项目，推出“礼润山海——亚洲国际礼品展”等亚运相关主题展览，为亚运助力添彩。围绕“浙江文艺、唱响亚运”主题开展1.28万场“文艺赋美”演出，推动亚运文化走进百姓生活。守住亚运“安全线”。开展网络安全攻防演练和迎亚运网络安全风险评估，守牢亚运重保期间网络安全防线。开展“护航亚运”文旅市场百日攻坚行动，实现文旅领域零差错。

【文旅品牌矩阵初步建成】启动实施文旅品牌创建行动，打出品牌创建组合拳，初步建成全国性、省域性、地域性的多层次品牌矩阵。高标准打造城市文旅品牌和主题漫游长廊。组织开展浙江城市文旅品牌策划传播大赛，总传播量达 1.2 亿次。推出 12 条“诗画江南、活力浙江”主题漫游长廊，对涉及点位按照“吃、住、行、游、购、娱”6 大维度全要素集成推荐，基于消费视角、需求视角形成文旅供给菜单。高品质培育文旅消费微品牌。开展“味美浙江 · 百县千碗”菜品系列挑战赛，推出 1000 道浙江风味菜品名录并入驻“游浙里”；深入实施“六进”活动，推进美食体验场所创建和“百县千碗”农都美食文化长廊建设，新认定 236 家美食体验店；举办全省“味美浙江 · 百县千碗”美食讲解员大赛，培训“味美浙江 · 百县千碗”美食体验店从业人员 1000 余人；“味美浙江 · 百县千碗”荣获中国旅游研究院“大众旅游 · 美食系列”特别贡献案例奖。打造“浙韵千宿”酒店民宿品牌，确定首批“浙韵千宿”1094 家培育对象，新评定等级民宿和文化主题（非遗）民宿 205 家。举办 2023 年全省博物馆文创产品大赛和特色旅游商品评选活动，评出 290 个“浙派好礼”名单；6 件作品入围中国旅游商品大赛获奖名单；建设游浙里“浙派好礼”专题页，推动获奖作品入驻“游浙里”平台；举办“浙派好礼”全省文创产品展示对接活动，打造“浙派好礼”文创产品开发生态圈。确定 1965 个“浙里演艺”名录，新增浙江省第二批旅游演艺集聚区 3 个，精品项目 10 个。评出首批 200 个重点培育文旅市集。高品位擦亮“诗画浙江”品牌。服务省委、省政府重大外事工作，在印度尼西亚雅加达举办“万年一诗”浙江文旅主题展，在泰国曼谷作“诗画江南　活力浙江”推介，在香港举办“只此江南”推介会，在澳门举办“茶和天下”茶文化展。在西班牙巴塞罗那、瑞士日内瓦、德国柏林、新加坡、丹麦哥本哈根举办“中国历代绘画大系”宋画特展海外巡展。在韩国首尔、丹麦哥本哈根及印度新德里举办茶和天下 · 雅集系列活动，在保加利亚索非亚、西班牙马德里、葡萄牙里斯本、挪威奥斯陆、马来西亚吉隆坡、日本东京举办“诗画浙江”文旅主题系列推介会，在法国巴黎举办“万年凝华　熠熠重光”浙江文旅主题展，在丹麦开展浙江文化和旅游交流展示季活动，深化文明交流互鉴。举办“2023 丝绸之路周”“中非文化合作交流月”“良渚古城 · 雅典卫城”中希文明对话、“乌兹别克斯坦之夜”“中意世界文化遗产地结好论坛”等对外活动，举办 2023 诗画浙江 · 两岸文创设计共创营、海峡两岸影像文化周等对港澳台活动。新增 10 个国际人文交流基地。

【文旅数字化改革不断深化】坚持以数字化改革为引领，抓好“牵一发动全身”重大改革，加快科技创新步伐，推动文化和旅游领域系统性重塑。文化和旅游部向全国总结推广浙江省“文艺赋美”工程、非遗工坊等文化和旅游赋能高质量发展建设共同富裕示范区 6 项典型经验。松阳、吴兴入选全国文化产业赋能乡村振兴试点。数字化改革持续推进。加强系统集成，推进旅游通、文旅大脑、浙文旅、数智视听数字化平台建设，在全省推广使用浙文旅风险监管协同调度平台。迭代开发浙里文化圈外文版，上线入馆一键预约、E 梦剧场、请您看演出等模块。2023 年，累计注册用户突破 614 万，年访问量 4412.8 万人次。“浙里文化圈”助力公共文化服务智达惠享、“文管在线”推进实现文化数字化治理 2 个应用入选文化和旅游部文化和旅游数字化改革创新示范“十佳案例”,“浙里有戏”应用程序入选“优秀案例”。“文物指纹”数字化改革应用列入科技部国家重点研发计划。数字诗路文化体验馆、“今夕共西溪”入选全国智慧旅游沉浸式体验新空间培育试点。综合改革走向纵深。制定实施《浙江省文化和旅游厅营商环境优化提升“一号改革工程”实施方案》。在全国率先出台《土地储备考古前置管理规定》,实现土地储备考古前置全省覆盖。全年完成考古前置项目4047个,有效保障全省“千项万亿”重点项目顺利实施。深化“放管服”改革,厅所有审批事项实现全程“网办”和全省通办、全省“掌办”。加快推进“信用+监管”,杭州市“促进信用信息共享”获文化和旅游部信用经济发展试点。深入推进“大综合一体化”改革,印发《进一步加强乡镇文化市场执法工作的若干意见》。标准化工作改革成效明显,率先推出国际标准采标工作,完成《旅游驿站服务规范》《乡村博物馆服务规范》《文物编码规范》等地方标准立项。科技创新成效显著。乌镇古镇旅游区入选国家旅游科技示范园区。2个项目获2023年度国家社会科学基金艺术学重大项目立项,19个项目获全国艺术科学规划项目立项,2个项目入选2023年文化和旅游部重点实验室资助项目,2个项目入选2023年文化和旅游部科技创新研发重点项目,2家企业入选全国首批文化和旅游部技术创新中心建设名单。开发文旅知识产权数字化管理平台并试运营。

【文化和旅游人才队伍持续壮大】强化政策引领,出台《浙江新时代文化和旅游人才队伍建设三年行动计划(2024—2026年)》。提升办学治校水平,浙江音乐学院高质量通过教育部本科教学评估,浙江旅游职业学院以“优秀”成绩通过“双高计划”中期验收,支持浙江艺术职业学院、京昆艺术中心时隔31年再度开办“京小班”。成立全国首个省级文物保护与利用结合的文物领域综合性行业协会,浙江大学成立考古学本科专业,新增3家国家考古发掘资质单位。举办“新松人才”计划青年演奏员大赛,启动第二批浙江省舞台艺术“1111”人才计划,确定22名优秀艺术人才作为培养对象。加快高层次人才培育,2人入选国务院政府特殊津贴人才,1人入选省特级专家,1人入选国家高层次人才特殊支持计划青年拔尖人才,1人入选浙江省有突出贡献中青年专家,1人入选浙江省高层次人才特殊支持计划青年拔尖人才,1人获中国戏曲梅花奖,4人入选全国魔术、戏剧领军人才培养计划名单,3人荣获第31届上海白玉兰戏剧表演艺术奖。

【安全基础保障全面夯实】统筹发展和安全,完善要素保障,探索提升现代治理能力,为文化和旅游高质量发展奠定良好基础。筑牢安全屏障。优化文物安全工作机制,提请省委、省政府召开了全省文物安全工作会议,完善全省高质量发展绩效考核、党的思想建设评价文物安全指标,推动文物安全工作列入地方主要领导经济责任审计和生态环保督查事项。开展文物安全隐患排查整治。建成文物安全智慧监管应用系统,在全国率先开展卫星遥感动态监管。文物平安智慧工程防护实施设备率达71.6%,全年火灾事故数下降33.3%,违法案件数下降48.1%,未发生重大文物安全事故。开展旅游市场“三不”问题专项整治行动。聚焦旅行社、A级景区、新业态、消防安全、旅游包车等重点领域,开展隐患大排查大整治行动。健全文化和旅游行业安全生产制度体系,出台《文化和旅游行业生产安全重大事故隐患判定指南(试行)》《文化和旅游领域应对极端天气气象及次生灾害防御工作指引(试行)》。加强要素保障。推动政策规划集成创新,先后出台实施《浙江省乡村旅游促进办法》《浙江省文化和旅游厅关于进一步促进文化和旅游消费的若干措施》等重要政策。先后联合省财政厅出台全省舞台艺术繁荣发展、旅游发展、公共服务体系建设等4个专项资金管理办法，强化发展资金保障。优化舆论环境。持续产出爆款宣传产品，之江文化中心开馆影响力值11.3亿；"五一"期间，浙江文化和旅游工作七上央视新闻联播。全力做强"浙江文旅"新媒体矩阵。2023年中央电视台《新闻联播》48次报道浙江文化和旅游工作，次数居全国第1名。

（浙江省文化和旅游厅　竹睿韬）

安徽省

【概况】2023年，安徽省委、省政府在合肥市召开全省旅游高质量发展大会，顶层设计、顶格推动旅游强省建设。省委、省政府出台《关于深化文旅融合彰显徽风皖韵加快建设高品质旅游强省的意见》，提出构建"一区三圈四带"的总体发展格局（以大黄山为重点的皖南国际文化旅游示范区，合肥都市科创文化旅游休闲圈、大别山红绿交融文化旅游圈、皖北文旅融合发展圈，长江、淮河、新安江、江淮运河文化旅游发展带，构建协调联动全域发展新格局），高位推动旅游强省建设的发展格局全面形成。

【政策法规】2023年，安徽省文化和旅游厅扎实做好文旅领域法治建设各项工作，为全省文化和旅游高质量发展提供良好的法治环境。

完善文旅领域法规制度。组织《中华人民共和国旅游法》宣传贯彻实施情况评估。完成安徽省红色资源保护和传承专项工作报告。推进《安徽省实施〈中华人民共和国文物保护法〉办法》立法调研。编印文化和旅游法律法规汇编。开展行政规范性文件清理，宣布失效10件，公布现行有效43件。

全面规范行政权力运行。印发《安徽省文化和旅游厅2023年行政规范性文件和重大行政决策事项目录》。开展旅游投诉调解与仲裁衔接试点，推动黄山、池州旅游纠纷仲裁中心挂牌运行。牵头编制印发《长江三角洲区域文化市场综合执法文书制作指引》《长江三角洲区域落实〈网络文化市场执法工作指引〉实施细则》。组织专项巡查，共巡查网络文化企业842家、网络书店3649家，发现涉黄涉赌博网站20余个，立案查处35起，责令整改70家，移送线索11个。开展年度文旅市场第三方体验式暗访评估，发现各类问题633个，全部完成闭环整改。

创新开展法治宣传教育。借助"翔天净网"技术监管平台，将《中华人民共和国反有组织犯罪法》《中华人民共和国未成年人保护法》等接入全省网吧40多万台电脑终端开机界面，"零距离"普法8501万次。开展长三角暨东西部对口交流省份（安徽·吉林）文化市场综合行政执法业务交流培训班，沪苏浙皖和吉林省90余名执法骨干参加培训。通过戏曲孵化计划创作了泗州戏《小村官》《老子买单》、黄梅戏《卖藕》等一批法治题材剧目。在全省开展"送戏进万村"等活动时，举办法治文艺演出专场，涌现出《普法歌》《天上掉"馅饼"》《平安创建防诈骗》等优秀法治节目。2023年，安徽省图书馆获批安徽省法治宣传教育基地。

【文艺创作生产】2023年，安徽省创作推出一大批戏剧、音乐、舞蹈、美术等项目。全省新创大戏32部、小戏177个，复排大戏40部、小戏58个。30多部作品精彩亮相国家级活动。话剧《炉火照天地》入选全国"新时代舞台艺术优秀剧目展演"，歌剧《风雪大别山》获第五届中国歌剧节"优秀剧目"。"新时代　新徽班　新气象"精品剧目赴北京及长三角地区展演、全省舞台艺术精品剧目展演，深受好评。突出新时代现实题材，推出美术作品展览178个。3人分获新时代声乐、戏剧领军人才、中青年英才，1人入选青年策展人扶持计划。

【旅游配套设施完善】2023 年，安徽省大力推进旅游道路、指示牌、停车场、酒店等配套设施建设，助力景区创建工作。新创国家工业旅游示范基地 2 个、国家级旅游休闲街区 4 家、全国 4C 级自驾车旅居车营地 1 家。新增避暑旅游休闲目的地 10 家。黄山风景区入选国家旅游科技示范园区、全国第一批“5G+ 智慧旅游”应用试点项目。加强景区厕所建设，推动贯彻实施《旅游厕所质量要求与评定》（GB/T 18973—2022）国家标准，安徽省新（改扩）建旅游厕所 82 座（居全国第 5 位），指导各地完成 2193 座旅游厕所评估定级。采取“建、改、扩”方式强力推进旅游厕所革命，重点推进示范性旅游厕所建设。新建旅游厕所 82 座，全省建成 5595 座，百度地图上线率达 99%。

【旅游标准化建设】2023 年，安徽省文化和旅游厅完成行业标准《文明旅游志愿服务站设置与服务规范》审查报批工作。推进安徽省地方标准《民宿管家服务规范》（DB34/T 4330）申请列为行业标准立项计划获批立项。汇总全省文旅领域 44 项地方标准申报项目，推荐《瓷器文物病害与图示》《文物展柜环境湿度控制技术规程》等 11 项申报省级地方标准，《考古遗址公园服务规范》等 6 个项目获批立项。跟踪指导已立项标准编制工作，开展《城市阅读空间服务规范》《可移动文物三维数字信息采集与建模指南》等 5 项标准征求意见工作；发布实施《村级综合性文化服务中心建设要求与评价》《城市阅读空间服务规范》等省级地方标准。完成地方标准相关评估工作。对省文化和旅游厅归口管理 115 项地方标准，进行标准制定和应用情况评估，完成《旅游小镇评定规程》等 5 个地方标准实施效果评估工作。配合旅游民宿暨文明旅游示范单位评定工作，推进相关标准的实施。开展线上标准宣贯解读视频推广，补充完善线上文旅标准库建设。

完成智慧景区标准编制工作。启动《智慧景区要求与评价》地方标准编制工作，完成征求意见稿编制工作。

安徽省文化和旅游标准库上线。2023 年 3 月，省文化和旅游厅网站上线安徽省文化和旅游标准库。标准库收录了安徽省文化和旅游厅组织编制的旅游地方标准 98 个，文化地方标准 21 个，公众可以便捷查询安徽省编制的文化和旅游标准。近年来，安徽文旅标准化工作快速推进，旅游标准化体系进一步完善，文化标准化体系初步形成。

【智慧旅游建设】加强信息平台建设。做好“游安徽”公共服务平台、“安徽文化云”、文旅视频监控、文物综合管理系统、翔天净网等系统运维。其中，游安徽公共服务平台增加文化艺术类校外培训机构白名单查询功能，App 发布旅游资讯 5000 余篇，更新目的地、旅游景区、酒店、民宿、美食等各类信息 3000 多条。安徽文化云每日审核发布公共文化场馆、乡镇综合文化站等活动预告、新闻资讯，全年共审核自办活动 7494 条，活动预告 10283 条。文旅视频监控系统定期巡查各市文旅视频监控系统、景区监控，发现故障及时督促整改，督促各市整改景区问题 99 处，保障日常及节假日期间景区、场馆正常调度。

开展数字化整体设计。举办数字化整体设计编制工作培训会。全面摸清业务、系统和数据资源等情况，梳理 119 项政务服务事项、98 项执法监管事项、45 项运行管理事项，梳理数据资源目录 203 个，数据表 386 张、数据字段 11559 个，梳理政策、需求、问题清单 11 个，形成文旅大脑、文旅服务、文化遗产三大类智慧场景应用体系，综合管理一网办、客流监测一张网、文物安全一张网等场景。

推进公共服务一件事场景建设。在现有“游安徽”和“安徽文化云”功能基础上整合省文化馆安徽公共文化云、省图书馆安徽省公共图书馆联盟云数字资源。设计图书馆通借通还功能，通过数字安徽工程沉淀到各市县一体化基础平台，实现省市县三级覆盖。谋划好“安徽码”应用场景，解决好景区预约、酒店住宿、网吧上网等高频应用场景使用。

启动数据工程建设。启动全省文化和旅游数据治理工程。按照数据工程分类，从文化产业和旅游产业、公共服务、文化遗产、市场管理、科教艺术、从业人员6大领域，全面盘点全省文旅数字资源，实现数据资源“一本账”家底。按照数据架构，制定设计数据标准，编制数据资产目录，向市县文化和旅游部门宣贯。

推进社保卡文旅领域“一卡通”应用。下发《关于做好2023年文旅领域居民服务“一卡通”工作的通知》，做好顶层设计。指导场馆和景区升级设备和系统，加快用卡环境改造。组织开展“文旅促消费　一卡游安徽”活动，面向持卡用户推出一批针对持社保卡用户的景区门票打折、免票等优惠活动。配合安徽省人社部门开展惠民服务活动，推动实现长三角一市三省社会保障卡居民服务“一卡通”“同城待遇”。

黄山风景区入选全国首批“5G+智慧旅游”应用试点项目。11月10日，文化和旅游部、工业和信息化部公示全国首批“5G+智慧旅游”应用试点项目，共30个项目入选首批应用试点项目。由安徽省推荐的“黄山景区5G+智慧旅游试点项目”成功入选。

【文化遗产保护】2023年，安徽文物和非遗保护利用成效显著。含山凌家滩被认定为中华文明“古国时代”第一阶段标志性遗址，蚌埠禹会村等国家考古遗址公园建设扎实推进，淮南武王墩墓即将开展椁室发掘清理。长江、大运河国家文化公园（安徽段）建设有序推进。通济渠泗县段保护展示项目基本完工，柳孜遗址环境综合治理等项目加快推进。完成全省长江文物调查，首届马鞍山长江文化论坛成功举办。阜阳博物馆新馆等建成开放，合肥市博物馆、中国（芜湖）长江渔文化博物馆等开工建设。“山河安澜—淠史杭灌区主题展”入选全国“弘扬中华优秀传统文化、培育社会主义核心价值观”重点推介展览。黄山市入选第二批国家文物保护利用示范区创建名单。传统村落保护利用成效明显，新增中国传统村落70个。建立红色资源保护传承协调机制。实施51处革命文物保护利用项目，推出15条红色研学线路，联合发布20条“长三角革命文物主题游径”。全国红色故事讲解员大赛获专业组第2名历史最好成绩。全省文博系统人才队伍建设进一步加强，安徽省博物院1人获评“全国技术能手”称号。徽州文化生态保护区非遗馆建成开馆。举办中国（淮北、宿州）大运河文化带非遗展、文房四宝文化旅游节，“美在徽州非遗体验之旅”入选全国非遗特色旅游线路（全国20条）。新增国家级非遗生产性保护示范基地4个、中国非遗传承人研培点1个。

【考古发掘】2023年，安徽省积极参与中华文明探源工程和“考古中国”国家重大课题研究，开展凌家滩、明中都、武王墩、人字洞、禹会村、磨盘山等6个主动性考古发掘项目，其中淮南武王墩墓考古发掘和保护建立了省级协调机制，发掘工作顺利推进；郎溪磨盘山遗址、肥西三官庙遗址同时荣获考古学重点项目立项。协调、指导文物保护、考古和重大项目的实施，坚持建设工程考古前置，加快涉建项目文物审批进度，配合引江济淮、铁路、水利、开发区等建设工程提供文物保护意见，组织省考古所完成考古勘探项目84次、发掘项目40次。

【文物保护与管理】实施文物保护工程，2023年印发《安徽省加强文化遗产保护传承实施方案》。举办全省文物保护项目申报培训班和第六期全省文物保护工程管理培训班，培训200余人次和215家资质单位，提升项目编制申报和工程管理水平，办理企业文物保护工程资质单位申报、行政许可审批及文物保护工程资质单位资质证书变更等服务。推进大运河、长江国家文化公园、国家考古遗址公园建设，实施柳孜运河环境综合治理、柳孜运河遗址保护大棚、通济渠泗县段保护展示工程。审核批复120余处文物保护修缮和展示利用工程方案，下拨2023年国家和省级文物保护专项资金，支持屯溪镇海桥、歙县三阳洪氏宗祠、安庆南关清真寺大殿、休宁汪由墩墓石刻等修缮工程。

【革命文物保护与展陈】启动实施百项革命文物保护利用工程，制定实施方案，开展检查验收，确保工程质量。争取国家和省级文物保护专项资金5922万元，实施51处革命文物保护利用项目。审核批复31处国保、省保维修保护、展示利用和馆藏珍贵革命文物修复方案。会同江苏、江西省文物局，召开皖中革命文物保护利用片区规划推进会，牵头组织规划编制。配合江苏、江西、湖北省文物局，分别开展苏南、闽浙赣（皖）、鄂豫皖革命文物保护利用片区规划编制工作。推出“山河安澜——淠史杭灌区主题展”“峥嵘岁月　红色印记——鄂豫皖苏区货币及新民主主义革命时期红色货币展”等展览，分别入选2023年度国家文物局、中央文明办、中央网信办“弘扬中华优秀传统文化、培育社会主义核心价值观”重点推介项目。会同沪苏浙文化和旅游部门联合发布20条“长三角革命文物主题游径”，包括8条跨省线路、12条省内线路。推出“初心如磐”皖西大别山红色基因之旅、“铿锵铁军”皖南红色沃土之旅等15条红色研学线路。开展以革命文物为主题的“大思政课”优质资源建设推广工作，全省共策划设计86个思政项目，安徽博物院和合肥工业大学附属中学举办的博物馆里的思政课——小小红领巾成长志现场教学类思政活动等3个入选全国“大思政课”优质资源精品项目。金寨县革命博物馆《思源》项目获2023年全国红色讲解员进校园优秀案例。推动建立省红色资源保护和传承联席会议机制，印发联席会议议事规则和成员单位职责。完成全省红色标语类革命文物专项调查工作和调研报告，共195处、562条。完成全省抗战文物统计工作，共3065件/套。

【非物质文化遗产保护】2023年，推荐36名省级非遗代表性传承人申报第六批国家级代表性传承人，经文化和旅游部公示24人。组织开展第七批省级非遗代表性传承人申报认定，实施中国非遗传承人研修培训计划，指导中国科技大学、黄山职业技术学院举办2期手工造纸、茶叶制作技艺研培班。中国科学技术大学荣获文化和旅游部2021—2022年度研培绩效考核优秀等次。成功推荐安徽艺术学院为中国非遗传承人研修培训计划参与院校。

举办非物质文化遗产活动为社会服务。2023年春节、元宵节期间，举办“文化进万家——视频直播家乡年”活动，春节期间组织全省文旅系统举办线上线下非遗展示展演活动1000余场次，推出相关短视频600余个，其中《皖北·年味》《石台·年味》短视频入选文化和旅游部“视频直播家乡年”优质短视频展播。开展“安徽非遗购物节”首次直播进景区活动，主播携手非遗传承人与网友互动。精选30余个项目、产品进行4小时直播带货，抖音、淘宝平台累计观看近40万人次，抖音同时在线观看人数破万。抖音、淘宝双平台销售额数十万元，让人民群众在购买非遗产品、感受非遗技艺中体验优秀传统文化魅力，共享非遗保护成果。

【产业发展】2023年，安徽省文化产业和旅游产业量质齐升。签约、开工、投产文旅项目2811个，总投资5893亿元。全省首个红色元宇宙沉浸式演艺项目“十万剧场”在金寨首演，霍山滑雪旅游度假区、铜陵犁桥水镇等投入运营，黄山航空文旅、芜湖滨江产业新区等项目签约落地。合肥包河创意文化产业园获评国家级文化产业示范园区。2个单位入选全国首批文化产业和旅游产业融合发展示范区创建单位（黄山市黟县—屯溪区—歙县、芜湖市鸠江区）。新增第三批国家级夜间文化和旅游消费集聚区4家（并列全国第一）。《中国传统文化故事绘本大系》获中国文化艺术政府奖，填补安徽省国家动漫最高奖空白。

出台释放旅游消费潜力36条措施。创新开展“520”安徽文旅惠民消费季，省、市、县联动举办活动1100余场，发放文旅消费券4.5亿元，4765万人次参与，拉动消费逾160亿元，被文化和旅游部作为典型案例全国推广。举办旅游文创商品大赛，参加中国旅游商品大赛等，获奖总数位居全国前列。

【资源开发】推进大黄山目的地建设。指导4市建立合作机制，明确工作分工。指导成立大黄山文化旅游创意发展协会，参与大黄山圆桌会议等活动。推动民生银行等金融机构助力大黄山建设，推出民宿贷等金融产品。配合省发展改革委编制大黄山目的地建设指导性规划和行动方案、大黄山专项资金管理办法等。编制《2023年皖南休闲度假旅游目的地建设重点文旅项目清单》，梳理“大黄山”四市开展的重大文旅项目。

推进国家文化公园建设。召开长江国家文化公园（安徽段）建设推进会暨《长江国家文化公园（安徽段）建设保护规划》讨论会，谋划具体工作。配合省发展改革委编制《大运河国家文化公园（安徽段）2023年工作要点》。

支持皖北等地区文旅发展。在文旅品牌创建和项目申报中，加强对大别山革命老区、皖北地区、引江济淮沿线区域的工作指导。配合办理阜阳、宣城、宿州、滁州等市需省级层面帮助解决的重要事项。

推进跨省区域合作事项。指导相关市落实浙皖闽赣国家生态旅游协作区、长三角（安徽）生态绿色康养基地先行区、杭黄廊道等建设任务。

推进“百景提升行动”。梳理120家景区，落实“一景一案”要求，谋划提升项目。指导池州市牯牛降景区完成5A级旅游景区创建答辩、滁州市琅琊山景区迎接5A级旅游景区暗访检查。新评定9家4A级旅游景区，公示12家景区通过4A级旅游景区景观质量评价，组织2023年度A级旅游景区复核。开展“最干净景区景点及旅游乡村”推选，分别公布首批10家“最干净景区景点”“最干净旅游乡村”。

对标创建旅游度假区、旅游休闲街区。推荐六安市金安区悠然南山旅游度假区、黄山市黟县国际乡村旅游度假区申报国家级旅游度假区，新评定6家省级旅游度假区。芜湖古城旅游休闲街区、亳州北关历史街区、安庆古城·倒扒狮历史文化街区、淮北隋唐运河古镇街区4家街区新获评国家级旅游休闲街区，组织2023年省级旅游休闲街区评定。

【文化市场管理】完善综合执法运行机制。定期组织召开全省文管小组办公室联络员会议，讨论部署联合执法协作有关工作。推进长三角区域综合执法交流协作，签署《长江三角洲区域文化市场综合行政执法合作协议》；牵头编制印发《长江三角洲区域文化市场综合执法文书制作指引》《长江三角洲区域落实〈网络文化市场执法工作指引〉实施细则》。推进包容审慎监管，2023年全省共办理文化和旅游市场轻微违法行为不予行政处罚案件381件，为行政相对人减轻负担约69万元。

常态化开展日常检查和暗访。开展年度全省文化和旅游市场第三方体验式暗访评估，发现各类问题633个，全部完成闭环整改。推进全省网吧视频监控系统运行，截至2023年年底，系统共接入网吧 1463 家，累计巡查 46 万余次、取证 1300 多次。按时办结文化和旅游市场相关投诉举报，2023 年共办结各类投诉和举报 646 件。2023 年，全省共出动执法人员 23.67 万余人次，检查经营单位 10 万余家次；全省共立案调查 1913 件，移交案件 28 件，办结案件 2179 件，警告 916 家次，罚款 1068 家次，罚款金额 575.4 万元，责令停业整顿 58 家，吊销许可证 39 家。

维护文化和旅游市场秩序。开展全省农村演出市场等营业性演出市场及营业性演出票务专项整治。针对社会影响大的大型营业性演出活动加强监管。开展全省剧本娱乐专项整治，完成剧本娱乐市场执法监管调研报告。开展旅游市场秩序整治百日行动，严查强迫购物、擅自变更合同和未经许可经营旅行社业务等。联合省委网信办、省扫黄办开展“规网”专项整治行动。组织全省网络文化企业和网络书店集中巡查，首次将网络书店纳入省级集中巡查，共巡查 842 家网络文化企业和 3649 家网络书店，发现涉黄涉赌博网站 20 余个，立案查处 35 起，责令整改 70 家，移送线索 11 个。

【文化市场“放管服”改革】2023 年，安徽省文化和旅游厅持续深化“一改两为”取得好成绩。全国政务服务“好差评”工作，在全国文化和旅游系统综合得分满分，排名全国第一名、“非常满意率”全国第一名、“好差评”典型案例被评为优秀案例。“长三角”政务服务地图文化类主题地图经验做法被《人民日报》等推广。全年共完成办件 13982 件，未发生一起差错，满意率达 100%；安徽省文化和旅游厅连续 11 年获得“优秀窗口单位”。

【乡村文旅发展】深化乡村旅游“421”行动。组织乡村旅游高质量发展线上推进会、全省乡村旅游培训班 2 期，编制《乡村旅游精品示范工程实施方案》，梳理全省乡村旅游重点项目。开展乡村旅游重点村培育工作，梳理出省级乡村旅游重点村 300 余家、市级乡村旅游重点村 1100 余家培育名单，设计制作全省乡村旅游重点村资源项目小程序。发布首批精品主题村 50 个、特色美食村 70 个、后备箱工程基地 50 个、旅游风景道 8 条。2023 年新评定公示旅游风景道 10 条，组织评定第二批主题村和后备箱工程基地。组织推选“最干净景区景点及旅游乡村”，持续提升打造全省精品旅游乡村。

摸排特品级旅游资源。报送 50 条推荐名单（典型代表 297 处），文化和旅游部梳理整合其中 23 条，拟纳入首批中国特品级旅游资源名录。

加强典型案例和线路宣传。南陵县霭里村《山水“原乡”点亮乡村发展新路径》、岳西县石关乡《打造清凉经济和高山运动休闲产业》2 个典型案例入选 2023 年世界旅游联盟旅游助力乡村振兴案例。20 条线路入选文化和旅游部“乡村四时好风光”全国乡村旅游精品线路。在“听故事游安徽”活动中推送旅游风景道故事 10 篇、精品民宿故事 30 篇。

加强民宿建设。围绕民宿“小切口”做“大文章”，创新举办首届乡村民宿设计大赛，在省美术馆举办线下决赛路演、优秀作品专题展和百家精品民宿图片展。成功举办 2023 安徽民宿大会，策划安徽民宿市集汇、安徽省旅游协会旅游民宿分会会员大会、民宿行业人才创新发展沙龙、精品民宿考察、民宿“早餐”专项技能大赛等系列活动，发布《皖美民宿运营指南》、揭牌黄山民宿产业学院、签订“海誓山盟”联盟协议。

【旅游培训】强化行业人才队伍建设，举办种类丰富的培训活动，为人才成长搭建起广阔舞台。发挥赛事在以赛促学、以赛代训、鼓舞和提升行业士气的作用，激励优秀人才不断提升服务技能。

星级饭店从业人员培训。落实《星级饭店从业人员三年培训计划（2022—2024年）》，开展星级饭店网培大课堂。组织全国星级饭店从业人员服务技能竞赛总决赛参赛选手封闭集训，比赛中安徽省代表团获团体二等奖，两名选手分别获个人二等奖与三等奖。

导游培训。11月3—6日，安徽省文化和旅游厅举办首届“金牌导游培训班”，从全省集中调训150名一线导游参加培训。专题培训环节，主办方重点围绕思政教育、政策与法律法规知识、旅游安全管理与突发事件处理、文明旅游规范和引导、导游业务知识与讲解技能技巧等方面，对参训导游员进行有针对性培训。组织选拔优秀导游员参加第五届全国导游大赛，安徽省文化和旅游厅获“突出贡献单位”，一名导游获个人风采奖。

民宿管家培训。9月12—14日，安徽省文化和旅游厅、省人力资源和社会保障厅在合肥举办2023年全省旅游民宿管理服务示范培训班，全省140多名旅游民宿管理经营者、从业者和各级文化和旅游部门管理人员、评定专家参加培训。11月12日，2023年安徽民宿管家“早餐”专项技能大赛在黟县成功举办，来自全省各市的32家民宿参加比赛，展现安徽省民宿管家精湛的服务技能。

【旅游宣传】多路径擦亮“美好安徽 迎客天下”品牌，多举措落实“引客入皖”行动，多渠道拓展传播成效，多形式讲好安徽故事。“美好安徽”传播力影响力增强，《焦点访谈》点赞临泉杂技，安庆倒扒狮街、六安市“村晚”、大湾村、亳州花海等登上央视《新闻联播》。《中国文化报》《中国旅游报》头版报道安徽文旅新闻30篇。海外新媒体国际传播影响力指数位居全国榜首。组织“相约安徽·向春而行”百家媒体旅游推介，策划推出“皖美好味道·百县名小吃”“安徽人游安徽”“听故事·游安徽”“迎亚运·游安徽”等系列活动，组织到东三省宣传推介。成功举办安徽研学旅游大会、自驾游大会。“万人千里跃进大别山”成为粤港澳大湾区红色研学旅游经典产品。落实省部合作项目，组团赴日本、泰国、越南等客源地举办“茶和天下·雅集”等交流推介活动，赴美国、意大利等重点客源国开展大黄山全球推广、美好安徽与世界对话，推动入境市场有序恢复。

（安徽省文化和旅游厅　王玉创）

福建省

【概况】2023年，福建省文化和旅游系统认真学习贯彻习近平文化思想，落细落实文化和旅游部、福建省委省政府的工作部署，高规格召开全省文旅经济发展大会、全省文物工作会议，持续做热文旅市场、做实文旅融合、做强文旅经济，加快打造世界知名旅游目的地，全省文旅经济呈现“量质齐增、快速回暖”态势。全年接待旅游总人数、实现旅游总收入分别为5.72亿人次、6981亿元，同比分别增长45.9%、61.3%，恢复水平走在全国前列、领先东部省份。在全国率先探索文化产业和旅游产业核算体系，经测算，全年全省文旅经济总产值规模达1.38万亿元、增长8.8%。

【艺术创作与生产】艺术精品创作喜获佳绩。2023年福建省舞台艺术和美术精品工程共资助重点项目43项。福建芳华越剧院郑全、福建省歌舞剧院孙砾荣获中国戏剧梅花奖，福建省实现该奖项的十一届蝉联；闽剧《生命》剧本获曹禺戏剧文学奖；福建在第九届中国戏剧节上荣获3个奖项，获奖数居全国第一。杂技《无形——集体顶技》斩获中国吴桥国际杂技艺术节“铜狮奖”（国内6个节目进入决赛）；19个项目获得国家艺术基金2023年度立项资助，较2022年度增加了7项；舞蹈诗剧《白鹭·三章》等3部作品入选文化和旅游部《2023—

2025 舞台艺术创作行动计划》；歌仔戏《侨批》、莆仙戏《踏伞行》等 4 部剧目圆满完成文化和旅游部“新时代舞台艺术优秀剧目展演”晋京集中示范演出，高甲戏《围头新娘》等 18 部优秀作品参加全国戏曲（南方片）、儿童戏剧、音乐剧、民族器乐、舞蹈、交响乐作品、杂技、高腔、汉剧、地方戏精粹、中国京剧艺术节等全国展演；“问漆——福建省美术馆馆藏漆艺术作品展”获全国美术馆馆藏精品展出季活动优秀项目。艺术活动精彩纷呈。2023 年，文化和旅游部、福建省人民政府共同主办第二届全国优秀音乐剧展演，18 部优秀音乐剧作品在厦门演出 36 场，近 2.5 万名观众走进剧场，线上直播观看超 5000 万人次；成功举办第十一届福建省中青年演员比赛，全省共 712 人报名，评选出金奖 42 名、银奖 80 名、铜奖 121 名；举办第 29 届福建省戏剧会演剧本征文活动，征集省内外新创剧本 105 部，评选出《侯官女人》等 30 部获奖剧本；舞蹈《奋进路上》《春天》、芗剧《谷文昌》等参演中共中央、国务院春节团拜会文艺演出等重大演出，党和国家领导人现场观看；南音《百鸟归巢》、莆仙戏《踏伞行》首次亮相总台央视春晚舞台；福建艺术职业学院 70 名师生参加亚运会闭幕式和亚残运会开幕式演出；福建省纪委监委、省文旅厅联合发文组织“文艺倡廉”福建省优秀舞台艺术作品展演。积极探索文旅融合创新项目。“首届海丝戏剧周——2023 年全国南戏展演”打造了独具魅力的戏曲文化旅游体验；启动“育见山海”福建省金牌美育村培育工程，评出首批福建美育培育村 25 个。

【公共服务】公共文化服务体系建设取得新进展。101 家试点错时延时开放场馆全部落实省委省政府为民办实事工作要求，实现从试点向示范推广拓展、从基本服务向新场景服务拓展、从单一场馆主题活动向品牌联动拓展，试点场馆服务人次相比 2022 年实现较大幅度增长。福州、泉州顺利通过国家公共文化服务体系示范区复核。福建省图书馆顺利完成搬迁开馆测试，实现正常开放。第七次全国公共图书馆评估定级，共有 87 家荣获三级及以上等级，上等级馆比率超 90%，为历年来最佳。加快培育公共文化新型空间，支持各地建设 14 个公共文化新空间，协同上海等兄弟省市开展 2023 年长三角及全国部分省市最美公共文化空间大赛，全省共有 170 多件作品参加比赛，参赛空间获得“最美公共文化空间大奖”1 个，“百佳公共文化空间奖”6 个，“优秀公共文化空间案例奖”18 个、“优秀运营奖”1 个、“网络人气奖”3 个。群文特色主题活动展现新气象。创新开展福建“小小文旅推荐官”活动，在社会上形成声势、产生反响。第十五届福建音乐舞蹈节、第五届福建省“读中华经典颂时代华章”诵读比赛、首届“阅向未来”青少年演讲比赛、街头文化艺术展演等重点群众文化活动影响力进一步增强。百姓大舞台不断深化，福建省文化和旅游厅百姓大舞台年度文化惠民演出 34 场次，各地百姓大舞台演出 2500 多场。12 个“乡村村晚”入围全国“四季”村晚示范展示点。春燕行动——福建乡村音乐会文化惠民演出活动完成 5 场。在全国“春雨工程”——文旅志愿服务边疆行现场交流会上，福建省作经验交流发言。2023 年，全省举办各类群众文化活动 30000 多场次，参与群众达 2300 余万人次。旅游公共服务得到新加强。新增 3 家 3C 自驾车旅居车营地。福州旅游集散服务中心入选 2023 年全国旅游公共服务“十佳”案例、莆田市“这就是莆田”数字文旅平台入选优秀案例。支持各地建设示范性旅游厕所 25 座，旅游服务中心（点）21 个。

【科技教育】强化顶层设计。印发《福建省文化和旅游标准体系建设指南》，明确文旅标准制修订工作方向。举办福建省数字文旅工作推进会，部署全省数字文旅工作。开展重点平台建设。数字文旅系统融合与提升工程（一期）上线试运行，基本完成文旅数据资源网络和基础业务系统的框架搭建。“畅游八闽”App 平台在全省文旅经济大会上升级亮相。截至 2023 年年底，实现平台交易额总量突破 2.2 亿元，用户总量突破 130 万人。培育典型案例。“景区交易数据要素化创新中心”入选全国首批 12 家文化和旅游部技术创新中心筹建名单；“福州群文一码通”等 2 个项目入选 2023 年文化和旅游数字化创新示范优秀案例；厦门鹭江“5G+AR 夜景秀”智慧旅游入选文化和旅游部、工业和信息化部评选的第一批“5G+ 智慧旅游”应用试点项目；评选 32 家智慧景区、12 个数字文旅应用场景示范案例、20 个智能导览典型案例、12 家省级研学旅行示范基地等一批省级品牌，给予正向激励；南平武夷山风景名胜区等 2 家单位被评为全国文明旅游示范单位；推荐福州邻里沐里等 24 家旅游民宿申报全国甲、乙、丙级旅游民宿；评选 19 家省级文明旅游示范单位。推动职业教育发展。支持福建艺术职业学院开展艺术设计高水平专业群建设；全省 3 个项目入选 2023 年全国文化和旅游职业教育提质培优行动计划，福建省连续 3 年入选该行动计划；闽剧《王莲莲拜香》等 2 个节目入选第四届“梨花杯”全国青少年戏曲教育教学成果展演；厦门艺术学校 2 个节目入选第十三届“桃李杯”全国青少年舞蹈教育教学成果展示活动；在非学科类培训机构主管部门中率先推动文化艺术类校外机构审批事项入驻网办大厅，对外公布“白名单”，促进艺术培训市场优质发展。

【非物质文化遗产保护】持续开展非遗保护传承工作。2023 年，牵头完成“中国木拱桥传统营造技艺”从急需保护名录转入人类非遗代表作名录申报工作。组织 145 家国家级非遗代表性项目保护单位履职尽责情况评估。强化代表性传承人动态管理，组织开展 2022 年度国家级、省级非遗代表性传承人传承活动评估工作，取消 4 名省级非遗代表性传承人资格。主办闽南文化生态保护区会商交流会，推进省级朱子文化生态保护区建设，促进非遗区域性整体保护。加大非遗传播阐释力度。承办“茶和天下　共享非遗”主题活动福建主会场活动；创设“清新福建　共享非遗”四季主题活动品牌，《“清新福建·共享非遗嗨一夏”主题活动》入选全国“2023 非遗与旅游融合特色活动典型案例”；组织协调央视“非遗里的中国（福建篇）”拍摄，推出《守正创新，福建非遗“出圈”又出彩》等报道，讲好福建非遗故事。推进非遗创造性转化和创新性发展。印发《关于推动非遗与旅游深度融合发展的工作方案》；组织全省非遗与旅游融合发展优秀案例遴选，“惠女秀风采　匠心承非遗体验之旅”入选全国非遗特色旅游线路；持续推进非遗特色街区创建工作，《福建莆田兴化府历史文化街区：彰显非遗与旅游融合发展新业态》入选 2023“旅游新业态创新发展典型案例”；服务国家战略，全省认定 218 家非遗工坊，进一步带动就业和助力乡村振兴；加强非遗生产性保护和技艺活化传承，沙县小吃集团有限公司等 4 家企业入选“2023—2025 年国家级非遗生产性保护示范基地”。

【产业发展】陆续发布一批政策。出台新形势下文旅经济高质量发展 5 个方面“23 条”、促进文旅消费“10 条”、释放消费潜力“27 条”等激励政策，发布“1+N”惠民惠企政策包，建立激励县域文旅经济争优争先争效机制。针对旅游淡季，推出金秋文旅 178 项利民措施、“全闽乐购”促消费 144 项惠民措施。持续实施“311”重大项目带动行动。遴选确定文旅融合示范等六大类别 211 个重点推进项目，总投资 2554.07 亿元，累计完成投资 230.66 亿元，超额完成年度投资计划。长征国家文化公园（福建段）、1 号滨海风景道等标志性项目加快实施，相继建成福州烟台山历史街区、漳州古城等文旅新地标，超额完成年度投资计划。推进文化产业和旅游产业招大引强。滚动建立万亿元重点文旅投资项目库。组织赴京沪等地开展专项招商推介，全省累计签约项目 227 个，总投资 1464.69 亿元。其中，94 个全省文旅经济发展大会签约项目已落实 59 个、总投资 515.17 亿元，完成投资 81.01 亿元。推动创建文旅试点示范。新获评 2 个国家文化产业和旅游产业融合发展示范区建设单位、2 个全国文化产业赋能乡村振兴试点县、4 个国家级夜间文化和旅游消费集聚区、新评定 44 家省级文化产业示范基地。开展文旅特派员试点建设，确定 15 个试点县 66 个特色村为首批试点，相关做法得到文化和旅游部肯定。积极培育创新文旅供给。安排省级专项资金 4210 万元，支持培育旅游演艺、音乐产业等新业态,《印象大红袍》入选全国旅游演艺精品项目，沉浸式数字文旅项目《天涯明月刀》改版升级，大型旅游演艺《最忆船政》建成试演，蟳埔女服饰等非遗产品火爆出圈。培育“跟着演出去旅行”新模式，结合开展音乐舞蹈节、街头艺术展演等系列活动，推出演艺旅游线路和产品，推动形成“白天看景、晚上观剧”消费新潮流。培育了厦门鹭岛 5G+AR 夜景秀、平潭蓝眼泪 AR 观景等一批沉浸式体验式场景。建立文旅企业“白名单”制度。推动 3735 家文旅企业入驻“金服云”平台，授信 1745 笔 35.51 亿元，累计放款 27.65 亿元。全年新增地方政府专项债文旅项目 117 个，总金额 59.57 亿元。

【资源开发】2023 年，共创建省级旅游休闲街区 6 家；4A 级旅游景区 10 家、3A 级旅游景区 22 家、2A 级旅游景区 14 家；福建省“金牌旅游村”30 个；“全域生态旅游小镇”22 个；国家工业旅游示范基地 3 家，福建省金牌观光工厂 5 家、观光工厂 6 家。加强文旅资源整合。编制《福建省古驿道文化旅游专项规划》，谋划全省古驿道旅游产品建设。开展“1 号滨海风景道”文旅资源普查，摸清沿线文旅资源情况；配合福建省交通运输厅推进 G228 滨海风景道建设，开展风景道 LOGO 和景观提升设计。举办 2023 海洋旅游高质量发展创新交流会暨第三届海洋旅游学术会议，启动《福建省海岛旅游总体发展规划》编制。成立福建森林风景道旅游联盟，利用丰富的生态资源、多元的文化习俗，推动沿线发展绿色生态旅游。下拨专项资金 600 万元支持长征国家文化公园（福建段）重点项目建设，推动龙岩中央苏区金融街等 5 家红色旅游点创建为 3A 级景区。举办文旅经济论坛，为推动福建文旅高质量发展献智献策。配合文化和旅游部资源开发司办好 2023 年绿色旅游培训班。丰富旅游产品供给。推动连城冠豸山通过 5A 级旅游景区景观价值评审。推动工业旅游发展，泉州市七匹狼工业园等 3 家入选国家工业旅游示范基地。打造文化鲜明的旅游休闲街区，泉州中山路旅游休闲街区等 4 家街区入选国家级旅游休闲街区。推动各地完善乡村旅游服务设施，21 条线路入选“乡村四时好风光”全国乡村旅游精品线路。组织全省文旅商品参加文化和旅游部主办的义乌文化和旅游产品交易博览会，获得组委会授予“优秀组织奖”；举办“满箱福礼满箱情”旅游后备箱生活季活动。推动“+旅游”融合发展。联合铁路部门在 12306 平台推出 3 款福建铁路旅游计次票，并配套推出相应的半自由行套票产品；开行全国各地至福建的 61 趟入闽旅游专列。联合福建省海洋与渔业局培育 22 家“水乡渔村”休闲渔业基地；联合福建省交通运输厅推荐的“平潭国际旅游岛北部生态廊道”入选第一批交通运输与旅游融合发展典型案例；联合福建省委宣传部选送红色讲解员参加第四届全国红色故事讲解员大赛，1 名选手荣获金牌志愿讲解员、2 名选手荣获优秀讲解员，获奖选手数量位居全国各省市第 3 位。

【市场管理】抓好文旅市场审批监管。全年共审批文化市场经营事项 580 余件，实现审核材料零差错，审批效能零超时，审批事项零投诉。联合福建省公安厅下发《关于进一步加强大型营业性演出活动规范管理促进演出市场健康有序发展的通知》《关于加强电竞酒店管理中未成年人保护工作的通知》。互联网上网服务营业场所监管平台实行24小时监管，全年共拦截非法网站数据以及防沉迷、擅停报警等5.4万多条。全年剧本娱乐经营场所完成备案204家，备案率达100%。营造优质服务软环境。实施《贯彻落实〈文化和旅游部关于加强旅游服务质量监管　提升旅游服务质量的指导意见〉2023年工作要点》，有序开展旅游服务质量监管和提升工作。“放心游福建”服务承诺工作机制入选全国旅游市场服务质量提升典型案例。配合福建省强省办（市场监督管理局）制定《福建省质量建设纲要》和年度质量工作要点，开展“质量月”宣传，共同推进质量强省建设。抓好文明旅游宣传引导。印发《关于做好2023年文明旅游工作的通知》，指导各地文化和旅游部门扎实推进文明旅游工作规范化、常态化。深入实施文明旅游示范单位行业标准，评定19家省级文明旅游示范单位，择优推选漳州宾馆、厦门胡里山炮台景区申报国家级文明旅游示范单位。编制《全省文明旅游宣传引导典型案例汇编》，3个案例入选全国文明旅游宣传引导典型案例。

【文化市场综合执法监督】推进行政执法规范化。实施《福建省文化和旅游领域包容审慎监管执法三张清单》《福建省文化市场综合行政执法指导目录》，印发《福建省文化市场综合执法行政处罚裁量基准》，明晰职责边界。全年全省共出动执法人员18.9万人次，检查经营单位7.6万家次，罚款742.8万元。夯实队伍建设。取得第三届文化市场综合执法岗位练兵技能竞赛活动全国复决赛团体成绩排名全国第四、个人赛总成绩全国排名第二的优异成绩。巩固强化培训师资建设。全省3名部级综合执法培训师资受到文化和旅游部执法监督局通报表扬。持续深化交流合作。开展同山西和新疆昌吉州的援建协作。推进实施华东六省一市文化市场综合执法“师带徒”人才培养计划，全省共有10个案件入围“师带徒”课题中期评审，其中一个课件获得十佳课件，四个课件获评优秀课件。

【对外交流合作】服务发展大局。赴法国、美国、马来西亚、印度尼西亚、南非、菲律宾、新加坡等国举办“海丝起点 清新福建”文旅推介交流活动，成功举办第八届“海上丝绸之路”（福州）国际旅游节、第五届海上丝绸之路国际艺术节、第八届世界妈祖文化论坛，持续打响福建文旅国际品牌。密切部省合作。成功举办“欢乐新年 福建祝福”2023新年民族音乐会（福建），赴美国联合国总部和澳大利亚悉尼等地举办“茶和天下”雅集、“遇见大漆——福建漆艺术家作品展”，受到海内外各界好评。讲好福建故事。举办首届“青春同行·福建有约”——2023年海外青少年研学营、2023驻华外交官“发现中国之美”相约清新福建活动、“情系福建·茗香两岸——两岸文化联谊行”、第八届世界妈祖文化论坛及平行论坛等。抓好平台建设。在海外举办“清新福建下午茶”等活动，借助新媒体，参加大型展会，开展文旅宣传推介。深化闽港澳台交流合作。深化闽台文旅融合发展，落细落实中央文件，做优福建文化宝岛行等闽台文旅交流品牌，在中国国家博物馆举办开年第一展——“源·缘——闽台艺术展”，办好第十八届海峡旅游博览会，连续举办第七届和第八届“匠心意蕴”闽台文创周活动。深化闽港澳文化旅游交流合作，“清新福建”文旅品牌亮相第37届香港国际旅游展和第十一届澳门国际旅游（产业）博览会，组织“港澳校长带你游福建——朱子文化之旅”活动。

【创意营销】充分调动央视、新华社、人民网等央媒及省内重点媒体平台，构建多元媒体矩阵。

全年在央视报道福建文旅信息合计超过 150 次，创历史之最。“市长带你游”大型全媒体系列宣传活动，入选 2023 年中国旅游产业影响力营销推广典型案例。先后推出《来福建 好舒服》《达人说福建茶》《人生海海 有福相见》《3D 裸眼创意视频》《时光列车》《非凡录》等文旅创意宣传片，其中《来福建 好舒服》全网传播覆盖超 2.7 亿人次，《来福建 好舒服》等优秀作品荣获第三届全国公益旅游广告和 2023 南方周末年度视频营销案例奖等多个全国性奖项。《时光列车》荣获亚洲微电影节最佳导演奖。全年举办“来福建，坐火车，一路山海一路歌”“来福建，赏樱花，邂逅浪漫赏春光”“来福建，过暑假，游岛玩海嗨一‘夏’”“来福建，过暖冬，暖身暖心暖生活”四季营销主题活动及宁德世界地质公园文化旅游节、厦门中秋国庆旅游嘉年华等 4000 余场活动。

【文旅试点示范建设】2023 年，新获评 2 个国家文化产业和旅游产业融合发展示范区建设单位、2 个全国文化产业赋能乡村振兴试点县、4 个国家夜间文化和旅游消费集聚区、44 家省级文化产业示范基地。安排省级专项资金 4210 万元，支持培育旅游演艺、音乐产业等新业态，《印象大红袍》入选全国旅游演艺精品项目，沉浸式数字文旅项目《天涯明月刀》改版升级，大型旅游演艺《最忆船政》建成试演，蟳埔女服饰等非遗产品火爆出圈。开展文旅特派员试点建设，确定 15 个试点县 66 个特色村为首批试点，相关做法得到文化和旅游部肯定。

【法治建设】加强法律服务保障。认真贯彻落实福建省委全面依法治省委员会 2023 年工作要求，制定印发《福建省文化和旅游厅 2023 年法治建设工作要点》，明确五个方面 16 项重点工作任务及其责任分工。严格落实重大行政决策法定程序要求，充分发挥厅法律顾问在重大决策、合同审核、法律咨询等方面的专业作用。坚持立、改、废、释并行，建立完善行政规范性文件备案审查制度，完成厅行政规范性文件全面清理工作。2023 年，办理厅机关合同、协议、招标文书法制审核 334 件，有关法规、规范性文件反馈意见 50 余件，合法性审查 25 件，出具法律意见书 10 余件，并对其中 6 件涉及市场主体经济活动的政策性文件进行了公平竞争审查。认真落实普法责任制。制定印发《2023 年福建省文化和旅游厅普法责任清单》，落实“谁执法谁普法”普法责任制，明确年度普法重点工作任务。认真做好“八五”普法中期评估工作，及时报送评估总结材料。举办全省文化和旅游系统法治培训班，全年开展 4 场“文旅法治・与你同行”普法活动，其中 5 月牵头在泉州市开展“文旅法治・与你同行”普法系列活动启动仪式暨民法典主题学习宣传活动，首次体现“一市一特色，一市一主题”，围绕助力泉州打造世界遗产典范城市，创设了“文艺 + 普法”“旅游 + 普法”等多种普法模式，推动普法宣传精准化，实现文旅法治重心下移，以高质量法治推进文化和旅游高质量发展。加强文旅重点领域立法。积极推动《福建省公共文化服务保障条例》立法相关工作，草案送审稿已报送福建省人大和省司法厅，并申请列入 2024 年立法提请审议项目。

【人才队伍建设】打造文旅人才“政策链”。研究制定《福建省乡村文化和旅游带头人选拔工作实施方案（2023—2025 年）》《文旅经济省级高层次人才认定条件（试行）》，《文旅经济人才支持专项工作方案》《文旅经济人才工作奖补方案》，修订完善艺术人才职称评价意见，基本构建了总体规划、项目支撑、支持措施和评价标准为一体的全省文旅人才引育留用政策链。打造聚才引智“强磁场”。依托 2023 年福建省文旅经济发展大会选聘文旅经济决策咨询专家 20 名；建立厅领导挂钩重大文旅项目机制，推动文旅人才随项目落地；指导厅属院团结合福建艺术精品创作工程，采取项目合作等形式，柔性引进编、导、演等高层次人才105名；推动省内23家高校和文旅龙头企业成立福建省文化和旅游研究联盟；协调推动省内博物馆、高等院校、文化创意公司等60个单位，成立福建省博物馆文创联盟。打造人才培育“多赛道”。遴选推荐国务院政府特贴专家1名、国家级非遗代表性传承人62名、全国乡村文旅带头人18名；推荐4人入选2023年全国红色旅游五好讲解员培养项目、入选2023年全国戏曲表演领军人才培养计划和全国美术馆青年策展人扶持计划各1人；2人获第九届中国戏剧梅花奖、1人获曹禺剧本奖；省直文旅系统11人通过省级高层次人才认定；选拔30名全省乡村文旅带头人、给予10人项目资助；推动福建省歌舞剧院与福建艺术职业学院试点“产教融合、院团合一”办学新模式，实现人才培养与艺术创作双轨并行；促进福建艺术职业学院与福州第十中学联合举办“长学制艺术专班”，共建“中国音乐学院优质生源基地”；建立“戏曲名师工作坊”，聘请戏曲名家担任导师，以戏育才。

【文物事业】文化遗产品牌彰显。完成福建《中国世界遗产预备名单》更新申报，独立申报2项（三坊七巷、木兰溪流域滨海水利文化景观），联合申报8项（嘉庚教育遗产、自强运动工业遗迹——中国传统社会迈入近代化的摇篮（船政文化史迹）、闽浙木拱廊桥（福建部分）、闽南红砖建筑、万里茶道（福建段）、海上丝绸之路（福建段）、关圣文化史迹（东山关帝庙）、中国明清城墙（汀州城墙））。考古探源成效日显。“福建平潭岛壳丘头新石器时代遗址群”入选中国社会科学院考古学论坛2023年度中国六大考古新发现。平潭壳丘头遗址群考古发掘项目成功入选“2023年度全国十大考古新发现”。组织编制《福建省水下考古项目建设规划》。水下考古专用船“中国考古01号”在平潭首航。完成国家文物局“十四五”重点海域水下遗产调查项目—福建海坛海峡海域水下考古调查2023年阶段性工作并取得重要发现。组织完成《苦寨坑窑址保护规划》编制并经省政府公布实施。文保工程扎实推进。安排150万元省级文物保护专项经费，整体推进土楼保护项目。专项开展廊桥保护行动，制定实施《廊桥保护三年（2023—2025）行动实施方案》，共对13座廊桥补助280万元。审查批准43项省级以上文物保护单位保护工程方案，启动实施重点保护工程29项，组织验收重点保护工程92项。革命文物有声有色。对外公布第二批174处不可移动革命文物名录，其中省级文物保护单位2处，县市区级文物保护单位60处，一般不可移动文物112处；461件（套）可移动革命文物，其中二级文物4件，三级文物79件，一般文物378件。截至2023年年底，全省共登记1831处不可移动革命文物，143033件（套）可移动革命文物。文博场馆出新出彩。2023年“5·18国际博物馆日”中国主会场活动于2023年5月在福州成功举办，受到社会各界广泛关注和点赞，国家文物局致信福建省政府给予表扬。福建中国闽台缘博物馆“骨肉天亲　血脉相连——海峡两岸家书特展”、福建省革命历史纪念馆“从一大到二十大——中国共产党全国代表大会主题展”和福建省泉州海外交通史博物馆“福船的故事——从泉州驶向马六甲”列入全国推介项目。省属博物馆和5个设区市共25家博物馆错时延时开放试点工作列入福建省委、省政府“为民办实事”项目。

（福建省文化和旅游厅　曹琦）

江西省

【概况】2023年，江西省文化和旅游系统深入学习贯彻党的二十大和习近平总书记考察江西重要讲话精神，聚焦“走在前、勇争先、善作为”目标要求，积极抢抓疫情转段后的发展机遇，全力推动文旅深度融合高质量发展，各项工作迈上了新台阶。2023 年，全省旅游接待人次和收入基本恢复至 2019 年水平，且均超全国平均水平。“江西文旅市场强劲复苏”入选 2023 江西年度十件经济大事。

【艺术创作生产展现新气象】一是推进精品创作。实施名曲、名剧、名展、名家“四名工程”，10 个项目获国家艺术基金扶持。赣南采茶戏《一个人的长征》入选文化和旅游部“新时代舞台艺术优秀剧目展演”，民族歌剧《八一起义》入选文化和旅游部舞台艺术创作行动计划。二是强化传播交流。成功举办第二届全国高腔优秀剧目展演、2023 国家艺术基金青年艺术人才培训美术类成果运用作品巡展、第十三届全国水彩·粉画作品展、第八届江西艺术节优秀成果展演，创新举办 2023“赣鄱好戏”江西优秀剧目展演。三是夯实发展基础。大力传承江西画派、江西诗派、江西戏曲，制定《关于传承发展江西戏曲的若干措施》《关于传承弘扬“江西画派”的若干措施》。深化国有文艺院团改革，加快推进“一县一团”建设，全年新增 9 家国有文艺院团。

【文化和旅游公共服务效能实现新提升】一是加快完善公共服务设施。全省打造城市书房、文化驿站等新型公共文化空间 601 个。实施旅游厕所质量提升行动，开展旅游厕所质量评定，全省旅游厕所完工 6214 座，完成百度地图标注 6013 座，标注率达 96.77%。二是蓬勃开展文化惠民活动。成功举办“大地情深”——全国优秀群众文艺作品示范性江西巡演、2023 年全国“四季村晚”之秋季“村晚”主场活动、第二届江西省现代地方小戏大赛等活动。联动全省创新开展“百馆千万场服务来共享”系列群众文化活动，参与群众超 3000 万人次。三是不断提升公共服务数字化水平。实施公共文化场馆数字提升工程，加快推进博物馆、图书馆、文化馆数字化提升改造。加快推动“一部手机游江西”提质升级，“云游江西”平台累计用户突破 1650 万，获评文化和旅游部信息化发展典型案例。

【文化和旅游科技创新呈现新面貌】一是强化科技创新平台建设。以创新链助推文化产业和旅游产业链发展，指导推进江西省文化产业和旅游产业陶瓷科技创新联合体建设。2023 年，该联合体成员单位申报并立项国家级和省级科技项目 33 项，获得财政资助经费 550 万元；通过协同攻关解决了行业“卡脖子”问题 2 项；在陶瓷材料、装饰颜料、防伪鉴定、VR 展示等领域申请发明专利数十项；为行业开展技术服务和成果转化，技术交易额累计达到 1900 余万元。二是推进全省文旅信息化体系建设。启动实施全省文化和旅游资源普查和资源库建设，初步完成江西省文化和旅游数据库开发，督促指导各地市文化和旅游资源普查工作有序开展。江西省全国重点文物保护单位安全数据采集工作完成率近 100%；文物安全直接责任人公告公示制度全面落实，县保以上单位和博物馆全面覆盖。率先在全国建设文物资源基础数据库和安全监管平台。

【文物保护利用再创新局面】一是景德镇申遗工作加快推进。联合景德镇市和申遗技术团队多次开展实地考察，多次召开申遗文本专家论证会、咨询会，就申遗主题、价值阐释方式等达成共识。2023 年 9 月，完成《景德镇瓷业文化景观》预评估文本（英文版），并递交联合国教科文组织世界遗产中心，接受国际专业组织的专家评审。同时与国际古迹遗址理事会（ICOMOS）在线召开会议，就“景德镇瓷业文化景观”申遗项目预评估工作展开讨论，得到国际专业机构和遗产专家的积极回应和充分肯定，景德镇申遗进入了与国际组织接轨的实质阶段。二是革命文物保护利用持续加强。成功举办首届全国革命文物保护利用智汇论坛，2个案例入选年度十佳案例、优秀案例。国家革命文物协同研究中心完成验收，推出首批5个革命文物保护利用示范县。井冈山、闽浙赣片区革命文物保护利用片区专项规划编制工作顺利推进。三是书院文化保护利用得到加强。省委、省政府主要领导和分管领导多次到古代书院调研并就书院文化保护传承作出指示批示，在此基础上组织专业团队调研，编制出台《关于加强江西省书院文化保护传承发展的实施方案》，为推进全省书院文化保护传承发展和文物事业高质量发展提供了制度支撑。四是博物馆展陈水平持续提升。发挥博物馆窗口作用，推进博物馆与教育、旅游融合，博物馆年总客流创新高，截止2024年8月，超过3900万人次，五一假期和国庆假期创出超196万人次和340万人次。2023年江西省内博物馆摘得全国博物馆2023年度4大奖项：大余县南方红军三年游击战争纪念馆基本陈列获“全国博物馆十大陈列展览精品奖”，江西省博物馆等3个博物馆展览获“全国博物馆十大陈列展览优胜奖”，景德镇御窑博物院获2022年度“全国最具创新力博物馆”（全国共3家）。省文化和旅游厅与故宫博物院签订战略合作协议，联合推出“御瓷归来”大展。

【非物质文化遗产传承保护彰显新风采】一是重大活动精彩呈现。成功举办2023中国原生民歌节，本届民歌节组织了开幕式、闭幕式、专题研讨会、6场集中展演、11场走基层巡演等活动，共有全国各地各民族的64个民歌节目、15个器乐类节目，近400位传统音乐类非遗传承人参演,《人民日报》、新华社、中央电视台等主流媒体，新华社现场云、今视频、江西卫视等平台对开幕式、闭幕式、集中展演进行全程直播，在现场、在云端参与活动的广大群众多达3777万人次。二是保护（实验）区建设走在前列。整体保护深入推进，客家文化（赣南）生态保护（实验）区通过验收，列入文化和旅游部2023年7月公布的国家级文化生态保护区名单，江西省国家级文化生态保护（实验）区数量并列全国第一。三是省际合作成果丰硕。成功举办第六届湘赣鄂皖非物质文化遗产联展，汇集了四省的53个非遗代表性项目、252名非遗传承人参展，南昌市配合组织开展了“非遗在社区”成果展示展演活动近20场，参加项目近100个。联展各会场吸引40余万人次现场观赏、体验，新华社等30余家媒体平台发稿60余篇、总点击量达300万。

【文化产业和旅游产业发展汇聚新动能】一是坚持项目引领。全省新签亿元以上文旅项目153个，签约金额达900.21亿元；新开工亿元以上项目156个，累计完成投资额245.89亿元；新竣工项目229个，累计完成投资额213.76亿元。召开全省文化产业和旅游产业投融资对接会，加大金融扶持文化产业和旅游产业力度，扩大惠企覆盖面。二是力促文旅消费。联合省总工会开展“嘉游赣·惠生活”促消费活动，广受各界好评。策划举办江西旅游消费节、“三百”文旅消费季等活动，引导各地出台文旅促消费政策440余项，发放各类消费补贴1.11亿元，拉动消费总量约1103亿元。三是提升品牌声量。在萍乡召开2023年全省旅游产业发展大会，高位推动、谋划部署下一阶段旅游产业发展重点工作，通过会议促进萍乡旅游产业发展提升，成为省外文旅企业走进江西的一大平台。开展了“风景独好”旅游名县评定工作，上饶广信区、九江武宁县、抚州资溪县、景德镇珠山区、宜春铜鼓县获评第二批“风景独好”旅游名县并在全省旅发大会上进行表彰，发挥文化产业和旅游产业示范引领作用，以点带面提升全省旅游产业发展水平。四是完善制度机制。组织召开全省文化和旅游产业链工作推进会，下发《2023年全省文化和旅游产业链工作要点》，起草《江西省文化和旅游产业链“链主”企业遴选管理办法》，进一步完善“链长制”，建立“链长”

通过“链主”企业抓产业链传导机制，通过政策扶持、要素保障和精准服务，充分发挥“链主”企业在稳定产业链、优化供应链、推动大中小企业融通发展、集群培育等方面的引领带动作用。五是提振企业信心。联合各单位启动了“文旅贷”管理办法的修订工作，优化企业入库和审批流程，推出了贷款贴息、担保费补助、扩大合作银行范围等系列重大利好。研究修订了《江西省中小微文旅企业贷款风险补偿资金管理办法》，优化企业入库和审批流程，建立健全“文旅贷”政银企对接机制，加大金融扶持文化产业和旅游产业力度，扩大惠企覆盖面。截至2023年10月底，累计受理255家文旅企业入库申请，其中180家企业已完成入库；17家企业累计获批“文旅贷”授信金额9050万元，其中15家企业累计发放8250万元贷款资金。

【文化和旅游资源开发实现新突破】一是大力发展红色旅游。牵头开展全省红色资源普查，研究建立红色资源保护名录。指导井冈山做好全国红色旅游融合发展试点建设。编制出台《江西红色旅游高质量发展规划纲要（2024—2028年）》。会同山西省文化和旅游厅在山西省长治市武乡县举办2023中国红色旅游推广联盟年会。4位讲解员入选文化和旅游部全国红色旅游五好讲解员培养项目。在第四届全国红色故事讲解员大赛中获专业组金奖1人、志愿组优秀奖1人。在赣州于都举办2023中国红色旅游博览会。中央红军长征历史步道于都段、信丰县长征突破第一道封锁线遗址保护项目等一批国家级和省级项目已建成。同时，长征文化IP进一步擦亮，省市联合圆满配合完成在于都、瑞金、兴国等地拍摄的中央电视台专题片《长征之歌》于1月份在央视综合频道播出，大型红色文旅史诗《长征第一渡》、大型经典音乐史诗《长征组歌》于3月分别在于都、兴国首演并公演。二是持续弘扬长江国家文化。10月，习近平总书记亲临长江国家文化公园江西九江城区段考察并作出重要指示。《长江国家文化公园江西段建设保护规划》已完成初稿，并两次征求各地市和相关省直单位意见，待国家规划出台后进一步修改完善并印发实施。江西省推选纳入《长江国家文化公园建设保护规划（征求意见稿）》国家级项目名单的5个重点项目已全部启动建设。江西省有多个景区入选长江主题国家级旅游线路和《长江国际黄金旅游带精品线路路书》。三是做强做优乡村旅游。在婺源成功举办2023江西乡村文化旅游节，婺源篁岭村荣获联合国旅游组织“最佳旅游乡村”（全国仅8家）。多条线路入选文化和旅游部“乡村四时好风光”全国乡村旅游精品线路。大型文旅探访节目《山水间的家》在九江市修水县杭口镇双井村、宜春市靖安县港背村拍摄，并已在央视综合频道播出。四是加快促进业态融合。赣州市南康家居小镇、南昌市李渡烧酒作坊遗址景区、新余市博迅天工城工业旅游区获评国家工业旅游示范基地。庐山西海旅游度假服务区、江西机场红色旅游精品航线入选第一批全国交通运输与旅游融合发展典型案例。举办鄱阳湖生态旅游（观鸟旅游）线路产品对接会暨“鄱湖观鸟·嘉游赣”生态旅游推广季活动。举办庐山旅游业态创新提升研讨会，邀请文化和旅游部“十四五”规划委员会以及携程集团、景域驴妈妈集团、中青旅集团等20余名旅游业界专家，围绕创新提升庐山旅游业态建言献策，形成一系列富有建设性的对策建议。

【文化和旅游市场管理迈上新台阶】一是创新开展优秀旅游服务体验城市试点。以“服务质量领跑”助力“江西风景独好”，3个地市、12个县（市、区）入选试点单位，试点工作入选了全国优秀典型案例，江西省文化和旅游厅在文化和旅游部作典型发言，全国仅4个。二是全力抓好文旅市场安全运行。持续强化“预警、预案、预演”，由“被动应急”向“主动备战”转变，2023年元旦、春节、五一、中秋国庆等主要节假日全省旅游景区严格按照限量、预约、错峰要求安全平稳有序运营，圆满收官。全省无旅游安全事故、无重大旅游投诉、无重大负面舆情。文旅安全工作得到了国务院安委会检查组两次表扬，江西省文化和旅游厅获得了全省消防工作先进单位。三是持续强化导游队伍建设。先后组织两次全国导考，创新开展导游大赛，推荐选手参评国赛，并获优秀风采奖，江西省文化和旅游厅荣获突出贡献奖，在全国导游工作座谈会上，江西省文化和旅游厅作经验交流，全国仅4个省在会上分享经验。四是扎实推进住宿业焕新。开展民宿编号服务和管理，优化民宿发展路径。市场管理司首创现场教学模式，在江西省举办全国等级旅游民宿管理培训班。全省新增五星级饭店1家，甲级民宿4家，位列全国第一方阵。在全国旅游星级饭店服务技能大赛上，江西省文化和旅游厅获精神文明奖。五是加大文旅市场综合执法监管力度。深入开展了剧本娱乐专项整治、营业性演出票务专项整治、暑期文化和旅游市场集中执法检查、旅游市场秩序整治百日行动等工作，通过系列整治工作，锻炼了队伍，提高了执法办案能力。江西省办理的三起典型案件被文化和旅游部通报表扬为2022—2023年度全国文化市场综合执法重大案件。

【文化和旅游对外交流书写新篇章】一是对外交流积极主动。2023年完成对外和对港澳文化交流合作项目共145项，省领导带队出访爱尔兰、日本、韩国、博茨瓦纳、尼泊尔、斯里兰卡、德国、英国等多个国家和地区。组团参加日本国际旅游博览会、英国伦敦国际旅游交易会、中澳茶文化旅游周等国际交流展会，进一步扩大江西文化和旅游国际"朋友圈"，推动"江西风景独好"出圈出彩，向世界讲好中国故事、江西故事。二是组织开展港澳文旅交流。组织设区市参加香港国际旅游展、澳门国际旅游产业博览会，促进了江西各地与港澳以及海内外相关城市的互通互融、共享共赢。开展"香港知名旅行商江西行""百名香港校长看内地——江西红色文化之旅"等踩线活动。20余家香港知名旅行商走进萍乡、南昌、景德镇、上饶、赣州，23名校长赴赣州、吉安进行踩线，体验了江西特色旅游产品、优质旅游服务，感受到江西自然与人文的独特魅力。三是举办海外"江西日"活动。省文化和旅游厅与索非亚中国文化中心、坦桑尼亚中国文化中心共同举办"天涯共此时"暨"风景独好"——保加利亚、坦桑尼亚"江西日"活动。通过江西民乐、赣剧文艺演出、"如画江西风景独好"摄影图片展、"往来的温度"——景德镇陶瓷艺术展、江西特色茶艺表演、中医药讲座及互动体验等展览展示活动，全面展示了江西的文化底蕴与独特魅力。四是主办丝绸之路旅游城市联盟活动。这是继"第五届阿拉伯艺术节"之后，江西省再次承办的一项重大文化交流活动，驻华使节代表、海内外联盟会员城市代表、专家学者、行业协会、文化产业和旅游产业代表300余嘉宾出席活动。

【文化和旅游宣传推广塑造新形象】一是优化总体形象宣传。策划制作新版江西文旅宣传片《如画江西风景独好》及新版江西文旅地图，并翻译成多种语言进行对外传播，推出了《红色江西正青春》《非遗里的江西》等高质量专题宣传片。有节奏、有重点地在中央广播电视台和江西广播电视台投放"温暖过年嘉游赣""春天，我和江西有个约定""文明旅游·安全出行""江西的春天"等特色广告片。二是做活新媒体宣传。启动融媒体中心建设，委托专业团队培养运维新媒体团队。"江西风景独好"新媒体矩阵账号多次进入全国省级新媒体传播力指数TOP10。持续做大"发现江西"境外新媒体账号，在Facebook、Twitter、Instagram等海外新媒体平台宣传展示"如画江西风景独好"，进一步唱响"江西风景独好"品牌。2023年全年，"发现江西”海外新媒体平台账号粉丝总数已达160万，2023年度总阅读量超1.1亿次。三是创新宣传推介。开展“全球学子嘉游赣·大美江西发现之旅”宣传推广活动，吸引了全球47个国家和地区，4000多所院校，2283.6万人次参与。实施“唱游”江西计划，推动演唱会、音乐节落地江西，全省共审批各类营业性演出1196场次。开展“江西风景独好”云端旅游系列推介会，做法入选国内旅游宣传推广十佳案例。四是办好重大活动。成功举办2023中国红色旅游博览会、2023中国原生民歌节、景德镇国际陶瓷博览会等重大活动，中宣部、文化和旅游部等国家部委领导亲临现场指导；举办“物华天宝·赣鄱有礼”江西手礼展示周获奖展示活动、首届“江西风景独好”旅游风光国际摄影周全国党媒摄影记者采风活动，全方位、多角度展示江西大美风光和历史底蕴，展现了江西文旅事业蓬勃发展的良好形象，取得了社会和经济效益“双丰收”。

【财务和统计工作展现新作为】一是财务保障获得肯定。在文化和旅游部举办的全国文化和旅游财务工作会议上，以“坚持项目引领 强化投入支撑 以高品质的旅游公共服务擦亮江西风景独好品牌”为主题，成为全国六个省份之一作典型发言，这也是江西连续两次在全国会议上进行典型发言，这代表着江西对文化和旅游的投入在全国保障足、影响强、效益好。二是财务监管健全有效。全面启动内部审计、部门绩效评价、政府采购核查、资产专项审计等财务监管工作，围绕各类审计、财政督查检查发现的问题，扎实做好查出问题整改。2023年，实现了厅直单位内部审计全覆盖、资产专项审计全覆盖，完成部门重点绩效评价、政府采购核查相关任务，对省宣推中心、省美术馆开展调研，形成经济责任审计报告8份、预算执行和财务收支审计报告8份、资产专项审计报告1份、部门绩效评价报告10份（重点4份、一般6份）、调研报告2份。

【文化和旅游人才队伍建设取得新成果】一是大力推进青年科研人才培养。4个项目获国家社科基金艺术学立项，其中重点项目1个（全国仅20个）。1个项目获2023年文化和旅游部部级社科研究项目委托立项。继2021年、2022连续两年文化和旅游部科技教育司将全国青年科研人才培训班放在江西省举办后，2023年又将全国青年科研人才扶持计划课题结项评审会议放在南昌举办。省美术馆谢恺如和景德镇御窑博物院熊喆等2名青年科研人才入选2023年文化和旅游部文化和旅游系统青年科研人才扶持计划，全国仅42个。二是大力加强文博人才队伍建设。与北京大学、厦门大学合作举办三期江西省文博领航人才研修班，培养基层业务骨干108人；举办全省文博管理人员业务培训班，170余人参训，是习近平文化思想正式提出后首个省级文博培训班。

（江西省文化和旅游厅　程汇芸）

山东省

【概况】2023年，山东省文化和旅游系统坚持以习近平新时代中国特色社会主义思想为指导，深入贯彻落实党的二十大精神，认真学习贯彻习近平文化思想，锚定“走在前、开新局”，奋发有为、创新实干，大力实施文旅提质赋能计划，文旅融合高质量发展取得新成效、迈上新台阶，为经济社会发展大局做出积极贡献。

【艺术创作与生产】不断加强艺术创作组织管理，制定《山东省舞台艺术重点选题创作作品评选扶持办法》，印发《关于推动舞台艺术创新发展的意见》，组建“山东省舞台艺术专家委员会”，建立全省共享的舞台艺术选题库、剧本库、专家库、人才库。京剧《燕翼堂》《东方大港》等多部剧目先后入选新时代全国优秀剧目展演、第十届中国京剧节，4个项目入选文化和旅游部2022年度全国美术馆优秀项目评选，山东省文化和旅游厅获优秀组织奖。入选2023年度国家艺术基金资助扶持项目40个、扶持资金2428.1万元，入选文化和旅游部创作扶持或全国性展演展示的艺术项目60余个。话剧《里院》、吕剧《红尘·诀》等30余部新创作大戏、80余部新创作戏曲小戏先后登上舞台。话剧《孔子》在山东剧院连演三场，场场爆满、一票难求，先后赴青岛、烟台、河南郑州等地开展市场化演出，入选上海国际艺术节并参评“白玉兰奖”。成功承办第十一届全国杂技展演、第二届黄河流域戏曲演出季、第八届全国画院美术作品展览等重大演出活动，第二届“济南国际双年展”破界出圈。

【文化和旅游公共服务】持续完善省、市、县、乡、村五级公共文化服务体系，基本实现综合性文化服务中心全覆盖。参与第七次全国公共图书馆评估定级工作取得突破，山东省共有一级馆128家，数量由全国第三上升为全国第一。17个项目入选文化和旅游部“中国民间文化艺术之乡”高质量发展机会清单，居全国第二位。评选命名山东乡村文化建设样板镇10个、乡村文化建设样板村20个。打造新型公共文化空间，城乡书房由年初的510个增加到810多个。推进冬春文化惠民季活动，全省组织文化惠民活动24000余场次，参与群众550多万人次。组织群众性小戏小剧巡演，全省演出25000多场次，获得省委宣传部“守正创新奖”，相关经验被中央宣传部、文化和旅游部刊发推广。持续推进“一村一年一场戏”免费送戏活动，组织开展送戏演出10万余场。经摸底调研，全省共设立旅游服务中心（不含景区内）224个、旅游集散中心70个。制定印发旅游厕所建设管理工作方案，对全省12810个旅游厕所进行维护。评选26条76段旅游风景道，拟认定为“山东省旅游风景道”；评选示范性游客服务中心（旅游驿站）20个、示范性旅游厕所30个、示范性旅游停车场30个。

【文化和旅游科技教育】开展第六届山东省文化创新奖评选表彰，推出30个优秀创新成果。完成2023年度国家社科基金艺术学重大项目招标及年度项目的推荐申报工作，列入重大项目1项、一般项目15项，数量位居全国前列。356个省级文化和旅游研究课题完成立项。组织开展文化和旅游科研优秀成果评选工作，评定推出优秀成果104项。组建山东省文化和旅游标准化技术委员会，标准化自驾游驿站建设经验入选全国文化和旅游标准化示范典型经验，美术馆展陈工作规范获批山东省地方标准。完善提升“好客山东　云游齐鲁”智慧文旅平台功能，可在线预订全省500余家景区、24000余家酒店，全面覆盖4A级以上景区的旅游产品，浏览量突破4000万人次，在全国同类平台中居第一梯队。潍坊市歌尔股份有限公司成功入选首批文化和旅游部技术创新中心；“尼山圣境”入选文化和旅游部第一批全国智慧旅游沉浸式体验新空间培育试点名单；“泰山5G智慧景区创新项目”成功入选文化和旅游部“5G+智慧旅游”应用试点项目。举办全省数字文旅体验活动，加快“泰山日出”元宇宙新场景、山东文旅数字场景化平台、山东省文旅虚拟现实科技应用融合发展中心建设。培育推出一批文化和旅游重点实验室、科技领军企业、融合科技示范基地、数字化先进单位。

【非物质文化遗产保护】完成山东省非遗数字管理平台建设，建立四级非遗名录数据库。实施非遗项目提升工程，评审认定第六批329名省级代表性传承人。5个社区入选全国“非遗在社区”试点典型案例，数量居全国第一位。培育认定4个省级文化生态保护实验区、10个省级文化生态名镇、10个省级文化生态名村。举办6期研培班，培训各类传承人、非遗工坊带头人近200人，2个项目获评全国非遗传承人研培计划“优秀”等次。成功举办2023山东非遗购物节，组织各地举办线下购物活动170余场，参与店铺3700余家，总销售额近4000万元，意向订单1.5亿元。承办全国“文化进万家——视频直播家乡年”启动仪式暨山东省非遗年货大集活动，线上直播总观看量达600余万次。开展“山东省非物质文化遗产月”，组织非遗传承实践活动1100余场次。认定公布第二批30家省级非遗工坊，3个非遗工坊案例入选文化和旅游部、人力资源和社会保障部、国家乡村振兴局公布的“非遗工坊典型案例”。在潍坊市成功举办“河和之契：2023黄河流域、大运河沿线非物质文化遗产交流展示周”暨黄河流域国家级文化生态保护区发展论坛，展现山东非遗传承活力。

【文化产业和旅游产业发展】在全国率先举办旅游发展大会，省委、省政府顶格印发《关于促进文旅深度融合推动旅游业高质量发展的意见》，印发实施乡村旅游、海洋旅游、旅游住宿业等专项文件，构建起“1+N”支持文旅高质量发展的政策体系。高规格举办中国文旅企业合作发展大会，发布20个重点文旅项目，投资总额721.79亿元，85个旅游住宿业项目达成合作意向，山东旅游演艺研究院与中国东方旅游演艺集团等14家行业领军企业结成战略合作关系。组织开展2次文旅高质量发展项目观摩。全省遴选十大类379个项目纳入山东省文旅融合高质量发展重点项目清单，完成投资660亿元，耕海一号、夜画琅琊、大宋不夜城等一批精品项目开业运营。青州中晨书画艺术产业园成功创建国家级文化产业示范园区。实施“百企领航”工程，评出首批20家领航型、58家骨干型、97家成长型企业。成立山东文旅企业联盟，16市国有文旅集团实现全覆盖，市县级文旅集团超过50家。制定“双十条”促文旅消费措施，省级财政安排2.1亿元消费引导资金，督促16市全部出台配套措施，落实市、县财政资金5.6亿元用于提振文旅消费。开展“百城百区”金融支持文旅消费行动，山东银联出资600余万元用于手续费减免、消费补贴、满减优惠等消费活动。持续开展“百亿惠千企”行动，创新推出“鲁担文旅贷”系列产品，文旅企业招聘活动受到文化和旅游部高度评价。全省文化产业和旅游产业贷款余额2596.8亿元，支持文旅市场主体5.3万户，较年初增加496.5亿元，余额同比增长23.6%，比各项贷款增速高12个百分点。2023年全省接待国内游客8.2亿人次，实现国内旅游收入9713.6亿元，比上年分别增长63.5%和68.3%。

【文化和旅游资源开发】大力推进“景区焕新”“场景革命”“乐宿山东”等重点工程，加快设施提升、产品更新、新业态培育，旅游演艺、沉浸体验、城市休闲、乡村漫游等新产品新业态不断涌现，青岛市奥帆海洋文化旅游区获评国家5A级旅游景区，全省新增8家4A级景区、智慧旅游样板景区23家、省级全域旅游示范区10家、省级生态旅游区20家。推动研学旅游创新发展，举办2023中国·济宁研学旅行创新发展大会，编制山东省研学旅游创新发展案例。推动工业旅游加快发展，济南市胶济铁路博物馆、青岛市明月·海藻世界、淄博市领尚琉璃文化创意园获评国家工业旅游示范基地，数量并列全国第一。新培育24家省级夜间文化和旅游消费集聚区，4家单位成功入选第三批国家级夜间文化和旅游消费集聚区，2个单位入选第二批国家级旅游休闲街区。统筹乡村振兴重大专项资金7865万元支持乡村旅游发展。评选第二批旅游民宿集聚区19个、省精品文旅名镇36个、乡村旅游重点村66个、景区化村庄183个。推进“乡村好时节”品牌建设，全省举办主题年系列活动400余场，带动县乡村及相关企业举办活动2500余场，“乡村好时节”活动品牌影响力显著提升。日照市岚山区官草汪村、淄博市高青县蓑衣樊村入选2023世界旅游联盟——旅游助力乡村振兴案例，济宁市泗水县龙湾湖乡村振兴示范区“乡村合伙人”模式入选第四届全球减贫优秀案例。

【文化和旅游市场管理】严格落实安全生产工作责任制，扎实开展重点时段、重要领域安全督导检查，高质量完成省政府安委会和国务院安委会的督导考核。开展剧本娱乐场所、电竞酒店等新型娱乐业态跨部门综合监管试点，联合省委宣传部、省委网信办、省公安厅成立大型营业性演出活动管理省级协作机制。深入开展“好客服务”质量提升三年行动，山东省工作经验入选2022年全国旅游市场服务质量提升典型案例，并在全国文化和旅游市场服务质量提升活动现场进行宣传推广。完善文化和旅游行业信用监管，在日照、荣成打造文化和旅游市场信用经济试点，“先游后付”全产业链信用消费机制和“信易游”创新应用场景被文化和旅游部通报表扬。高规格召开全省旅游住宿业高质量发展推进会，印发《山东省人民政府办公厅关于促进全省旅游住宿业高质量发展的若干措施》《全省旅游住宿业高质量发展的实施方案（2023—2025年）》，创新实施“乐宿山东”提升行动，推动旅游住宿业提质扩容。2023年全省新增五星级饭店3家，新评定四星级饭店16家。支持旅行社企业快速恢复发展，开展2023年度全省旅行社责任险补贴试点，对1933家旅行社补贴330余万元。继续实施旅行社暂退和缓交旅游服务质量保证金扶持政策，对符合条件的旅行社将暂退比例提高至100%，全省暂退质保金6.3亿元。

【文化市场综合执法监督】联合省公安厅、省交通运输厅、省市场监管局开展联合执法行动，持续整治旅游市场“不合理低价游”“黑车”“黑导”“黑社”等突出问题。开展暑期旅游市场专项整治和旅游市场秩序整治百日行动，重点打击未经许可经营旅行社业务和不合理低价游。行动期间，全省共出动执法人员18753人次，检查旅游企业6249家，检查导游1264人次，立案71件，罚没款49.7万元，“不合理低价游”等市场顽疾得到有效遏制。开展2023“助老护苗”专项行动，整合文化、旅游、出版、影视等市场领域执法任务，深入开展“养老防诈骗”、违规艺术品经营等执法检查活动，切实保障老年人和青少年两大文化和旅游市场消费群体合法权益。专项行动期间，全省出动执法人员31万余人次，检查市场主体10万余家次，受理涉老年人和未成年人举报投诉205件，办结涉老年人和未成年人案件504起。推广青岛、烟台、东营等地“旅游＋仲裁”模式，深化“文旅通App”网吧监管应用，全力打造“好客山东·文化卫士”执法服务品牌，确保文旅市场整体规范有序。

【旅游宣传推介】“好客山东　好品山东”品牌推广连续4年纳入央视品牌强国工程。借助央视、新华社、《人民日报》《光明日报》等主流媒体加强品牌宣传，首次实现山东省重要文旅报道登上《人民日报》和《光明日报》头版头条、新华每日电讯整版、央视新闻联播单条。加强与抖音、快手、小红书等平台合作，“好客山东”新媒体矩阵共发布旅游资讯2.5万余条，阅读量（播放量）达11.3亿次，传播力指数持续蝉联全国第一。推出“爱上山东的千个瞬间”活动，创新开展“互联网＋直播”，全年直播100多场，总曝光量突破6.5亿次。实施“引客入鲁”计划，开展“畅游齐鲁 乐享生活”主题旅游年，举办黄河大集、露营季、音乐节等系列活动，组织省内外旅游推介活动19场，推出160余个网红打卡地，淄博烧烤、济南大明湖超然楼、青岛小麦岛等火爆出圈，威海“千里山海”自驾旅游公路获评全国第一批交通运输与旅游融合发展十佳案例。举办“沿着黄河遇见海”2023好客山东文旅新媒体创作者大会，“沿着黄河遇见海”文旅品牌不断打响。

【文化和旅游国际交流与合作】全力服务对外和对港澳台工作大局，配合6位省领导赴12个国家和地区出访，在海外举办32场综合性文旅交流活动。“中国同中亚国家人民文化艺术年”暨乌兹别克斯坦摄影艺术精品展和吉尔吉斯斯坦文艺晚会、“孔子家乡　好客山东”意大利文旅推广周、中国（山东）·科威特文化和旅游年、2023“上合之夏”中国—上合组织国家文旅推广周等充分展示“好客山东　好品山东”形象。话剧《孔子》纳入“国风国韵飘香江”系列活动并在香港成功演出。“港澳山东周”期间，山东省省长亲自推介山东文旅，引起港澳各界的强烈反响。省部合作共建贝尔格莱德中国文化中心取得积极进展。创新实施“好客山东”海外营销工程，在全国率先举办2023山东国际入境旅行商大会，有效复苏提振入境旅游市场。山东省文化和旅游厅成为全国首批担任世界旅游联盟理事单位的省级文化和旅游部门。

【文化和旅游体制改革】加快健全“先考古、后出让”制度体系，起草《山东省工程建设考古工作管理办法》，印发《关于进一步加强工程建设考古工作的若干措施》，16市均已出台“先考古、后出让”制度的贯彻落实文件，聊城市、日照市岚山区等建立文物区域分级管理系统，国有建设用地考古前置工作全面实施。推进国家文化公园和文化体验廊道任务落实，召开山东省国家文化公园建设工作领导小组会议暨文化体验廊道建设启动会，举办长城国家文化公园专题培训班、山东省国家文化公园（山东段）建设培训班、长城国家文化公园建设（齐长城）高质量发展大会。印发实施《黄河国家文化公园（山东段）建设保护规划》。滨州黄河文化特色公园等5个项目获中央1.41亿元资金支持，齐长城文化博物馆（淄川城子段）等5个项目获省预算内基本建设投资1000万元。打造沿线省级标准旅游风景道40多条，推出13处“长城驿站”、12个黄河国家风景道（山东）典型段。建成“长城寻迹”“鲁风运河”“黄河入海”主题旅游公路739公里。配合实施“山东手造”推进工程，认定公布第二批省级非遗工坊名单。

【文化和旅游法治建设】坚持以习近平法治思想为统领，深入贯彻“一规划两纲要”，认真落实党政主要负责人履行推进法治建设第一责任人职责，配合做好省委全面依法治省委员会“一规划两纲要”实施情况法治督察工作，完成《中华人民共和国旅游法》实施10周年评估、“十四五”法治建设专项规划实施情况中期评估，有效开展“八五”普法规划中期实施情况自评工作。增强普法工作针对性和实效性，印发普法工作计划和任务清单，全面落实“谁执法谁普法”普法责任制。发挥行业优势助力法治文化建设，广泛开展普法宣传教育。加强法治作品创作，以反腐倡廉为主题的吕剧《大道人心》入选文化和旅游部新时代现实题材创作工程。加强地方性法规、政府规章和规范性文件审查和动态管理，充分发挥法律顾问作用。深入落实“放管服”改革，进一步提升政务服务效能，不断优化营商环境建设。

【文化和旅游财务管理】在2023年全国文化和旅游财务工作会议上，山东省作典型发言。争取中央财政支持12.61亿元、省级财政支持14.55亿元，主要用于公共文化服务体系建设、公共文化场馆免费开放、文物保护、非物质文化遗产保护等。制定《山东省文化和旅游厅政府采购和政府购买服务管理办法》《关于进一步加强厅直属单位管理的十条措施》《山东省文化和旅游厅内部审计工作规定》，强化对文化和旅游厅机关和直属单位经济活动、财务收支和风险管理的监督检查，促进内部审计常态化、制度化、规范化。文化和旅游部点名表扬山东旅游统计“一个平台两个名录库”“客流与消费大数据”工作成效。山东文化艺术职业学院、山东旅游职业学院公寓楼、山东考古博物馆等项目建设取得积极进展，山东文化艺术职业学院于 2024 年 9 月正式对外招生。

【文化和旅游人才队伍建设】制定《山东省文化和旅游青年拔尖人才选拔管理办法》《山东省青年文博人才培养项目管理办法》《山东省文化和旅游青年产业人才选拔管理办法》《山东省乡村文化和旅游带头人支持项目实施方案（2023—2025 年）》等行业人才引育支持办法，初步建立起“顶层设计 + 综合政策 + 配套办法”的文化和旅游人才政策体系。把领军人才培养作为重中之重，1 名同志被评为泰山学者特聘专家、享受国务院政府特殊津贴，3 名同志入选第六批齐鲁文化英才。推进青年骨干人才培养引进，组织评选 30 个青年文博人才培养项目、30 个青年产业人才培养项目。开展山东省乡村文化和旅游带头人评选活动，评选 30 位省级乡村文化和旅游带头人并给予每人 1 万元项目支持资金，其中 18 人入选文化和旅游部乡村文化和旅游带头人项目。全国首创将导游、讲解员纳入职称评审范围。全年引育名家大师 15 名、行业领军人才 99 名、青年骨干人才 169 名、专业技术人才 827 名，文旅人才队伍建设实现“换挡提速”。

【文物事业】“海岱考古”品牌持续擦亮，圆满承办全国考古工作会议，山东省作典型发言。深化“中华文明探源工程”“考古中国”山东课题研究，跋山遗址、稷下学宫遗址等考古发掘取得重要发现。赵家徐姚遗址入选“全国十大考古新发现”，全省入选累计达到 21 次、项目 24 项，居全国第四位。《海岱考古》季刊正式创刊，填补山东省空白。文物保护利用不断加强，国家文物局与省政府签署《关于加强文物保护利用战略合作协议》，蛋壳黑陶高柄杯经省委常委会审定为山东文物标识实物原型。全省新增 1700 个文物保护公益性岗位，山东成为全国首个将省级以上文保单位保护员全部纳入公益性岗位的省份。在全国率先开展省级文物保护利用示范区创建，加强考古遗址公园建设，山东省在全国文物主题游径建设工作现场推进会上作典型发言。博物馆事业取得长足发展，创新实施“中小博物馆三年提升行动”，扎实推进“博物馆之城”试点建设和“一县一馆”工程，全省备案博物馆总量达到 796 家，博物馆六项指标保持全国第一。革命文物保护利用更加有力，编制完成《山东革命文物保护利用片区专项规划》，印发实施《山东省革命文物保护利用“十条”（试行）》。切实强化文物行政执法督察和文物安全监管工作，全国文物行政处罚优秀案例遴选活动中，山东省文化和旅游厅（山东省文物局）获评优秀组织单位，是全国四个优秀组织单位之一。进一步完善打击防范文物犯罪联合工作机制，全面提升文物安全防范能力。

（山东省文化和旅游厅　刘会丽）

河南省

【概况】2023 年，河南省文化和旅游系统坚持以习近平新时代中国特色社会主义思想为指导，全面贯彻落实党的二十大精神，认真学习贯彻习近平文化思想，围绕锚定“两个确保”、建设文化和旅游强省，以主题教育为动力，坚持以文塑旅、以旅彰文，深入实施文旅文创融合战略，全力塑造“行走河南 · 读懂中国”品牌体系，持续推动河南文化和旅游工作迈上新台阶，实现新发展。

【坚持以习近平文化思想引领文化和旅游高质量发展开启新篇章】学习贯彻习近平文化思想走

深走实。全省各级文化和旅游部门都把学习贯彻习近平文化思想作为重大政治任务，列为第一议题，纳入主题教育。领导干部坚持先学一步、深学一层，采取理论中心组集体学习、班子成员集中研讨等形式，认真学习领会习近平总书记在文化传承发展座谈会上的重要讲话、全国宣传思想文化工作会议精神，形成思想共识，厘清工作思路。坚持学思用贯通、知信行统一，自觉对标新的文化使命国之大者、文旅文创融合战略省之要者搞好工作谋划，坚定发展自信，凝聚发展合力。

文旅文创融合战略深入实施。召开 2023 全省文旅文创发展大会、全省文物工作会议，进一步凝聚工作合力。出台《关于实施文旅文创融合战略推动文化产业高质量发展的若干政策措施》《关于进一步推动文物事业高质量发展的实施意见》《关于加快推进旅游公路建设的实施意见》《进一步促进文化和旅游消费若干政策措施》《河南省文化和旅游用地政策指引》《乡村康养旅游建设三年行动方案（2023—2025 年）》等政策措施，着力破解文化和旅游高质量发展瓶颈。谋划建设重点文化和旅游项目 147 个、总投资 4516 亿元，集中签约 21 个重大文旅项目。加快推进国家夏商文明考古研究中心、省美术馆新馆、省考古研究院新院等标志性项目。渑池仰韶村、偃师二里头、郑州商城 3 处国家考古遗址公园开园迎客，舞阳贾湖遗址博物馆、安阳曹操高陵遗址博物馆、邓州宋金古街遗址保护展示工程建成开放，成为战略实施的有力支撑。2023 年全省接待游客 9.95 亿人次，为 2019 年的 110.6%；旅游收入 9645.6 亿元，为 2019 年的 100.4%。

“行走河南・读懂中国”品牌效应显现。成功举办“欢乐春节——全球活动启动仪式”暨“欢乐春节　和合共生”音乐会、中国（郑州）国际旅游城市市长论坛、世界大河文明论坛、第四届世界古都论坛暨亚洲文化遗产保护青年论坛、世界研学旅游大会、第七届中国诗歌节、“行走河南・读懂中国”品牌建设研讨会等，“行走河南・读懂中国”话题全网浏览量超过 45 亿人次。启动河南对外文化旅游三年行动计划，先后在西班牙、韩国、马来西亚、意大利等地宣传推介。参加 2023 黄河主题旅游海外推广季美国专场活动，组团参加中国港澳台、日本、越南旅游展。Visit Henan 海外新媒体账号展示量突破 5000 万次，“少林真功夫”“甲骨上的文明密码”等报道受到热评，YouTube 账号在省级文旅新媒体传播影响力排行榜中多次位居全国第一，“Discover Henan”成为全省首个粉丝量破百万的海外“大 V”级账号。

【文化艺术工作呈现新气象】艺术精品创作扎实推进。成立河南省艺术专家委员会，出台《2023—2025 河南省舞台艺术创作规划》。推出《华佗》《杜甫・大河之子》《太行之子》《石榴花开》《嫘祖》《说文解字》等作品，提升《雪绒花开》《黄河滩的女人》等剧目。豫剧《焦裕禄》《小推车》《大河安澜》《穆桂英大破天门阵》等入选全国展演，京剧《突围》获第十届中国京剧艺术节优秀剧目奖，歌剧《银杏树下》获第五届中国歌剧节优秀剧目奖，曲剧《鲁镇》获第十八届中国戏剧节优秀剧目奖，河南民族乐团被文化和旅游部评为全国十大“优秀民族乐团”。继续实施艺术名家推介工程和青年艺术人才扶持计划，涌现出杨红霞、李延柯、吕军帅、谢彦巧等一批舞台艺术领军人物和新秀。全省开展“舞台艺术送基层”“中原文化大舞台”“艺术点亮演出季”等演出活动 4 万场，组织“大河不息——全国壁画艺术邀请展”等展览 41 个，开展“豫哈情・文化行”“豫疆情・兵团行”文化润疆活动 24 场。漯河市豫剧团全年演出近 800 场，安阳市青年豫剧团（民营）全年演出 600 多场。成功举办第五届豫剧艺术节、纪念常香玉先生诞辰 100 周年系列活动，进一步扩大了戏剧艺术大省的影响力。

公共文化服务效能提升。积极推进新型公共文化空间建设，全省累计建成城市书房、文化驿站等新型空间3000多个。组织全省“最美公共文化空间”大赛，遴选优秀作品129个。举办第二届惠民文化节，全省开展艺术广场舞、群众合唱、全民阅读等10类活动、30万场以上，线上线下参与群众8000万人次。对全省166个公共图书馆进行评估定级，督导省图书馆及16个市级馆开展数字资源建设。全省注册乡村文化合作社突破1万家，社员11万人，成为活跃乡村文化重要生力军。“文化豫约”平台扩充看直播、享活动、学才艺、进场馆、读好书、赶大集六大服务功能，注册用户超236万人、开展直播3800多场。组织全省现代公共文化服务体系建设绩效考核。成功举办2023年中国图书馆年会、全国广场舞郑州片区展演等活动。

【文化遗产保护利用实现新突破】文物保护利用成效明显。持续抓好偃师二里头、安阳殷墟、郑州宋金古街等中央领导批示重点工作办理，扎实开展打击防范文物犯罪、文物行业重大事故隐患专项排查整治行动。以“中原地区文明化进程研究”和“夏文化研究”两个“考古中国”重大项目为抓手，开展34项主动性考古发掘，灵宝北阳平、禹州瓦店、南阳黄山、登封王城岗等16项考古发掘取得积极进展，3个考古项目同时入选“2022年度全国十大考古新发现”。中华文明探源工程最新研究成果发布，二里头遗址中心区网格状城市布局新发现成为中华文明进入王朝国家的最重要标志。积极谋划“商文化”研究项目，启动“四个分时期专题历史文化研究”工作，在国内外期刊和报纸发表考古简报、研究文章等共计107篇。“巍巍亳都　王都典范——郑州商代都城文明展”“宅兹中国——河南夏商周三代文明展”“文以化人　字以载道——中国文字博物馆续建工程基本陈列展”“繁星盈天——中国百年百大考古发现展”在全国获奖。组织成立河南省文物考古研学发展联盟，举办首届文物考古研学大会，发布《跟着国宝去研学——文化遗产研学推广行动郑州倡议》，推出6条文物主题游径。颁布实施《河南省革命文物保护条例》，开展了晋冀鲁豫四省革命文物优秀讲解交流推介活动。

非遗保护传承取得进展。认真履行黄河流域非遗保护传承弘扬协同机制秘书处职能，举办沿黄九省（区）非遗保护传承弘扬现场交流活动。国家级说唱文化（宝丰）生态保护实验区建设迎检工作积极推进，国家级河洛文化生态保护实验区获批正处级管理单位河洛文化生态保护发展中心。太极拳履约工作顺利实施，《焦作市太极拳保护和发展条例》颁布实施。全国首创非遗可视化知识图谱“河南非遗一张图”上线，展示全省1030个省级项目、1147名省级传承人，荣获“2023年文化和旅游数字化创新示范优秀案例”。宝丰马街书会、老子生日祭典、淮阳非遗展演、文化和自然遗产日南阳主场活动深受欢迎。升级“非遗点亮计划”，实施青年乡村营造行动，成功落地90个非遗空间和文创项目。“非遗助力乡村振兴工作”扎实推进，全省认定非遗工坊212家，吸纳就业1.3万人，信阳市赛山玉莲茶等5家非遗工坊入选“全国非遗工坊典型案例”。“非遗+旅游”融合发展开拓新路径，70余名非遗传承人、500余件作品入驻“只有河南”景区，洛阳市“匠心寻彩　根在河洛”非遗研学体验之旅入选“2022全国非遗特色旅游线路”。

【文化产业和旅游产业转型发展有了新起色】旅游业态更加丰富多元。开展全域旅游示范区提升行动、旅游景区精品改造提升工程，对36个省级以上全域旅游示范区、330家A级旅游景区、45家省级以上旅游度假区进行评估复核。认定144家河南省乡村旅游特色村、50家河南省休闲观光园区、48家河南省特色生态旅游示范镇和10家河南省乡村旅游创客示范基地。新创国家级休闲旅游街区2个（洛阳广州市场步行街、开封鼓楼），认定省级旅游休闲街区16个、省级旅游度假区7个。各地积极推动旅游与其他行业融合发展，争相开发美食游、健身游、夜间游等旅游产品，引领河南旅游新风尚。仰韶酒庄等3家单位被评为国家工业旅游示范基地。"小有洞天·山居""云合山间"获评全国甲级民宿、"南湖山居"获评全国乙级民宿。大力推动乡村康养旅游示范村创建，评定第二批乡村康养旅游示范村195家。与省体育局联合评定了8家省级体育旅游示范基地，栾川伏牛山滑雪旅游度假地被评为国家级滑雪旅游度假地。洛阳、安阳、平顶山、焦作、新乡、信阳、南阳、三门峡、济源等地加快建设黄河古都、太行云天、生态伏牛、红色大别四大一号公路，全省"快进慢游深体验"旅游路网初现雏形。举办第四届全国红色故事讲解员大赛（新县）、2023全国红色旅游宣传推广周（林州）、"河南省红色讲解员大赛暨第七届红色故事会"，擦亮红色旅游底色。

文化产业发展势头强劲。指导省文化旅游融合发展基金加大对文化产业和旅游产业项目的投资，完成直投项目4个、总投资7.5亿元，通过子基金的形式投资项目11个、总投资8.4亿元。开展2023年国家文化产业示范基地申报与复核工作，开封宋都古城文化产业示范园区等9家园区参与文化和旅游部"文化产业园区携行计划"。推进国家动漫产业发展基地（河南基地）重塑提升工程，安阳市成功举办第19届世界漫画大会。郑州市中牟县、洛阳市洛龙区等两家单位入选国家文化产业和旅游产业融合发展示范区创建单位。推出研学旅行精品线路，开展第四批研学实践教育精品课程征集活动，郑汴洛安等地研学旅游成为暑期热点。全省举办各类演出活动近5000场，《穿越德化街》《只有河南·戏剧幻城》《大宋·东京梦华》《禅宗少林·音乐大典》4个项目入选全国旅游演艺精品名录。开展文化产业赋能乡村振兴试点，评选命名中牟县等24个县（市、区）为省级文化产业赋能乡村振兴试点地区，光山县、栾川县、修武县被命名为国家级文化产业赋能乡村振兴试点地区。

【政策法规与智慧文旅工作打开新局面】政策法规工作扎实有效。牵头召开沿黄九省（区）黄河国家文化公园建设保护会议，发布《建好用好黄河国家文化公园（三门峡）共识》。印发实施《黄河国家文化公园（河南段）建设保护规划》。组建河南省文化和旅游智库，认定河南大学等7家省文化和旅游研究基地。组织开展《河南省"十四五"文化旅游融合发展规划》中期评估。持续开展法治河南（法治政府）建设，省文化和旅游厅连续两年获评省法治政府建设优秀单位。

智慧文旅工作纵深推进。初步建成"一机游河南、一图览文旅、一键管行业"省级智慧文旅平台，接入8565个文化和旅游单位，基本实现对重点文旅场所的实时监控、运行检测、应急调度。设立"行走河南·读懂中国"数字化提升项目专项资金，逐渐形成政府引导、市场主导、文旅企业与院校相互支撑的文旅科技创新体系。列支2450万元奖补"行走河南·读懂中国"百大标识数字化项目，建成58个智慧旅游沉浸式体验新空间，推出100个文旅消费新场景。认定5个河南省旅游科技示范园区试点单位、2个河南省文化和旅游技术创新中心试点单位。中牟县现代服务业开发区成功申报国家旅游科技示范园区。《风起洛阳》《寻迹洛神赋》等入选全国文旅数字化创新示范优秀案例。

【宣传推广与对外交流合作开辟新境界】宣传促销力度不断加大。持续加强"一体策划、集中采集、多种生成、立体传播、同频共振"的老家河南新媒体矩阵建设，厅微信公众号信息发布量连续10个月居全国文化和旅游系统第1名，原创微博信息发布量连续9个月居全国文化和旅游系统第1名。在央视《朝闻天下》《新闻30分》栏目投放主题宣传片，联合《人民日报》《光明日报》《河南日报》等主流媒体开展集中宣传报道，与河南卫视联合制作《中国节日》《中国节气》《中国家宴》等系列节目，联合新华社和抖音、新浪微博、中国文化传媒集团举办“第五届全球文旅创作者大会”“探寻夏都，解读最早中国”“大别山再出发”“麦田里的博物馆”等特色活动。开展“四季河南”主题宣传促销，统筹全省推出避暑、康养、露营、夜游、演艺、美食六大类863项文旅消费活动。先后到京津冀、长三角、粤港澳大湾区高端客源市场和陕西、山西、湖北、山东、云南周边客源市场开展专场推介，“引客入豫”效果明显。

对外交流合作深化拓展。组织开封、郑州、信阳市到日本、以色列、埃及和西班牙4国举办“茶和天下”·豫见系列推广活动，受到文化和旅游部、我驻外使领馆高度评价。协调各省辖市文化和旅游部门以及百余家文化和旅游企业，参加第37届香港国际旅游展、第10届澳门国际旅游产业博览会、海峡两岸台北夏季旅展、日本国际旅游博览会等。推动河南曲剧团赴香港进行曲剧交流演出，协调省图书馆与韩国、西班牙开展图书交流活动。针对日韩、欧美、东南亚等地旅游市场，举办五期入境游旅行商及媒体“行走河南·读懂中国”工作营。组织“少林功夫非洲学员班”培训，在五大洲举行“全球少林考功大赛”，叫响中国功夫品牌。

【市场管理执法工作得到新提升】市场管理日趋规范。建立大型营业性演出活动厅际协作机制，促进演出市场健康有序发展。督促旅行社落实“一团一报”制度，严格落实团队旅游管理各项制度和规范。开展旅游星级饭店复核、乡村旅游民宿等级评定，促进全省旅游住宿业整体质量提升。协同推进文化和旅游市场“信用+”工程，指导各地创新开展“信易游”“信易阅”等活动。坚持常态督导与重要节假日督导相结合，深入开展安全风险隐患排查整治。全省剧本娱乐经营场所备案率达93%，处置内容违规剧本1000余个。落实行政审批首问负责、限时办结制度，群众满意率达100%。全省暂退旅行社质保金17299.45万元，新设立250家旅行社缓交保证金4899万元。5名选手参加全国导游、星级饭店从业人员技能比赛获得较好成绩。

综合执法深入推进。实施集中执法检查和闪电系列行动，严查文化和旅游市场违法违规经营行为。全省共出动执法人员71万余人次，检查经营单位25万余家次，办结案件2612件。开展演出市场专项执法检查和营业性演出票务专项整治行动，重点对48场大型营业性演出活动进行监督管理。开展文化市场综合执法领域“扫黄打非”工作，查处案件30余起。加强举报办理和案件督办，洛阳、南阳、郑州市办理的3个重大案件被文化和旅游部通报表扬。启动旅游市场秩序整治百日行动，严查“不合理低价游”、强迫购物等突出问题。组织开展剧本娱乐专项整治活动，切实保护未成年人合法权益和身心健康。对互联网上网服务营业场所和娱乐场所进行“双随机、一公开”执法检查，保证监管效能最大化、对市场主体干扰最小化。健全晋陕豫文化市场综合执法协作机制。

【服务保障工作提升新效能】督导落实政治要件、省委、省政府重点工作和“豫快办”平台交办事项，按时完成省人大代表建议、政协委员提案办理工作，扎实做好平安建设、国家安全、机要保密、信息档案等工作，省文化和旅游厅被评为政府系统督查工作先进单位、政协提案办理工作先进单位，持续保持平安建设先进单位荣誉。积极做好省文物考古研究院、省直文艺院团、厅属文化企业等改革工作，推进乡村文化和旅游带头人及享受国务院政府特殊津贴人选25人，评定省级乡村文化和旅游带头人 100 人，选派到艰苦边远地区和基层一线开展文化帮扶人员 798 人。印发《关于进一步加强财务预算管理及执行的意见》《河南省文化和旅游厅固定资产管理暂行办法》，完成文旅促销政策制定、优惠政策兑现、绩效评价。从严从实做好省委巡视、专项审计反馈问题整改落实工作，完成灾后恢复重建任务。离退休干部工作保障到位，机关老干部活动中心建成投入使用。

（河南省文化和旅游厅　卢珣琪）

湖北省

【概况】2023 年，湖北省文化和旅游系统坚持不懈用习近平新时代中国特色社会主义思想凝心铸魂，接续奋斗、砥砺前行，取得显著成效，开创全省文旅高质量发展崭新局面。艺术创作持续繁荣，公共文化服务效能不断提升，文化遗产保护传承焕发新活力，文化产业和旅游产业提质升级全面加速，文旅市场平稳有序，宣传推广和文化交流有声有色。出台《关于推动文旅深度融合加快新时代湖北旅游业高质量发展的意见》；推出“知音湖北，遇见无处不在”全新文旅形象宣传语；举办第二届中国（武汉）文化旅游博览会；发布《2023—2025 年全省艺术创作重点工作指南》；修订《湖北省基本公共服务标准（2023 年版）》；印发《关于推动湖北传统工艺高质量传承发展的措施》；编制《长江国家文化公园湖北段建设保护规划》；赴新西兰、英国等 11 个国家开展“你好！中国”“茶和天下”等系列文化交流和旅游推广活动，湖北文化和旅游的影响力进一步增大。

【艺术创作与展演】艺术精品不断涌现。全年推出 20 部新创剧目并登上舞台。其中，入选文化和旅游部剧本扶持工程 1 部、文化和旅游部历史题材创作扶持工程 1 部、文化和旅游部《2023—2025 年舞台艺术创作行动计划》重点选题 4 部、第十届中国京剧节 1 部、全国地方戏精粹展演 2 部，3 台剧目和 6 出小戏入选第三届全国花鼓戏优秀剧目展演，获评第十八届中国戏剧节优秀剧目奖 1 部、第五届豫剧艺术节优秀剧目 1 部。入选 2023 年全国美术馆馆藏精品展出季项目 2 项、国家美术作品收藏和捐赠奖励项目 1 项、第八届全国画院美术作品展晋京展作品 6 件。艺术活动精彩纷呈。推进振兴武汉戏曲大码头工作，承办第三届全国戏曲（南方片）会演、“陕北民歌音乐会”全国巡演武汉站展演，组织举办第五届湖北地方戏曲艺术节、第八届湖北省楚剧艺术节、第四届湖北省荆州花鼓戏艺术节、第十一届湖北省黄梅戏艺术节等 200 余项艺术活动。承办第十四届全国美术作品展览漆画展，举办“中国姿态——第六届中国雕塑展”“大漆世界：变·通——2023 湖北漆艺三年展”、两个“三年展”项目和“荆风楚韵——首届湖北舞台艺术主题美术作品展”。举办湖北省人工智能技术展示展演，用人工智能技术展示荆楚文化之美。艺术人才培养力度加大。搭建人才培养平台，持续实施“两个一百”人才培养工程，资助舞台艺术人才和美术人才 145 名，资助省直艺术院团承担创作演出活动一级演职员 92 名。举办湖北省中青年艺术表演人才大赛暨新人新作展演。全年获第 31 届中国戏剧梅花奖 1 人、新时代中国戏剧（生行）领军人才 1 人、新时代中国戏剧（旦行）中青年英才 2 人、第五届豫剧艺术节表演艺术传承英才 1 人、全省青年拔尖人才 1 人，入选 2023 年全国戏曲表演领军人才培养计划 1 人、全国美术馆青年策展人扶持计划 1 人。

【公共文化服务】公共文化服务体系不断完善。实施公共文化服务质量提升攻坚行动计划，10 个县（市、区）被评为“荆楚文旅名县”，11 个县（市、区）获评第四批省级公共文化服务体系示范区，8个县（市、区）获得第五批省级公共文化服务体系示范区创建资格。承办“公共图书馆行业新技术应用展示暨交流论坛”。完成第七次全国公共图书馆评估定级，全省一级馆65个，数量居全国第七、中部第一；二级馆29个，三级馆20个。湖北省智慧图书馆体系建设项目和湖北公共文化云建设项目被文化和旅游部评为优秀项目；湖北省武汉南湖模式等2个案例被评为全国基层公共文化服务高质量发展典型案例。全国推进公共文化服务高质量发展工作会议在湖北省召开。群众文化活动丰富多彩。承办“大地欢歌”全国乡村文化年启动仪式，组织“大地情深”全国优秀群众文艺作品中部地区示范巡演系列活动，湖北省文化和旅游厅被评为全国“优秀组织单位”。举办“文化力量·民间精彩”全省广场舞展演、全省大专院校街舞展演，创新推动群众舞蹈蓬勃发展。第四届荆楚乡村文化旅游节吸引16万人现场参与，实现销售额超773.7万元；线上观看2.4亿人次，实现销售额5132.6万元。开展“荆楚四季村晚”群文展演活动526场，线上线下参与超3500万人次。打造“长江牌”助力书香湖北建设。第八届长江读书节带动全省图书馆举办各类阅读活动1.1万余场，超2000万人参加。第四届讲书人大赛联动15个省级公共图书馆，吸引全国6500多人报名参赛。长江讲坛发挥讲读荆楚功能，全年讲座62场，并赴中国新疆、墨西哥等地巡讲。首届华夏晒谱节暨湖北第十四届晒谱节促进家谱收藏与研究。开展全国古籍重点保护单位复核，推进“鄂图藏珍”整理出版，加强古籍与地方文献的保护利用。志愿服务创品牌作示范。参加“春雨工程”——文化和旅游志愿服务边疆行现场交流活动，湖北省文化和旅游厅作经验交流并与西藏文化厅签订合作框架协议，宜昌市政府与广西签订“春雨工程”合作框架协议。启动“文艺点亮生活”全省文旅志愿帮扶活动，举办文旅志愿服务项目大赛，评出金奖10个、银奖10个、铜奖12个。“相约乡读”入围全国乡村文化活动年示范项目。

【文化遗产保护传承】长江国家文化公园建设稳步推进。编制《长江国家文化公园湖北段建设保护规划》，构建“一轴两廊三片四区”的长江文化空间保护利用格局。编制《湖北省长江文物保护利用规划》，推动形成“一轴一廊三片区多组团”的长江文物保护利用总体布局。打造文化地标，立项或启动实施屈原文化公园、南水北调博物馆等一批标志性文化工程，长江博物馆选址武汉市核心区域黄金滨江地段，完成建筑方案国际邀请征集、基本生态控制线调整、展陈大纲初稿编制。突出科研成果转化，举办“长江国家文化公园建设与长江文明国际传播研讨会”，50余名知名专家学者参与研讨；举办“惟见长江天际流——长江中游文明进程研究成果展”“长江文明特展”，完整展示长江千年文脉。长江国家文化公园建设推进会在湖北省举办，湖北作交流发言。考古工作取得新成果。推进“考古中国”湖北项目，评定公布“2022年湖北六大考古新发现”，学堂梁子遗址入选2022年“中国十大考古新发现”。沙洋城河遗址、屈家岭遗址考古新发现5000年前“水坝”遗存。荆州秦家咀墓地新出土史上最多战国楚简近4000枚、记录文字约3万字。其中，出土的《九九术》将我国九九算法历史溯源至2300年前。湖北省考古标本库房开工建设，神农架考古研究中心（考古院士工作站）建成。文物保护利用实现新进展。推进“万里茶道”联合申遗，举办国际研讨会、城市市长论坛等学术活动，召开申遗工作推进会，完成对国内11所城市和俄罗斯、蒙古两国申遗点调研，达成与俄蒙两国建立官方联络机制及申遗策略共识。完成荆楚大遗址传承发展工程，评定第三批湖北省文化遗址公园6家，累计创成国家考古遗址公园4家、湖北省文化遗址公园18家；承办国家考古遗址公园现场工作会，国家文物局和湖北省政府签订战略合作协议，湖北大遗址活化利用经验受到国家文物局推介。调查统计湖北省红色标语文物104处、177条，形成《湖北省红色标语调查报告》；英山县长征国家文化公园建成开园，红安县入选第二批国家文物保护利用示范区（革命文物专题类）创建名单。湖北在全国文物技能大赛中，获二等奖3项、三等奖3项，“全国技术能手”2人，获奖数量居全国第三。博物馆展示利用亮点纷呈。湖北省博物馆举办建馆70周年系列活动，湖北革命军事馆立项建设，大冶铜绿山铁矿遗址博物馆对外开放，盘龙城遗址博物院入选国际博物馆协会2023年度“世界最佳遗产项目”。全年新增博物馆7家，累计登记备案博物馆241家，居全国前列；举办文物展览超1200个，开展线上线下宣教活动逾2万场次，接待观众4600万人次。3项展览入选国家文物局“弘扬中华优秀传统文化、培育社会主义核心价值观”主题展览重点推介和主题推介项目，1项展览获全国博物馆十大陈列展览推介优秀奖。95家博物馆列入全省“大思政课”实践教学基地名单，武汉革命博物馆“红巷里的思政课”被评为全国“大思政课”（革命文物类）优质资源10个示范项目之一。非遗活化利用扎实推进。承办2023年全国非遗曲艺周。联合湖北省教育厅等8部门印发《关于推动湖北传统工艺高质量传承发展的措施》。完成非遗传承人研修培训年度计划，培训学员280余人。评定“非遗+旅游”“非遗+互联网”优秀案例20个，认定非遗工坊73家、带动就业超3.4万人。举办非遗产品优惠展销季暨非遗嘉年华活动，四天时间实现销售额8300万元。古籍保护利用不断加强。举办首届华夏晒谱节暨湖北第十四届晒谱节，20余万人观展。承办“册府千华——湖北省藏国家珍贵古籍展”，共展出150部珍贵古籍，22.5万人观展。开展全省博物馆古籍保护利用工作专题调研，摸清全省90家博物馆馆藏古籍15.6万册。湖北省图书馆（湖北省古籍保护中心）通过全国古籍重点保护单位、古籍修复技艺传习所复核。方志事业发展基础不断夯实。《罗田县扶贫志》入选中国扶贫志丛书编纂计划，荆门市京山市《新市镇志》入选第八批中国名镇志丛书。《武汉年鉴（2022）》入选第七批“中国精品年鉴”，武汉市方志办入选第二批中国精品年鉴区域试点单位。第九届全国地方志优秀成果（年鉴类）评审中，湖北省获评特等年鉴3部、一等年鉴6部、二等年鉴6部、三等年鉴5部，创历史新高。“湖北要览丛书”出版14册。编辑出版《武汉市情概览》《襄阳之重》《宜昌年鉴·简明市情手册》《黄冈年鉴简本》等系列实用读物。

【文化产业和旅游产业发展】政策支持力度加大。湖北省委、省政府召开全省旅游业发展工作会议，对旅游业发展进行全面安排部署。成立省旅游业发展领导小组，统筹协调全省旅游业发展。出台《关于推动文旅深度融合加快新时代湖北旅游业高质量发展的意见》，提出设立2亿元文旅奖励专项资金、100亿元旅游产业发展基金等重大举措。市场活力强劲复苏。投入6.7亿元财政资金用于发放文旅消费券、奖励“引客入鄂”和奖补旅游营销，提振行业发展信心。争取中宣部、文化和旅游部等国家部委在湖北省举办第二届中国（武汉）文化旅游博览会、第七届中俄蒙三国旅游部长会议、第十四届长江三峡国际旅游节、2023全国露营大会暨“钟情湖北”露营嘉年华等十余个重大节会活动，举办“钟情湖北过大年”“相约春天赏樱花”等品牌文旅活动，持续激发市场活力。赴北京、上海、广州、深圳等8个重点城市开展营销活动，签订柑橘购销协议8.22亿元、黄鳝购销协议6.2亿元。项目建设增速提质。联合金融机构开展“三全”工程，探索在全省文旅市场主体全覆盖、文旅金融产品全对接、提供全链条金融服务，实现新增企业金融授信1000亿元，累计为2.77万户文旅企业发放贷款593亿元。举办长江文化产业带投融资促进活动，推出文旅项目投资招商综合评价指数，量化评比各市县文旅项目建设强度，推动各地文旅项目建设，全省在建3亿元以上文旅项目148个、总投资2054亿元；新签约重大项目104个、签约金额2171亿元，已落地项目61个，孝感方特项目签约半年内落地开工。品牌创建再创佳绩。组织新评国家4A级旅游景区17家、省级旅游度假区5家、省级全域旅游示范区10家、湖北省旅游休闲街区6家、湖北旅游名镇10个、湖北旅游名村20个、湖北旅游名街5个、四星级饭店4家。创成国家级旅游休闲街区2个、国家工业旅游示范基地3家、甲级民宿3家、乙级民宿2家和自驾车旅居车营地5C级1家、4C级2家。入选全国红色旅游融合发展示范区试点单位1家、全国第一批交通运输与旅游融合发展十佳案例和典型案例各1个、全国旅游演艺精品名录3个、国家文化产业和旅游产业融合发展示范区建设单位3个、首批国家文化产业赋能乡村振兴试点单位2家、首批全国智慧旅游沉浸式体验新空间1处、首批“5G+智慧旅游”应用试点1处、“乡村四时好风光”全国乡村旅游精品线路15条。武汉市被评为“中国夜游名城”。

【文旅市场管理】市场平稳有序。开展全省文化和旅游行业“质量月”活动，公布首批241家建立“首席质量官”制度企业名单，评出第二批优质服务品牌旅行社10家、品质旅游线路产品20条，入选全国文化和旅游市场服务质量典型案例1个、全国文化和旅游市场服务质量监测点6个。承办全国星级饭店从业人员服务技能竞赛总决赛，湖北省参赛代表队获得客房服务项目三等奖、团体三等奖和最佳组织奖。举办湖北省第十四届导游大赛，1名选手获全国第四届导游大赛铜奖。开展“文明旅游 钟情湖北”——2023年文明旅游优秀案例征集活动，评出10个文明旅游优秀案例；入选第一批全国文明旅游宣传引导十佳案例1个、优秀案例2个。推进文旅市场信用体系建设，将7家市场主体和从业人员列入失信主体名单。加强电竞酒店中未成年人保护，摸清全省1108家电竞酒店底数，推动电竞酒店应用“文旅卫士”酒店监管平台。开展旅游市场秩序整治，发现并整改问题清单234条。安全生产守牢底线。4次召开全省安全生产工作会议，湖北省文化和旅游厅领导分别带队开展安全督导检查。推动重大事故隐患排查整治专项行动。省级层面共组织4次安全大检查，42个检查组累计出动110人次，对415家企事业单位进行督导检查，排查整治安全风险隐患512处。对湘鄂西革命根据地旧址、恩施女儿城景区重大消防安全隐患挂牌督办，跟踪督促整改销号。对投诉较多的8家4A级以上旅游景区和9家省内旅行社进行集体约谈，对42家存有安全隐患的A级旅游景区分别予以取消等级、通报批评并限期整改处理。2次组织全省县（市、区）以上文化和旅游部门和重点企业负责同志400余人参加安全管理工作培训。编制《湖北省文化和旅游厅涉旅突发事件应急预案（试行）》。综合执法效能不断提升。强化执法监督检查，全年出动执法人员42万余人次，检查经营单位17万余家次，责令整顿16家次，吊销许可证13家次，查办案件1679件，办结案件1656件。其中，湖北省文化和旅游厅文化市场综合执法监督处（局）重点督办查处重大案件23件。推进文娱行业综合治理，探索建立大型演出活动“事前约谈经营单位、积极教育引导，事中全过程现场执法监管、规范演出行为，事后依法查处违法行为、曝光通报警示”的省、市、区三级联动执法工作新模式，全年召开营业性演出经营单位约谈会议75次，出动执法人员1500余人次，执法监管大型演出活动75场次，办结演出市场行政处罚案件5起。加大文物执法督察力度，入选第五批全国文物行政执法指导性案例1个、全国文物行政执法优秀案例1个，湖北省文化和旅游厅（文物局）获评为4个全国文物行政执法指导性案例优秀组织单位之一，国家文物局致函湖北省人民政府予以表扬。

【宣传推广和文旅交流】湖北文旅形象得到全方位推广提升。经多轮征集论证，报湖北省委、省政府审定，推出“知音湖北，遇见无处不在”全新文旅形象宣传语并面向全球发布。与中央媒体合作，全年在中央电视台、新华社、《人民日报》等刊发信息400多篇。运用“两微一抖”等新媒体平台，策划举办“沿着长江读懂中国”等系列主题宣传，涉及湖北文旅的话题全网浏览量达50多亿人次；“湖北文旅之声”新媒体矩阵账号一年涨粉230多万、粉丝量达550万，综合影响力居全国省级文旅政务新媒体前列。搭建活动平台，世界武当太极大会、相约春天赏樱花、荆楚乡村文化旅游节等活动，产生了良好的社会反响。对外交流合作彰显湖北文化旅游魅力。赴新西兰、墨西哥、英国等11个国家开展“你好！中国”“茶和天下”等系列文化交流和旅游推广活动。承办第七届中俄蒙三国旅游部长会议暨“万里茶道”文化旅游推广活动。稳步推进奥克兰中国文化中心省部对口合作共建项目。先后组织“欢乐春节”“天涯共此时”“外国人在湖北过大年”中国文化推广活动。组团赴新西兰、斐济开展文化旅游交流活动，“共建奥克兰中国文化中心”入选第三届“一带一路”旅交会务实合作项目清单。承办2023长江主题旅游海外推广季启动仪式，文化和旅游部面向全球推出长江文明溯源之旅等10条长江主题国家级旅游线路和《长江国际黄金旅游带精品线路路书》。组织湖北省市（州）文化和旅游部门、旅游企业和景区参加日本国际旅游博览会、伦敦世界旅游交易会、中国国际旅游交易会等活动。与各国旅游企业和国际旅游组织代表对接洽谈，开展湖北旅游线路推广。对港澳台交流合作增进情感认同。在全国率先组织省级文旅代表团赴香港、澳门举办湖北旅游宣传推介会，开辟湖北文旅体验店，达成湖北旅游产品上线上架、旅游包机、旅游专列、引客来鄂等多个合作项目。组织参加香港国际旅游展和澳门国际旅游（产业）博览会。接待全国疫后首个港澳旅行商踩线团、“万名港人游湖北”首发团、“相约春天赏樱花”港澳台赏花团。开展“百万青年看祖国”——港澳青少年荆楚行等活动，参与实施“才聚荆楚”港澳青年大学生实习交流计划，支持举办武汉“香港周”活动，促进旅游往来和民心相通。

【第二届中国（武汉）文化旅游博览会在武汉举办】4月21日至23日，由中宣部、文化和旅游部、湖北省人民政府共同主办的第二届中国（武汉）文化旅游博览会在武汉举办。本届文旅博览会以“美丽中国美好生活”为主题，突出以文塑旅、以旅彰文，突出创新驱动、科技赋能，突出开放合作、共建共享，集中展示文化和旅游融合发展的新模式、新业态、新场景。文旅博览会设1个主会场、6个分会场、1个云交易展播平台和系列文旅产品交易会，展览总面积8万平方米，国内外2000余家文旅参展商、全球15个国家文旅主管部门及国际旅游机构参展。文旅博览会共吸引17.9万人次到博览中心主会场现场观展，重点项目招商签约大会签约项目62个、总金额1125亿元。

【推进公共文化服务高质量发展工作会议在武汉召开】2月12日至13日，文化和旅游部在武汉召开推进公共文化服务高质量发展工作会议。会议强调，要全面贯彻落实党的二十大精神，深入学习贯彻习近平总书记关于公共文化建设重要论述精神，立足新发展阶段，完整、准确、全面贯彻新发展理念，服务和融入新发展格局，以更大力度、更高自觉推动公共文化服务高质量发展。会议公布了由中宣部、文化和旅游部、国家发展改革委组织遴选的基层公共文化服务高质量发展典型案例，湖北省南湖模式等 2 个案例入选。湖北等四省文化和旅游厅负责人，成都市政府有关负责人作交流发言。会议期间，举行了由文化和旅游部、农业农村部、国家乡村振兴局共同主办的“大地欢歌”全国乡村文化年启动仪式，发布了全国 2023 年乡村文旅重点活动。

【国家文物局与湖北省人民政府签署共同推进湖北文物事业高质量发展战略合作协议】4 月 17 日，国家文物局与湖北省人民政府签署共同推进湖北文物事业高质量发展战略合作协议。根据协议，国家文物局将在创建世界一流考古机构、开展世界文化遗产保护展示和监测提升项目、加大文物建筑保护力度、推动博物馆创新发展、革命文物保护利用片区建设、推进长江国家文化公园建设文物领域工作、打造省级文物鉴定中心、推动文博机构文化遗产国际交流合作、建立完善文物执法督察体系等方面加强指导支持，全面推进湖北文物事业高质量发展。湖北省将切实履行文物工作属地管理的主体责任，将文物工作纳入各级领导班子和领导干部政绩考核评价体系，不断充实文物资源富集市县行政和业务工作力量，加大省级文物保护专项资金投入力度，鼓励各地先行先试，强化财政保障体制机制创新。

【2023 全国非遗曲艺周在武汉举办】6 月 9 日至 15 日，由文化和旅游部、湖北省人民政府主办的 2023 全国非遗曲艺周活动在武汉举办。2023 全国非遗曲艺周以“曲艺荟江城、说唱新时代”为主题，共举办开幕式、闭幕式演出各 1 场，曲艺驻场演出和曲艺“五进”展演活动 107 场，集中展示近年来全国曲艺传承发展的最新成果。来自全国 144 个曲艺类国家级非遗代表性项目、209 个保护单位的千余演职人员齐聚江城，57 位国家级非遗代表性传承人、数百名省市县级非遗代表性传承人登台演出，实现曲艺类国家级非遗代表性项目全覆盖，参演项目和人数为历届最多。本届曲艺周还举办了《曲艺传承发展计划》成果展、全国非遗曲艺传承发展座谈交流、传承人座谈交流、曲艺云上江城秀和传承人交流采风等活动。

【第十四届中国长江三峡国际旅游节在湖北宜昌举办】9 月 16 日至 27 日，由湖北省和重庆市共同主办的第十四届中国长江三峡国际旅游节主体活动在湖北宜昌举办。本届旅游节以“绿色长江　壮美三峡”为主题，举行了包括开幕式暨文化惠民演出、文化旅游、宣传营销、经贸招商等在内的七大类 18 项活动。鄂渝两地 18 个地市及长江沿线 3 个旅游合作城市，全国 5 个对口支援三峡城市，“昭君和亲路”5 省 10 市，“关公文化史迹”联合申遗四省六地，全国百家知名旅行商等代表，以及国家城市品牌研究专家、知名艺术家，中央、省级媒体和网络达人等千余名嘉宾参加。线上线下人次突破 5000 万人次，活动覆盖地区及人数均达历史之最。

【长江国家文化公园建设推进会在湖北武汉召开】10 月 11 日，由文化和旅游部主办的长江国家文化公园建设推进会在武汉召开。会议总结了长江国家文化公园规划建设工作，部署下一阶段任务。播放了长江国家文化公园建设专题片，江苏、四川、重庆、湖北 4 省市代表作交流发言。中央宣传部、国家发展改革委等 19 个部门代表，长江沿线 13 个省（区、市）党委宣传部、发展改革委、文化和旅游行政部门、文物局代表与会。

【中俄蒙旅游部长会议暨“万里茶道”文化旅游推广活动在武汉举办】10 月 10 日至 12 日，由中华人民共和国文化和旅游部、俄罗斯联邦经济发展部、蒙古国自然环境与旅游部、中华人民共和国湖北省人民政府共同主办的第七届中俄蒙三国旅游部长会议暨“万里茶道”文化旅游推广活动在武汉举办。旅游部长会议签署了《中俄蒙建设和推进“万里茶道”跨境旅游线路联合行动方案》，该成果纳入第三届“一带一路”国际合作高峰论坛期间中俄元首会谈内容。“万里茶道”文化旅游推介会发布了旅游景区、文化街区、非物质文化遗产三个大类共 27 个“万里茶道”（中国段）文化旅游品牌；16 家境内外企业签订了合作协议。来自中国、俄罗斯、蒙古国、塞尔维亚、乌兹别克斯坦等 16 个国家和地区的 200 余位中外嘉宾参加活动。

【“知音湖北，遇见无处不在”湖北文旅新形象品牌全新发布】11 月，湖北文旅形象品牌宣传语“知音湖北，遇见无处不在”正式对外发布。通过央视黄金时段、湖北卫视广告投放、“山水知音”文旅推介会、“知音湖北”地铁新空间等线上线下的传播方式，扩大了“知音湖北，遇见无处不在”文旅品牌的影响力。

（湖北省文化和旅游厅　程福勇）

湖南省

【概况】2023 年，是全面贯彻党的二十大精神的开局之年，是深入践行习近平文化思想的第一年，是湖南省文化和旅游系统阔步推进高质量发展的一年。一年来，以举办旅游发展大会为抓手，擦亮“五张名片”，着力抓改革、增供给、强营销、优服务、提品质、创品牌，把文旅打造成投资的重点、消费的热点、开放的亮点、乡村振兴的支点，加快建设文化强省、世界知名旅游目的地和红色旅游基地，为全面建设社会主义现代化新湖南贡献文旅力量。

【艺术创作与生产】2023 年湖南省文化和旅游系统坚持以人民为中心的创作导向，聚焦创作生产优秀作品这一中心环节，培育更多高水平艺术人才，积极参加全国重大艺术活动，广泛开展惠民演出，不断推动全省艺术工作繁荣发展。一是艺术创作方面。出台了《实施“戏曲湘军”中青年领军人才培养三年计划（2023—2025 年）》《实施优秀剧本创作扶持工程三年行动计划（2023—2025 年）》《打造示范性文旅小剧场和小剧场精品剧目创作三年行动计划（2023—2025 年）》三个文件，全力推动湖南省艺术创作工作持续出彩、出新、出亮点。紧紧围绕毛泽东同志诞辰 130 周年、乡村振兴、第八届湖南艺术节、湖湘红色文化等重大题材和重要时间节点，注重抓好现实题材剧目创作，挖掘、孵化、培育优秀剧本。二是艺术活动方面。举办了“盛世繁花”第三届全国花鼓戏优秀剧目展演等多项富有影响力的文艺活动，取得极好的综合效应。组织了“湘戏新角”2023 湖南省青年戏曲演员大赛，进一步发掘、扶持和培养青年戏曲人才。三是文化惠民方面。开展了 2023 年“送戏下乡”演艺惠民、“雅韵三湘”文艺演出、“送戏曲进万村、送书画进万家”、文化科技卫生“三下乡”集中示范等活动，持续打造湖南省文化惠民品牌，推动惠民演出活动走深走实。四是队伍建设方面。投入 7000 多万元用于艺术精品创作和重大艺术活动，重点扶持了 30 多个大型舞台艺术精品项目、40 个小型舞台艺术精品项目和 20 多个美术书法摄影项目。举办了“贯彻二十大 奋进新征程”湖南省文艺精英人才（高级编剧）提升班，遴选全省 25 名优秀编剧集中培训，形成艺术创作青蓝相继的良好局面。

【文化和旅游公共服务】2023 年湖南省围绕高质量发展目标，深入研究谋划发展战略，有效推动公共服务工作迈上新台阶、取得新成果。一是统筹推进公共文化政策文件谋划和落实。制订出台《湖南民间文化艺术之乡高质量发展三年行动计划（2023—2025 年）》《湖南省群众文艺精品创作三年行动计划（2023—2025年）》，推动湖南群众文艺创作走向高峰。印发了《湖南省文化和旅游厅关于做好湖南省“旅游厕所2022版国家标准”达标评定工作的通知》推动全省旅游厕所管理水平及服务品质提升。二是优化文化阵地，提升公共文化服务效能。精心筛选70个“最美潇湘文化阵地”，构建适应基层群众需求的“十五分钟文化圈”。创新实施2023年文化和旅游公共服务高质量发展“四个一批”推荐活动，推选出40个示范单位，带动现代公共文化服务体系建设。其中，“郴州市莽山无障碍旅游案例”入选了文化和旅游部、工业和信息化部、国家卫生健康委员会老年旅游典型案例，“张家界市永定区人民法院旅游在线速裁新模式”入选了文化和旅游部2023年全国旅游公共服务优秀案例。三是惠民乐民，群众文化事业进一步繁荣。组织完成“欢乐潇湘这十年”全省优秀群众文艺作品展演活动，以“贯彻二十大　奋进新征程”为主题，集中展现了“欢乐潇湘”全省群众文艺汇演活动十年成果。圆满完成了“启航新征程　幸福中国年”“青云之上马路溪”全国“村晚”示范展示等四项全国性重大群众文艺活动。创新开展了六大省级特色群文品牌活动，以省级特色群文品牌活动为引领，全省开展群众文化活动62622场，参与人数63918.94万人次。结合援疆援藏工作和“文化润疆”等重点工程，组织志愿者走进新疆、西藏、青海等地，圆满完成6地32场文化交流活动，与兄弟省市探索建立了文化和旅游交流长效机制。

【文化和旅游科技教育】2023年湖南省文化和旅游科技教育工作立足于发展新阶段，以建设智慧文旅为重点，以科技教育服务文化和旅游工作，全力推动文化和旅游事业高质量发展。一是建设智慧文旅。全力推进“湖南智慧文旅信息系统”项目，通过建设全省文旅大数据中心、“一码游·又湘游”服务平台、综合监管调度平台、行政管理服务平台，提升全省“智慧文旅”建设水平。部署安装客流监控摄像头1762个，覆盖全省3A级以上旅游景区，县级以上图书馆、文化馆、沉浸式演出脱口秀等新业态场所。二是加快新技术在文化和旅游领域应用。利用文化和旅游专项资金重点支持5G、人工智能、元宇宙、AR/VR等新技术打造的交互体验、沉浸式、智慧化文旅服务场景等近40个项目共计2000多万元。指导京东方艺云科技有限公司成功创建首批文化和旅游部技术创新中心；张家界市5G+智慧旅游试点项目获文化和旅游部、工业和信息化部第一批“5G+智慧旅游”应用试点项目；湖南图书馆《基于视觉识别技术的自助借还书系统》获文化和旅游部数字化创新示范优秀案例；联合省科技厅等部门认定湖南省文化和科技融合（培育）示范基地（单体类）22家。三是做好教育方面工作。严格落实“双减”工作有关要求，规范管理艺术考级机构。完成“桃李杯”舞蹈教育教学成果展示活动湖南推荐工作，全省共有5个节目入选全国青少年舞蹈教育教学成果展示活动。国家社科项目立项成果丰硕，2023年度国家社会科学基金艺术学项目立项9项。四是以标准化提升行业服务水平。推动《智慧文旅信息系统数据接口规范》等14项地方标准立项工作；组织《夜间文化和旅游消费集聚区评价规范》等16个标准技术审查；推动《旅游目的地自驾游高峰期服务与管理规范》等9项地方标准发布。湖南省地方标准《等级旅游民宿划分与评价》被纳入《2022年全国旅游市场服务质量提升报告》，获得文化和旅游部肯定；《构建文旅融合标准体系，打造自驾旅游高地》获文化和旅游部典型示范经验；《自驾游线路公共服务设施建设指南》在中部六省分享。

【非物质文化遗产保护】2023年，湖南省秉持“见人见物见生活”的非遗工作理念，大力提升非遗系统性保护水平。一是聚焦保护传承，着力固本强基。认真组织开展国家非遗保护资金的申报工作，获批4354万元资金支持。评审通过第六批省级非遗代表性项目254项，第五批省级非遗代表性传承人326人，至此，湖南共有省级非遗代表性项目664项，省级非遗代表性传承人596人。同时注重年轻传承人的推荐与培养，在传承人年轻化上取得新成效。二是深化文化和旅游融合，服务发展大局。高标准完成第二届湖南非遗博览会，并同步开展《保护非物质文化遗产公约》通过20周年纪念活动，让大众充分感受了湖湘非遗魅力。持续推进非遗助力乡村振兴，成功创建22个省级非遗工坊示范点，4个省级非遗街区示范点，14个省级非遗村镇示范点。并对2022年评定的50家非遗工坊、非遗村镇、非遗街区示范点项目予以1200万元左右的经费支持。浏阳花炮制作技艺（东信烟花集团有限公司）等四个基地成功入选文化和旅游部发布的《关于2023—2025年国家级非物质文化遗产生产性保护示范基地推荐名单的公示》，助推全省非遗工作再上新台阶。三是加强推广传播，推动人民共享。建立了首批湖南非遗和旅游融合发展推荐目录，为非遗融入当代生活立标打样；配合央视完成《非遗里的中国》（湖南篇）录制，组织开展“新疆是个好地方”对口援疆19省市非遗展、湖南“非遗进机关”宣传活动、湖南非遗新春集市、湖南省第二届非遗博览会、“文化和自然遗产日”等活动，群众反响热烈，非遗影响力传播力获得很大提高。发布“游历三湘四水·探寻非遗之美”湖南非遗旅游线路宣传片，介绍全省十条非遗旅游线路，带领广大游客全面感受湖湘文化魅力。

【文化产业和旅游产业发展】2023年湖南文化产业和旅游产业抢抓复苏先机，高开稳走，势头强劲，全年接待游客6.58亿人次，同比增长51.28%，实现旅游总收入9565亿元，同比增长47.43%；文化产业增加值占GDP的比重预计为5.28%左右，旅游产业增加值占GDP的比重预计为5.5%左右。一是加大招商引资力度。举办2023湖南文旅产业投融资大会，推出湖南省重点文旅招商项目340个，总投资约3323.12亿元，投融资需求约2419.96亿元；签约省级重大文旅招商项目50个，总投资234.7亿元；全省重点文旅产业项目融资放款签约276.951亿元；大会授牌了12个“2023年度金融促进文旅发展典型案例”；发布了长沙县乐运魔方等200个湖南文旅消费“新生代·新场景”名单，省文化和旅游厅、长沙银行、北京银行长沙分行联合出台了《金融支持文旅消费“新生代·新场景”创新发展》文件，支持湖南文旅消费新场景创新发展。二是激发文旅消费活力。启动“潮起潇湘 相约湖南”2023湖南文化旅游消费季暨“携手大湾区五十万港澳游客入郴”活动，联动开展各类促消费活动260余场，省市县三级联动发放文旅消费券1亿元，其中省级层面发放2023湖南“五张名片”文旅消费券1500万元，消耗券数14万张，消耗金额1080.3万元，带动销售金额1亿元。举办2023湖南文化旅游产业博览会，展览面积6万多平方米，共有8省（区、市）1000余家优质文旅企业参展，300余家专业采购商现场咨询订购，现场零售总额5100万，订购交易3.95亿元，合同意向合作1.5亿元。三是推动数字文化产业发展。举办第二届马栏山数字文化产业嘉年华，活动设置了湖南省网络游戏业务研讨会等13个主体活动，参展参会企业及机构超过1500家，涵盖了音视频、出版传媒、动漫、游戏电竞、数字文旅等业态，参与观众达8万人次以上。马栏山视频文创产业园于3月28日获得国家级文化产业示范园区授牌，湖南金鹰卡通《23号牛乃唐（第一季）》获中国文化艺术政府奖第四届动漫奖最佳动漫作品奖。四是积极创建国家级品牌。株洲市神农城景区、衡阳市南岳古镇、张家界七十二奇楼、郴州市北湖文旅商圈入选第三批国家级夜间文旅消费集聚区，长沙浏阳市、衡阳南岳区、岳阳平江县入围国家文旅产业融合发展示范区建设单位，岳阳市平江县、株洲市炎陵县、湘西土家族苗族自治州凤凰县入选国家文化产业赋能乡村振兴试点单位。

【文化和旅游资源开发】2023 年，湖南省文化和旅游资源开发坚持新发展理念，以高质量发展为主题，以改革创新为动力，加速构建适应新时代发展的开发模式和全域旅游推进体系。一是持续推进乡村旅游发展。推动出台了《湖南省乡村旅游高质量发展三年行动计划（2023—2025 年）》。全面提升乡村旅游的发展质量和服务水平。完成了第五批全国乡村旅游重点村镇遴选推荐，第五批湖南省乡村旅游重点村和第三批湖南省乡村旅游重点镇遴选。积极开展星级乡村旅游区点评定，46 家单位被授予“湖南省五星级乡村旅游区（点）”称号。二是壮大高品级产品队伍。凤凰古城成功创建国家 5A 级旅游景区，长沙隆平水稻文化园等 22 家景区成功创建国家 4A 级旅游景区，并完成对张家界大峡谷和娄底紫鹊界梯田景区创 5A 提升规划的评审。长沙市开福区潮宗街、岳阳市洞庭南路历史文化街区获评国家级旅游休闲街区，长沙铜官窑文化旅游度假区顺利通过国家级旅游度假区基础评价。评定 12 家省级旅游休闲街区，全省总数达 34 家；认定 10 家省级旅游度假区，全省总数达 34 家。多部门联合发布《关于加快推进工业旅游高质量发展的实施意见》，提出推动工业旅游高质量发展 13 条意见。长沙远大科技园等 3 家单位获评国家级工业旅游示范基地，评定 22 家省级工业旅游示范点。三是擦亮红色旅游经典名片。制定出台了《湖南省红色旅游基地规范》，进一步保护利用和宣传推广湖南省红色旅游资源。推进全国红色旅游融合发展试点单位建设，支持韶山发挥其独特的红色旅游资源优势，加快建设全国红色旅游融合发展试点单位，推动全省红色旅游高质量发展。

【文化和旅游市场管理】2023 年，湖南省着力构建“标准化管理、人性化服务”现代化治理体系，全省文化和旅游市场平稳有序运行、安全基础更加牢固、高品质供给更加丰富、高质量发展取得实效。一是突出抓责任、抓落实，推动高水平安全。牢固树立“隐患就是事故”的安全生产理念，组织开展隐患排查和旅游大巴安全问题督查。全年共出动 17.17 万人次，检查经营单位 6.88 万家次，责令整改 891 家，检查旅游团队 1673 个。二是突出抓优化、抓服务，推动高质量发展。持续优化营商“六最”环境，规范行政审批。全面推行“一件事一次办”制度，落实一系列便民惠民措施。全面推行“双随机、一公开”监管，服务窗口受理办件 2124 件，办结率 100%。三是突出抓规范、抓整治，推动高效能治理。开展“铁腕治旅”、百日整治行动，全面整治市场乱象。先后组织 4 批次明查暗访，督办问题隐患 204 个。重点抓好营业性演出活动、游戏游艺设备机型机种审核、艺术品经营活动的监管，对 5 家违规演出的演出经纪机构通报批评，下架一批音乐违规曲目和剧本娱乐违规清单。四是突出抓引领、抓常态，推动高品质供给。制定印发《“游客满意在湖南”行动计划实施方案》（2023—2025），推动服务提质升级。推动出台《湖南省高品质住宿业发展的若干措施》，并先后组织申报和评定 5 家国家级、60 家省级旅游民宿。重新修订《湖南省旅行社等级划分与评定》地方标准，完成了对 2035 家旅行社的等级复核。五是突出抓载体、抓实效，推动高起点建设。2023 年 9 月 7 日，在长沙市举办了全国文化和旅游市场服务质量提升活动，湖南作典型发言，郴州被选定为全国文化和旅游信用经济试点。强化大型演出活动监管服务，严格实名购票和入场制度。

【文化市场综合执法监督】2023 年全省文化市场综合执法工作坚持依法监督、依法执法，聚焦关键领域、突出重要节点、紧盯薄弱环节，确保了文化市场平稳有序。一是围绕中心抓执法保障。落实推动游客满意在湖南行动，为广大游客营造安全、满意、放心的旅游环境。湖南博物院中秋国庆假期在全国率先推出延时开放、实施特殊人群免预约制并增设绿色通道；持续开展扫黑除恶常态化工作，有序推进“扫黄打非”各项任务，开展“利剑护蕾·2023”、内外勾连有害出版传播活动、网上制售有害涉政电子出版物等多个专项整治行动。二是聚焦关键抓专项整治。深入推动文娱领域综合治理，开展大型营业性演出、娱乐场所“春雷”、营业性演出票务等专项整治行动，集中开展剧本娱乐整治行动，剧本娱乐经营场所管理不断强化部署开展了全省旅游市场秩序整治百日行动，深入整治旅游市场乱象，组织联合执法检查21次，对涉及违法违规问题立案调查104起，移交19起，完成问题整改193个。大力开展了文化市场未成年人保护“利剑”专项执法行动，规范电竞酒店管理，重点整治文化经营场所违规接纳未成年人。三是突出节点抓集中检查。开展元旦、春节期间执法检查行动，要求存在安全风险的408家经营场所责令改正，确保元旦春节期间文化和旅游市场平稳有序。清明、五一、端午节假期集中检查，开展执法58次，责令整改240家，立案调查240起，收缴非法出版物6837余册。开展中秋国庆集中执法检查，全面加强值班值守，维护文化和旅游市场健康平稳有序，检查文化和旅游经营企业8354家次，检查旅游团队1673个；发现安全隐患等问题并责令整改243家次，立案查处21家次。

【文化和旅游国际交流与合作】2023年10月17日至26日，湖南文化和旅游推广活动走进墨西哥合众国、多米尼加共和国等中美洲国家，全面展示“三湘四水·相约湖南”文化和旅游新形象，蓄力开拓中美洲旅湘市场，推动人文交流，讲好湖南故事，传播湖南声音。10月24日，湖南文化和旅游主题推介会在新加坡举行，围绕“三湘四水”“五张名片”现场推介湖南旅游资源。10月26日至29日，湖南文化旅游推广活动走进日本，分别在东京、滋贺举办“三湘四水·相约湖南”走进日本湖南文化旅游推介会、湖南文化旅游图片展和“湘字号”精品展。湖南展团还在大阪参加了2023日本国际旅游博览会。并到其他亚洲国家展台进行调研，深入了解日本、韩国、印度、越南等亚洲重点客源地国家旅游消费新趋势，以及游客对旅游产品的新需求。10月31日，湖南展团访问韩国，拜会和参访仁川市政府、韩国国际交流联盟（IEF）和韩国旅行业协会（KATA），就双方文化和旅游交流、动漫游戏产业发展等领域进行深入交流，达成搭建合作平台、共拓旅游市场的合作共识，其间，韩国旅行业协会（KATA）还组织了部分韩国旅行社企业赴长沙、张家界等地开展实地踩线和市场拓展活动。11月11日，由马栏山（长沙）视频文创园管委会、韩国IEF国际交流联盟主办的“IEF2023湖南·马栏山国际数字娱乐嘉年华开幕式”在长沙马栏山视频文创园举行，活动涵盖友城合作、文化和旅游、科技教育、网络数码、电竞娱乐等板块内容。

【文化和旅游体制改革】创新体制机制，为文化和旅游事业添动能。一是不断加强文化和旅游领域新型智库建设，遴选确定了5家“文化和旅游研究基地”，该做法引起全国同行关注，纷纷取经效仿。二是建立了湖南省文化和旅游领域经济运行分析和研判工作机制，综合运用数理统计和大数据分析等手段，按季度、半年、年度形成了经济运行分析报告。三是建立政策库、法规库、规划库，系统梳理省（市）级层面近年来出台的与文化和旅游相关的法规、政策、规划，初步掌握全省政策法规规划情况。

【文化和旅游法治建设】一是提升法治水平，为依法行政强保障。进一步完善依法行政机制，出台

《湖南省文化和旅游厅规范性文件管理办法》和《湖南省文化和旅游厅公平竞争审查工作办法》。加强对规范性文件、重大政府采购、服务协议等合法合规性审查，呈送规范性文件登记3件，审查政府采购合同、协议160件。顺利通过公平性竞争审查国、省两级第三方评估。成功处置了原文化厅生活服务部聘用员工社保纠纷，原省旅游局汽车公司破产后续处理工作取得重大突破，及时为信访提供政策法律支撑。办理了《旅游法“一法一办法”》实施情况报告，获湖南省人大常委会审议通过。持续推进“谁执法　谁普法”工作，创新开展“你学法我送票·跟着旅发大会游湖南（郴州）”活动，累计参与55万多人，答题180多万人次，浏览量5.25亿。二是实施中期评估，为文化和旅游发展把方向。采取第三方和自评相结合的方式，对《湖南省“十四五”文化和旅游发展规划》《湖南省“十四五”旅游业发展规划》进行了中期评估工作，对195个旅游业重大项目进行实地走访或书面调研，助推规划落地见效，对相关指标进行了调整。编制完成并发布《雪峰山文化和旅游发展规划》。三是推进文化和旅游融合，为乡村振兴增活力。高水平完成“全国文化和旅游赋能乡村振兴工作现场经验交流会”相关工作，现场会被文化和旅游部称为“办会的天花板”。精心遴选56个乡村振兴实践案例，编辑出版《芙蓉花开湘见中国——文旅赋能乡村振兴的湖南实践》一书，总结文化和旅游赋能乡村振兴八大“湖南模式”，全国各地纷纷率队来湘西学习取经。

【文化和旅游财务管理】2023年，全省文化和旅游财务管理工作以健全财审联动监管长效机制为抓手，进一步牢固树立过紧日子思想，不断提升财政政策效能、资金使用效益、管理监督效力。一是全力贯彻落实《关于加快建设世界旅游目的地的意见》。制定了2023年省文化和旅游专项资金申报通知。做好第二届旅发大会项目资金审核保障工作，加强与郴州对接省旅游产业发展推进会的相关工作。二是积极争取中央和省级专项资金。完成2023年度中央补助地方文化和旅游类专项资金下达、省文化和旅游专项资金下达、中央补助地方公共文化服务体系建设专项资金和省委宣传部文化事业和文化产业发展专项资金申报工作。三是牵头扎实做好乡村振兴工作。完成湖南省“十四五”巩固拓展脱贫攻坚成果同乡村振兴有效衔接规划中期评估、乡村建设行动、支持15个乡村振兴重点帮扶县、易地扶贫搬迁后续扶持等相关工作落实。四是强化统计建设和统计服务。创新推动制订《文化和旅游及相关产业统计分类》湖南地方标准。创新开展旅游区、住宿单位、图书馆、博物馆、重点演出单位和重点演出场所等1500家重点单位的月度统计监测工作，协助完成省委、省政府对文化和旅游领域经济运行发展分析工作任务。组织开展文化和旅游统计大调研，对2022年度文化统计年报数据质量实施评估。

【文化和旅游人才队伍建设】2023年湖南省深入贯彻落实中央人才工作会议，自觉强化识才、聚才、育才、用才的责任感使命感，用心用情用力营造人才辈出、人尽其才的环境氛围，为全省文化事业和旅游事业高质量发展提供了有力支撑。一是进一步优化体制机制，将人才工作纳入湖南省“十四五”文化和旅游发展规划和旅游业发展规划，将人才工作机制、人才队伍建设、人才发展环境作为全省文化和旅游工作考核指标。优化了文化艺术等4个系列专业技术职称评审的评分细则，向长期在艰苦边远地区和基层一线的专业技术人才倾斜。二是注重各类人才培养使用。着力培养高端人才，出台《湖南省文旅人才支持计划（舞台艺术高端人才项目）实施细则》，举办“与艺术同行”抖音直播培训，培养优秀文艺工作者超5000人；举办“湘戏新角”全省青年戏曲演员大赛；实施文物人才队伍建设工程，促进文物与科研、教育共建共享，培养高水平文物领军人才。着力培养实用人才，将重大文化和旅游活动作为“育才”“练兵”的重要平台，以筹备湖南旅游发展大会为依托，广泛吸纳培养人才，推动基层文化和旅游主管部门、各类基层院团的业务素质显著提升。着力培养行业人才，常态化举办全省等级旅游景区讲解员职业技能大赛；实施文化艺术职业教育和旅游职业教育提质培优行动计划；成立了文化旅游职业教育教学指导委员会，重点培训一线文化和旅游人才超5000人次。三是用心用情搞好服务保障。制定出台了《关于落实纾困扶持政策促进旅游业恢复发展的通知》《湖南省恢复和扩大消费的若干政策措施》，帮助旅游市场主体渡过难关、稳定旅游人才队伍。按照每人每年2万元的标准，总计投入2268万元对边远艰苦地区的一线文化工作者给予工作经费补助。对国家级、省级非遗代表性传承人分别给予每人每年2万元、1万元的传承补助，支持其开展授徒传艺、传播推广活动。

【文物事业】一是文物保护利用“六大工程”。2023年5月底，印发出台《关于加强全省文物保护利用工作的意见》，明确推动实施文物保护利用“六大工程”。6月20日，国家文物局和湖南省政府签署了《关于推进湖南文物保护利用工作的战略合作协议》，深化湖南文物领域改革创新。11月初，经反复修改，集智聚力编制形成《文物保护利用“六大工程”实施方案》。中华文明探源工程和“考古中国”重大研究项目取得重大进展，统筹推进革命文物普查、展示利用、整体保护和集中连片保护。

二是文物考古重要进展。持续开展长江国家文化公园（湖南段）文物资源调查，积极筹备湖南省第四次全国文物普查、第九批全国重点文物申报遴选工作，组织编制《湖南省历史文化和文物保护国土空间专项规划》，完成第十一批省级文物保护单位文物构成清单、两线范围复核及数据矢量化；推动长沙市成功入选第二批国家文物保护利用示范区创建名单。2023年共实施考古调查勘探项目371个，考古发掘项目50个，出土文物14801件/套。

三是革命文物保护传承。全面核查湖南省革命历史类纪念设施、红色旅游项目建设情况、革命文物展示陈列情况，指出全省红色旅游发展和革命文物保护利用项目建设存在的问题、后续整改工作重点。扎实推进汝城县沙洲村红色资源保护利用整改工作，研究细化8条具体整改举措并指导跟踪落实。紧密对接长征国家文化公园（湖南段）、革命文物保护利用片区县工作要求，统筹推进革命文物整体保护，完成相关保护工程计划方案的审核审批。组织完成全省红色标语类革命文物专项调查，整理形成《全省红色标语类革命文物专项调查的报告》。

四是博物馆服务能力。加强全省国有可移动文物管理工作，建立国有可移动文物管理“五挂钩”机制。着力强化博物馆公共文化供给能力，全省备案博物馆增至189家，中国语言资源博物馆筹建取得重要进展，数字博物馆建设已初步拟订方案、已开展部分“数字马王堆”文化数字化项目。

（湖南省文化和旅游厅　郑康如）

广东省

【概况】2023年，广东省文化和旅游系统坚持以习近平新时代中国特色社会主义思想为指导，全面落实党的二十大精神，深入学习贯彻习近平文化思想，以及习近平总书记关于文化和旅游工作的重要论述和对广东系列重要讲话、重要指示精神，锚定文化和旅游高质量发展首要任务，积极培育向上向善、刚健朴实的文化，不断丰富高品质文化和旅游供给，深入实施岭南文化“双创”工程，从供需两端发力推动文化和旅游加快复苏发展，扎实推进粤港澳大湾区世界级旅游目的地建设，全省文化和旅游工作取得新成效。

【聚焦繁荣文艺事业，艺术精品创作展演推陈出新】一是加强艺术精品创作。提升创作组织化程度，实施党的二十大精神专题创作计划、广东音乐新经典工程、广东省改革开放实践题材主题美术创作工程、广东省新时代主题美术创作工程，创设省剧目策划中心。创排大型舞台艺术作品40多部，推出粤剧《张九龄》《南海十三郎》、广东汉剧《天风海雨梅花渡》、话剧《背影》《春园·1923》、舞剧《咏春》《人在花间住》、芭蕾舞剧《白蛇传》、杂技剧《天鹅》等精品力作。话剧《深海》获第25届曹禺戏剧文学奖，芭蕾舞剧《旗帜》获第13届中国舞蹈“荷花奖”舞剧奖，舞蹈《静听松风》《湾》《停留片刻》分别获“荷花奖”当代舞、现代舞奖，粤剧电影《白蛇传·情》《谯国夫人》分别获第19届“华表奖”和第36届“金鸡奖”，歌剧《星海星海》获中国歌剧节优秀作品奖，音乐剧《这里冬天不下雪》获首届全国小剧场戏剧“紫金杯”。二是提升艺术展演能级。推动线下线上协同传播，创新举办第十五届广东省艺术节。成功举办第三届粤港澳大湾区文化艺术节、2023粤港澳大湾区（广东）国际青年音乐周、华语戏剧盛典、粤戏越精彩等品牌活动，打造数字演艺服务平台“云剧广东”。完成省歌舞剧院小剧场、话剧院小剧场改造升级，推进信义会馆小剧场等项目修缮改造。三是深化艺术人才培育。实施广东文艺“头雁工程”，支持曾小敏、林燕云等文艺名家开展全国巡演，设立余隆工作室，引进张曼君、刘顺、黄屹、韩真、周莉亚、刘雯雯等知名艺术家。四是推动美术馆事业发展。“现实话语与象征秩序——沙飞摄影展”等7个项目入选2022年度全国美术馆优秀项目，占全国入选项目的七分之一，广东省文化和旅游厅被评为优秀组织单位。“一个人与一个时代——潘鹤与新中国雕塑研究展”等6个项目入选2023年全国美术馆馆藏精品展出季活动目录，“剧透——潮剧题材艺术特展”等2个项目入选2023年全国美术馆青年策展人扶持计划，分别占全国入选项目的五分之一。

【聚焦公共文化服务效能提升，增进民生福祉】一是加快重点文化场馆建设。广东文物保护科技中心、省立中山图书馆主题馆，以及广州市文化馆、粤剧院、美术馆和深圳美术馆、深圳图书馆北馆等一批重点文化新地标建成开放；白鹅潭大湾区艺术中心主体工程基本完成，并积极推进展陈设计施工；省水下文化遗产保护中心主体结构封顶，并编制展陈大纲。二是深化城乡公共文化服务体系一体建设。全省21个地市、107个县（市、区）出台公共文化服务实施标准（目录），持续开展公共文化服务评价工作。立足“五新”，建成具有鲜明特色和人文品质的公共文化新空间4077家，中山市“紫马岭公园香山书房”等5个空间获评全国2023年度最美乡村公共文化空间交流展示活动“创新案例”。121个县（市、区）建立县级文化馆图书馆总分馆制，广州黄埔、佛山、东莞、中山、清远、阳江阳春等6个市县建成跨行业的公共文化设施联盟。广东省第三、四批国家公共文化服务示范区创新发展复核成绩突出，其中佛山市名列东部地区第一。广州市从化区、深圳市盐田区和惠州市博罗县三个案例入选全国基层公共文化服务高质量发展典型案例。三是推动图书馆文化馆事业取得长足进步。完成第七次县级以上公共图书馆评估定级工作，国家一级图书馆增加20个，二级图书馆增加19个，上等级率达96%。抓好智慧图书馆、公共文化云项目建设，验收结果获得全国第一、第三的好成绩。推进“粤读通”数字服务工程，升级“文化在线”平台，推出“广东群艺荟”资源总库。完成全国古籍重点保护单位实地复核，启动广东省公共图书馆系统古籍类文物定级工作。评定2023—2025年度“广东省群众文艺作品创作排演基地”及群文作曲家、编舞家、剧作家。四是打造多姿多彩群众文艺盛宴。2023广东省群众艺术花会（音乐舞蹈）首创

"花会周"，举办超百场惠民演出活动。第十五届"百歌颂中华"歌咏活动、全省广场舞大会、乡村文化活动年系列活动等示范性活动受众覆盖城乡，充分展现新时代群众文艺的崭新面貌，《英歌舞》广场舞团队在全国广场舞大会成果展示活动中荣获"优秀团队"称号。"大地情深"大湾区优秀群文作品巡演、首届粤港澳流行音乐唱作大会，搭建起粤港澳三地更广阔的艺术交流平台。"粤喀民间音乐节"等15个"春雨工程"重点项目面向新疆、西藏、内蒙古、广西等民族地区实施，有力推动优质资源以志愿服务形式向边疆地区流动。

【聚焦实施岭南文化"双创"工程，赓续历史文脉】一是央地合作推动文物保护利用改革。创新推动广东省人民政府与国家文物局签署《关于推进文物事业高质量发展合作协议》，在加大文物保护力度、加强考古研究阐释、深化文物有效利用等领域上深度合作。二是扎实推进水下考古。梳理沿海沉船线索24条，完成"南海I号"水下考古发掘，累计出水文物18万余件，开展"南澳二号"沉船遗址水下考古调查，统筹推动"南海I号"打造世界级水下文化遗产保护利用品牌。三是实施早期岭南探源工程。组织六省（区）召开"岭南地区文明化与中国化进程（拟）"工作协商会，制定《早期岭南探源工程科学研究计划》，加强对郁南磨刀山遗址、英德青塘遗址、英德岩山寨遗址等考古发掘和研究阐释，积极推动重要考古成果纳入中华文明探源工程和"考古中国"重大项目。四是创新推动文物保护利用。实行省级以上文物保护单位分级分类保护，全年验收文物保护工程40项。创新开展革命文物现状调查和风险评估工作，公布第二批革命文物名录，完成红色标语类革命文物专项调查工作。至此，列入广东省革命文物名录的不可移动革命文物共1530处，可移动革命文物4952件/套，数量和级别位列全国第一方阵。建成全省博物馆馆藏文物数据库，举办首届中国博物馆学大会。推出广东文物主题游径地图，全省文物主题游径达118条。举办首届"广东红色旅游季""红心向党·革命故事会""广东省红色讲解员大赛"等活动，发布红色旅游精品线路10条。五是不断完善非物质文化遗产保护体系。客家文化（梅州）生态保护实验区列入国家级文化生态保护区，侨乡文化（江门）和潮州文化（湘桥）生态保护区等2家生态保护实验区正式列入省级文化生态保护区。广东省4家单位获评国家级非遗生产性保护示范基地，4个街道（社区）入选全国"非遗在社区"典型案例。非遗品牌大会升格部省联办并永久落户广东，成功举办2023年"文化和自然遗产日"广东主会场（东莞）暨粤港澳大湾区龙舟邀请赛、第四届非遗购物节、粤港澳大湾区非遗交流大会、广东非遗周暨佛山秋色大巡游等品牌活动。首次实施广东省非遗传承人群"种子计划"，培养非遗传承种子280人。设立"粤港澳非遗旅游乡村基地"，打造10条非遗旅游精品线路，推出100项广东非遗手信，评选广东非遗最美人物，拍摄《非遗里的中国广东篇》。

【聚焦促消费稳增长，推动文旅经济复苏发展】一是大力促进文旅经济复苏振兴。重点实施促文旅消费"七个一"举措，2023年累计发放消费券约1.2亿元、减免门票近300万张，提供优惠机票超200万张、优惠客房近2万间，完成文艺演出进景区1224场，推动自驾车约1.3亿辆次进乡村和民族文化廊道，举办岭南特色文旅节事活动超1000场；"广东省实施'七个一'惠民措施推动文旅消费加快复苏"被文化和旅游部评为2023旅游公共服务优秀案例。同时通过开展"粤夜粤美"等文旅消费促进活动、启动"百城百区"金融支持文化和旅游消费行动、公布首批"粤式新潮流"广东文旅消费新业态热门场景等一揽子措施，推动全省文旅经济加速回暖。2023年全省接待游客7.8亿人次，同比增长75.1%，较2019年增长2.8%；实现旅游总收入9525.6亿元，同比增长126.1%，较2019年增长6.9%，其中国内旅游收入8749.1亿元，同比增长113.6%，较2019年增长10.4%。接待游客数量及收入均超疫前水平。二是落实“百千万工程”推动乡村旅游提质升级。印发《广东省文化和旅游厅关于开展文化和旅游特色镇提升工作的通知》《广东省文化和旅游特色镇建设指引（试行）》，推出文化和旅游特色镇入库级名单，重点培育10个创建创先级特色镇，分步有序、规范指导全省文化和旅游特色镇建设。优化串联乡村优质资源和产品，重点打造复合型精品线路，17条线路入选“乡村四时好风光”全国乡村旅游精品线路。联合省农业农村厅认定省级休闲农业与乡村旅游重点县4个、示范镇27个、示范点70个。联合省林业局认定26家“南粤森林人家”。联合省自然资源厅、省政协人资环委组织开展2023年“绿美广东·关注海洋”合作交流活动。推动韶关市始兴县罗坝镇燎原村挂牌首个广东省“乡村文创工坊”试点。在2023广东旅博会上首次设立“绿美广东　休闲乡村”专题展。广州从化、佛山南海入选全国首批文化产业赋能乡村振兴试点地区。三是狠抓重大产业项目和平台活动。重点支持8项省级重点旅游项目建设提升，推动港珠澳大桥旅游项目于2023年12月中旬正式开通试运营，投资63亿元的江门赤坎华侨古镇开放运营，荣获7项吉尼斯世界纪录的珠海长隆宇宙飞船试营业。华侨城、岭南集团均连续15年上榜“中国旅游集团20强”，华侨城同时上榜“全国文化企业30强”；广州漫友、华强方特（深圳）等2个项目荣获中国文化艺术政府奖动漫奖；广州成为国务院文化产业和旅游产业领域督查激励对象；广州、深圳入选文化和旅游部、商务部认定的国家对外文化贸易基地名单，入选数量全国第一；深圳南山区、佛山禅城区—南海区—广州荔湾区被确定为国家文化产业和旅游产业融合发展示范区建设单位；广州、佛山、中山、阳江被确定为第二批全国互联网上网服务行业云服务试点城市。深圳龙岗数字创意产业走廊被认定为国家级文化产业示范园区，深圳南头古城、佛山南风古灶旅游休闲街区成功获评国家级旅游休闲街区；广州塔旅游区列入国家5A级旅游景区创建名单；珠海横琴长隆国际海洋度假区、顺德华侨城旅游度假区列入国家级旅游度假区创建名单。新评定24家国家4A级旅游景区、6家省级旅游度假区、9家省级旅游休闲街区。成功举办中国国际漫博会、广东国际旅游产业博览会、广东旅游文化节等特色展会节事活动。四是强化市场监管和安全保障。2023年广东省举办大型营业性演出活动近500场，数量居全国前列，以演出为代表的文旅市场复苏强劲，以剧本娱乐、电竞酒店为代表的新业态场所发展迅速。广东省文化和旅游厅切实加强文化和旅游市场监管，重点强化对大型营业性演出活动的规范管理和对剧本娱乐、电竞酒店、旅游住宿等业态的规范引导，并在“春节”“五一”“国庆”、寒暑假等重要时间节点，采取联合督查、交叉检查、暗访抽查等方式强化市场监管执法，大力开展营业性演出、文娱领域、旅游市场等领域专项整治，不断提升旅游服务质量，优化市场环境，推动文旅市场规范有序、高质量发展。积极推进粤港澳大湾区旅游市场联合监管机制建设，加强跨省区执法协作。狠抓文化和旅游行业安全生产和消防安全工作，扎实推进重大事故隐患排查整治，在全国首创推行“大湾区展演活动职业安全卡”，守牢安全生产底线和红线。2023年全省累计出动执法人员64万余人次，检查经营主体26.7万家次，处理举报投诉2.65万余件，办结案件2491宗，处以罚款金额1813.8万元，责令停业整顿49家次、吊销许可证23家、取缔4家。

【聚焦深化交流合作推广，打造广东文旅品牌形象】2023年，广东省推动落实粤港澳大湾区世界级旅游目的地建设行动方案87条具体措施，携手港澳推出新10条粤港澳“一程多站”精品线路并赴泰国开展入境旅游市场联合推广。落实中国和哈萨克斯坦联合声明中文化交流合作重点项目，举办“纪念中国音乐家冼星海和哈萨克斯坦音乐家拜卡达莫夫友谊主题音乐会”。组织文旅团组赴意大利、埃及、马来西亚，举办广东民族音乐会、非遗展示交流，开展粤港澳大湾区世界级旅游目的地推介，引客入粤入湾区。通过多种形式加强与日本、新加坡、巴布亚新几内亚、乌兹别克斯坦等国家和地区的文旅交流。做强广州三年展、粤港澳大湾区国际青年音乐周、中国国际马戏节等国际文化品牌活动。投入1.6亿元分别与中央电视总台、抖音集团合作开展“活力广东·时尚湾区”主题宣传推广，截至2023年12月，央视品牌强国工程广告收视累计超34亿人次，抖音话题总播放量近8.2亿次，带动文旅交易金额33.17亿元；上线新媒体矩阵账号“广东文旅”，点击量约4615万次。赴四川成都绵阳、陕西西安、山东青岛、黑龙江哈尔滨等国内重要客源地开展“粤游四季”宣介活动，并通过线上直播扩大受众，传播覆盖超过1000万人次，有力推动引客入粤、引客入湾区。

【聚焦法治政府建设，提升文化和旅游法治保障水平】2023年，推动修订《广东省公共文化服务促进条例》列入广东省人大常委会2024年审议计划，并按程序报送审查；制定《广东省文物保护单位保护范围和建设控制地带划定办法》《关于调整娱乐场所和互联网上网服务营业场所审批有关事项的通知》等规范性文件。推动19个省级事项分别委托横琴粤澳深度合作区、深圳前海深港合作区相关部门实施；围绕落实“百千万工程”，将5项省级事项委托南澳、平远、四会文化和旅游部门实施，将1项依申请办理的省级事项在全省57个县（市）实施“县直报省、省直达县”改革试点，激发县域文旅发展活力。依法答复政务公开申请35件、网民给省长留言14件，按时答复率和群众满意率均达到100%。主动接受人大、政协监督，高质高效办理14件全国人大建议、16件全国政协提案和75件省人大建议、104件省政协提案，按时办结率和代表委员满意率实现“两个百分百”。加强普法宣传教育，指导全省文化和旅游系统结合文化和自然遗产日、中国旅游日等重要时间节点开展形式多样的普法活动。

【聚焦人才主线工作，增强推进文化和旅游高质量发展人才队伍支撑保障】强化人才队伍建设，制定《广东省文化和旅游厅专家库管理办法》《广东省文化和旅游厅领导干部联系服务专家工作实施方案》《广东省文化和旅游厅乡村文化和旅游带头人支持项目实施方案（2023—2025年）》等文件，引进行业领军人才10名，推荐国家级和省级人才项目人选16人次，其中2人获得国务院政府特殊津贴，1人入选文化和旅游部青年科研人才扶持计划，1人入选“广东特支计划”宣传思想文化领军人才，2人入选“广东特支计划”青年文化英才。加强教育培训，圆满办好2023年度与文化和旅游部联合开展的部省联训项目“广东省文化市场综合执法业务能力提升部省联训班”“省文化和旅游厅系统人事干部培训班”和省委组织部委托办班项目“广东省文化和旅游融合发展高级研讨班”；依托广东省干部培训网络学院平台开展专项线上培训。

（广东省文化和旅游厅　廖海利）

广西壮族自治区

【概况】2023年，广西壮族自治区文化和旅游系统坚持以习近平新时代中国特色社会主义思想为指导，全面贯彻落实党的二十大精神，认真学习贯彻习近平文化思想，深入贯彻落实习近平总书记对广西重大方略要求，围绕自治区重大部署任务和文化旅游强区建设目标，围绕中心、服务大局，推动广西文化和旅游高质量发展迈出坚实的步伐，各项文化和旅游工作精彩纷呈、亮点频显、成效明显。

【抓规划、强政策，营造文化和旅游发展的良好社会氛围】加强文化和旅游法治建设，完善文化和旅游顶层设计，进一步优化文化和旅游发展环境。国家文物局与自治区人民政府签订《关于加强广西文物保护利用合作协议》。促成自治区出台《关于推进广西文化旅游业高质量发展的若干政策措施》《关于加快文化旅游业全面恢复振兴的若干政策措施》《关于支持南宁市加快创新开放多元融合建设区域性国际旅游中心城市的意见》等政策文件。推动桂林世界级旅游城市建设取得阶段性进展，国务院批复国家发展改革委印发实施《桂林世界级旅游城市建设发展规划》，自治区文化和旅游厅安排1.07亿元支持桂林打造世界级旅游城市。对《广西壮族自治区旅游条例》进行修订，支持《北海市民宿管理和促进条例》出台。会同自治区党委宣传部、自治区广电局印发《关于进一步完善文化市场综合行政执法运行机制的通知》。建立健全旅游市场秩序综合整治机制，制定和实施《旅游市场“四不两直”暗访检查工作制度（试行）》《广西壮族自治区文化市场综合行政执法领域轻微违法行为免处罚清单》《深入加强旅游市场秩序综合整治若干措施》。年内共对14设区市开展“四不两直”暗访督查3批次，第三方体验式暗访8批次，下发暗访督查通报9批次，提醒督促函8批次，举报督办函1批次，通报涉及问题355个，已整改304个。全区共立案旅游市场类违法违规案件205起，结案147起，其中办理未经许可经营旅行社业务案件50起，不合理低价游案件8起，未取得导游证从事导游活动案件8起，没收违法所得36.2万元，行政处罚313.3万元，吊销旅行社经营许可证2家，暂扣导游证6人，吊销导游证2人。游客满意度明显提升。加强广西“十四五”文化和旅游规划项目库建设，开展广西“十四五”文化和旅游发展规划实施情况中期评估。制定和实施《广西绿色旅游发展规划》《广西平陆运河经济带文化和旅游发展规划》《广西文化旅游赋能乡村振兴规划》《南宁国际旅游消费中心城市文化和旅游发展规划》《巴马国际长寿养生旅游胜地文化和旅游发展规划》《边关风情旅游带文化和旅游发展规划》《西江生态旅游带文化和旅游发展规划》。开展广西文化和旅游高质量发展专题调研，报送的“广西打造全国民族团结进步示范区建设研究”获文化和旅游部2022年度二十佳调研报告。《广西优秀传统文化助推铸牢中华民族共同体意识示范区建设》等3篇分析报告被文化和旅游部主办的《文化和旅游决策参考》采用。举办广西夜间经济高质量发展交流会。创新举办2023年广西文化旅游发展大会，首次推出“1+6+N”的办会新模式，首次邀请国际旅游组织和东盟国家代表参会，首次配套举办广西文化旅游博览会，捋清覆盖全区的100条旅游线路并推出8条精品考察线路。旅游促进民族交往交流交融工作在国家民委、文化和旅游部、国家发展改革委举办的现场交流会上作典型发言。

【抓惠民、建阵地，现代公共文化和旅游服务体系不断完善】大力实施文化惠民工程，全面提升文化和旅游惠民的能力，高质量完成2023年全区为民办实事的文化惠民项目，不断提高全区115个公共图书馆、124个文化馆和1176个乡镇综合文化站免费开放的质量与社会效益。年内完成第七次全国县级以上公共图书馆评估定级和第三批国家公共文化服务体系示范区实地复核工作，加快推进制定全区乡镇综合文化站评估定级标准。创新了公共文化服务模式，与农业农村厅、乡村振兴局举办“大地欢歌”广西乡村文化活动年，促进广西乡村文化振兴。举办的第九届全区基层群众文艺会演、四季合唱音乐会、"魅力北部湾"群众文化活动和"5·23"全民艺术普及月、广场舞展演以及"中国民间文化艺术之乡"交流展示等活动精彩纷呈，丰富群众文化生活，打造特色群众文化品牌。配合上级开展"春雨工程"文化和旅游志愿服务边疆行活动。据不完全统计，全区共开展公共文化活动3500多场，全区各级文化馆、公共图书馆开展服务宣传周活动500多场，下拨1197万元组织各市县开展戏曲进乡村2000多场。深入打造"走读广西"全民阅读品牌，"走读广西"入选中宣部2022—2023年全民阅读优秀项目推介名单。扎实推进文化馆图书馆总分馆制建设。与国家图书馆举办"珠还合浦、历劫重光——《永乐大典》的回归和再造"广西巡展。推出新版《广西旅游导览图》、新的旅游集散中心和C级汽车旅游营地。加快推进广西边境旅游试验区、跨境旅游合作区设立和兴边富民工作。协助国家部委调研组赴靖西市和凭祥市调研广西边境旅游发展，实地查看靖西龙邦口岸、凭祥友谊关口岸浦寨通道、靖西市通灵大峡谷、凭祥市友谊关景区等建设情况。指导靖西、凭祥申报国家设立百色靖西市边境旅游试验区、崇左凭祥市跨境旅游合作区，加快推进防城港边境旅游试验区和防城港国际医学开放试验区建设，指导崇左片区深入开展跨境旅游活动。

【抓演出、育人才，艺术创作生产喜获丰收】广西成为全国第六个设立省级艺术基金的省份。深入实施"广西有戏"品牌战略行动计划，加强舞台艺术精品创作生产，推出和打磨壮剧《第一村委会》、桂剧《南宁女儿邓颖超》、京剧《江山》、话剧《远方》《回响》、木偶剧《丝海凤灯》等一批剧目。音乐剧《血色湘江》、杂技《弦》等入选第二届全国优秀音乐剧展演、第十一届全国杂技展演等。民族歌剧《柳柳州》、舞剧《山水之约》、壮剧《平陆相思埠》、彩调剧《亲亲那考河》入选文化和旅游部2023—2025舞台艺术创作行动计划新创剧目名录。组织实施"广西有戏"演艺消费季系列活动，吸引46.25万人次观众来桂观看演出，带动演出票房收入8736.84万元，拉动演艺及旅游、交通等衍生经济增量5.34亿元。加快广西戏曲人才的培养和储备，实施"广西有戏"十百千育才工程，与中央戏剧学院合作举办为期4个月的有20名广西编剧导演人才参加的广西优秀艺术人才进修班。与中国戏曲学院附中合作开展戏曲人才培养项目，培养壮剧、彩调剧、桂剧、京剧4个剧种80名戏曲表演人才。开展旅游演艺提质升级和广西濒危剧种保护等调研活动。组织参加第十三届"桃李杯"全国青少年舞蹈教育教学成果展示活动，选送的广西大学《琴·愫》、广西艺术学校《节节高》群舞进入终评。1人获文化和旅游部新时代中国戏剧（旦角）领军人才荣誉称号，3人获评2023年全国地方戏精粹展演表演艺术传承英才荣誉称号。

【抓机制、促利用，文化遗产保护能力得到提升】一是加强文物保护工作。加强世界遗产左江花山岩画文化景观保护管理工作，积极推进海上丝绸之路·北海史迹、灵渠、侗族村寨·三江侗族村寨保护和申遗基础工作。完成推荐灵渠、海上丝绸之路·北海史迹、侗族村寨入选中国世界文化遗产预备名单。指导兴安县完成编制《灵渠保护规划》并上报国家文物局，完成《灵渠世界文化遗产申报文本》《灵渠保护与管理规划》编制。召开第七届中国岩画遗址遗产研讨会、2023年世界运河大会研讨会灵渠论坛。启动廊桥保护三年行动。完成龙胜各族自治县接龙风雨桥抢险维修工程竣工验收，编制柳州三江侗族自治县岜团桥、富川瑶族风雨桥群（一期）环境整治工程和数字化保护项目计划书。开展第四次全国文物普查有关准备工作。实施一批文物保护工程。自治区文物局增加3名行政编制。建设广西考古标本库房。实施靖江王陵——端懿王陵遗址等考古调查和研究工作。完成环北部湾广西水资源配置等重大建设的考古调查、勘探、发掘及文物保护工作。协助办好海上丝绸之路文化遗产保护圆桌会活动。积极推进平陆运河博物馆筹备建设工作。全区新增备案博物馆 4 家，全区备案博物馆纪念馆总数达到 143 家。组织开展 4 场公益性民间收藏文物鉴定咨询服务活动。广西壮族自治区博物馆“广西古代文明陈列”“合浦启航——广西汉代海上丝绸之路”2 个基本陈列展览荣获第二十届（2022 年度）全国博物馆十大陈列展览精品推介活动特别奖。举办 5·18 国际博物馆日广西主场城市活动。全区博物馆、纪念馆举办 267 场社会教育和陈列展览活动。深入开展文物安全隐患排查专项整治行动，全年未发生一般以上安全事故和重大失职犯罪案件。开展文博单位重点安全隐患排查和调研整治，推进文物平安工程。开展全区馆藏可移动革命文物定级工作。加强可移动抗战文物管理，对现有抗战文物进行全面核查摸底。完成红色标语类革命文物专项调查。推进革命文物保护利用片区工作。成立首批由 24 家成员单位组成的广西革命历史纪念场馆联盟。推进长征国家文化公园（广西段）建设，规范红色旅游发展。4 名讲解员入选 2023 年全国红色旅游五好讲解员培养项目。二是加强非物质文化遗产保护发展。抓好做好 38 位国家级非物质文化遗产代表性传承人评估工作，做好第九批自治区级非物质文化遗产代表性项目评审，最后 201 个项目列入第九批自治区级非遗代表性项目。开展第二批非遗美食形象店和体验店评估工作。铜鼓文化（河池）生态保护区成功创建国家级文化生态保护区。自治区文化和旅游厅获第六批自治区民族团结进步示范区示范单位。获 2023 年国家非物质文化遗产保护补助资金 1609 万元。组织开展“壮族三月三·桂风壮韵浓”板块系列文化旅游宣传活动，举办首届中国—东盟（南宁）非物质文化遗产周活动、“山水之声　壮美之约”中国—东盟青少年民族歌会、2023 年“壮美霓裳”广西—东盟民族服饰秀活动、2023 中国—东盟博览会旅游展、文化和自然遗产日、广西非遗购物节主题活动。

【抓治理、强要素，现代文化和旅游市场繁荣发展】加强现代文化和旅游市场要素建设，积极培养现代文化和旅游市场主体，推进平安文化和旅游市场建设，建立健全市场应急管理机制，促进文化和旅游市场日益繁荣发展。全面加强文化和旅游市场安全监管体系建设，做好全区文化旅游安全生产工作。举办全区文化和旅游安全及应急管理培训班和剧本娱乐经营场所消防安全应急演练，增强文化和旅游企业安全生产意识，提升安全生产管理和处置突发事件能力，有效防范化解重大安全风险。全年全区文化和旅游行业未发生较大安全生产事故。开展全区旅游市场秩序综合整治工作，有效治理广西文化和旅游市场的乱象问题，开展剧本娱乐经营场所专项检查，完善剧本内容自审机制，落实安全生产主体责任。会同公安部门开展全区加强电竞酒店排查摸底，切实解决电竞酒店违规接待未成年人问题。对旅游市场违法违规的企业和个人依法依规开展失信主体认定、纳入失信名单，实行联合惩戒。加强大型营业性演出活动规范管理，促进演出市场健康有序发展，建立大型营业性演出活动管理厅际协作机制，及时处理有关突发性、应急性情况。优化营商环境，推进政务服务事项标准化和系统一体化建设，全面梳理文化和旅游系统行政审批事项和论证，优化政务服务水平。2023 年年内，广西文化和旅游厅行政审批窗口办理各项行政审批事项 2134 件，群众回访满意率 95.73%，进一步优化了全区文化和旅游营商环境。扎实开展文明旅游工作，加强文明旅游和旅游诚信建设，制定和实施《自治区级文明旅游示范单位评分细则》《自治区级文明旅游示范单位评定管理暂行办法》，组织开展自治区级文明旅游示范单位评选，命名自治区级文明旅游示范单位2家，推荐2家单位参与国家级文明旅游示范单位评选。2023年，全区文化和旅游行政部门出动执法人员39.7万余人次，检查经营单位13.5万余家次，办结案件1141件，罚款455.45万元。推进旅游住宿高质量发展。公布两批广西山水酒店21家，组队参加第五届全国导游大赛，广西两名导游分别晋级20强和30强，其中1人获铜牌。举办2023年全区等级旅游民宿评定员素质能力提升培训班。扎实推进“双创双促”快速发展。组织开展全域旅游示范区创建和特色旅游名县动态管理工作，打造全域旅游和特色旅游发展典型。2023年共拨付“双创双促”奖励补助市县经费6890万元。举办国家全域旅游示范区创建单位负责人能力提升、环广西国家旅游风景道建设单位业务骨干素质提升等培训班，以及2023广西全域旅游大集市活动。积极推进广西边关国家旅游风景道建设和县域文化旅游经济发展，打造一批高品质旅游休闲街区，建设一批广西特色旅游名镇。开展乡村旅游品牌创建工作。年内全区创建33家广西乡村旅游重点村镇、30家四星级（含）以上乡村旅游区（农家乐）。与广西壮族自治区农业农村厅、乡村振兴局等单位先后举办2023年“党旗领航·乡村旅游嘉年华”暨文化旅游助力乡村振兴工作推进会，推出10条乡村旅游精品线路，有3个案例入选世界旅游联盟发布的典型案例。

【抓项目、促发展，现代文化产业和旅游产业发展壮大】加快文化产业和旅游产业发展。建立健全文化产业和旅游产业重大项目分级分片统筹推进制度，实施全区文化产业和旅游产业重大项目建设计划和投资目标，统筹推动文化产业和旅游产业项目投资建设，柳州融水风情苗乡、桂林永福非物质文化遗产（彩调）传承等一批文化和旅游重大项目竣工运营，全区文化产业和旅游产业重大项目完成160亿元的年度投资计划任务。健全完善招商引资工作机制，新引进行业领军、“独角兽”“瞪羚”和专精特新“小巨人”企业2家。积极搭建金融服务文化产业和旅游产业沟通对接平台，先后向自治区地方金融监督管理局报送5批文化和旅游领域“桂惠贷”融资需求清单，全年文化和旅游企业获“桂惠贷”贴息贷款金额8.97亿元、贴息金额3085.77万元。培育文化产业主体梯度发展体系，探索开展文化产业赋能乡村振兴试点工作。巴马瑶族自治县、三江侗族自治县、龙胜各族自治县入选全国文化产业赋能乡村振兴试点。分别命名自治区文化产业示范基地3家和创建单位12家，命名自治区文化产业示范园区创建单位2家，命名自治区文化“双创”示范企业11家和孵化示范基地1家。打造国家级夜间文旅消费品牌促进夜间文旅消费，命名南宁会展航洋城、百色市田州古城旅游景区为自治区级夜间消费集聚区。推进文化和旅游与其他产业融合发展，打造产业融合发展新业态，全区培育新业态项目72个。会同广西壮族自治区中医药局等部门命名14家单位为广西第三批中医药健康旅游示范基地，探索国家文化产业和旅游产业融合发展示范区创建工作。与广西壮族自治区北部湾办、海洋局和广东省文化和旅游厅、海南省旅游和文化广电体育厅以及北海市人民政府举办2023年“浪漫北部湾潮派嘉年华”首届北部湾滨海欢乐周活动。崇左花山岩画景区通过国家5A级旅游景区景观质量评审，新增15家国家4A级旅游景区。崇左大新明仕旅游度假区、北海银滩旅游度假区先后成功创建国家级旅游度假区，柳州市螺蛳粉产业园和宝骏基地成功创建国家工业旅游示范基地。命名自治区级旅游度假区4家和广西生态旅游示范区3家。创新农文旅深度融合发展，会同自治区生态环境厅、农业农村厅命名自治区级生态特色文化和旅游示范镇29个、示范村299个。加快推进“一键游广西”智慧旅游项目建设，强化互联网思维，深化数字化改革，以“一月一调度”机制高位推进“一键游广西”智慧文旅项目优化提升。打造“一云一池三平台”，举办2023年广西汽车旅游大会暨“一键游广西”快乐新体验活动，推出“广西文化旅游数字推广大使”刘三姐数字人。打造“力行学堂”广西研学旅游品牌，举办广西研学旅游精品线路推介会，成功召开2023年广西研学旅行大会，发布《广西研学旅行发展白皮书》《广西研学旅行精品线路评审标准》《广西研学旅行示范基地评审标准》。向社会公众推介20条研学旅行精品线路。会同自治区工业和信息化厅、农业农村厅、邮政局印发关于开展“一邮三品进景区”促消费活动的通知，发挥旅游消费购物优势。推进文化和旅游标准化建设，举办广西文化和旅游行业标准化业务培训班，《彰显阳朔旅游标准化特色，擦亮文旅名城新名片》经验案例入选全国文化和旅游标准化示范典型经验名单，《三江侗族自治县侗族百家宴服务规范》入选全国优秀地方旅游标准。制订和实施《广西文化和旅游科技创新三年行动计划》《广西艺术科研三年行动计划》。举办全区智慧旅游专业人员素质提升培训班，推进科技与文化和旅游深度融合创新发展，全面激发文化和旅游发展内生动力。

【抓活动、扬特色，对外文化交流合作与旅游宣传推广能力不断提高】积极服务国家大局和外交战略，扩大广西民族文化的影响力，不断提高对外文化交流和旅游推广能力。举办第18届中国—东盟文化论坛、2023中国—东盟博览会旅游展、2023中国—东盟传统医药健康旅游国际论坛。赴港澳开展2023“壮族三月三”走进港澳系列活动，赴香港开展国庆和中秋彩灯会演出活动。完成驻华外交官“发现中国之旅”活动首站走进广西桂林活动。在老挝、越南、卢森堡举办“茶和天下”·雅集系列活动，以及在越南成功举办“中越一家亲·天涯共此时——中国广西民族艺术晚会”，向外界展示精彩的民族文化和民俗文化。支持北海、桂林作为创始会员城市参加丝绸之路旅游城市联盟。成功承办第十七届联合国世界旅游组织/亚太旅游协会旅游趋势与展望国际论坛，来自美国、韩国、日本、新加坡、中国香港等22个国家和地区的近200名代表参会。创新边境旅游合作机制，制定和实施中越德天（板约）瀑布跨境旅游合作区试运营相关工作方案，成功举办中越德天（板约）瀑布跨境旅游合作区试运营启动仪式并进行试运营。

广西文化和旅游宣传推广不断加强。推出“广西路书”文旅出行指南、“广西文旅打卡点”200个，组建官方新媒体矩阵，在中央及自治区级主流媒体、有影响力的新媒体平台持续开展宣传报道工作。2023年，广西文化和旅游厅新媒体连续11个月登上全国省级文化和旅游新媒体综合传播力指数全国前十，其中最高排名全国第二。打造特色文化和旅游品牌，激活民族节庆品牌动能，围绕“潮玩三月三、相约游广西”主题，打造沉浸式“美景+露营+潮玩”文化和旅游体验场景，赴重要客源地开展“壮族三月三　相约游广西”宣传推广活动，扩大广西民族文化和旅游品牌的知名度。开展广西民族文化和旅游推广季活动，打造一批潮玩旅游赛事活动，出台旅游优惠政策，围绕出游热点，推出众多潮玩旅游新线路。鼓励广西文艺院团和文艺专家入驻抖音，以线上云对歌的方式，开展线上山歌主题直播周。开展“畅游广西”全季文化旅游宣传推广，培育文化和旅游消费新场景。推出“春日赏花季”“夏日清凉季”“秋日养生季”“冬日暖心季”四季主题活动及系列主题线路，打造贯穿全年的全季文化和旅游活动，增强游客到广西旅游的核心吸引力。举办“5·19中国旅游日”暨“畅游广西”全季文化旅游宣传推广活动，联合广西主流媒体对活动进行宣传报道。推动宣传载体立体多元，办好广西文化和旅游宣传推广创意大赛，举办“2023金牌导游说广西——我是广西山水体验官”文旅短视频创作大赛。创新开展市场营销，促进引客入桂。深化 G219 旅游推广联盟、粤港澳大湾区交流合作，启动“千万老广游广西”系列推广营销活动，拓展文化和旅游客源市场。做大做强广西文化和旅游新闻宣传阵地特别是新媒体宣传推广阵地。

（广西壮族自治区文化和旅游厅　曹庆华）

海南省

【概况】2023 年，海南省文化和旅游系统始终站在海南自贸港建设的大局中思考谋划推进工作，锐意进取、创新实干，推动全省文旅工作取得显著成效。2023 年全省接待国内外游客 9000.62 万人次，旅游总收入 1813.09 亿元，分别同比增长 49.9 % 和 71.9%，对比 2019 年分别增长 8.3% 和 71.4%；旅游业增加值 695.88 亿元，占 GDP 比重 9.2%，同比提高 2%。全省文化及相关产业增加值 273.53 亿元，现价增长 10%，占 GDP 比重 3.6%。全省 284 家规模以上文化及相关产业企业实现营业收入 1373.7 亿元，增长 15.5%。

【海南国际旅游消费中心建设】提高旅游管理服务质量，营造优质的旅游消费保障环境，旅游公共服务设施不断完善、多元化住宿体系不断健全、旅游市场监管体系逐步形成、旅游诚信体系建设初见成效；深化对外交往与合作，引进国内外大型旅游开发和运营主体，构建国际化旅游人才引入机制，拓宽旅游对外营销渠道，旅游市场国际化水平进一步提升；编制完成《海南省旅游标准化工作奖励办法》，旅游服务国际标准化建设向前推进；培育旅游消费新业态，文化旅游、体育旅游、乡村旅游、购物旅游、会展旅游、健康旅游、红色旅游、海洋旅游、低空旅游、邮轮旅游、热带雨林旅游、研学旅游等旅游新业态不断涌现，进一步丰富了海南旅游的产品供给。2023 年，博鳌东屿岛旅游度假区获评国家级旅游度假区，2 个街区获评国家级旅游休闲街区。环岛旅游公路推出 100 个最美风景点、100 个旅游村以及 100 件最爱海南伴手礼。国家体育旅游示范区创建持续推进，6 个项目入选“2023 中国体育旅游精品项目”，分界洲岛旅游区获评国家体育旅游示范基地。业态融合发展步伐加快，龙华、秀英区获评国家文化产业和旅游产业融合发展示范区，琼海市成功入选全国文化产业赋能振兴试点地区。

【全域旅游建设】全省全年获评国家级旅游休闲街区 2 家、国家工业旅游示范基地 1 家；评定 A 级旅游景区 5 家、国家级旅游度假区 1 家、省级旅游度假区 1 家、省级旅游休闲街区 2 家、省级夜间文化和旅游消费集聚区 3 家、椰级乡村旅游点 47 家、旅游小镇 1 家。琼海博鳌东屿岛旅游度假区获评国家级旅游度假区。三亚市吉阳区鸿洲码头旅游休闲街区、儋州市海花岛・环海艺术美食街被认定国家级旅游休闲街区。文昌市航天超算中心被评为国家工业旅游示范基地。2023 年，海南省新评定 A 级旅游景区 5 家（含升级），其中 4A 级景区 1 家、3A 级景区 2 家、2A 级景区 2 家。2023 年年底，全省共有 A 级旅游景区 86 家，其中 5A 级景区 6 家，4A 级景区 34 家，3A 级景区 28 家；旅游度假区 7 家，其中国家级旅游度假区 2 家，省级旅游度假区 5 家；旅游小镇 10 个。全省新评定椰级乡村旅游点 47 家（含升椰），其中五椰级乡村旅游点 2 家、四椰级乡村旅游点 4 家、三椰级乡村旅游点 24 家、二椰级乡村旅游点 6 家、一椰级乡村旅游点 11 家。

集中打造海南环岛旅游公路 40 个网红打卡点、举办 2023（首届）交旅融合大会、出台《环岛旅游公路驿站及周边旅游资源的调研报告》、组织召开环岛旅游公路促进乡村振兴现场会、成立海南环岛公路旅游运营有限公司，环岛旅游公路旅游的功能进一步提升。2023年12月18日，海南环岛旅游公路正式全线开通。该公路串联了31家A级旅游景区、21个滨海旅游度假区、50处渔港、25个灯塔和多处滨海渔村。旅游公路开通当天，海南省旅文厅专门发布了《海南环岛旅游公路自驾指南（1.0版）》以及环岛旅游公路十大精彩游程。

【国际旅游与对外文化和旅游交流】2023年，海南相继恢复59国人员入境旅游免签政策和旅行社经营外国人入境团队游业务。共组织赴俄罗斯、美国、丹麦、西班牙、意大利、新加坡、马来西亚、印度尼西亚、泰国、柬埔寨、越南以及我国香港、澳门、台湾地区等14次出访推广推介活动。积极参加了2023世界航线大会、香港国际旅游展、澳门国际旅游展、莫斯科国际休闲旅游交易会、日本国际旅游博览会等国际性旅游展会，举办新加坡海南文化旅游周、黎锦走进米兰设计周、“根与魂”海南非物质文化遗产澳门展演活动、阳光海南“澳”妙无限——海南旅游文化推介会及“澳门海南周”系列旅游文化推广活动。全年先后11批次邀请新加坡、马来西亚、泰国、柬埔寨、印度尼西亚、澳大利亚等国家及我国港澳台地区的旅行商和媒体代表150人次，前来海南考察旅游资源，体验海南新变化。海南与中国对外文化集团有限公司在海南联合主办了“首届丝绸之路国际剧院联盟投洽会”，促进“一带一路”文化交流，打造具有国际影响力的综合演艺交易平台，推动海南文化旅游业高质量发展。海南文艺院团先后赴澳门参加了“澳门艺术节”文化交流活动，赴印尼巴厘岛参加了第45届“巴厘艺术节”文化交流活动，赴新加坡参加了2023年狮城戏曲荟萃交流演出。

2023年，全省共接待入境过夜游客51.49万人次，同比增长238.4%；实现国际旅游收入18432.76万美元，同比增长191.9%。其中接待外国人40.93万人次，同比增长262.4%；香港同胞7.42万人次，同比增长221.2%；澳门同胞1.11万人次，同比增长166.0%；台湾同胞2.04万人次，同比增长70.6%。从国际客源区域来看，亚洲市场接待游客14.77万人次，同比增长584.1%，其中新加坡增长1883.9%、马来西亚增长2028.0%；欧洲市场接待游客4.35万人次，同比增长44.5%，其中俄罗斯增长233.7%；美洲市场接待游客3.17万人次，同比增长32.3%，其中美国增长40.7%；大洋洲市场接待游客0.89万人次，同比增长62.1%；非洲市场接待游客2.24万人次，同比增长501.9%。

【国内旅游】加强国内旅游宣传推广，在中央电视台选择黄金时段投放海南旅游宣传广告。借助CCTV1《新闻联播》、CCTV2晚黄金栏目《经济半小时》两大王牌新闻栏目强强联合，进一步提升阳光海南度假天堂品牌知名度和美誉度。开展2023年海南百个“网红旅游点”宣传推广活动。通过评选2023年海南百个“网红旅游点”并宣传推广，进一步深挖海南个性化特色网红打卡旅游点，以点带面、以点促面，讲好海南故事。

开展淡季旅游营销活动。联合抖音、小红书等头部新媒体及社交媒体平台以及携程、去哪儿、美团等大型OTA平台、大型游戏《和平精英》IP开展海南淡季旅游营销活动，举办“海南的N种打开方式”、“来海南、酷一‘夏’”2023海南酷玩嘉年华推广活动、酷酷的海南《和平精英》“启航酷世界”狂欢节活动，线上累计曝光量超3亿，吸引省内外游客在淡季来琼旅游。联合海南航空推出“酷酷的海南——乘风游琼州　万里何须归”营销推广活动。围绕内容营销、事件营销、达人营销，整合优势资源，打造爆款航旅产品。

开展2023海南黎苗风情旅游推广周活动、“阳光海南·品质旅游”六省巡回推广和网络征集2023年海南“十佳”旅游主题系列活动。以“酷酷的海

南　多彩的民俗”为主题，举办启动仪式、海南民俗旅游高质量发展研讨会、少数民族市县旅游代言人带你领略黎苗风情等七项主题活动，挖掘海南黎族苗族民俗文化，赋能海南旅游文化融合。以“阳光海南·品质旅游”为主题，在北京、广州、重庆、上海、西安、长沙6大城市开展城市路演推介活动，为游客提供更多样的产品、更深度地体验。围绕旅游商品、非遗美食、旅游景区、和美乡村、旅游线路、网红打卡点、特色民宿、旅游酒店、体育旅游目的地、康养旅游基地共10个海南旅游主题开展网络征集活动，借助标杆示范效应，以点带面，打造海南品质旅游。50多家媒体参与报道宣传，推流累计曝光人数达80万人次以上，引发社会广泛关注。

2023年全省接待国内游客8949.13万人次，同比增长49.4%。其中，过夜游客占70.9%、一日游游客占29.1%。实现国内旅游收入1800.71亿元，同比增长71.4%。其中，过夜游客旅游收入占94.8%、一日游游客旅游收入占5.2%。候鸟游客是海南旅游者中特殊且不可忽视的组成部分。据测算，2023年来琼候鸟游客138.01万人，累计逗留14473万人天，带来旅游消费170.63亿元，占海南旅游总消费的9.4%。

【旅游节庆会展】先后举办2023年（第二十四届）海南国际旅游岛欢乐节、首届东坡文化旅游大会、交旅融合系列推广活动暨2023（首届）交旅融合发展大会、举办意大利米兰设计周中国海南黎族文化展示交流活动等重大节庆活动，有效激发了旅游消费活力。其中，海南岛欢乐节推出5大板块逾百项“欢乐”子活动，19个国家的30余位驻华外交官、18个省市文化和旅游厅嘉宾以及80多位境外旅行商和媒体代表出席开幕式，活动线上线下累计曝光量超3.8亿次。首届东坡文化旅游大会先后举办首届东坡文化国际高端论坛、东坡文创产品设计大赛及作品展、苏东坡主题文物展、东坡文化精品剧目展演、东坡美食文化荟、东坡文化古迹研学游、东坡文化唱诗大赛、全球精品GDF诗酒趁年华游园会等系列活动，全域传播累计总阅读量超过2亿人次，央视《新闻联播》对大会进行了报道，赢得高度评价。举办2023（首届）交旅融合发展大会，来自国家部委、全国文旅和交通部门的领导，以及行业资深专家、学者、企业家近550人围绕交旅融合助力交旅高质量发展、旅游与交通、交旅融合产业发展现状与前景展望等进行主题分享。海南省与福建在大会上分享交通与旅游融合的探索与实践。大会还对“首批交通运输与旅游融合发展典型案例”进行发布，并就“中国美好生活大调查”交通旅游数据进行主题分享。同时，央视CCTV-4系列纪录片《交旅融合　走遍中国》进行内容推介。在同日举办的两个平行会议上，来自省内外的专家学者和业界代表分别围绕交旅融合新理念新模式、交旅融合新业态新产品等两大主题进行深入交流探讨。在意大利举办米兰设计周，中国海南黎族文化展示交流活动历史性地将海南黎锦推向国际时尚舞台，受到世界时尚界关注。组织对外和对港澳台文化交流演出4次，加强了海南省同港澳台以及周边国家的友好往来。2023年，海南共举办各类国内促销活动50余场，组织境外宣传推广“走出去”出访活动14次、精准“请进来”活动11批次，提升了海南的旅游知名度。

【行业监管与市场执法】加强文化和旅游行业监管，搭建“海南旅游诚信平台”，建立了覆盖旅行社、景区、酒店三个板块共6063家涉旅企业的信用档案，形成全面覆盖行业各类市场主体信用信息的“一张网”，依托海南省旅游诚信平台信用评价与信用管理系统失信主体认定结果实施分类监管。推动标准化建设，修订《乡村民宿服务质量等级划分与评定》等地方标准，《博鳌亚洲论坛年会酒店接待服务规范》获评为全国优秀地方旅游标准，三亚市《发挥海岛资源优势，以地方特色标准化建设推动海南自贸港发展》为获评全国文化和旅游标准化示范典型。制定印发《海南省旅文行业安全重大风险隐患专项整治》等工作方案，对全省旅文行业重大风险隐患、暑期旅游、防溺水安全、燃气安全和消防安全进行专项整治。

加强旅文市场综合治理和行政执法，全省共出动执法检查人员超9万人次，检查涉旅企业7万多家次，全年立即整改问题5102个，立案查处582件。立案查处重要案件13宗，处罚企业9家，处罚个人7人。开展旅游市场专项整治工作、护苗专项行动，在阳光海南网发布典型案例2批共11件。行业协会、航空企业以倡议书形式发布规范机票和酒店价格的若干措施，合理引导市场价格。三亚、万宁、陵水等市县探索建立冲浪、高空跳伞等旅游新业态长效监管机制。旅游消费投诉先行赔付机制在全国率先实现省域全覆盖。“海南放心游”平台上线运行，入驻商家超23万，承接投诉总量1275宗，保障了市民游客的旅游消费权益。优化“海南旅游诚信平台”，6000多家涉旅企业建立了信用档案，初步形成信用信息“一张网”。持续加强暑期旅游、防溺水、消防等重点领域和关键环节安全隐患排查整治，确保了行业安全稳定。

【文化和旅游重点项目建设】2023年省级旅游业重点（重大）项目共14个，年度计划投资49.85亿元，完成投资29.69亿元；年度在建项目13个，年度计划投资34.85亿元，年度完成投资29.69亿元，完成年度计划投资的85.19%。厅本级政府投资在建项目2个，年度计划投资2.75亿元，完成年度投资计划2.47亿元，年度投资完成率89.82%。2023年，全省共举行两批次集中开工项目开工仪式，共涉及旅文体7个项目，计划总投资额171.06亿元。据统计部门统计，2023年，全省旅游业固定资产投资453.63亿元，同比下降12.0%，降幅较上年收窄11.7个百分点。组织各类招商活动28场次，全年跟踪对接项目20余个；三亚海棠故事、屯昌木色炫彩世界等项目取得突破性进展；呀诺哒热带雨林探索谷、莺歌踏浪驿站等项目已开业或试运营。

海南省图书馆二期建成投用，省非遗中心建设完工，省民族博物馆二期、黄花梨沉香博物馆、深海考古博物馆等项目建设取得显著进展。“海南省非物质文化遗产展示中心”项目于2023年底完工，项目建设内容包括非遗馆、群众艺术馆、琼剧会馆及其配套设施，成为海南省文化旅游新地标。

【公共文化建设】举办各类文化活动1500多场，惠及群众超20万人次。海南9个村（社区）入选全国“四季村晚”示范展示点。圆满完成了“四季村晚”“大地欢歌”乡村文化活动年、2023年海南省“春风村雨”文化惠民活动、2023年“红色文艺轻骑兵”进基层活动、第20届海南省东西南北中广场文艺会演、“全民来参与　舞动自贸港”——欢乐广场舞、欢乐竹竿舞展演等演出任务。2023年11月，海南省“红色文艺轻骑兵”进基层活动被中宣部评为2022年全国文化科技卫生“三下乡”示范项目。

2023年，海南大力加强公共文化云建设，省数字文化馆云平台（文化馆总平台）开通了文化资讯、文化活动、文化直播、场馆预订、文化配送、非遗传承、艺术培训、文化旅游、特色文化、精品共享、辅助创作等23个业务板块，覆盖对接服务全省22个市（区、县）的总分馆体系全面建成；实现了全省文化馆数字资源共建共享，并建成5个特色服务专区。

【非物质文化遗产保护】出台《海南省省级文化生态保护区管理办法》《海南省级非物质文化遗产代表性项目申报评定暂行办法》《关于进一步

推动海南省文化文物单位文化创意产品开发的若干措施》《关于支持黎锦及其文创产品发展的暂行办法》《海南省乡村旅游和休闲农业三年行动计划（2024—2026年）》。截至2023年年底，海南省已建立非遗保护三级名录体系制度，公布了六批省级代表性项目。共有国家级项目32项，省级以上项目103项，市县级以上项目398项。海南省共有国家级代表性传承人19人，省级代表性传承人149人，市县级代表性传承人1183人。推荐申报第六批国家级代表性传承人候选人18人，其中13人已列入文化和旅游部推荐人选公示名单。

加大对非物质文化遗产经费投入与使用，2023年，文化和旅游部、财政部下达海南省国家非遗保护补助转移支付资金总计923万元，用于海南重点项目黎族传统纺染织绣技艺补助、其他非遗项目补助、非遗研培、国家级代表性传承人补助等。省级非遗保护专项资金下达74.9万元，用于省级非遗代表性传承人补助。加大非遗传承体验设施建设，省级财政投入8.68亿元建设海南省非物质文化遗产展示中心，项目总建筑面积52，675平方米。主要包括非物质文化遗产展示馆、群众艺术馆、琼剧会馆等场馆及其相关配套用房、地下车库及人防设施等，该项目为省会城市十大公共文化设施项目之一，2023年底已基本完工。

【艺术创作与展演】琼剧《路博德》、舞蹈《南海随想》、水彩（粉）画《艰苦岁月——琼崖革命群英图》、中国画《新航程》等4个项目获国家艺术基金2023年度资助项目立项。琼剧《红旗不倒》《白马泉涌》《第一面国旗》获2020—2022年度海南省优秀精神产品奖（海南省“五个一工程”奖）。舞蹈《南海随想》入选参加第十四届全国舞蹈展演；琼剧《红叶题诗》入选参加第三届全国戏曲（南方片）会演；琼剧《红色娘子军》选段入选参加第四届“梨花杯”全国青少年戏曲教育教学成果展演；国家一级演员、中国戏剧梅花奖获得者符传杰入选2023年戏曲百戏（昆山）盛典——全国戏曲演员会演（生行、旦行），携琼剧《红旗不倒·送鞋》《张文秀·偷包袱》选段在昆山展演；省艺校赵媛、海南师范大学符南、海口经济学院魏然3人入选第十五届全国声乐展演；由符传杰主演的传统琼剧《张文秀》，陈素珍主演的经典《刁蛮公主》入选中宣部、文化和旅游部2023—2024年度中国戏曲像音像工程。

【产业招商与项目建设】印发了《2023年海南省旅文广体产业年度招商工作计划》《关于进一步推进旅文广体产业招商引资工作的相关措施》。组织赴美国、意大利、西班牙、河南、湖南、陕西、北京、上海、四川等多个省（境）内外地区开展旅文广体产业专题招商活动18次。2023年共开工省级旅游业重点（重大）项目13个，年度计划投资34.85亿元，完成投资24.79亿元，占年度计划的71.13%。其中呀诺达热带雨林探索谷已于5月1日试运营，海口市国际免税城项目睿景酒店已于9月26日开业，莺歌踏浪驿站项目已于11月18日试运营，儋耳追光驿站项目于12月15日开业。2023年，全省共举行两批次集中开工项目开工仪式，共涉及文旅项目7个。2018年至2023年6月，海南集中开工项目中，文旅类项目共106个。

【文物保护与考古】有序开展第四次全国文物普查预备工作。首次启动省级层面文物立法工作，研究制定《海南省文物保护条例》。至2023年年底，全省共有35处全国重点文物保护单位、208处省级文物保护单位、493处市县级文物保护单位；有备案博物馆47个，其中国有博物馆19个，行业博物馆和非国有博物馆28个；国家一级博物馆2个，即海南省博物馆、中国（海南）南海博物馆；国家三级博物馆1个，即海南农垦博物馆；市县级设置博物馆机构 16 个。博物馆 + 旅游成为文化旅游热选项，2023 年前三季度总参观人数达 150 万余人次。

公布海南省第二批革命文物名录，其中公布不可移动革命文物 15 处，可移动革命文物 38 件 / 套。完成红色标语类革命文物专项调查。完成海口市中共一大旧址消防项目、安华楼保护修缮，椰子寨战斗遗址展示利用工程、杨善集烈士纪念陵园展示利用工程、中共琼崖宝墩紧急会议遗迹保护展示工程、中共琼崖特委机关驻地旧址保护工程、红色娘子军成立大会场地遗址安防系统和防雷系统、番茅大队队部旧址修缮、毛政农军指挥部旧址改造等工程项目。海南省博物馆“海南解放公园提升改造与委托运营项目”案例，入选国家文物局指导、中国文物报社等单位主办的第四届（2022）全国革命文物保护利用优秀案例。海南省博物馆联合海南大学打造的项目《红色文化海南说——博物馆里的“大思政课”》，入选“以革命文物为主题的‘大思政课’优质资源精品项目名单”。2023 年，陵水县苏维埃政府旧址评选为海南省首批廉洁文化教育基地。

海南考古首次在南海千米级海底发现南海西北陆坡一号二号大型古代沉船遗址，不仅是我国深海考古的重大发现，也是世界级重大考古发现。先后完成南海西北陆坡一号二号沉船遗址第一、第二阶段的考古调查工作，对出水文物进行保护修复。开展主动性考古田野发掘工作，完成儋州市桄榔庵遗址 2023 年度考古发掘工作，为东坡文化的保护利用提供科学依据。2023 年 10 月至 2024 年 1 月，中国社会科学院考古研究所和海南省文物考古研究所联合对万宁市湾仔头遗址进行了第三次发掘，发掘面积 800 平方米。获取了一批较丰富的陶器、石器和贝壳标本，明确了湾仔头每一期的年代。第一期距今 4800—4200 年，第二期距今 4200—3900 年，第三期距今 3900—3700 年，第四期距今 3700—3500 年。明确湾仔头遗址第二、三遗存为“湾仔头文化”。湾仔头遗址位于万宁市东澳镇神州半岛湾仔头村的沙堤上，面积约 12000 平方米。遗址于 2018 年调查时发现，2021 年 11 月被纳入国家文物局“考古中国·南岛语族起源与扩散”重大课题。

【博物馆建设】 建立结构优化、主体多元、特色鲜明、富有活力的博物馆体系。推进黄花梨沉香博物馆、中国（海南）南海博物馆二期（深海考古博物馆）及省民族博物馆二期工程建设。乐东黎族自治县博物馆于 4 月开馆，疍家博物馆 9 月开馆；三亚市博物馆、东方市博物馆和陵水县博物馆新馆正在建设中。2023 年，全省已有备案博物馆 49 家，全省博物馆藏品总数为 192498 件 / 套，其中珍贵文物 4277 件（一级文物 188 件，二级文物 786 件，三级文物 3303 件）。新增可移动文物修复资质企业 1 家，文物拍卖企业 5 家，文物商店 5 家。

【可移动文物保护】 海南省博物馆继续推进“华光礁 I 号”沉船保护与修复，完成了馆藏可移动文物（“华光礁 I 号”沉船残体）保护修复项目（2023 年度）招标投标，与海南大学、吉林大学、汕头大学等合作的“华光礁 I 号”沉船硫铁化合物脱除分析服务、沉船构件保护效果评估分析等五个子项目已于 12 月全部顺利结项并完成验收工作。

中国（海南）南海博物馆成功获批可移动文物修复资质，完成热释光 – 光释光实验室整体提升改造，是海南唯一一家拥有热释光 – 光释光仪器的单位。申报的 2024 年度国家重点文物保护专项补助资金项目“中国（海南）南海博物馆馆藏珍贵外销扇文物保护修复方案”已通过审批；蒋道银大师工作室正式挂牌。

2023 年海南省民族博物馆启动馆藏珍贵纸质文物修复项目，完成 30 件（套）修复；实施馆藏珍贵纺织品文物保护修复项目，共修复龙被二级 2 件，三级 6 件，已完成修复三级 4 件。

【博物馆交流与合作】由海南省人民政府、国家文物局主办、海南省旅游和文化广电体育厅、国家文物局考古研究中心承办、中国（海南）南海博物馆协办的第四届海上丝绸之路文化遗产保护论坛成功举办，论坛围绕海上丝绸之路文化遗产发掘、研究、保护与利用等问题展开探讨，来自国内海上丝绸之路沿线各省份文博机构、博物馆、科研院所和高校百余家单位的 140 余名专家、学者代表，91 家单位参加了本次论坛，12 名专家、学者发表了主旨演讲，14 家主流媒体对本次论坛进行了新闻报道。

中国（海南）南海博物馆与上海大学、上海海事大学、安徽博物院等 5 家高校和文博机构建立合作共建关系；与中国国家博物馆、中国社会科学院考古研究所联合主办的“馆藏脆弱铁质文物劣化机理及保护关键技术研究项目进展工作会议暨海洋出水文物保护研讨会”于 2023 年 4 月在琼海顺利召开。

（海南省旅游和文化广电体育厅　高明新）

重庆市

【概况】2023 年，重庆市文化和旅游系统坚持以习近平新时代中国特色社会主义思想为指导，全面贯彻党的二十大精神，深入学习贯彻习近平文化思想和习近平总书记关于旅游工作的重要论述精神，着眼现代化新重庆建设，紧紧围绕建设文化强市和世界知名旅游目的地目标，唯实争先、埋头苦干，全市文化和旅游高质量发展取得新的成效。

【新时代党的建设持续加强】一是主题教育扎实开展。突出运用红色资源，扎实推动学习贯彻习近平新时代中国特色社会主义思想主题教育走深走实、彰显“红岩味”，在学思践悟中坚定理想、锤炼党性、指导实践、推动工作。举办主题教育知识竞赛和微宣讲比赛，组织开展“榜样面对面”党的二十大精神宣讲活动，建立党的二十大精神文旅精品课程库，征集精品课程 42 课，推出相关报道 3000 余篇，“两微一端”新媒体矩阵推送报道 300 余条次。二是党建新高地加快建设。始终把党的政治建设放在首位，坚定拥护“两个确立”、坚决做到“两个维护”。着力构建党建统领整体智治体系，优化党建工作考核办法和指标，实施党建引领工作绩效考核方案。深入推进全面从严治党，层层压实管党治党主体责任，持续纠治“四风”，深化运用监督执纪“四种形态”。加强干部队伍建设，严格按照新时代好干部标准选人用人，着力锻造高素质文化和旅游干部队伍。深化模范机关创建，建强抓实基层党组织，着力推进“红岩先锋·四强支部”建设，聚力打造新时代“红岩先锋”变革型组织。三是意识形态管理落地落实。全面落实意识形态工作责任制。开展全市论坛清理整治专项行动，摸排 2021—2023 年党政机关及其他主体举办的论坛活动 2984 场，取消 61 个、降级 2 个、规范 40 个。扎实开展文化和旅游系统专项清理整治，健全社会组织意识形态风险防范化解工作体系，建立风险评估制度、定期报告制度、重大问题处置制度、信息管理工作制度等，全覆盖清查文化和旅游行业单位和社会组织 3000 余家，确保意识形态领域安全稳定。

【服务重大战略有力有效】一是巴蜀文化旅游走廊建设走深走实。印发实施《重庆市贯彻落实〈巴蜀文化旅游走廊建设规划〉实施方案》《巴蜀文化旅游走廊建设工程十项行动计划》，川渝联合申报文化和旅游区域协同发展改革创新试验区，推动实施巴蜀非遗文化产业园、川渝石窟寺保护传承与科技创新等重大项目 14 个，累计完成投资 169.8 亿元。成渝合作开行巴蜀文化旅游走廊主题列车，启动“百万职工游巴蜀”活动，带动出游超过 100 万人次，拉动消费10亿元以上。联合川渝253家企业组建川渝文化旅游企业联盟，举办巴山蜀水精品文创展、成渝双城蜀绣展、双城文化艺术周等系列活动20余场，开展“旅游中国看巴蜀”“川渝好风光——巴蜀文旅新发现”等宣传活动，共同唱响川渝文旅“好声音”。二是对外开放交流合作提质增效。积极争取文化和旅游部支持，澜湄旅游城市合作联盟总部落户重庆取得实质性进展，总部筹备工作有序推进。发起成立陆海新通道旅游推广联盟，发布陆海新通道国际旅游合作（重庆）倡议，联手打造“国际旅游合作示范区”。深耕“中新互联互通”项目，举办中新（重庆）文化和旅游产业联盟2023旅游产品发布暨交流对接会，开展“新加坡·重庆周”文化旅游系列活动。促进入境旅游市场复苏，制定发布入境旅游营销奖励方案，成立全市首家外商投资旅行社。组织国际文旅交流推介活动30余场，举办2023重庆国际旅行商大会，重庆被世界节庆协会评定为“2023亚太旅游节庆城市”。三是区域文化旅游联动发展步伐加快。深入实施《长江三峡地区旅游一体化发展规划》，联合湖北召开2023年渝鄂轮值主席会议，加快长江三峡区域旅游合作，推动长江经济带高质量发展。联合中国旅游景区协会在万盛经开区召开第七届中国景区创新发展大会。推动鄂湘黔相关市区县加入武陵山文旅发展联盟，举办2023武陵文旅大会、武陵山原生民歌艺术节、武陵山冰雪季、武陵山国际音乐季、第七届渝东南生态民族旅游文化节等活动，推动渝东南文化旅游加快发展。加强鲁渝文旅协作，新挂牌鲁渝共建“孔子学堂”14个，开展“十万山东人游重庆”“乘着高铁游三峡”等活动，促进鲁渝游客互送。创新援藏方式，开展“万人游昌都”营销活动，组织游客1.6万余人。

【文化事业繁荣发展成效明显】一是艺术创作展演再获佳绩。舞剧《绝对考验》获第十三届中国舞蹈“荷花奖”舞剧奖，舞蹈作品《务图窝妥》获第十二届“小荷风采”全国少儿舞蹈展演银奖。川剧《江姐》等10个剧目5个节目入围新时代舞台艺术优秀剧目展演等10个全国选拔性重要艺术展演，舞剧《杜甫》、芭蕾舞剧《归来红菱艳》等6部传递重庆人文气质的精品剧目赴全国28个城市巡演63场，深受观众追捧。全市美术馆开展展览269个，组织“万物生——百岁戴泽重回故里艺术展”等重要展览47场。9家市属院团开展演出1707场，同比增加83%，覆盖观众85万余人次。创新创办首届重庆都市艺术节，除夕夜首届重庆都市艺术节焰火表演整体曝光量超过17亿人次。举办“新时代新征程新重庆”2023年新春音乐会。举办2023中国顶尖舞者成长计划，培育新型演艺空间35个。二是公共服务质效持续提升。公共文化设施加快建设，新增国家一级图书馆4个、图书馆分馆115个、文化馆分馆51个、新型公共文化空间40个，每万人拥有公共文化设施面积增至760平方米。全市文化馆、公共图书馆一级馆率均位列西部第一。文化惠民活动丰富多元，持续举办“阅读之星”“红岩少年”等品牌阅读活动、“大家唱”“舞动山城”等品牌群文活动2万余场，完成送戏曲进乡村2800余场、送综合性流动文化服务进村3.3万场，创新实施中小学生（幼儿）公共图书馆图书借阅卡免费开通、全市川渝阅读“一卡通”项目建设全覆盖、“巴掌书”进轨道交通等文化惠民工程，完成文化志愿服务配送14.70万次，惠及群众3247.29万人次，全市公共文化服务质量满意度位列全国第三。三是文旅赋能乡村振兴取得实效。组织开展重庆市乡村“村晚”、乡村大联欢、“大地欢歌　乡约四季”系列活动70余场，江津区“村晚”入选2023年全国“村晚”示范展示活动五个分会场之一。新增市级乡村旅游重点镇6个、重点村48个，市级休闲农业和乡村旅游示范乡镇30个、示范村85个，8条线路入选全国乡村旅游精品线路。组织评定市级智慧旅游乡村示范点 13 家。彭水苗族土家族自治县阿依河社区、城口县东安镇入选《2023 世界旅游联盟—旅游助力乡村振兴案例》；万州区柱山乡、綦江区东溪镇入选全国古村古镇保护利用十佳案例。

【文化遗产保护利用有效提升】一是文物保护管理不断加强。与国家文物局签订《关于深化重庆文物保护利用改革战略合作协议》，与国家文物局、湖北省等 5 部委 2 省市共同发布《三峡文物保护利用专项规划》，编制完成《川渝石窟寺国家遗址公园（重庆片区）总体规划》，印发《重庆市红色资源调查认定办法》。启动开展第四次全国文物普查。实施文物保护项目 169 个、完工 98 个，公布可移动革命文物名录 551 件 / 套。编制长江国家文化公园（重庆段）建设保护实施方案，基本完成长征国家文化公园重庆段建设任务。推进钓鱼城遗址、白鹤梁题刻、川渝宋元山城体系、川渝盐业体系、蜀道申遗。开展"考古中国"重大项目——"川渝地区巴蜀文明进程研究""蜀道考古研究"，实施考古发掘 62 项，出土文物标本 6100 余件（套）。重庆抗战兵器工业旧址群——航空委员会第二飞机制造厂生产车间旧址等 12 个全国重点文物保护单位保护项目计划通过国家文物局批复。举办 2023 长江文明论坛、首届文物保护装备发展论坛暨文物保护技术装备应用展、全国首届石窟寺保护国际论坛，发表《石窟寺保护大足宣言》。挂牌成立市革命文物保护中心，开工建设红岩文化公园二期项目、考古标本库房和展示中心、西部科学院旧址配套设施。全面落实文物安全责任，加强文物安全巡查，查处文物违法犯罪 19 起。中小石窟寺保护利用纳入全国示范工程，市文物考古研究院入选国家文物局首批文物事业高质量发展案例，重庆文物保护利用改革经验做法被国家文物局专题推介。二是文物活化利用成效明显。印发《贯彻落实〈关于让文物活起来扩大中华文化国际影响力的意见〉的具体举措》，促进文物活化利用。启动文物主题游径建设，发布川陕苏区首批革命文物主题游线路。皇华城考古遗址公园开园，成为长江三峡首个开园的考古遗址公园。举办国际博物馆日、文化和自然遗产日川渝主会场活动，推出 295 项特色活动。"红岩革命故事展演"入选国家文物局、教育部"大思政课"优质资源示范项目，"永远的三峡"系列教育课程荣获全国文博社教十佳案例，3 个展览获评国家主题展览集中推介项目，2 个项目入围中华文物新媒体传播精品推介。组织开展博物馆云上寻访体验、中华文物我来讲等特色活动，全市 70 所高校近 11 万名大学生参与。推动"博物馆热"持续升温，新增展览 695 个，开展社教活动 6500 余场，接待观众约 3000 万人次。三是非遗保护传承更加活跃。制定出台《重庆市文化生态保护区管理办法》，全力推进武陵山区（渝东南）土家族苗族文化生态保护实验区建设，启动市级文化生态保护区创建。提升非遗系统性保护水平，成功承办长江沿线国家级非遗代表性传承人、全国非遗与旅游融合发展等培训班 8 期，5 所高校成功入选中国非遗传承人研修培训计划参与院校名单，3 家非遗工坊获评全国非遗工坊典型案例，"行吟荣昌千年棠城非遗体验游"入选全国非遗特色旅游线路，"金桥吹打""万盛苗族踩山会"入选全国乡村文化产业创新影响力典型案例。组织开展视频直播家乡年、非遗购物节、第八届非遗暨老字号博览会等非遗传承实践活动 237 项，参与群众达 600 万人次。

【文化产业和旅游产业发展稳进向好】一是全力加快文旅企业发展。贯彻落实国务院、文化和旅游部有关要求，制订《提升旅游消费推动旅游业高质量发展行动计划》，出台旅行社组客观演营销奖励等政策，助推文旅企业恢复发展。着力搭建政企对接平台，举办文化和旅游部产业项目服务平台第三十期精品项目交流对接活动暨重庆市文化和旅游产业重点项目推介会、第八届中国西部旅游产业博览会、第三届中国温泉产业博览会、第四届T12中国西部文旅发展峰会、“巴蜀文化旅游走廊产业合作——走进阿坝”等活动，签约项目84个，总金额超过550亿元。持续落实旅行社质量保证金暂退、缓交补足期限延期1年政策，724家旅行社暂退缓交金额1.78亿元。建立市、区县两级重点文旅企业（项目）融资需求名单对接机制，推荐294个重点企业（项目），信贷放款264.46亿元。全市文化市场主体、旅游市场主体分别达到16.24万家（新增1.88万家）、2.56万家（新增3428家）。二是全力推进文旅项目建设。以重大文旅项目建设提升中心城区文化旅游发展能级，科学编制市级政府投资项目三年滚动规划，将12个项目纳入市政府三年滚动规划，项目总投资估算43.52亿元。重庆博物馆、重庆市非遗馆、自然博物馆园区、重庆图书馆分馆纳入市政府重大前期项目库。两江大型主题乐园文旅项目前期工作有序推进。加快动漫产业发展，市文化旅游委与渝北区共同建设全市首家动漫产业园区。促进电子竞技产业发展，积极筹备电竞嘉年华活动。举办首届中国剧本娱乐嘉年华系列活动，稳步打造“剧本娱乐之都”。加快都市演艺集聚区建设，《重庆·1949》入围全国沉浸式文旅新业态示范案例。全市演艺市场持续繁荣，办理营业性演出审批2681件。启动重庆旅游美食“渝味360碗”征集评选活动，全力构建旅游美食产业协同发展新格局。遴选公布2023—2025市级文化产业和旅游产业重点项目60个，总投资1340.28亿元，完成招商引资签约项目93个，签约总金额超过633亿元。7个文旅项目入选2023中国旅游产业影响力案例。三是全力激发文旅消费活力。举办第八届文旅惠民消费季、2023重庆夏季旅游启动仪式等活动，发布文旅活动200余项、惠民措施70余项，网络惠民活动发放市级补贴210万元，联动商家及平台发放惠民补贴超500万元，带动消费超1亿元。加大文旅消费新场景消费培育，联合中国文化娱乐行业协会举办首届中国剧本娱乐嘉年华系列活动，在业界产生巨大影响。强化文旅品牌对消费的支撑和拉动作用，新增国家级旅游休闲街区5个、国家工业旅游示范基地2个、国家等级旅游民宿5个、国家文化产业和旅游产业融合发展示范区2个、国家级夜间文化和旅游消费集聚区3个，新命名市级夜间文化和旅游消费集聚区5个、市级文化产业示范园区6个、基地16个，涪陵—武隆—丰都、黔江—酉阳—秀山被列为国家文化产业和旅游产业融合发展示范区建设单位。2个区县入选首批全国文化产业赋能乡村振兴试点，重庆温泉十二金钗系列微短剧花样促消费入选2023旅游促消费创新实践典型案例。2023年，全市文化及相关产业、旅游及相关产业分别实现增加值1239.32亿元、1206.82亿元，同比增长7.5%、13.5%；重点监测的130家A级旅游景区共接待游客1.53亿人次，同比增长98.9%；全市接待过夜游客1.03亿人次，同比增长88.1%。

【文化和旅游融合发展持续深入】一是数字赋能提升融合质效。制定实施《数字文旅建设总体方案》，加快推进数字文旅应用建设，“文化·惠游重庆”“文化·公共文化服务优享”“文化·巴渝文物”应用“三张清单”纳入全市应用“一本账”，“文化·视听智管”“文化·应急广播”“文化·综合执法”等应用建设积极推动。推进全市智慧图书馆体系建设，推出“云上重图”数字资源平台，提供数字阅读、重图到家、线上续借等一站式服务。持续抓好重庆公共文化云建设，年均服务超5000万人次，累计访问量突破3亿人次，提供文化资讯3.35万条。全面推进云上博物馆建设，8家博物馆上线并成功入选2023国家广播电视总局数字文化新应用项目。大足区旅游景区智慧化体系入选2023科技助力旅游高质量发展典型案例。二是文旅融合品牌加速传播。成功举办 2023 世界大河歌会、长江三峡文化旅游论坛等系列节会活动，持续提升长江三峡国际黄金旅游带品牌影响力。“两江游”客运量达 346.2 万人次，同比增长 272.7%。组织赴长三角、珠三角、东北等地开展国内营销推介活动，亮相文化和旅游部冬季旅游宣传推广主会场作主推介。加强与媒体合作，央媒围绕“文化旅游助力乡村经济”“文化传承”等主题发稿 100 余篇，《重庆日报》发稿超 1000 条，重庆卫视新闻联播播出文旅新闻 100 余条，近 40 条被央视新闻联播和央视新闻频道选取。突出新媒体引流，推出“旅游中国看巴蜀”“文化中国看巴蜀”两大主题宣传，传播量 5000 多万人次。开展“非常重庆、非常好耍”主题宣传活动，全矩阵传播量突破 1.14 亿人次。联合抖音推出“国庆来渝找文物”抖音挑战赛，累计播放量突破 5276.8 万人次。“最宠游客的城市”——重庆市城市品牌塑造与传播案例入选 2022—2023 年度省域及城市品牌优秀案例，“重庆云海列车”营销推广活动获评文化和旅游部旅游宣传推广优秀案例。三是文旅融合精品亮丽呈现。石柱县黄水镇申报国家级旅游度假区，并通过文化和旅游部基础评价，认定市级旅游度假区 1 个，成功创建国家 A 级旅游景区 31 家，总数达到 294 家，精品景区高于全国平均数。涪陵武陵山大裂谷景区完成 5A 级旅游景区创建，巫山巫峡·神女景区加速 5A 级旅游景区创建，合川钓鱼城通过国家景观质量评价。组织参加 2023 中国旅游商品大赛、2023 中国特色旅游商品大赛，获奖总数居全国前列。联合中国旅游饭店业协会召开中国饭店行业发展大会，举办全市旅游星级饭店技能大赛。推出旅游休闲街区、露营基地、旅游演艺、沉浸体验等文旅融合新产品 50 个、旅游线路 100 条。文化和旅游部发布“读李白游神州”文化主题旅游线路，全市 13 个主题景区景点入选。长江三峡旅游产品、梁平区“渔米路”分别入选交通运输与旅游融合发展十佳案例、典型案例，奉节农文旅融合发展新路入选 2023 绿色旅游目的地创新发展典型案例，“千年巴蜀酿·醉美津泸宜”川渝非遗旅游品牌推广活动入选 2023 非遗与旅游融合特色活动典型案例，《天下大足》沉浸式体验项目入选全国智慧旅游沉浸式体验新空间，万盛经开区文旅融合发展案例荣获“文旅惠农”全国首批专项典型案例。

【广播电视网络视听凝心聚力】一是主流舆论声势壮大。聚焦学习宣传习近平新时代中国特色社会主义思想，电视端播出相关报道 2449 条次，移动互联网端发布相关稿件 2198 条次，点击量 4.13 亿次。全国两会宣传报道 4 次，受到中央宣传部和广电总局点名表扬，重庆卫视公益广告宣传 2 次，受广电总局通报表扬，“第 1 眼新闻”入选首批全国广电新媒体联盟。举办 2023 年重庆市广播电视和网络视听行业荣誉发布活动。开展川渝两地双城经济圈全媒体行动，与广西等 4 省区广电部门联合举办首届西部陆海新通道视听公益广告大赛，共建视听公益广告联盟。二是安全播出工作保障有力。对全市 50 座无线发射台站开展技术巡检、维护、评估，依法取缔非法销售境外卫星电视设施网点 2 个，拆除非法卫星小锅 86 套。开展电视套娃收费和操作复杂治理，优化升级电视机终端 626 万台。加强应急广播系统建设，建成区县应急广播平台 38 个、应急广播终端 6 万余组，播发信息 122 万条次，重点保障时段值班值守 3.4 万余人次，圆满完成成都大运会、杭州亚运会等 14 场次重大安全播出保障任务。三是内容建设提质增量。建成高清频道 38 个，区县电视频道高清化率达 82.4%，高于全国县级频道高清化率 42 个百分点。完成重点网络剧申请规划备案 208 部、通过规划 43 部、成片上线 8 部，重大理论文献片《重庆谈判》在央视开播，渝审渝制《尘封十三载》位列网络剧热播榜第一名。开展新闻“百佳”推优、季度推优、微视频大赛等活动，21 件作品获广电总局奖项。推进西部国际传播中心建设，“中国视听作品拉丁美洲推广工程项目”入选广电总局产业发展项目库，与墨西哥电视台、哥伦比亚国家电视台签约“中国时段”项目，电视中国剧场亮相拉美。

【文化和旅游行业治理全面加强】一是文旅市场环境持续向好。加强联合执法，严厉打击“不合理低价游”、虚假宣传等突出问题，整治“票串串”“带路党”等旅游乱象，查办案件 1163 件，4 个案件被评为 2022—2023 年度全国文化市场综合执法重大案件，1 个案件被评为全国文物行政处罚“十佳案卷”。加强演出市场管理，推行营业性演出分级分类监管模式，规范全市大型营业性演出市场秩序。强化信用体系建设，渝中区被评定为全国第二批信用经济试点地区。忠县入选首批全国文明旅游宣传引导优秀案例。旅游城市满意度继续保持全国前列。二是行业系统保持安全稳定。守住行业安全生产底线，围绕特种设备及高风险旅游项目、三峡库区景区危岩地灾防治、人流管控、高温天气和汛期文物安全等重点，统筹开展安全生产大排查大整治大执法。扎实开展重大事故隐患专项排查整治 2023 行动，检查场所 3076 家，督改问题隐患 845 个。旅游安全高效联动、协同推进经验做法在全国文化和旅游行业安全生产培训会议上作交流发言，齐抓共管构建大旅游大安全格局有关做法被《中国应急管理杂志》报道刊发。三是文旅发展保障不断夯实。全面开展文化资产摸排，逐户开展清理分析，制定“一企一策”改革方案，为“三攻坚一盘活”做实基础工作。加强法制保障，稳步推进《重庆市川剧保护传承条例》协同立法工作，健全落实重大行政决策制度。深化“放管服”改革，持续推进“证照分离”“全渝通办”“文化娱乐场所准营”一件事一次办等工作，提高政务服务效能，优化文化和旅游领域营商环境。加强人才队伍建设，推荐享受政府特殊津贴专家 7 名、国家高层次人才特殊支持计划青年拔尖人才 3 名，6 人申报 2023 年度全国乡村文化和旅游带头人支持项目，选拔培养 15 名舞台艺术领军后备人才。培养高素质专业化干部，开展 24 个培训项目培训 1.5 万人次，组织成渝两地 100 余名文化和旅游中青年人才交流研讨。联合厦门大学，培养 50 名重庆文化和旅游复合型高级人才及经营管理人才。1 个项目入选 2023 年度文化艺术职业教育和旅游职业教育提质培优行动计划。加强财政投入保障，各类专项资金超过 12 亿元，持续做好政府采购监督和管理。

（重庆市文化和旅游发展委员会）

四川省

【概况】2023 年，四川省文化和旅游系统坚定以习近平新时代中国特色社会主义思想为指导，认真学习贯彻习近平文化思想，深入贯彻党的二十大和习近平总书记来川视察重要指示精神，全面落实省委十二届二次、三次、四次全会决策部署，扎实开展主题教育，成功举办全省文化和旅游发展大会，加快建设巴蜀文化旅游走廊，推动文旅市场强劲复苏，全力以赴拼经济搞建设，文化事业、文化产业和旅游业高质量发展不断取得新成效。

【文物保护利用取得显著成果】三星堆博物馆新馆建成开放，三星堆国家文物保护利用示范区完成创建，三星堆—金沙遗址联合申遗正式提上日程。三星堆遗址考古入选“世界考古论坛·重大田野考古发现奖”，皮洛、濛溪河、桃花河遗址考古获重大突破，城坝、罗家坝、江口明末战场遗址等考古发掘取得新成果。长征、黄河、长江国家文化公园四川段和川渝石窟寺国家遗址公园建设全面推进，四川省第三家国家考古遗址公园——邛窑国家考古遗址公园正式揭牌，全省乡村石窟文化公园（景点、微景观）试点建设启动，革命文物保护不断加强，科学保护实现新提升。全省备案博物馆较“十三五”末实现倍增、达445家，中国白酒博物馆建设落户泸州，四川博物院等5家博物馆入选2023年度全国百大热门博物馆。成功举办2023年“文化和自然遗产日”主场城市活动，推动文化遗产活起来、火起来。

【艺术创作持续筑高原、攀高峰】实施主题文艺精品创作生产、振兴川剧和曲艺等重大工程，全年获国家重大奖项、入选国家重要文艺展演（活动）142项，较上年增长135%。成功举办全国艺术创作工作会议、全国演艺博览会、第十届中国京剧艺术节等重大活动，隆重举办第三届四川艺术节，常态化开展“文化列车”同心艺术团慰问演出、戏曲进乡村等活动，为人民群众提供了精彩纷呈的艺术盛宴。与中直文艺院团联合打造音乐剧《三星堆》、舞剧《诗忆东坡》等精品剧目，话剧《苏东坡》全国巡演超160场、音乐剧《熊猫》演出391场。组建四川天府演艺集团、三星堆演艺集团等，全省文艺表演团体增加到663家。积极推进川剧振兴发展，省川剧院、成都市川剧研究院创新打造戏曲特色街区和“戏窝子”，实现“天天有演出”，川剧保护传承立法有序推进，四川省戏曲名家工作室再增7家，全省达到17家。

【非遗系统性保护力度不断加大】建立非遗保护厅际联席会议制度，加强川渝非遗保护协作和川浙非遗保护传承交流合作，出台非遗相关管理办法和改革指南，工作格局体制机制持续完善。公布第六批334项省级非遗代表性项目，实现省级代表性项目县级全覆盖，数量达1132个，居全国前列。组织相关项目参与“春节”申遗，推动省级非遗代表性项目管理动态评估调整。持续推进国家级羌族文化生态保护区建设，成功举办西部地区国家级文化生态保护区建设经验交流活动，和第三届黄河源非遗保护与铸牢中华民族共同体意识会议。组织非遗管理干部项目保护单位负责人和非遗传承人培训，评选第二批四川省非遗保护传承基地，成功推荐4家基地入选年度国家级非遗生产性保护示范基地。打造“川工蜀艺”“非遗四川百城百艺”“天府旅游美食”非遗品牌，并首次组织四川国际百非遗品牌IP授权展。评选发布首批30项“非遗四川·百城百艺”四川非遗品牌、首批30个四川省优秀非遗工坊。举办第八届中国成都国际非物质文化遗产节、2023年“文化和自然遗产日”四川非遗展示活动，联合中央广播电视总台拍摄《非遗里的中国（四川篇）》，累计曝光量超6亿人次。统筹做好成都大运会期间非遗宣传展示，200余个非遗项目，2600余件作品，160余名非遗传承人参加展演，蜀绣双面绣、蜀锦、川剧、峨眉武术、年画、糖画等充分展示了中华优秀传统文化魅力。

【公共文化服务效能持续提升】深入实施公共文化设施“补短板、提品质”工程，省文化艺术中心竣工投用，省博物馆新馆、省图书馆二期项目前期工作有序推进。首次将公共文化服务纳入省政府督查激励事项，在全省公共文化领域形成比学赶超良好局面。完成第七次全国县级以上公共图书馆评估定级，历时4年的四川省公共图书馆条例修订草案通过省人大常委会一审。创新开展乡镇（街道）综合文化站评估定级，在全国率先出台省级地方标准《乡镇综合文化站评估定级规范》，制定印发三年行动方案，启动开展试点工作，推动基层公共文化服务体系标准化建设。全省国家级公共文化服务示范区再添2市、达到4家，省级公共文化服务体系示范县创建实现全省市（州）全覆盖。乡村“村晚”示范展演、少数民族艺术节、首届街舞大赛、“百千万”传统节日群众文化活动等丰富多彩、广受好评。古籍保护利用水平持续提升，国家级古籍修复中心加快建设，全省古籍普查、修复、保护利用等重点项目持续推进。

【文化产业实现大幅增长】2023年年末，四川省规模以上文化及相关产业企业（以下简称“文化企业”）2724家，全年实现营业收入5633.6亿元，按可比口径计算，比上年增长19%，增速比全国高10.8个百分点。2023年年末，全省文化和旅游部门艺术表演团体47个，文化和旅游部门艺术表演场所34个，公共图书馆209个，文化馆206个，美术馆66个，综合文化站4063个。

文旅重点项目建设推进呈现良好态势，全省527个重点文旅项目实际完成投资1094.83亿元，完成年初确定目标的114%。举办第九届中国（四川）国际旅游投资大会，集中签约126个文化和旅游重大投资项目，签约金额850亿元。持续举办全省金融服务与文旅企业恳谈对接会，文化和旅游领域216个项目成功发行地方政府专项债券180.28亿元，发行数量和规模继续保持全国第一。

成功举办全国演艺博览会，与中央直属文艺院团签订7个重点演艺合作项目，加快培育演艺产业成为全省文化产业新的增长点。成功创建国家级文化产业示范园区1个、国家文化产业和旅游产业融合发展示范区2个、国家对外文化贸易基地1个、首批全国文化产业赋能乡村振兴试点县2个。创新举办全省首届数字文旅发展大会，推动文化产业数字化转型。成功举办中国文化艺术政府奖第四届动漫奖颁奖活动，四川省推荐的《哪吒之魔童降世》获得最佳动漫作品奖。全省音乐产业预计实现总产值954.23亿元，同比增长5.22%，新增音乐产业相关企业数量增速全国第四。推行演出审批“全程网办”，建立“大型营业性演出管理厅际协作机制”，加快演出项目落地实施。演艺市场持续火爆，全省举办营业性演出27156场，其中5000人以上的大型营业性演出201场、观众超250万人次，分别是2019年同期的10倍和5倍，票房收入超17亿元，演出场次、观众和票房稳居全国前列。“白天看景晚上观剧、跟着演出去旅行”成为文旅消费新风尚。

【旅游业实现强劲复苏】出台《四川省旅游条例（修订）》《四川省建设世界重要旅游目的地规划（2023—2035年）》，召开全省旅游景区发展大会、全省农文旅融合发展工作会、研学旅行推进大会、四川自驾游交易博览会，推动旅游业转型升级、业态创新。深入开展“引客入川”“冬游四川”“全省文化和旅游消费季”等促消费活动，创新开展“安逸四川新体验”——一起玩转网红打卡地系列活动，制定《市（州）文旅专项消费券发放补贴实施细则》，引导市（州）加大消费券发放力度，全省累计发放文旅消费券4.58亿元。出台《四川省发展入境游激励办法（试行）》和引客入川奖补激励办法，开展“迎大运·游四川”“熊猫走世界”等主题推介活动，上线运行“安逸四川”宣传推广平台，多措并举释放文旅消费潜力。实施文旅市场“大整治大提升”专项行动和“文旅安全月”，深入落实安全生产责任制，刚性落实“三管三必须”要求，持续深化文旅领域“放管服”改革，不断优化文旅市场环境，守牢安全底线。成功创建国家级旅游休闲街区3个、国家工业旅游示范基地2个、国家体育旅游示范基地1个，评选天府旅游名县8个、名牌69个。稻城亚丁世界级文旅新地标和嘉陵江等旅游风景道建设全面推进，大渡河风景道（乐山段）成功入选文化和旅游部、交通运输部等六部委联合发布的首批交旅融合发展典型案例。王岗坪景区灾后重建实现恢复开放，海螺沟景区部分恢复开放。2023年全省A级旅游景区共接待游客6.3亿人次，实现门票收入61.5亿元，分别比2019年增长14.1%、20.0%。

【巴蜀文化旅游走廊建设加快推进】联合省发展改革委印发《四川省贯彻落实〈巴蜀文化旅游走廊规划〉实施方案》，制定年度工作要点和常态化文旅活动清单。组织召开巴蜀文化旅游走廊建设专项工作组第六次、第七次联席会议，推动16个单位签订了合作协议。启动成渝古道文化旅游带建设，推动沿线“两市五区”签订协作备忘录。加强川渝政策法规协同，联合向文化和旅游部上报了《成渝地区双城经济圈国家文化和旅游创新改革试验区建设方案》，有序推进川剧保护传承协同立法，支持巴中市开展文旅县域改革试点示范，获评全国文化和旅游领域改革创新十佳案例。川渝石窟寺国家遗址公园加快建设，川渝博物馆联盟交流合作不断深入。川渝非遗保护协作机制不断健全，举办川渝曲艺展演大会、双城蜀绣展、巴蜀扎染大赛和同根同源项目竞技活动。公共服务共建共享持续推进，“川渝阅读一卡通”项目通联覆盖两地，92家图书馆实现通借通还，“成渝地·巴蜀情”群众文化活动品牌逐步叫响。多维度推进文化艺术交流，推动舞台艺术精品共享惠民。跨区域文旅融合发展进程加快，巴蜀文旅产品结构不断优化。川渝文旅市场执法协作能力水平不断提升。“安逸四川 巴适重庆”品牌效应凸显，“百万职工游巴蜀”活动、“川渝好风光——巴蜀文旅新发现”全媒体行动反响热烈，“成渝高铁”“川渝亲子游”等系列特色主题线路产品深受群众喜爱。

【品牌效应叠加，形成国际关注热点】四川省联合文化和旅游部国际局、驻外文化和旅游机构和10余个熊猫旅居城市开展“熊猫全球生日会”，推广“熊猫家园 天府四川”。“凝视三星堆——四川考古新发现”展览在香港故宫文化博物馆开展，“三星堆、金沙古蜀文明数字艺术展”在巴黎中国文化中心开幕。自贡彩灯持续点亮世界20余个国家与地区。乐山“澜湄遗产城市对话”再次列入外交部年度重点项目。德阳、眉山、广元等市加强与外宣媒体合作，提升三星堆、三苏祠、三国等品牌的国际知名度和影响力。四川交响乐团与墨尔本交响乐团建立友好合作关系。省川剧院、省歌舞剧院和成都市院团等赴中国香港、韩国、尼日利亚、阿尔及利亚等地开展交流演出。组织全省53家文博、文创企事业机构参加香港国际授权展，展示近百个文旅IP授权项目，明确意向合作金额7500万元。四川省文化和旅游厅加入世界旅游联盟，成都市加入丝绸之路国际旅游城市联盟创始会员城市，乐山被亚太旅游协会授予“世界休闲旅游目的地”的称号。

【探索构建以信用为基础的新型文旅市场监管机制】建立健全旅游市场信用监管工作综合协调机制，完善旅游市场信用管理制度，将信用管理与行政许可、行政处罚、日常监管等工作同步考虑、协同推进、形成合力。截至2023年年底，全省依法依规对符合条件的13个市场主体和个人列入全国文化和旅游市场失信主体名单，实施信用惩戒。指导省旅游协会开展旅游企业信用评价试点工作。根据《省级公共信用信息细目（2023年版）》，认真梳理文化和旅游行业需要归集的省级公共信用信息清单，将相关信息数据共享到省政务信息资源共享平台。拓展信用应用场景。2022年，峨眉山市被文化和旅游部确定为全国14个首批文化和旅游市场信用经济发展试点地区，以优秀等次通过验收并受到文化和旅游部通报表扬。峨眉山市“信用+旅游”案例入选2023年国家发展改革委80个“信用+”应用典型案例。2023年9月，稻城县被文化和旅游部确定为全国16个文化和旅游市场信用经济发展试点地区。指导省饭店行业协会和省旅行社协会成立质量专业委员会，相关行业协会在节假日和旅游旺季等重点时段，发布诚信经营倡议，加强行业自律。

【党的建设持续加强】深入开展学习贯彻习近平新时代中国特色社会主义思想主题教育，把理论学习、调查研究、推动发展、检视整改贯通起来，有机融合、一体推进，既扎实做好中央、省委部署的“规定动作”，又紧密结合省厅特点创新谋划“自选动作”，确保主题教育达到预期目的。特别是务实开展调查研究，围绕直属单位编制、收入、职称以及政策落实等问题集中开展调研40余次，形成7个方面37项具体任务的《调研成果转化清单》，切实把调研成果转化为解决问题、促进发展的实际效果。同时，把问题整改贯穿始终，结合调查研究发现问题、省委巡视反馈问题、审计反馈问题，一项一项制定整改措施，梳理形成立行立改、分阶段整改和持续整改“三张清单”，扎实抓好建章立制，久久为功。文化和旅游行业党建工作取得明显成效，逐步形成上下贯通、执行有力的文化和旅游行业党组织体系，在2023年省委两新工委全体会议上作了经验交流。厅党组获评2022年度省直机关理论学习中心组学习先进单位。

（四川省文化和旅游厅）

贵州省

【概况】2023年，贵州省文化和旅游系统深入学习贯彻习近平新时代中国特色社会主义思想，认真落实习近平文化思想和党的二十大精神，坚持以高质量发展统揽全局，围绕“四新”主攻“四化”主战略，“四区一高地”主定位，奋力建设习近平文化思想生动实践地，紧盯加快打造世界级旅游目的地，建设多彩贵州文化强省和旅游强省目标，聚焦红色文化、阳明文化、民族文化、屯堡文化等特色文化，积极推进“四大文化工程”，聚焦资源、客源、服务三大要素，深入实施旅游产业化“四大行动”，全省文化产业和旅游产业发展取得明显成效。

一是加强协作联动，文旅融合业态不断涌现。黔东南州成功创建贵州省首个国家级文化生态保护区，仁怀市获评国家文化产业和旅游产业融合发展示范区建设单位，黔南州东方记忆景区获评国家工业旅游示范基地。正安吉他文化产业园获评国家级产业示范园，青岩古镇、荔波古镇成功创建国家级旅游休闲街区。认定非遗工坊386家，评选出40家省级非遗工坊示范点，培育非遗旅游体验空间17个。二是多措并举开展客源营销，旅游复苏呈现领跑态势。举办省旅发大会、国际山地旅游暨户外运动大会，赴北京、上海、广东、重庆、成都、昆明、香港、澳门等重要客源市场开展文旅招商推介36场。推出“一免三减半”“四减半”“两免两减半”“一多两减三免”等优惠活动，实施“引客入黔”团队游奖励办法，复航香港、澳门等航线。全年累计接待游客6.36亿人次，实现旅游收入7404.56亿元，分别同比增长29.2%、41.2%，分别恢复到2019年同期可比口径的113.8%、119.6%；全省接待入境游客31.84万人次，恢复到2019年的67.5%；游客人均花费1165.00元，同比增长9.3%，恢复到2019年同期可比口径的105.1%。三是强力推进特意性资源精深开发，加快旅游“六要素”业态布局提升。荔波、黄果树建设世界级旅游景区取得明显进展，万峰林通过国家5A级旅游景区景观质量评审，新增4A级景区9家，省级旅游度假区2家。新增黔菜美食店90家、旅游商品购物店20家。全国甲乙级旅游民宿3家、露营基地44个。推动30个旅游演艺项目复演提升，新增10个剧本娱乐项目进景区。四是加强外引内培，市场主体培育取得新进展。全省净增涉旅市场主体1.9万户、总数达34万户，新增规上（限上）涉旅市场主体152户，上市后备涉旅企业10户。引进涉旅百强、优强企业170家，引入文化和旅游项目584个，签约金额572.08亿元。文旅基金投资21.51亿元，推动重大文旅项目建设，5个项目获得地方政府专项债券支持额 3.45 亿元。指导省文旅金融服务中心助企贷款 126.67 亿元，展期 188.99 亿元，降息涉及本金 31.18 亿元、降息金额 1.11 亿元；“乡村旅游 e 贷”累计支持乡村旅游经营户 7.99 万户，发放贷款 100.61 亿元。五是加强调度督导，存量旅游项目盘活取得新成效。举办全国盘活存量项目（闲置低效旅游项目）投融资对接活动，2023 年盘活销号存量项目 60 个，乌江寨、青岩·寻坊、王蒙酒店、海龙屯、荔波古镇等项目盘活取得新进展，部分项目旅游人次、旅游收入实现大幅增长，有效带动项目盘活工作整体推进。

【公共服务】截至 2023 年 12 月，全省共有公共图书馆 99 个，文化馆 99 个，美术馆 6 个，乡镇（街道）综合文化站 1605 个，全部实现免费开放。2023 年在 9 个市（州）实施 27 个“城市主题书房”、100 个基层综合文化站（中心）高质量发展项目，在贵阳市、遵义市、毕节市分别实施 1 个新型城市公共文化空间项目，并于 2023 年 10 月全面完成项目建设及验收工作。一是鼓励和引导各地“村晚”常态化开展“四季村晚”活动。组织雷山县和施秉县开展“全国村晚示范展示活动”，围绕黔东南州多彩的民族文化、非遗传承、乡村振兴实施、乡村旅游发展、乡村特色产业主要内容编创进行表演，其中雷山会场“村晚”现场参与演职人员 500 余人，活动参与人数 8000 余人次；施秉县现场活动节目表演人数 126 人次，民俗舞龙及花车巡游 5000 余人，参与人数 50000 余人次。二是推动基层文化惠民工程。2023 年在贵阳市举办全国广场舞大会——广场舞之夜，来自全国六大片区的 25 支广场舞团队共计 1000 余人通过线上线下的融合联动。活动全程通过央视频、国家公共文化云、文旅之声、文旅中国以及本地新媒体平台进行直播。把“三下乡”活动作为有力抓手，组织省直文艺院团创排优秀节目，开展文化下乡活动 300 余场。三是充分调动各方资源举办多彩贵州景区（景点）驻场文艺演出活动，2023 多彩贵州景区（景点）驻场文艺演出在贵州省 9 家 5A 级景区、2 家国家级旅游度假区等景区（景点）依次开展歌舞、黔剧、花灯戏等具有贵州民族特色、地域特色的演出节目，共计演出 130 余场，不断丰富景区文化内涵，推动文旅高质量发展。四是在“十二背后”景区创新形式举办溶洞音乐周，运用各类直播平台创新开展线上线下、台上台下互动的沉浸式演艺，有效助推当地旅游业发展。五是在省内重点网络平台开展“福满黔地·艺术迎春”活动，组织近 20 部优秀舞台艺术作品开展网上展播，点击量达 1200 余万人次。六是持续实施戏曲公益性演出（濒危剧种免费或低票价演出）项目，向相关市（州）划拨 250 万元专项资金，组织基层院团、民间班社等结合以文塑旅开展演出，支持侗戏、布依戏、阳戏、地戏、傩堂戏等剧种保护传承。

【艺术创作与生产】一是京剧《阳明悟道》创排以来，贵州省文化和旅游厅多次指导该剧打磨提升，2023 年 5 月贵州省戏曲演员冯冠博凭借该剧荣获第 31 届中国戏剧梅花奖，是贵州省时隔 16 年再次斩获这一戏剧表演最高奖项。二是“从徐悲鸿的贵州土纸开始——中国美术新体验作品展”在中国美术馆开展，时隔多年贵州省展览再一次荣登国家美术最高殿堂，吴为山等美术大家莅临现场致辞支持画展，展览期间，近 4 万名来自世界各地的观众参观展览。三是 2023 年贵州省 11 个项目获得国家艺术基金 932 万元资助，特别是传播交流推广等项目资助数量在 2023 年位列全国前十；35 件作品入选第八届全国画院美术作品展，近五届、十年以来，入选作品及进京参展作品数首次进入全国前六。四是花灯戏《红梅赞》、侗戏《侗寨琴声》入选第三届全国戏曲（南方片）会演，木偶剧《长征路上的小红军》入选第九届全国优秀儿童戏剧展演，舞蹈《笙·生不息》、舞蹈精品课《苗族芦笙舞》入选第十三届“桃李杯”全国青少年舞蹈教育教学成果展示活动，舞蹈《嫁》入选第十四届全国舞蹈展演，音乐剧《平箫玉笛》入选第二届全国优秀音乐剧展演。五是推出红色题材黔剧《无字丰碑》，收获观众热烈反响，得到国家艺术基金管理中心高度认可。六是指导创作苗绣主题空竹杂技作品《绣琳琅》于2023年作为中国杂协唯一推荐参选俄罗斯“艺术家”第一届国际马戏节作品斩获铜奖；民族管弦乐《大山节日》入选文化和旅游部2022—2023年度“时代交响”创作扶持计划。七是组织京剧《阳明悟道》、花灯戏《红梅赞》《云上红梅》在北京、上海、广州、长沙等地开展演出。八是黔剧《腊梅迎香》参加“百戏中华——国家大剧院非遗戏曲展演”。该剧先后参加中宣部、文化和旅游部主办的“2020年全国脱贫攻坚题材舞台艺术优秀剧目展演”“2021年庆祝中国共产党成立100周年优秀舞台艺术作品展演”，入围第十三届中国艺术节，获第十七届“文华奖”提名剧目、贵州省第十六届精神文明建设“五个一工程”优秀作品奖，并作为“2022多彩贵州文化艺术节”开幕式展演剧目。九是举办多彩贵州美术大赛、多彩贵州歌唱大赛，为文艺工作者搭建了展示交流的平台；十是举办全省编剧领军人才训练营，储备戏剧文学创作人才，并推荐优秀文艺人才参加文化和旅游部举办的高端人才培训班，不断提升贵州省文艺人才能力素质。

【文物保护与考古】一是提升文物保护利用。在“四大工程”中主动担当，积极作为。组织开展了贵州省长江流域文化文物资源调查；实施《贵州屯堡考古工作方案》，完成安顺屯堡村寨文化文物资源、屯堡文化遗存调查资料整理；完成《贵州阳明文化遗产保护利用调研报告》。省文保中心组织编制了《贵州石窟寺和摩崖造像调查研究》等“贵州不可移动文物田野调查研究成果系列”丛书。省博物馆完成《人文山水　时光峰峦——多彩贵州历史文化展》基本陈列改陈提升。指导做好万山汞矿遗址、苗族村寨、侗族村寨、中国白酒老作坊4个项目开展世界遗产名录更新工作。与省委宣传部联合印发实施《贵州省廊桥保护三年行动实施方案（2023—2025年）》，系统性加强贵州省廊桥保护研究利用。与省农业农村厅联合印发实施《关于加强渔文化保护、传承和弘扬工作的实施方案》，助力多彩贵州农业强省和民族特色文化强省建设。

二是筑牢文物安全底线。建立巡视巡察、督察暗访、日常巡查、包保责任、审计监督五项机制。在全国率先将文物和文化遗产保护工作纳入省委和市（州）党委对下级党委巡视巡察内容。加大对文物安全督查暗访和日常巡查力度。创建各级领导干部包保文物安全责任制，适时更新包保责任人并挂牌公布。制定《贵州省文化和旅游厅关于文物执法巡查工作方案》，完成全部全国重点文物保护单位和省级文物保护单位及部分市县级文物保护的巡查检查。着力开展文物安全线索及事件调查处置，发现问题隐患责成地方逐项整改。2023年全省文物违法和文物安全事件得到有效管控，文物安全形势稳中向好。

三是深化考古与文明历史研究。考古和文明研究成果丰硕，贵安新区大松山墓群入选“2022年度全国十大考古新发现”。《海龙囤（全四册）》入选“2022年度全国文化遗产十佳图书”，并荣获贵州省第十五次哲学社会科学优秀成果一等奖。完成海龙屯遗址15212件出土文物移交，这是十年来贵州省最大规模的一次出土文物移交，标志着海龙屯遗址第一阶段考古顺利收官。“贵州省博物馆馆藏纸质文物保护修复项目”被评为“2022全国优秀文物藏品修复项目”。

四是长征国家文化公园建设成果丰硕。聚焦国发〔2022〕2号文件确定的文化文物领域重点任务，全力推进长征国家文化公园“1+3+8”标志性项目体系建设。公布了贵州省第二批革命文物名录和省市县三级长征文物名录，其中第二批革命文物名录含不可移动文物176处，可移动文物2544件（套）。组织制定全省统一的红色资源调查、认定、分类和定级标准。启动编制《贵州省革命文物保护工作规划》。组织开展贵州省第二批革命文物名录保护利用现状核查、红色标语类革命文物专项调查工作。启动长征国家文化公园贵州重点建设区官方网站及数字平台建设项目。

【文化艺术节】成功举办2023多彩贵州文化艺术节，以“讴歌新时代 奋进新征程”为主题，共举办了14项主体活动。一是举办2023多彩贵州文化艺术节开幕式暨京剧《阳明悟道》展演。二是开展优秀剧目展演交流。三是举办首届中国编剧创新高峰论坛。四是举办“多彩贵州”美术大赛。五是举办“讴歌新时代 奋进新征程”2023多彩贵州歌唱大赛。六是举办“山乡巨变——中国式现代化的贵州实践”全国文艺名家大型采风创作活动。七是举办“新时代·唱响多彩贵州”歌曲征集活动。八是举办多彩贵州溶洞音乐周。九是举办中国贵阳（修文）国际阳明文化节。十是举办屯堡文化节。十一是举办中国·贵阳首届剧本娱乐文化展。十二是举办多彩贵州文化艺术节·十二背后之夜。十三是举办2023年多彩贵州景区（景点）驻场展演活动。十四是举办2023多彩贵州文化艺术节闭幕暨多彩贵州歌唱大赛颁奖仪式。

【软硬件服务】2023年，按照省委、省政府相关部署，由省旅游产业化专班印发《2023年全省旅游产业化重点工作任务》，明确聚焦资源、客源、服务三大要素，深入推进旅游服务质量提升行动，助力世界级旅游景区和旅游目的地建设，推动文化和旅游高质量发展。

持续推进基础设施建设，“硬件”服务保障进一步提升。一是住宿品质不断改善。在全国星评委的指导和帮带下，全省新增星级饭店16家，其中四星级7家，三星级9家。二是交通设施不断完善。不断提升通景公路建设质量，3A级及以上景区公路覆盖比达70.8%；引导和鼓励企业交通场站的租车网点建设，新增7个高铁站、3个机场共10个租车服务网点；实现172对高速路服务区充电桩设施全覆盖。三是景区基础设施不断提升。组织策划4条“最美风景道”，开展示范性魅力贵州旅游风景道线路策划；9+2+2景区实现停车场充电车位全覆盖，建设有可充电车位344个；完成9+2+2景区内2896块外文标志标牌指引升级改造。四是高速公路标志标牌不断完善。与省交通运输厅共同印发实施《贵州省高速公路旅游区标志设置指南（试行）》，指导各地开展标志标牌提升。五是通信设施建设不断提升。全省30个民宿重点村镇已通达5G网络，其中17个具备光纤宽带千兆接入能力。全省456家3A级以上景区共覆盖5G基站3034个。9个5A级景区及2个拟升5A级旅游景区均已实现5G覆盖。全省旅游星级饭店移动通信信号已有效覆盖。六是线上平台不断完善。持续推进“一码游平台”建设，不断提升完善平台服务，开发推出国际版和境外证照购票功能。七是完善旅游厕所。完成Ⅰ类、Ⅱ类旅游厕所评定各57座、143座。

持续强化服务质量理念，“软件”服务水平进一步提升。一是服务标准化水平不断提升。标准先行，积极推动避暑旅游度假区设施与服务规范、智慧景区建设等级与划分7个地方标准编制。二是从业人员素质水平进一步提升。实施2023年贵州旅游大培训、大演练、大排查专项行动，建立了由省文化和旅游厅统筹指导、市（州）负总责、县区抓落实的工作机制，大力开展大培训、大演练、大排查。全省文化和旅游行业累计组织开展“三大行动”培训1867场次，培训5.1人次，全省开展安全生产和应急处置演练1677场次，演练人员4.6万人次，排查问题隐患1750个。进一步营造浓厚的“比、学、赶、超”行动范围，传递全省旅游服务质量不断提升的良好形象。三是行业标杆选树工作有序推进。坚持举办全省导游大赛、全省星级饭店从业人员技能大赛、全省首届红色讲解员大赛、旅游餐饮技能大赛、A级旅游景区技能大赛、民宿管家技能大赛、多彩贵州旅游商品暨文创设计大赛等7个省级旅游行业技能大赛，打造标杆服务团队，持续推动服务品牌化建设。四是持续开展“多彩贵州满意旅游痛客行”活动，游客及公众可通过扫描二维码进入评价系统，精准、及时、便捷地发送“痛点”信息及评价改进建议，2023年度收集采纳游客意见建议980条。自“多彩贵州满意旅游痛客行平台”以来，连续7年累计收到评价、投诉、举报、建议总量已突破445.3万人次，收获有重要价值的意见建议3400余条，发放活动奖金260余万元。五是持续开展“文明在行动 满意在贵州”活动，配合省精神文明办开展涉旅重点领域暗访工作，加大服务质量问题整治力度。六是旅游志愿服务进一步健全。在机场、高铁站、服务区、景区等400余个点位设置旅游咨询和志愿服务点，累计开展志愿服务9.28万余人次。七是积极依托马蜂窝、中青旅、贵州青绿智游、荔波客乐游在贵阳等地探索推进“小车小团”业务。

【乡村文化和旅游】一是2023年9月，贵州省文化和旅游厅印发《贵州省乡村旅游质量等级评定管理办法（试行）》，旨在进一步规范全省乡村旅游村寨、乡村度假酒店、民宿和农家乐质量等级评定管理工作，提升乡村旅游标准化、科学化管理水平。

二是截至2023年年底，贵州省成功申报全国甲级旅游民宿5家、全国乙级旅游民宿4家；按省级地方标准首次评定等级民宿163家（金山级<五星级>民宿25家，银山级<四星级>民宿43家，青山级<三星级>民宿95家）。

三是截至2023年年底前，贵州省已创建省级以上乡村旅游重点村镇559个（重点村483个，重点镇76个），其中全国乡村旅游重点村镇59个（重点村52个，重点镇7个），持续保持全国乡村旅游重点村镇全国领先地位。

四是遴选确定贵阳市修文县六屯镇大木村等11个村列入2023年贵州省乡村旅游与传统村落和民族特色村寨深度融合发展示范点名单。截至2023年年底，贵州省共创建乡村旅游与传统村落和民族特色村寨深度融合示范点28个。

【民宿产业】一是2023年2月，贵州省人民政府办公厅印发《关于促进贵州民宿产业高质量发展的指导意见》；2023年3月，贵州省文化和旅游厅出台《贵州省民宿产业发展三年行动计划（2023—2025年）》《全省支持民宿产业高质量发展政策措施清单》。

二是2023年3月，贵州省文化和旅游厅，联合黔西南州人民政府共同举办2023年贵州省民宿产业招商推介活动。邀请省外头部民宿企业、知名投资企业等近60家，推出民宿招商项目227个（项目总投资97.17亿元），会上集中签约民宿项目17个，签约总金额为4.695亿元。2023年3月，贵州省文化和旅游厅支持指导安顺市文旅局与“借宿”举办第二届中国民宿产业大会，会上黄果树旅游区管委会和安顺旅游集团共20个项目分别与借宿文旅、既下山等头部民宿品牌及文旅（民宿）技术服务平台签订战略合作协议。2023年贵州省引进落地投资民宿类项目64个（总投资金额36.1亿元），民宿产业发展成效明显。

三是2023年3月，贵州省文化和旅游厅在2023年贵州省民宿产业招商推介活动上，现场发布“多彩山居·醉美心宿”贵州民宿公共品牌和8条贵州民宿旅游精品线路，依托红色文化、名酒文化、天文科普、民族特色等优势资源推广民宿公共品牌的内涵阐释，进一步提升贵州民宿的吸引力和竞争力。黔东南推出“生态山居”民宿区域品牌，黔西南兴义推出“万峰林民宿”区域品牌，遵义赤水推出“赤水民宿、心灵归宿”区域品牌，贵阳乌当推出“乌当人家”区域品牌等。

【文旅招商推介】围绕重点客源市场开展定向招商，瞄准粤港澳、京津冀、长三角等重点区域，在北京、上海、广东、重庆、成都、昆明、香港、澳门等重要客源市场开展文旅招商推介 36 场，畅通项目方与目标企业对接沟通的渠道。贵州省文化和旅游厅举办和参与的招商推介活动场数在全省 15 个重点产业牵头部门中排名第一，是疫后全省第一个赴境外开展招商推介的省直部门，在全省都起到了积极的表率作用。厅主要领导外出招商 8 次，分别赴北京、广西、上海、南京、深圳等地开展文旅招商引资活动。聚焦贵州核心景区“9+2+2”景区“特意性”旅游资源，立足大众旅游市场发展和旅游消费扩容需求，深入挖掘 9 个市（州）地域资源优势，集中、策划推出 20 个重点省级精包装项目和 1286 个文旅招商项目，通过线上厅官网、“一码游贵州”微信小程序等平台的文旅招商专栏，线下文旅招商活动对外发布。邀请重点文旅企业来黔考察 30 余次，如：格美集团、锦江酒店集团、华住集团等企业，做好“贵人服务”，定期跟进企业需求。

【市场主体培育】据省旅游产业化统计监测平台统计，截至 2023 年年底，全省旅游市场主体总量达 34 万户，占全省市场主体总量的 7.4%，涉及旅游出行、旅游住宿、旅游餐饮、旅游游览、旅游购物、旅游娱乐、旅游综合服务、旅游辅助服务、政府旅游管理服务等行业。一是 2023 年度 10 家涉旅企业进入“贵州省 2023 年度上市挂牌后备企业名单”，推动着贵州省涉旅多层次资本市场发展；二是荔波县金鑫旅游服务有限公司等 7 家企业被省服务业创新发展十大工程领导小组办公室认定为涉旅龙头企业，全省涉旅龙头企业达到 25 家；三是全年新增涉旅规上限上市场主体 152 家，全省规上限上涉旅市场主体达 3900 多家；四是筛选出全省总共 82 家涉旅拟上市企业、龙头企业、规上限上企业、小微企业四类企业作为省级重点扶持培育对象，全年营收同比均实现两位数增长；四是开展“贵州省杰出企业家、行业领军企业家、优秀企业家”推荐工作，按照实事求是、优中选优的原则，推荐石阡温泉投资开发有限公司等 7 家企业，最终毕节入围行业领军 1 家；贵阳入围 1 家优秀企业家、铜仁入围优秀企业家 2 家。

（贵州省文化和旅游厅　李年鑫）

云南省

【概况】2023 年，云南省文化和旅游系统以“文化润滇”为根基，在繁荣发展文化事业上谱写新篇章。景迈山古茶林文化景观申遗成功，填补了世界遗产中茶文化主题项目空白，捍卫了中国茶文化起源国地位，云南省世界遗产增至 6 项，位居全国第 2 位。话剧《桂梅老师》、滇剧《一湖春水》等 17 个剧（节）目入选全国艺术活动，《印象丽江》《云南映象》入选全国旅游演艺精品名录，全年开展群众文化活动近 3 万场、惠及群众 2.2 亿人次，人民群众的文化获得感和幸福感持续增强。同时紧紧围绕“有一种叫云南的生活”，创新策划推出“春天之邀游云南”“清凉一夏游云南”“金秋时节游云南”“冬日暖暖游云南”等四季曲系列专题活动，在央视新闻联播等 14 档栏目持续播出系列宣传片，面向全球 190 多个国家和地区投放云南文旅数字广告，持续叫响“有一种叫云南的生活”，相关话题全网阅读量已突破 247 亿次。旅游市场呈现出“全国好、云南更好，淡季火、旺季更火”的局面。文化和旅游强省建设持续取得了新的突破。

【政策法规】抓细云南省人民政府《关于印发2023年推动经济稳进提质政策措施的通知》落实，配套出台旅行社引客入滇过夜奖补等6个方案。与中国银行云南省分行、地方金融监督管理局制定联发《关于金融支持乡村旅游高质量发展的通知》等3个文件，支持文旅项目和企业加快发展。发挥资金保障质效。2023年，向94家文旅企业流动资金贷款贴息补助5017.55万元，2家企业重大文旅项目投资奖补1561.69万元。组织旅行社招徕省外游客奖补申报，拟兑现301家旅行社1828.72万元奖补资金。继续做好旅行社服务质量保证金暂退和新设立旅行社缓缴保证金工作，为1085家旅行社释放现金流2.49亿元。创新金融服务产品。与工商银行云南省分行创新推出“民宿贷”“文旅贷”“商户贷”等信贷产品和服务试点，逐步在全省推广实施。工商银行云南省分行计划首期投入10亿元，针对酒店、民宿、乡村旅游等中小微文旅企业，通过企业经营大数据分析为企业增信，提供普惠性贷款支持。

【艺术创作生产】充分发挥云南艺术基金、省级重大重点题材创作扶持资金示范引领作用，资助扶持项目64个，话剧《澜沧水长》、京剧《乌蒙阿姆》、滇剧《忠诚》、音乐剧《绽放》、花灯剧《花花世界》、舞剧《锦绣如歌》等一批优秀精品剧目登上舞台。《太平有象》等4个节目参加第十四届全国舞蹈展演，滇剧《一湖春水》、彝剧《桂花表妹》（折子戏）参加第三届全国戏曲（南方片）会演。3个剧目入选文化和旅游部2023—2025舞台艺术创作行动计划新创剧目名单（初选），1个剧目入选2023第二届全国高腔优秀剧目展演，1人入选2023年全国戏曲表演领军人才培养计划。成功举办第十七届云南省新剧（节）目展演，圆满完成2023年云南省迎春茶话会、“中国旅游日”主会场活动开幕式、2023年国际生物多样性日全球主场活动等重要文艺演出。组织文华大奖作品话剧《桂梅老师》及杂技剧《聂耳》、京剧《团圆之后》等赴省内外巡回演出42场。34件作品入选参加全国画院展。

【文物保护利用】接续努力、全力冲刺，景迈山古茶林文化景观申遗成功，成为全球首个茶文化主题遗产和我国第57项、云南第6项世界遗产，捍卫了中国茶文化起源国和茶文化传播主导地位。元谋猿人遗址、晋宁河泊所遗址考古发掘和国家考古遗址公园建设持续推进。东南亚南亚考古研究与文物保护基地、云南考古体验馆挂牌开放。红河哈尼梯田“世界文化遗产保护传承助推乡村振兴”案例入选全国首批“文物事业高质量发展十佳案例”。完成长江流域云南段文物资源调查，启动编制长江国家文化公园（云南段）规划。长征国家文化公园（云南段）6个项目获得中央资金支持。

【博物馆事业】全省备案博物馆（纪念馆）新增3个、总数达到186个。全力推进云南革命军事馆建设，征集到展品474件（套），正抓紧陈列布展。《中国声音——聂耳和国歌的故事》入选“弘扬中华优秀传统文化、培育社会主义核心价值观”主题展览项目全国推介名单。开展“5·18国际博物馆日”宣传展示活动256个。《听，历史在说话》获2023年度全国文物新媒体传播精品优秀项目十佳称号。

【非物质文化遗产保护传承】认定云南省第一批省级非遗工坊35个。大理文化生态保护区、迪庆民族文化生态保护区通过国家考评验收，正式公布为国家级文化生态保护区。成功举办云南省第三届传统戏剧曲艺会演、云南省第十三届民族民间歌舞乐展演、2023 年“文化和自然遗产日”暨“七彩云南·非遗购物节”活动。组织 5 所省属高校开展非遗代表性传承人研修培训 9 期，培训传承人 220 余人。《非遗里的中国（云南篇）》在央视热播，播放量达 1042.7 万次。

【公共文化服务】全省新建改建乡镇（街道）综合服务中心（文化站）88 个、新建改建村（社区）综合性文化服务中心 422 个，鼓励和支持各地打造“乡愁书院”“文化院落”等新型公共文化空间 400 个。强化典型引路，遴选推广 20 个全省“最美公共文化空间”、20 个乡村文化振兴示范项目典型案例。云南省文化馆成功入选文化和旅游部首批“沉浸城市故事会”试点。开展“2023 年全民阅读”活动 1500 多项，累计参与 80 万余人次。以“大地欢歌”乡村文化活动年、“农民工”文化艺术节等为载体，组织开展 2023 年云南省民族团结进步大舞台系列活动，15 个村入选全国“春、夏、秋、冬”四季村晚示范展示点。节目《弹起弦子跳脚来》入选全国广场舞之夜。2023 年，开展群众文化活动近 3 万场，线上线下惠及群众达 2 亿人次。

【深化文旅融合】2023 年，在央视《新闻联播》《新闻 30 分》等 14 档栏目持续播出“有一种叫云南的生活”系列宣传片，累计触达 54.3 亿人次。充分利用抖音、微博、微信等新媒体平台拓展宣传推广形式，微博发布相关稿件 1500 余条，“景迈山申遗成功”全网阅读量超 10.6 亿次，“有一种叫云南的生活”全网阅读量超 230 亿次；文旅 IP 加快打造。推出全息多媒体音乐舞台剧《有一种叫云南的生活》，生动展示云南魅力。借助“云南亚洲象北上南归之旅”打造“大象旅行团”文旅 IP，向世界展示“七彩云南”和谐、温暖而又有趣有爱的旅游形象。借助电视剧《去有风的地方》打造“去有风的地方”文旅 IP，实现从线上流量转化为线下流量；引客入滇效应凸显。成功举办“中国 G219 旅游推广联盟”联席会议暨“最美自驾线路”推介活动，全网全媒体曝光超 2.3 亿次。以“有一种叫云南的生活”为主题，首次成功举办“5·19 中国旅游日”全国主会场活动，推出 270 余项主题活动、20 余条文旅特色线路及 375 项惠民措施，微博话题阅读总量达 17.8 亿次，抖音话题视频累计播放量达 11.2 亿次。

【产业转型升级】通过实施文旅精品名牌战略，云南以自然风光、生态环境、历史文化、民族风情等为特色的观光和休闲旅游产品日臻完善，休闲度假游产品正在形成，会展、商务、康养等专项旅游产品快速起步。截至 2023 年，全省共有世界遗产 6 项（文化遗产 3 项：丽江古城、红河哈尼梯田文化景观、普洱景迈山古茶林文化景观，自然遗产 3 项：三江并流、中国南方喀斯特石林、澄江化石地）、世界地质公园 2 个（大理苍山、昆明石林），国家旅游度假区 1 个（滇池国家旅游度假区），国家级旅游度假区 4 个（昆明阳宗海、西双版纳、玉溪抚仙湖、大理古城度假区）、国家全域旅游示范区 5 个（石林彝族自治县、弥勒市、大理白族自治州、腾冲市、丽江古城区）、全国乡村旅游重点村镇 56 个，5A 景区 10 家、4A 景区 179 家。昆明、丽江曾获得欧洲旅游协会评选的“欧洲旅客最喜爱的中国旅游城市”，昆明市入选国家文化和旅游消费示范城市，保山等 5 州市入选国家文化和旅游消费试点城市，告庄西双景等 5 地进入“国家夜间文化和旅游消费集聚区”名单。这些新兴文旅品牌，增加了云南旅游的知名度和吸引力，提升了市场竞争力和影响力。

【资源开发利用】围绕度假康养、户外运动、研学旅行、红色旅游等领域，推出一批跨界融合的新业态新产品，打造红色旅游精品线路 50 条、文旅康养融合精品线路 23 条、生态旅游精品线路 16 条，培育新业态旅游企业 281 家，3 家企业列入全省上市“金种子”企业名单。完成 180 家 A 级旅游景区绿美建设任务，创建标杆典型绿美景区 50 家，推进创建一批 4A 级旅游景区和省级全域旅游示范区、旅游度假区、旅游休闲街区、夜间文旅消费集聚区。丽江市被国务院列入文化产业和旅游产业工作督查激励 10 个地市之一。《云南映象》《梦幻腾冲》等 16 个旅游演艺项目入选全国旅游演艺精品名录。编制印发落实《云南省新时代推进左右江革命老区红色旅游发展实施方案》，推进红色旅游融合发展示范区建设。指导水富市以培育发展生态旅游康养产业为方向开展生态产品价值实现机制试点，扎实推动西畴县香坪山、马关县鞍马湖等生态旅游项目提档升级，持续推进中央生态环境保护督察涉及普者黑的景区整改。

【智慧旅游建设】持续优化“一部手机游云南”，做好“百日行动”团队和导游管理升级和开发，打牢智慧化监管基础，“游云南人工智能助手”入选 2023 年文化和旅游数字化创新示范优秀案例。创新开发应用旅游团队全息管理系统，实现对旅游团队全过程动态监管。

【旅游宣传推广】2023 年，云南省以“有一种叫云南的生活”为主题，精心策划并实施了系列宣传推广活动。这些活动以多元的形式和丰富的内容，全面展现了云南文旅的独特魅力和得天独厚的资源。经过一年的努力，省文旅厅成功塑造了“有一种叫云南的生活”这一文旅形象，显著提升了云南文旅资源的知名度和影响力，为云南文化产业和旅游产业的持续发展奠定了坚实的基础。在宣传推广中，文旅厅积极探索“云南四季游”主题活动模式，推出了“清凉一夏游云南”“金秋时节游云南”“冬日暖暖游云南”“春天之邀游云南”等系列主题宣传推广活动。同时，我厅还精心打造并推介了“清凉之旅”“节庆之旅”“非遗之旅”等 20 条旅游精品线路，为游客提供了多样化的旅游选择。为了更直观地展示云南的文化魅力，我们制作推出了“民歌大观”“食在云南”“跟着徐霞客游云南”“非遗故事”“早安云南”“滇艺之约”等专题视频。这些视频不仅通过生动的画面和故事，展现了云南的多元文化和独特风情，还引发了广大网友的关注和共鸣。在中秋、国庆“双节”期间，全省开展了 1115 项特色宣推活动，并推出了 226 项旅游惠民措施，以吸引更多游客，促进旅游消费。同时，文旅厅在北京大兴机场、首都机场和全国 9 个高铁站投放了 49 块媒体宣传屏，覆盖了近 2.3 亿人次的重点客源地和旅游城市客流人群，进一步扩大了云南文旅的影响力。“云南邀请全抖音来捡菌子”这一话题在抖音平台上的阅读量超过了 4.9 亿次，成为网络热点话题之一。此外，“有一种叫云南的生活”这一主题的全网阅读量更是达到 212 亿次，形成了强大的网络传播效应。

【对外和对港澳台交流合作】推进落实习近平总书记访缅成果涉及云南事项有关工作，建立健全与缅甸曼德勒省旅游机构联系机制。参加中国云南省与越南河江老街莱州奠边省委书记年度会晤机制第三次会议及联合工作组第九次会议并开展交流调研，修缮开放省级文物保护单位胡志明昆明旧居，务实推进滇越文旅合作。赴美国、俄罗斯、白俄罗斯、缅甸等国家和地区，开展“环游世界使馆开放日”“茶和天下 · 雅集”等云南文旅主题推介活动。组织开展“七彩云南行”文化和旅游系列宣传活动。深化泛珠三角区域旅游、川滇藏“大香格里拉”以及滇沪、滇粤、滇港等多层次区域旅游合作，促进人文交流与文明互鉴。利用脸书、优兔、谷歌等海外社交媒体，结合国家和云南的发展战略及时事热点，针对不同区域、不同国家、不同受众群体，综合运用文字、图片、视频、直播等形式，实施精准宣传推广，面向全球190多个国家和地区投放云南文旅数字广告，累计曝光超1.3亿次。积极推动在版纳州勐腊县建设跨境旅游合作区、在文山州麻栗坡县建设边境旅游试验区，已完成方案编制并上报文化和旅游部。云南6个文旅项目列入国家发展改革委支持云南加快建设我国面向南亚东南亚辐射中心重大项目名录。发挥仰光中国文化中心的阵地优势，举办旅游展览展播、云课堂云培训、互动体验等活动，提升中华文化影响力。

【深入整治旅游市场乱象】以“咬定青山不放松”的韧劲，坚持依法治旅，扎实开展旅游服务创优提质和旅游市场秩序整治第一个百日行动，推动旅游市场环境持续向上向好。坚持“游购分离”不动摇，对“不合理低价游”“强迫购物”等市场乱象露头就打，严肃查处和通报曝光了一批扰乱市场秩序的违法违规行为，3个案件入选全国文化市场综合执法重大典型案例，市场乱象得到有效遏制，全省受理涉旅投诉件、敏感舆情、办理退货环比分别下降37.93%、85.99%、61.25%。

【优化游客购物“30天无理由退货”机制】通过建立制度、搭建机制、拓宽渠道、组织培训、开展宣传、加强督导等举措，有力有序推进退货工作。2023年4月24日，修订印发《退货监理中心退货服务工作指南（试行）》《退货中心服务点退货服务工作指南（试行）》，进一步优化了流程、明确了退货名录，为游客提供线上线下相结合、高效便捷的退货服务。截至2024年3月，累计为游客办理退货178902起，退款金额12.66亿元，游客退货满意度达99.64%，“30天无理由退货”已成为诚信云南新标志和云南旅游新品牌。

（云南省文化和旅游厅　王吉甫）

西藏自治区

【概况】2023年，西藏自治区文化和旅游系统坚持以习近平新时代中国特色社会主义思想为引领，深入学习贯彻习近平文化思想和习近平总书记关于旅游发展的重要论述、重要指示精神，贯彻落实习近平总书记关于西藏工作的重要指示和新时代党的治藏方略，聚焦“四件大事”、聚力“四个创建”，以铸牢中华民族共同体意识为主线，全力实施“九大工程”，攻坚克难，创新发展，全区文化和旅游高质量发展取得新成效。

【文化产业和旅游产业实现双增长】一是以节庆活动、文化和旅游宣传推介、展览展销活动等为牵引，加大文化和旅游领域招商引资力度，稳步推进特色文化产业和旅游产业培育工程。2023年全区文化产业产值达89.87亿元，同比增长42%，实现接待国内外游客5516.97万人次，实现旅游收入651.46亿元，较2022年同比增长83.73%和60.04%，完成全年既定目标的141.46%和127.74%，全年游客接待量和旅游收入皆创历史新高。全区现有国家级旅游度假区1个（鲁朗），国家A级旅游景区170家（其中国家5A级旅游景区5家），星级饭店177家、旅行社369家，专职导游2600名。二是成功创建国家级文化产业示范园区1家、国家级文化产业示范基地4家、国家工业旅游示范基地1家、国家级旅游休闲街区1家、国家夜间文化和旅游消费聚集区2家，国家4A级旅游景区9家，新增国家级文明旅游示范单位2处。西藏文化旅游创意园区成功入选“国家级文化产业示范园区”，拉萨达孜区、昌都卡若区入选全国首批文化产业赋能乡村振兴试点单位。拉萨市达孜区入选国家文化产业和旅游产业融合发展示范区，山南雅砻文化旅游节荣获首届中国群众文化品牌提名案例，文成公主大型实景剧入选全国旅游演艺精品名录。文化产业和旅游产业带动作用进一步增强。三是文化和旅游产品供给更加丰富。以藏医药为主体的康体瘦身产品体系、红色旅游、乡村旅游产品愈加完善，同时积极探索沉浸式剧目、数字小剧场、数字体验馆等新业态产品。文物、非遗活化利用取得显著成效，出台《关于推动非物质文化遗产与旅游深度融合发展的实施意见》《西藏自治区级文化生态保护区管理暂行办法》《西藏自治区非遗工坊认定与管理办法》，命名格萨尔、孜东为首批自治区级文化生态保护区。

【文化和旅游项目基本实现全覆盖】一是积极推动自治区图书馆、古籍、非遗保护中心和文物陈列馆在 9 个重点寺庙设立分馆，完成 23 个县级公共图书馆文化馆总分馆建设，新建 10 个新型公共文化空间，巩固提升 100 个村级群众性文化活动示范阵地，7 个自治区级公共文化服务体系示范县（区）创建稳步实施。全区现有博物馆 13 个、图书馆 82 个、群艺馆（文化活动中心）82 个、乡镇综合文化站 697 个，建成文化广场 1600 余个，为 74 个县（区）配备舞台车、图书车，基本形成五级公共文化设施网络；创建中国民间文化艺术之乡 14 个，命名自治区级民间文化艺术之乡 89 个；各级公共文化馆（站）每年落实免费开放资金 5000 多万元、年均免费开放超 2 万小时、开展活动 10 万余场。西藏大剧院正式启用，成为西藏文化新地标。二是严格落实“十四五”时期文化和旅游项目资金 8.7 亿元，累计完成投资 79.3%，招商引资项目开工建设 19 项，涉及投资 50 亿元。持续推进“十四五”时期旅游重点专项规划落地实施。认真组织开展《西藏自治区“十四五”时期旅游综合发展规划》中期评估。印发《G219 国之大道（西藏段）沿线旅游业发展规划》《2023 年打造 G318、G219（西藏段）和 G349（嘉黎、边坝、洛隆）精品旅游大道重点任务分工方案》。以规划为支撑，不断提升 G318 精品旅游线路，持续打造 G219 沿边大通道旅游经济带，集中打造一批高品质旅游景区、精品民宿、网红打卡点，努力把 G318、G219 线打造成旅游精品风景道，实现“双线”发力增长。

【文艺作品创作水平实现新提升】一是坚持“深入生活、扎根人民”，全区千余名文艺工作者深入基层、深入人民进行采风创作，邀请 20 名全国著名书画家进藏开展集采风、写生、推广为一体的“文化西藏　天上画卷——全国著名书画家西藏行活动”，创作了富有西藏特色、深受群众喜爱的 60 余幅艺术精品并在全区进行巡展。二是一体推进文艺精品创作演出推广，话剧《老西藏》、歌舞剧《天边格桑花》和藏戏音乐会入选国家艺术基金资助项目，新编现实题材藏戏《次仁拉姆》入围第十八届中国戏剧节，实现了全区藏戏原创作品零的突破，《特殊作业》填补了西藏儿童剧的历史空白，边点旺久、仁青顿珠等多名艺术家和交响乐《古格》等多部优秀剧目荣获国家级奖项，选派藏戏《图兰朵》参加上海戏曲巡展等“请进来”“走出去”文化活动 200 余次。文艺人才年轻化各项举措稳步推进，干部高质量文艺作品浸润雪域大地，文化“管脑子”作用越发突出。

【文化遗产保护利用水平实现新跨越】一是公布 10 个历史文化名镇名村，15 处铭碑石刻入选国家第一批名录，温江多遗址入选 2022 年度全国十大考古新发现终评项目。完成古籍普查 1019 函、累计 1.8 万余函，修复 2116 叶、累计 7248 叶，数字化 180 函、累计 587 函，起草西藏自治区古籍保护工作规划、收藏标准、破损定级标准、修复技术规范与质量要求和珍贵古籍名录、古籍重点保护单位管理办法等 9 项制度文件。二是完成中国戏曲音像工程改编传统藏戏《朗萨雯波》《诺桑王子》录制和“文化西藏”精品图书音像系列丛书之《藏戏学术七十年》出版工作，《17—20世纪藏医挂图——曼唐》入选第五批中国档案文献遗产名录，推动15首经典民族民歌新唱。三是全面开展全区第二次非遗普查工作，完成第五批国家级非遗代表性传承人评审公示和第六批自治区级代表性项目评审公示，完成自治区级文化生态保护区评审公示。四是藏戏、格萨尔、藏医药浴法成功列入联合国教科文组织人类非物质文化遗产代表作名录，现有各级非遗代表性项目2600个，各级非遗代表性传承人1668名。全区共设立非遗工坊173家，带动就业5738人，实现年人均增收3.7万元。非遗工坊不断为全区农村劳动力就业注入新活力，让非遗文化焕发新生机，助力“文旅融合　乡村振兴”建设工作迈上新台阶。

【文化和旅游宣传营销迎来新局面】一是建设“西藏文化数字频道”，西藏文化和旅游官方微博、抖音、微信等关注度长期在全国省级文化和旅游系统新媒体矩阵、全区政务网站保持排名前十。据携程网大数据监测，2023年西藏文化和旅游IP话题总曝光量达到8.6亿，西藏文化和旅游传播力实现指数级增长。二是坚守中华文化立场，做亮“中国西藏·扎西德勒”文化品牌，起草《西藏对外文化交流展品甄选管理办法》，征集对外文化宣传精品30件以上，把“西藏文化周”推向俄罗斯、中国香港等舞台，高质量完成斯里兰卡文化交流活动，故宫博物院和扎什伦布寺137件珍稀藏品赴澳门展览。加强同兄弟省市文化交往交流交融，邀请艺术家赴藏参加大型文化活动、选派藏戏《图兰朵》参加上海戏曲巡展等“请进来”“走出去”文化活动200余次。开展系列文化直播活动超300场次，点击量达8000万人次。“文化西藏”品牌影响力、知名度和美誉度显著提升。三是圆满完成第五届藏博会旅游版块相关工作，精心策划、成功举办西藏味道美食大赛系列活动，全年针对不同主题、不同目标市场策划组织开展49场国际国内旅游宣传营销活动，西藏旅游IP话题点击量热度持续走高，据携程网大数据监测，2023年西藏旅游线上总曝光量达到8.6亿，其中西藏旅游促进民族交往交流交融主题宣传推广曝光量2亿。西藏旅游官方微博、抖音、微信关注度蝉联全国旅游系统媒体矩阵、自治区政务网站前10榜单，先后荣获西藏自治区民族团结进步模范抖音第1名和模范网站第10名。

【文化和旅游惠民富民展现新成效】一是开展“我们的节日”“大地欢歌”“四季村晚”和文化边疆行等线上线下各类文化惠民活动12万余场次、惠及群众超3700万人次。各级公共图书馆接待读者50多万人次，流通图书13万余册，开展惠民活动8000余场次。推选那曲“乡村振兴　那曲奋进”活动成功入选2022年全国文化科技卫生“三下乡”活动示范项目，十万红色文艺轻骑兵遍布城乡，公共文化服务质量满意度连续三年超过全国平均水平。二是先后评定林芝市墨脱县德兴村等7个村为自治区级边境乡村旅游特色村。先后制定印发《西藏自治区边境乡村旅游特色村评定管理实施细则》《西藏自治区旅游民宿等级评定办法》，积极开展阿里地区普兰县边境旅游试验区申报工作。积极向文化和旅游部推荐林芝市巴宜区多布村、昌都市芒康县纳西乡等3村2镇为全国乡村旅游重点村镇。评定拉萨市当雄县纳木错扎西半岛景区等9家景区为国家4A级旅游景区；评定拉萨市曲水县等4县为自治区级全域旅游示范县；评定林芝市察隅县松塔景区等2家景区为自治区级绿色旅游示范基地。围绕乡村旅游，积极推动本地游，倾力打造林周农场、俊巴渔村、神秘树林等城市周边旅游短线。2023年全区乡村旅游接待游客2228.46万人次，实现旅游收入30.84亿元；乡村旅游直接间接带动27.52万农牧民群众实现就业，人均实现收入 4000 元。

【文化和旅游数字化得到新发展】一是挂牌成立文化和旅游部数据中心西藏分中心，成为全国第五个文化和旅游部数据中心省级分中心。大力推动西藏自治区旅游综合监管平台建设项目建设，完成配套软件原型设计并向自治区大数据局完成云资源申请。完成公安厅酒店、交通卡口（航空、火车、公路）的游客数据，以及旅游大巴轨迹等的采集分析。加快自治区数据资源目录编制，完成 9 个业务信息系统向自治区云平台迁移部署，编制数据共享目录 100 余项，有效推动政务信息系统云集约化管理。在 10 个重点自然旅游景区采用 VR 及 CG 影像制作技术，实现多平台、多终端的云上互联网 720° 全浸染旅游交互体验。成功举办全区智慧旅游专业人才和舆论引导骨干培训班。二是制定实施国家文化数字化战略的实施方案，中华文化数据库西藏分库建设加快推进，完成西藏基层公共文化服务云平台一期验收、二期开工建设，总资源量达 12TB，资源成果 1.87TB，素材量超 10.19TB。成功构建“文化西藏”新媒体传播矩阵，联合西藏电信建设 IPTV（中国电信网络电视机顶盒服务）“西藏文化数字频道”，联动央媒等重点媒体顺利开展“西藏文化宣传采风活动”，西藏文化传播力实现指数级增长。

【人才队伍建设取得新突破】一是加强人员培训。完成近 300 名区外导游从业岗前培训及考核、1800 名区内持证导游服务质量提升培训，向 2000 名导游发放服务质量监督卡。组织参加行业服务技能竞赛，荣获红色故事讲解员大赛全国第一、全国导游大赛银奖，团体优秀组织奖，创造了自治区在该项赛事中的历史纪录。成功举办智慧旅游专业人才培训班、全区民宿老板及经营管理人员提升培训班、第三届西藏文化市场综合行政执法岗位练兵技能竞赛活动、西藏旅游市场行政执法岗位技能竞赛、全区节庆工作培训会等，“推进村级文艺演出队全覆盖，打造雪域高原文艺轻骑兵”入选中宣部、文化和旅游部、国家发展改革委“基层公共文化服务高质量发展典型案例”，是全国唯一一个按省域获奖案例。二是充分发挥对口援藏作用。借助文化和旅游部培训基地、各级党校（行政学院）等平台，整合全区各级文化和旅游部门培训资源，积极推进落实人才支持计划文化工作者专项工作，大规模开展文化文艺人才培训工作，并依托“西藏、新疆基层文化人才共建培养项目”等人才项目的实施加大对专业技术人员的培养力度，全区文化干部人才政治素质、业务能力不断提升。同时加强同兄弟省市文化交往交流交融，邀请艺术家赴藏参加大型文化活动，选取优秀作品赴内地巡演，积极借鉴兄弟省市发展的经验做法，不断推动西藏文化和旅游领域人才队伍建设。

【文化和旅游市场展现新气象】一是深入落实放管服改革，旅行社审批权全面下放。恢复出境游业务，全年累计组织 23 团 843 人出国旅游，创近十年来历史新高，出入境旅游实现互补发展。开展文化市场综合执法检查 3000 余次，出动执法人员 21994 人次，检查各类经营场所 7308 家次，办结案件 94 件，受理投诉 4963 起，直接挽回经济损失 422.82 万元。其中“关于某书店发行非法出版物案”和“某旅行社向不合格供应商订购产品和服务案”2 起违法违规案件入选全国文化市场综合执法重大案件，文化和旅游市场环境持续得到净化。二是坚持法治思维、红线思维、底线思维，严格落实意识形态工作责任制，制定《西藏自治区文化市场信用评价管理办法》《关于文化行业跨部门综合监管的实施意见》和文化市场行政处罚裁量实施标准、综合行政执法事项指导目录，深入推进平安文化市场建设。

（西藏自治区文化和旅游厅　杨竹露）

陕西省

【概况】2023年，陕西省文化和旅游系统紧扣中心、服务大局，抢抓机遇、奋发作为，以扎实开展学习贯彻习近平新时代中国特色社会主义思想主题教育为引领，贯通落实习近平总书记历次来陕考察重要讲话重要指示，以开展“三个年”活动为统揽，全力做好增强精神力量、壮大产业集群、提振市场信心、塑造品牌形象等重点任务，持续深化“三链六体系”各项工作，全省文化和旅游工作展现出蓬勃活力、崭新气象。省文化和旅游厅荣获服务保障中国—中亚峰会先进集体、全省知识产权工作先进集体、全国文化市场综合执法岗位练兵技能竞赛团体全能二等奖、建议提案先进承办单位、平安建设先进单位等省部级荣誉17项，厅系统全年共有139项工作、204人次获得省级机关以上表彰表扬。在全国文化和旅游厅局长会议、全国文化和旅游赋能乡村振兴现场经验交流会等全国性会议上6次介绍经验，连续3年荣获全省目标责任考核优秀单位。

【文艺创作演出亮点频现】一是艺术创作迈上新台阶。印发《全省舞台艺术创作重点选题目录（2023—2025年）》，组织2023年度省级艺术创作资助评审和2024年度国家艺术基金申报，推出秦腔《生命的绿洲》《根据地》，话剧《生命册》《延水谣》《面皮》、商洛花鼓《若河》、陕北道情《乾坤湾》、儿童剧《摘星星的孩子》等一批优秀作品。二是文艺活动取得新成效。完成中国—中亚峰会、癸卯（2023）年清明公祭轩辕黄帝典礼、第九届丝绸之路国际艺术节、陕西与中亚国家文艺交流会演、2024年陕西新年戏曲晚会等相关演出任务。举办第十届陕西省艺术节，集中展示展演全省近三年来新创作的50部参评参演剧目、551件美术书法摄影作品。开展“名剧名家进陕西”活动。组织参加新时代舞台艺术优秀剧目展演、第九届全国优秀儿童戏剧展演、2023年戏剧百戏（昆山）盛典、2023第二届黄河流域戏曲演出季、第十一届全国杂技展演、第十四届全国舞蹈展演、第五届豫剧艺术节、全国地方戏曲北方会演、第十五届全国声乐展演、全国美术馆馆藏精品展出季等国家级展演展示活动。三是品牌建设实现新发展。在北京举办陕北民歌音乐会，并在西安、延安、榆林巡演。举办2023陕南民歌节暨第三届陕南民歌大赛，推出“十大陕南民歌手”。贯彻落实《陕西省秦腔艺术保护传承发展条例》，配合省人大常委会赴西安、宝鸡、渭南开展执法检查。实施戏曲公益性演出（濒危剧种免费或低票价演出）项目，支持全省13个濒危剧种传承发展。推进《中国戏曲剧种全集》（陕西卷）编写工作。实施2023—2024年度中国戏曲像音像工程。四是院团改革迈出新步伐。开展“基层院团”“乡土剧团”和“百姓班社”调研。完成全省国有文艺院团2022年度社会效益评价工作，优秀率达50%。实施省级政府购买公共演出服务，采购50台剧目230场演出。五是人才培养开创新局面。组织本省艺术家参加全国文艺院团管理人才培养项目、京剧创作人才高级研修班等国家级人才培养项目，选派13名优秀学员赴北京、上海艺术高校进修。省戏曲研究院演员王航荣获第31届中国戏剧梅花奖，李梅、李小青被授予“新时代中国戏剧领军人才”称号，李军梅入选文化和旅游部2023年全国戏曲表演领军人才培养计划，西安三意社屈苏红荣获“2023年全国地方戏精粹展演表演艺术传承英才”称号。

【公共文化服务和产品供给质效提升】一是体系建设持续发力。铜川、安康通过国家公共文化服务体系示范区创新发展复核并获“双优秀”，安康市复核成绩位于西部地区第一名。确定第三批15个省级公共文化服务高质量发展示范县（区）创建单位，命名40个示范镇街。圆满完成全国第七次县级以上公共图书馆评估定级工作，全省二级以上图书馆占比达到55%。二是群众活动“跨界”“出圈”。推动全民阅读与艺术、民俗、历史相融合，在西安关中民俗艺术博物院成功举办“唐诗里的长安”沉浸互动实景演出。联合省农业农村厅、乡村振兴局开展“大地欢歌”陕西省乡村文化活动年活动，组织全国四季“村晚”示范展示活动12场，戏曲进乡村文化惠民演出1.3万余场。西安市鄠邑区“关中忙罢艺术节”、渭南市“华县皮影戏”分别入选文化和旅游部“群众文化活动品牌”“中国民间文化传承发展品牌”案例。三是群文创作推陈出新登上全国领奖台。举办第十届陕西省艺术节，20件富有时代气息和现实意义的优秀作品获群星奖。《鼓舞声声迎盛世》《在希望的田野上》等3件作品赴山西太原参加全国广场舞片区展演。陕西省文化和旅游厅被文化和旅游部评为2023“大地情深”全国优秀群众文艺作品汇演优秀组织单位。四是陕西文化影响力不断扩大。举办黄河流域公共文化服务高质量发展论坛，沿黄九省（区）公共图书馆共同签署黄河流域图书馆联合发展体合作框架协议，开展“大河情深”2023黄河流域九省（区）群众文艺精品展演等活动。赴西藏、新疆、内蒙古、广西等地开展“春雨工程”文化和旅游志愿服务边疆行活动11场。

【数字文旅建设稳步推进】一是扎实推进信息化建设。印发《陕西省文化和旅游厅关于贯彻落实国家文化数字化战略的实施方案》，明确15个方面重点任务。升级完善陕西省文化产业和旅游产业运行监测与应急指挥平台功能，实现符合条件的A级景区客流数据与视频数据应接尽接。联合省通信管理局等5家单位举办第六届“绽放杯”5G应用征集大赛陕西区域赛，文旅项目荣获二等奖1项、三等奖6项。“民歌数字资源库建设及创新展演研究”项目入选2023年文化和旅游部重点实验室资助项目立项名单，并位列全国3项重点资助项目之一。“长安十二时辰智慧旅游沉浸式体验新空间”入选第一批全国智慧旅游沉浸式体验新空间培育试点项目，大唐不夜城“5G+智慧旅游”项目被确定为第一批全国“5G+智慧旅游”应用试点项目，“西安城墙文化旅游智慧沉浸体验示范园区”入选国家旅游科技示范园区。二是积极推动标准化工作。鼓励文旅企业、社会团体和文旅科研机构积极参与标准制修订工作，2023年全省文化和旅游行业立项地方标准制修订项目9项。《长恨歌》标准化模式铸就旅游演艺文化品牌”成功入选全国文旅标准化示范典型经验名单。三是深化科技教育成果转化。加强行业智库体系建设，与榆林学院联合设立陕北文化旅游研究院。全省8个项目获国家社会科学基金艺术学科规划项目立项，较上年增长60%。组织对717个陕西省艺术科学规划项目进行评审，立项110项，较上年增长16%。省艺术研究院刘院秋、西安中国画院王欣入选2023年度全国文旅系统青年科研人才扶持计划。西安音乐学院编创的现代芭蕾《无人之境》、陕西艺术职业学院编创的群舞《载乐之舟》2个剧目作为第十三届“桃李杯”全国青少年舞蹈教育教学成果在全国展演展示。

【非遗保护传承成果丰硕】一是保护传承体系不断健全。正式设立国家级陕北（榆林市）、羌族（宁强、略阳）2个文化生态保护区。新认定100名省级非遗代表性传承人，29家省级非遗生产性保护示范基地，15个非遗特色示范县，29个非遗特色示范镇，23个非遗特色示范街区，19家省级非遗研究基地，59家非遗传承教育实践基地，72家中小学优秀传统文化教育社会实践基地，69家省级非遗工坊。二是融合创新硕果累累。成功举办“非遗融入现代生活”现场交流活动、首届中国非遗保护年会活动、国家级陕北文化生态保护区古城过大年暨陕北榆林过大年活动等。三是宣传展示活动精彩频现。组织“视频直播家乡年”活动，连续3年受到文化和旅游部通报表扬。社火脸谱绘制技艺等项目精彩亮相中国—中亚西安峰会，受到党和国家领导人充分肯定。成功举办“旷古遗音　和合之美——丝绸之路非遗器乐精品展”“丝绸之路非遗美食季”等活动。华阴老腔国家级非遗代表性传承人张喜民入选2022年十大中国非遗年度人物。四是助力乡村振兴成效显著。联合省乡村振兴局认定69家省级非遗工坊、44名省级乡村工匠名师，组织对第二批省级非遗工坊进行实地考核评估。凤翔泥塑、洛南草编、西秦刺绣等3家非遗工坊被文化和旅游部评为非遗工坊典型案例。据统计，2023年全省261家各级非遗工坊，带动12.5万人次就业增收43.63亿元，人均年增收3.48万元，其中155家省级非遗工坊年产值144.5亿元。五是人才队伍建设稳步推进。组织全省非遗保护工作者参加全国非遗保护骨干队伍培训班，举办秦腔表演及伴奏、文化生态保护区建设等培训班，培训学员300余人。新增西安美术学院1所研培高校，陕西省皮影艺术传承人研修班在2021—2022年度绩效考核中被文化和旅游部评为优秀。

【文化产业和旅游产业提质增效】一是汇聚发展形成新合力。成立万亿级文化产业和旅游产业集群高质量发展工作领导小组，印发《关于加快文旅产业发展的若干措施》《重点文旅产业链优化调整方案》等文件。开展第二届文化产业“十百千”培育工程，创建省级示范园区10个、重点园区16个、示范基地49个，2023年1641户规上文化企业，营业收入1166.88亿元。布局建设旅游景区及线路、文娱演艺、文化创意、商旅名街、会展经济、赛事经济、出版印刷、乡村旅游8条重点文旅产业链群，全年综合收入达到7729.86亿元。二是扎实推进重点项目建设。谋划“四个一批”文旅重点项目388个、总投资1714.7亿元，同比分别增长19.4%、5.6%。开工、投产项目304个，总投资1577.8亿元，实际完成投资266.4亿元，丝路欢乐世界等56个项目建成运营。召开全省文化和旅游重点项目观摩暨高质量项目建设推进会，组织百余家企业参加深圳文博会、中国旅博会等重点展会10余次，举办3场重点文旅产业链项目招商引资推介会，61个项目成功签约223.48亿元。三是丰富品质供给实现新提升。曲江新区入选国家级文化产业和旅游产业融合发展示范区，鄠邑区、潼关县、留坝县被评定为国家文化产业赋能乡村振兴试点县，咸阳老街、兴汉生态旅游文化区、安康秦巴老街获评新一批夜间文旅消费集聚区。西宝高速高桥旅游服务区入选第一批交通运输与旅游融合发展典型案例。四是发掘消费潜力激发新活力。围绕重点节假日，推出“三秦四季·春光陕邀”“三秦四季·夏风陕靓”等主题推广营销活动，发放惠民卡（券）353.3万余张5291.27万元，带动景区游览、演出、购物等消费1.67亿元。“长安十二时辰”主题街区等沉浸式体验引领潮流，成为打卡热点。全年举办文化和旅游促消费活动768场。全省票房排名前十的旅游演艺总营收超10亿元，《长恨歌》全年演出836场，票房收入5.6亿元，《驼铃传奇》全年演出1270场，票房收入2.8亿元。五是立体宣传推广呈现新气象。系统推出“三秦四季·畅旅欢歌”“丝路起点·秦俑故乡”等宣传语。在河南、山西、四川等省份开展“引客入陕”旅游宣传推广，举办陕西文旅推介会暨陕西省与长三角地区文旅合作交流活动。在央视投放旅游宣传广告，邀请网络达人在景区景点开启文旅直播，与抖音、携程等平台积极开展合作，与省交通运输厅、省交控集团联合主办“爱上高速·畅游三秦”陕西高速公路车主旅游季活动。“长安十二时辰”融媒体创意宣传推广活动成功入选2022年度国内旅游宣传推广十佳案例。

【旅游资源开发利用有力有序】一是加快推进长征国家文化公园（陕西段）建设。开展国家文化公园建设工作调研督导，调整建立长征国家文化公园（陕西段）重点建设项目库，入库项目 47 个，总投资 28.52 亿元，其中列入国家规划重点项目 7 个，省级重点项目 40 个。截至 2023 年年底，竣工 8 个，在建 27 个，其余 12 个项目按计划有序推进，2023 年完成投资 4.39 亿元。二是一体推动旅游景区、度假区、休闲街区建设。印发《陕西省贯彻落实“十四五”旅游业发展规划实施方案》，组织开展旅游景区、旅游休闲街区、旅游特色名镇、乡村旅游示范村评定复核等工作。新创建 18 家国家 4A 级旅游景区，3 家省级旅游度假区，1 家国家级旅游休闲街区，2 家国家级旅游示范基地。三是有力有序推进乡村旅游。印发《陕西省秦岭地区农家乐管理办法》，修订《陕西省旅游特色名镇评定规范》《陕西省乡村旅游示范村评定规范》，提升完善评定标准。举办全省乡村旅游高质量发展现场推进会，圆满完成 2023 年度省级旅游特色名镇、乡村旅游示范村复核评定工作，新命名 5 个镇、16 个村，取消命名 9 个村。举办第 16 届陕西乡村旅游展。商洛市柞水县朱家湾村入选 2023 年联合国世界旅游组织“最佳旅游乡村”。四是持续抓好红色旅游。延安市宝塔区入选全国红色旅游融合发展试点，开通“延安号”红色专列。启动第三批红色旅游五好讲解员培养项目，渭南市渭华起义纪念地讲解员刘世豪等 4 人入选 2023 年全国红色旅游五好讲解员培养项目。

【文化和旅游市场健康发展】一是加强文化市场监管。严格执行演出市场主体准入制度，建立健全营业性演出内容审查工作机制。联合陕西省公安厅印发《关于进一步做好大型营业性演出活动规范管理的通知》，持续加强大型营业性演出审批监管。2023 年，全省共审批营业性演出活动 3.4 万余场，比 2022 年同期增长 83.2%，实现票房收入约 4.73 亿元。严格网络文化市场涉意识形态内容的审批监管，共受理网络文化经营申请 97 件，办结 97 件，办结率 100%。二是不断提升旅游服务质量。印发《陕西省文化和旅游厅 2023 年文化和旅游市场信用体系建设工作要点》，积极推进旅游服务质量品牌建设。汉中市“智慧导览服务平台助推旅游服务水平提升”获评文化和旅游部全国旅游市场服务质量提升典型案例。新增 9 家省级文明旅游示范单位，西安城墙景区、西安昆明池景区、宝鸡九龙山景区典型做法，分别入选全国文明旅游宣传引导十佳和优秀案例。三是认真开展复核评定。配合全国星评办顺利完成了君乐城堡酒店等 5 家“五星级”评定性复核检查工作，完成陕西平翔平利大酒店等 3 家“四星级”评定。部署全省 2023 年旅游民宿等级评定工作。举办“第 24 届西安国际酒店设备及用品展览会”，共邀请 393 家供应商参加，累计参观 6.83 万人次，现场交易额 9300 多万元。四是抓实安全生产工作。组织召开 2023 年全省文化和旅游安全工作会议，签订《责任书》层层压实责任，定期召开省旅游安全生产专业委员会例会。扎实组织全省文化和旅游行业重大事故隐患专项排查整治行动，全年检查经营单位 31549 家次，排查隐患 1454 个，其中重大隐患 64 个，一般隐患 1390 个，责令改正 118 家次。

【文化市场执法再上新台阶】一是健全综合执法运行机制。召开省文化市场管理工作领导小组会议，定期同省委宣传部等部门进行省级文化市场综合执法会议会商。建立晋陕豫三省文化市场综合执法协作机制。落实中西部文化市场综合执法协作交流工作部署安排，联合相关单位举办专项培训 27 场次，派出（接收）执法师资 56 人次。二是扎实开展专项整治。紧盯重点领域，持续开展文旅市场“清浊行动”，交办互联网上网服务营业场所、歌舞娱乐等方面7批次295条涉嫌违法违规问题线索。突出景区票务、营业性演出市场票务等开展专项整治，2023年全省各级文化市场综合执法机构共出动检查15.4万人次，检查经营单位5.9万家次，办结案件748件。发布3批14个典型案例。三是常态组织暗访巡查。省级层面派出专业暗访人员300余人次，对全省范围内2400余家经营单位进行了实地暗访，组织网络巡查96批次，有效查询相关信息27.7万条。加强网络舆情监测处置，查处陕西中大国际有限公司经营含有违背社会公德和民族优秀文化传统内容的艺术品等案件。四是依法依规推进执法办案。制定《陕西省文化和旅游领域包容审慎监管执法清单》，组织编纂《文化市场综合执法法律法规汇编（2023版）》。开展2021—2022年度文化市场综合执法重大案件评选、2023年度全省文化市场综合执法案卷评查。五是严抓综合执法队伍建设。组织全省文化市场综合执法队伍统一着装。认真贯彻“1221人才工程”，新选拔省级师资（含预备师资）31名。举办全省文化市场综合执法办案骨干、法制审核能力提升、执法信息化、旅游市场办案等培训，培训执法人员1100余人次。举办全省文化市场综合执法岗位练兵技能竞赛，参加第三届全国文化市场综合执法岗位练兵技能竞赛夺得全国第二名。

【文化和旅游合作交流持续深化】一是深化国际旅游宣传推广。赴英国、法国等13个国家和地区举办主题推介、文艺展演、业务洽谈等活动30余场。首次在墨西哥、智利、哥伦比亚等国家电视台和网络媒体播出《穿越陕西　遇见中国》宣传片。加强“游陕西”英、日、韩3个语种11个官方账号运维，现有粉丝超过155万，曝光量达4.85亿次，多次位居全国省级文旅新媒体国际传播力指数前列。“文化陕西——又见古韵”入选中央网信办“中国好故事”网络国际传播精品案例。二是深化丝绸之路主题交流合作。创新办好第九届丝绸之路国际艺术节，吸引91个国家和地区参与，惠及800余万观众。组团赴乌兹别克斯坦、哈萨克斯坦、吉尔吉斯斯坦开展文旅交流活动。邀请4个中亚文艺团体、105名艺术家来陕共同举办“陕西与中亚国家文艺交流会演”。圆满承办土库曼斯坦中国文化年开幕式。成功举办第十届中国西部文化产业博览会、2023西安丝绸之路国际旅游博览会，法国、韩国等27个国家来陕参展签约重点文旅项目29个，金额达143.48亿元。三是打造内陆开放新高地。省文化和旅游厅正式成为国内第4家获准进入世界旅游联盟的省级文旅行政部门，西安成为丝绸之路旅游城市联盟创始会员城市，陕西旅游集团成为世界旅游组织附属会员中唯一的中国企业。陕西省图书馆与罗马尼亚胡内多阿拉省图书馆建立友好关系。在蒙古国乌兰巴托举办“茶和天下·陕茶雅集”主题文旅交流推广活动10余场。在日本举办中国陕西和日本京都书画联展、库淑兰剪纸艺术展。在澳门举办“影偶交辉——陕西省和四川省皮影木偶艺术展”。省文化和旅游厅担任港澳青少年内地游学联盟轮值主席，举办联盟大会及游学推广活动。

【文化和旅游法治建设不断提升】一是加强法治宣传教育。抓好《陕西省秦腔艺术保护传承发展条例》《陕西省公共文化服务保障条例》贯彻实施，积极推进《陕西省文化产业促进条例》《陕北民歌保护传承发展条例》立法进程。组织“《中华人民共和国民法典》与营商环境的保护”等法治专题线上线下培训，开展“法宣在线”领导干部学法用法考试工作，结合“三下乡”活动开展“美好生活·民法典相伴”主题宣传活动。二是完善依法行政制度。全面落实行政许可清单制度，实现全省行政许可事项同要素管理、同标准办理。建立健全重大行政决策合法性审查机制。实现行政规范性文件和经济合同等重大行政事项合法性审核全覆盖。三是规范行政执法行为。开展“体验式”暗访评估和网络监测，组织文娱领域综合治理、“不合理低价游”综合治理等专项行动，加强大型营业性演出活动规范管理，推动文化和旅游市场高质量发展。

【文化和旅游人才建设卓有成效】一是人才工作重点项目亮点纷呈。资助推出《楷模村》《乾坤湾》等一批乡村振兴主题的优秀文艺作品，《生命的绿洲》在广州、深圳、珠海等粤港澳大湾区城市巡演，以文艺形式唱响陕北乡村振兴新篇章。扶贫题材商洛花鼓戏《情怀》受邀参加第22届中国上海国际艺术节，并入选文化和旅游部主办的第三届全国花鼓戏优秀剧目展演。举办《大地回响——乡村振兴主题青年美术创作展》，展出59位优秀青年美术人才围绕乡村振兴主题创作的80件美术作品。二是人才培养形式多样。组织村镇干部参加文化和旅游部举办的“2023年全国乡村旅游重点村镇干部培训班”。榆林市米脂县杨家沟革命纪念馆等单位4名讲解员入选全国红色旅游五好讲解员培养项目。组织100名乡镇干部、企业负责人参加2023年县域文化产业和旅游产业高质量发展培训班。三是“文化人才专项”扎实推进。拨付基层文化人才专项经费2511万元，为艰苦边远地区和基层一线选派1115名、培养130名优秀文化工作者。

（陕西省文化和旅游厅　雪安银）

甘肃省

【概况】2023年，甘肃省文化和旅游系统紧紧围绕“综合工作争先进位、单项工作争创标杆”目标，以20个专项行动为牵引，着力补短板、强弱项、促提升，文化事业、文化产业和旅游业全面发展，超额完成省委、省政府安排的目标任务。全年争取到位资金7.58亿元，承办全国性文旅活动和会议17次，在全国性会议上作典型交流发言5次，邀请国家部委副部级以上领导来甘调研指导工作11人次，创建世界和国家级旅游品牌38个，列入国家典型案例11项，荣获全国表彰荣誉奖励116项，入选国家级展演展播展示（资助项目）102项，组织全省会议及文化活动113场次，策划开展省内外宣传推介、招商引资和专题活动111场次（为历年最多），网络传播力指数排名21次入围全国各类文旅政务榜单前10位，7次登上榜首，法治建设绩效考核连续四年获优秀等次。

【政策法规】推动出台《甘肃省深化国有文艺院团改革实施方案》《关于推动文化和旅游深度融合实现高质量发展的实施意见》《关于推进文化甘肃建设的实施意见》《关于释放旅游消费潜力推动旅游业高质量发展实施方案》。《甘肃省红色资源保护传承条例》于2023年5月31日由甘肃省第十四届人民代表大会常务委员会第三次会议表决通过，于2023年8月1日起施行。《甘肃省公共图书馆条例》于2023年7月27日由甘肃省第十四届人民代表大会常务委员会第四次会议表决通过，自2023年10月1日起施行。

《甘肃省健全文化和旅游普法机制 推进法治文化建设创新发展》获文化和旅游部2022-2023年度文化和旅游领域改革创新优秀案例，《敦煌文化国际交流调研报告》《甘肃省重点旅游景区智慧化建设专项调研报告》获全国文化和旅游系统2023年度优秀调研成果，《关于推进全省文化和旅游深度融合高质量发展的调查研究报告》获2023年甘肃省宣传思想文化战线优秀调研报告。甘肃省文化和旅游厅连续四年获全省法治建设绩效考核优秀等次。

【艺术创作与生产】一是艺术创作成果丰硕。创排歌剧《不遥远的胡麻岭》、音乐剧《风花雪月》、交响乐《黄河之水天上来》《花儿韵响》、大型秦腔历史剧《蔡文姬》、民族歌剧《西风烈》、话剧《永远的铁人》、民族器乐剧《玄奘西行》等精品剧目。组织实施两期“百名画家陇上行”美术创作工程，全省有37件美术作品入选第八届全国画院美术作品展，入选数量创全省历届入选全国美展作品之最。策划举办“大路西行”第三届中国油画作品展，全国2000多位画家的6000多件作品参选，展出350幅。在国家画院美术馆举办“大美陇原”甘肃画院暨首届甘肃省青年优秀美术作品晋京展。2名画家作品入选法中经济文化交流协会在法国卢浮宫举办的“温度：当代艺术展”。二是艺术作品斩获大奖。组织申报的28部剧（节）作品入选国家级艺术展演活动，17名文艺工作者入选国家级个人展演项目，获得13个展演集体奖项，4个个人奖项，获奖数量为历年最多。民族歌剧《呼儿嘿哟》入选第五届中国歌剧节展演，获“优秀剧目”奖。《黄河·绿洲》入选全国优秀交响乐作品展演；4名优秀青年歌唱演员入选第十五届全国声乐展演。秦腔《蔡文姬》入选第十八届中国戏剧节展演剧目，为甘肃省近十年来首次入选中国戏剧节剧目。秦腔《锁麟囊》和折子戏《火焰驹·打路》《伐子都》入选全国戏曲（北方片）会演暨梆子声腔优秀剧目展演。敦煌古乐《箫韵》《倾杯乐》入选全国民族器乐展演，获得“优秀乐种组合”。《柘枝舞》《藏墙夯歌》入选第十四届全国舞蹈展演，获“优秀节目”。歌曲《格桑梅朵》入选第二届中国（武汉）文化旅游博览会全国音乐大擂台，并获得三等奖，甘肃省文化和旅游厅获得优秀组织奖。潘钰、张磊获“2023黄河流域戏曲演出季表演艺术传承英才”荣誉。李晓晨荣获2022年中国戏曲表演学会“年度新秀”荣誉称号。佟红梅获得2023年昆山百戏盛典“新时代全国戏剧（旦行）领军人才”称号。雷通霞领衔主演的陇剧《官鹅情歌》入选2023—2024年度中国戏曲像音像工程。三是院团改革持续深化。印发《关于全面消除部分地区文艺院团建设空白促进文艺演出市场繁荣的通知》，已实现省市县三级文艺院团全覆盖，政府购买服务推动惠民演出全覆盖。组织完成全省濒危剧种戏曲公益性演出（濒危剧种免费或低票价演出）项目，演出覆盖濒危剧种所在4个市州、12个县区、115个乡镇，南木特藏戏、民勤曲子戏、高山戏、陇南影子腔、玉垒花灯戏、灵台灯盏头剧、半台戏等濒危剧种的生存环境得到有力改善。四是惠民演出常态化开展。先后组织举办“春绿陇原·黄河之滨”《黄河之声·交响合唱》音乐会、“春绿陇原·百花争艳”文艺展演、“春绿陇原”《南梁颂》《丝路花雨》等专场演出活动，同时组织省直文艺院团开展“春绿陇原”进景区、下基层文化惠民活动。举办“新声兰州·城市文化市集”，组织敦煌艺术团在甘肃大剧院连续开展“春绿陇原”惠民演出活动，3天时间20多万市民及游客打卡文化市集，成为兰州新的消费热点。2023年全省组织开展文艺演出活动2.68万场次，现场观众达2992万余人次，演出收入2.57亿元，开展线上展演活动4124场次，网络观演达7029万人次。

【公共文化服务】一是公共文化服务能力不断提升。推动各级图书馆向理念先进、管理科学、服务优质目标发展，94个馆在第七次全国县级以上公共图书馆评估定级中被评定为三级以上馆，较上个评估周期提高27%。在兰州市城关区通渭路小学建立青少年美育示范基地。指导乡镇（街道）综合文化站与新时代文明实践中心、日间照料中心、党群服务中心等融合发展，推动各地建成如兰州市城关区酒泉路街道、白银市平川区长征街道、金昌市金川区金川路街道、焦家庄综合文化站等一批“文化+”模式的公共文化新空间。白银市通过第三、四批国家公共文化服务体系示范区创新发展复核验收。开展全省乡镇（街道）综合文化站评估定级工作。二是公共文化产品供给不断丰富。组织开展“大地欢歌”甘肃省乡村文化活动年，举办第三届陇韵书香节、石榴杯阅读推广、全省广场舞大会、四季村晚、第六届群星艺术大赛等“陇原儿女心向党”系列群众文化活动20多场次；组织文艺、群艺轻骑兵进村（社区）、易地搬迁安置区等开展文化惠民演出150多场次；为基层送戏曲视频700套，在58个脱贫县983个脱贫乡镇开展戏曲演出5898场次。“陇原儿女心向党”系列群众文化活动入选首届中国群众文化品牌发展大会群众文化活动品牌提名案例，“石榴杯”陇原儿女心向党阅读推广活动入选2023年“春雨工程”优秀项目。“完善阅读体系、金川书香满城”被中宣部、文化和旅游部等评为“基层公共文化服务高质量发展典型案例”，《山笑水笑人欢笑》等9个“村晚”节目入选2023年全国我最喜爱的100个优秀“村晚”节目榜单。三是公共文化数字化建设深入实施。制定《2023年智慧图书馆、公共文化云实施方案》，下拨公共文化数字化项目1760万元，推动建设数字资源项目30个、公共文化云平台18个，开展学才艺培训24门、直录播和区域文化活动185场，培训基层文化骨干1740人次；举办全省文化志愿服务和公共文化云管理人员培训班，培训基层骨干60多名；推广使用“陇上飞阅”，发放宣传册20000多份，持续推动公共文化向数字化、网络化、智能化水平发展。

【非物质文化遗产保护】举办“黄河之滨也很美——黄河流域非物质文化遗产论坛”“黄河流域九省（区）非遗大集”，集中展示展销黄河流域九省（区）36家非遗工坊400多件非遗产品。举办非遗展示展销暨全省非遗文创大赛、“如意甘肃 多彩非遗”非遗展演季、“甘肃省非遗大集”等活动。开展“非遗过大年 文化进万家”“视频直播家乡年”线上线下非遗集中宣传展示展演和民俗活动共计300余场次。指导各市（州）开展“文化和自然遗产日”宣传展示活动380场，其中线下活动250场、线上活动130场。认定第五批省级非遗代表性传承人141人，确定国家级、省级非遗传承人考核等次。实施国家非遗代表性传承人记录工程，非遗大数据平台正在进行等保测评测试前期准备工作。指导完成5期国家级中国非遗传承人研培计划培训班。组织开展国家级非遗生产性保护示范基地申报工作。完成2023年度全省2个联合国教科文组织非遗名录项目、29个国家级非遗项目、2期国家级非遗传承人群研培计划培训班。完成2024年度4个联合国教科文组织非遗名录项目、36个国家级非遗项目、53名国家级非遗传承人，7期国家级非遗传承人群研培计划培训班资金申报工作。

【文化产业和旅游产业发展】一是全省旅游接待市场稳步回升。全省各地紧抓文旅市场复苏回暖机遇，丰富文化和旅游产品活动供给，全省呈现“稳开高走、持续回暖”总体格局。2023年，全省共接待游客3.88亿人次，实现旅游收入2745.8亿元，分别较2022年同期增长187.8%和312.9%，分别恢复到2019年同期的104%和102.4%，增速远超全国平均水平。其中，乡村旅游接待游客1.53亿人次，实现旅游收入481.93亿元，乡村旅游收入较2019年的340.01亿元增加141.92亿元，增长41.74%。二是文旅项目建设投资加快推进。全力谋划推进重大文旅项目建设。2023年，完成文化和旅游各类资金投入207.76亿元，同比增长11%。实施文旅项目609个，完成投资152.2亿元。为企业协调融资贷款4625亿元，同比增加106.8亿元。成立文化产业和旅游产业招商引资专班，洽谈引进500强5家，开展招商引资活动407场次，签约落地文旅招商项目131个，签约资金388.5亿元。实施文化旅游康养重点融合项目259个，实际完成投资121.2亿元；谋划文旅康养重点招商项目183个，培育文旅康养骨干企业137家。三是文旅消费复苏促进多措并举。出台《甘肃省释放旅游消费潜力推动旅游业高质量发展实施方案》，组织开展“十城联动”消费活动，发布文化旅游消费促进活动惠民政策，启动400余项文旅消费促进活动。推广兰州老街、敦煌夜市、临夏八坊十三巷等模式，支持地方依托重点商圈、特色步行街、夜经济集聚区，提升夜间文旅供给品质，突出“仰望星空”“西北烧烤”等优势特色，积极打造夜市、夜展、夜购、夜食、夜娱、夜游等差异化、特色化夜间经济，激发城市活力和文旅消费潜力。

【旅游资源开发】一是品牌建设速度加快。冶力关5A级景区、永靖刘家峡国家级旅游度假区创建通过初评验收，陇南市武都区古今里获评国家级旅游休闲街区，新增4A级景区9家、3A级景区15家、省级旅游度假区1家，评定三星级以上星级酒店16家，新注册旅行社企业211家；举办甘肃研学旅行大会，推出研学旅行十大主题、百条线路、千堂课程。二是乡村旅游扩面提质。新创建乡村旅游示范县7个、文旅振兴乡村样板村80个，培育乡村旅游合作社60个，推出春季乡村旅游精品线路30条；创建甲、乙级民宿5个，扎尕那村被联合国世界旅游组织评为“世界最佳旅游乡村”；联合新华社发布2022年全省乡村旅游发展指数，推出60条陇上户外运动和冬春旅游精品线路。甘肃“夏润平凉　耕读传家亲子游”“陇上江南　乡村休闲度假游”“白银寻夏　黄河小镇体验游”和“花儿临夏　乡遇时光尽兴游”4条线路入选全国乡村旅游精品线路。承办全国红色旅游培训班，组织开展了第三届全省红色故事讲解员大赛，3名讲解员被评为全国红色旅游“五好”讲解员称号。三是创建工作取得新成效。积极开展国家工业旅游示范基地、国家级旅游度假区、国家级旅游休闲街区、国家级旅游体育旅游示范基地申报创建工作，其中，陇南油橄榄工业旅游景区、兰州1929“本草世界”已获评国家工业旅游示范基地；永靖刘家峡旅游度假区、张掖芦水湾旅游度假区申报国家级旅游度假区工作已通过文化和旅游部组织的线上答辩会；陇南市武都区古今里旅游休闲街区成功创建为国家级旅游休闲街区；天水青鹃山体育旅游公园、甘肃法台山体育旅游基地两家省级体育示范基地创建国家级旅游体育旅游示范基地加快推动。

【文化市场监管和服务提升】一是文化市场规范有序。制定《关于开展全省文化市场“雷霆行动”2023执法工作的通知》《甘肃省文化市场综合行政执法事项指导目录（2022年版）》（229项）、《甘肃省文化市场行政处罚自由裁量基准》。扎实开展“零办案”整改活动，17个县级执法机构对督办组移交的70个问题线索案源全部办结并上传全国执法平台。开展“扫黄打非”专项行动，全省各级执法机构共出动执法人员60272人次，检查各类文旅企业（场所）22218家次，立案调查274件，现场处罚204件，责令改正358家，警告304家，停业整顿10家，办结案件443件，罚款1667256元。二是营商环境持续优化。举办“城市、文化、创造力”框架培训、第一期“甘肃对话”市长论坛。积极推进“全国文化市场技术监管与服务平台”“全国旅游监管服务平台”与甘肃省政务服务网的数据互联互通，优化提升行政效能。组织开展文化市场“雷霆行动2023”，强化文旅市场监管。培育多元业态，繁荣夜间经济。三是旅游服务质量不断提升。举办全省星级饭店服务质量提升培训班，对全省343家星级饭店进行评定和年度复核检查，新评定四星级饭店3家，完成年度新评5家四星级饭店的任务。开展文明旅游示范单位评定工作，鸣沙山月牙泉等4家景区被评为第二批国家级文明旅游示范单位，3家被评为全国文明旅游引导典型案例，9家文旅企业被表彰为2023年度省级文明旅游示范单位。

【宣传推广】一是主动“走出去”推介讲好甘肃故事。举办“好客山东·如意甘肃”双向游暨

“山东人陇上游”甘肃文旅推介、“聆听交响丝路走进如意甘肃”四川、重庆主题推介、“陆丝牵手海丝·甘肃邀约福建”主题旅游推广等系列活动，组团参加第十九届中国西部国际博览会、第二届中国（武汉）文化旅游博览会、2023全球徒友家族见面会等全国性展会，开展文旅产品推介、招商洽谈和合作对接等活动。二是积极“请进来”感受“如意甘肃”的美丽厚重。邀请宁夏回族自治区文旅厅、青海省文旅厅在兰州举办“坐着高铁游宁夏”春季宣传推广活动和“大美青海·如意甘肃”宣传推介活动。举办2023年全球旅行商大会暨甘肃文旅产业招商引资推介活动，签订“招商引客”及旅游市场开发合作协议17份、预期组团“引客入甘”3万人次以上。举办甘肃研学旅行大会，发布推出甘肃研学旅行十大主题、百条线路、千堂课程，指导推出了一批符合市场需求的研学产品。开展“我和四季有个约会”——“车窗外的春天”旅游主题推广活动。三是打出文宣“组合拳”奏响“如意甘肃”华章。抢抓银兰高铁中兰段（甘肃段）开通机遇，联合兰州铁路局、白银市共同开展“黄河之上·多彩白银”等主题品牌列车冠名宣传活动。创造性推动甘肃文旅“环西部火车游”恢复运营，已开通运营“环西部火车游·崆峒号”“环西部火车游·粤港澳”等旅游专列，政企合力提升甘肃文旅美誉度和影响力。加大航班“串飞”，推动兰州＝张掖＝敦煌、兰州＝庆阳和陇南＝敦煌旅游航线串飞工作落地落实，实现了甘肃省河西走廊与陇东南地区优质旅游线路产品有效“串联”。

【对外文化交流合作】一是国家品牌活动深入开展。成功举办第六届丝绸之路（敦煌）国际文化博览会、第十一届敦煌行·丝绸之路国际旅游节。借助2023“欢乐春节”平台，与60多个国家在线开展“欢乐春节”系列演播活动，推出“秦时明月汉时关·丝绸之路”图片云展览和数字敦煌云体验；借助2023年“GO DAY 欢乐年货节”活动平台，组织省内文博机构和非遗文创企业，精选工坊产品100多个品类、2000余件产品在线开展营销活动、完成月销售额约150万元；借助“部省合作”平台，与惠灵顿、奥克兰、悉尼等中国文化中心开展“茶和天下·雅集”甘肃特色文化展示交流活动和“陇上行”国庆中秋民族交响音乐会演出；借助驻华外交官“发现中国之美”活动平台，精心策划和组织驻华外交官行走河西走廊，向其全面、客观宣传推介甘肃。二是对外文化交流合作不断深入。发挥文博资源优势，组派敦煌研究院专家学者赴印度、比利时、意大利广泛参加各类文化遗产国际学术会议，提高敦煌学研究和文物保护传承的世界影响力；赴匈牙利、日本积极探讨开展敦煌文献数字库建设、敦煌文物数字化复原以及双向人才培养等计划；组派敦煌研究院专家赴澳大利亚、新西兰、斐济等国开展敦煌文化专题讲座，加大东西方文化交流互鉴；在丝路沿线国家和港澳台等地举办精品外展4场；开展“敦煌文化环球连线”和国际学术研讨会、文化论坛、专题讲座等文化交流活动21场次；引进“巴基斯坦犍陀罗艺术展”，有序推进缅甸蒲甘他冰瑜寺数字化保护国际援助项目。三是与港澳台交流合作日益密切。在澳门举办“甘肃文旅周”系列活动，开展数字敦煌、朝圣敦煌、非遗文创展和舞剧《丝路花雨》演出、入境游推介、美食品鉴等推广活动。在香港，澳门分别设立甘肃文旅推广中心，与香港贸发局签署《深化陇港文旅产业经贸合作备忘录》。组织30家IP授权机构参加2023年“中国文化和旅游IP授权系列活动”，上千件非遗文创产品亮相香港国际授权展和礼品及赠品展，共达成签约金额近3200万元。组织邀请港澳台旅行商、媒体、艺术家来甘肃省踩线采访采风，举办“文化丝路——港澳艺团甘肃行”、说如意甘肃——两岸媒体人走进黄河第一弯主题宣介、“艺汇丝路·相约敦煌”——2023港澳艺术家采风等活动。

【文化和旅游法治建设】一是法治文旅品牌化步伐加快。设计法治文旅logo、甘肃法治文旅IP形象——“如意小獬”、创作并全网发布原创歌曲《法治文旅之歌》三个标识，打造具有甘肃文化特色和完全知识产权的标识体系，有力提升法治文旅建设辨识度和软实力。二是法治建设智能化水平提升。应用VR、AR、全息投影等新技术，建设“甘肃省法治文旅数字体验馆”“甘肃省法治文旅云上展馆”“甘肃省法治文旅手机端”三大法治宣传教育平台。其中，“甘肃省法治文旅数字体验馆”被命名为甘肃省第二批法治宣传教育基地。三是普法宣传模式不断创新。结合行业特色，实施精准普法，创新开展“业务+普法”“便民+普法”“旅游+普法”等模式，推动法治宣传进景区、入社区、到乡村，让普法宣传“接地气”，法治文化“贴民心”，为乡村振兴、基层治理注入源源不断的法治力量。甘肃省文化和旅游厅政策法规处荣获全省“八五”普法中期先进集体。

【文化和旅游财务管理】一是预决算管理执行程序化。完成全系统各预算单位2022年决算和2024年部门预算编制、政府财务报告编制审核汇总及报送工作，切实保障每项资金预算的完整性，每个功能科目、经济科目的准确性，力争做到不缺不漏全口径纳入。及时下达厅系统2023年预算批复。强化预算执行督促检查，督促各处室按照时间节点完成资金支出，加快预算执行进度，确保全年各项目标任务顺利完成。二是绩效评价管理标准化。严格落实预算申报、绩效目标管理同步安排、同步实施，2023年，完成全系统2022年度预算执行情况绩效自评工作、2022年度旅游产业发展资金和旅游扶贫专项资金绩效评价整改工作、2022年度中央对地方转移支付预算执行情况绩效自评、省级预算执行情况部门和财政重点绩效评价工作、2023年度部门预算1—6月、1—9月绩效运行监控工作。甘肃省文化和旅游厅在绩效管理和绩效自评考核中获得双“优”。三是财会监督管理常态化。完善内部监督管理机制，制定《甘肃省文化和旅游厅进一步加强财会监督工作实施细化方案》。组织开展财经纪律重点问题专项整治。加强对转移支付文化旅游专项资金监管，联合省纪委监委驻厅纪检监察组组成4个督查组，赴14个市州对50%县区、30%重点项目2021—2023年转移支付资金管理使用情况进行专门督查。针对发现的问题，下发整改通知责令限时整改，进一步规范资金使用，切实发挥财政资金使用效益。

【文化和旅游人才队伍建设】一是健全人才发展制度机制。修订《关于加强新时代甘肃文物人才队伍建设的实施意见》《敦煌研究院博士后工作站管理办法》《敦煌研究院人才科研经费管理办法》《甘肃省博物馆急需紧缺高层次人才引进办法（试行）》《甘肃省博物馆工作人员考核管理办法（试行）》《甘肃省博物馆绩效考核管理办法（试行）》等办法；制定《甘肃省图书馆职业导师制实施方案》《甘肃省图书馆专业技术内部等级岗位任职条件（试行）》等制度。二是优化人才发展环境。围绕学习贯彻习近平总书记在敦煌研究院座谈时讲话精神，紧跟全省人才发展体制改革，先后将163个自收自支编制纳入全额财政拨款保障，获批新增人员编制100人，出台《关于加强敦煌研究院人才队伍建设的若干措施》。协调给省文化艺术研究院核增全额拨款事业编制72名，省文物保护研究所撤并入省文物考古研究所，增加编制33名，总编制达到100名。三是加大人才引进力度。争取将考古、土木工程、美术学等7项专业纳入全省急需紧缺人才目录。发挥敦煌研究院国家级、省部级重点科研平台，国家引才引智示范基地，博士后科研工作站等平台的人才聚集优势，积极引进流动科研人才和国外高层次人才4名。通过“人才+平台”“人才

+基地”“人才+项目”等模式，先后支持青年专业人才进修硕士、博士学历35人；自主培养副高级以上专业人才78人。通过各科研平台柔性引进流动科研人才38人。通过招聘、调动等方式引进急需紧缺人才，引进考古专业技术人才11名、电子信息类专业技术人才2名、专职作曲人员1名、非遗等专业技术人才25名。

（甘肃省文化和旅游厅　季慧琳）

青海省

【概况】2023年，青海省文化和旅游系统坚持以文塑旅、以旅彰文，推动文化和旅游深度融合发展，紧紧锚定打造国际生态旅游目的地重大要求，认真研究分析、精确精准把握文化和旅游发展规律，立足比较优势，挖掘固有特色，正视自身差距，着力补短板、强弱项、固底板、扬优势，有力有序推动各项目标任务落地见效，全力推动全省文旅事业取得新成效，迈上新台阶。全省完成文旅直接固定资产投资4.15亿元。全省接待游客4476.35万人次，同比增长107.4%，实现旅游总收入430.64亿元，同比增长196.3%，分别恢复至2019年的88%和77%。

【政策法规】有序推进打造国际生态旅游目的地机制建设、健全文化事业产业发展机制等18项重点改革任务，完成重点改革试点工作的梳理汇总。认真推动省委常委、省委秘书长、省委改革办主任调研报告成果转化运用。坚持科学立法、民主立法、依法立法，配合做好《青海省公共文化服务保障条例》起草、调研等工作，配合省人大做好青海省生态文明高地建设立法工作。审核报备规范性文件6件。开展涉及黄河流域保护的地方性法规等规范性文件集中清理工作。组织开展全省《中华人民共和国旅游法》《青海省旅游条例》知识竞答活动。开展民法典宣传月活动，印发民法典中的文旅知识宣传册1000册。为全厅7个联点村发放《中华人民共和国民法典》《公共服务保障法》等书籍21册、宣传资料6300册。动态调整全省文化和旅游系统行政许可事项通用清单、行政备案事项通用清单，推动部门权力再“瘦身”，流程再优化，事项更合法，调整后现有省级行政许可事项14项，行政备案事项7项。大力推行电子证照、容缺受理登记制，提升审批服务标准化、规范化、便捷化水平。政务服务大厅共办理政务服务审批10391件，非常满意率100%。梳理厅系统规章制度，形成保留制度清单12项、废止制度清单16项、修订制度清单13项、新增制度清单5项。做好政策调研等工作，2篇调研报告荣获全国文化和旅游系统2022年度优秀调研成果。

【文艺创作生产】深入挖掘全省优秀文化资源，创排青海省首部原创歌剧《青春铸剑221》，入选国家艺术基金资助项目，获第五届中国歌剧节优秀剧目奖。修改提升平弦花儿剧《绣河湟》，参演中央宣传部、文化和旅游部主办的2023年新年戏曲晚会。创排现代京剧《长空烈焰》，首演反响热烈，全网观众点击量达70多万人次。杂技《太极·坛韵》荣获第十九届中国吴桥国际杂技艺术节金狮奖，实现青海省杂技国际奖项零的突破。全省各专业文艺院团围绕主题，创排藏戏《金城公主》、舞剧《那时，金银花开》《河湟》等大型剧目，创排舞蹈《阿妈　同心圆》《一路风光》《暖阳下的高原》《金银滩》《天地间》《妈妈在山坡上等我》《醉在高原》等小型作品50余个。组织协调中国交响乐团、江苏省演艺集团交响乐团、天津音乐学院青年交响乐团、青海省演艺集团及中国交响乐团合唱团、江苏省演艺集团合唱团、青海省合唱团、青海少儿合唱团等近500人组成强大演出阵容，以气势宏大的交响乐、合唱组合演出的形式，成功举办青海湖音乐节开幕式文艺演出，展示了“大美青海”品牌新形象。开展剧场党课13次，观众达3万人次。全省专业文艺院团开展“党的二十大精神进万家”惠民演出活动，完成下基层演出591场、剧场党课11场、文艺进景区驻场演出603场，濒危剧种公益性演出220场，观众达1300万余人次。在微信视频号、抖音及快手等App中转发、直播国内优秀剧目及部直属院团精品节目，活动期间点击量近10万次。推动国有文艺院团深化改革工作。多渠道强化人才队伍培养，实施青海京剧表演人才提升计划，开展全省艺术类专业人员跟班学习工作，打造高素质专业文艺人才队伍。

【规划与建设】加快构建全省生态旅游“一芯一环多带”发展布局，以西宁为“一芯”，以青海湖为“一环”，打造“多带”，进一步明确打造国际生态旅游目的地思路。制定《国际生态旅游目的地青海湖示范区创建工作方案》，明确7个方面24项重点任务，扎实推进国际生态旅游目的地青海湖示范区创建工作。立足省情实际，结合工作基础，以高水平规划，高标准建设，能落地实施为目标，综合考虑甘肃省生态旅游发展现状，重点制定了以“打造国际生态旅游目的地总体规划”为总纲，“N”个专项规划、“X”项政策保障措施为支撑的打造国际生态旅游目的地“1+N+X”规划政策保障体系方案。制定《青海省“十四五”文化和旅游发展规划实施中期评估工作方案》，按照系统全面、重点突出、远近结合、科学严谨、实事求是的原则，聚焦主要目标指标实现情况，重大战略、重大任务、重大工程项目推进情况，科学研判内外部发展形势变化，对文化和旅游发展规划实施情况进行了客观公正、实事求是的评估总结，形成《青海省“十四五”文化和旅游发展规划中期评估报告》。组织各市州文化和旅游部门争取中央预算内投资项目，落实“十四五”文化保护传承利用工程项目3项，投资1.65亿元；落实旅游基础设施建设项目8项，投资1.76亿元。同时，加强项目建设调度工作，全力推进项目建设进度，2023年完成文化和旅游直接固定资产投资4.15亿元。对标国家重大战略和重点投向，围绕打造国际生态旅游目的地和“一芯一环多带”生态旅游发展战略布局，聚焦国家政策导向和全省文化和旅游发展需求，制定了《青海省文化和旅游厅项目前期攻坚专项行动方案》《青海省文化和旅游厅项目谋划攻坚专项行动方案》，全力推进文化和旅游重大项目谋划储备工作。

【公共服务体系建设】组织戏曲进乡村、大美青海文艺轻骑兵主题演出3016场次，惠及群众约110万人次。利用优势文化资源，发挥农（牧）民主体作用，组织开展9场“四季村晚”活动。举办西北五省（区）“花儿”演唱会，全省群文干部业务技能比赛颁奖晚会等5项重点群众文化活动，惠及群众533万人次。按照文化和旅游部安排，与5省市合作实施了6场（次）“春雨工程”文旅志愿服务项目。选送的广场舞《五彩果洛》入围全国广场舞展演节目，选送的节目（歌手）在中国西部民歌（花儿）歌会比赛、沿黄九省（区）戏曲票友展演活动中荣获多个奖项。投入2000万元，为400个村（社区）配发了演出服装、音响、乐器等文化设备器材。投资1322万元，组织实施了51个公共文化数字化建设项目。完成了第七次全国县级以上公共图书馆评估定级、村级综合性文化服务中心公益岗位效能评估以及西宁、海东两市部分村（社区）文化设备器材管理使用情况检查评估工作。完成了全国古籍重点保护单位复核抽查工作组对甘肃省的检查、复核和指导工作。制定印发了《关于推进新时代古籍工作任务分工方案》。省古籍保护中心承办了全国少数民族第一期藏文古籍保护培训班。开展旅游厕所交叉检查（回头看），举办青海省旅游厕所革命专题培训班，推进“一厕一码”在线评价反馈。

【科技教育发展】科学构建地方标准体系，申报立项了《生态旅游景区开发与经营管理规范》《生态旅游者行为准则》2 项地方标准，发布了《智慧旅游景区建设指南》《研学旅行产品服务规范》《旅行社生态旅游安全服务质量要求》3 项地方标准，修订了《贵南藏绣》1 项地方标准。积极培育标准试点示范，申报的青海湖生态旅游服务标准化试点被国标委成功获批为 2023 年国家级服务业标准化试点项目，茶卡盐湖景区服务标准化试点被省市监局成功获批为 2023 年省级标准化试点项目，推荐申报的青海宾馆标准化示范典型经验入选 2023 年全国文化和旅游标准化示范典型经验名单，为青海省文化和旅游行业提供“先行先试”试点经验。开发建设了“智游青海”文旅公共服务平台，实现了省内景区预约、酒店预订、手绘导览、找卫生间、找停车场等 5000 余个旅游资源的浏览、预约和查询服务，于 7 月 15 日上线试运行。青海湖“5G + 智慧旅游”项目入选文化和旅游第一批“5G + 智慧旅游”应用试点项目，火星信号源体验项目入选文化和旅游部数字化创新示范优秀案例。《青海土族民族民间舞蹈教材》入选第十三届“桃李杯”全国青少年舞蹈教育教学成果展示活动教师精品课程。王倩倩、星晓花、马忠业、李玉芳、宋涛 5 名同志入选“昆仑英才”行动计划。向社会公布了青海省文化艺术类和研学类校外培训类别细目清单，公示了第三批符合要求的 106 家文化艺术类校外培训机构名单。完成了全省旅游从业人员“送教上门”业务技能培训工作，深入 29 个县市区培训 2419 人。

【文物保护利用】制定印发关于让文物活起来的若干措施、长城保护员管理办法、文物保护利用专家库管理办法，为文物事业科学发展提供制度保障。启动第四次全国文物普查前期准备工作。启动省级以上文物保护单位空间信息测绘项目。落实各级各类文物保护资金 1.6 亿元，实施各类文物保护利用项目 48 项。实施玉树市丁都普巴洞穴遗址、同德宗日遗址、都兰县热水墓群 M37 墓、都兰县夏尔雅玛可布遗址 4 项主动性考古发掘项目。完成黄河羊曲水电站地下文物考古发掘、西宁至成都铁路考古勘探等基建考古调查、勘探及发掘项目 20 项。编写完成《长江流域青海段文物资源考古调查报告》和《青海省石窟寺摩崖造像考古调查报告》。出版《青海海西棺板画研究文集》。开展红色标语专项调查，协同开展革命历史类纪念设施专项调研核查。公布第二批省级不可移动革命文物 5 处，可移动革命文物 63 件 / 套。第一个核武器研制基地旧址保护利用取得明显成效。开展全省革命文物保护工程检查，编制甘肃省西路军革命文物集中连片保护规划（甘肃、新疆、青海三省区）。与省委宣传部等 8 部门联合印发《青海省推进博物馆改革发展实施意见》，为文物事业科学发展提供政策依据。推出打响青海特色品牌的陈列展览，开展国家文物局 2023 年度“弘扬中华优秀传统文化、培育社会主义核心价值观”主题展览项目征集推介，青海省博物馆的《青海非物质文化遗产精品展》和中国工农红军西路军纪念馆的《信仰的力量》入选全国推介项目；开展国家文物局第二十届（2022 年度）全国博物馆十大陈列展览精品推介工作，青海省博物馆的《青海历史文物展》获得优胜奖。指导各博物馆开展丰富多彩的展览活动，开展线下展览 64 个参观人数 343.74 万人次，线上展览 18 个浏览次数 827.5 万次。组织青海省博物馆、青海省考古研究院等 5 人参赛参加全国文物行业技能大赛。组织第三届全省文博系统讲解员大赛，全省博物馆、纪念馆和对外开放文保单位的 37 名讲解员进入复赛，15 名选手进入决赛，最终决出一等奖 1 名、二等奖 2 名、三等奖 3 名、优秀奖 5 名，并推选 6 名优秀讲解员参加“首届‘博协杯’全国博物馆讲解大赛”，其中1名讲解员获得三等奖。青海省博物馆的“情系青博 我愿我行——彩陶文物我来讲——青海省博物馆小小讲解员志愿团队”和青海原子城纪念馆的“两弹一星精神进校园志愿宣讲活动”志愿服务活动，在国家文物局、中央文明办举办的“2022年度全国博物馆志愿服务典型案例征集推介活动”中被评为先进案例并予以表扬和推广。举办了第二届全省博物馆精品展览评选活动，评出精品奖2名，最佳设计奖2名。会同中国历史研究院在中国考古博物馆举办了“都兰热水墓群精品文物展”；组织参加在故宫博物院举办的“一带一路国际高峰论坛文物展”、国家博物馆举办的“考古成果展”；配合中国文物交流中心在日本举办的“大丝绸之路展”。在暑期及旅游旺季，各博物馆采取预约、限流、错峰机制，满足游客、学生等群体的参观需求，提升预约参观精细化管理水平。创新开展“寻找最美文物守护人”宣传推介活动，在省内主流媒体播放“昆仑风物”系列专题片，生动讲述青海文物故事。甘肃积石山地震发生后，全力做好地震中青海省文物受损情况排查和文物抢救性保护等工作。

【非遗保护传承】全面完成《“青绣”提升三年行动计划（2021—2023年）》各项任务，召开“青绣”提档升级工作座谈会，举办“绣在青海”—‘青绣’艺术保护传承创新发展成果展”“青绣”品牌影响力进一步彰显。出台《青海省非遗工坊认定和管理办法》，印发《推动非物质文化遗产与旅游深度融合发展实施方案》，有力推动了非遗政策措施的落地落实。争取年度非遗专项资金4295万元，加强非遗保护传承利用。认定97项省级非遗代表性项目、15家省级非遗传承基地。格萨尔文化（果洛）生态保护实验区通过国家验收，设立河湟文化（西宁）生态保护实验区，文化生态保护区建设成效显著，保护传承彰显特色。持续加大对传承人群支持扶持力度，全年累计开展线上线下各类非遗培训315期，培训1.58万人次，非遗保护传承工作水平得到有效提升。认定省级非遗工坊15家，圣源地毯集团有限公司、青海仁俊热贡有限责任公司和互助金盘绣土族文化传播有限公司3家非遗企业获评2023—2025年国家级非遗生产性保护示范基地，黄南热贡非遗特色之旅荣获2022全国20个非遗特色旅游线路。108家省级“青绣”就业工坊、17家非遗工坊、15家非遗传承基地累计实现年销售收入1.35亿元，直接带动7167名各族群众就业增收。精心组织开展各类非遗宣传展示展销活动561场，惠及传承人及各族群众近673万人（次）。开展非遗进校园、进景区、进乡村2856次，参与50.4万人（次）。完成《玉树藏族舞蹈“卓”“依”》《同仁刻板印刷技艺》的出版。深化昆仑文化、河湟文化研究阐释。

【文化产业和旅游产业】命名河湟文化西宁产业园、互助土族故土园、青绣数字化总部经济、平安驿·河湟民俗文化体验地、热贡文化产业园区5家园区为青海省文化产业园区。制定《青海省夜间文化和旅游消费集聚区建设工作指南》，开展首批省级夜间文化和旅游消费集聚区申报命名工作，拓展夜间消费场景。扎实开展助企暖企春风行动。制定印发《青海省助企暖企春风行动文化旅游行业工作方案》，成立专项工作小组和工作专班，明确工作内容，落实工作任务。厅系统40名副处级以上领导干部“点对点”“一对一”与40家企业结对帮扶，深入开展入企调研和问题上报。做好省级领导包联果洛州久治县、黄南州尖扎县助企暖企实地调研相关工作，协调推动包联地区恳请事项落实解决，推动助企暖企举措落实落细。编印《文化和旅游产业政策汇编》，帮助文旅企业用好用活用准惠企政策。建立省市县三级包联重点企业服务机制，健全服务企业“快速通道”和解决问题“绿色通道”机制，通过政策上门入户、政策解读、实地调研、座谈交流、远程服务等方式做好企业跟踪服务。举办金融支持国际生态旅游目的地建设政银企对接会，积极搭建银企对接交流合作平台，缓解文旅企业资金需求压力。组织文旅企业参加中国（深圳）国际文化产业博览交易会，为文旅企业搭建宣传推介、信息交流和项目洽谈平台。通过云闪付、携程网、美团网线上平台发放文旅消费券。共发放文旅消费券2481.67万元，直接拉动消费8810.67万元，间接带动消费6.17亿元，有效引导、激发和释放文旅消费市场活力，缓解了文旅企业经营压力，提振了市场信心。举办全省文旅创意产业暨经营管理人才培训班，采用政策解读、理论学习、经验分享和实地观摩等多种形式，全方位、多角度、深层次提升全省文旅创意产业人才、文旅企业经营管理人才整体能力。

【资源开发】新评定4A级旅游景区11家、3A级旅游景区27家；省级工业旅游示范基地9家。认定公布青海湖、龙羊峡等8家景区为省级生态旅游景区，门源百里花海等9家景区为省级生态旅游创建景区。认定湟源县、格尔木市、海东市乐都区、河南县为第三批省级全域旅游示范区。圣源地毯集团有限公司被评为国家级工业旅游示范基地。大柴旦北纬37度星空自驾车旅居车营地、祁连天境圣湖托茂部落自驾车旅游营地被评为国家4C级自驾车旅居车营地。青海湖环湖旅游大道入选第一批交通运输与旅游融合发展典型案例。将青海湖示范区作为青海打造国际旅游目的地的重要突破口，理顺了青海湖的管理体制，调整了景区运营主体，成立了由省政府分管领导牵头的工作专班，印发了《国际生态旅游目的地青海湖示范区创建工作方案》。完成了景区道路翻新、彩虹道建设、二郎剑东码头整体提升、观湖国际大酒店投入运营等项目。在浙江大学举办青海省乡村旅游经营管理人才培训班，对全省55名乡村旅游从业人员开展了相关政策和业务技能培训。在大通县召开全省乡村旅游助力乡村振兴现场推进会。出台《青海省乡村旅游提质增效三年行动方案》。“天境祁连”“河湟民俗文化”等11条线路分别入选文化和旅游部“乡村四时好风光”全国乡村旅游精品线路。举办全省红色旅游讲解员培训班，对来自全省国家级、省级红色旅游经典景区、爱国主义教育基地、部分博物馆的51名讲解员进行了业务培训。组建红色故事宣讲团，赴6所高校开展红色故事讲解员进校园活动。以“生态青海 美好生活 创意设计 创新发展”为主题的2023青海省旅游商品文化创意大赛成功举办。制定印发《2023年长城国家文化公园建设要点》，明确重点任务和责任分工。成功举办“长城长　河湟美”青海明长城主题美术作品展。完成青海明长城故事征集工作，共征集故事695篇。大通长城国家文化公园文化科普教育馆、贵德长城博物馆、门源长城文化馆等重点工程项目已竣工。有序推进《长江国家文化公园（青海段）建设保护规划》编制工作。

【市场监管】紧盯重点，全力备战旅游旺季市场工作。科学搭建统一的指挥调度平台，建立健全高效运转的工作机制。全面加强常态化的执法检查。开展甘青两省文化旅游环线市场联合执法检查活动，督促省市场监管局发布维护旅游市场价格秩序“十不准”，指导各地进一步加强执法检查力度，严查违法违规行为，并及时曝光非法，形成震慑。省级及各地曝光的涉旅违法名单6批次，涉及49家企业、17名个人；全省累计开展督导检查295人次，发现并整改问题605个；累计出动执法人员29324人次，检查文旅市场经营单位9302家次，立案调查91件，已办结73件，责令改正32家次。压紧压实各级各地文化和旅游行业安全生产主体责任，印发《文化和旅游行业安全预警、应急处突快速“叫应、叫醒”机制》，督导各地做到“六个到位”。及时进行风险提示，将安全工作切实落实在行动上，确保稳中求进；全面开展分片包干督导检查。共295人组成暗访组，开展暗访检查1775人次，覆盖面涉及全省两市六州287家文旅企业。组织开展行业突发事件综合应急演练。协调各市州、各有关单位、通信运营商等加强重点景区基础设施建设，落实旅游服务场所“五证”上墙工作，在行业领域努力营造向“虚假宣传、强迫消费、随意涨价、随意毁约”等违法违规行为“宣战”的氛围，净化市场环境，维护市场秩序。加强全省文化和旅游行业社会体系建设工作。高标准完成青海省“海西州促进文化和旅游信息共享”试点工作，其中建立起的文旅+金融等部门互联互通、信用评价互认和“海西金信融支持文旅企业纾困发展”典型案例，得到了文化和旅游部高度评价，并列入《文化和旅游市场信用经济发展试点典型案例汇编》。

【对外交流合作】“守望精神家园——第九届两岸非物质文化遗产月”系列活动在中国台湾成功举办；拉脱维亚里加文化中心部省合作项目圆满完成；组团赴土库曼斯坦参加“阿瓦扎”国际舞蹈民俗节表现出色；香港、澳门文化旅游推广中心顺利挂牌。兰州、天水、杭州、苏州、南京、北京、广州等地宣传推介活动成效明显；西北旅游营销大会、广州国际旅游交易会、“冬日胜景”全国旅游宣传推广活动积极参与，成果丰硕；省外核心城市青海品牌形象广告宣传效果良好。第十三个“中国旅游日”青海分会场活动，内外联动，内容丰富精彩；“东方臻选”团队走进青海，关注度创新高；“中国共产党的故事——习近平新时代中国特色社会主义思想在青海的实践”文旅宣传展示获得广泛赞誉；冬春季文化旅游惠民系列活动，创意新、接地气、参与范围广。与总台央视合作《乘着大巴看中国——为大自然办的一场音乐节》融媒体宣传活动，登上各平台热搜榜9次，话题阅读量超过1.38亿；携手黄河文化旅游带宣传推广联盟、西北旅游协作区联盟共同举办首届“行走黄河源头 旅读大美青海”系列活动赢得开门红；联合江苏交广台“大美青海 生态之旅”房车直播，线上线下互动，引客入青逾万人；与长江旅游推广联盟11个省区联合发起“沿着长江读懂中国——长江万里行”活动，互联网累计观看人数达1000万人次。

（青海省文化和旅游厅 岳霄雁）

宁夏回族自治区

【概况】2023年，宁夏回族自治区文化和旅游系统坚持以习近平新时代中国特色社会主义思想为指导，全面贯彻党的二十大精神，深入学习贯彻习近平文化思想，认真落实党中央、国务院和自治区党委、政府决策部署，统筹发展和安全，围绕建设习近平文化思想最优实践地和新时代文化强区战略任务，谋实招、补短板、强优势、创品牌，先后3次在全国性会议上做经验交流、9项做法入选国家级典型案例、15个文旅项目（单位）获得国家级荣誉，为推动文化和旅游高质量发展，更好满足人民美好生活新期待做出了积极贡献。

【艺术创作与生产】一是艺术创作，稳步推进。扶持交响音画《黄河永远是家乡》等14部原创作品，创排打磨话剧《沙漏里的童谣》、杂技剧《山水相依》等重点剧目。积极开展国家艺术基金资助项目申报，7个项目被国家艺术基金立项资助。深入推进宁夏音乐歌曲创作推广计划，实施美术创作收藏计划，加快推进宁夏美术馆开馆。持续打响“文化大篷车”惠民品牌，开展送戏下乡群众文化惠民活动2000余场次，将党的最新理论成果送到商超街道、田间地头。

二是交流展演，出新出彩。支持文华奖获奖剧目《花儿与号手》全国展演,《狸猫换太子》等一批优秀剧目入选全国性展演。举办“山河故事”曹禺奖获奖者宁夏行活动、梅花奖艺术团来宁慰问演出活动，邀请上海昆剧团昆曲《牡丹亭》等名团名剧来宁演出，与各地美术馆联合举办主题美术作品展，组织全国130余位知名书画家创作“宁夏二十一景”美术作品180余幅，有力满足广大群众文化艺术需求。

三是深化改革，多措并举。指导各级院团落实《关于深化国有文艺院团改革的实施方案》，指导制定《宁夏演艺集团深化国有文艺院团改革具体措施》，完善薪酬管理机制和分配方式。印发《关于支持民营文艺表演团体改革发展的实施方案》，着力提升民营文艺表演团体创演水平。支持特色文旅演艺发展,《看见贺兰》等一批沉浸式旅游演艺剧目取得良好的社会反响和经济效益。

【文化和旅游公共服务】一是狠抓示范创建，提高服务效能。召开宁夏公共文化服务高质量发展现场观摩交流会，指导吴忠市、固原市顺利通过国家级公共文化服务体系示范区创新发展复核。组织宁夏27家公共图书馆参加全国评估定级工作，以评促建，提升服务能力。加强古籍保护，建成标准化古籍书库、古籍修复传习中心，宁夏图书馆顺利通过全国古籍重点保护单位复核评审。“全要素打造服务清单，全方位建设书香贺兰”案例入选全国基层公共文化服务高质量发展典型案例,“一部手机游银川”案例入选2023全国旅游公共服务优秀案例，公共服务效能不断提升。

二是健全服务网络，推动均衡发展。纵深推进县级文化馆、图书馆总分馆制建设，新建标准化乡镇综合文化站5个，创新打造“城市书房”“阅读岛”“文化驿站”等新型公共文化空间25个，推动银川市图书馆和原州区“两馆”新馆建设取得阶段性进展，银川市秦腔传承保护基地入选全国“最受欢迎公共文化空间”Top50。深入推进“三馆一站”免费开放，支持区市县乡四级公共文化服务体系保障基本服务有效运行。实施智慧图书馆体系和公共文化云建设项目、全民艺术普及高质量发展数字化建设提升工程，不断提高数字化服务能力。

三是创新惠民内涵，丰富产品供给。推动基本公共文化服务融入城乡居民生活，实施“一县一特”文化惠民示范项目22个。开展“大地欢歌”文化指导员、群众文艺志愿服务团队“百人百团”活动，通过结对帮扶、包联共建、培训指导等形式，不断推动公共文化资源向基层、农村倾斜。成功举办第十八届中国西部民歌（花儿）歌会，18个省区参加，观演群众达82万人次。举办“大地欢歌”乡村文化活动年，共12个县、镇、村活动入选全国“四季村晚”示范点。

【文化和旅游科技教育】一是扩大文化和旅游宣传影响力。采取区市联动、政企联合的方式，持续推进“晒文旅·晒优品·促消费”文化和旅游推介活动。实施“2023神奇宁夏达人走线活动”等抖音挑战赛和直播活动，抖音账号粉丝量增长46%。构建五级联动新媒体宣传营销格局，全年共发布新媒体视讯信息3000余条，累计曝光量1亿多次。在各类优势媒体平台刊播稿件2000余篇，累计触达观众近百亿人次。出版发行4期《文旅宁夏》《这里是宁夏Ⅱ》等各类外宣品20000余本（册），制作发布文化和旅游宣传片90余部。

二是强化文化和旅游教育监管。对文化艺术类校外培训机构开展监督检查，累计出动监督检查人员4467人次，监督检查培训机构3589家次，推动校外培训机构规范有序发展。修订文化艺术类校外培训机构准入等三项制度，发布《宁夏中小学生文化艺术类校外培训类别清单目录》，定期公布全区社会艺术水平考级机构和承办单位，持续加强违规机构专项治理和信息化精准监管。3项课题入选全国文化艺术职业教育和旅游职业教育提质培优行动计划支持名单。

三是推进标准化和科研工作。制定《宁夏“六优”产业高质量发展标准体系第1部分：文化旅游》地方标准和《智慧旅游景区建设指南》《葡萄酒文化旅游酒庄评价标准》。立项宁夏文化和旅游地方标准4项。中旅（宁夏）沙坡头景区有限公司入选全国文化和旅游标准化示范典型经验名单。制定《宁夏黄河文化研究项目管理办法》，4个社科项目入选国家级科研项目。举办“学习习近平文化思想传承弘扬黄河文化”学术研讨会，出版《“黄河文化”系列丛书——宁夏文物故事系列口袋书》。

【非物质文化遗产保护】积极推进非物质文化遗产整体性保护传承，开展宁夏非遗保护工作年度复核评估，支持5个自治区级文化生态保护区建设。着力加强非遗理论研究和传承人群素质提升，联合北方民族大学设立全区首家非遗保护研究基地，3家院校入选中国非遗研培计划参与院校，统筹开展各级各类非遗保护传承培训30班次。创新开展非遗保护传承宣传展示与交流，举办“在宁夏·非遗过大年”“文化和自然遗产日”宣传展示月和“非遗购物节”等系列活动。全面提升非遗创新转化能力，联合自治区人力资源和社会保障厅、乡村振兴局印发《宁夏回族自治区非遗工坊管理办法》，举办黄河流域非遗创意作品大赛，推出《非遗创意素材库图录》。银川巴乌麻编非遗工坊案例被评为全国优秀案例。

【文化产业和旅游产业发展】一是有效提振文旅市场。印发《宁夏文化和旅游厅“消费需求促进年”活动实施方案》，制定《关于释放旅游消费潜力推动旅游业高质量发展行动方案（2023—2025年）》，实施文化和旅游消费恢复提速、文化和旅游消费市场升级、引客入宁等“六项行动”35项重点工作，加速文化和旅游市场恢复。持续开展“畅游宁夏·文旅惠民”文化和旅游消费活动，实施“百城百区”助企惠民消费促进计划，筹措资金发放文化和旅游消费券，助燃“人间烟火气”。出台宁夏夜间文化和旅游消费集聚区创建指南和评价指标，3家单位获评国家级夜间文化和旅游消费集聚区，西夏区、永宁县获评国家级文化产业和旅游产业融合发展示范区建设单位，固原市隆德县、中卫市沙坡头区成功创建国家文化产业赋能乡村振兴试点单位。

二是培育壮大市场主体。积极推动文化和旅游与教育、体育等行业及“六新六特六优”产业跨界融合、相互赋能，兴庆区沙漠休闲运动公园入选国家体育旅游示范基地、玉泉国际酒庄被评为国家级工业旅游示范基地。制作《消费需求促进年活动实施方案一图读懂》，利用官网、微信公众号等对出台的惠企政策、抓手载体、补助标准等进行广泛宣传，引导文化和旅游企业恢复发展。围绕打造“出圈吸粉”特色文化和旅游市场主体，引导推出银川凤凰幻城、漫葡小镇、沙湖不夜城、中卫沙坡头星星酒店等一批文化和旅游消费新场景新业态，有效激发文化和旅游融合业态活力。

三是创新形式聚势引流。举办第七届黄河文化旅游节、吴忠早茶美食文化节、六盘山山花节等“一市一品牌”“一县一节庆”文化和旅游活动200余项，推出80余项旅游惠民措施。成功举办第三届宁夏国际葡萄酒文化旅游节、第二届大西北文化旅游高峰会、宁夏首届红色文化旅游节等活动，成立大西北康养旅游联盟、自驾车旅居车分会，被央视等媒体宣传报道，聚势引流效果持续显现。5项案例入选2023中国旅游产业影响力案例名单，实现宣传推介的“出圈长红”。

【文化和旅游资源开发】2023年，宁夏累计接待国内游客7004.11万人次，实现旅游收入651.45亿元，同比增长80.4%和114.1%，创历史最好成绩。

一是激发全域旅游“内生动力”。以建设黄河流域生态保护和高质量发展先行区为统领，起草《关于深入推进黄河流域生态保护和文化旅游高质量发展实施方案》，编制《黄河流域生态保护和文化旅游高质量发展建设规划》，着力优化“一轴一廊、一核三区”的文化和旅游发展“全景图”。围绕打造贺兰山东麓世界级葡萄酒旅游目的地，起草《关于打造贺兰山东麓世界级葡萄酒旅游目的地的实施意见》，编制《宁夏贺兰山东麓文化旅游发展战略规划》。复核国家级、自治区级全域旅游示范区12个，评定永宁县、吴忠市利通区、西吉县3个县区创建自治区级全域旅游示范区。青铜峡黄河大峡谷旅游区成功创建国家5A级旅游景区，六盘山红军长征景区、西夏陵景区被列入5A级旅游景区创建名单；中卫大漠黄河（沙坡头）旅游度假区被评为国家级旅游度假区，实现宁夏“零”的突破。

二是激活文旅资源“一池春水”。争取各类资金支持，加快4个国家文化公园重点项目和40个全区重点文化和旅游项目建设，有效发挥项目投资牵引作用。发布《宁夏文化和旅游产业招商项目指南》，依托区外宁夏文化和旅游产业发展促进中心，举办产业项目对接会，引进华正文旅集团、山江谣集团等头部文化和旅游企业，打造贺兰山宿集、上河堡文化和旅游综合体等一批重大项目。实施数字赋能增效行动，加快发展智慧旅游，实施“元游宁夏”数字文化和旅游营销服务项目，综合运用元宇宙、区块链、VR等数字技术，打造“宁夏二十一景”数字文旅体验平台。

三是推动优质资源“独木成林”。开展“宁夏二十一景”创新升级工程三年行动，推进品牌培育打造、产品业态升级、项目开发建设、宣传营销推广、服务质量提升等“八大行动”“八大活动”30项重点任务，全面推进“宁夏二十一景”提点连线结网。推出主题图文、旅游攻略和综合宣传片，在中央、行业、地方各级媒体报道刊播2000余次，触达群众近2000万人次。指导县（区）文化和旅游局局长及景区开展“宁夏二十一景”主题变装秀、全网推介等营销宣传活动，累计曝光量上亿次，“宁夏二十一景”品牌知名度和美誉度显著提升。

四是延展乡村旅游“风景这边独好”。实施“百村千画”“民宿提升”等乡村旅游六大提档升级工程，18条线路入选国家级“乡村四时好风光”精品线路。中宁县舟塔村荣登央视一套《山水间的家》，掀起“乡村旅游＋枸杞”的热潮。举办2023年全区乡村旅游助力乡村振兴专题培训班。“星星故乡”文化和旅游新IP等8个案例上榜第九届中国旅游产业影响力案例名单，“宁夏旅游集散中心”案例入选交通运输与旅游融合发展典型案例名单。

【文化和旅游市场管理】一是维护安全稳定发展环境。出台《关于加强娱乐场所安全工作的方案》《关于加强旅游市场安全工作的方案》等系列文件，制定“1444”工作机制，健全“2+2+2+N”制度体系，实现宁夏文化和旅游安全工作全领域覆盖、全链条监管。开展文化和旅游领域重大事故隐患专项排查整治2023行动，采取常态化督查、随机抽查、联合检查等多种方式，累计查处问题隐患803个，对全部问题实行销号处理，确保不留隐患，有力维护文化和旅游领域稳定发展环境。连续4年获得宁夏安全生产考核优秀等次。

二是完善文化和旅游市场监管体系。集中开展“放心吃”“舒心住”等全区旅游环境综合治理“六大行动”，不断净化旅游市场环境。全面开展安全保障、基础设施、产业融合赋能、旅游消费环境、旅游服务质量及全民素养提升“六大提升”行动，强化旅游消费环境治理。开展“黄河宁夏故事导游讲”活动，发布“宁小漠”“小明游宁夏”等新媒体短视频 42 部，有力地展示宁夏黄河文化魅力。

三是夯实文化和旅游行业发展基础。制定《全区旅游服务质量提升三年行动（2023—2025 年）实施方案》，出台《旅游服务质量约谈办法》，开展宁夏旅游服务质量提升三年行动，全力营造公平竞争、规范有序的文旅市场环境。开展信用分级分类监管、信用等级评价、服务质量暗访、游客满意度调查、失信主体认定，推行旅游企业建立“首席质量官”和“标杆服务员”制度，构建宁夏旅游服务质量评价体系，认定优质旅游服务企业 10 家。深化文明行业创建，培育国家级文明旅游示范单位 2 家、全国青年文明号 3 家。宁夏被确定为 5 个全国电子证照社会化应用试点省区之一。

【文化市场综合执法监督】一是持续深化综合执法改革。推动各市、县成立文化市场综合执法队伍，宁夏文化市场综合执法队实现“统一机构名称、统一执法证件、统一执法标志、统一执法服装、统一执法文书”。积极争取财政资金 100 万元，对市县执法装备进行更新，1 市 4 县配备执法专用车辆，执法条件得到进一步改善。

二是不断加强文化和旅游市场秩序。组织开展文化企业、“九小”场所督导检查，旅游购物场所虚假宣传、销售伪劣产品和旅行社擅自增加购物店、包车资质情况等执法检查，切实保障消费者合法权益。组织开展暑期文化市场整治、旅游市场秩序整治等 9 个专项整治行动，不断规范文化和旅游市场秩序。共出动执法人员 20 万人次，检查经营单位 7 万家次，办结案件 361 件，文化和旅游市场综合治理水平显著提高。

三是持续提升执法队伍水平。举办第三届宁夏文化市场综合执法岗位练兵技能竞赛。组织参加第三届全国文化市场综合执法岗位练兵技能竞赛，取得历史好成绩。建立内蒙古、广东、宁夏三省区对口协作机制，签订《内蒙古 广东 宁夏文化市场综合执法对口交流协作方案》。举办宁夏文化市场行政执法人员能力提升专题培训班、集中办案暨以案施训培训班，进一步提高执法人员依法行政能力。

【文化和旅游国际交流与合作】一是加强沟通衔接。成功举办第六届中阿旅行商大会、2023 全国旅行商大会。深入实施“云秀宁夏”项目，在 Facebook 等国际社交媒体平台持续宣传宁夏文化和旅游品牌形象。“探丝路古道・访神奇宁夏”旅游研学线路成功入选港澳青少年内地游学联盟“游学中国”精品线路，对外知名度显著提升。举办“行走黄河・阅读宁夏”境外达人宁夏采风踩线活动，13 个国家、22 名旅游达人深度体验了宁夏特色文化和旅游资源，海外自媒体覆盖量 5000 万次。聚焦韩国、港澳、东南亚等重点区域，策划举办 9 项推广活动及传播项目，黄河文化、酒庄休闲等特色 IP 在境外的美誉度进一步提升。组团赴厦门、北京、重庆参加国际性旅游展会 3 次，形成宁夏 IP 宣传推广的“叠加效应”。

二是加强高端策划。在悉尼、新加坡、马德里中国文化中心举办“宁夏葡萄酒文化旅游分享会”，与西班牙里奥哈产区管理委员会签订战略合作意向书，与巴黎中国文化中心开展部省年度合作项目。举办“赏悦宁夏・非遗之旅”两岸暨香港新闻交流活动，助力宁夏非遗项目对外推广。积极参加中外文化交流中心“黄河主题旅游海外推广季”活动，借助国家平台向海外讲述黄河宁夏故事。

【文化和旅游体制改革】深化行政审批制度改革，以“高效办成一件事”为牵引，持续推进“证照分离”“一窗受理”“不见面、马上办”等重点任务，办理政务服务事项 6502 件，群众满意度 100%。

认真落实自治区党委年度重点改革任务，推进27项牵头改革任务顺利实施。完成中央“十四五”文化发展规划和自治区“十四五”规划《纲要》中期评估工作，为相关重大战略规划高质量实施提供有力保障。《贺兰山东麓生态文旅廊道建设的调研思考》《新时代宁夏艺术精品创作路径调研思考》2篇调研报告荣获宁夏优秀调研报告一等奖。

【文化和旅游法治建设】一是严把审核关口。完善行政规范性文件合法性审核流程，对10份行政规范性文件进行合法性审核，对30份行政规范性文件进行集中清理，对6部地方性法规、政府规章和行政规范性文件进行全面清理，确保行政规范性文件、重大行政决策合法合规。协调法律顾问及时办理涉及法律事务，审核各类合同、协议、文件200余份，确保各项决策事项在法治框架内有效开展。

二是强化法治保障。全力配合宁夏回族自治区人大开展旅游“一法一条例”贯彻实施情况执法检查，得到检查组充分肯定。积极申报创建宁夏回族自治区法治政府建设综合示范单位，对标9大类100项效果指标，全面完成印证资料报送、现场检查考核等工作，取得积极进展。

三是加强法治宣传。印发《宁夏文化和旅游厅领导干部会前学法内容汇编》，开设文旅普法专栏、组织网络竞赛答题，举办专题法律讲座，订阅法治报刊，配发法治学习读本，不断增强各级领导干部学法用法守法意识。积极组织机关干部参加行政执法证件培训考试。充分利用重要时间节点，向社会公众开展宪法、民法典、文化和旅游法律知识普法宣传，积极营造公民学法、懂法、守法浓厚氛围。

【文化和旅游财务管理】2023年，宁夏在文化和旅游方面投入资金9.34亿元。其中：中央投入专项资金4.12亿元，用于公共文化服务体系建设0.59亿元；文化保护传承利用工程（黄河、长城、长征）2.72亿元；文物保护建设0.26亿元；公共文化场所免费开放补助0.44亿元；文化产业发展和非物质文化保护投入0.11亿元。本级财政投入5.22亿元，其中创建全域旅游示范区专项资金投入4.57亿元，公共文化服务、送戏下乡、精品创作等方面投入0.65亿元。制定《宁夏文化和旅游厅财务内控管理办法》，扎实开展“经费预算表单化、业务办理流程化、制度统筹规范化、倾心为民便利化”专项行动，不断提升财务管理水平。出台《宁夏文化和旅游统计管理实施办法》，制定《宁夏文化和旅游统计调查报表制度》，从制度层面解决应统尽统、依法统计。预算绩效管理工作连续两年获得宁夏综合考评“优”等次。

【文化和旅游人才和队伍建设】推荐申报新一批享受国务院特殊津贴、自治区“塞上文化名家”、领军、青年拔尖、托举等人才奖励和培养项目28人次，其中入选新一批享受国务院特殊津贴2人、自治区“塞上文化名家”2人、青年托举人才培养项目4人，入选国家级“中式面点师技能大师工作室”1个。2人获聘专业技术二级岗位，聘任“自治区特聘专家”1名。推荐1名干部参加青年人才“沾泥土”工程，接收培养“基层之星”对象1名。入选文化和旅游部乡村文化和旅游带头人10人。举办培训班16期，培训1486人次。

【文物事业】一是强化文物保护，赓续历史文脉。高规格召开全区文物工作会议，推动宁夏回族自治区人民政府与国家文物局签订《关于推进新时代宁夏文物事业高质量发展合作框架协议》，开创文物工作新局面。稳步实施考古发掘、保护修缮、数字化保护、三防工程、馆藏文物修复等25个文物保护项目。组织开展文物安全专项行动，遴选推荐“宁夏最美文物安全守护人”，文物安全形势持续向好。发布“宁夏十大考古发现”，贺兰山苏峪口瓷窑址考古发掘项目获评“中国社会科学院考古学论坛·2022年中国考古新发现”。有序推进西夏陵申遗和水洞沟国家考古遗址公园建设。推进革命文物保护利用工程，公布宁夏第二批革命文物名录，实施中华民族文化基因库建设项目并顺利接入国家文化大数据专网。完成海原县博物馆、战国秦长城博物馆展陈布展并开馆运营，开展国有馆藏文物定级试点工作，固原博物馆改造提升项目列入国家级项目储备库。

二是拓宽交流渠道，扩大文化影响。出台《关于让文物活起来扩大中华文化国际影响力的实施意见》，部署“五大工程、一项行动”，全面夯实文物活起来制度基础。举办水洞沟遗址发现100周年27项系列活动。提升博物馆建设水平，固原博物馆等6家博物馆顺利通过国家等级博物馆运行评估。举办宁夏博物馆文创联展、文创产品集市、文化创意产品大赛等活动，宁夏博物馆入选“第二届全国文博百强文创产品单位”。推出引进精品展览85场，累计接待712万人次，“天下黄河富宁夏——宁夏民俗陈列”展览成功入选国家“弘扬传统文化 培育社会主义核心价值观”主题展览项目，联合中国文物交流中心引进《“叙”写传奇——叙利亚古代文物精品展》，引发社会广泛关注。扩大文化遗产宣传推广力度，开展考古开放等活动百余场次，宁夏长城系列短视频荣获“2023年度中华文物新媒体传播精品推介”优秀项目奖，推动宁夏特色文物资源走近公众、亲近公众。

（宁夏回族自治区文化和旅游厅 王彦庚 解明）

新疆维吾尔自治区

【概况】2023年，新疆维吾尔自治区文化和旅游系统坚持不懈用习近平新时代中国特色社会主义思想凝心铸魂，深入开展文化润疆，大力实施旅游兴疆战略，推进新时代新疆文化和旅游工作取得新进展。2023年度，全区接待国内外游客26544.03万人次，同比增长117.04%，实现旅游总收入2967.15亿元，同比增长226.93%。

【政策法规】推动出台1个法规:《自治区公共图书馆条例》，1个实施意见:《关于贯彻落实〈关于让文物活起来 扩大中华文化国际影响力的意见〉的实施意见》，3个规划:《南疆区域旅游发展规划（2023—2030年）》《新疆考古工作规划（2023—2030年）》《新疆革命文物保护利用片区工作规划》，3个方案:《自治区旅游行业服务质量提升三年行动方案》《关于进一步推动文化文物单位文化创意产品开发的实施方案》《新疆石窟寺石刻和古遗址古墓葬保护利用实施方案（2023—2030年）》，不断夯实制度保障基础。成立新疆文旅发展战略智库，首批入选专家89人，为推动文化和旅游高质量发展提供智力保障。

【艺术创作与生产】一是以重大主题、重大活动为依托，创作推出音乐剧《守界人》《拉齐尼·巴依卡》、交响音乐会《新疆之夜》、民族音乐会《音乐铺就的丝绸之路》《天山南北》、歌舞剧《幸福的金火车》、杂技《天山雪》等彰显中华文化底蕴、展现新疆特色、有温度、接地气的精品力作，大型音舞诗画《掀起你的盖头来——新疆是个好地方》、舞剧《张骞》入选文化和旅游部“新时代舞台艺术优秀剧目展演”，话剧《林基路》荣获第十八届中国戏剧节优秀剧目，杂技《当青春遇上达瓦孜》荣获第十一届全国杂技展演优秀剧目，《天山儿女心向党》——自治区庆祝中国共产党成立100周年音乐会等8个剧目获自治区第七届“天山文艺奖”。二是举办首届新疆文化艺术节，荟萃22部舞台艺术精品、32部群众文艺佳作、169件美术作品，3000余名文艺工作者共赴艺术之约，近10万人走进剧院、美术馆，聚集广场、社区、公园，新媒体矩阵平台同步线上展播20场，超6.5亿人次云端共享视听盛宴。三是举办“第三届中国新疆国际艺术双年展”，展示11个国家的143名艺术家260件艺术品，观展人数达17.3人次。四是举办“第六届中国新疆国际民族舞蹈节”，27个中外艺术团体用28部精品舞台剧目吸引10万余观众走进剧场，8000多万人次网上观看。组织各级艺术院团赴中华民族共同体体验馆开展非遗活态展演、新疆民族歌舞表演、民族乐器展示等活动。五是“‘一带一路’倡议提出十周年——国际水彩交流展”、黄胄作品《庆丰收》珍藏展、“致敬捐赠者——新疆美术馆馆藏艺术家作品系列展”等25场精品展览与各族群众见面。六是大型音舞诗画《掀起你的盖头来——新疆是个好地方》荣获丝绸之路国际艺术节文化贡献奖，赴5个兄弟省市和香港、澳门巡演，组织“和美新疆”油画写生作品赴广东、上海巡展。

【公共文化服务】公共文化场馆变身“网红打卡地”，优质文化服务走进各族群众身边。一是全区已建成图书馆分馆1018个、文化馆分馆1156个，打造新型公共文化空间512个，挂牌建设200个“文化大院”示范点。以自治区图书馆、文化馆、美术馆为代表的一批场馆接待人次持续攀升，优质服务与高颜值并行，成为“网红打卡地”。各级公共图书馆举办“全民阅读”系列活动8800余场，365万余名读者参与。二是文化和旅游部、国家民委在伊犁举办“春雨工程”文化和旅游志愿服务边疆行现场交流活动，促成全国各省205个志愿服务项目落户新疆。三是打造“我们的节日”节庆文化品牌，各地联动开展“群星耀天山”“双百”、广场舞、大家唱、“村晚”等系列活动，“我们的中国梦”——文化进万家、“石榴籽”文化服务小分队常年活跃在天山南北。2023年，全区共举办各类群众文化活动9万余场次，惠及群众6200万余人次。各专业文艺院团开展惠民演出8200余场次，惠及560万余人次。“我们的节日”成为各族群众共享的“幸福节”。

【非物质文化遗产保护】一是组织全区举办2023年“文化和自然遗产日”暨新疆非物质文化遗产周活动，全疆共计开展非遗宣传展示活动300余场次，同步举办“非遗购物节”等活动。二是承办2023“新疆是个好地方”对口援疆19省市非物质文化遗产展，对口援疆19省市、新疆生产建设兵团和新疆14地州市共330项非遗代表性项目、383名非遗代表性传承人参展，多角度展示我国非遗保护工作成果，全方位展现中华优秀传统文化多样性与共同性，展现各族人民手足相亲、团结和睦的良好风貌，推动非遗不断融入现代生活、促进人民共享。三是组织全区开展“新疆是个好地方——第十届天山南北贺新春非遗年俗展”和2023年“文化进万家，视频直播家乡年”活动。四是评选认定14家自治区级“非遗集市”，促进非遗与旅游融合发展，评选10位2022“新疆非遗年度人物”。五是在自治区党委、政府的大力支持下，由新世界中国地产有限公司投资2亿元援建的新疆非物质文化遗产馆于2023年5月31日开工奠基，11月完成主体建设。

【产业发展】一是持续加强品牌打造和宣传推介，累计组织疆内190余家文旅企事业单位积极参加中国（深圳）国际文化产业博览交易会、中国（武汉）文化旅游博览会、中国义乌文化和旅游产品交易博览会、丝绸之路（敦煌）国际文化博览会、中国西部文化产业博览会、中国旅游产业博览会（天津）等重大展会，并举办“新疆是个好地方”文化和旅游产业项目招商引资专场推介会，提升新疆品牌影响力。二是举办2023年自治区旅游发展大会暨“新疆是个好地方”旅游推介会，签约高端旅游酒店建设、文化产业和旅游产业发展、旅游基础设施提升等重点旅游项目24个，签约金额287.76亿元；举办新疆文化和旅游产业投融资促进活动，促成7个协议签约，完成6个文旅项目签约、总金额17.69亿元，达成8个融资项目签约、总金额84.07亿元。三是在喀什市举办中国（深圳）国际文化产业博览交易会首届新疆展，共有205家单位参展，现场总成交额89亿元，取得了良好的社会效益和经济效益。四是进一步发挥“新疆礼物”文化旅游商品公用品牌效应，制定《“新疆礼物”项目品牌管理办法》，纳入140家企业1400款单品；依托重点展览展会，指导举办“新疆礼物”品牌说明会和选品会，提升品牌影响力和参与度；新疆礼物纳入企业选送的旅游商品在第17届中国义乌文化和旅游产品交易博览会旅游商品大赛上摘得一银一铜佳绩；完善线上商城功能，新增1+N地州品牌联动、集采中心两项功能；推进线下门店建设，在景区、酒店及疆外城市布局各类联名店、加盟店、品牌形象店共13家，与相关企业就在江浙沪布局线下门店事宜签订合作协议。五是发挥金融促进消费作用，会同中国银联联合印发《关于实施“旅游+”多产业联动促进文化和旅游消费企业惠民行动计划的通知》，引导各地州市文旅部门与新疆银联加强沟通协调，在消费试点城市、夜间消费集聚区等地共同打造多元消费场景，新疆银联已收纳文旅商户共计2243户，打造了42个文旅场景特色商圈，带动卡基、云闪付二维码交易笔数4.23万笔，带动交易金额1325万元；携手中国银联新疆分公司发布4.3万余张“新疆旅游数字卡”，带动消费金额3亿元。

【资源开发】一是全区新增14家4A级景区、4家国家级旅游休闲街区、2家国家工业旅游示范基地、1家国家文化产业和旅游产业融合发展示范区、4家国家级文明旅游示范单位、1家国家体育旅游示范基地、2家国家文化产业赋能乡村振兴试点县，新创2家全国自驾车旅居车5C级营地、1家国家级滑雪旅游度假地、1家5S级滑雪场，伊犁州成功创建为西北首家国家对外文化贸易基地。二是新疆跻身全国自驾游热门地区，独库公路被众多年轻人列入“毕业旅行必体验清单”，单日最高进入车辆超过3.2万辆。伊昭公路、阿禾公路、G219边境旅游风景道、盘龙古道、S101天山地理画廊等备受青睐。三是冰雪游发展迅猛，根据美团数据，“去新疆滑雪”美团搜索量增长285%。全区S级滑雪场雪季接待游客超过210万人次、收入超过2.6亿元，吉克普林、可可托海、将军山滑雪场等成为滑雪爱好者竞相打卡的“天花板”，2条线路入选全国十大冰雪旅游精品线路。举办“2023年‘冬日胜景’全国冬季旅游宣传推广暨‘新疆是个好地方’19省市旅游推广援疆活动”。举办“中国G219旅游推广联盟第四届年会”。四是跨年横穿塔克拉玛干沙漠探险活动、首届探险旅游发展大会暨中国探险者大会落地哈密。探险游、沙漠游等特种旅游成“新宠”，吐鲁番沙漠游接待游客同比增长251.7%。五是加快推动红色游、酒庄游、研学游、民俗文化游和入出境旅游发展，产业竞争力不断增强。

【市场管理】一是随着旅游市场快速复苏、旅游业态不断丰富，高等级酒店项目成为投资热点。乌鲁木齐、博州、喀什等地均有五星级酒店投入建设，涵盖温德姆、希尔顿、喜来登等一线国际品牌。2023年，新建续建酒店项目146个（其中投资5000万元以上酒店项目99个），总投资440.41亿元，按照五星级标准和规模建设的酒店35家，投资330.4亿元。特别是中国绿发投资集团新疆区域重大项目集中签约并开工，包含9个国际高端品牌酒店，位于乌鲁木齐、库尔勒、伊宁、那拉提 4 个地区，投资额达 95 亿元。二是组织相关口岸县市有关同志赴广西、云南考察学习边境旅游试验区和跨境旅游合作区建设、边境旅游发展及旅游重大项目建设情况。同时，组织专家赴霍尔果斯、阿拉山口、巴克图、吉木乃、吐尔尕特等口岸开展跨境旅游合作区和边境旅游试验区调研，研究我区边境口岸旅游发展现状。积极指导边境口岸县市申报创建边境旅游试验区、跨境旅游合作区，推荐霍尔果斯市申报创建跨境旅游合作区、阿拉山口市申报创建边境旅游试验区。三是进一步加大旅游供给侧结构性改革和提档升级，完善自驾车房车营地基础设施与配套服务。自治区有对标行业标准的国家级 5C 营地 3 家；国家 4C 级营地 3 家，3C 级营地 3 家已公示。2023 年 8 月，根据工作安排依托各地文旅部门对自治区自驾车旅居车营地进行了摸底，反馈数据为运营营地 65 家，在建拟建营地 28 家。四是深入推进“放管服”改革，进一步梳理事项清单、细化工作举措、优化审批流程和办理时限，持续做好“马上办、网上办、一次办”审批服务。依法依规开展文化和旅游市场审批工作，对审批人员进行“好差评”评价，接受办事群众和社会各界的监督，不断提升政务服务质量。

【文化市场综合执法监督】一是严格执行裁量基准和“首违不罚”清单，让文化市场综合执法既有力度，又有温度。下发《关于做好旅游市场主体柔性执法工作的通知》，梳理“一团一档”档案目录，要求各地执法队指导各地旅行社严格落实“一团一报”、规范建立“一团一档”，对情节较轻且立行立改的，采取指导、提醒、劝告等非强制性方法，做好整改工作。二是举办 2023“微笑新疆”服务质量提升、诚信经营、文明旅游承诺大会，实施“同心护旅”专项行动，重拳整治扰乱旅游市场的违法违规行为。2023 年，全区累计出动执法人员 21.7 万人次，检查经营场所 9.65 万余家次，办理案件 810 余件，罚款 391.3 万元，办理投诉 6700 余件，研判处置涉文旅敏感舆情信息 4700 余条，为游客挽回经济损失 396.48 万元。三是推进跨部门综合监管。会同公安、市场监管等部门开展知识产权保护、跨部门“双随机、一公开”联合抽查、边境地区跨部门联合检查等联合执法，有效维护了意识形态安全和文化安全。四是落实信用监管。根据投诉举报数据，指导属地文旅部门定期对每季度投诉排名靠前的 5 家旅行社、旅游景区进行行政约谈并将其列为重点检查对象，从源头上防范化解“不合理低价游”风险隐患。依据 2023 年度行政处罚处理结果，将严重失信主体，由属地文旅部门出具并送达《严重失信主体认定告知书》《严重失信主体认定决定书》，并将失信主体信息归集到国家企业信用信息公示系统（新疆），增强信用监管震慑力。五是以执法监督为重点，强化投诉举报和案件核查督导机制。通过工作提示函、电话提醒等方式指导督促各地提升举报投诉和案件办理质效，全面加强执法队伍管理。

【旅游推广与对外交流】2023 年，全区完成访问演出、展览展会、体育赛事、学术交流、合作洽谈、旅游推介等外事活动 30 批次，参与人员 1039 人次。其中，“请进来”活动 10 批次，邀请外宾 565 人次。“走出去”团组 20 批次，出访人员 474 人次。全年接待入境游客 353 万人次，实现国际旅游收入 16 亿美元。一是打开大门请进来：举办上海合作组织 2023 旅游年论坛、第十七届新疆冬季旅游产业交易博览会暨 2023 新疆热雪节、“发现中国之美”驻华外交官来疆参访交流、2023 青年汉学家研修活动、“你好！中国”2024 中国北方冰雪旅游海外推广季等系列活动。邀请东方甄选团队来疆，通过特产带货、文旅推介、互动体验，发布短视频、图文等 1.66 万篇（部），传播量 12.44 亿人次，成为现象级文旅营销亮点。二是主动宣介走出去：赴30余个兄弟省区市（含香港、澳门）、阿尔及利亚、埃及以及中亚国家和地区开展新疆文旅宣传推介。组织新疆艺术剧院木卡姆艺术团赴印尼巡演，参加第37届香港国际旅游展、第十一届澳门国际旅游（产业）博览会、2023年日本国际旅游博览会等国际展会，开展新疆文化和旅游海外交流（日本专场）活动，组织精品文物在日本参加“世界遗产——大丝绸之路展”，参加中国—中亚峰会文艺演出，赴哈萨克斯坦、乌兹别克斯坦开展《新疆是个好地方》巡演和人文交流活动，赴韩国举办“新疆是个好地方”新疆文化旅游周活动，赴伊朗、卡塔尔举办文化交流推介活动，乘着“一带一路”东风，讲好中国新疆故事。

【文物事业】一是加大资金投入，国家文物局帮助编制《新疆石窟寺石刻和古遗址古墓葬保护利用实施方案（2023—2030年）》，争取国家文物局2024年度文物保护利用项目立项49项，创历史之最。二是实施2023年度“考古中国”新疆地区重大项目15项，开展基本建设考古调查、清理、发掘100余项。七个星佛寺遗址入选国家考古遗址公园立项名单。三是自治区博物馆《新疆历史文物展》获“全国博物馆十大陈列展览精品推介特别奖”，“和田地区策勒县达玛沟壁画保护修复项目”获“全国十佳文物藏品修复项目”。四是在自治区博物馆设立“故宫厅”“国博厅”，引进“吉金铸史——青铜器里的古代中国”“盛世琳琅——故宫博物院藏清代宫廷玉器展”，在中国国家博物馆举办“交融汇聚——新疆精品历史文物展”，在北京民族文化宫举办“红星耀天山——中国共产党领导新疆革命文物故事展”，在新疆美术馆举办“载瞻载止——新疆考古百年”特展，组织中小学生赴故宫博物院等地开展“孩子，圆你故宫梦”铸牢中华民族共同体意识暨民族团结联谊爱国主义教育活动。新增25家自治区特色博物馆，组织开展“流动博物馆”巡展3600余场，惠及100万余人次。五是推出《红色文物说新疆》系列节目，评选20名“新疆最美文物安全守护人”，开展全国重点文物保护单位安全风险评估。六是新疆考古标本库房、西域都护府博物馆、七个星佛寺遗址博物馆、龟兹石窟数字展示中心等一批重点工程取得积极进展，尉犁孔雀河烽燧群长城国家文化公园、别迭里烽燧长城国家文化公园建成开放。七是国家文物局、教育部将克孜尔石窟研究所（龟兹研究院）纳入中国文化遗产大学五大石窟寺研究院之一，与重点高校联合培养研究生。

【旅游精品】截至2023年年底，全区A级旅游景区598家（其中国家5A级旅游景区15家、4A级旅游景区143家），星级饭店386家（其中五星级13家、四星级58家、三星级及以下315家），旅游民宿6649家，等级旅游民宿2家（其中甲级1家、乙级1家），旅行社1222家（其中出境社27家），星级农家乐1648家，国家级滑雪旅游度假地3家，S级滑雪场44家（其中5S滑雪场6家、4S滑雪场10家）。

“新疆是个好地方”多次位居“全国省级文旅新媒体传播力排行榜”榜首。中国旅游研究院《2023年暑期旅游市场监测报告》显示，一些热点地区如伊犁、阿勒泰、喀什等外地游客占比超过75%，住宿接待量创历史新高。喀纳斯、那拉提、赛里木湖热度更热，喀什古城迎来“井喷式”增长。一是推动数字文旅创新驱动，新疆智慧旅游大数据中心成为各类涉旅信息的汇聚中心，涉旅基础数据、交通运输、气象、环保、文博场馆信息、投诉、公安数据等累计接入量超1亿条，“游新疆”平台上架文旅商品700余条，接入酒店7000余家，进一步丰富了游客“吃、住、行、游、购、娱”基础服务。二是自治区博物馆《千年之语》智慧旅游沉浸式体验新空间入选第一批全国智慧旅游沉浸式体验新空间培育试点名单，《柯尔克孜族英雄史诗〈玛纳斯〉说唱全息展演》获评2023年文化和旅游数字化创新优秀案例。《游客感知视角下新疆全域旅游公共服务质量评价及优化策略研究》获得2023年文化和旅游部部级社科基金立项。三是国铁集团启动铁路旅游援疆行动，“百万广东人游新疆”“我爱浙疆”等项目加快实施，“京和号”“川和号”“浦莎号”“闵泽号”等旅游包机、专列引客入疆成效明显。

【旅游促进经济发展】2023年，新增旅行社400余家，近2.5万名导游通过从事旅游服务实现就业增收。据统计，全区从事旅游业市场主体已超过37万户，在旅游出行、住宿、餐饮、游览、购物、娱乐、综合服务七大活动中，住宿、餐饮、购物占相关国民经济行业增加值比重高于全国平均水平。“吃、住、行”占旅游消费支出三分之一，住宿餐饮个体户占比高，带动稳定增收作用大。据不完全统计，全年通过旅游直接带动就业超过34.57万人。自治区博物馆、库尔班·吐鲁木纪念馆、喀什古城、和田夜市、伊犁喀赞其民俗旅游区、吐鲁番交河故城、策勒县乌鲁克萨依乡阿克其格村、兵团军垦博物馆、三五九旅屯垦纪念馆、兵团十四师四十七团被文化和旅游部评为“旅游促进各民族交往交流交融十大典型案例”，越来越多的新疆各族群众特别是南疆基层群众吃上了旅游饭，钱包鼓起来了，国语流畅起来了，眼神中对未来的信心更足了，各族群众的心贴得更近了。

【旅游助力实现乡村振兴】2023年，全区乡村接待游客约9820万人次，占全区旅游人次的37%。实现乡村旅游收入约340亿元，占全区旅游收入的12%。自治区旅游发展专项资金的30%共6000万元纳入涉农资金整合统筹，拨付贫困地区戏曲进乡村资金1374万元，为全区943个乡镇综合文化站配套免费开放资金4715万元，下达文化人才专项经费1924万元，“石榴籽”文化文艺小分队经费725.4万元。安排825万元用于奖励新创建的乡村旅游重点村镇。推进2023年241座旅游厕所建设。奇台“千年古城、天下奇观”春夏田园生态之旅等13条线路入选全国乡村旅游精品线路。“新疆阿勒泰地区禾木哈纳斯蒙古族乡：开发与保护并重让古村焕发新生”入选《2022世界旅游联盟——旅游助力乡村振兴案例》。持续丰富“新疆礼物”品牌体系，打造了“和田优品”“沙湾好礼”等地州区域公众品牌。“东方甄选新疆行”直播活动线上售出乡村特产、好物220万件，销售额超1.6亿元，各直播间曝光量超3.8亿次。

【文旅融合发展】文旅融合提质加速，大型演出、赛事、博览会、非遗活动等如火如荼，全区新时代文艺高质量发展。第三届中国新疆国际艺术双年展、第六届中国新疆国际民族舞蹈节、“新疆是个好地方”对口援疆19省市非遗展、舌尖上的丝绸之路美食大会、首届新疆国际旅游摄影大会暨“新疆是个好地方”旅游摄影大展等成功举办。特别是舞蹈节期间，国内外共27个演出团的28台剧目在12个剧场奉上62场精彩演出，近10万人走进剧场，8000多万人共聚云端，800余家国内外媒体全方位报道，全网传播量超过11.8亿次，受到中外嘉宾、各界人士以及各族群众的高度赞誉和一致好评。草莓音乐节、平行时空音乐嘉年华等国内顶级品牌音乐节落户新疆，乌苏啤酒节、赛里木湖音乐节等有力拉动消费，“文旅+演艺”成为新时尚。同时，“博物馆热”带火旅游市场，各级博物馆举办展览500余场次，接待观众超过700万人次。全区开展营业性演出5600余场次，其中大型音乐节、演唱会120余场次，拉动消费5.39亿元。打造了天山明月城、约特干故城等沉浸式、场景式文旅项目，《昆仑之约》入选2023全国旅游演艺精品名录。各族群众真切感受到“文化润疆，润到了‘我’”。

（新疆维吾尔自治区文化和旅游厅　李朝阳　迪丽孜热·乌买尔）

新疆生产建设兵团

【概况】2023年，新疆生产建设兵团文化体育广电和旅游系统始终坚持以习近平新时代中国特色社会主义思想为指导，全面贯彻落实党的二十大精神，深入贯彻落实习近平文化思想，深入贯彻落实习近平总书记视察新疆、听取自治区和兵团工作汇报时重要讲话精神和重要指示精神，完整准确全面贯彻新时代党的治疆方略和党中央对兵团的定位要求，贯彻落实兵团第八次党代会和八届兵团党委历次全会精神，认真开展习近平新时代中国特色社会主义思想主题教育，以全面加强党的建设为保障，以铸牢中华民族共同体意识为主线，深入实施文化润疆工程，积极推进旅游兴疆战略，全面推动兵团文化体育广电旅游文物事业产业高质量发展。

【在优化公共服务上聚力，加强各民族交往交流交融】截至2023年年底，兵团现有师市级图书馆9座、美术馆4座、文化馆14座，备案在册博物馆、纪念馆（陈列室）16座，团场综合文化活动中心189座，师市、团场文化活动中心实现全覆盖。连队文化活动室1916个，覆盖率达到95%以上。争取中央补助地方公共文化服务体系建设专项资金对兵团连队综合文化活动室设备购置及开展文化活动予以补助。

一是持续加强公共文化服务制度建设。印发《新疆生产建设兵团环塔里木文化传播与共建共享工程规划（2021—2030年）》《新疆生产建设兵团边境文化长廊工程规划（2021—2030年）》，支持南疆、边境师团公共文化服务设施建设发展，因地制宜建设文化空间，紧密对接职工群众需求开展文化惠民活动，进一步完善现代公共文化服务体系。印发《关于打造军垦文化名城加快推动先进文化示范区建设的指导意见》，大力推进以军垦文化为特色的城市建设，打造传播先进文化、弘扬中华优秀传统文化的高地、聚集人口的坚实平台和维稳戍边的坚强堡垒。

二是持续健全现代公共文化服务体系。支持各师市、相关高校以及兵团直属文化单位实施基本公共文化服务项目，改善基层公共文化体育设施条件，加强基层公共文化服务人才队伍建设。争取中央对地方公共图书馆、美术馆、文化馆（站）免费开放补助资金4544万元、博物馆纪念馆免费开放补助资金1194万元，以及兵团本级配套资金1149.7万元，支持兵团342个公共文化场馆落实免费开放工作，举办主题鲜明、形式多样、内容丰富、职工群众喜闻乐见的文化活动，保障职工群众基本文化权益，发挥兵团公共文化场馆覆盖兵团、辐射地方的特殊作用。累计分配3400万元支持第一师阿拉尔市、第三师图木舒克市、第四师可克达拉市、第五师双河市、第六师五家渠市、第八师石河子市打造军垦文化名城，推动将红色基因、历史文化、地域特色等融入城市建设，增强兵团城市文化底蕴。

三是持续提升公共文化服务效能。建成以师市文化馆、图书馆为总馆、团场（街道）综合文化中心为分馆、连队（社区）文化站为基层服务点的文化馆、图书馆总分馆服务体系。完成兵团第七次全国县级以上公共图书馆评估定级工作，评定一级馆2个，二级馆2个，三级馆1个，发挥评级定等公共文化场馆的引领带动作用。支持指导第一师阿拉尔市、第六师五家渠市入选国家公共文化服务体系示范区，第一师阿拉尔市、第三师图木舒克市、第十师北屯市、第十二师等项目入选国家公共文化服务体系示范项目，支持指导第三师51团唐驿镇、第六师芳草湖农场、第八师石河子总场北泉镇入选“中国民间文化艺术之乡”，充分发挥典型示范作用，引导形成基层公共文化服务创新发展的新风尚、新格局。打造“胡杨艺术”志愿服务品牌，深入挖掘兵团文化内涵，创新开展文艺演出、文化培训、创作指导、电影放映等系列群众文化志愿服务活动。拓展“兵团文化云”平台服务功能及业务管理模块，建立全兵团“统一入口、统一预约、统一运营、统一管理、统一评价”的互联互通和共建共享服务体系，实现文化信息资源“进连入户”，公共文化网络服务体系基本形成。依托“兵团文化云”平台，搭建军垦剪纸艺术馆、中国人民解放军进军和田纪念馆指尖云展厅，通过数字技术把兵团文化资源转化为可听可看、可读可感的网络传播产品。

四是持续深化文化惠民活动吸引力和影响力。不断完善以兵团直属文艺团体为主力、各师市专业文艺团体为辅助、基层业余文艺团体为补充的交流演出机制，通过慰问演出、知识讲座、文艺培训、创编辅导等方式，以少数民族聚集团场、边境团场、地方乡镇及兵团驻地方“访惠聚”工作组为重点，常态化开展“送文化下基层”“戏曲进乡村”“非遗进校园、进社区”等文化惠民活动，年均1000场左右，惠及职工群众约30万人次。定期开展兵团职工文艺汇演、基层文化能人大赛、戏曲折子戏大赛暨戏曲票友大赛、舞蹈大赛、广场舞大赛、“新年看大戏”等品牌文化活动，以及“5・18国际博物馆日”“5・19中国旅游日”“文化和自然遗产日”等主题活动，引领带动全疆群众文化活动蓬勃开展。兵地共办“千连千乡文化手拉手”活动、兵地广场舞大赛，促进兵地文化交融共建，推动各民族广泛交往、全面交流、深度交融。依托文化和旅游部、国家民委“春雨工程”——文化和旅游志愿服务边疆行计划，协调中国交响乐团、中国国家话剧院等中直单位和对口援疆省市，赴兵团开展文化惠民志愿行、艺术创作志愿行等活动40余场，惠及职工群众4万余人次。

五是持续打造德艺双馨文艺工作者队伍。争取文化人才服务支持艰苦边远地区和基层一线专项资金281万元，支持选派108名文化文艺工作者赴南疆团场、脱贫团场、边境团场和少数民族聚居团场挂职、帮扶，提供培训、指导等服务，培养30名文化工作者，推动兵团基层文化人才队伍建设。先后在杭州、厦门、威海举办兵团系统文化馆图书馆馆长培训班及兵团文化系统舞蹈编导业务骨干培训班、2023年度兵团艺术创作人才专题培训班、2023年度兵团文化馆业务知识（基层馆、站长）专题培训班、兵团文化馆业务知识业务骨干专题培训班，150余名文艺团体创编人员、各师市文化馆、图书馆等业务骨干参培。争取兵团党委组织部兵团人才发展专项资金70万元，支持实施2023年兵团优秀作品创作扶持计划，邀请业内知名专家赴兵团直属文艺院团开展驻团培训，举办艺术创作知识系列大讲堂，夯实兵团文化事业高质量发展的人才支撑。

【在繁荣文艺创作上发力，弘扬兵团精神和胡杨精神、老兵精神】2023年，兵团文化体育广电和旅游局以习近平新时代中国特色社会主义思想为指导，深入学习宣传贯彻党的二十大精神和习近平文化思想，牢牢把握意识形态工作主动权，把好文艺创作导向关，坚持以人民为中心的创作导向，聚焦兵团维稳戍边职责使命，加强统筹谋划，加大投入保障，完善工作机制，聚焦主责主业，新创复排一批正确反映新疆历史和兵团历史，具有中华文化底蕴，符合现代文明理念，展现兵团维稳戍边职责使命，弘扬兵团精神和胡杨精神、老兵精神的文艺精品力作。在兵团本级文化旅游体育专项资金中单设舞台艺术作品创作扶持专项，分配专项资金1000余万元支持兵团直属文艺院团开展主题剧目创作。

一是坚持以人民为中心的创作导向。舞蹈诗剧

《老兵故事》、音乐剧《活界碑》、少儿杂技剧《孟母三迁》、秦剧《西域汉关》、豫剧《援疆柳》等舞台精品完成首演;《兵团礼赞》主题交响音乐会、中秋音乐会《明月出天山》完成系列演出。豫剧《戈壁母亲》、折子戏《西厢记·绣楼》《挡马》参加全国戏曲汇演。先后创作音乐舞蹈史诗《天山》、杂技剧《孟母三迁》《楼兰寻梦》、豫剧《戈壁母亲》《解忧公主》、舞剧《戈壁青春》、话剧《万方乐奏》、交响乐《兵团颂》等20余部精品文艺作品，以优秀舞台艺术作品鼓舞人心、凝聚力量、服务大局。

二是多渠道多形式讲好兵团故事。多方位展现新时代兵团精神风貌，音乐剧《活界碑》、舞蹈诗剧《老兵故事》、跨界音诗画《当祖国需要我们的时候》等兵团题材作品登上舞台。豫剧《解忧公主》参加首届新疆文化艺术节，豫剧《戈壁母亲》等亮相石家庄全国戏曲会演，《昆仑山的儿子》斩获第十届黄河戏剧节最佳剧目奖等7个奖项，舞蹈诗剧《老兵故事》参加第六届中国新疆国际民族舞蹈节获“和美丝路奖”，第四师大型声乐套曲《可克达拉组歌》在京演出，通过文化“走出去”，有效擦亮兵团红色名片。

三是推动文艺作品勇攀“高峰”。《老兵故事》代表兵团参加第六届中国新疆国际民族舞蹈节，获“和美丝路奖”。兵团豫剧团豫剧《解忧公主》参加首届新疆文化艺术节，豫剧《戈壁母亲》、折子戏《西厢记·绣楼》《挡马》参加全国戏曲会演，豫剧《昆仑山的儿子》获第十届黄河戏剧节最佳剧目奖、最佳演员奖等7个奖项，杂技《九儿》获自治区第七届“天山文艺奖”。《活界碑》《老兵故事》作为学习贯彻习近平新时代中国特色社会主义思想主题教育观演剧目，得到兵团党委主要领导、中央第十五巡回指导组领导同志的指导肯定。

【在加强文物保护上着力，讲清新疆自古以来就是我国不可分割的一部分】兵团辖区内共有不可移动文物542处，其中全国重点文物保护单位12处。全兵团现有各级博物馆、纪念馆16座，共收藏可移动文物29011件，其中一级文物32件，二级文物2件，三级文物25件。依托价值突出、内涵丰厚的古代屯垦戍边文物和兵团革命文物，充分发挥以文证史、以文化人、以文润心的重要作用。

一是深挖历史文化内涵。争取国家文物保护专项资金2282万元，组织实施第一师阿拉尔市国保、兵团级革命文物集中连片保护利用和总体规划项目、第三师图木舒克市唐王城（托库孜萨来）遗址数字化展示利用项目、第七师胡杨河市137团老2连连部旧址保护修缮项目等9个文物保护项目。依托国家文物局及国家文物局考古研究中心资金、专业力量支持，持续推进唐王城遗址考古发掘（第二期）项目、白杨沟佛寺遗址考古发掘（第一期）项目实施，其中唐王城遗址发掘面积500平方米、白杨沟佛寺遗址发掘面积200平方米，均出土一定数量的实物遗存，实证新疆自古以来就是伟大祖国不可分割的一部分。公布兵团第二批革命文物名录，包括不可移动革命文物39处、可移动革命文物1959件（套），名录中不可移动革命文物包括兵团级文物保护单位1处、师市级文物保护单位28处、一般不可移动文物10处，可移动革命文物包括1959件（套）一般文物，名录的公布进一步摸清兵团革命文物资源的底数和保存状况，为实施革命文物保护利用工程夯实基础。

二是推出精品主题展览。与国家文物局考古研究中心在第三师图木舒克市联合举办2023年“5·18国际博物馆日”兵团主会场活动，举办“人格的力量——中国共产党人的家国情怀”专题展览和唐王城遗址考古发掘（第一期）成果展，首次展出唐王城遗址发掘的40多件珍贵文物，让中华文化通过实物实景实事得到充分展现、直抵人心。支持指导新疆生产建设兵团军垦博物馆“新疆生产建设兵团屯垦戍边历史展”入选2022年度“弘扬中华优秀传统文化、培育社会主义核心价值观”主题展览重点推介项目，并获第二十届（2022年度）全国博物馆十大陈列展览精品奖，支持指导第一师阿拉尔市三五九旅屯垦纪念馆“中华优秀传统文化——十二生肖展”入选2023年度“弘扬中华优秀传统文化、培育社会主义核心价值观”主题展览推介项目，支持指导第七师胡杨河市《看！七师巨变》H5入选2023年度中华文物新媒体传播精品推介项目，进一步擦亮兵团红色名片，发挥典型示范引领作用。

三是加强非遗传承保护。分配186万元非遗保护专项资金，对土陶烧制技艺、秦腔、豫剧等传承保护工作予以支持，补助2位国家级非遗传承人开展传承活动，设立戏曲传承实践基地15个，在南疆地区教授少数民族学生学唱戏曲，推动“送文化”到“种文化”的转变。举办2023年“文化和自然遗产日”兵团主场活动。围绕“加强非遗系统性保护　促进可持续发展”“文物保护利用与文化自信自强”主题，以“日场＋夜场”“线上＋线下”“展示＋体验”相结合的方式，举办非遗展馆参观，迷糊戏、威风锣鼓、民族服装秀、书法、秦腔、豫剧、杂技非遗展示展演以及文物主题演艺等活动，广泛宣传展示兵团文物和文化遗产保护利用的新成果新进展，携手山西省非遗保护中心举办“遇见非遗”兵团非遗购物节和非遗美食节，推动非遗保护成果惠及更多职工群众。组织参加2023“新疆是个好地方”对口援疆19省市非物质文化遗产展，以“丝路屯垦　壮美兵团”为主题，精选维吾尔族模制法土陶烧制技艺、哈萨克毡绣和布绣、军垦剪纸等多个国家级和兵团级非遗项目参展，邀请非遗传承人现场进行活态展演，广泛宣传展示兵团非遗保护成果，进一步扩大兵团文化传播力和影响力。举办“春雨工程”——2023年兵团非遗保护与传承专题培训班，邀请业内专家围绕“非遗法律制度建设”“面向弘扬与振兴的非遗传播工作”“非遗与旅游融合发展的新趋势”“民族地区非遗保护与非遗产品创新”等主题举办讲座，各师市及兵地相关企事业单位从事非遗保护工作的业务骨干共40人参加培训，进一步加强兵团非遗人才队伍能力建设，提高兵团非遗系统性保护水平和传承发展活力。

【在推进旅游兴疆战略上蓄力，推动兵团旅游产业高质量发展】截至2023年年末，兵团共有旅游市场经营单位626家。其中，国家A级旅游景区77家，其中4A级以上27家、省级旅游度假区2个、星级旅游饭店55家、旅行社204家、星级农家乐259家、等级民宿18家、旅游集团公司12个。国家全域旅游示范区2个、国家生态旅游示范区3个、国家文化和旅游消费试点城市2个、国家级夜间文旅消费集聚区3个、国家级旅游休闲街区3个、国家级工业旅游示范基地4个、国家级文明旅游示范单位1个、国家文化产业和旅游产业融合发展示范区1个、全国红色经典景区（点）7个、全国乡村旅游重点村33个，全国乡村旅游重点镇7个。注册导游7376名。2023年兵团累计接待游客3635.68万人次、实现旅游收入173.89亿元，分别同比增长89.20%和134.93%。

一是坚持政策规划引领。组织召开兵团旅游产业发展领导小组会议，印发《贯彻落实〈旅游兴疆规划（2021—2030年）〉分工方案》《2023年旅游兴疆行动计划》《旅游行业服务质量提升三年行动方案》，编制《兵团南疆区域旅游发展规划》，聚力推进实施《兵团“十四五”旅游业发展规划》，谋划申报2023年行业领域重点建设项目184个，总投资139.62亿元；计划实施总投资500万元以上固定资产投资项目73个，总投资57.87亿元，年度计划投资19.39亿元；推动下达2023—2025年行业领域重大储备项目2个，总投资6.53亿元。开展文旅领域存量项目摸排，对投资额5000万元及以上的 7 个项目跟踪督导、加快推进，全面构建“一心一圈两带多点”旅游格局。

二是推动文旅品牌创建。研究制定兵团文化旅游产业链提升方案，大力培育兵团文旅产业链主企业、骨干企业和链上企业，推动建设集中度高、关联度大、竞争力强的文旅产业集群。推荐十四师昆仑山大峡谷景区成功获评“全球低碳生态景区”。一师洁丽雅品牌文化博物馆、六师唐庭霞露酒庄入选国家工业旅游示范基地。四师草原之夜文化旅游休闲街区和十二师新天润美食天街成功创建国家级旅游休闲街区。一师三五九旅屯垦纪念馆成功创建为第二批国家级文明旅游示范单位。二师 30 团入选全国休闲农业重点县，二师 25 团 3 连、三师 49 团 13 连入选中国美丽休闲乡村。六师青格达湖旅游度假区申报国家级旅游度假区并通过线上评审，十师 186 团（依托吉木乃口岸）申报边境旅游试验区。推荐《露营雪山下 独享昆仑山》入选第三届全国旅游公益广告优秀作品，《铸牢民族团结不朽丰碑、传承“三五九旅”屯垦精神》等 3 个旅游促进“三交”案例在全国旅游宣传推广活动上发布，《东疆夏宫·庙尔沟杏花节唱响新疆旅游第一抹春》入选国内旅游宣传推广优秀案例。参加 2023 年中国特色旅游商品大赛荣获四个奖项，其中“伊力小壶酒”荣获金奖。推荐“美丽休闲乡村体验游”等 13 条线路入选文化和旅游部全国乡村旅游精品线路。推荐七师 130 团等 3 个团场获农业农村部中国美丽乡村休闲旅游行精品景点线路推介。2023 年新增酒店 60 家、民宿 119 家、农家乐 68 家。新评定 A 级旅游景区 6 家（其中 4A 级 2 家、3A 级 4 家）、省级旅游度假区 1 家、省级乡村旅游重点村 17 家、省级文明旅游示范单位 2 家、省级旅游休闲街区 2 家、四星级旅游饭店 2 家、丙级民宿 6 家、星级农家乐 46 家（其中五星级 4 家、四星级 6 家、三星级 36 家）。

三是加大宣传推广力度。坚持把文化和旅游宣介放在“文化润疆”大盘子谋划推进，深入挖掘兵团红色文化内涵，打造“中国屯垦旅游”主体品牌，4 条线路入选“乡村四时好风光”全国乡村旅游精品线路。组织参加“中国 G219 旅游推广联盟”年会，对兵团旅游专题推介。举办兵团旅游促进会、“5·19 中国旅游日”活动、餐饮美食大赛、摄影及微视频大赛。组团参加第十九届中国（深圳）国际文化产业博览交易会，组织召开兵团旅游民宿高质量发展现场会。陈晓琪等 3 名同志入选全国红色旅游五好讲解员培养项目，李延作为兵团导游代表参加第五届全国导游大赛荣获铜牌，为兵团参加全国导游大赛历史最好成绩。

四是深化兵地融合发展。建立健全兵地文化旅游工作协作机制，与自治区文化和旅游厅共同制定《自治区文化和旅游厅 2023 年兵地融合发展工作方案》，联合自治区文化和旅游厅印发《关于印发〈自治区旅行社等级评定实施方案〉的通知》《关于印发〈文化和旅游领域 2023 年兵地融合发展工作方案〉的通知》，从文化资源与设施共建共享、共同打造精品景区与精品线路、加快产业融合发展、联合开展文化活动、落实艺术创作共享和交流机制、推进兵地文物和历史遗迹的共管共护、推进民族团结共创、合力推进向南发展等方面扎实推进文化和旅游领域兵地融合发展各项工作。共同举办 2023 年“5·19 中国旅游日”活动、“中国 G219 旅游推广联盟”第四届年会、“冬日胜景”旅游宣传推广等活动。推动白沙湖、塔克拉玛干·三五九旅文化旅游区、江布拉克和一万泉等 5A 级旅游景区提质增效，共同打造 G219 边境旅游风景道、S101 天山地理画廊、S21 沙漠高速公路等线性旅游精品。组织参加自治区文化和旅游厅举办的第十七届新疆冬季旅游产业交易博览会暨 2023 新疆热雪节和 2023 年“冬日胜景”全国旅游宣传推广暨“新疆是个好地方”19 省市旅游推广援疆活动等文化和旅游宣传推广活动，兵地共同搭建展区，联合开展旅游专题推介，合力打响“新疆是个好地方”“中国屯垦旅游”文旅品牌。支持一师参与阿克苏地区天山·托木尔国家5A级旅游景区创建，支持二师31团与尉犁县联合打造罗布湖景区，支持九师161团与裕民县联合创建小白杨文化旅游区国家5A级旅游景区，支持十四师一牧场昆仑山大峡谷景区和策勒县板兰格景区联合创建国家5A级旅游景区。

五是加强基础设施建设。2023年建成旅游厕所31个、停车场25个、加油站13个、通信基站53个。智慧旅游“兵团模式”持续推进，旅游产业监测系统已成功接入并实时展示白沙湖景区、塔克拉玛干·三五九旅文化旅游区等景区的共66路视频监控画面。景区分时预约系统及大数据分析平台建设完毕，已有49个A级旅游景区开展预约工作，截至2023年年底已产生3.5万余条预约数据。

【健全和转变政府职能，扎实推进文化和旅游市场综合执法能力提升】兵团文化体育广电和旅游局持续开展系列执法行动，整治市场突出问题，进一步规范市场秩序。2023年累计出动执法人员2.1万余人次，检查经营单位1万余家次，立案查处涉嫌违法违规案件79件，罚款24.8万余元。

一是深化“放管服”改革。全面推行“一次办”改革工作，大力推进“网上办”“指尖办”，实现“不见面审批”和“最多跑一趟”。推动政务服务事项标准化，推进同一事项兵师团无差别受理、同标准办理。依法依规开展行政规范性文件以及合同的合法合规性审核审查，共审查本部门起草的行政规范性文件2份。优选配强我局法律顾问，切实发挥法律顾问的指导、咨询、监督、服务作用，已审核局机关规范性文件、各类合同、重大行政处罚案件等20件，提出律师建议36条。严格落实重大行政决策程序，加强合法性审查，坚持集体讨论决定，不断提高行政决策科学化、民主化、法治化水平。

二是提高市场监管水平。常态化联合公安、交通、市场监管部门开展假日市场联合督查。兵师两级文化市场综合执法机构累计出动执法人员1.1万余人次，检查经营单位0.5万家次，立案查处涉嫌违法违规案件54件，罚款18.9万余元。联合兵团党委宣传部等5部门首次举办第三届全国文化市场综合执法技能竞赛兵团初赛活动，13个师市代表队、57名选手参加竞赛，岗位练兵自学自测“全覆盖双达标”。举办案卷评查、交叉执法检查活动，评查各类案件20件，执法人员办案质量、案卷制作水平明显提高。累计举办2期兵团文化市场综合行政执法骨干业务培训班，围绕平台操作、法律法规解读等方面开展培训，累计参训人员184人次。

三是深入推进专项整治工作。统筹推进文化旅游市场执法保障行动，加大“扫黄打非”和未成年人合法权益保护工作力度，依法严厉打击治理跨境赌博旅游，深入开展文化和旅游市场打击整治养老诈骗专项行动。重点聚焦“不合理低价游”“向旅游者兜售物品”等旅游市场乱象，实施重拳出击，净化市场环境。兵团的“张某进行导游活动，向旅游者兜售物品案”成功入选文化和旅游部办公厅通报表扬的2022—2023年度全国文化市场综合执法重大案件。加强旅游纠纷调解，推动兵团范围内“12301”“12318”投诉举报电话与“96359”政务服务热线整合，投诉渠道更加规范畅通。依托监管平台累计处理旅游投诉1200余件，为游客挽回经济损失77.97万元。

（新疆生产建设兵团文化体育广电和旅游局 耿子焱）

中国文化和旅游年鉴

THE YEARBOOK OF CHINESE CULTURE AND TOURISM

2024

法律法规
及政策性文件

LAWS, REGULATIONS AND POLICIES

法　律

中华人民共和国爱国主义教育法

（2023年10月24日第十四届全国人民代表大会常务委员会第六次会议通过）

目　录

第一章　总　则

第一条　为了加强新时代爱国主义教育，传承和弘扬爱国主义精神，凝聚全面建设社会主义现代化国家、全面推进中华民族伟大复兴的磅礴力量，根据宪法，制定本法。

第二条　中国是世界上历史最悠久的国家之一，中国各族人民共同创造了光辉灿烂的文化、共同缔造了统一的多民族国家。国家在全体人民中开展爱国主义教育，培育和增进对中华民族和伟大祖国的情感，传承民族精神、增强国家观念，壮大和团结一切爱国力量，使爱国主义成为全体人民的坚定信念、精神力量和自觉行动。

第三条　爱国主义教育应当高举中国特色社会主义伟大旗帜，坚持以马克思列宁主义、毛泽东思想、邓小平理论、“三个代表”重要思想、科学发展观、习近平新时代中国特色社会主义思想为指导，坚持爱国和爱党、爱社会主义相统一，以维护国家统一和民族团结为着力点，把全面建成社会主义现代化强国、实现中华民族伟大复兴作为鲜明主题。

第四条　爱国主义教育坚持中国共产党的领导，健全统一领导、齐抓共管、各方参与、共同推进的工作格局。

第五条　爱国主义教育应当坚持思想引领、文化涵育，教育引导、实践养成，主题鲜明、融入日常，因地制宜、注重实效。

第六条　爱国主义教育的主要内容是：

（一）马克思列宁主义、毛泽东思想、邓小平理论、“三个代表”重要思想、科学发展观、习近平新时代中国特色社会主义思想；

（二）中国共产党党史、新中国史、改革开放史、社会主义发展史、中华民族发展史；

（三）中国特色社会主义制度，中国共产党

带领人民团结奋斗的重大成就、历史经验和生动实践；

（四）中华优秀传统文化、革命文化、社会主义先进文化；

（五）国旗、国歌、国徽等国家象征和标志；

（六）祖国的壮美河山和历史文化遗产；

（七）宪法和法律，国家统一和民族团结、国家安全和国防等方面的意识和观念；

（八）英雄烈士和先进模范人物的事迹及体现的民族精神、时代精神；

（九）其他富有爱国主义精神的内容。

第七条 国家开展铸牢中华民族共同体意识教育，促进各民族交往交流交融，增进对伟大祖国、中华民族、中华文化、中国共产党、中国特色社会主义的认同，构筑中华民族共有精神家园。

第八条 爱国主义教育应当坚持传承和发展中华优秀传统文化，弘扬社会主义核心价值观，推进中国特色社会主义文化建设，坚定文化自信，建设中华民族现代文明。

第九条 爱国主义教育应当把弘扬爱国主义精神与扩大对外开放结合起来，坚持理性、包容、开放，尊重各国历史特点和文化传统，借鉴吸收人类一切优秀文明成果。

第十条 在每年10月1日中华人民共和国国庆日，国家和社会各方面举行多种形式的庆祝活动，集中开展爱国主义教育。

第二章 职责任务

第十一条 中央爱国主义教育主管部门负责全国爱国主义教育工作的指导、监督和统筹协调。

中央和国家机关各部门在各自职责范围内，组织开展爱国主义教育工作。

第十二条 地方爱国主义教育主管部门负责本地区爱国主义教育工作的指导、监督和统筹协调。

县级以上地方人民政府教育行政部门应当加强对学校爱国主义教育的组织、协调、指导和监督。县级以上地方文化和旅游、新闻出版、广播电视、电影、网信、文物等部门和其他有关部门应当在各自职责范围内，开展爱国主义教育工作。

中国人民解放军、中国人民武装警察部队依照本法和中央军事委员会的有关规定开展爱国主义教育工作，并充分利用自身资源面向社会开展爱国主义教育。

第十三条 工会、共产主义青年团、妇女联合会、工商业联合会、文学艺术界联合会、作家协会、科学技术协会、归国华侨联合会、台湾同胞联谊会、残疾人联合会、青年联合会和其他群团组织，应当发挥各自优势，面向所联系的领域和群体开展爱国主义教育。

第十四条 国家采取多种形式开展法治宣传教育、国家安全和国防教育，增强公民的法治意识、国家安全和国防观念，引导公民自觉履行维护国家统一和民族团结，维护国家安全、荣誉和利益的义务。

第十五条 国家将爱国主义教育纳入国民教育体系。各级各类学校应当将爱国主义教育贯穿学校教育全过程，办好、讲好思想政治理论课，并将爱国主义教育内容融入各类学科和教材中。

各级各类学校和其他教育机构应当按照国家规定建立爱国主义教育相关课程联动机制，针对各年龄段学生特点，确定爱国主义教育的重点内容，采取丰富适宜的教学方式，增强爱国主义教育的针对性、系统性和亲和力、感染力。

第十六条 各级各类学校应当将课堂教学与课外实践和体验相结合，把爱国主义教育内容融入校园文化建设和学校各类主题活动，组织学生参观爱国主义教育基地等场馆设施，参加爱国主义教育校外实践活动。

第十七条 未成年人的父母或者其他监护人应当把热爱祖国融入家庭教育，支持、配合学校开展爱国主义教育教学活动，引导、鼓励未成年人参加爱国主义教育社会活动。

第十八条 国家机关应当加强对公职人员的爱国主义教育，发挥公职人员在忠于国家、为国奉献，维护国家统一、促进民族团结，维护国家安全、荣誉和利益方面的模范带头作用。

第十九条 企业事业单位应当将爱国主义教育列入本单位教育计划，大力弘扬劳模精神、劳动精神、工匠精神，结合经营管理、业务培训、文化体育等活动，开展爱国主义教育。

教育、科技、文化、卫生、体育等事业单位应当大力弘扬科学家精神和专业精神，宣传和培育知识分子、专业技术人员、运动员等胸怀祖国、服务人民、为国争光的爱国情感和爱国行为。

第二十条 基层人民政府和基层群众性自治组织应当把爱国主义教育融入社会主义精神文明建设活动，在市民公约、村规民约中体现爱国主义精神，鼓励和支持开展以爱国主义为主题的群众性文化、体育等活动。

第二十一条 行业协会商会等社会团体应当把爱国主义精神体现在团体章程、行业规范中，根据本团体本行业特点开展爱国主义教育，培育会员的爱国热情和社会担当，发挥会员中公众人物和有社会影响力人士的示范作用。

第二十二条 国家鼓励和支持宗教团体、宗教院校、宗教活动场所开展爱国主义教育，增强宗教教职人员和信教群众的国家意识、公民意识、法治意识和爱国情感，引导宗教与社会主义社会相适应。

第二十三条 国家采取措施开展历史文化教育和“一国两制”实践教育，增强香港特别行政区同胞、澳门特别行政区同胞的爱国精神，自觉维护国家主权、统一和领土完整。

国家加强对推进祖国统一方针政策的宣传教育，增强包括台湾同胞在内的全中国人民对完成祖国统一大业神圣职责的认识，依法保护台湾同胞的权利和利益，坚决反对“台独”分裂行径，维护中华民族的根本利益。

国家加强与海外侨胞的交流，做好权益保障和服务工作，增进海外侨胞爱国情怀，弘扬爱国传统。

第三章　实施措施

第二十四条 中央和省级爱国主义教育主管部门应当加强对爱国主义教育工作的统筹，指导推动有关部门和单位创新爱国主义教育方式，充分利用各类爱国主义教育资源和平台载体，推进爱国主义教育有效实施。

第二十五条 县级以上人民政府应当加强对红色资源的保护、管理和利用，发掘具有历史价值、纪念意义的红色资源，推动红色旅游融合发展示范区建设，发挥红色资源教育功能，传承爱国主义精神。

县级以上人民政府文化和旅游、住房城乡建设、文物等部门应当加强对文物古迹、传统村落、传统技艺等历史文化遗产的保护和利用，发掘所蕴含的爱国主义精神，推进文化和旅游深度融合发展，引导公民在游览观光中领略壮美河山，感受悠久历史和灿烂文化，激发爱国热情。

第二十六条 爱国主义教育基地应当加强内容建设，丰富展览展示方式，打造精品陈列，为国家机关、企业事业单位、社会组织、公民开展爱国主义教育活动和参观学习提供便利服务，发挥爱国主义教育功能。

各类博物馆、纪念馆、图书馆、科技馆、文化馆、美术馆、新时代文明实践中心等，应当充分利用自身资源和优势，通过宣传展示、体验实践等方式，开展爱国主义教育活动。

第二十七条 国家通过功勋荣誉表彰制度，褒奖在强国建设、民族复兴中做出突出贡献的人士，弘扬以爱国主义为核心的民族精神和以改革创新为核心的时代精神。

第二十八条 在中国人民抗日战争胜利纪念

日、烈士纪念日、南京大屠杀死难者国家公祭日和其他重要纪念日，县级以上人民政府应当组织开展纪念活动，举行敬献花篮、瞻仰纪念设施、祭扫烈士墓、公祭等纪念仪式。

第二十九条 在春节、元宵节、清明节、端午节、中秋节和元旦、国际妇女节、国际劳动节、青年节、国际儿童节、中国农民丰收节及其他重要节日，组织开展各具特色的民俗文化活动、纪念庆祝活动，增进家国情怀。

第三十条 组织举办重大庆祝、纪念活动和大型文化体育活动、展览会，应当依法举行庄严、隆重的升挂国旗、奏唱国歌仪式。

依法公开举行宪法宣誓、军人和预备役人员服役宣誓等仪式时，应当在宣誓场所悬挂国旗、奏唱国歌，誓词应当体现爱国主义精神。

第三十一条 广播电台、电视台、报刊出版单位等应当创新宣传报道方式，通过制作、播放、刊登爱国主义题材的优秀作品，开设专题专栏，加强新闻报道，发布公益广告等方式，生动讲好爱国故事，弘扬爱国主义精神。

第三十二条 网络信息服务提供者应当加强网络爱国主义教育内容建设，制作、传播体现爱国主义精神的网络信息和作品，开发、运用新平台新技术新产品，生动开展网上爱国主义教育活动。

第四章 支持保障

第三十三条 国家鼓励和支持企业事业单位、社会组织和公民依法开展爱国主义教育活动。

国家支持开展爱国主义教育理论研究，加强多层次专业人才的教育和培训。

对在爱国主义教育工作中做出突出贡献的单位和个人，按照国家有关规定给予表彰和奖励。

第三十四条 中央爱国主义教育主管部门建立健全爱国主义教育基地的认定、保护、管理制度，制定爱国主义教育基地保护利用规划，加强对爱国主义教育基地保护、管理、利用的指导和监督。

各级人民政府应当加强对爱国主义教育基地的规划、建设和管理，完善免费开放制度和保障机制。

第三十五条 国家鼓励和支持创作爱国主义题材的文学、影视、音乐、舞蹈、戏剧、美术、书法等文艺作品，在优秀文艺作品评选、表彰、展览、展演时突出爱国主义导向。

第三十六条 国家鼓励和支持出版体现爱国主义精神的优秀课外读物，鼓励和支持开发体现爱国主义精神的面向青少年和儿童的动漫、音视频产品等。

第三十七条 任何公民和组织都应当弘扬爱国主义精神，自觉维护国家安全、荣誉和利益，不得有下列行为：

（一）侮辱国旗、国歌、国徽或者其他有损国旗、国歌、国徽尊严的行为；

（二）歪曲、丑化、亵渎、否定英雄烈士事迹和精神；

（三）宣扬、美化、否认侵略战争、侵略行为和屠杀惨案；

（四）侵占、破坏、污损爱国主义教育设施；

（五）法律、行政法规禁止的其他行为。

第三十八条 教育、文化和旅游、退役军人事务、新闻出版、广播电视、电影、网信、文物等部门应当按照法定职责，对违反本法第三十七条规定的行为及时予以制止，造成不良社会影响的，应当责令及时消除影响，并依照有关法律、行政法规的规定予以处罚。构成违反治安管理行为的，依法给予治安管理处罚；构成犯罪的，依法追究刑事责任。

第三十九条 负有爱国主义教育职责的部门、单位不依法履行爱国主义教育职责的，对负有责任的领导人员和直接责任人员，依法给予处分。

第五章 附　则

第四十条 本法自2024年1月1日起施行。

行政法规

未成年人网络保护条例

第一章　总　则

第一条　为了营造有利于未成年人身心健康的网络环境，保障未成年人合法权益，根据《中华人民共和国未成年人保护法》、《中华人民共和国网络安全法》、《中华人民共和国个人信息保护法》等法律，制定本条例。

第二条　未成年人网络保护工作应当坚持中国共产党的领导，坚持以社会主义核心价值观为引领，坚持最有利于未成年人的原则，适应未成年人身心健康发展和网络空间的规律和特点，实行社会共治。

第三条　国家网信部门负责统筹协调未成年人网络保护工作，并依据职责做好未成年人网络保护工作。

国家新闻出版、电影部门和国务院教育、电信、公安、民政、文化和旅游、卫生健康、市场监督管理、广播电视等有关部门依据各自职责做好未成年人网络保护工作。

县级以上地方人民政府及其有关部门依据各自职责做好未成年人网络保护工作。

第四条　共产主义青年团、妇女联合会、工会、残疾人联合会、关心下一代工作委员会、青年联合会、学生联合会、少年先锋队以及其他人民团体、有关社会组织、基层群众性自治组织，协助有关部门做好未成年人网络保护工作，维护未成年人合法权益。

第五条　学校、家庭应当教育引导未成年人参加有益身心健康的活动，科学、文明、安全、合理使用网络，预防和干预未成年人沉迷网络。

第六条　网络产品和服务提供者、个人信息处理者、智能终端产品制造者和销售者应当遵守法律、行政法规和国家有关规定，尊重社会公德，遵守商业道德，诚实信用，履行未成年人网络保护义务，承担社会责任。

第七条　网络产品和服务提供者、个人信息处理者、智能终端产品制造者和销售者应当接受政府和社会的监督，配合有关部门依法实施涉及未成年人网络保护工作的监督检查，建立便捷、合理、有效的投诉、举报渠道，通过显著方式公布投诉、举报途径和方法，及时受理并处理公众投诉、举报。

第八条　任何组织和个人发现违反本条例规定

的，可以向网信、新闻出版、电影、教育、电信、公安、民政、文化和旅游、卫生健康、市场监督管理、广播电视等有关部门投诉、举报。收到投诉、举报的部门应当及时依法作出处理；不属于本部门职责的，应当及时移送有权处理的部门。

第九条 网络相关行业组织应当加强行业自律，制定未成年人网络保护相关行业规范，指导会员履行未成年人网络保护义务，加强对未成年人的网络保护。

第十条 新闻媒体应当通过新闻报道、专题栏目（节目）、公益广告等方式，开展未成年人网络保护法律法规、政策措施、典型案例和有关知识的宣传，对侵犯未成年人合法权益的行为进行舆论监督，引导全社会共同参与未成年人网络保护。

第十一条 国家鼓励和支持在未成年人网络保护领域加强科学研究和人才培养，开展国际交流与合作。

第十二条 对在未成年人网络保护工作中作出突出贡献的组织和个人，按照国家有关规定给予表彰和奖励。

第二章 网络素养促进

第十三条 国务院教育部门应当将网络素养教育纳入学校素质教育内容，并会同国家网信部门制定未成年人网络素养测评指标。

教育部门应当指导、支持学校开展未成年人网络素养教育，围绕网络道德意识形成、网络法治观念培养、网络使用能力建设、人身财产安全保护等，培育未成年人网络安全意识、文明素养、行为习惯和防护技能。

第十四条 县级以上人民政府应当科学规划、合理布局，促进公益性上网服务均衡协调发展，加强提供公益性上网服务的公共文化设施建设，改善未成年人上网条件。

县级以上地方人民政府应当通过为中小学校配备具有相应专业能力的指导教师、政府购买服务或者鼓励中小学校自行采购相关服务等方式，为学生提供优质的网络素养教育课程。

第十五条 学校、社区、图书馆、文化馆、青少年宫等场所为未成年人提供互联网上网服务设施的，应当通过安排专业人员、招募志愿者等方式，以及安装未成年人网络保护软件或者采取其他安全保护技术措施，为未成年人提供上网指导和安全、健康的上网环境。

第十六条 学校应当将提高学生网络素养等内容纳入教育教学活动，并合理使用网络开展教学活动，建立健全学生在校期间上网的管理制度，依法规范管理未成年学生带入学校的智能终端产品，帮助学生养成良好上网习惯，培养学生网络安全和网络法治意识，增强学生对网络信息的获取和分析判断能力。

第十七条 未成年人的监护人应当加强家庭家教家风建设，提高自身网络素养，规范自身使用网络的行为，加强对未成年人使用网络行为的教育、示范、引导和监督。

第十八条 国家鼓励和支持研发、生产和使用专门以未成年人为服务对象、适应未成年人身心健康发展规律和特点的网络保护软件、智能终端产品和未成年人模式、未成年人专区等网络技术、产品、服务，加强网络无障碍环境建设和改造，促进未成年人开阔眼界、陶冶情操、提高素质。

第十九条 未成年人网络保护软件、专门供未成年人使用的智能终端产品应当具有有效识别违法信息和可能影响未成年人身心健康的信息、保护未成年人个人信息权益、预防未成年人沉迷网络、便于监护人履行监护职责等功能。

国家网信部门会同国务院有关部门根据未成年人网络保护工作的需要，明确未成年人网络保护软件、专门供未成年人使用的智能终端产品的相关技术标准或者要求，指导监督网络相关行业组织按照有关技术标准和要求对未成年人网络保护软件、专门供未成年人使用的智能终端产品的使用效果进行评估。

智能终端产品制造者应当在产品出厂前安装未成年人网络保护软件，或者采用显著方式告知用户安装渠道和方法。智能终端产品销售者在产品销售前应当采用显著方式告知用户安装未成年人网络保护软件的情况以及安装渠道和方法。

未成年人的监护人应当合理使用并指导未成年人使用网络保护软件、智能终端产品等，创造良好的网络使用家庭环境。

第二十条 未成年人用户数量巨大或者对未成年人群体具有显著影响的网络平台服务提供者，应当履行下列义务：

（一）在网络平台服务的设计、研发、运营等阶段，充分考虑未成年人身心健康发展特点，定期开展未成年人网络保护影响评估；

（二）提供未成年人模式或者未成年人专区等，便利未成年人获取有益身心健康的平台内产品或者服务；

（三）按照国家规定建立健全未成年人网络保护合规制度体系，成立主要由外部成员组成的独立机构，对未成年人网络保护情况进行监督；

（四）遵循公开、公平、公正的原则，制定专门的平台规则，明确平台内产品或者服务提供者的未成年人网络保护义务，并以显著方式提示未成年人用户依法享有的网络保护权利和遭受网络侵害的救济途径；

（五）对违反法律、行政法规严重侵害未成年人身心健康或者侵犯未成年人其他合法权益的平台内产品或者服务提供者，停止提供服务；

（六）每年发布专门的未成年人网络保护社会责任报告，并接受社会监督。

前款所称的未成年人用户数量巨大或者对未成年人群体具有显著影响的网络平台服务提供者的具体认定办法，由国家网信部门会同有关部门另行制定。

第三章　网络信息内容规范

第二十一条 国家鼓励和支持制作、复制、发布、传播弘扬社会主义核心价值观和社会主义先进文化、革命文化、中华优秀传统文化，铸牢中华民族共同体意识，培养未成年人家国情怀和良好品德，引导未成年人养成良好生活习惯和行为习惯等的网络信息，营造有利于未成年人健康成长的清朗网络空间和良好网络生态。

第二十二条 任何组织和个人不得制作、复制、发布、传播含有宣扬淫秽、色情、暴力、邪教、迷信、赌博、引诱自残自杀、恐怖主义、分裂主义、极端主义等危害未成年人身心健康内容的网络信息。

任何组织和个人不得制作、复制、发布、传播或者持有有关未成年人的淫秽色情网络信息。

第二十三条 网络产品和服务中含有可能引发或者诱导未成年人模仿不安全行为、实施违反社会公德行为、产生极端情绪、养成不良嗜好等可能影响未成年人身心健康的信息的，制作、复制、发布、传播该信息的组织和个人应当在信息展示前予以显著提示。

国家网信部门会同国家新闻出版、电影部门和国务院教育、电信、公安、文化和旅游、广播电视等部门，在前款规定基础上确定可能影响未成年人身心健康的信息的具体种类、范围、判断标准和提示办法。

第二十四条 任何组织和个人不得在专门以未成年人为服务对象的网络产品和服务中制作、复制、发布、传播本条例第二十三条第一款规定的可能影响未成年人身心健康的信息。

网络产品和服务提供者不得在首页首屏、弹窗、热搜等处于产品或者服务醒目位置、易引起用户关注的重点环节呈现本条例第二十三条第一款规定的可能影响未成年人身心健康的信息。

网络产品和服务提供者不得通过自动化决策方式向未成年人进行商业营销。

第二十五条 任何组织和个人不得向未成年人发送、推送或者诱骗、强迫未成年人接触含有危害或者可能影响未成年人身心健康内容的网络信息。

第二十六条 任何组织和个人不得通过网络以文字、图片、音视频等形式，对未成年人实施侮辱、诽谤、威胁或者恶意损害形象等网络欺凌行为。

网络产品和服务提供者应当建立健全网络欺凌行为的预警预防、识别监测和处置机制，设置便利未成年人及其监护人保存遭受网络欺凌记录、行使通知权利的功能、渠道，提供便利未成年人设置屏蔽陌生用户、本人发布信息可见范围、禁止转载或者评论本人发布信息、禁止向本人发送信息等网络欺凌信息防护选项。

网络产品和服务提供者应当建立健全网络欺凌信息特征库，优化相关算法模型，采用人工智能、大数据等技术手段和人工审核相结合的方式加强对网络欺凌信息的识别监测。

第二十七条 任何组织和个人不得通过网络以文字、图片、音视频等形式，组织、教唆、胁迫、引诱、欺骗、帮助未成年人实施违法犯罪行为。

第二十八条 以未成年人为服务对象的在线教育网络产品和服务提供者，应当按照法律、行政法规和国家有关规定，根据不同年龄阶段未成年人身心发展特点和认知能力提供相应的产品和服务。

第二十九条 网络产品和服务提供者应当加强对用户发布信息的管理，采取有效措施防止制作、复制、发布、传播违反本条例第二十二条、第二十四条、第二十五条、第二十六条第一款、第二十七条规定的信息，发现违反上述条款规定的信息的，应当立即停止传输相关信息，采取删除、屏蔽、断开链接等处置措施，防止信息扩散，保存有关记录，向网信、公安等部门报告，并对制作、复制、发布、传播上述信息的用户采取警示、限制功能、暂停服务、关闭账号等处置措施。

网络产品和服务提供者发现用户发布、传播本条例第二十三条第一款规定的信息未予显著提示的，应当作出提示或者通知用户予以提示；未作出提示的，不得传输该信息。

第三十条 国家网信、新闻出版、电影部门和国务院教育、电信、公安、文化和旅游、广播电视等部门发现违反本条例第二十二条、第二十四条、第二十五条、第二十六条第一款、第二十七条规定的信息的，或者发现本条例第二十三条第一款规定的信息未予显著提示的，应当要求网络产品和服务提供者按照本条例第二十九条的规定予以处理；对来源于境外的上述信息，应当依法通知有关机构采取技术措施和其他必要措施阻断传播。

第四章 个人信息网络保护

第三十一条 网络服务提供者为未成年人提供信息发布、即时通讯等服务的，应当依法要求未成年人或者其监护人提供未成年人真实身份信息。未成年人或者其监护人不提供未成年人真实身份信息的，网络服务提供者不得为未成年人提供相关服务。

网络直播服务提供者应当建立网络直播发布者真实身份信息动态核验机制，不得向不符合法律规定情形的未成年人用户提供网络直播发布服务。

第三十二条 个人信息处理者应当严格遵守国家网信部门和有关部门关于网络产品和服务必要个人信息范围的规定，不得强制要求未成年人或者其监护人同意非必要的个人信息处理行为，不得因为未成年人或者其监护人不同意处理未成年人非必要个人信息或者撤回同意，拒绝未成年人使用其基本功能服务。

第三十三条 未成年人的监护人应当教育引

导未成年人增强个人信息保护意识和能力、掌握个人信息范围、了解个人信息安全风险，指导未成年人行使其在个人信息处理活动中的查阅、复制、更正、补充、删除等权利，保护未成年人个人信息权益。

第三十四条 未成年人或者其监护人依法请求查阅、复制、更正、补充、删除未成年人个人信息的，个人信息处理者应当遵守以下规定：

（一）提供便捷的支持未成年人或者其监护人查阅未成年人个人信息种类、数量等的方法和途径，不得对未成年人或者其监护人的合理请求进行限制；

（二）提供便捷的支持未成年人或者其监护人复制、更正、补充、删除未成年人个人信息的功能，不得设置不合理条件；

（三）及时受理并处理未成年人或者其监护人查阅、复制、更正、补充、删除未成年人个人信息的申请，拒绝未成年人或者其监护人行使权利的请求的，应当书面告知申请人并说明理由。

对未成年人或者其监护人依法提出的转移未成年人个人信息的请求，符合国家网信部门规定条件的，个人信息处理者应当提供转移的途径。

第三十五条 发生或者可能发生未成年人个人信息泄露、篡改、丢失的，个人信息处理者应当立即启动个人信息安全事件应急预案，采取补救措施，及时向网信等部门报告，并按照国家有关规定将事件情况以邮件、信函、电话、信息推送等方式告知受影响的未成年人及其监护人。

个人信息处理者难以逐一告知的，应当采取合理、有效的方式及时发布相关警示信息，法律、行政法规另有规定的除外。

第三十六条 个人信息处理者对其工作人员应当以最小授权为原则，严格设定信息访问权限，控制未成年人个人信息知悉范围。工作人员访问未成年人个人信息的，应当经过相关负责人或者其授权的管理人员审批，记录访问情况，并采取技术措施，避免违法处理未成年人个人信息。

第三十七条 个人信息处理者应当自行或者委托专业机构每年对其处理未成年人个人信息遵守法律、行政法规的情况进行合规审计，并将审计情况及时报告网信等部门。

第三十八条 网络服务提供者发现未成年人私密信息或者未成年人通过网络发布的个人信息中涉及私密信息的，应当及时提示，并采取停止传输等必要保护措施，防止信息扩散。

网络服务提供者通过未成年人私密信息发现未成年人可能遭受侵害的，应当立即采取必要措施保存有关记录，并向公安机关报告。

第五章 网络沉迷防治

第三十九条 对未成年人沉迷网络进行预防和干预，应当遵守法律、行政法规和国家有关规定。

教育、卫生健康、市场监督管理等部门依据各自职责对从事未成年人沉迷网络预防和干预活动的机构实施监督管理。

第四十条 学校应当加强对教师的指导和培训，提高教师对未成年学生沉迷网络的早期识别和干预能力。对于有沉迷网络倾向的未成年学生，学校应当及时告知其监护人，共同对未成年学生进行教育和引导，帮助其恢复正常的学习生活。

第四十一条 未成年人的监护人应当指导未成年人安全合理使用网络，关注未成年人上网情况以及相关生理状况、心理状况、行为习惯，防范未成年人接触危害或者可能影响其身心健康的网络信息，合理安排未成年人使用网络的时间，预防和干预未成年人沉迷网络。

第四十二条 网络产品和服务提供者应当建立健全防沉迷制度，不得向未成年人提供诱导其沉迷的产品和服务，及时修改可能造成未成年人沉迷的内容、功能和规则，并每年向社会公布防沉迷工作情况，接受社会监督。

第四十三条 网络游戏、网络直播、网络音视频、网络社交等网络服务提供者应当针对不同年龄阶段未成年人使用其服务的特点，坚持融合、友好、实用、有效的原则，设置未成年人模式，在使用时段、时长、功能和内容等方面按照国家有关规定和标准提供相应的服务，并以醒目便捷的方式为监护人履行监护职责提供时间管理、权限管理、消费管理等功能。

第四十四条 网络游戏、网络直播、网络音视频、网络社交等网络服务提供者应当采取措施，合理限制不同年龄阶段未成年人在使用其服务中的单次消费数额和单日累计消费数额，不得向未成年人提供与其民事行为能力不符的付费服务。

第四十五条 网络游戏、网络直播、网络音视频、网络社交等网络服务提供者应当采取措施，防范和抵制流量至上等不良价值倾向，不得设置以应援集资、投票打榜、刷量控评等为主题的网络社区、群组、话题，不得诱导未成年人参与应援集资、投票打榜、刷量控评等网络活动，并预防和制止其用户诱导未成年人实施上述行为。

第四十六条 网络游戏服务提供者应当通过统一的未成年人网络游戏电子身份认证系统等必要手段验证未成年人用户真实身份信息。

网络产品和服务提供者不得为未成年人提供游戏账号租售服务。

第四十七条 网络游戏服务提供者应当建立、完善预防未成年人沉迷网络的游戏规则，避免未成年人接触可能影响其身心健康的游戏内容或者游戏功能。

网络游戏服务提供者应当落实适龄提示要求，根据不同年龄阶段未成年人身心发展特点和认知能力，通过评估游戏产品的类型、内容与功能等要素，对游戏产品进行分类，明确游戏产品适合的未成年人用户年龄阶段，并在用户下载、注册、登录界面等位置予以显著提示。

第四十八条 新闻出版、教育、卫生健康、文化和旅游、广播电视、网信等部门应当定期开展预防未成年人沉迷网络的宣传教育，监督检查网络产品和服务提供者履行预防未成年人沉迷网络义务的情况，指导家庭、学校、社会组织互相配合，采取科学、合理的方式对未成年人沉迷网络进行预防和干预。

国家新闻出版部门牵头组织开展未成年人沉迷网络游戏防治工作，会同有关部门制定关于向未成年人提供网络游戏服务的时段、时长、消费上限等管理规定。

卫生健康、教育等部门依据各自职责指导有关医疗卫生机构、高等学校等，开展未成年人沉迷网络所致精神障碍和心理行为问题的基础研究和筛查评估、诊断、预防、干预等应用研究。

第四十九条 严禁任何组织和个人以虐待、胁迫等侵害未成年人身心健康的方式干预未成年人沉迷网络、侵犯未成年人合法权益。

第六章 法律责任

第五十条 地方各级人民政府和县级以上有关部门违反本条例规定，不履行未成年人网络保护职责的，由其上级机关责令改正；拒不改正或者情节严重的，对负有责任的领导人员和直接责任人员依法给予处分。

第五十一条 学校、社区、图书馆、文化馆、青少年宫等违反本条例规定，不履行未成年人网络保护职责的，由教育、文化和旅游等部门依据各自职责责令改正；拒不改正或者情节严重的，对负有责任的领导人员和直接责任人员依法给予处分。

第五十二条 未成年人的监护人不履行本条例规定的监护职责或者侵犯未成年人合法权益的，由未成年人居住地的居民委员会、村民委员会、妇女联合会，监护人所在单位，中小学校、幼儿园等有关密切接触未成年人的单位依法予以批评教育、劝诫制止、督促其接受家庭教育指导等。

第五十三条 违反本条例第七条、第十九条第三款、第三十八条第二款规定的，由网信、新闻出版、电影、教育、电信、公安、民政、文化和旅游、市场监督管理、广播电视等部门依据各自职责责令改正；拒不改正或者情节严重的，处 5 万元以上 50 万元以下罚款，对直接负责的主管人员和其他直接责任人员处 1 万元以上 10 万元以下罚款。

第五十四条 违反本条例第二十条第一款规定的，由网信、新闻出版、电信、公安、文化和旅游、广播电视等部门依据各自职责责令改正，给予警告，没收违法所得；拒不改正的，并处 100 万元以下罚款，对直接负责的主管人员和其他直接责任人员处 1 万元以上 10 万元以下罚款。

违反本条例第二十条第一款第一项和第五项规定，情节严重的，由省级以上网信、新闻出版、电信、公安、文化和旅游、广播电视等部门依据各自职责责令改正，没收违法所得，并处 5000 万元以下或者上一年度营业额百分之五以下罚款，并可以责令暂停相关业务或者停业整顿、通报有关部门依法吊销相关业务许可证或者吊销营业执照；对直接负责的主管人员和其他直接责任人员处 10 万元以上 100 万元以下罚款，并可以决定禁止其在一定期限内担任相关企业的董事、监事、高级管理人员和未成年人保护负责人。

第五十五条 违反本条例第二十四条、第二十五条规定的，由网信、新闻出版、电影、电信、公安、文化和旅游、市场监督管理、广播电视等部门依据各自职责责令限期改正，给予警告，没收违法所得，可以并处 10 万元以下罚款；拒不改正或者情节严重的，责令暂停相关业务、停产停业或者吊销相关业务许可证、吊销营业执照，违法所得 100 万元以上的，并处违法所得 1 倍以上 10 倍以下罚款，没有违法所得或者违法所得不足 100 万元的，并处 10 万元以上 100 万元以下罚款。

第五十六条 违反本条例第二十六条第二款和第三款、第二十八条、第二十九条第一款、第三十一条第二款、第三十六条、第三十八条第一款、第四十二条至第四十五条、第四十六条第二款、第四十七条规定的，由网信、新闻出版、电影、教育、电信、公安、文化和旅游、广播电视等部门依据各自职责责令改正，给予警告，没收违法所得，违法所得 100 万元以上的，并处违法所得 1 倍以上 10 倍以下罚款，没有违法所得或者违法所得不足 100 万元的，并处 10 万元以上 100 万元以下罚款，对直接负责的主管人员和其他直接责任人员处 1 万元以上 10 万元以下罚款；拒不改正或者情节严重的，并可以责令暂停相关业务、停业整顿、关闭网站、吊销相关业务许可证或者吊销营业执照。

第五十七条 网络产品和服务提供者违反本条例规定，受到关闭网站、吊销相关业务许可证或者吊销营业执照处罚的，5 年内不得重新申请相关许可，其直接负责的主管人员和其他直接责任人员 5 年内不得从事同类网络产品和服务业务。

第五十八条 违反本条例规定，侵犯未成年人合法权益，给未成年人造成损害的，依法承担民事责任；构成违反治安管理行为的，依法给予治安管理处罚；构成犯罪的，依法追究刑事责任。

第七章 附　则

第五十九条 本条例所称智能终端产品，是指可以接入网络、具有操作系统、能够由用户自行安装应用软件的手机、计算机等网络终端产品。

第六十条 本条例自 2024 年 1 月 1 日起施行。

国务院文件

国务院关于开展第四次全国文物普查的通知

国发〔2023〕18 号

各省、自治区、直辖市人民政府，国务院各部委、各直属机构：

为落实党中央决策部署，全面掌握我国不可移动文物资源情况，进一步加强文物工作，国务院决定于 2023 年 11 月起开展第四次全国文物普查。现将有关事项通知如下：

一、总体要求

（一）指导思想。以习近平新时代中国特色社会主义思想为指导，深入贯彻党的二十大精神，认真贯彻落实党中央关于坚持保护第一、加强管理、挖掘价值、有效利用、让文物活起来的工作要求，坚持实事求是、改革创新、依法实施，周密组织部署，确保普查结果全面客观反映我国不可移动文物资源基本状况。

（二）总体目标。建立国家不可移动文物资源总目录，建立全国不可移动文物资源大数据库，建立文物资源资产动态管理机制。完善不可移动文物认定公布机制，规范认定标准和登记公布程序，健全名录公布体系。完善不可移动文物保护管理机制，构建全面普查、专项调查、空间管控、动态监测相结合的文物资源管理体系。培养锻炼专业人员，建强文物保护队伍，增强全社会文物保护意识。

二、普查范围和内容

普查范围是我国境内地上、地下、水下的不可移动文物，对已认定、登记的不可移动文物进行复查，同时调查、认定、登记新发现的不可移动文物。普查主要内容包括普查对象名称、空间位置、保护级别、文物类别、年代、权属、使用情况、保存状况等。

三、时间安排

此次普查从 2023 年 11 月开始，到 2026 年 6 月结束，分三个阶段进行。普查标准时点为 2024 年 4 月 30 日。2023 年 11 月至 2024 年 4 月为普查第一阶段，主要任务是建立各级普查机构，确定技术标准和规范，开发普查系统与采集软件，开展培训、试点工作；2024 年 5 月至 2025 年 5 月为普查第二阶段，主要任务是以县域为基本单元，实地开展文物调查；2025年6月至2026年6月为普查第三阶段，主要任务是依法认定、登记并公布不可移动文物，建立国家不可移动文物资源总目录，逐级验收并向社会公布普查成果。

县级以上地方各级人民政府要根据普查结果，及时将重要的不可移动文物核定公布为相应级别的文物保护单位。

四、组织实施

为加强对文物普查工作的组织领导，成立第四次全国文物普查领导小组，负责普查组织实施中重大问题的研究和决策，审定普查总体方案，不作为国务院议事协调机构，任务完成后自动撤销。领导小组办公室设在国家文物局，负责普查工作的日常组织和具体协调。其中涉及普查经费方面的事项，由财政部负责和协调；涉及国有文物资源资产管理方面的事项，由财政部、国家文物局负责和协调；涉及数据底图方面的事项，由自然资源部负责和协调；涉及普查宣传动员方面的事项，由中央宣传部、国家文物局负责和协调。各有关部门要各司其职、各负其责、密切配合，按照普查总体方案要求，积极提供本系统文物线索，组织动员本系统有关单位配合文物行政部门做好普查工作，协助研究解决普查中涉及本系统的重要问题。

各省（自治区、直辖市）人民政府是本地区文物普查工作的责任主体，要充分考虑基层实际情况，组织好本省（自治区、直辖市）内各级文物行政部门、文物保护和考古工作机构、文物保护单位管理机构、博物馆、高等院校、科研机构及社会力量等，系统谋划、统筹推进。要按照统一要求，结合本地区实际，编制实施方案，报领导小组办公室备案。地方各级人民政府要认真做好本地区文物普查工作。各级文物行政部门要压实责任，具体组织实施普查工作，确保按时高质量完成普查任务。接受对口支援、定点帮扶的地区，可将第四次全国文物普查有关任务纳入对口支援、定点帮扶内容。

各地普查机构根据工作需要，可聘用或者从有关单位商调符合条件的人员加入普查队伍，聘用人员劳务费在普查经费中列支，由聘用单位及时支付，商调人员在原单位的岗位保留，工资、福利及其他待遇不降低。

中国人民解放军和武装警察部队的文物普查工作由中央军委后勤保障部按照国家统一规定和要求组织实施。

新疆生产建设兵团的文物普查工作由新疆生产建设兵团按照本通知要求组织实施。

五、经费保障

第四次全国文物普查所需经费，按照公共文化领域中央与地方财政事权和支出责任划分改革方案，由中央与地方共同承担支出责任，列入相应年度财政预算，按时拨付，确保到位，保障普查工作顺利开展。

六、普查质量管理

国家文物局统一负责普查质量管理工作。各级普查机构要加强普查质量控制，严格执行普查方案，规范普查工作流程，严肃普查纪律，强化事前事中事后数据质量检查核查，确保普查数据真实准确、完整可信。

建立健全文物普查责任体系，明确主体责任、监督责任和相关责任。建立普查数据质量追溯和问责机制，坚决杜绝各种人为干预普查数据的行为。采用有效技术手段和管理措施，确保普查数据采集、传输、存储和使用安全。

根据有关法律规定，各地区、各有关部门和单位要如实填报登记信息，不得虚报、瞒报、拒报、迟报，不得伪造、篡改普查资料。普查机构及其工作人员要妥善保存普查数据和资料，对普查中涉及的国家秘密履行保密义务。

在文物普查中，发现因人为破坏、监管不力等因素造成已登记文物遭破坏、撤销、灭失的情形，要依法调查处理，严肃追究责任，并及时将违法违纪线索移送有关部门处理。

国务院

2023 年 10 月 22 日

（本文有删减）

国务院办公厅印发《关于释放旅游消费潜力推动旅游业高质量发展的若干措施》的通知

国办发〔2023〕36 号

各省、自治区、直辖市人民政府，国务院各部委、各直属机构：

《关于释放旅游消费潜力推动旅游业高质量发展的若干措施》已经国务院同意，现印发给你们，请认真贯彻执行。

国务院办公厅

2023 年 9 月 27 日

（本文有删减）

关于释放旅游消费潜力推动旅游业高质量发展的若干措施

为深入贯彻落实习近平总书记关于文化和旅游工作的重要论述和中央政治局会议精神，丰富优质旅游供给，释放旅游消费潜力，推动旅游业高质量发展，进一步满足人民群众美好生活需要，发挥旅游业对推动经济社会发展的重要作用，提出以下措施。

一、加大优质旅游产品和服务供给

（一）推进文化和旅游深度融合发展。引导戏剧节、音乐节、艺术节、动漫节、演唱会、艺术展览、文旅展会等业态健康发展，丰富“音乐＋旅游”“演出＋旅游”“展览＋旅游”“赛事＋旅游”等业态。开展中国文物主题游径建设和“读万卷书行万里路”文化主题旅游推广活动。有序发展红色旅游，保护好、管理好、运用好红色资源。推进文化和旅游产业融合发展典型示范。

（二）实施美好生活度假休闲工程。开展文旅产业赋能城市更新行动，打造一批文化特色鲜明的国家级旅游休闲城市和街区，推动旅游度假区高质量发展。加强绿道、骑行道、郊野公园、停车设施等微循环休闲设施建设，合理布局自驾车旅居车停车场等服务设施。

（三）实施体育旅游精品示范工程。推动体育赛事和旅游活动一体谋划、一体开展，结合重大、特色赛事，培育“跟着赛事去旅行”品牌项目，打造一批具有影响力的体育旅游精品线路、赛事和基地。发展冰雪经济，推动冰雪运动、冰雪装备、冰雪旅游全产业链发展，指导加强滑雪旅游度假地建设。

（四）开展乡村旅游提质增效行动。开展文化产业赋能乡村振兴试点，推动提升乡村旅游运营水平。建设一批富有地域文化特色的乡村旅游重点村镇，推动实施旅游民宿国家标准，打造“乡村四时好风光”线路产品，开展“游购乡村”系列活动。因地制宜打造美丽田园、景观农业、农耕体验、休闲渔业、户外运动等新业态。

（五）发展生态旅游产品。在严格保护的基础上，依法依规合理利用国家公园、自然保护区、风景名胜区、森林公园、湿地公园、沙漠公园、地质公园等自然生态资源，积极开发森林康养、生态观光、自然教育等生态旅游产品。推出一批特色生态旅游线路。推进森林步道、休闲健康步道建设。

（六）拓展海洋旅游产品。深入挖掘海洋海岛旅游资源，提升海岸海岛风貌。完善邮轮、游艇旅游政策，加强邮轮、游艇码头，滨海度假营地，运动船艇码头等旅游配套服务设施建设。优化邮轮航线和邮轮旅游产品设计，推进国际邮轮运输全面复航。

（七）优化旅游基础设施投入。支持各地根据旅游业发展需求，合理规划、有序建设旅游咨询中心、旅游集散中心、旅游厕所、旅游风景道、旅游交通标识标牌、智慧旅游公共服务平台等旅游公共设施。加快推进中西部支线机场建设，推动打造一批旅游公路、国内水路客运旅游精品航线，完善旅游航线网络、旅游列车线路、自驾车旅游服务体系。

（八）盘活闲置旅游项目。优化完善盘活方式，根据项目情况分类采取盘活措施，用好各类财政、金融、投资政策，支持旅游企业盘活存量旅游项目与存量旅游资产。

二、激发旅游消费需求

（九）改善旅游消费环境。支持文化体育场所增强旅游休闲功能，合理设置旅游咨询区、餐饮区、文创产品销售区等旅游接待设施。推动利用数字技术改造提升传统旅游消费场所，打造智慧旅游、沉浸式体验新空间。利用城市公园、草坪广场等开放空间打造创意市集、露营休闲区。创新开展“旅游中国·美好生活”国内旅游宣传推广。

（十）完善消费惠民政策。开展全国文化和旅游消费促进活动，鼓励各地围绕节假日、暑期等时间节点，联动文化和旅游企业、金融机构、电商平台、新媒体平台等举办形式多样的消费促进活动。

（十一）调整优化景区管理。完善预约措施，简化预约程序，尽可能减少采集游客个人信息，科学设置线上、线下购票预约渠道，最大限度满足游客参观游览需求。景区应保留人工窗口，在游客量未达到景区最大承载量之前，为运用智能技术困难人群提供购票预约服务。在旅游旺季，通过延长景区开放时间、增加弹性供给等措施，提升景区接待能力。

（十二）完善旅游交通服务。提高旅游目的地通达性，构建“快进”交通网络，结合节假日等因素优化配置重点旅游城市班车班列，推动将旅游城市纳入“干支通、全网联”航空运输服务网络，加快干线公路与景区公路连接线以及相邻区域景区间公路建设。优化旅游客运服务，积极拓展定制客运服务，普及推广电子客票服务，大力发展联程运输。

（十三）有序发展夜间经济。引导夜间文化和旅游消费集聚区规范创新发展。完善夜间照明、停车场、公共交通、餐饮购物等配套服务设施。鼓励有条件的公共文化场所、文博单位等延长开放时间。

（十四）促进区域合作联动。紧密围绕区域重大战略以及重点城市群、文化旅游带建设等，实施区域一体化文化和旅游消费惠民措施和便利服务，举办区域性消费促进活动。推进东中西部跨区域旅游协作，探索互为旅游客源地和目的地的合作路径。

三、加强入境旅游工作

（十五）实施入境旅游促进计划。优化入境旅游产品和线路，推出更多广受入境游客欢迎的旅游产品和服务。加强海外市场宣传推广和精准营销，持续开展“你好！中国”国家旅游形象系列推广活动。开展入境游旅行商伙伴行动，为国外从事来华旅游业务人员提供课程培训和旅游信息服务。

（十六）优化签证和通关政策。进一步提高签证办理效率，提升签证审发信息化水平。有序恢复各类免签政策，积极研究增加免签国家数量。充分发挥口岸签证、过境免签及区域性入境免签等政策对旅游业发展的积极作用，加大政策推介力度。为邮轮旅游、自驾车旅游及其他涉及入出境的旅游活动提供通关保障。

（十七）恢复和增加国际航班。增加与入境旅游主要客源国、周边国家的航线，加密航班频次，提高航空出行便利性。

（十八）完善入境旅游服务。提升外籍游客和港澳台居民持有效证件预订景区门票、购买车（船）票、在旅馆办理住宿登记的便利化水平。加强导游以及景区、酒店等服务人员外语培训，完善景区、机场、车站、酒店、购物商店等场所的多语种标识及导览设施。提高入境游客使用境外银行卡及各类电子支付方式便捷程度以及外币兑换便利性。

（十九）优化离境退税服务。提升离境退税服务质效，推动扩大境外游客离境退税政策覆盖地域范围，鼓励引导更多商户成为退税商店，进一步丰富退税商店商品种类。

（二十）发挥旅游贸易载体作用。支持国内文化和旅游企业、机构参加各类国际文化和旅游展会。鼓励举办市场化旅游展会，吸引外国文化和旅游企业来华参展、参会。高质量建设一批对外文化贸易基地，为外国文化和旅游企业来华投资合作提供服务保障。

四、提升行业综合能力

（二十一）支持旅游企业发展。适当放宽旅行社补足旅游服务质量保证金期限，旅行社可申请全额暂退或暂缓交纳旅游服务质量保证金。坚持同等质量标准，依法支持旅游企业参与政府采购和服务外包，不得以星级、所有制等为门槛限制相关企业参与政府采购的住宿、会议、餐饮等项目。

（二十二）加强导游队伍建设。优化导游职业资格准入管理，严格规范导游执业行为，净化导游执业环境，依法保障导游劳动报酬。加强导游人才供给和业务培训，举办全国导游大赛。

（二十三）提升旅游服务质量。完善旅游服务质量评价体系，开展监测评估和品牌建设，健全有关标准。建立完善以信用监管为基础的新型监管机制，依法认定失信主体并实施信用惩戒。建设文化和旅游领域诚信体系，健全信用承诺制度，推进信用品牌建设，优化信用消费环境。

（二十四）规范旅游市场秩序。加强旅游市场执法，深入开展旅游市场整治。建立健全跨部门旅游市场举报投诉和执法协作机制，加强数据信息共享和线索移交，开展联合执法，坚决维护游客合法权益。

五、保障措施

（二十五）健全旅游工作协调机制。完善工作机制，及时开展工作调度和研究会商，加强跨部门统筹协调和综合监管，推动解决旅游业发展中的重点难点堵点问题。

（二十六）强化政策保障。用好各有关渠道财政资金，加强政策协调配合。通过中央预算内投资等既有专项资金渠道，支持旅游基础设施建设。通过旅游发展基金、中央支持地方公共文化服务体系建设补助等渠道，支持地方提升旅游公共服务水平、加强旅游宣传推广以及推进国家文化和旅游消费试点城市、示范城市建设。将旅游领域符合条件的项目纳入地方政府专项债券支持范围。

（二十七）拓宽融资渠道。引导金融机构结合自身业务和旅游企业生产经营特点，优化信贷管理，丰富信贷产品，支持旅游设施建设运营。探索在部分地区开展旅游项目收益权、旅游项目（景区）特许经营权入市交易、备案登记试点工作。鼓励在依法界定各类景区资源资产产权主体权利和义务的基础上，依托景区项目发行基础设施领域不动产投资信托基金（REITs）。

（二十八）加强用地、人才保障。进一步优化旅游产业用地政策，依法依规保障旅游项目合理用地需求。鼓励地方结合城镇低效用地再开发，推动盘活存量土地支持旅游设施建设。研究做好旅游人才培养、使用、评价工作，加强职称评定、职业技能评价、人才返岗等支持，落实好各项就业、社会保障政策。

（二十九）做好旅游安全监管。联合开展行业安全检查，督促经营主体落实安全生产、消防安全、特种设备安全、食品安全主体责任，抓好重点场所单位、重要时间时段的安全管理，强化事故灾害防范应对措施，进一步提高旅游突发事件应急处置能力。

（三十）完善旅游统计制度。优化旅游统计调查方法，拓展数据来源，加强工作力量。推动文化和旅游、统计、出入境等部门间数据互联互通。

行政规范性文件

文化和旅游部关于规范网络演出剧（节）目经营活动推动行业健康有序发展的通知

文旅市场发〔2023〕8 号

各省、自治区、直辖市文化和旅游厅（局），新疆生产建设兵团文化体育广电和旅游局：

近年来，受疫情影响，部分单位选择以直播或者录播形式通过互联网提供演唱会等演出剧（节）目，创新了演出剧（节）目形式，丰富了互联网文化业态，较好地满足了人民群众精神文化需求。为进一步规范市场秩序，引导新业态健康有序发展，现将有关事项通知如下。

一、在中华人民共和国境内从事网络演出剧（节）目经营活动，应当遵守法律法规和《互联网文化管理暂行规定》有关要求。

本通知所称网络演出剧（节）目，是指将演出剧（节）目通过互联网（含移动通讯网、移动互联网）实时传播或者以音视频形式上载传播而形成的互联网文化产品。演出剧（节）目包括但不限于音乐会、演唱会、音乐节、舞台戏剧（含戏曲、话剧、歌剧、舞剧、音乐剧等）、曲艺、杂技、脱口秀等演出活动。

二、以下列形式从事演出剧（节）目经营活动的，应当根据《互联网文化管理暂行规定》有关规定，向所在地省级文化和旅游行政部门申请取得经营范围包含“网络演出剧（节）目”的网络文化经营许可证：

（一）通过互联网直播境外举办的演出剧（节）目的；

（二）通过互联网提供录制的演出剧（节）目音视频的；

（三）提供专门为互联网传播制作的演出剧（节）目或者虚拟演出剧（节）目的；

（四）其他通过互联网形式传播演出剧（节）目的。

以营利为目的，通过互联网为公众实时提供现场演出剧（节）目的，还应当按照营业性演出管理有关规定办理报批手续。

三、网络演出剧（节）目经营单位提供进口网络演出剧（节）目的，应当报文化和旅游部进行内容审查，内容审查通过后方可向用户提供；提供国产网络演出剧（节）目的，应当在向用户提供之日起 30 日内，报文化和旅游部备案。

已取得营业性演出许可的演出剧（节）目通过互联网传播的，无须按照网络演出剧（节）目再进行报审或者报备。

多家网络演出剧（节）目经营单位提供同一网络演出剧（节）目的，可以由一家网络演出剧（节）目经营单位牵头进行报审或者报备，也可以由多家网络演出剧（节）目经营单位分别进行报审或者报备。

进口网络演出剧（节）目包括参演人员中有境外演员，举办地、录制地在境外，或者虚拟演员、虚拟演出剧（节）目的版权属于外资机构、境外人员的网络演出剧（节）目。港澳台演员参照境外演员管理。含有港澳台资本的机构参照外资机构管理。

四、网络演出剧（节）目不得含有《互联网文化管理暂行规定》第十六条规定的内容。

网络演出剧（节）目经营单位应当建立健全内容管理制度，配备适应内容审核工作需要的专业人员负责网络演出剧（节）目的内容管理，加强对评论、弹幕等用户产生内容的实时监控。采用直播方式提供网络演出剧（节）目的，应当采取延时直播方式播出，并安排专人对网络演出剧（节）目进行实时监管，发现内容问题应当第一时间阻断并及时处置。

五、各省级文化和旅游行政部门应当加强对网络演出剧（节）目市场的动态监测和执法检查，督促企业落实主体责任，及时查处违法违规行为。

六、鼓励和支持网络演出剧（节）目平台经营单位提供内容优质、符合社会主义核心价值观的网络演出剧（节）目。鼓励和支持文艺表演团体、演出经纪机构、演出场所经营单位利用互联网为公众提供演出剧（节）目，推动演出新业态发展。

七、相关演出行业组织应当加强网络演出剧（节）目行业研究，建立行业规范，开展行业自律，搭建行业交流平台，制定相关标准，加强人才培养，协调人才服务保障，促进网络演出剧（节）目行业繁荣发展。

特此通知。

文化和旅游部

2023 年 1 月 16 日

（此件公开发布）

文化和旅游部关于印发《文化和旅游标准化工作管理办法》的通知

文旅科教发〔2023〕28 号

各省、自治区、直辖市文化和旅游厅（局），新疆生产建设兵团文化体育广电和旅游局，本部各司局、各直属单位，文化和旅游部管理的全国专业标准化技术委员会：

为贯彻党的二十大精神，落实《国家标准化发展纲要》要求，进一步规范文化和旅游标准化工作，充分发挥标准化对行业高质量发展的引领和支撑作用，我部制定了《文化和旅游标准化工作管理办法》。现印发你们，请遵照执行。

特此通知。

文化和旅游部

2023 年 2 月 21 日

（此件公开发布）

文化和旅游标准化工作管理办法

第一章 总 则

第一条 为规范文化和旅游标准化工作，推进文化和旅游标准化建设，发挥标准对文化和旅游高质量发展的引领和支撑作用，根据《中华人民共和国标准化法》及相关规定，结合文化和旅游行业的实际情况，制定本办法。

第二条 本办法所称标准是指文化和旅游领域需要统一的技术要求，包括国家标准、行业标准、地方标准、团体标准和企业标准，国家标准分为强制性标准、推荐性标准。

文化和旅游标准的制定、实施和监督，适用本办法。

第三条 文化和旅游标准化工作应当遵循下列原则：

（一）符合法律法规和国家有关规定；

（二）践行社会主义核心价值观，坚持正确导向；

（三）适应文化和旅游发展规律和行业需求，坚持社会效益、经济效益和生态效益相统一，坚守行业安全生产底线；

（四）标准制定过程公开、透明，充分体现利益相关方的诉求；

（五）充分体现科学性、规范性、协调性和时效性。

第四条 文化和旅游部管理本部门、本行业的标准化工作。地方文化和旅游行政部门依据职责开展本行政区域内的文化和旅游标准化工作。

第五条 各级文化和旅游行政部门应当加强标准相关研究，以科技创新提升标准水平，推动文化和旅游标准与科技创新互动发展。

各级文化和旅游行政部门可以在协商一致、协同推进的基础上推动区域性标准相关工作，在制定法规和政策文件时积极应用标准。

第六条 各级文化和旅游行政部门应当将标准化工作纳入发展规划和工作计划，将标准化工作经费纳入部门预算。鼓励社会资金投入文化和旅游标准化工作。

第七条 鼓励企事业单位、社会团体和教育、科研机构等开展或者参与文化和旅游标准化工作。

第八条 各级文化和旅游行政部门应当强化标准人才队伍建设，加强标准业务交流，充分发挥标准专家的作用，推动科研人员标准化能力提升。

第九条 文化和旅游标准化工作应当根据实际需要研究和采用国际标准，推进中国标准外文版翻译工作，参与国际标准制定，开展标准化对外交流与合作，推进中国文化和旅游标准国际化。

第二章 机构与职责

第十条 文化和旅游部科技教育司（以下简称“科技教育司”）归口管理文化和旅游标准化工作，主要承担下列工作职责：

（一）组织编制和实施文化和旅游标准化工作相关规划，拟定文化和旅游标准化工作规章制度，推动文化和旅游标准体系建设；

（二）对文化和旅游部管理的全国专业标准化技术委员会（以下简称“技术委员会”）业务进行指导、协调和管理；

（三）依据职责指导技术委员会开展推荐性国家标准申请立项、报批等工作，组织强制性国家标准的项目提出、起草、征求意见、技术审查和国家标准复审；

（四）组织开展文化和旅游行业标准的立项、审查、报批、编号、发布、备案、出版、公开和复审等工作；

（五）组织开展文化和旅游标准的宣传和实施情况的监督检查；

（六）参与、协调文化和旅游标准国际化工作；

（七）统筹协调本行业标准化试点示范和跨区域标准化工作；

（八）依据职责推进文化和旅游团体标准工作；

（九）组织开展文化和旅游标准研究、培训等；

（十）归口管理其他文化和旅游标准相关工作。

第十一条 文化和旅游部相关业务司局主要承担下列工作职责：

（一）对涉及本司局业务的标准工作提出意见和建议；

（二）提出本司局业务范围内的标准需求和计划项目建议，推动相关标准起草；

（三）开展本司局制修订相关标准的宣传、组织实施和监督检查；

（四）协同科技教育司对相关技术委员会开展工作进行业务指导；

（五）配合做好本司局业务相关国家标准、行业标准的咨询答复。

第十二条 文化和旅游部管理的技术委员会按照《全国专业标准化技术委员会管理办法》的规定，主要承担下列工作职责：

（一）研究分析本专业领域标准需求，对文化和旅游标准化工作提出建议；

（二）研究和编制本专业领域标准体系，提出标准计划项目建议；

（三）组织开展国家标准、行业标准的起草、征求意见、技术审查、复审及标准外文版的翻译、审查等工作；

（四）受标准发布部门委托，承担归口标准的协调沟通及咨询答复；

（五）开展本专业领域的标准宣传、培训和标准研究、学术交流活动；

（六）根据工作需要参与本专业领域国际标准工作；

（七）履行技术委员会业务相关重要事项报告程序；

（八）承担国务院标准化行政主管部门、文化和旅游部交办的其他标准工作。

第三章　标准的制定

第十三条　文化和旅游国家标准的管理按照《国家标准管理办法》《强制性国家标准管理办法》执行。

对文化和旅游行业范围内保障人身健康和生命财产安全、国家安全、生态环境安全以及满足经济社会管理基本需要的技术要求，应当制定强制性国家标准，按照程序报国务院批准发布或者授权批准发布。

对满足基础通用、与强制性国家标准配套、对文化和旅游行业起引领作用等需要的技术要求，可以按照程序报国务院标准化行政主管部门制定推荐性国家标准。

第十四条　文化和旅游行业标准的管理按照《行业标准管理办法》和本办法执行。对没有推荐性国家标准、需要在文化和旅游行业范围内统一的技术要求，可以制定文化和旅游行业标准。文化和旅游行业标准是文化和旅游部依据行政管理职责，围绕重要产品、工程技术、服务和行业管理需求组织制定的公益类标准。

文化和旅游行业标准的技术要求不得低于强制性国家标准的相关技术要求，应当与现行相关国家标准和行业标准相协调。跨部门、跨行业的技术要求不应当制定文化和旅游行业标准。禁止利用行业标准实施妨碍商品、服务自由流通等排除、限制市场竞争的行为。文化和旅游行业标准原则上应当有明确的组织实施的责任主体。

（一）科技教育司每年公开征集文化和旅游行业标准计划项目建议，经立项评审、征求相关单位意见后，下达行业标准计划。计划下达后应当按照确定的项目名称、期限等执行，原则上不做调整；确须调整的，按规定程序审批或者备案后执行。

（二）文化和旅游行业标准起草单位应当按照规范的格式、体例和相关要求起草标准文本，起草单位和技术委员会应当广泛征求意见。

（三）文化和旅游行业标准征求意见完成后，经技术委员会审查形成报批材料。未通过审查的项目，起草单位应当在规定期限内修改完善并再次提交审查；或者根据审查结论，通过技术委员会提出调整或者终止项目计划的建议，报科技教育司审核。

（四）文化和旅游行业标准报批材料经审核后，由科技教育司征求相关单位意见，报文化和旅游部批准发布，按程序编号、出版。行业标准的编号由行业标准代号、标准发布的顺序号及年份号组成。文化行业标准代号为 WH，旅游行业标准代号为 LB。

（五）文化和旅游行业标准发布后按照要求报送国务院标准化行政主管部门备案。

第十五条　文化和旅游地方标准的管理按照《地方标准管理办法》等相关规定执行。为满足地方自然条件、风俗习惯等涉及文化和旅游行业的特殊技术要求，地方文化和旅游行政部门可以提出或参与制定文化和旅游地方标准。

第十六条　文化和旅游团体标准的管理按照《团体标准管理规定》执行。学会、协会、商会、联合会、产业技术联盟等依法成立的社会团体，可以协调相关市场主体共同制定满足市场和创新需要、符合国家有关产业政策、高于推荐性标准技术要求的文化和旅游团体标准。各级文化和旅游行政部门会同有关部门对团体标准进行规范和引导，促进团体标准优质发展。

第十七条　文化和旅游企业标准的管理按照《企业标准化管理办法》执行。文化和旅游相关企业可以制定高于推荐性标准技术要求的文化和旅游企业标准。

第十八条　在文化和旅游国家标准、行业标准实施过程中，需要调整个别技术要求的，可以按照国家标准、行业标准修改单管理的有关程序进行修改。

第十九条 行业标准计划下达后，文化和旅游部根据工作需要和实际情况给予起草单位适当经费支持。起草单位经费使用应当符合财政部、文化和旅游部相关经费管理规定，实行专款专用。

地方文化和旅游行政部门的制定经费管理可以参照上款规定执行。

第四章 标准的实施和监督

第二十条 文化和旅游标准制定单位可以委托出版机构出版发行，并依法向社会公开。鼓励团体标准、企业标准通过标准信息公共服务平台向社会公开。

第二十一条 文化和旅游国家标准、行业标准、地方标准发布后，各级文化和旅游行政部门、相关技术委员会应当开展标准宣传，做好标准解读。鼓励企事业单位和相关社会组织开展文化和旅游标准的宣传和业务交流。

第二十二条 企事业单位和相关社会组织是标准实施的主体，应当严格执行强制性标准，积极采用推荐性标准。各级文化和旅游行政部门依据职责组织标准实施，符合条件的可以通过开展评定、评价等方式推动标准应用。

第二十三条 各级文化和旅游行政部门会同有关行政主管部门对标准实施进行监督检查，并在法定职责范围内落实标准相关的安全生产工作责任。

第二十四条 文化和旅游部建立文化和旅游标准实施信息反馈和评估机制，组织技术委员会适时对国家标准、行业标准进行复审，复审周期一般不超过 5 年。经过复审，对不适应经济社会发展需要和技术进步的标准及时修订或者废止。

第二十五条 文化和旅游部组织开展本行业标准化试点示范工作。鼓励县级以上地方文化和旅游行政部门在本级人民政府支持下推动本行政区域内的相关标准化试点示范工作。鼓励文化和旅游企事业单位、各类组织积极参与国家各类标准化试点示范建设。

第二十六条 任何单位和个人有权向标准化行政主管部门、有关行政主管部门举报、投诉文化和旅游标准化工作中存在的违法违规行为，根据法律法规或者国家有关规定追究相应责任。

第二十七条 各级文化和旅游行政部门对在标准化工作中做出显著成绩的单位和个人，按照国家有关规定开展表彰奖励，对技术水平高、创新性强、效益明显的标准，积极向有关部门推荐申报标准化或者科技成果等方面的奖励。

第五章 附 则

第二十八条 本办法自2023年3月1日起施行。《全国旅游标准化工作管理办法》（旅办发〔2009〕149 号）、《文化行业标准化工作管理办法（暂行）》（科技函〔2011〕38 号）和《旅游业国家标准和行业标准制订修订工作管理办法》（旅办发〔2016〕274 号）同时废止。

文化和旅游部关于推动在线旅游市场高质量发展的意见

文旅市场发〔2023〕41 号

各省、自治区、直辖市文化和旅游厅（局），新疆生产建设兵团文化体育广电和旅游局：

在线旅游经营服务是旅游产业链的关键环节，是满足广大人民群众出游需求、促进旅游消费、带动旅游产业发展的重要力量。为进一步加强在线旅游市场管理，保障旅游者合法权益，发挥在线旅游平台经营者整合交通、住宿、餐饮、游览、娱乐等旅游要素资源的积极作用，促进各类旅游经营者共享发展红利，推动旅游业高质量发展，现提出以下意见：

一、总体要求

（一）指导思想

坚持以习近平新时代中国特色社会主义思想为指导，全面贯彻党的二十大精神，贯彻落实党中央关于加快建设网络强国、数字中国决策部署，立足新发展阶段，贯彻新发展理念，构建新发展格局，以推动高质量发展为主题，以深化供给侧结构性改革为主线，以满足人民日益增长的美好生活需要为根本目的，充分发挥市场在资源配置中的决定性作用，更好发挥政府作用，用好各项纾困政策，调动市场积极因素，大力发展数字经济，深入发展智慧旅游，提升常态化监管水平，支持在线旅游平台经营者在引领发展、创造就业中大显身手。坚守安全底线，加强行业自律，推动在线旅游市场高质量发展。

（二）基本原则

坚持安全底线。树牢底线思维，坚持社会主义核心价值观，坚守旅游者人身财产安全、信息内容安全、网络安全，加强行业治理体系和治理能力建设。

坚持以人为本。以旅游者需求为导向，不断丰富服务种类、拓展服务内容，打造精准化、专业化、特色化服务产品，努力满足人民群众多样化个性化的旅游服务需求。

坚持协调发展。保障旅游者合法权益，构筑在线旅游平台经营者、平台内经营者与旅游者之间的良性产业生态，引导在线旅游平台经营者与旅行社、交通、住宿、餐饮、游览、娱乐等相关经营者协同发展，促进资源高效配置，推动旅游业繁荣发展。

坚持创新引领。深化在线旅游行业数字化、网络化、智能化发展，推动新技术应用，鼓励行业创新，充分发挥在线旅游经营者数据和信息能力优势，提升行业数字化水平，为旅游者提供智慧化的服务。

（三）主要目标

积极发挥在线旅游的枢纽和引领作用，加快推进智慧旅游发展，推动旅游业创新发展，促进新技术应用和迭代创新，创造更多新就业形态和新就业岗位，成为旅游产业升级和旅游消费激发的新引擎，提升行业管理的数字化水平，推动中国在线旅游行业发展处于国际领先地位。

二、突出工作重点，营造良好的市场环境

（一）加强内容安全审核。指导在线旅游平台经营者强化平台内经营者资质审核，对市场主体、行政许可资质等信息进行真实性核验，记录并保存旅游合同履行情况、投诉处理情况。督促在线旅游平台经营者及平台内经营者加强审核人员培训、网络安全等级保护建设和文字、图片、音视频等信息内容审核，确保平台信息内容安全。

（二）筑牢生产安全底线。要求在线旅游经营者完善安全生产管理制度和应急预案，对上架的旅游产品或者服务做好风险监测和安全评估，从预警识别、算法推荐、举报处理、内容审核、风险提示等多环节加强产品安全保障，对涉及旅游者数量多、容易造成人群聚集、可能存在安全风险隐患或旅游者投诉集中的产品提前进行核验。发生突发事件或旅游安全事故，应立即采取必要措施，并配合有关部门做好救助、调查和善后处置工作。

（三）保障旅游者合法权益。贯彻落实《中华人民共和国旅游法》《中华人民共和国消费者权益保护法》《中华人民共和国电子商务法》《旅行社条例》《在线旅游经营服务管理暂行规定》等法律法规和政策要求，引导在线旅游经营者诚信经营、公平竞争，提高旅游产品和服务质量。加强旅游者个人敏感信息保护，防止超出合理经营需要收集旅游者个人信息，采取切实措施避免大数据杀熟、虚假宣传、虚假预订等侵害旅游者权益行为。强化对未经许可从事旅行社业务经营活动、“不合理低价游”等违法违规产品的监测、发现、判定和处置，维护正常的行业秩序，切实保障旅游者合法权益。

（四）促进行业协调发展。规范在线旅游平台经营者与平台内经营者合作模式，实现协同良性发展。引导在线旅游平台经营者合理确定支付结算、平台佣金等服务费用，与平台内经营者平等协商、充分沟通，带动支持平台内经营者发展，降低平台内经营者经营成本，对星级旅游饭店、A 级旅游景区、等级旅游民宿、国家级旅游休闲城市和街区、国家级旅游度假区、国家级夜间文化和旅游消费集聚区、国家级滑雪旅游度假地、全国乡村旅游重点村镇及优质小微商户给予一定的标签展示和推荐，推动旅游经营者数字化转型升级。发挥在线旅游经营者要素资源整合和产品开发优势，参与开发精品旅游线路和非遗、体育、文化等主题旅游线路，参与宣传推介红色旅游、乡村旅游、研学旅游、生态旅游、冰雪旅游、海洋旅游、康养旅游、老年旅游、露营旅游等。引导在线旅游经营者积极参与旅游市场宣传推广活动和旅游公益广告作品展播，开展旅游新理念宣传引导。

三、完善监管手段，依法规范市场秩序

（一）加强市场监管巡查。建立健全以在线旅游平台经营者为核心的产业链监管机制，完善网络巡查、动态监测、情况通报、行政指导、行政约谈、问题移交等闭环监管机制，推进在线旅游产品和服务标准建设，规范在线旅游市场秩序。重点巡查在线旅游经营服务信息内容安全，未经许可从事旅行社业务经营活动，售卖“不合理低价游”产品，违规收集、利用用户个人信息等问题，对存在问题的在线旅游经营者通过行政约谈、行政指导等方式予以提醒、警示、制止，发现违法行为线索及时移交执法部门依法查处。

（二）强化执法监督检查。各级文化和旅游行政部门应当按照线上线下一体化监管原则，建立日

常检查、定期检查以及与相关部门联合检查的监督管理制度，依法对在线旅游经营服务实施监督检查，查处违法违规行为。加强在线旅游市场“双随机、一公开”执法监管，及时、准确、规范公开抽查事项、抽查计划、抽查结果。探索建立案件会商和联合执法、联合惩戒机制，实现事前事中事后全链条监管。加强社会监督，探索公众和第三方专业机构共同参与的监督机制，推动提升在线旅游经营者合规经营情况的公开度和透明度。

（三）提升信用监管效能。加强和改进信用监管，依法依规对失信主体实施管理措施，强化信用监管的震慑作用。组织开展企业信用评价，推进分级分类监管。鼓励在线旅游经营者主动向社会作出信用承诺，将守信情况纳入质量等级评定。加强在线旅游行业诚信文化建设，树立一批诚信典型企业。支持在线旅游经营者参与“信用经济”发展试点工作，发挥在线旅游平台的数据优势。

（四）提高数字监管效能。完善文化和旅游市场政务服务“好差评”系统，健全好评激励机制和差评处理督导机制，推动涉企事项“一网通办”。依托全国旅游监管服务平台构建业务全量覆盖、信息全程跟踪、手段动态调整的在线旅游信息化监管机制，建立违法线索线上发现、流转等非接触式监管机制。通过全国文化市场技术监管与服务平台，对举报投诉线索进行分类处置，依法督促市场主体及时整改，并将违法违规线索交属地执法部门进行查处。开展在线旅游市场风险监测、识别、分析、响应、处置，及时发布风险提示信息，推动在线旅游经营者使用标准化旅游电子合同，推广实施《旅游电子合同管理与服务规范》标准，加强监管信息归集共享。

四、加强扶持引导，促进行业高质量发展

（一）用好纾困扶持政策。指导在线旅游经营者用好文化和旅游业恢复发展纾困扶持政策。做好普惠性减税降费政策在旅游业领域的落地实施，鼓励银行业金融机构合理增加在线旅游经营者有效信贷供给。加大政策宣传解读力度，指导在线旅游平台经营者运用网络技术手段，向平台内经营者推送涉企优惠政策。用好财政奖补、项目投资、消费促进、政务服务等措施手段，支持在线旅游经营者参与文化和旅游消费惠民活动，增强发展信心。

（二）创新旅游金融服务方式。落实《关于金融支持文化和旅游行业恢复发展的通知》相关政策，推进银行等金融机构与在线旅游平台经营者合作，综合考虑在线旅游平台的数字管控能力以及平台内小微经营者的经营和信用等情况，为平台内小微经营者提供综合授信、业务贷款、装备赊销、信用贷款、融资租赁和保理等产业链金融服务；加强旅游消费类金融产品创新，为旅游者提供便利的产品分期贷款、小额消费信贷、先游后付等消费金融服务，加大旅游消费金融产品的宣传和合规教育，激发在线旅游平台的金融支撑能力和消费拉动能力。

（三）探索平台经营旅游预售业务。探索具备业务流程数字化和供应商信用评估能力的在线旅游平台经营者依法经营旅游产品预售业务，规范平台内经营者的旅游产品预售业务，进一步强化产业链的数字化管理水平。督促在线旅游经营者切实履行优先退赔承诺、供应商和产品审核义务、旅游产品的退改义务，加强预售资金监管，防控过度销售、履约困难和集资诈骗等潜在风险。

（四）引领行业创新发展。推动在线旅游经营者深度应用5G、人工智能、大数据、云计算、区块链等新技术，以科技引领行业创新发展。支持在线旅游平台经营者承担旅游服务新基建功能，引导旅游资源优化配置，以产品和内容为载体开展业态创新融合，赋能中小旅游经营者创新发展，推动旅游经营者数字化转型升级。推动在线旅游数字化营销，支持在线旅游经营者利用网络直播、短视频平

台开展线上旅游展示活动，发展线上数字化体验产品，打造沉浸式旅游体验新场景，培育智慧旅游沉浸式体验新空间，推动乡村振兴、文旅融合、文明旅游、旅游公共服务取得新进展。支持在线旅游经营者与国家级夜间文化和旅游消费集聚区、国家对外文化贸易基地加强协同协作。

（五）加强行业组织建设。支持在线旅游经营者成立行业协会，推动行业自律，督促相关经营者依法合规经营。发挥行业协会在权益保护、纠纷处理、信用建设等方面的作用。鼓励行业协会参与制定国家标准、行业标准、自律公约，开展人才培养培训、市场发展研究、组织交流等工作。推动出台在线旅游行业和产品规范等相关标准。支持在线旅游经营者制定有利于提高产品和服务质量的企业标准。围绕内容安全、生产安全、疫情防控等工作，加强在线旅游经营者管理人员培训。引导在线旅游经营者在旅游标准化、国际化过程中发挥作用。

文化和旅游部

2023 年 3 月 24 日

（此件公开发布）

文化和旅游部关于印发《国家级文化产业示范园区（基地）管理办法》的通知

文旅产业发〔2023〕45 号

各省、自治区、直辖市文化和旅游厅（局），新疆生产建设兵团文化体育广电和旅游局：

为提升国家级文化产业示范园区和国家文化产业示范基地的建设发展水平，规范命名管理工作，更好发挥示范引领和辐射带动作用，我部制定了《国家级文化产业示范园区（基地）管理办法》。现印发给你们，请遵照执行。

特此通知。

文化和旅游部

2023 年 4 月 6 日

（此件公开发布）

国家级文化产业示范园区（基地）管理办法

第一章　总　则

第一条　为提升国家级文化产业示范园区（以下简称“示范园区”）和国家文化产业示范基地（以下简称“示范基地”）建设发展水平，规范示范园区、示范基地命名和管理工作，更好发挥示范引领和辐射带动作用，制定本办法。

第二条　本办法所称示范园区，是指经文化和旅游部命名的，文化企业集聚并形成良好产业生态和服务体系，对区域文化产业高质量发展具有辐射带动作用的文化产业园区。

第三条　本办法所称示范基地，是指经文化和旅游部命名的，社会效益和经济效益显著，具有较强实力和行业影响力，在推动文化业态优化升级、促进文化产业融合与创新发展等方面具有示范带动作用的文化企业。

第四条　示范园区、示范基地建设管理工作遵循“统筹规划、择优命名、动态管理、突出示范”的原则，坚持高水平建设、高标准管理、高质量发展。

第五条　文化和旅游部依据本办法统筹示范园区、示范基地的命名、建设和管理工作，日常工作由文化和旅游部产业发展司具体负责。

省级文化和旅游行政部门按照本办法规定，负责本行政区域内示范园区、示范基地的申报推荐、指导支持和监督管理工作。

第二章　示范园区创建与命名

第六条　示范园区采取创建方式进行命名。园区要创建成为示范园区，应当先取得创建资格并开展创建培育。文化和旅游部验收合格后，命名为示范园区。

第七条　示范园区的创建主体为所在市（地、

州、盟）、直辖市辖区（县）、省直辖县（市）人民政府，主要负责领导和组织实施本行政区域内的示范园区申报、培育、建设和管理工作，并为示范园区建设发展提供保障和支持。

第八条 申报创建示范园区，应当具备下列基本条件：

（一）园区设立满 2 年，以文化产业为主导产业；

（二）坚持以社会主义核心价值观为引领，坚持把社会效益放在首位、社会效益和经济效益相统一；

（三）创建主体高度重视文化产业发展，已将园区纳入当地国民经济和社会发展规划或者重点建设项目，并有专门工作机制和政策措施支持园区建设发展；

（四）园区四至范围明确，产业布局符合当地国土空间规划，注重土地集约利用，不存在违规用地、违法占用和破坏耕地，或者以建设文化产业园区为名从事房地产开发等行为；

（五）有独立的运营管理机构专门负责园区建设发展工作，管理有序、运转良好，具有较高服务水平和较强创新管理能力；

（六）园区定位明确，特色鲜明，文化企业聚集程度高，基础设施和服务体系完善，建设发展水平居所在省（区、市）同类园区前列，具备持续发展条件和进一步优化提升潜力；

（七）园区及其运营管理机构近 2 年在文化安全、安全生产、环境保护以及其他方面未发生违法违规问题或者负面社会影响事件；

（八）已是省级文化产业示范园区或者省级文化和旅游行政部门确定的重点培育园区。

第九条 示范园区创建遵循下列程序：

（一）印发申报通知。文化和旅游部每 2 年组织开展一次示范园区创建申报工作，公开发布申报通知，明确工作要求。

（二）组织申报推荐。符合基本条件的园区，由创建主体向省级文化和旅游行政部门提出示范园区创建申请并报送创建方案和建设发展规划，省级文化和旅游行政部门初审并择优向文化和旅游部推荐。

（三）确定创建资格。文化和旅游部对省级文化和旅游行政部门推荐的园区组织开展评估论证，择优拟定获得创建资格的园区（以下简称“创建园区”）并进行公示。公示无异议或者异议不成立的园区，由文化和旅游部纳入创建名单并予以公布。

（四）开展创建培育。创建园区创建期自创建名单公布之日起计算，不少于 1 年、原则上不超过 3 年。创建期内，创建主体应当切实履行培育和建设职责，强化政策支持和机制保障，制定专项工作方案，统筹推进园区创建工作，并定期向文化和旅游部报送创建园区建设发展情况。省级文化和旅游行政部门应当采取有力措施，支持创建园区提升建设发展水平。文化和旅游部对创建培育工作予以指导和支持。

（五）提出验收申请。文化和旅游部原则上每年组织开展一次验收工作。创建主体可以根据园区建设发展实际，在创建期内向省级文化和旅游行政部门提出验收申请。省级文化和旅游行政部门初审认为达到验收要求的，提请文化和旅游部验收。

（六）进行验收命名。文化和旅游部按照示范园区建设评价标准，对通过初审的创建园区组织开展验收并公示验收结果。公示无异议或者异议不成立的，由文化和旅游部命名为示范园区，命名名称由体现园区所在地区和品牌特点的前缀词加“国家级文化产业示范园区”字样组成；未通过验收或者创建期满未申请验收的，取消创建资格。

第三章 示范基地申报与命名

第十条 示范基地采取择优遴选方式进行命名。由企业自愿提出申请，经省级文化和旅游行政部门推荐、文化和旅游部评审等程序，从中择优遴选若干企业命名为示范基地。

第十一条 申报示范基地的企业应当具备下列基本条件：

（一）在中华人民共和国境内注册设立满2年，以演艺、娱乐、动漫、创意设计、数字文化、艺术品、工艺美术、文化会展、文化装备制造、文化投资运营等文化行业生产经营活动为主营业务；

（二）坚持以社会主义核心价值观为引领，坚持把社会效益放在首位、社会效益和经济效益相统一；

（三）具有较强实力，经营状况良好，发展水平居于文化行业同类别企业前列，最近2年营业收入增速高于文化行业同类别规模以上文化企业平均水平，其中主营业务收入占营业收入比重在60%以上；

（四）创新能力突出，在推动业态优化升级、加快文化科技创新应用、促进产业融合发展等方面取得显著成效，具有较强行业影响力和示范带动性；

（五）经营管理规范，财务管理制度健全，信用良好；

（六）企业及其法定代表人、主要负责人近2年在文化安全、安全生产、环境保护以及其他方面未发生违法违规问题或者负面社会影响事件；

（七）已是省级文化产业示范基地或者省级文化和旅游行政部门重点培育的企业。

第十二条 示范基地申报命名遵循下列程序：

（一）印发申报通知。文化和旅游部每2年组织开展一次示范基地申报工作，公开发布申报通知，明确工作要求。

（二）组织申报推荐。省级文化和旅游行政部门组织本行政区域内符合基本条件的企业开展示范基地申报工作并进行初审，择优向文化和旅游部推荐；中央企业申报示范基地，报经主管部门同意后直接向文化和旅游部申报。

（三）开展评审命名。文化和旅游部对推荐企业组织开展评审，根据评审结果择优遴选拟命名企业并进行公示。公示无异议或者异议不成立的命名为“国家文化产业示范基地”。

第四章 示范与支持

第十三条 示范园区示范期为5年，示范基地示范期为3年，自获得命名之日起计算。文化和旅游部对示范期即将到期的示范园区、示范基地组织开展复核，通过复核的，保留命名并重新计算示范期；未通过复核的，撤销其命名。

第十四条 示范园区应当进一步培育壮大市场主体，加速集聚创新要素，健全企业服务体系，创新运营管理方式，不断提升建设发展水平和品牌影响力，并在推进智慧园区建设、构建绿色低碳发展模式、推动文化产业融合与创新发展等方面发挥示范带动作用。

第十五条 示范基地要坚持规范经营、创新发展，提供更多优质文化产品和服务，持续推进内容创新、业态创新、技术创新和发展模式创新，不断增强自身发展质量效益与核心竞争力，在带动提升行业发展水平、促进产业结构优化升级、加强国际合作、深化产教融合等方面发挥示范引领作用。

第十六条 文化和旅游部将示范园区、示范基地建设发展纳入文化产业发展规划，加强政策引导，完善联系服务机制，为示范园区、示范基地搭建交流合作平台，并依法在企业培育、人才培养、资源对接、项目服务、品牌推广等方面给予支持。

第十七条 省级文化和旅游行政部门应当积极协调相关部门和机构，支持本行政区域内示范园区、示范基地建设发展。

第十八条 鼓励地方各级政府结合实际，在资金、土地、项目、服务、基础设施建设等方面持续强化对文化产业发展的政策支持，为本行政区域内示范园区、示范基地营造良好建设发展环境。

第五章　管理与监督

第十九条　示范园区运营管理机构、示范基地应当于每季度首月报送上一季度发展情况，于每年首季度报送上一年度发展报告。

第二十条　示范园区的园区名称、运营管理机构名称、主要负责人、建设发展规划，示范基地的企业名称、控股股东、法定代表人等发生变更的，应当在变更完成之日起 1 个月内，经省级文化和旅游行政部门报文化和旅游部备案。

第二十一条　示范园区因发展需要，拟调整四至范围、运营管理机构的，应当由所在市（地、州、盟）、直辖市辖区（县）、省直辖县（市）人民政府经省级文化和旅游行政部门报文化和旅游部同意。

第二十二条　文化和旅游部采取日常监测、随机抽查等方式，对示范园区、示范基地进行动态管理，总结推广建设发展的典型经验做法，对存在有关问题的予以通报、警示或者撤销命名。

第二十三条　示范园区有下列情形之一的，文化和旅游部给予通报：

（一）园区内文化企业、文化项目造成不良社会影响的；

（二）园区文化产业发展主要经济指标连续两年低于所在省（区、市）文化产业发展平均水平的；

（三）园区运营管理机构被认定侵害其他企业或者公众合法权益的；

（四）未按规定报送季度发展情况或者年度发展报告的；

（五）未按规定对有关调整事项进行备案或者报批同意的；

（六）对照示范园区建设评价标准，园区建设发展水平有所下降的。

第二十四条　示范基地有下列情形之一的，文化和旅游部给予警示：

（一）产品或者服务内容造成不良社会影响的；

（二）主要经济指标明显低于文化行业同类别规模以上文化企业平均水平的；

（三）被认定侵害其他企业或者公众合法权益的；

（四）未按规定报送季度发展情况或者年度发展报告的；

（五）未按规定对有关调整事项进行备案的；

（六）被认定为轻微失信主体或者列入经营异常名录的。

第二十五条　示范园区、示范基地有下列情形之一的，文化和旅游部撤销其命名：

（一）有违背社会主义核心价值观行为或者造成重大负面社会影响的；

（二）不再以文化产业为主导产业、主营业务的；

（三）连续停止运营 1 年以上或者依法解散、清算的；

（四）受到通报或者警示后，相关情形在一年内未得到改善的；

（五）有重大安全生产、环境保护违法行为或者发生较大及以上等级生产安全事故、突发环境事件的；

（六）园区运营管理机构、示范基地及其法定代表人、主要负责人被列入失信被执行人名单、被认定为严重失信主体或者有其他影响示范性的违法违规行为的；

（七）通过提供虚假材料或者采取其他不正当手段获得、保持示范园区、示范基地称号的；

（八）其他应当予以撤销命名的情形。

第二十六条　示范园区、示范基地被撤销命名后，不得继续使用示范园区、示范基地称号。

第六章　附　则

第二十七条　省级文化和旅游行政部门可以结合本地区实际，参照本办法开展省级文化产业示范园区（基地）建设工作，管理办法和命名文件抄报文化和旅游部。

第二十八条　本办法由文化和旅游部负责解释。

第二十九条　本办法自发布之日起施行。原文化部办公厅2010年7月印发的《国家级文化产业示范园区管理办法（试行）》（办产发〔2010〕19号）、2014年4月修订印发的《国家文化产业示范基地管理办法》（办产发〔2014〕13号）同时废止。

文化和旅游部　公安部关于加强电竞酒店管理中未成年人保护工作的通知

文旅市场发〔2023〕82号

各省、自治区、直辖市文化和旅游厅（局）、公安厅（局），新疆生产建设兵团文化体育广电和旅游局、公安局：

近年来，电竞酒店行业快速发展，在满足群众需求、扩大消费等方面起到了积极作用，同时也存在接待未成年人等引发社会关注的问题。为认真贯彻落实《中华人民共和国未成年人保护法》有关规定，根据最有利于未成年人原则，切实加强电竞酒店管理中未成年人保护工作，促进行业健康有序发展，现就有关事项通知如下。

一、提高政治站位，充分认识加强电竞酒店管理中未成年人保护工作的重要意义

（一）提高政治站位。党中央、国务院历来高度重视未成年人保护工作，习近平总书记和有关中央领导同志多次对未成年人保护工作作出重要指示批示。加强未成年人保护工作，促进未成年人健康成长，是贯彻落实党中央、国务院决策部署并回应社会关切的重要举措，是各级政府管理部门肩负的重要职责。

（二）强化责任担当。各级文化和旅游行政部门、公安机关应当提高政治站位，主动担当作为，坚持问题导向，不断创新监管方式，既要坚决管住电竞酒店违规接待未成年人问题，又要秉持包容审慎原则，合理引导电竞酒店行业健康有序发展，做到守土有责、守土尽责。

二、加强底线管理，严禁电竞酒店违规接待未成年人

（三）明确业态属性。本通知所称的电竞酒店是指通过设置电竞房向消费者提供电子竞技娱乐服务的新型住宿业态，包括所有客房均为电竞房的专业电竞酒店和利用部分客房开设电竞房区域的非专业电竞酒店。电竞酒店每间电竞房的床位数不得超过6张，计算机数量和入住人员不得超过床位数。

（四）严禁电竞酒店违规接待未成年人。专业电竞酒店和非专业电竞酒店的电竞房区域，属于不适宜未成年人活动的场所。电竞酒店经营者应当遵守《中华人民共和国未成年人保护法》等有关法律法规，不得允许未成年人进入专业电竞酒店和非专业电竞酒店的电竞房区域。

三、强化主体责任，严格落实未成年人保护规定

（五）设置禁入标志。专业电竞酒店经营者应当在酒店入口处的显著位置悬挂未成年人禁入标志；非专业电竞酒店经营者应当在相近楼层集中设置电竞房并划定电竞房区域，在电竞房区域入口处的显著位置悬挂未成年人禁入标志。电竞酒店经营者应当在前台显著位置和客房管理系统明示电竞房区域分布图。鼓励非专业电竞酒店经营者对电竞房区域进行物理隔离、电梯控制，防止未成年人擅自进入。

（六）履行告知义务。电竞酒店经营者应当在消费者预定、入住等环节明确告知其电竞房区域不接待未成年人；通过电子商务平台等开展客房预订的，应当以显著方式提示消费者电竞房区域不接待未成年人。电子商务平台经营者应当核验电竞酒店提示信息。

（七）落实“五必须”规定。电竞酒店非电竞房区域接待未成年人入住时，经营者应当严格落实“五必须”规定：必须查验入住未成年人身份并如实登记；必须询问未成年人父母或者其他监护人的联系方式并记录备案；必须询问同住人员身份关系等情况并记录备案；必须加强安全巡查和访客管理，预防对未成年人的不法侵害；必须立即向公安机关报告可疑情况，并及时联系未成年人的父母或者其他监护人，并同时采取相应安全保护措施。

（八）实施网络安全技术措施。电竞酒店经营者应当依法制定信息网络安全管理制度和应急处置预案，实施互联网安全保护技术措施。电竞酒店经营者应当设置禁止未成年人登录计算机、消费时长提示等功能，并通过网络技术措施服务提供者向文化和旅游行政部门提供电竞房分布、设置禁止未成年人登录功能以及阻断登录情况等可查询信息。

（九）实施图像采集技术措施。电竞酒店经营者应当按照有关规定，在大厅、前台、通道、电竞房区域主要出入口等公共区域内的合理位置安装图像采集设备并设置采集区域提示标识，加强检查值守，发现有未成年人违规进入电竞房区域的，要及时劝阻并联系其父母或者其他监护人。图像采集信息应当依法留存，不得不当披露、传播，并在文化和旅游行政部门等部门检查电竞房时提供查询。

（十）建立日常巡查制度。电竞酒店经营者应当建立日常巡查制度，发现有未成年人违规进入、未实名登记擅自进入等违法行为的，应当立即制止并分别向所在地县级文化和旅游行政部门、公安机关报告。文化和旅游行政部门、公安机关等有关部门有权依法对辖区内电竞酒店的电竞房实施监督检查，电竞酒店经营者应当配合，不得拒绝、阻挠。

四、加强协同监管，形成未成年人保护合力

（十一）建立协同监管机制。地方各级文化和旅游行政部门、公安机关应当会同相关部门，建立电竞酒店未成年人保护协同监管机制，加强信息通报、线索移送、执法联动等工作，引导督促经营者严格落实实名登记、设置未成年人禁入标志、禁止违规接待未成年人等要求，依法查处违规经营行为。公安机关在工作中发现电竞酒店经营者违规接待未成年人的，及时通报文化和旅游行政部门依法查处；文化和旅游行政部门在工作中发现电竞酒店经营者未落实实名登记及“五必须”规定的，及时通报公安机关依法查处。

（十二）严格文化和旅游市场行政处罚。电竞酒店经营者违规接待未成年人或者未设置未成年人禁入标志的，由文化和旅游行政部门依照《中华人民共和国未成年人保护法》第一百二十三条予以处罚。

（十三）严格治安管理行政处罚。电竞酒店非电竞房区域接待未成年人入住，或者接待未成年人和成年人共同入住时，未询问父母或者其他监护人的联系方式、入住人员的身份关系等有关情况的，由公安机关依照《中华人民共和国未成年人保护法》第一百二十二条予以处罚。电竞酒店未取得特种行业许可证，擅自经营旅馆业的，由公安机关依照《中华人民共和国治安管理处罚法》第五十四条予以处罚，并对非法经营行为予以取缔。

（十四）加强行业自律。电竞酒店有关行业协会应当加强行业自律，制定行业规范，开展培训教育，探索开展本领域的信用评价、服务等级评定工作，引导经营者严格落实《中华人民共和国未成年人保护法》有关规定。

（十五）加强社会监督。社会公众可以依法向文化和旅游行政部门、公安机关反映电竞酒店违规接待未成年人等情况；鼓励和支持电竞酒店入住人员向文化和旅游行政部门、公安机关举报电竞酒店违规接待未成年人等线索。

各省级文化和旅游行政部门应当会同公安机关部署开展电竞酒店摸底排查工作，摸清辖区内电竞酒店的企业名称、类型、住所、电竞房数量、计算机台数等情况，并于2023年10月31日前分别报送文化和旅游部、公安部。

特此通知。

文化和旅游部　公安部

2023年8月3日

文化和旅游部办公厅　公安部办公厅交通运输部办公厅关于进一步规范旅游客运安全带使用　保障游客出行安全有关工作的通知

办市场发〔2023〕20 号

各省、自治区、直辖市文化和旅游厅（局）、公安厅（局）、交通运输厅（局、委），新疆生产建设兵团文化体育广电和旅游局、公安局、交通运输局：

为深入贯彻落实党中央、国务院关于安全生产工作的决策部署和《"十四五"全国道路交通安全规划》（安委办〔2022〕8 号）有关要求，着力防范化解旅游和道路交通领域重大安全风险，现就进一步规范旅游客运安全带使用，保障游客出行安全有关工作通知如下：

一、提高思想认识，加强组织领导

规范使用安全带，对于增强公众安全文明出行意识、提升驾乘人员安全防护水平、有效降低道路交通事故死亡风险具有重要作用。各地文化和旅游、公安、交通运输部门要深入贯彻落实习近平总书记关于安全生产的重要指示精神，统筹发展和安全，坚持人民至上、生命至上，进一步提高做好规范安全带使用工作重要性的认识，牢固树立"隐患就是事故"理念和事前预防、主动防控思想，全面推进游客出行期间全程规范使用安全带，以"小切口"解决安全生产"大问题"，全力防范化解旅游和道路交通重大安全风险，遏制重特大事故，切实保障人民群众生命财产安全。

二、坚持依法治理，严格责任落实

（一）严格安全带使用合同约定。各地文化和旅游部门要督促指导旅行社将游客规范使用安全带作为旅游安全全链条管理的重要环节，在与旅游包车企业订立合同时，对完善安全管理制度、加强游客出行安全管理和服务、规范使用安全带等进行明确约定，落实安全事项告知责任。

（二）严格车辆安全带技术状况管理。各地交通运输、公安部门要督促指导旅游客运企业、包车客运企业（以下统称"旅游包车企业"）认真落实《道路旅客运输企业安全管理规范》等规定，严格旅游客运、包车客运车辆（以下统称"旅游包车"）技术管理，加强车辆技术状况检查维护，定期检查包括车内安全带在内的应急装置、安全设施，确保安全带配备齐全有效。对安全带残缺不全、装置损坏、座套遮挡等问题导致无法正常使用的，旅游包车企业要立即采取措施纠正，安全带恢复正常使用功能前不得安排运输任务。各地公安部门要督促机动车检验检测机构严格按照《机动车安全检验项目和方法》(GB 38900)标准开展检验检测，客车安全带无法正常有效使用的，不得通过安全技术检验。鼓励引导旅游包车企业安装乘员不系安全带报警装置。

(三)严格安全带使用提醒和检查。各地文化和旅游部门要督促旅行社在游客行前说明中，对规范使用安全带等注意事项作重点说明，导游在发车前(包含车辆途中休息再次发车时)应当提醒游客全程系好安全带，并在行车途中特别是行经高速公路、危险路段时监督提醒游客检查、系好安全带；对不听劝导、坚持不使用安全带的，在车辆安全停靠的前提下，与驾驶员共同做好劝导服务。鼓励同行游客加强安全带使用相互提醒。各地交通运输部门要督促旅游包车企业严格执行客运安全告知制度，在行车前通过驾驶员口头告知或者播放安全告知音像资料等方式，提醒游客行车中按规定使用安全带。定线旅游客运车辆在客运站发车的，客运站经营者要严格落实"三不进站、六不出站"要求，确保出站游客系好安全带。

(四)严格安全带使用执法检查。各地公安部门要持续深化"一盔一带"安全守护行动，以高速公路收费站、服务区、景区周边道路等大中型客车通行集中的路段为重点，加大现场执法检查力度，依法查处纠正驾驶员和游客不按规定使用安全带等违法违规行为；要坚持宣传教育与执法劝导相结合，督促引导旅游包车企业及客运驾驶员自觉增强交通安全意识，规范使用安全带。各地交通运输部门要加强对旅游包车企业、客运站的监督检查，督促落实安全带配备及检查维护要求、安全告知制度。各地文化和旅游部门要把督促游客规范使用安全带情况作为检查旅行社安全工作的重要内容，将未履行督促游客系好安全带的旅行社、导游纳入文明旅游评价范围；将信用管理与行政处罚协同推进，依法依规开展失信主体认定；依法查处未经许可经营旅行社业务、向无相应许可资质的客运企业等不合格的供应商订购产品和服务的违法行为。

(五)严格事故倒查和曝光警示。对已经发生的旅游包车安全事故，各地公安、交通运输、文化和旅游部门要根据事故调查结果，依法依规追究相关企业单位和人员责任。对安全责任落实不到位、安全带使用问题突出、安全事故多发、用车"五不租"制度不落实(不租用未取得相应客运经营许可的经营者车辆、未持有效道路运输证的车辆、未安装卫星定位装置的车辆、未投保承运人责任险的车辆、未签订包车合同的车辆)的旅行社和旅游包车企业，加大警示曝光力度，压实企业安全生产主体责任。要督促旅游包车企业、旅行社全面落实安全带源头有效配备、事前合同约定、行程前和行程中提醒劝导等关键制度措施。

三、强化综合治理，形成社会共治

(一)深化部门协同。各地文化和旅游、公安、交通运输部门要提高思想认识，树立"一盘棋"思想，加强组织领导，强化部门协同，形成工作合力，建立健全联合会商、联合约谈、执法协作、信息共享、线索移送、行刑衔接等工作机制，加快形成游客出行安全综合治理格局。

(二)加强宣传引导。各地文化和旅游、公安、交通运输部门要利用多种渠道、多种方式加强社会宣传，引导游客安全文明出行，乘车期间全程规范使用安全带。充分发挥政务服务热线作用，强化社会监督。发挥旅游、交通运输等相关行业协会作用，强化行业自律，引导市场主体严格落实规范安全带使用工作，持续提升游客出行安全保障能力和水平。

特此通知。

文化和旅游部办公厅　公安部办公厅

交通运输部办公厅

2023年1月31日

文化和旅游部办公厅关于进一步加强剧本娱乐管理的通知

办市场发〔2023〕31号

各省、自治区、直辖市文化和旅游厅（局），新疆生产建设兵团文化体育广电和旅游局：

为贯彻落实中央领导同志有关批示精神，进一步加强剧本娱乐管理，现将有关事项通知如下：

一、加强剧本娱乐经营场所备案管理。备案是在不设行政审批背景下对新业态实施包容审慎监管的重要举措，是文化和旅游行政部门管理新业态的重要抓手，也是检验地方文化和旅游行政部门落实工作的重要手段，有利于对剧本娱乐实施精准监管。地方各级文化和旅游行政部门要高度重视备案工作，督促辖区内剧本娱乐经营场所履行备案手续，确保备案率达到100%。文化和旅游部将把备案工作纳入2023年质量工作考核范畴，适时组织开展暗访抽查，并通报各地备案情况。

二、加强监督检查力度。地方各级文化和旅游行政部门要加大对剧本娱乐经营场所的政策宣传贯彻和日常检查力度，推动《文化和旅游部　公安部　住房和城乡建设部　应急管理部　市场监管总局关于加强剧本娱乐经营场所管理的通知》以及《剧本娱乐活动适龄提示指引（试行）》《文化娱乐行业内容自审规范》等行业自律措施的实施，切实做好未成年人保护、内容安全检查等方面的工作。各地要配合消防救援机构加强剧本娱乐经营场所安全生产检查，落实行业监管责任。

三、积极处置内容违规剧本。地方各级文化和旅游行政部门要将剧本娱乐经营场所的剧本、表演、道具等方面的文化内容作为监管的重点，发现内容违规剧本，要采取督促整改、下架、约谈、依法处置等政策过渡期内可以采取的措施，筑牢文化安全红线。各省级文化和旅游行政部门要将有关方面反映的首批涉嫌内容违规剧本（名单见附件）作为重点，部署开展全面处置工作。

各省级文化和旅游行政部门应当于2023年4月30日前，将本地剧本娱乐备案情况和内容违规剧本处置情况报送文化和旅游部。

特此通知。

文化和旅游部办公厅

2023年2月22日

文化和旅游部　公安部关于进一步加强大型营业性演出活动规范管理促进演出市场健康有序发展的通知

文旅市场发〔2023〕96号

各省、自治区、直辖市文化和旅游厅（局），公安厅（局）、新疆生产建设兵团文化体育广电和旅游局、公安局：

当前，演出市场快速恢复发展，演唱会、音乐节等大型营业性演出活动大量增加，在满足人民群众精神文化需求的同时，个别演出活动中炒票倒票、非理性追星、不文明观演等问题也较为突出。为加强观众人数在5000人以上的大型营业性演出活动（以下简称“大型演出活动”）的规范管理，促进演出市场健康有序发展，现就有关事项通知如下。

一、明确工作原则

（一）大型演出活动必须坚持为人民服务、为社会主义服务的方向，坚持把社会效益放在首位、实现社会效益和经济效益相统一，更好满足人民群众精神文化需求。

（二）按照“谁举办谁负责”的原则，演出举办单位应当严格落实安全主体责任，严格建立并落实安全管理制度，明确安全责任人，建立并完善风险评估和应急处置工作机制。演出举办单位应当依法办理演出审批手续，安排演出节目内容，负责演出票务和现场管理，加强消费者个人信息保护，做好现场观众引导，掌握舆情动态，及时报告有关情况，接受主管部门指导监督，主动承担法定责任和义务。

（三）文化和旅游行政部门、公安机关要严格落实属地责任，强化协作配合，加强大型演出活动规范管理，确保大型演出活动平稳有序举办。

二、严格审批管理

（四）省级文化和旅游行政部门、公安机关要加强对本行政区域内大型演出活动的统筹指导，大型演出活动审批前，应当经过省级文化和旅游行政部门、属地公安机关风险评估和综合研判。

（五）文化和旅游行政部门要督促演出举办单位在申请举办大型演出活动前，对可能出现的票务销售、现场管理、网络舆情等方面的风险开展自评，形成书面报告并在申请举办时提交。

（六）省级文化和旅游行政部门、属地公安机关开展风险评估，演出举办单位开展风险自评时，应当在传统的人、事、物、场等评估要素基础上，将网上热度、舆情反应、网民评价等网络特征纳入评估范畴，建立网上网下风险综合评估体系。

（七）省级文化和旅游行政部门、属地公安机关要对风险较高的演出活动加强行政指导，督促做好现场监管。对不符合安全条件的演出活动，要求受理审批的文化和旅游行政部门、公安机关不予批准。

三、加强票务管理

（八）大型演出活动实行实名购票和实名入场制度，每场演出每个身份证件只能购买一张门票，购票人与入场人身份信息保持一致。演出举办单位、演出票务销售平台应当加强消费者个人信息保护，防止未经授权的访问以及个人信息泄露、篡改、丢失。

（九）演出举办单位应当建立大型演出活动退票机制，设定合理的梯次退票收费标准，保障购票人的正当退票权利。

（十）进一步提高大型演出活动门票销售比例，演出举办单位面向市场公开销售的门票数量不得低于核准观众数量的 85%。对其余 15% 的门票，应当在演出前 24 小时进行个人信息绑定，做到“实名绑定、实名入场”。

（十一）演出举办单位应当明示其授权的票务代理机构，引导消费者从合法渠道购买门票。应当履行告知义务，告知消费者购票、入场和退票规则。

（十二）文化和旅游行政部门要督促演出举办单位、演出票务销售平台将大型演出活动的票务信息（包括但不限于演出项目的名称、演出时间、演出场次、门票数量、票务销售方案、票房收入等信息）实时传输至全国文化市场技术监管与服务平台，进一步加强大型演出活动票务信息管理。

（十三）文化和旅游行政部门、公安机关要加强对大型演出活动举办方和场地方工作票证的管理，严格控制发放范围，防止工作票证流入市场被非法买卖。

四、加强演出现场管理

（十四）文化和旅游市场管理部门、综合执法机构要加强对大型演出活动的实地检查，现场核验演员信息及演出节目内容，严禁擅自变更演员及演出内容，严禁假唱、假演奏等违法违规行为。

（十五）公安机关要加强大型演出活动现场安全监管，指导演出举办单位强化事前安全评估，制定安全工作方案，落实安保措施，配备安检设备，严格对进入现场的人员、车辆、物品进行安全检查，配备足够安保人员，落实应急处置措施。公安机关依法对安全工作落实情况实施监督检查，发现安全隐患责令改正，依法查处违法犯罪行为，处置突发事件。

（十六）演出举办单位应当积极配合文化和旅游行政部门、公安机关监督管理，根据工作需要，采取必要的管控措施，提升演出现场管理水平。

五、加大违法行为打击力度

（十七）文化和旅游行政部门要加强对演出票务销售平台的管理，依法处置未履行核验票务经营单位资质及演出批准文件义务、为倒卖门票提供服务等违规行为。

（十八）公安机关要加大对倒卖演出票证的打击整治力度，全面收集网上网下倒卖炒作票证信息，及时发现加价、变相加价销售票证的线索，严打网上网下倒票和诈骗等违法犯罪活动。

（十九）公安机关要依法打击流量造假、造谣传谣、侵犯隐私，以及聚众闹事、滋事斗殴等网上网下各类违法犯罪活动。适时公布典型案例，及时警示震慑，以正视听。

（二十）公安机关要加强对大型演出活动安全监管，对演出举办单位、场所管理者举办大型群众性演出活动违反安全管理规定，以及扰乱活动秩序的行为，要按照《大型群众性活动安全管理条例》《中华人民共和国治安管理处罚法》《中华人民共和国刑法》有关规定依法予以处罚。

六、引导观众文明观演

（二十一）公安机关指导演出举办单位做好入场安检，禁止观众携带影响正常观演的物品入场，倡导观众文明观演。演出举办单位要加强现场巡查，及时制止不文明观演行为，维护观演秩序。

（二十二）演员经纪公司及相关演艺经纪从业人员应当加强对演员的教育、提醒，积极引导演员时刻敬畏法律红线，严守道德底线。鼓励演员主动发声，引导观众遵守演出现场管理规定，共同维护演出秩序。

七、强化信用监管

（二十三）文化和旅游行政部门要依照《文化和旅游市场信用管理规定》，对大型演出活动中存在面向公众销售门票数量低于核准数量的85%或者为倒卖门票、买卖演出工作票证提供便利等情形的演出举办单位及票务代理机构，依法认定为文化和旅游市场失信主体。

（二十四）文化和旅游行政部门、公安机关要对失信主体加大日常监管力度，对其申请营业性演出、大型群众性活动等行政许可事项予以重点关注，在行政奖励、授予称号等方面予以重点审查。

特此通知。

文化和旅游部　公安部
2023年9月12日
（此件公开发布）

中国文化和旅游年鉴

THE YEARBOOK OF CHINESE CULTURE AND TOURISM

2024

文化和旅游公报、统计数据

COMMUNIQUES AND STATISTICS DATA OF CULTURE AND TOURISM

公　报

中华人民共和国文化和旅游部 2023年文化和旅游发展统计公报

2023年，在以习近平同志为核心的党中央坚强领导下，全国文化和旅游系统坚持以习近平新时代中国特色社会主义思想为指导，认真贯彻落实党的二十大精神，深入学习贯彻习近平文化思想，坚持稳中求进工作总基调，完整、准确、全面贯彻新发展理念，着力推动高质量发展，统筹好发展和安全，坚持以社会主义核心价值观为引领，以满足人民文化需求和增强人民精神力量为着力点，努力创作优秀文化作品、提供优秀文化产品和优质旅游产品，推动文化和旅游行业实现快速恢复发展，有力发挥了稳定增长、促进消费、扩大就业、惠及民生的重要作用。

2023年年末，纳入统计报送的全国各类文化和旅游单位30.4万个。其中，各级文化和旅游部门所属单位6.6万个，从业人员72.9万人。

一、艺术创作生产持续繁荣

2023年，文化和旅游部实施2023—2025舞台艺术、美术创作行动计划以及中国民族歌剧传承发展工程等新时代系列艺术创作工程，推出一批优秀作品。组织《掀起你的盖头来——新疆是个好地方》全国巡演，“文艺中国”新春特别节目、陕北民歌音乐会全国巡演以及新时代舞台艺术优秀剧目展演、中国歌剧节、戏曲百戏（昆山）盛典、全国优秀儿童戏剧展演、全国地方戏精粹展演、国家艺术院团演出演播季、中国设计大展及公共艺术专题展等30余项艺术活动。举办第十届中国京剧艺术节，共组织24台京剧优秀剧目展演、4台文化和旅游部全国戏曲表演领军人才培养计划京剧专场演出、5台京剧艺术表演人才提升计划汇报演出、4台川剧精品剧目展演、18场折子戏公益演出。

2023年年末，全国共有艺术表演团体1.8万个，从业人员38.5万人。全年共演出254.2万场，国内观众9.0亿人次，演出收入207.8亿元。全年原创首演剧目1993部，原创首演节目3805个。

2023年年末，全国共有艺术表演场馆3060个，观众座席数213.6万个。全年艺术表演场馆共演出

41.5 万场，观众 12273.4 万人次。

2023 年年末，全国共有公共美术馆 707 个，从业人员 0.6 万人。全年共举办展览 9813 场，同比增长 36.5%，参观人数 6217.9 万人次，同比增长 86.4%。

二、公共服务体系不断健全

2023 年，文化和旅游部加快推进现代公共文化服务体系建设，提升乡镇综合文化站服务效能，推动新型公共文化空间建设。推进全国智慧图书馆体系和公共文化云项目建设。进一步推动落实基本公共文化服务标准。开展第七次全国县级以上公共图书馆评估定级工作，共评定一级公共图书馆 1302 家、二级公共图书馆 680 家、三级公共图书馆 741 家。开展公共图书馆、文化馆服务宣传周活动。推进国家公共文化服务体系示范区创新发展。实施“春雨工程”——文化和旅游志愿服务边疆行计划，指导东中部地区与边疆民族地区文化和旅游机构达成 364 个结对合作项目。打造“四季村晚”、“大地欢歌”、“大地情深”、广场舞大会等群众文化活动品牌。

1. 公共图书馆。2023 年年末，全国共有公共图书馆 3246 个，从业人员 6.1 万人。其中，具有高级职称人员 0.8 万人，占 13.0%；具有中级职称人员 1.9 万人，占 31.2%。

2023 年年末，全国公共图书馆实际使用房屋建筑面积 2259.6 万平方米，同比增长 7.7%；全国图书总藏量 14.4 亿册，同比增长 5.6%；阅览室座席数 168.0 万个，同比增长 8.3%。

2023 年年末，全国平均每万人公共图书馆建筑面积 160.3 平方米，比上年末增加 11.7 平方米，全国人均图书藏量 1.02 册，比上年末增加 0.06 册；全年全国人均购书费 1.6 元，与上年基本持平。

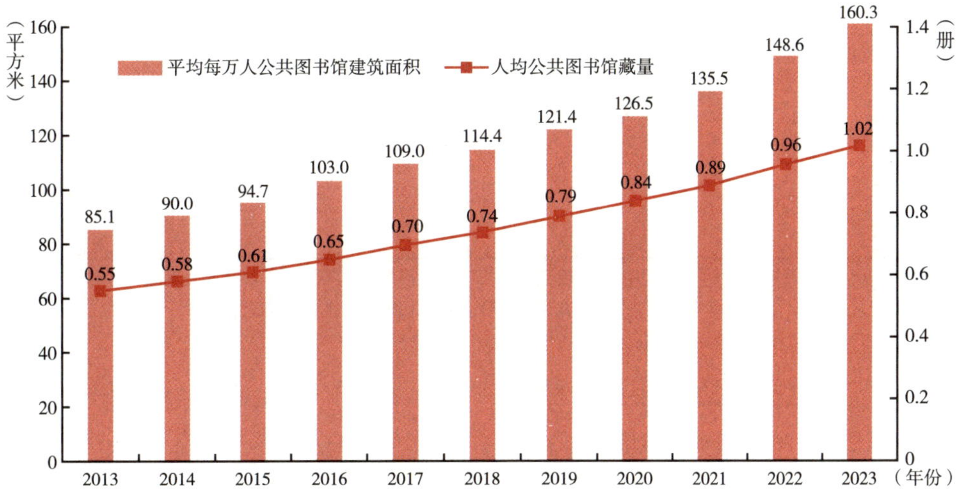

图 1 2013—2023 年全国公共图书馆人均资源情况

全年公共图书馆总流通人数 116061 万人次，同比增长 46.9%；书刊文献外借 78299 万册次，同比增长 29.0%；外借人数 33044 万人次，同比增长 32.7%。全年共为读者举办各种活动 293504 次，同比增长 38.3%；参加人数 21380 万人次，同比增长 58.4%。

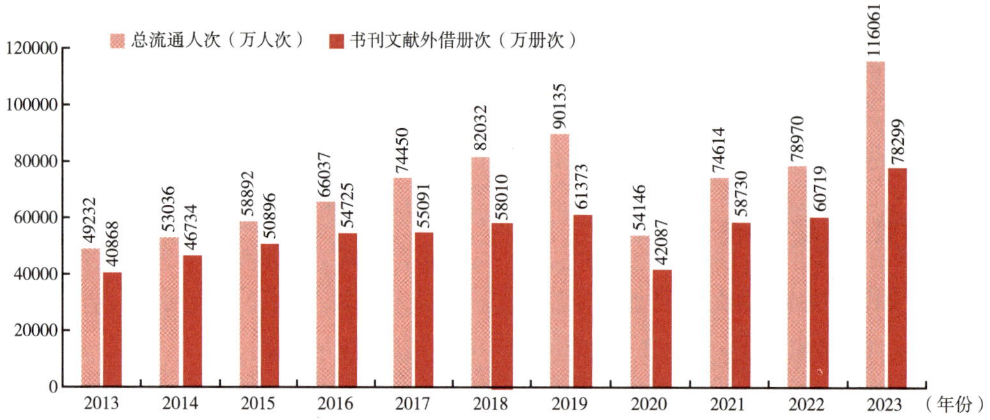

图 2　2013—2023 年全国公共图书馆总流通人次及书刊外借册次

2. 群众文化机构。2023 年年末，全国共有群众文化机构 4.4 万个，从业人员 19.9 万人。其中，具有高级职称的人员 0.8 万人，占 4.0%；具有中级职称人员 1.8 万人，占 9.4%。

2023 年年末，全国群众文化机构实际使用房屋建筑面积 5631.6 万平方米，同比增长 7.8%。年末全国平均每万人群众文化设施建筑面积 399.5 平方米，同比增长 6.5%。

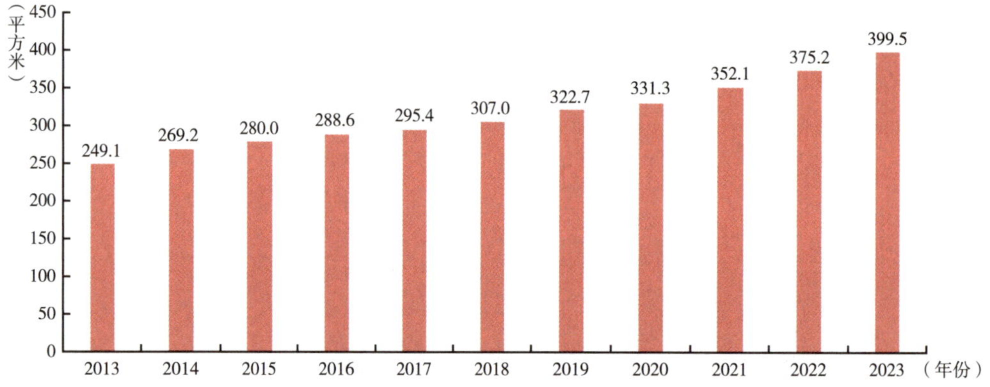

图 3　2013—2023 年全国平均每万人群众文化设施建筑面积

全年全国群众文化机构共组织开展各类文化活动 412 万场，同比增长 53.5%；服务人数 183537 万人次，同比增长 91.6%。

2023 年年末，全国群众文化机构共有馆办文艺团体 9843 个，全年演出 14.9 万场，观众 10651.7 万人次。

表 1　2023 年全国群众文化机构活动开展情况

项　目	总　量		同比增长（%）	
	活动场次（万场次）	服务人次（万人次）	活动场次	服务人次
各项活动总计	412	183537	53.5	91.6
其中：文艺活动	246	139298	54.0	103.7
训练班	135	10462	55.6	54.4
展览	25	32673	41.9	64.5
公益性讲座	6	1104	41.8	44.8

三、文化遗产保护传承有力推进

1. 文物保护利用。2023 年，文化和旅游部、国家文物局持续推进中华文明探源工程和“考古中国”重大项目。水下考古取得重大突破，深海考古迈向世界先进水平，边疆考古不断加强。启动第四次全国文物普查，强化国家考古遗址公园保护建设，加强大运河、长江文物保护利用，实施廊桥、壁画彩塑、东北抗联革命文物保护计划，深入推进革命文物保护利用工程，保护利用水平持续提高。普洱景迈山古茶林文化景观成功申遗。加大对文物违法案件督察约谈、查处追责力度，持续开展打击防范文物犯罪专项行动。印发《关于加强文物科技创新的意见》，举办全国文物行业职业技能大赛等，文物科技创新和人才培养持续加强。加强国家文物保护利用示范区创建管理，深化革命文物主题陈列展览展示。开展国际博物馆日、“文化和自然遗产日”文物展示传播活动，联合摄制《寻古中国》《何以中国》，文物传播影响力持续提升。三星堆博物馆新馆、浙江省博物馆之江馆等新馆建成开放，举办“鉴往知远——新时代考古成果展”等精品大展，带动“博物馆热”持续升温。文物国际交流合作深化拓展，牵头成立亚洲文化遗产保护联盟。实施中华古籍保护计划、古籍保护人才培育计划，出台古籍类文物定级工作指南，加强水书、甲骨文保护，组织全国古籍重点保护单位复核抽查，推进古籍数字化整理、中华古籍智慧化服务平台建设，古籍保护利用更加科学规范。

2023 年年末，全国共有各类文物机构 9645 个，从业人员 18.1 万人，其中高级职称 1.3 万人，占 7.0%；中级职称 2.4 万人，占 13.1%。全国登记备案博物馆、纪念馆达到 6833 个。

2023 年年末，全国文物机构藏品 5017.2 万件 / 套，其中，文物系统管理的国有博物馆藏品 3363.3 万件 / 套，占藏品总量的 67.0%。

2023 年，全国各类文物机构共举办陈列展览 3.0 万个，其中，基本陈列 1.3 万个，临时展览 1.7 万个。接待观众 140266 万人次，同比增长 119.3%，其中未成年人 32203 万人次，同比增长 101.2%，占参观总人数的 23.0%。文物系统管理的国有博物馆接待观众 102129 万人次，同比增长 123.7%，占文物机构接待观众总数的 72.8%。

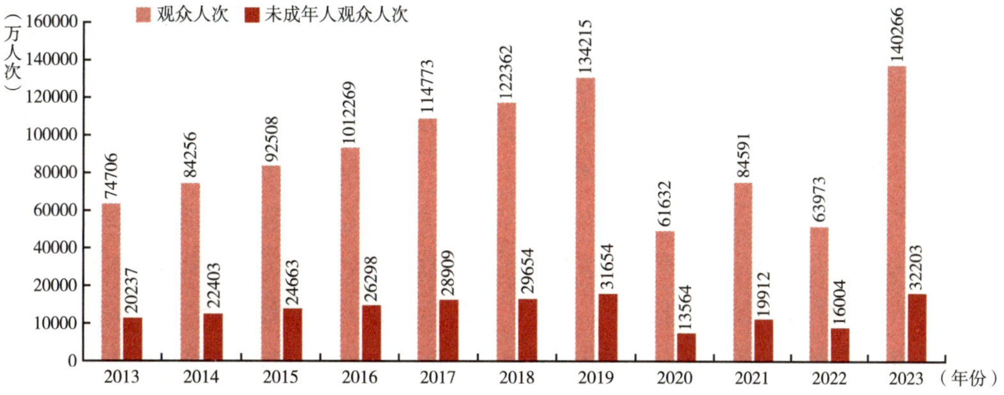

图 4　2013—2023 年全国文物机构接待观众人次及未成年人观众人次

2. 非物质文化遗产保护传承。2023 年，文化和旅游部扎实推进第六批国家级非遗代表性传承人认定工作，继续壮大非遗代表性传承人队伍。实施黄河流域、大运河非遗保护行动计划，开展传统工艺项目存续状况评估。推进非遗助力乡村振兴，截至 2023 年年末，各地共建设 6700 余家非遗工坊。实施中国非遗传承人研修培训计划，调整公布新一批130所参与培训院校名单。公布10个国家级文化生态保护区、公示100家国家级非遗生产性保护示范基地。推动非遗与旅游深度融合发展。举办中国成都国际非遗节、中国原生民歌节、非遗品牌大会、非遗购物节、“文化进万家——视频直播家乡年”等活动。组织春节非遗传承实践相关活动1.2万余场、“文化和自然遗产日”非遗宣传展示活动9800余场。摄制播出《非遗里的中国》，收看及互动人数超过75.4亿人次，非遗传播力度持续扩大。

截至2023年年末，共有国家级非遗代表性项目1557项，共有在世国家级非遗代表性传承人2241名。列入联合国教科文组织非遗名录、名册项目43个。

全国共有非物质文化遗产保护机构2406个，从业人员1.7万人。全年全国各类非物质文化遗产保护机构举办演出8.2万场，同比增长41.5%；举办民俗活动1.8万场，同比增长30.4%；举办展览2.2万场，同比增长20.1%。

四、市场发展和管理能力有效提升

2023年，文化和旅游部积极推动文化和旅游领域稳增长、助企纾困帮扶政策延续实施。推进文化和旅游市场电子证照应用，开发“文旅市场通”App，推进“一网通办”。加强大型营业性演出活动规范管理。强化脱口秀演出、卡拉OK音乐曲目内容管理。推进文化和旅游市场信用体系建设，开展文明旅游宣传引导、文化和旅游市场信用经济发展试点。组织举办全国星级饭店从业人员服务技能竞赛和全国导游大赛，不断提升行业发展能力。

2023年，指导31个省（区、市）出台省级文化市场综合执法事项指导目录。加强大型营业性演出执法监管，指导各地建立完善大型营业性演出执法监管长效机制。开展营业性演出票务专项整治行动，严厉查处演出票务市场违法违规行为。持续开展旅游市场秩序整治，依法查处未经许可经营旅行社业务、“不合理低价游”等违法违规行为。会同中宣部版权局印发《关于进一步加强青少年版权保护工作的通知》，深入推进未成年人保护工作。持续深化全国文化市场技术监管与服务平台建设与应用，升级优化平台综合执法系统。加强网络动态监测，处理问题线索9.7万条。处置举报投诉信息3.9万条。

2023年年末，全国通过统计直报系统报送和审核的文化市场经营单位17.5万家，从业人员117.7万人，营业收入17852.5亿元，营业利润1387.1亿元。其中，娱乐场所4.5万个，从业人员41.8万人，营业收入589.6亿元，营业利润39.5亿元。互联网上网服务营业场所9.0万个，从业人员14.7万人，营业收入181.8亿元。演出市场单位2.4万个，从业人员42.3万人，营业收入7057.8亿元，营业利润283.9亿元。艺术品经营机构0.7万个，从业人员2.2万人，营业收入563.8亿元，营业利润137.8亿元。经营性互联网文化单位0.8万家，从业人员16.7万人，营业收入9459.5亿元，营业利润877.7亿元。

五、文化产业和科技发展不断深化

2023年，文化和旅游部继续组织开展文化和旅游消费促进活动，实施“百城百区”金融支持文化和旅游消费行动计划。印发《国家级夜间文化和旅游消费集聚区建设指引》。推动国家文化和旅游消费示范城市及试点城市、国家级夜间文化和旅游消费集聚区建设。开展文化产业赋能乡村振兴试点工作，公布首批63个文化产业赋能乡村振兴试点名单。推进区域文化产业带建设，加强国家级文化产业示范园区（基地）规范管理。组织举办“多彩中国佳节好物”文化和旅游贸易促进活动。出台金融支持乡村旅游高质量发展、提升暑期旅游景区开放管理水平政策措施。举办全国文化和旅游项目建设暨投融资大会，分别与中国进出口银行、中国农业银行签署战略合作协议。完善文化和旅游部产业项目协调推进机制，推动落实文化和旅游领域设备更新贷款贴息政策。公布首批2个国家文化与金融合作示范区。推动文化和旅游基础设施REITs应用，推动旅游业纳入政府和社会资本合作新机制。公布50家国家文化产业和旅游产业融合发展示范区建设单位。实施国有文艺院团数字演艺“一团一品”培育开发项目，发布全国旅游演艺精品名录，组织举办全国演艺博览会。

据国家统计局统计，2023年全国规模以上文化及相关产业企业实现营业收入129515亿元，同比增长8.2%。

2023年，文化和旅游部持续推进实施国家文化数字化战略，与国家网信办共同举办第六届数字中国建设峰会数字文化分论坛，发布2023年文化和旅游数字化创新示范案例44个。加强科技创新驱动，推荐立项国家重点研发项目2个，发布文化和旅游创新研发项目和部重点实验室项目18项，新认定8家旅游科技示范园区，建设12个文化和旅游部技术创新中心。印发《文化和旅游标准化工作管理办法》，进一步规范文化和旅游标准化工作，推动出台国家标准5项，批准发布行业标准15项、立项28项，推进2项国际标准立项，覆盖旅游、剧场、图书馆、文化馆、非遗、网络文化、动漫等领域，涉及乡村旅游、智慧旅游等业态评价，旅游景区、饭店、演艺新空间、网络表演等管理服务要求，演出设备、动漫平台等技术规范，不断提升管理和服务水平，为行业高质量发展奠定了基础。推进中国艺术学“三大体系”建设，立项国家社科基金艺术学项目251个、部级研究项目53个、青年科研人才扶持计划项目42个。牵头推进研学旅游规范发展，研究起草指导性文件。实施全国文化艺术和旅游职业教育提质培优行动计划项目39项。

六、旅游业发展稳步向好

2023年，文化和旅游部贯彻落实《关于释放旅游消费潜力推动旅游业高质量发展的若干措施》，印发《国内旅游提升计划（2023-2025年）》，进一步释放旅游消费潜力，推动旅游业高质量发展。印发《东北地区旅游业发展规划》，推进长江、黄河文化保护传承规划、大运河文化和旅游融合发展规划落地实施。积极参与长江经济带发展、京津冀协同发展、中部地区崛起、东北全面振兴等政策规划制定。编制《长江国家文化公园建设保护规划》，助力打造中华文化重要标识，加强长城国家文化公园重点段建设。实施旅游促进各民族交往交流交融计划，助力铸牢中华民族共同体意识。新评定国家级旅游度假区18家、旅游休闲街区110家、滑雪旅游度假地7家以及国家体育旅游示范基地13家、工业旅游示范基地69家。推出首批全国智慧旅游沉浸式体验新空间培育试点名单、“5G+智慧旅游”应用试点项目。推动乡村旅游提质发展，发布“乡村四时好风光”等精品线路。推动实施“用好红色资源培育时代新人”红色旅游助推铸魂育人行动计划，举办第四届全国红色故事讲解员大赛和第十四届全国大学生红色旅游创意策划大赛。开展“旅游中国·美好生活”全国旅游宣传、“全国欢乐冰雪旅游季”推广活动，举办中国义乌文化和旅游产品交易博览会、中国（武汉）文化旅游博览会、中国旅游产业博览会等，进一步加大对各地文化产业和旅游产业的宣传推广力度。

2023年年末，全国共有旅行社56275家。根据旅行社填报系统数据，全年全国旅行社营业收入4442.7亿元，营业利润37.4亿元。

2023年年末，全国共有8253家星级饭店。根据全国旅游监管服务平台数据显示，全年星级饭店营业收入1609.0亿元，平均房价370.8元/间夜，平均出租率50.7%。

2023年年末，全国共有A级旅游景区15721家，直接从业人员160.7万人。全年接待游客57.5亿人次，实现旅游收入4068.7亿元。

2023年，国内出游人数48.9亿人次，同比增长 93.3%。其中，城镇居民国内出游 37.6 亿人次，同比增长 94.9%；农村居民国内出游 11.3 亿人次，同比增长 88.5%。国内游客出游总花费 4.9 万亿元，同比增长 140.3%。其中，城镇居民出游花费 4.2 万亿元，同比增长 147.5%；农村居民出游花费 0.7 万亿元，同比增长 106.4%。

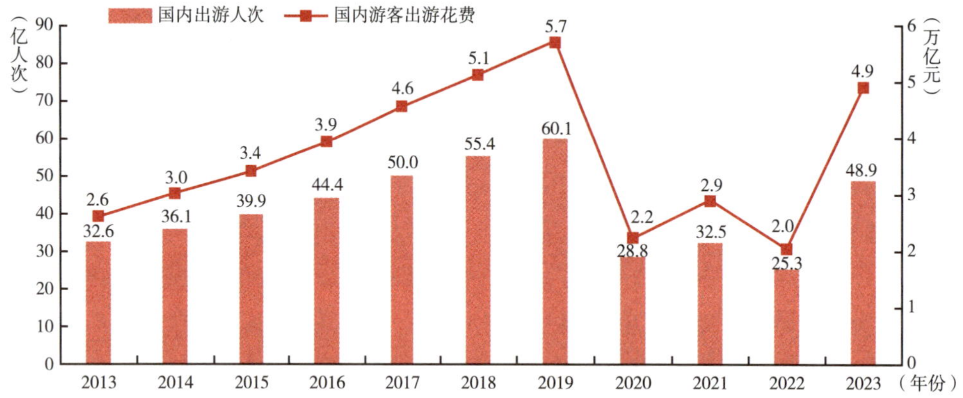

图 5　2013—2023 年国内旅游发展情况

2023 年，入境游客 8203 万人次，其中，外国人 1378 万人次，香港、澳门和台湾同胞 6824 万人次。内地居民出境旅游 8763 万人次。

七、文化和旅游对外和对港澳台交流深度拓展

2023 年，文化和旅游部实施入境旅游促进计划。牵头举办中国—中亚峰会、第三届“一带一路”国际合作高峰论坛文艺演出，成功举办中国西班牙文化和旅游年、“艺汇丝路——采风作品展”暨中阿艺术家对话沙龙、《唐诗的回响》音乐会、纪念费城交响乐团访华 50 周年音乐会等活动，品牌活动影响力持续提升。开展“你好！中国”国家旅游形象系列推广活动。实施“文化丝路”计划，完善丝绸之路联盟机制。举办“欢乐春节”、“茶和天下”·雅集、“天涯共此时——中秋节”全球联动、“中国故事”讲座、“发现中国之美”、中国国际旅游交易会、丝绸之路（敦煌）国际文化博览会等系列活动，成立丝绸之路旅游城市联盟，提升中华文化传播力影响力。加强中国文化中心、旅游办事处等海外阵地建设。持续深化对港澳台交流交融。举办港澳青少年内地游学联盟大会，有效促进内地与港澳青少年广泛交往和深度交流。促进澳门以中华文化为主流、多元文化共存的交流合作基地建设。举办海峡两岸旅行商大会，为两岸旅游进一步深化合作交流提供了广阔空间。

截至 2023 年年末，在全球设有 48 家海外中国文化中心、20 家驻外旅游办事处。此外，在香港设有亚洲旅游交流中心，在台湾设有海峡两岸旅游交流协会台北办事处、高雄办事分处。

八、财政资金保障水平有新的提升

2023 年，全国文化和旅游事业费 1280.4 亿元，比上年增加 78.6 亿元，同比增长 6.5%；全国人均文化和旅游事业费 90.8 元，比上年增加 5.7 元，同比增长 6.7%。文化和旅游事业费占财政总支出的比重为 0.47%，比上年提高 0.01 个百分点。

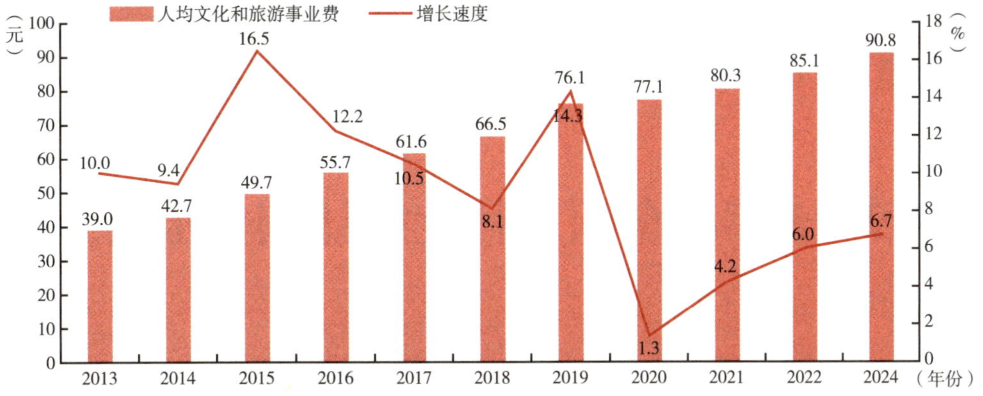

图 6　2013—2023 年人均文化和旅游事业费及增速情况

全国文化和旅游事业费中，县以上文化和旅游事业费 597.6 亿元，占 46.7%，比重比上年提升了 1.5 个百分点；县及县以下文化和旅游事业费 682.7 亿元，占 53.3%，比重比上年下降了 1.5 个百分点。东部地区文化和旅游事业费 560.0 亿元，占 43.7%，比重比上年下降了 1.4 个百分点。中部地区文化和旅游事业费 324.1 亿元，占 25.3%，比重比上年提高了 0.1 个百分点。西部地区文化和旅游事业费 367.4 亿元，占 28.7%，比重比上年提高了 1.4 个百分点。

表 2　全国文化和旅游事业费按城乡和区域分布情况

项　目		2000 年	2005 年	2010 年	2015 年	2020 年	2022 年	2023 年
总量（亿元）	全国	63.2	133.8	323.1	686.0	1088.3	1201.8	1280.4
	# 县以上	46.3	98.1	206.7	352.8	501.0	544.3	597.6
	县及县以下	16.9	35.7	116.4	330.1	587.3	658.6	682.7
	# 东部地区	28.9	64.4	143.4	287.9	491.6	542.5	560.0
	中部地区	15.1	30.6	78.7	164.3	269.8	302.6	324.1
	西部地区	13.7	27.6	85.8	193.9	301.6	328.1	367.4
所占比重（%）	全国	100.0	100.0	100.0	100.0	100.0	100.0	100.0
	# 县以上	73.4	73.3	64.0	51.7	46.0	45.2	46.7
	县及县以下	26.7	26.7	36.0	48.3	54.0	54.8	53.3
	# 东部地区	45.7	48.1	44.4	42.1	45.1	45.1	43.7
	中部地区	23.8	22.9	24.3	24.1	24.8	25.2	25.3
	西部地区	21.7	20.6	26.6	28.4	27.7	27.3	28.7

2023年度全国旅行社统计调查报告

按照文化和旅游部制定、国家统计局批准的《全国文化文物和旅游统计调查制度》，经各省、自治区、直辖市文化和旅游行政部门审核，现将2023年度全国旅行社统计调查情况汇总如下：

一、填报情况

2023年度全国旅行社财务数据审核完成率为88.75%，其中天津、河北、内蒙古、辽宁、吉林、黑龙江、江苏、安徽、福建、湖北、湖南、重庆、贵州、云南、陕西、兵团的审核完成率达到100%。全国26个地区年度财务数据审核完成率高于全国水平。

二、行业规模

截至2023年12月31日，全国旅行社总数为56275家（按2023年第四季度旅行社数量计算），比2022年增长24.61%。32个地区旅行社数量均有不同程度的增长，北京、新疆、贵州、海南、陕西、重庆、内蒙古、湖南等8个地区增幅在30%以上，其中北京增幅最大为48.07%。北京、广东、江苏、山东、浙江等5个地区旅行社数量超过3000家，数量最多的北京为5027家。此外，西藏、宁夏和兵团3个地区旅行社数量少于500家，分别为390家、253家和195家。（详见附件1）

2023年度全国旅行社资产总计为3343.81亿元，其中负债总计2752.01亿元，所有者权益总计591.80亿元。全国旅行社从业人员312584人，其中大专以上学历人数210650人，签订劳动合同的导游人数107040人。（详见附件2）

三、经营情况

（一）总体情况

2023年度全国旅行社营业收入4442.73亿元，营业成本4205.17亿元，营业利润37.37亿元，利润总额34.82亿元，本年应交税金总额37.03亿元，旅游业务营业收入2673.16亿元，旅游业务营业利润56.09亿元。

（二）三大市场情况

2023年度全国旅行社国内旅游营业收入2321.28亿元，占全国旅行社旅游业务营业收入总量的86.84%；国内旅游业务营业利润47.62亿元，占全国旅行社旅游业务营业利润总量的84.91%。

2023年度全国旅行社入境旅游营业收入41.78亿元，占全国旅行社旅游业务营业收入总量的1.56%；入境旅游业务营业利润为1.13亿元，占全国旅行社旅游业务营业利润总量的2.01%。

2023年度全国旅行社出境旅游营业收入310.10亿元，占全国旅行社旅游业务营业收入总量的11.60%；出境旅游业务营业利润为7.34亿元，占全国旅行社旅游业务营业利润总量的13.08%。（详见附件2）

（三）类别情况

2023年度全国具有出境旅游业务资质的旅行社

旅游业务营业收入 1354.31 亿元，占全国旅行社总量的 50.66%；旅游业务营业利润 32.38 亿元，占全国旅行社总量的 57.75%；本年应交税金总额 22.22 亿元，占全国旅行社总量的 60.00%。

2023 年度全国外商投资旅行社旅游业务营业收入 88.77 亿元，占全国旅行社总量的 3.32%；旅游业务营业利润 2.42 亿元，占全国旅行社总量的 4.32%；本年应交税金总额 1.99 亿元，占全国旅行社总量的 5.38%。

四、组接情况

（一）国内旅游

2023 年度全国旅行社国内旅游组织 13162.21 万人次、34121.66 万人天，接待 16170.51 万人次、35418.60 万人天。国内旅游单项服务 6.26 亿人次。（详见附件 3）

2023 年度旅行社国内旅游组织人次排名前十位的地区由高到低依次为浙江、广东、江苏、湖北、湖南、重庆、上海、四川、江西、北京。（见图 1）

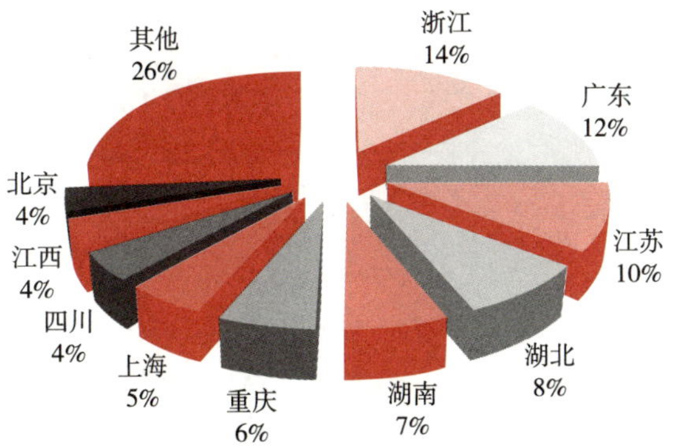

图 1　2023 年度国内旅游组织人次排名前十位的地区

2023 年度旅行社国内旅游接待人次排名前十位的地区由高到低依次为浙江、江苏、湖北、云南、广东、湖南、重庆、贵州、陕西、上海。（见图 2）

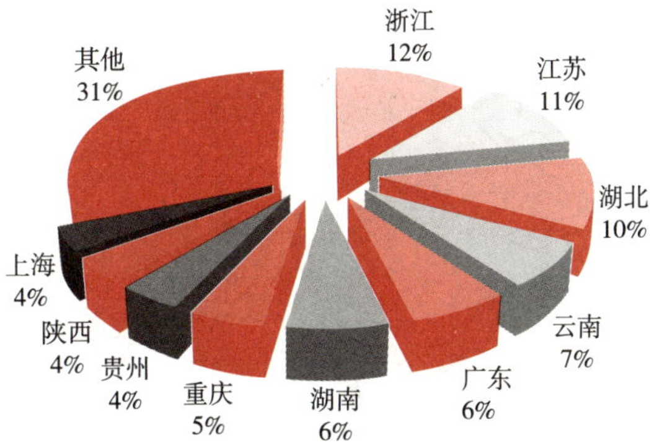

图 2　2023 年度国内旅游接待人次排名前十位的地区

（二）入境旅游

2023 年度全国旅行社入境旅游外联 94.60 万人次、315.77 万人天，接待 260.52 万人次、823.84 万人天。入境旅游单项服务 532.64 万人次。

2023 年度旅行社入境旅游外联人次排名前十位的客源地国家或地区由高到低依次为中国香港、越南、韩国、俄罗斯、中国澳门、马来西亚、泰国、中国台湾、菲律宾、新加坡。（见图 3）

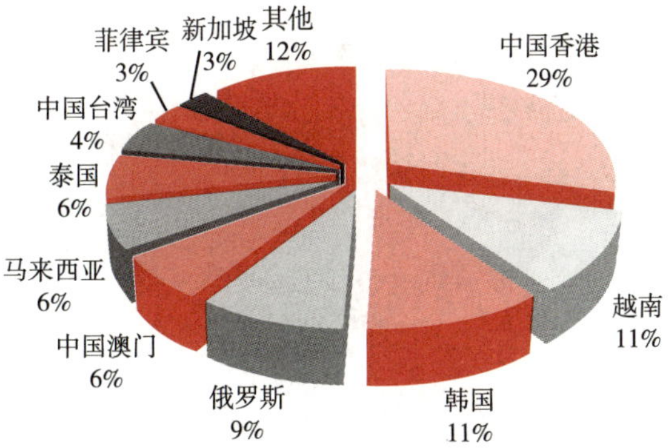

图 3　2023 年度入境旅游外联人次排名前十位的客源地国家或地区

2023 年度旅行社入境旅游接待人次排名前十位的客源地国家或地区由高到低依次为中国香港、越南、俄罗斯、韩国、中国台湾、中国澳门、马来西亚、泰国、印度尼西亚、新加坡。（见图 4）

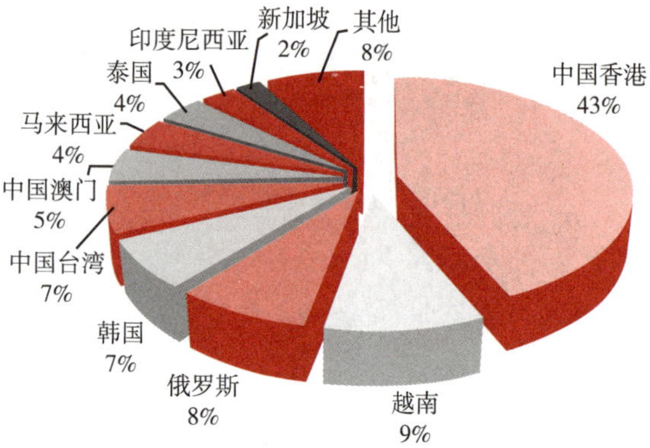

图 4　2023 年度入境旅游接待人次排名前十位的客源地国家或地区

（三）出境旅游

2023 年全国旅行社出境旅游组织 528.35 万人次、2491.67 万人天。出境旅游单项服务 212.41 万人次。

2023 年度旅行社出境旅游组织人次排名前十位的目的地国家或地区由高到低依次为泰国、中国香港、中国澳门、新加坡、越南、马来西亚、日本、韩国、法国、印度尼西亚。（见图 5）

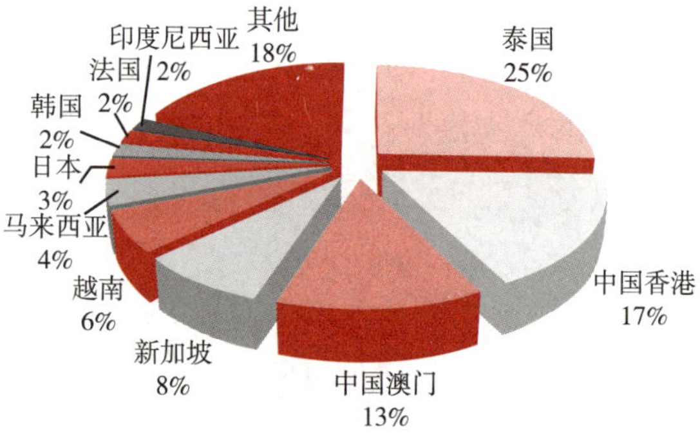

图 5　2023 年度出境旅游组织人次排名前十位的目的地国家或地区

五、总体结构

（一）数量分布

截至 2023 年 12 月 31 日，全国旅行社总数为 56275 家（按 2023 年第四季度旅行社数量计算）。其中，旅行社数量排名前十位的地区依次为北京（5027）、广东（4473）、江苏（3873）、山东（3536）、浙江（3530）、湖南（2106）、云南（1979）、安徽（1946）、上海（1940）、湖北（1922），上述地区旅行社数量占全国旅行社总量的 53.90%。

（二）各地经营状况

2023 年度旅行社三大市场组织（外联）接待人次（人天）汇总排序前十位的地区由高到低依次为广东、浙江、湖南、江苏、北京、云南、湖北、四川、福建、重庆。

2023 年度全国旅行社主要经济指标（旅游业务营业收入、旅游业务营业利润、本年应交税金总额三项综合）排名前十位的地区依次为广东、上海、北京、浙江、重庆、江苏、福建、湖北、天津、湖南。（详见附件 4）

附件 1

2023 年度全国旅行社数量表

单位：家

序号	地区	2023 年度	2022 年度	增长率
1	北京	5027	3395	48.07%
2	广东	4473	3754	19.15%
3	江苏	3873	3297	17.47%
4	山东	3536	2864	23.46%
5	浙江	3530	3181	10.97%
6	湖南	2106	1605	31.21%
7	云南	1979	1525	29.77%
8	安徽	1946	1626	19.68%
9	上海	1940	1884	2.97%
10	湖北	1922	1525	26.03%
11	河北	1875	1594	17.63%
12	福建	1873	1472	27.24%
13	四川	1869	1523	22.72%
14	辽宁	1828	1593	14.75%
15	内蒙古	1711	1285	33.15%
16	江西	1456	1154	26.17%
17	河南	1453	1221	19.00%
18	陕西	1399	1025	36.49%
19	广西	1323	1036	27.70%
20	山西	1232	1001	23.08%
21	新疆	1222	848	44.10%
22	贵州	1197	840	42.50%
23	甘肃	1166	943	23.65%
24	海南	1161	830	39.88%
25	重庆	1102	819	34.55%
26	黑龙江	1046	807	29.62%
27	吉林	832	702	18.52%
28	青海	714	591	20.81%
29	天津	646	529	22.12%
30	西藏	390	310	25.81%
31	宁夏	253	206	22.82%
32	兵团	195	177	10.17%
合　计		56275	45162	24.61%

注：按 2023 年度旅行社数量排序

附件 2

2023 年度全国旅行社基本经营情况表

指标名称	代码	计量单位	数额
甲	乙	丙	1
一、从业人员	10	人	312584
其中：大专以上学历人数	11	人	210650
签订劳动合同的导游人数	12	人	107040
二、资产、负债、所有者权益	—	—	—
资产总计	13	千元	334381372.52
负债总计	14	千元	275201470.85
所有者权益总计	15	千元	59179901.67
三、损益	—	—	—
1. 营业收入	16	千元	444272643.10
其中：主营业务收入	17	千元	431841323.44
在营业收入中：国内旅游营业收入	18	千元	232128226.55
入境旅游营业收入	19	千元	4178075.23
出境旅游营业收入	20	千元	31010447.89
2. 营业成本	21	千元	420516697.64
其中：主营业务成本	22	千元	392573996.97
养老、医疗、失业等各种社会保险费	23	千元	2999021.94
3. 营业利润	24	千元	3737430.01
其中：国内旅游营业利润	25	千元	4761798.27
入境旅游营业利润	26	千元	112631.77
出境旅游营业利润	27	千元	733622.98
4. 营业外收入	28	千元	1755719.33
其中：政府补贴	29	千元	456800.05
5. 利润总额	30	千元	3482104.44
四、工资、福利费、税金	—	—	—
本年发放工资总额	31	千元	16371317.64
本年应交税金总额	32	千元	3703373.77
五、分支机构	—	—	—
门店数量	33	个	54814
分社数量	34	个	9352
子公司数量	35	个	2675

附件 3

2023 年度全国旅行社组织接待国内旅游情况表

指标名称	代码	人次数（人次）		人天数（人天）	
		组织	接待	组织	接待
甲	乙	1	2	3	4
全国合计	10	131622064	161705140	341216589	354185977
北京	11	4818046	4295005	13259271	10875082
天津	12	711571	272571	2106276	486043
河北	13	1522908	1336944	4371457	3348538
山西	14	1426122	1748358	4369811	6720457
内蒙古	15	702068	1087155	1904800	3133204
辽宁	16	1474168	1907659	4991939	4973931
吉林	17	864488	1223977	2377330	2494831
黑龙江	18	450734	1043669	1838484	2768367
上海	19	6872271	6033411	17575646	10650089
江苏	20	13375963	17155197	30307592	28864833
浙江	21	18076351	18914930	43046268	35047202
安徽	22	3540870	4714200	9680367	9488806
福建	23	4351701	6013921	10570099	14667507
江西	24	5144141	4020020	10502583	7830232
山东	25	4697836	2698791	12204967	6183044
河南	26	2303280	1850941	5236064	2994645
湖北	27	10913109	17119770	23424770	30752189
湖南	28	8734394	10210462	22079754	23573126
广东	29	15130181	10430152	34621159	20541848
广西	30	1573215	3457671	4267027	9945737
海南	31	668634	4595091	1455847	12843477
重庆	32	8301995	7960584	33412733	12608653
四川	33	5888353	4407658	16149769	12641872
贵州	34	1351958	6674654	3433070	14791223
云南	35	3550528	10949836	10073882	28536773
西藏	36	166172	505970	330150	2320341
陕西	37	3069934	6310205	10525514	13667387
甘肃	38	789074	1517747	2751595	6361622
青海	39	298291	1109862	993439	5441965
宁夏	40	384831	586100	1561841	1713361
新疆	41	324559	1015104	902783	4807956
兵团	42	144318	537525	890302	3111636
提供单项服务	625961250 人次				

附件 4

2023 年度全国旅行社主要经济指标排序表

序号	地区	旅游业务营业收入		旅游业务营业利润		本年应交税金总额	
		名次	金额（千元）	名次	金额（千元）	名次	金额（千元）
1	广东	1	40985452.56	1	1586118.43	2	463098.19
2	上海	2	30197209.78	2	1236046.49	1	1439896.81
3	北京	4	24174458.00	4	424293.50	3	441773.00
4	浙江	3	27437451.90	5	359173.12	4	235596.31
5	重庆	6	15440701.55	3	492926.13	6	92673.00
6	江苏	5	19136022.33	12	86067.63	5	109131.65
7	福建	8	9123657.58	6	236849.73	8	78630.76
8	湖北	7	14213422.23	7	218722.90	11	62316.60
9	天津	14	6262898.67	10	95462.74	7	91084.47
10	湖南	11	7638392.11	11	94928.07	13	51925.76
11	四川	9	8536055.25	14	62141.02	14	48718.81
12	山东	15	4817239.89	15	61563.81	9	69076.46
13	广西	18	4042216.86	16	50879.43	10	63530.14
14	陕西	12	7182194.45	17	49981.34	16	46513.14
15	云南	10	8193135.13	24	23960.50	12	54933.88
16	新疆	20	2520193.57	9	109300.35	17	41659.02
17	江西	19	3851438.98	8	113088.13	21	29161.81
18	贵州	16	4081410.65	19	46546.84	18	35929.43
19	山西	21	2402576.14	13	72153.08	24	17918.32
19	安徽	17	4050675.83	22	28353.02	20	35331.20
21	海南	13	6573685.99	32	–34973.15	15	48539.72
22	甘肃	24	2063487.81	21	45414.98	19	35346.37
23	河南	22	2290122.18	28	5202.77	23	18228.31
24	辽宁	23	2224257.36	29	548.98	22	26543.16
25	河北	26	1660777.25	23	26592.42	26	10390.03
26	内蒙古	27	1471262.65	26	11019.46	25	10985.74
27	青海	30	942684.09	18	47170.88	30	7961.62
28	吉林	29	1133801.32	20	45692.06	32	4449.50
29	黑龙江	28	1383278.23	27	9401.72	27	9595.43
30	兵团	25	1909993.68	30	–4596.07	29	8075.03
31	西藏	32	641130.55	25	12862.80	31	6044.35
32	宁夏	31	735465.06	31	–4840.09	28	8315.73

2023年度全国星级旅游饭店统计调查报告

一、总体情况

2023年度，7245家星级饭店的经营数据通过了省级文化和旅游行政部门的审核，数据汇总情况如下：

（一）基本情况

2023年度全国星级饭店规模结构情况

指标	单位	五星级	四星级	三星级	二星级	一星级	合计
饭店数量	家	772	2325	3471	670	7	7245
客房数	万间	25.80	43.23	34.64	3.81	0.02	107.51
床位数	万张	38.03	69.78	59.35	6.69	0.04	173.89

2023年度全国星级饭店登记注册类型情况

单位：家

登记注册类型	五星级	四星级	三星级	二星级	一星级	合计	所占比例（%）
国有	146	526	628	113	1	1414	19.52
集体	4	23	68	14	1	110	1.52
港澳台投资	73	57	28	0	0	158	2.18
外商投资	68	40	25	0	0	133	1.84
其他	481	1679	2722	543	5	5430	74.95

（二）经营状况

2023年度全国星级饭店基本指标统计表

指标	单位	五星级	四星级	三星级	二星级	一星级	合计
营业收入总额	亿元	679.28	607.30	300.66	21.61	0.10	1608.95
客房占营业收入比重	%	48.41	40.99	42.31	46.89	42.91	44.45
餐饮占营业收入比重	%	37.91	40.16	41.23	40.12	53.84	39.41
固定资产原值	亿元	1768.43	1545.21	647.65	46.39	0.15	4007.83
利润总额	亿元	45.99	−13.39	−3.81	0.36	0.01	29.17
从业人员年均数	万人	19.83	26.29	15.59	1.41	0.01	63.13
大专以上学历人数	万人	7.17	6.97	3.39	0.27	0.00	17.79

2023 年度全国星级饭店主要指标统计表

指标	单位	五星级	四星级	三星级	二星级	一星级	合计
全员劳动生产率	千元 / 人	342.59	231.04	192.82	153.39	213.10	254.90
人均实现利润	千元 / 人	23.20	–5.09	–2.44	2.56	29.34	4.62
人均占用固定资产原值	千元 / 人	891.90	587.85	415.34	329.28	326.76	634.95
百元固定资产创营业收入	元	38.41	39.30	46.42	46.58	65.22	40.15
平均房价	元	611.36	324.50	224.68	178.26	98.98	370.83
平均出租率	%	58.46	50.26	46.32	42.18	51.46	50.69
每间可供出租客房收入	元 / 间夜	357.39	163.08	104.07	75.18	50.94	187.97
每间客房平摊营业收入	千元 / 间	263.24	140.47	86.81	56.68	42.24	149.66

二、各地区情况

2023 年度全国星级饭店主要指标前十名地区统计表

地区	平均房价（元）	地区	平均出租率（%）	地区	每间可供出租客房收入（元 / 间夜）	地区	每间客房平摊营业收入（千元 / 间）	地区	全员劳动生产率（千元 / 人）	地区	人均实现利润（千元 / 人）
上海	737.36	湖南	67.12	上海	452.64	上海	330.22	上海	517.92	上海	56.81
海南	641.89	海南	62.54	海南	401.45	北京	269.24	北京	447.48	海南	52.17
北京	598.87	上海	61.39	北京	358.37	江苏	218.14	海南	314.02	北京	33.14
广东	478.74	北京	59.84	广东	244.81	海南	215.40	江苏	282.72	广东	13.48
天津	466.15	福建	59.29	福建	227.14	广东	192.60	广东	276.83	新疆兵团	11.00
江苏	406.04	浙江	53.99	江苏	218.24	浙江	180.38	浙江	274.33	新疆	10.28
福建	383.10	江苏	53.75	天津	198.93	福建	170.88	天津	255.15	陕西	7.38
浙江	363.35	重庆	52.23	浙江	196.17	山东	165.05	山东	243.45	福建	7.22
重庆	351.45	新疆兵团	51.93	重庆	183.55	天津	150.17	福建	238.03	湖南	6.79
山东	347.55	广东	51.14	山东	171.18	四川	134.71	湖北	237.30	云南	5.78

三、全国 50 个重点旅游城市情况

截至 2023 年年底，全国 50 个重点旅游城市共有星级饭店 2649 家，有 2454 家的经营情况数据通过省级文化和旅游行政部门审核。

2023 年度重点旅游城市星级饭店规模结构

指　标	五星级	四星级	三星级	二星级	一星级	合计
饭店数量（家）	506	901	891	155	1	2454
占全国同等级饭店比例（%）	65.54	38.75	25.67	23.13	14.29	33.87

2023 年度重点旅游城市星级饭店主要指标前十名统计表

地　区	平均房价（元）	地　区	平均出租率（%）	地　区	每间可供出租客房收入（元/间夜）	地　区	每间客房平摊营业收入（千元/间）	地　区	全员劳动生产率（千元/人）	地　区	人均实现利润（千元/人）
三亚市	854.47	三亚市	74.64	三亚市	637.77	上海市	330.22	上海市	517.92	三亚市	101.68
上海市	737.36	长沙市	71.22	上海市	452.64	三亚市	315.05	北京市	447.48	上海市	56.81
深圳市	626.21	南京市	69.88	深圳市	362.59	广州市	277.23	广州市	362.43	广州市	49.19
北京市	598.87	厦门市	65.75	北京市	358.37	北京市	269.24	深圳市	356.09	丽江市	33.94
广州市	580.81	杭州市	65.01	广州市	355.10	无锡市	268.38	三亚市	354.97	北京市	33.14
厦门市	519.16	上海市	61.39	厦门市	341.33	南京市	263.21	南京市	345.96	黄山市	33.06
东莞市	509.55	福州市	61.27	南京市	341.02	济南市	246.34	杭州市	339.78	西安市	26.99
武汉市	505.28	广州市	61.14	武汉市	293.47	深圳市	239.16	武汉市	332.82	长沙市	22.13
秦皇岛市	489.54	北京市	59.84	杭州市	290.71	苏州市	225.51	无锡市	319.18	武汉市	20.93
南京市	488.04	成都市	58.82	长沙市	266.35	太原市	217.52	济南市	317.36	成都市	20.92

四、同比变化情况

2023 年度全国星级饭店基本指标情况

单位：%

指　标	五星级	四星级	三星级	二星级	一星级	合计
营业收入总额	53.85	31.59	18.71	-0.94	-33.98	36.55
客房收入占比	16.13	6.74	3.68	-0.86	-4.36	10.25
餐饮收入占比	-3.07	0.74	1.16	7.71	4.75	-0.80
固定资产原值	-0.75	-4.42	-5.28	-12.86	-59.71	-3.09
从业人员年均数	1.30	0.03	-3.92	-14.10	-69.59	-0.97
大专以上学历人数	4.97	1.23	-1.81	-4.13	-52.94	2.00

2023 年度全国星级饭店主要指标情况

单位：%

指　标	五星级	四星级	三星级	二星级	一星级	合计
全员劳动生产率	51.89	31.55	23.55	15.32	117.13	37.89
人均占用固定资产原值	-2.02	-4.44	-1.42	1.44	32.52	-2.14
百元固定资产创营业收入	55.01	37.66	25.33	13.69	63.85	40.91
平均房价	20.15	8.60	4.03	-0.95	7.63	16.44
平均出租率	50.79	30.16	21.91	16.97	36.59	32.19
每间可供出租客房收入	81.17	41.36	26.82	15.86	47.01	53.92
每间客房平摊营业收入	57.90	34.67	23.90	17.81	54.14	41.58

附件 1

2023 年度全国星级饭店数量情况表
（按星级饭店总数排序）

单位：家

地区	总数	五星级	四星级	三星级	二星级	一星级
广东	435	86	120	210	19	0
浙江	408	81	150	148	27	2
山东	405	38	158	199	10	0
新疆	331	13	58	220	40	0
河南	320	21	81	187	31	0
四川	317	31	98	120	68	0
广西	309	14	109	169	17	0
云南	300	15	58	158	68	1
北京	299	55	98	118	28	0
甘肃	297	2	88	166	40	1
江西	289	20	137	126	6	0
江苏	282	66	122	89	5	0
湖北	264	22	82	140	20	0
青海	264	3	57	161	43	0
陕西	264	16	48	174	26	0
河北	248	27	101	95	25	0
福建	222	48	112	59	3	0
湖南	216	19	61	112	24	0
辽宁	215	22	55	109	29	0
贵州	209	7	80	103	17	2
安徽	207	23	101	80	3	0
内蒙古	205	12	43	113	37	0
山西	165	11	43	84	27	0
上海	144	52	50	36	6	0
西藏	131	3	40	68	19	1
重庆	119	27	38	47	7	0
黑龙江	89	5	28	47	9	0
海南	71	19	26	26	0	0
宁夏	70	0	28	30	12	0
吉林	60	3	24	32	1	0
天津	49	11	22	16	0	0
新疆兵团	41	0	9	29	3	0
合计	7245	772	2325	3471	670	7

附件 2

2023 年度全国星级饭店基本情况表

单位：家

项目		五星级	四星级	三星级	二星级	一星级	总数
内资	国有	146	526	628	113	1	1414
	集体	4	23	68	14	1	110
	股份合作	7	34	62	8	0	111
	国有联营	8	5	19	9	0	41
	集体联营	0	0	0	0	0	0
	国有与集体联营	0	0	0	0	0	0
	其他联营	0	0	0	0	0	0
	国有独资公司	0	0	0	0	0	0
	其他有限责任公司	150	438	489	48	0	1125
	股份有限公司	47	155	188	24	1	415
	私营独资	209	801	1313	298	3	2624
	私营合伙	0	0	0	0	0	0
	私营有限责任公司	0	0	0	0	0	0
	私营股份有限公司	0	0	0	0	0	0
	其他	60	246	651	156	1	1114
港澳台商投资	与港澳台商合资经营	73	57	28	0	0	158
	与港澳台商合作经营	0	0	0	0	0	0
	港澳台商独资	0	0	0	0	0	0
	港澳台商投资股份有限公司	0	0	0	0	0	0
外商投资	中外合资经营	0	0	0	0	0	0
	中外合作经营	0	0	0	0	0	0
	外资企业	0	0	0	0	0	0
	外商投资股份有限公司	68	40	25	0	0	133
	其他外商投资	0	0	0	0	0	0
合并		772	2325	3471	670	7	7245

综　合

2023 年全国文化和旅游发展主要统计数据

指标	单位	总量指标		增幅（%）
		2022 年	2023 年	
机构和人员				
机构数	万个	32.69	30.42	-6.9
从业人员数	万人	448.69	448.22	-0.1
经费投入				
文化和旅游事业费	亿元	1201.76	1280.35	6.5
人均文化和旅游事业费	元	85.13	90.83	6.7
公共图书馆				
机构数	个	3303	3246	-1.7
总藏量	万册	135959	143609	5.6
总流通人次	万人次	78970	116061	47.0
文化馆（站）				
机构数	个	43619	43752	0.3
# 文化站	个	40116	40236	0.3
提供文化服务次数	万次	268.35	411.96	53.5
举办展览	万次	17.65	25.04	41.9
组织文艺活动	万次	159.75	246.03	54.0
组织公益性讲座	万次	4.25	6.03	41.8
举办训练班	万次	86.70	134.86	55.6
文化服务惠及人次	万人次	95784	183537	91.6

续表

指标	单位	总量指标		增幅（%）
		2022 年	2023 年	
艺术表演团体				
机构数	个	19739	17781	-9.9
演出场次	万场次	166.07	254.22	53.1
#农村演出场次	万场次	74.76	57.90	-22.6
国内演出观众人次	万人次	74021	89654	21.1
#农村观众人次	万人次	25204	28703	13.9
演出收入	万元	809523	2078465	156.8
艺术表演场馆				
机构数	个	3199	3060	-4.3
艺术演出场次	万场次	58.51	41.49	-29.1
艺术演出收入	万元	407682	1030661	152.8
文化市场				
机构数	万个	20.28	17.51	-13.7
从业人员数	万人	134.00	117.75	-12.1
旅游业				
国内旅游人数	亿人次	25.30	48.91	93.3
国内旅游收入	亿元	20444.00	49133.10	140.3
星级饭店营业收入	亿元	1177.69	1601.09	36.0
旅行社营业收入	亿元	1601.56	4442.73	177.4
文物部门				
机构数	个	8873	8765	-1.2
参观人次	万人次	52109.06	118685.66	127.8

按年份全国主要文化和旅游机构数

年　份	公共图书馆	文化馆	文化站	旅行社	星级饭店	A 级景区
1949	55	896				
1952	83	2430				
1957	400	2748				
1962	541	2575	1192			
1965	562	2660	2125			
1970	323	2332	1794			
1975	629	2670	2717			
1978	1218	2840	4053			
1980	1732	3130	5609			
1985	2344	3295	5281			
1986	2406	3330	5583			
1987	2440	3321	5653	1245		
1988	2485	3333	5712	1573		
1989	2512	3321	5716	1617		
1990	2527	3321	5895	1561		
1991	2535	3265	7242	1603	853	
1992	2558	3272	6292	2592	1029	
1993	2572	3256	6899	3238	1186	
1994	2589	3261	8015	4382	1556	
1995	2615	3259	10228	3826	1913	
1996	2620	3284	41969	4252	2349	
1997	2628	3286	42163	4986	2724	
1998	2662	3287	42547	6222	3248	
1999	2669	3294	42543	7326	3856	
2000	2675	3297	42024	8993	6029	

续表

年 份	公共图书馆	文化馆	博物馆	旅行社	星级饭店	A 级景区
2001	2696	3241	40138	10532	7358	
2002	2697	3243	39273	11552	8880	
2003	2709	3228	38588	13361	9751	
2004	2720	3221	38181	14927	10888	
2005	2762	3226	38362	16245	11828	
2006	2778	3214	36874	17957	12751	
2007	2799	3217	37384	18943	13583	
2008	2820	3218	37938	20110	14099	
2009	2850	3223	38736	20399	14237	
2010	2884	3264	40118	22691	11779	4521
2011	2952	3285	40390	23690	11676	5573
2012	3076	3301	40575	24944	11367	6042
2013	3112	3315	40945	26054	11687	7104
2014	3117	3313	41110	26650	11180	8026
2015	3139	3315	40976	27621	10550	8954
2016	3153	3322	41175	27939	9861	9845
2017	3166	3328	41193	29717	9566	10496
2018	3176	3326	41138	37309	8962	11924
2019	3196	3326	40747	38943	10130	12402
2020	3212	3321	40366	31074	8430	13332
2021	3215	3316	40215	31001	7676	14196
2022	3303	3503	40116	32603	7337	14917
2023	3246	3516	40236	39580	7245	15721

注：表中数据为经过省级文化和旅游部门审核确认过的旅行社与星级饭店数据

按年份全国文化和旅游事业费基本情况

	文化和旅游事业费（亿元）	国家财政总支出（亿元）	文化和旅游事业费占国家财政总支出比重（%）
1978年	4.44	1122.09	0.40
1979年	5.84	1281.79	0.46
1980年	5.61	1228.83	0.46
“六五”时期	**36.03**	**7483.18**	**0.48**
1985年	9.32	2004.25	0.47
“七五”时期	**62.45**	**12865.67**	**0.49**
1986年	10.74	2204.91	0.49
1987年	10.77	2262.18	0.48
1988年	12.18	2491.21	0.49
1989年	13.57	2823.78	0.48
1990年	15.19	3083.59	0.49
“八五”时期	**121.33**	**24387.46**	**0.50**
1991年	17.28	3386.62	0.51
1992年	19.46	3742.20	0.52
1993年	22.37	4642.30	0.48
1994年	28.83	5792.62	0.50
1995年	33.39	6823.72	0.49
“九五”时期	**254.51**	**57043.46**	**0.45**
1996年	38.77	7937.55	0.49
1997年	46.19	9233.56	0.50
1998年	50.78	10798.18	0.47
1999年	55.61	13187.67	0.42
2000年	63.16	15886.50	0.40
“十五”时期	**496.13**	**128022.85**	**0.39**
2001年	70.99	18902.58	0.38
2002年	83.66	22053.15	0.38
2003年	94.03	24649.95	0.38

续表

	文化和旅游事业费（亿元）	国家财政总支出（亿元）	文化和旅游事业费占国家财政总支出比重（%）
2004 年	113.63	28486.89	0.40
2005 年	133.82	33930.28	0.39
“十一五”时期	**1220.40**	**318970.83**	**0.38**
2006 年	158.03	40422.73	0.39
2007 年	198.96	49781.35	0.40
2008 年	248.04	62592.66	0.40
2009 年	292.31	76299.93	0.38
2010 年	323.06	89874.16	0.36
“十二五”时期	**2669.62**	**703076.19**	**0.38**
2011 年	392.62	109247.79	0.36
2012 年	480.10	125952.97	0.38
2013 年	530.49	140212.10	0.38
2014 年	583.44	151785.56	0.38
2015 年	682.97	175877.77	0.39
“十三五”时期	**4708.10**	**1096206.86**	**0.43**
2016 年	770.69	187755.21	0.41
2017 年	855.80	203085.49	0.42
2018 年	928.33	220904.13	0.42
2019 年	1065.75	238858.37	0.45
2020 年	1088.26	245679.03	0.44
“十四五”时期			
2021 年	1132.88	245673.00	0.46
2022 年	1201.76	260609.17	0.46
2023 年	1280.35	274573.81	0.47

注：①国家财政总支出系国家财政决算数。

②文化事业费：1953—1980 年系国家财政决算数（“一五”至“四五”时期含文物、出版经费，“五五”时期不含文物、出版经费）；1981 年以后系文化事业统计年报数（不含文物、出版及科学研究费；不含基本建设的财政拨款和行政运行经费，以下各表同）

按年份全国文化和旅游事业费基本情况（按区域分）

		2000 年	2005 年	2010 年	2015 年	2021 年	2022 年	2023 年
总量（亿元）	**全　国**	**63.16**	**133.82**	**323.06**	**682.97**	**1132.88**	**1202.90**	**1280.35**
	中　央	5.55	11.30	15.28	36.96	30.50	29.71	28.92
	地　方	57.61	122.52	307.78	646.01	1102.40	1173.19	1251.44
	其中：东部地区	28.85	64.37	143.35	287.87	526.40	542.53	560.00
	中部地区	15.05	30.58	78.65	164.27	283.40	302.56	324.05
	西部地区	13.70	27.56	85.78	193.87	292.60	328.09	367.40
所占比重（%）	**全　国**	**100.0**	**100.0**	**100.0**	**100.0**	**100.0**	**100.0**	**100.0**
	中　央	8.8	8.4	4.7	5.4	2.7	2.5	2.3
	地　方	91.2	91.6	95.3	94.6	97.3	97.5	97.7
	其他：东部地区	45.7	48.1	44.4	42.1	46.5	45.1	73.7
	中部地区	23.8	22.9	24.3	24.1	25.0	25.2	25.3
	西部地区	21.7	20.6	26.6	28.4	25.8	27.3	28.7

注：东部地区包括北京、天津、辽宁、上海、江苏、浙江、福建、山东、广东；中部地区包括河北、山西、吉林、黑龙江、安徽、江西、河南、湖北、湖南、海南；西部地区包括内蒙古、广西、重庆、四川、贵州、云南、西藏、陕西、甘肃、青海、宁夏、新疆。

按年份全国文化和旅游事业费基本情况（按城乡分）

		2000 年	2005 年	2010 年	2015 年	2020 年	2021 年	2022 年	2023 年
总量（亿元）	全　国	**63.16**	**133.82**	**323.06**	**682.97**	**1088.26**	**1132.88**	**1202.90**	**1280.35**
	# 县以上	46.33	98.12	206.65	352.84	500.98	506.40	544.29	597.63
	县及县以下	16.87	35.70	116.41	330.13	587.28	626.50	658.61	682.73
所占比重（%）	全　国	**100.0**	**100.0**	**100.0**	**100.0**	**100.0**	**100.0**	**100.0**	**100.0**
	# 县以上	73.4	73.3	64.0	51.7	46.0	44.7	45.2	46.7
	县及县以下	26.6	26.7	36.0	48.3	54.0	55.3	54.8	53.3

按年份全国文化和旅游事业费基本情况（按单位类型分）

		2010 年	2015 年	2020 年	2021 年	2022 年	2023 年
总量（亿元）	全　国	**323.06**	**682.97**	**1088.26**	**1132.88**	**1202.90**	**1280.35**
	文化和旅游部门所属艺术表演团体	71.05	118.78	136.54	140.23	154.19	155.44
	图书馆	58.37	121.95	166.40	169.70	179.31	192.88
	文化馆（站）	80.39	175.21	267.81	290.22	311.54	318.77
	其　他	113.25	267.03	517.51	532.75	557.85	613.27
所占比重（%）	全　国	**100.0**	**100.0**	**100.0**	**100.0**	**100.0**	**100.0**
	文化和旅游部门所属艺术表演团体	22.0	17.3	12.5	12.4	12.8	12.1
	图书馆	18.1	17.8	15.3	15.0	14.9	15.1
	文化馆（站）	24.9	25.7	24.6	25.6	25.9	24.9
	其　他	35.1	39.2	47.6	47.0	46.4	47.9

2023年全国文化和旅游部门所属机构经费收支基本情况

	本年收入合计					
		财政拨款收入	事业收入	经营收入	上级补助收入	其他收入
总　　计	**330162751**	**188101468**	**8733264**	**311287**	**21322**	**132995410**
一、文化合计	**258334721**	**131703640**	**2988540**	**311287**	**21322**	**123309932**
文化和旅游部门所属艺术表演团体	22069300	16043264	2121617	100370	0	3804049
文化和旅游部门所属演出场所	5474838	2253378	169748	210917	0	2840795
公共图书馆	20448807	19879363	0	0	0	569444
文化馆	17373438	15908818	0	0	0	1464620
文化站	18690511	17386825	0	0	0	1303686
其中：乡镇综合文化站	13433726	12250896	0	0	0	1182830
美术展览创作机构	3286205	3050467	0	0	0	235738
其中：美术馆	2893351	2701370	0	0	0	191981
文化和旅游部门教育机构	5249995	4267765	0	0	0	982230
文化和旅游科研机构	1839209	1558620	245258	0	0	35331
文化和旅游行政部门	147978791	41889065	0	0	0	106089726
其他文化和旅游机构	15923627	9466075	451917	0	21322	5984313
其中：文化市场执法机构	3943331	3886138	11288	0	10195	35710
二、文物合计	**71828030**	**56397828**	**5744724**	**0**	**0**	**9685478**
博物馆（纪念馆）	34326746	29857158	2115523	0	0	2354065
文物保护管理机构	12750215	8807628	997961	0	0	2944626
文物保护科研机构	5716361	3073014	2301349	0	0	341998
文物行政主管部门	15123495	14037717	0	0	0	1085778
其他文物机构	3911213	622311	329891	0	0	2959011

单 位：千元

本年支出合计					资产总计	
	基本支出	项目支出	经营支出	工资福利支出		固定资产净值
340768242	**110889911**	**186726855**	**2344509**	**90639320**	**911125734**	**532181271**
259810964	**85146361**	**147642263**	**502460**	**64769571**	**511115123**	**273197654**
23399144	9810786	5272764	182903	10615620	33910023	17448295
5661232	817439	613548	206074	611748	23769761	10240498
20626552	11419373	8698584	25315	9372294	78730593	63471516
16844762	9457528	6624104	10674	7679212	31551413	19093581
19463450	9440940	7018326	0	6179015	97441347	66362609
14087765	7148824	0	0	4814061	81860431	54013368
3393326	1494360	1851236	15495	1068240	13796438	8824022
3007237	1263585	1699370	12761	893149	12229727	7512306
5221722	3307978	1896199	15228	2430835	12037177	7949138
1824817	1049752	731065	2937	748017	3900578	1065419
147721567	31321049	111901757	0	21075027	175696009	70989608
15654392	7027156	3034680	43834	4989563	40281784	7752968
3953568	3286512	576156	553	2790438	1347975	405946
80957278	**25743550**	**39084592**	**1842049**	**25869749**	**400010611**	**258983617**
35348033	13770746	18763878	1553108	11264761	328982256	238018769
12843706	7044265	4992775	189799	3757280	21903831	8518244
6598313	1234760	3984794	1288	950268	8568767	1558203
22611216	3122291	10937161	0	9595420	23959900	8534786
3556010	571488	405984	97854	302020	16595857	2353615

公共图书馆

按年份全国公共图书馆主要业务活动情况

年　份	机构数（个）	从业人员（人）	总藏量（万册、件）	总流通人次（万人次）	外借人次（人次）	书刊、文献外借册次（万册次）	实际持证活跃读者数（万个）	本年新购藏量（万册）
1979年	1651		18353	7787		9625		
1980年	1732		19904	9045		11830		
1985年	2344	29350	25573	11614		18942		1343
1986年	2406	31849	26133	11722		16205	523	1359
1990年	2527	40247	29064	12435		20242	603	895
1991年	2535	42037	30614	20496	7949	13325	631	771
1992年	2558	43051	31175	18495	7653	12625	563	740
1993年	2572	44656	31410	16973	6970	11685	562	631
1994年	2589	44367	32332	14451	7232	11852	552	556
1995年	2615	45323	32850	14142	7160	11814	540	551
1996年	2620	46457	33686	14793	7731	13544	527	577
1997年	2628	47882	37549	16114	8561	15685	556	680
1998年	2662	48313	38514	17058	8910	15422	582	700
1999年	2669	48792	39539	18040	9075	16290	596	678
2000年	2675	51342	40953	18854	9600	16913	623	692

续表

年　份	机构数（个）	从业人员（人）	总藏量（万册、件）	总流通人次（万人次）	外借人次（人次）	书刊、文献外借册次（万册次）	实际持证活跃读者数（万个）	本年新购藏量（万册）
2001 年	2696	48579	42130	20757	9829	17559	792	819
2002 年	2697	48447	42683	21950	10428	20021	918	946
2003 年	2709	49646	43776	21440	10666	18775	943	1049
2004 年	2720	49069	46152	22095	10140	18536	1056	1228
2005 年	2762	50423	48056	23332	10821	20269	1062	1535
2006 年	2778	51311	50024	25218	11408	21039	1160	1686
2007 年	2799	51650	52053	26103	11454	21319	1273	1871
2008 年	2820	52021	55064	28141	12251	23129	1454	2071
2009 年	2850	52688	58521	32167	13277	25857	1749	2939
2010 年	2884	53564	61726	32823	13934	26392	2020	2956
2011 年	2952	54475	63896	37423	15316	28452	2214	3985
2012 年	3076	54997	68827	43437	17402	33191	2485	5826
2013 年	3112	56320	74896	49232	20552	40868	2877	4865
2014 年	3117	56071	79092	53036	22737	46734	3944	4742
2015 年	3139	56422	83844	58892	23085	50896	5721	5151
2016 年	3154	57219	90163	66037	24892	54725	5593	6275
2017 年	3166	57567	96953	74450	25503	55091	6736	7034
2018 年	3176	57617	103659	81827	25503	58010	7252	6895
2019 年	3196	57796	111181	90135	26609	61373	8627	6986
2020 年	3212	57980	117930	54146	17467	42087	10251	6732
2021 年	3215	59301	126178	74614	23809	58730	10314	7407
2022 年	3303	60740	135959	78970	24894	60719	12229	7733
2023 年	3246	60961	143609	116061	33044	78299	10707	7635

2023 年公共图书馆基本情况

	机构数（个）	从业人员（人）	总藏量（万册件）	总流通人数（万人次）	实际持证活跃读者数（万个）	阅览室座席数（个）	本年新增藏量（万册）	实际使用公用房屋建筑面积（万平方米）
总　计	**3246**	**60961**	**143608.99**	**116061.34**	**107074093**	**1680128**	**7635.07**	**2259.59**
其中：少儿图书馆	146	2788	5946.47	5198.78	3421070	60962	303.53	75.34
按隶属关系分：								
中　央	1	1361	4423.50	409.52	3141201	5339	96.64	27.36
省　级	37	7691	23834.85	7896.94	10712969	104687	616.23	243.79
地　级	391	16359	35963.87	30812.02	39552164	454592	1758.67	630.90
县　级	2817	35550	79386.77	76942.86	53667759	1115510	5163.53	1357.54
# 县图书馆	1558	14946	28526.72	26274.43	15381107	491383	2167.50	554.72

艺术馆文化馆

按年份全国文化馆（站）基本情况

年 份	机构数（个）	从业人员（人）	举办展览个数（个）	组织文艺活动次数（次）	举办训练班次（次）	收入合计（万元）	财政拨款（万元）	支出合计（万元）	实际使用房屋建筑面积（万平方米）
1979 年	3965		13001	114307		10114	10114	10114	
1980 年	7723		23553	202828	20359	11270	11270	11376	
1985 年	8746	59599	30998	118888	31842	20835	20835	17686	308.5
1986 年	8906	67501	32803	106726	30576	29573	25505	23751	354.8
1990 年	9087	67817	34292	99068	37017	49763	36985	37475	457.8
1991 年	10507	70319	35498	116618	39568	45874	31066	43559	484.5
1992 年	9564	66938	32095	96481	40707	53735	35577	49798	496.1
1993 年	10155	68097	29636	86680	34279	62098	37840	57877	538.6
1994 年	11276	70489	30224	92167	39296	79167	48906	73174	560.3
1995 年	13487	75263	31070	110509	46023	89411	56826	83628	614.1
1996 年	45253	127742	76397	247357	130592	139090	74434	137775	1110.0
1997 年	43738	129194	87795	278782	119873	160117	92275	158861	1176.0
1998 年	45834	129842	86960	267351	125872	178165	96416	173207	1195.3
1999 年	45837	128216	94270	280373	138195	111089	108656	177528	1195.2
2000 年	45321	128420	91670	276574	143370	186896	118430	188437	1229.9

续表

年份	机构数（个）	从业人员（人）	举办展览个数（个）	组织文艺活动次数（次）	举办训练班次（次）	收入合计（万元）	财政拨款（万元）	支出合计（万元）	实际使用房屋建筑面积（万平方米）
2001年	43397	120156	89392	284316	156089	210181	141754	210860	1213.8
2002年	42516	119072	92917	301792	137350	241050	165163	235593	1203.6
2003年	41816	123458	93514	327306	154502	271704	190424	265751	1431.3
2004年	41402	121441	116639	401818	165823	313104	227641	310850	1408.4
2005年	41588	122500	111300	391439	190194	365887	279033	358641	1507.0
2006年	40088	123465	141150	497779	218696	428962	322773	412430	1622.8
2007年	40601	128096	90900	546477	242055	548301	432311	575722	1667.4
2008年	41156	131142	100877	473613	299791	660111	528838	653613	1931.0
2009年	41959	137484	110251	555052	304955	807244	681147	794190	2193.6
2010年	43382	141002	117353	576799	358719	944397	803918	931951	2526.7
2011年	43675	147732	107785	620586	339883	1285601	1122872	1267505	2982.6
2012年	43876	156228	114774	688482	387201	1453601	1300692	1467803	3171.7
2013年	44260	164355	138225	740611	390758	1667594	1478439	1635395	3389.4
2014年	44423	170299	131728	845421	469300	1901726	1623756	1828632	3686.4
2015年	44291	173499	139792	959901	536328	2077606	1856374	2014894	3848.3
2016年	44497	182030	150128	1065287	590516	2272289	2086646	2183721	3991.0
2017年	44521	180911	154106	1114261	675852	2533892	2384631	2562411	4106.8
2018年	44464	185636	158742	1231269	768995	2955019	2806290	3057577	4283.1
2019年	44073	190068	163968	1359460	889247	2998761	2816884	3094571	4518.2
2020年	43687	185076	137945	1088949	668940	2828093	2716535	2871598	4677.9
2021年	43531	190007	167497	1391490	920740	3067449	2958998	3186376	4974.1
2022年	45623	195826	177506	1607329	879961	3416190	3218109	3444820	5297.6
2023年	43752	199188	250408	2460251	1348632	3606395	3329564	3630821	5631.6

注：1996年以前数据未包括其他部门所属乡镇综合文化站，1996—1998年包括其他部门所属乡镇文化站，1999年以后，其他部门所属乡镇文化站划归文化部门管理。以下各表同。

2023年全国文化馆（站）基本情况

	机构数（个）	从业人员（人）	文化服务人次（万人次）					实际使用房屋建筑面积（万平方米）
				组织文艺活动次数（次）	举办训练班班次（次）	举办展览个数（个）	组织公益性讲座次数（次）	
总　计	**43752**	**199188**	**4119554**	**2460251**	**1348632**	**250408**	**60263**	**5631.58**
文化馆	3516	55848	1233165	539978	580029	52895	60263	1730.31
省区市	32	1825	16626	2559	12677	529	861	37.17
地　市	372	10723	193496	39735	141199	4758	7804	454.72
县市区	3112	43300	1023043	497684	426153	47608	51598	1238.42
其中：县文化馆	1590	21667	346514	190639	120286	19240	16349	510.26
文化站	40236	143340	2886389	1920273	768603	197513	0	3901.27
其中：乡镇文化站	32243	110812	1840783	1256815	439977	143991	0	2672.60

全国乡镇综合文化站活动情况

	举办展览		组织文艺活动次数		举办训练班	
	总量（万次）	占群众文化总体比重（%）	总量（万次）	占群众文化总体比重（%）	总量（万次）	占群众文化总体比重（%）
2006 年	9.2	65.2	27.2	54.6	11.9	54.3
2007 年	5.8	63.7	30.0	55.0	10.8	44.6
2008 年	6.5	64.4	27.9	58.9	15.3	51.0
2009 年	7.1	64.5	30.0	54.1	15.5	50.9
2010 年	7.6	65.0	30.5	52.9	15.3	42.6
2011 年	6.7	62.0	32.6	52.6	15.0	44.2
2012 年	7.0	61.4	37.2	54.0	16.6	42.8
2013 年	8.9	64.1	39.8	53.8	18.0	46.0
2014 年	8.3	62.7	45.6	54.0	20.0	42.6
2015 年	8.8	63.3	51.4	53.6	22.7	42.4
2016 年	9.6	63.8	55.4	52.0	24.2	41.0
2017 年	9.7	63.2	59.6	53.4	26.4	39.1
2018 年	10.0	62.9	65.3	53.0	28.5	37.1
2019 年	10.2	62.2	72.5	53.3	31.5	35.4
2020 年	8.4	61.2	61.3	56.3	25.7	38.5
2021 年	10.0	59.8	76.1	54.7	31.0	33.7
2022 年	10.4	74.9	91.8	70.7	31.4	63.3
2023 年	14.4	72.9	125.7	65.4	44.0	57.2

艺术表演团体

2023年全国艺术表演团体情况

	剧团数（个）	从业人员（人）	演出场次（万场次）	国内演出观众人次（万人次）	演出收入（千元）	实际使用房屋建筑面积（万平方米）
总　计	**17781**	**385162**	**254.22**	**89654.18**	**20784649**	**1343.55**
按剧种分						
话剧、儿童剧、滑稽剧类	67	5012	1.22	694.58	318713	29.09
其中：儿童剧	23	1115	0.36	231.48	65734	6.54
歌舞、音乐类	548	32499	8.64	6755.13	1437664	165.68
京剧、昆曲类	53	4797	1.10	591.90	168109	34.26
其中：京剧	47	4259	0.91	534.67	150496	29.54
地方戏曲类	1328	47419	31.57	15550.12	1206103	191.50
杂技、魔术、马戏类	53	3954	2.15	1367.82	117124	20.84
曲艺类	54	1971	2.33	909.93	79341	10.70
乌兰牧骑	164	7325	3.14	1743.91	597544	59.02
综合性艺术表演	15514	282185	204.37	62040.79	16860051	832.48
按隶属关系分						
中　央	11	4039	0.30	217.86	429892	28.58
省区市	179	24201	4.60	3465.06	1117822	132.84
地　市	469	36675	9.83	7546.81	1122576	192.13
县市区	17122	320247	239.48	78424.45	18114359	990.00
按管理部门分						
文化和旅游部门	1893	104031	36.83	28114.91	3495773	521.74
其他部门	15888	281131	217.39	61539.27	17288876	821.81

按年份全国文化和旅游部门执行事业会计制度的艺术表演团体基本情况

年　份	机构数（个）	演出场次（万场次）		国内演出观众人次（万人次）	平均每团演出场次（场）	总收入（万元）			总支出（万元）	经费自给率(%)
			农村演出				财政拨款	演出收入		
1949	1000	30			300					
1952	2084	66		2312	317					
1957	2884	137		79245	474					
1958	3181	205		120290	644					
1964	3302	171	82	84293	518	19030	5290		19817	69.3
1978	3143	65	22	79395	206	32086	19644	11079	30049	41.4
1980	2183	54	20	61519	245	34687	22503	10685	29524	41.3
1985	3295	74	49	72322	226	48568	30942	13091	47292	37.3
1990	2788	49	32	51012	176	71535	43759	18041	67514	41.1
1991	2760	45	29	46411	162	71756	42638	17798	76065	38.3
1992	2744	43	28	46338	155	80959	46617	19559	87797	39.1
1993	2698	41	26	42530	151	92770	51093	21756	100106	41.6
1994	2691	40	26	40935	149	127628	75583	27276	134508	38.7
1995	2676	41	26	43166	154	151388	86620	34382	160654	40.3
1996	2656	42	27	47934	158	184240	109781	39870	183534	40.6
1997	2651	42	26	46361	157	206794	125300	40716	202789	40.2
1998	2640	42	26	53486	161	218546	139913	41730	223877	35.1
1999	2622	42	26	46904	161	242645	155609	48967	242797	35.8
2000	2619	41	26	46168	157	263664	172864	51650	268886	33.8
2001	2590	42	24	47385	163	311852	210018	57448	312601	32.6

续表

年　份	机构数（个）	演出场次（万场次）		国内演出观众人次（万人次）	平均每团演出场次（场）	总收入（万元）			总支出（万元）	经费自给率(%)
			农村演出				财政拨款	演出收入		
2002	2577	42	24	45980	161	365331	246661	64884	363312	32.7
2003	2601	38	22	39163	147	400867	269640	71781	397890	33.0
2004	2512	41	24	37907	165	459183	313068	86125	459369	31.8
2005	2472	40	23	35752	159	500262	342807	92603	488472	32.2
2006	2456	41	24	40766	167	565018	387812	103431	558540	31.7
2007	2455	42	25	45404	170	691050	487842	120396	670009	30.3
2008	2465	41	25	41272	167	803030	573623	133077	777735	29.5
2009	2481	42	25	43127	169	889046	631197	142227	860603	30.0
2010	2421	42	24	44290	175	946742	654258	155743	917143	31.9
2011	2249	40	24	38209	176	1058959	777590	162684	1029564	27.3
2012	1804	32	20	29796	179	1076060	824265	132713	1043740	24.1
2013	1588	29	18	26067	183	998200	773381	123340	969206	23.2
2014	1568	29	18	24294	183	1074246	843859	116572	1059017	21.8
2015	1548	28	19	24261	178	1209547	969692	127431	1183497	20.3
2016	1520	27	18	24004	181	1285603	1016972	132320	1220720	22.0
2017	1530	28	19	25619	186	1363606	1087389	138645	1387283	19.9
2018	1527	29	20	23306	190	1495504	1185661	154131	1475031	21.0
2019	1500	29	19	22362	190	1788184	1347340	164430	1596566	27.6
2020	1418	19	13	12633	131	1378612	1169495	95404	1369728	15.3
2021	1363	20	13	13058	145	1440709	1187522	120486	1451203	17.4
2022	1348	17	11	12123	128	1484490	1273781	91895	1463871	14.4
2023	1316	25	16	19687	190	1606337	1323933	161734	1734615	15.2

2023 年全国文化和旅游部门所属艺术表演团体基本情况

	剧团数（个）	从业人员（人）	演出场次（万场次）	国内演出观众人次（万人次）	本年收入合计（千元）	演出收入（千元）	实际使用房屋建筑面积（万平方米）
总　计	**17781**	**385162**	**254.22**	**89654.18**	**53169167**	**20784649**	**1343.55**
按剧种分							
话剧、儿童剧、滑稽剧类	67	5012	1.22	694.58	1475877	318713	29.09
其中：儿童剧	23	1115	0.36	231.48	325487	65734	6.54
歌舞、音乐类	548	32499	8.64	6755.13	7958740	1437664	165.68
京剧、昆曲类	53	4797	1.10	591.90	1441908	168109	34.26
其中：京剧	47	4259	0.91	534.67	1154161	150496	29.54
地方戏曲类	1328	47419	31.57	15550.12	7099172	1206103	191.50
杂技、魔术、马戏类	53	3954	2.15	1367.82	712650	117124	20.84
曲艺类	54	1971	2.33	909.93	469279	79341	10.70
乌兰牧骑	164	7325	3.14	1743.91	1445665	597544	59.02
综合性艺术表演	15514	282185	204.37	62040.79	32565876	16860051	832.48
按隶属关系分							
中　央	11	4039	0.30	217.86	2044303	429892	28.58
省、区、市	179	24201	4.60	3465.06	6850852	1117822	132.84
地、市	469	36675	9.83	7546.81	8183022	1122576	192.13
县、市、区	17122	320247	239.48	78424.45	36090990	18114359	990.00
按管理部门分							
文化和旅游部门	1893	104031	36.83	28114.91	22069300	3495773	521.74
其他部门	15888	281131	217.39	61539.27	31099867	17288876	821.81

2023年全国文化和旅游部门执行事业会计制度的艺术表演团体基本情况

	剧团数（个）	演出场次（万场次）	演出观众人次（万人次）	本年收入合计（千元）	财政拨款收入（千元）	演出收入（千元）
总　计	**1316**	**25.04**	**19687.19**	**16063365**	**13239328**	**1617343**
按剧种分						
话剧、儿童剧	16	0.37	170.18	608544	433928	105895
其中：儿童剧	2	0.09	52.02	116866	67050	34950
歌舞、音乐类	323	4.32	3733.39	5715569	4515124	647964
京剧、昆曲类	36	0.79	419.59	1196260	1006313	129962
其中：京剧	32	0.68	371.91	958760	788435	118259
地方戏曲类	586	12.22	10526.62	5143009	4262579	541048
杂技、魔术、马戏类	30	1.43	1070.19	339698	272698	38684
曲艺类	41	2.08	741.76	360910	306034	40238
乌兰牧骑	109	1.21	834.45	665743	646659	1028
综合性艺术表演	175	2.95	2191.00	2033632	1795993	112524
按隶属关系分						
中　央	9	0.24	169.95	1713336	1088017	296869
省区市	92	1.93	1712.58	4738186	3898289	483423
地　市	283	6.53	5449.52	5605137	4905583	423609
县市区	932	16.34	12355.14	4006706	3347439	413442

2023年全国文化和旅游部门执行企业会计制度的艺术表演团体基本情况

	剧团数（个）	从业人员（人）	演出场次（万场次）	国内演出观众人次（万人次）	演出收入（千元）	实际使用房屋建筑面积（万平方米）
总　计	**577**	**33803**	**11.79**	**8909.73**	**1878430**	**145.09**
按剧种分						
话剧、儿童剧	34	2709	0.65	381.39	191908	16.25
其中：儿童剧	4	166	0.07	35.58	9874	2.84
歌舞、音乐类	158	11626	2.52	2929.58	753460	48.45
京剧、昆曲类	17	1056	0.31	174.88	38147	9.32
其中：京剧	15	985	0.23	164.88	32237	7.43
地方戏曲类	231	9739	5.08	3778.64	374245	30.22
杂技、魔术、马戏类	23	2140	0.72	375.94	78440	10.83
曲艺类	13	575	0.25	170.95	39103	2.48
乌兰牧骑	0	0	0.00	0.00	0	0.00
综合性艺术表演	101	5958	2.26	1098.38	403127	27.53
按隶属关系分						
中　央	2	602	0.06	54.42	133023	0.94
省区市	87	10150	2.67	1769.02	634399	47.41
地　市	186	13595	3.30	2253.82	698967	60.88
县市区	302	9456	5.76	4832.47	412041	35.86

2023 年文艺表演团体基本情况

	机构数（个）	从业人员（人）	国内演出场次（万场次）	国内演出观众人次（万人次）	实际使用房屋建筑面积（万平方米）
总　计	**15888**	**281131**	**214.28**	**61539.27**	**821.81**
按剧种分					
话剧、儿童剧	17	668	0.20	143.88	2.57
其中：儿童剧	17	668	0.20	143.88	2.57
歌舞、音乐类	67	1472	1.80	206.68	1.45
京剧、昆曲类	0	0	0.00	0.00	0.00
其中：京剧	0	0	0.00	0.00	0.00
地方戏曲类	511	9797	14.21	1387.29	26.76
杂技、魔术、马戏类	0	0	0.00	0.00	0.00
曲艺类	0	0	0.00	0.00	0.00
乌兰牧骑	55	3092	1.93	957.25	36.99
综合性艺术表演	15238	266102	196.11	58844.17	754.04

2023 年全国艺术表演场馆基本情况

	机构数（个）	从业人员（人）	座席数（个）	艺术演出场次（万场次）	艺术演出观众人次（万人次）	本年收入合计（千元）	艺术演出收入（千元）
总　计	**3060**	**55116**	**2136425**	**41.49**	**12273.29**	**21205277**	**10306607**
其中：附属剧场	1250	8089	273325	9.06	2012.24	2972093	1241022
儿童剧场	36	624	32655	0.30	170.56	245727	92375
按机构类型分							
表演艺术中心	54	992	132193	1.08	297.08	329282	130802
音乐厅	13	433	12200	0.16	104.51	205850	84178
戏剧剧场	391	8367	294981	3.89	1890.14	2467373	690754
歌剧剧场	2	7	2259	0.00	2.00	985	0
舞蹈剧场	39	761	123388	1.11	118.89	98536	70284
音乐剧剧场	2	44	1700	0.01	6.13	2298	0
戏曲剧场	9	56	4208	0.03	19.67	5924	1961
综合剧场	1965	33088	1119954	27.66	7641.14	14548313	7706211
曲艺剧场	2	0	223	0.02	1.54	0	0
旅游演出剧场	167	5138	188722	3.44	957.00	2310145	1205143
新型演出剧场	31	617	20759	0.21	46.26	153427	66961
脱口秀剧场	7	190	7253	0.04	22.14	56757	27691
杂技场	16	614	12150	0.20	99.42	232497	118251
马戏场	5	214	4918	0.10	19.90	6356	12383
其　他	357	4595	211517	3.42	1047.48	787534	191988
按隶属关系分							
中　央	6	156	4649	0.12	51.44	71310	41926
省区市	87	1841	77409	1.20	626.47	639851	225577
地　市	276	7025	202810	3.58	1252.50	2139129	552172
县市区	2691	46094	1851557	36.30	10342.88	18354987	9486932
按管理部门分							
文化和旅游部门	1019	19179	870555	10.99	4792.08	5474838	1466168
其他部门	2041	35937	1265870	30.50	7481.21	15730439	8840439

2023 年全国文化和旅游部门所属艺术表演场馆基本情况

	机构数（个）	从业人员（人）	座席数（个）	艺术演出场次（万场次）	艺术演出观众人次（万人次）	本年收入合计（千元）	艺术演出收入（千元）
总　计	**1019**	**19179**	**870555**	**10.99**	**4792.08**	**5474838**	**1466168**
其中：附属剧场	204	3615	148838	2.28	1300.97	1298071	268510
儿童剧场	36	624	32655	0.30	170.56	245727	92375
按机构类型分							
表演艺术中心	54	992	132193	1.08	297.08	329282	130802
音乐厅	13	433	12200	0.16	104.51	205850	84178
戏剧剧场	352	7011	268671	3.54	1765.24	2276632	579378
歌剧剧场	2	7	2259	0.00	2.00	985	0
舞蹈剧场	3	160	654	0.07	47.92	4610	4584
音乐剧剧场	2	44	1700	0.01	6.13	2298	0
戏曲剧场	9	56	4208	0.03	19.67	5924	1961
综合剧场	231	5529	222661	2.53	1211.10	1771731	429796
曲艺剧场	2	0	223	0.02	1.54	0	0
旅游演出剧场	3	389	15573	0.10	280.48	90557	78075
新型演出剧场	2	65	500	0.04	2.26	8416	781
脱口秀剧场	0	0	0	0.00	0.00	0	0
杂技场	7	183	7331	0.06	43.71	38406	9193
马戏场	0	0	0	0.00	0.00	0	0
其　他	339	4310	202382	3.23	1010.45	740147	147420
按隶属关系分							
中　央	6	156	4649	0.12	51.44	71310	41926
省区市	87	1841	77409	1.20	626.47	639851	225577
地　市	276	7025	202810	3.58	1252.50	2139129	552172
县市区	650	10157	585687	5.80	2861.67	2624548	646493

2023 年全国文化和旅游部门执行事业会计制度的艺术表演场馆基本情况

	机构数（个）	从业人员（人）	座席数（个）	艺术演出场次（万场次）	艺术演出观众人次（万人次）	本年收入合计（千元）	艺术演出收入（千元）
总　计	**625**	**7884**	**493855**	**4.03**	**2264.49**	**1659855**	**169748**
其中：附属剧场	136	1632	75452	0.99	626.73	445121	16618
儿童剧场	14	60	10737	0.02	15.85	10642	1373
按机构类型分							
表演艺术中心	35	616	111522	0.21	210.43	114126	21895
音乐厅	8	303	6093	0.08	57.54	114571	41418
戏剧剧场	216	3085	145385	1.22	743.36	779612	39960
歌剧剧场	1	7	863	0.00	0.80	985	0
舞蹈剧场	1	0	0	0.03	36.58	0	0
音乐剧剧场	1	5	1200	0.00	1.50	50	0
戏曲剧场	4	21	750	0.00	1.15	2647	10
综合剧场	118	1283	94296	0.77	419.22	322871	44375
曲艺剧场	1	0	0	0.00	0.00	0	0
旅游演出剧场	0	0	0	0.00	0.00	0	0
新型演出剧场	0	0	0	0.00	0.00	0	0
脱口秀剧场	0	0	0	0.00	0.00	0	0
杂技场	3	39	1269	0.03	20.51	2103	814
马戏场	0	0	0	0.00	0.00	0	0
其　他	237	2525	132477	1.62	773.40	322890	21276
按隶属关系分							
中　央	0	0	0	0.00	0.00	0	0
省区市	38	886	36779	0.69	371.54	282266	74325
地　市	147	2437	84211	0.70	483.40	574950	59492
县市区	440	4561	372865	2.46	1409.55	802639	35931

2023 年全国文化和旅游部门执行企业会计制度的艺术表演场馆基本情况

	机构数（个）	从业人员（人）	座席数（个）	艺术演出场次（万场次）	艺术演出观众人次（万人次）	演出收入（千元）	实际使用房屋建筑面积（万平方米）
总　计	**394**	**11295**	**376700**	**6.96**	**2527.59**	**1296420**	**508.60**
其中：附属剧场	68	1983	73386	1.29	674.24	251892	69.59
儿童剧场	22	564	21918	0.28	154.71	91002	42.37
按机构类型分							
表演艺术中心	19	376	20671	0.87	86.65	108907	34.20
音乐厅	5	130	6107	0.08	46.97	42760	10.84
戏剧剧场	136	3926	123286	2.32	1021.88	539418	169.98
歌剧剧场	1	0	1396	0.00	1.20	0	0.46
舞蹈剧场	2	160	654	0.04	11.34	4584	0.36
音乐剧剧场	1	39	500	0.01	4.63	0	0.12
戏曲剧场	5	35	3458	0.03	18.52	1951	1.18
综合剧场	113	4246	128365	1.76	791.88	385421	216.98
曲艺剧场	1	0	223	0.02	1.54	0	0.20
旅游演出剧场	3	389	15573	0.10	280.48	78075	4.03
新型演出剧场	2	65	500	0.04	2.26	781	1.05
脱口秀剧场	0	0	0	0.00	0.00	0	0.00
杂技场	4	144	6062	0.03	23.20	8379	6.48
马戏场	0	0	0	0.00	0.00	0	0.00
其　他	102	1785	69905	1.61	237.05	126144	62.70
按隶属关系分							
中　央	6	156	4649	0.12	51.44	41926	7.43
省区市	49	955	40630	0.51	254.93	151252	50.68
地　市	129	4588	118599	2.88	769.10	492680	188.65
县市区	210	5596	212822	3.34	1452.12	610562	261.84

2023 年演出场所经营单位基本情况

	机构数（个）	从业人员（人）	总座席数（个）	演出场次合计（万场次）	观众人次合计（万人次）
总　计	**2041**	**35937**	**1265870**	**36.48**	**8969.23**
按机构类型分					
表演艺术中心	0	0	0	0.00	0.00
音乐厅	0	0	0	0.00	0.00
戏剧剧场	39	1356	26310	0.63	267.43
歌剧剧场	0	0	0	0.00	0.00
舞蹈剧场	36	601	122734	1.17	87.58
音乐剧剧场	0	0	0	0.00	0.00
戏曲剧场	0	0	0	0.00	0.00
综合剧场	1734	27559	897293	28.25	7509.04
曲艺剧场	0	0	0	0.00	0.00
旅游演出剧场	164	4749	173149	5.48	830.18
新型演出剧场	29	552	20259	0.30	86.86
脱口秀剧场	7	190	7253	0.10	35.42
杂技场	9	431	4819	0.14	55.71
马戏场	5	214	4918	0.10	19.90
其　他	18	285	9135	0.26	77.11

旅 游

按年份旅游业主要发展指标

年 份	国内出游人次（亿人次）	国内游客出游总花费（亿元）	入境旅游人次（万人次）	入境游客总花费（亿美元）	内地居民出境旅游人次（万人次）	游客总花费（万亿元）
2010	21.03	12580	13376	458	5739	1.57
2011	26.41	19305	13542	485	7025	2.25
2012	29.57	22706	13241	500	8318	2.59
2013	32.62	26276	12908	517	9819	2.95
2014	36.11	30312	12850	1054	10728	3.73
2015	39.90	34195	13382	1137	11689	4.13
2016	44.35	39390	13844	1200	12203	4.69
2017	50.01	45661	13948	1234	13051	5.40
2018	55.39	51278	14120	1271	14972	5.97
2019	60.06	57251	14531	1313	15463	6.63
2020	28.79	22286	—	—	—	—
2021	32.46	29191	—	—	—	—
2022	25.30	20444	—	—	—	—
2023	48.91	49133	8202	530	8763	5.29

按年份国内游客出游人次和国内游客出游花费

年 份	国内游客出游人次（亿人次）		国内游客出游总花费（亿元）	
		比上年增长（%）		比上年增长（%）
1993	4.10	—	864.00	—
1994	5.24	27.8	1023.51	18.5
1995	6.29	20.0	1375.70	34.4
1996	6.39	1.6	1638.38	19.1
1997	6.44	0.8	2112.70	29.0
1998	6.94	7.8	2391.18	13.2
1999	7.19	3.6	2831.92	18.4
2000	7.44	3.5	3175.54	12.1
2001	7.84	5.4	3522.37	10.9
2002	8.78	12.0	3878.36	10.1
2003	8.70	-0.9	3442.27	-11.2
2004	11.02	26.7	4710.71	36.8
2005	12.12	10.0	5285.86	12.2
2006	13.94	15.0	6229.74	17.9
2007	16.10	15.5	7770.62	24.7
2008	17.12	6.3	8749.30	12.6
2009	19.02	11.1	10183.69	16.4
2010	21.03	10.6	12579.77	23.5
2011	26.41	13.2	19305.39	23.6
2012	29.57	12.0	22706.22	17.6
2013	32.62	10.3	26276.12	15.7
2014	36.11	10.7	30311.86	15.4
2015	39.90	10.5	34195.05	12.8
2016	44.35	11.0	39389.82	15.2
2017	50.01	12.8	45660.77	15.9
2018	55.39	10.8	51278.29	12.3
2019	60.06	8.4	57250.92	11.7
2020	28.79	-52.1	22286.30	-61.1
2021	32.46	12.8	29190.75	31.0
2022	25.30	-22.1	20444.00	-30.0
2023	48.91	93.3	49133.00	140.3

注：2011 年起，国内旅游抽样调查方法发生变化，不能与往年数据进行简单比较。

2023 年国内游客出游基本情况

	国内出游人次（亿人次）	国内游客出游花费（亿元）	人均每次出游消费（元）
全国总计	**48.91**	**49133.10**	**1004.56**
第一季度	12.16	12992.87	1068.49
第二季度	11.68	9968.50	853.47
第三季度	12.90	13944.27	1080.95
第四季度	12.17	12227.46	1004.72
城镇居民合计	**37.58**	**41780.54**	**1111.78**
第一季度	9.44	11185.46	1184.90
第二季度	9.15	8574.01	937.05
第三季度	9.87	11898.78	1205.55
第四季度	9.12	10122.29	1109.90
农村居民合计	**11.33**	**7352.56**	**648.95**
第一季度	2.72	1807.41	664.49
第二季度	2.53	1394.49	551.18
第三季度	3.03	2045.49	675.08
第四季度	3.05	2105.17	690.22

2013—2023 年全国 A 级旅游景区基本情况

年份	A 级旅游景区总数（家）	直接从业人员（万人）	接待人次（亿人次）	旅游收入（亿元）	其中：门票收入（亿元）
2023	15721	160.71	57.54	4068.66	—
2022	14917	146.58	26.33	1818.49	336.42
2021	14196	157.48	35.43	2228.12	380.97
2020	13332	155.94	32.37	2017.65	330.77
2019	12402	162.02	64.75	5065.97	892.42
2018	11924	134.48①	60.24	4707.54	1021.31
2017	10806	130.10	53.95	4339.83	989.60
2016	9824	128.77	44.32	3858.20	906.20
2015	8233	122.92	37.77	3479.08	801.16
2014	8026	121.54	31.88	3158.97	755.77
2013	6604	118.22	28.89	2989.11	849.20

① 2018 年及以前统计对象为景区固定就业人员，2019 年后将服务外包和临时用工人员纳入统计。

文 物

2023 年度全国文物业主要指标

	机构数（个）	从业人员（人）	总藏量（件/套）	基本陈列（个）	临时展览（个）	参观人次（万人次）		实际使用房屋建筑面积（万平方米）
							未成年人参观人次	
总 计	**9,645**	**180,573**	**50,172,257**	**13,377**	**16,556**	**140,266.37**	**32,203.45**	**4,824.86**
按单位类型分	—	—	—	—	—	—	—	—
文物科研机构	128	6,921	1,803,428	37	67	694.41	92.04	53.15
文物保护管理机构	2,547	30,752	1,703,817	702	466	19,527.11	2,093.80	1,373.72
国有博物馆	4,508	122,635	41,252,855	12,638	16,023	120,044.83	30,017.76	3,238.00
文物行政部门	2,212	15,468	900,748	0	0	0.00	0.00	122.83
其他文物机构	250	4,797	4,511,409	0	0	0.00	0.00	37.32
按隶属关系分	—	—	—	—	—	—	—	—
中 央	13	3,743	3,546,925	95	53	2,785.37	920.36	58.53
省 级	251	22,739	15,018,235	576	1,047	14,268.58	2,891.64	399.13
地 级	1,539	54,050	11,410,856	3,170	5,356	49,614.87	9,583.40	1,151.51
县 级	7,842	100,041	20,196,241	9,536	10,100	73,597.55	18,808.05	3,215.69
按部门分	—	—	—	—	—	—	—	—
文物部门	8,765	158,455	42,477,915	11,521	14,944	118,685.66	27,849.17	4,275.98
其他部门	880	22,118	7,694,342	1856	1612	21580.69	4354.31	548.85

《中国文化和旅游年鉴》（2024）

主　　管：中华人民共和国文化和旅游部
主　　办：中国旅游协会
出版发行：中国旅游出版社有限公司
地　　址：北京静安东里6号
邮政编码：100028
电　　话：010-57377103，010-57377106
经　　销：全国各地新华书店
印　　刷：北京金吉士印刷有限责任公司
版　　次：2024年12月第1版
2024年12月第1次印刷

国际标准刊号：ISSN 1005-3719
国内统一刊号：CN10-1607/K
定价：480.00元